潘懋元学术思想研究

韩延明 主编

厦大教育研究院学术精品文丛

厦门大学出版社
XIAMEN UNIVERSITY PRESS
国家一级出版社
全国百佳图书出版单位

图书在版编目(CIP)数据

潘懋元学术思想研究/韩延明主编.—厦门:厦门大学出版社,2020.7
ISBN 978-7-5615-7802-5

Ⅰ.①潘… Ⅱ.①韩… Ⅲ.①潘懋元—高等教育—教育思想—研究 Ⅳ.①G640

中国版本图书馆 CIP 数据核字(2020)第 088932 号

出 版 人 郑文礼
责任编辑 曾妍妍

出版发行 厦门大学出版社
社　　址 厦门市软件园二期望海路 39 号
邮政编码 361008
总　　机 0592-2181111　0592-2181406(传真)
营销中心 0592-2184458　0592-2181365
网　　址 http://www.xmupress.com
邮　　箱 xmup@xmupress.com
印　　刷 厦门集大印刷厂

开本 720 mm×1 000 mm　1/16
印张 31.25
插页 1
字数 493 千字
版次 2020 年 7 月第 1 版
印次 2020 年 7 月第 1 次印刷
定价 112.00 元

本书如有印装质量问题请直接寄承印厂调换

厦门大学出版社
微信二维码

厦门大学出版社
微博二维码

前　言

岁月不居，时节如流；百年春秋，忽焉将至。2020年8月4日，是中国高等教育学科创始人和高等教育研究奠基者，厦门大学原副校长、文科资深教授、博士生导师，“国家有突出贡献专家”“中国杰出人文社会科学家”“中国当代教育名家”“全国教书育人楷模”潘懋元先生百岁华诞暨从教八十五周年。

一

不揣谫陋，投砾引珠，先与大家分享一下我的近期习作《潘懋元先生百寿赋》：

“悠悠中华，代代薪传。盛世名家，潘公榜显。鸿儒硕学，懋德魁元。霁月光风，师表群贤。雄起桑浦之山峦，功著粤闽之海天。博通古今，皇皇乎摛文千卷；蜚声中外，巍巍然屹世百年。”

“大哉！谦谦君子诲而衎衎，八十五载树蕙滋兰；烁烁椽笔论而衎衎，百万臻言求真明典。研精覃思，擎新学之旌幡；创榛辟莽，立鸿业于荒原。气凛凛以浩然，身正行端；学泱泱以海瀚，钩深致远。茹古涵今传华夏之经典，探骊得珠撷欧美之灼见；左右采获答学子之叩问，上下求索解国策之疑难。人师世范，传道授业兮涔涔血汗；高教泰斗，披沙沥金兮点点琅玕。弘大学之道，创首个学科点辟地开天；仰天下为公，携数代高教人填海移山。承总书记执手畅谈，蒙委员长亲函盛赞。嗟夫！国泰民安，道闳文澜。俯未怍乎地，仰不愧于天。先生之德浩浩不已，沛乎集百川之源；大师之学绳绳无穷，峨然出万峰之巅！”

"盛哉！锵锵走中国道路，学科建设如日中天；矻矻立华夏学派，研究院所似火燎原。勇为天下先，鳌头独占；敢坐冷板凳，捷报频传。帅旗飏展，两条规律说深耕本原；师心璀璨，三段教学法涵育俊彦。学术例会，崇闳评点；硕博论文，精细把关。周末沙龙，宛然孔孟设杏坛；游学调研，譬犹朱吕会南轩。导大众化走向，区域高校辰光灿灿；辟应用型蹊径，高职民办星辉闪闪。讲演千场九域兮，论道谋猷大智渊渊；走访百国五洲兮，贯中通西宏论侃侃。授教大中小学，桃李争妍；历任科处校长，政绩炳显。……噫吁！鸿仁沐贤，悃诚播善。立德立功立言均不朽，为师为政为友皆垂范。'懋元奖'育林溉田，'潘公树'本固枝繁。芸窗奋志名扬四海，风华浸远辉耀九天！"

"懋嘉禹甸，启行乾元。泰岳望远，鹭江扬帆。忆曩昔，初心守望难愈攀；瞻前路，壮志骋怀老弥坚。盛世高吟复兴曲，潮头续写强国篇。瑞蕴华堂觐东海，弦歌黉宇寿南山！"

这是我根据邬大光仁兄和别敦荣院长的"指令"而在近期拟就的《潘懋元先生百寿赋——敬贺潘先生百岁华诞暨从教八十五周年》（初稿）中的几个片段。虽为情深意切的肺腑之言，但词不达意、笔拙见浅，诚望各位海涵，并敬希指点！

确实，集教育者、管理者、研究者三种角色于一身，融战略思维、辩证思维、创新思维于一炉的百岁大师潘懋元先生，作为在国内外享有崇高声望的跨世纪高教旗帜和学界泰斗，不仅是一位杰出的教育理论家和教育实践家，而且是一位卓越的教育活动家和教育战略家。概言之，是一位贡献卓著的"人民教育家"。国际学术界誉他为"中国高等教育学之父"。其敢为人先的丰碑地位、披荆斩棘的杰出贡献，其铢积寸累的学习精神、催花著果的育人情怀，其照古腾今的文化底蕴、抱诚守真的人格魅力，无时无处不在闪耀着璀璨的知识光芒和馥郁的教育意境，已经远远超出了学科群抑或整个学术界，甚至已经大大超越了学问的层面和范畴，而是在朝乾夕惕地用生命追求一项伟大而光荣的事业，恰如牟宗三先生所推崇的"生命的学问"。他的诸多原创性、开拓性、前瞻性、国际性研究推动和影响了国家高等教育改革与发展政策，推进高等教育发展的中国故事、中国自信和高教学科发展的中国道路、中国学派铿锵走向世界。

当年有人曾问过孔子，您一生到底做了些什么事情呢？子答曰："若圣与仁，则吾岂敢？抑为之不厌、诲人不倦，则可谓云尔已矣。"潘懋元先生正是这样一位“不厌”“不倦”的学人典范和师者楷模。他用热血浇铸文字，用心雨滋养学生：育学生成长和成熟，授学生知识和智慧，教学生做事和做人，引学生创业和创新。他心心念念的都是教育。正可谓：八十五载执教笔耕，春风化雨润园林，树蕙滋兰，垂裕后昆；数千百次叩问求索，碧血丹心献黉宫，披沙沥金，泽被神州。古人云：“盖文章，经国之大业，不朽之盛事。”潘懋元先生深得中国传统文化精髓，谙熟中国现实教育需求，并注意理性汲取西方主要教育精华，“行效今古业双修，学贯中西汇三源”，思想中既有中国哲学“求善”“求道”的理想，又有西方哲学“求真”“求新”的追求。他以卓越智慧、巨大勇气、敏锐的学术触角和宏阔的前瞻眼光，几十年如一日地奋力开拓中国特色高等教育学科发展道路，“筚路蓝缕、以启山林”，“课堂教学”与“周末沙龙”优势互补，“板凳学问”与“行走学术”相得益彰，发表了大量极具震撼力、感召力和拓荒性的学术杰作，博大精深，论著等身，“由诚而成懋业，敢闯而创新元”，成为中国教育界独树一帜的一面高扬的世纪大纛。他是一座奇崛的高等教育研究巅峰，彰显了“中国流派”和“中国气派”在国际高等教育领域中的独特神韵，是一座值得学界珍视和梳理、有待学人挖掘和探索的宏富的精神宝藏。正如中国著名教育家顾明远先生在《潘懋元论高等教育》一书序文中所言：“潘懋元教授在高等教育领域中的研究范围很广，从历史到现实，从中国到外国，从外部到内部，从宏观到微观，都有许多独到的见解。特别是他对高等教育学的学科建设做出了巨大的贡献……他是我国教育界的泰斗。”其教育人生和学术历程，既是他自己生平事迹、活动足迹、学术轨迹和创业奇迹的一个时间剪影，也是百年来波澜壮阔的中国高等教育变革与发展的一种时代反映。

二

巴尔扎克说过：“一个能思想的人，才真是一个力量无边的人。”思想，是客观存在反映在人的意识中经过思维活动而产生的结果或形成的观点及观念体系。潘懋元教育思想深刻而恢宏、虑大而思精，内蕴丰厚、体系完整，视角独特、立论新颖，几乎囊括和覆盖了高等教育研究的所有领域，由此而撑筑起宽厚而高耸的潘懋元教育思想体系的华堂大厦。综观之，潘懋元高等教育思想主要包括：为我国高等教育学科奠定了根本基础的以高等教育学科建设思想、教育内外部关系规律思想、扎根中国大地办教育思想等为代表的高等教育学科发展思想;为我国高等教育事业擘画了清晰架构的以中国特色高等教育发展道路思想,中国高等教育大众化、普及化、现代化和终身教育思想等为代表的高等教育宏观发展思想;为高校办学和人才培养工作提供了理论依据的以高校课程与教学论思想、高校教师教育与教师发展思想、大学生素质教育思想、多样化高等教育质量观等为代表的高等学校教育教学思想;为大众化时期我国不同类型的高校开辟了特色发展路径的以民办高等教育发展思想、高等职业教育发展思想、应用型本科教育发展思想等为代表的高等教育分类定位发展思想;为高等教育研究人员指明了方向和途径的以史学研究方法论、比较研究方法论、实践研究方法论和多学科研究方法论等为代表的高等教育研究方法论思想;以及为国际高等教育比较研究提供了独特视角的以国际高等教育观念、理论、机制、课程、教师发展等为主题的比较高等教育思想,等等。

此外,潘懋元先生视域开阔、思路拓展,以学术为志业,其研究还涉及教育的诸多领域,如教育与文化、教育本质与规律、教育与市场经济、教育与知识经济、高等教育体制改革、高等教育学制改革、高校招生制度与就业、高等教育通向农村、大学校长职业化、科教兴国战略、“一带一路”与高等教育、“双一流”建设、核心价值观教育等方面,基本形成了其完备的高等教育思想体系,在高等教育研究的诸多领域都做出了具有原创性、开拓性、引领性和前瞻性的重大贡献。近年来,他逐渐将研究视野和问题视域投向信息时代新技术环境下的人才培养与微观教学过程问题,包括大数据、云计算、人工智能、脑科学、机器人(智能人)与高等教育的关系,“互联网+教育”在线上线下融合、创新教学模式与手段、开发智慧教室和建设智慧校园中的作用等。总之,潘懋元高等教育思想,不仅为我国高等教育学科的创建、形成、拓展和完善做出了奠基性、拓荒性、牵引性的巨大贡献,而且对高等教育的改革发展彰显了思想引领、理论支撑、政策呼吁和实践指导的重大作用。因此,研究潘懋元教育思想及其学术贡献,在致力于民族复兴、教育强国的今天,显得尤为必要和必然。

三

编辑出版《潘懋元学术思想研究》一书，是厦门大学教育研究院“庆贺潘懋元先生百岁华诞暨从教八十五周年”系列学术活动和“新时代中国高等教育改革发展论坛及潘懋元先生教育理论研讨会”的一项重要内容。2019年11月，别敦荣院长联系我，希望我来负责这项工作。说实话，在众多德才兼备、出类拔萃的院友中间，我是没有资格来主编这本书的，深感诚惶诚恐。回想2015年6月在山东济南举行“潘懋元高等教育思想研讨会暨从教80周年庆祝会”之前的2014年11月，中共山东省委高校工委、厦门大学高等教育发展研究中心、济南大学和《山东高等教育》(时为月刊)编辑部联合作出决定：从2015年第1期起，该刊特辟“潘懋元教育思想研究”专栏，每期刊发1～3篇文章，每篇7000～20000字，并聘请我为该栏目主持人并负责撰写每期的“主持人评语”，一直持续到2016年第12期，共24期，刊发论文近50篇。可能正是因为这个缘由，别院长才安排我来负责本书的联络、选录和编辑工作。经与部分作者和相关老师商量，并征得《山东高等教育》编辑部同意，我从2015年至2016年《山东高等教育》上发表的潘懋元教育思想研究论文中优选辑录32篇，其中包括在该刊2019年第1期上发表的3篇，汇编成册。应该申明的是，这次没有入选本书的论文并非因为质量不高，主要考虑的是各篇主题的相关性及编排原则的符合度。

《潘懋元学术思想研究》的辑录和编排秉持如下原则：一是按别院长要求，将论文划归为“高等教育思想体系及其形成”“高等教育学科倡建与创新发展”“高等教育学科领域开拓与深掘”“为人为师为学之道”四个专题，排列以每一类别中的论文内容及彼此的逻辑联系为依据，不以院友届次、年龄、职务、职称等为序；二是辩论性、争鸣性、与主题相关度不高的论文暂不收录；三是对部分论文题目略作修饰，使之更加学术化、简捷化、理性化，并在细读每篇论文的基础上对个别字句、术语、提法、标点符号、注释规约化等进行了些许调整和改动，同时尊重作者在本次论文修改中增补的近年研究的新内容；四是因“前言”中已有说明，故每篇论文不再注明发表刊期；五是论文统一删除了中英文摘要和关键词等；六是论文选录顾及了作者的广泛性、代表性和不同层面；七是作者简介只注明姓名、学位、单位、职务、职称，且为目前最新信息;八是根据出版要求,选文注释统一改为当页脚注,参考文献不在正文中另外编码,或将编码转为脚注。

四

适值本书付梓之际,特别应该感谢厦门大学校领导和出版社对本书编辑出版工作的高度重视。厦门大学党委书记张彦同志多次明确要求编辑和出版人员高质量高标准出版此书;出版社领导和责任编辑精益求精,在时间非常紧张又适逢春节假期且新型冠状病毒疫情严重的状况下,认真编审,一丝不苟,使本书得以及时地呈现在读者面前。同时,也感谢厦大教育研究院领导和老师对我的充分信任,感谢各位师兄师弟、师姐师妹对我的大力支持!

在此需要说明的是,通过细读大家的论文,使我对潘懋元学术思想有了更深刻的认知和更透彻的理解,确实获益良多。但是,囿于个人的能力和水平,加之篇目多、时间紧、论文涉及面广、作者联系不畅等原因,特别是有的作者因工作繁忙而本次没有修改原文且未提供 WORD 版本,是我从知网上下载后由 PDF 版转换、调理而来,虽几经校勘,仍难免有疏漏乃至错误之处,诚望大家谅解并指正。

常言说:"事事培元气,其人必寿;念念存本心,其后必昌。"我们祈望期颐之年仍然本心砥砺、元气淋漓的潘懋元先生,踏着中国共产党人第二个百年奋斗目标的鼓点,精神矍铄地开始其第二个闪光的百年人生,继续为中国高等教育事业的改革发展和中华民族的伟大复兴贡献力量!我们衷心祝愿这位满载故事和硕果的百岁大师在新的百年教育征程上德厚流光、行者无疆,海屋筹添、寿比南山!

韩延明　谨识

2020 年 5 月 20 日

<<<<< 目 录 >>>>>

一　高等教育思想体系及其形成

二　高等教育学科倡建与创新发展

三　高等教育学科领域开拓与深掘

四　为人为师为学之道

一

高等教育思想体系及其形成

潘懋元高等教育思想

别敦荣　李家新

我国现代高等教育研究已有百余年历史，大致可以分为前学科时期和学科化时期。自 20 世纪 50 年代，潘懋元开始涉足高等教育研究，且从一开始就致力于高等教育学科建设。他可能是唯一一位纵贯两个时期的学者，不仅首开高等教育学科化之先河，而且一直站在高等教育学科最前沿，深耕不辍、持续至今，成为我国高等教育界的常青树。他的学术成果丰富多样，学术思想深刻系统，几乎覆盖了高等教育研究的所有主要领域。他的高等教育思想是我国高等教育学科的基石，是我国高等教育学科理论的宝贵财富。不仅如此，他在繁荣和引领高等教育学科发展的同时，足迹遍布大江南北，在各级各类高校向广大高校领导、管理人员和教师传播科学的高等教育思想，指导高校办学与科学发展。他视野宽广、胸怀博大，长期关注和重视国家高等教育走势，将高等教育改革与发展政策变革纳入自己的研究范畴，为制定科学的高等教育改革与发展政策不遗余力，发挥了重要作用。正因如此，潘懋元高等教育思想已成为高等教育学科一个新的研究领域。据不完全统计，高教界已出版相关研究著作 10 余部，发表相关学术论文数百篇，尤其是部分港台和外国学者加入研究队伍，更凸显了潘懋元高等教育思想的广泛影响。笔者深知，已有相关研究已经比较深入和全面，但却无意做一个相关研究文献的综述，而是要深入原始学术成果中去，对他的学术思想进行系统的梳理和剖析，以期从总体上概览潘懋元高等教育思想的全貌。

作者简介：别敦荣，教育学博士，厦门大学教育研究院院长、教授、博士生导师；李家新，教育学博士，广州大学教育学院讲师。

一、高等教育学科发展思想

与西方高等教育研究的"问题取向"不同，我国近三十余年的高等教育研究呈现出"学科取向"的特征，即以高等教育学科的建设为基础和依归，开展高等教育相关问题的研究。一般认为，我国高等教育的学科化时期始自20世纪80年代初，以潘懋元编写《高等教育学讲座》和推动"高等教育学"进入学科专业目录为主要标志。在我国高等教育研究从"前学科时期"走向"学科化时期"的过程中，作为高等教育学科的创始人，潘懋元关于高等教育学科创立和发展的思想发挥了极其重要的作用。其不仅从整体上统领着潘懋元本人的高等教育思想与理论体系，也在很大程度上引领了我国高等教育研究的总体发展方向，成为我国高等教育学科建设的重要理论基点。

（一）高等教育学科建设思想

虽然国内外关于高等教育相关问题的研究由来已久，如苏联曾于20世纪40年代提出"高等学校教育学"概念，但真正系统地探究高等教育规律，并将高等教育学作为一门学科加以研究和建设的，无疑始自以潘懋元为主要代表的新中国第一代教育学人。潘懋元的高等教育学科建设思想，既源于其对世界大趋势的把握，也与个人经历及学科本身的发展时机紧密交织在一起。[①] 从历史脉络来看，潘懋元对于高等教育学科建设的初步探索始自20世纪50年代中期。早在1956年担任厦门大学教育学教研组主任、为高校干部开设教育学讲座时，他就意识到了区别于普通教育的高等教育特殊性问题。他认为，高等教育具有与国民经济各个部门直接联系的专业性，是建立在普通教育基础上的专业教育；大学生是十八岁以上的青年人，在身心发展特征与社会经验上与中小学学生具有明显不同。[②] 因此，高等教育是教育的一个特殊组成部分，并不能将普通教育学的一般原则、理论简单地移植于高等教育领域中。基于此，潘懋元倡导、筹划并组织了"高等学校教育学"课程的开设与《高等学校教育学讲义》的编写。这部讲义第一次明确地提出要建

---

① 潘懋元，陈春梅，粟红蕾.关于高等教育若干问题的思考——厦门大学博士生导师潘懋元先生访谈[J].社会科学家，2017(2)：4.

② 潘懋元.潘懋元论高等教育[M].福州：福建教育出版社，2007：5.

立一门“高等专业教育学”或“高等学校教育学”，并对高等教育的定义、特点，高等教育学的研究对象和基本定义，高等学校的教育问题和教学方法等问题进行了界定、探讨，为此后高等教育学科及其范式的建立奠定了重要的理论与文献基础。

在因种种政治运动中断研究二十多年后，潘懋元于1978年重启高等教育研究工作，而他此时最为关心的问题之一，无疑是高等教育学的学科建设。从当时我国高等教育发展的现实需要、高等教育本身面临的特殊问题，以及教育科学的整体发展出发，潘懋元提出应尽快建立高等教育学科，实现高等教育研究的科学化、学科建制化，希望通过理论研究探索高等教育规律，并以之指导高等学校的教育教学工作。[①] 在重申高等教育特殊性的基础上，潘懋元以“高等教育学”概念取代了此前的“高等学校教育学”，正式将其作为整个教育科学中的一个分支学科：“这一分支学科同教育学的关系，是特殊与一般的关系。教育学，研究的是教育科学共同的、一般的规律，学前教育学、普通教育学、高等教育学以及其他分支学科，研究的是各自的特殊规律。”[②]1981年，潘懋元开始组织编写我国第一部《高等教育学》著作。这部具有里程碑意义的著作对高等教育学的理论体系与研究内容进行了结构化、体系化的总结与归纳，其内容系统地覆盖了高等教育学的研究对象、任务与意义，高等教育的性质、任务、目标，及其体制、制度、发展历史，以及高等学校的特征、职能、管理，及其教学过程、原则、方法等诸多领域，初步构建了高等教育学的学科体系与理论框架，集中展现了潘懋元早期的高等教育学科范式与学科建设思想。在学科理论研究全面展开的同时，我国第一个高等教育研究机构于1978年在厦门大学建立，第一个学术团体“中国高等教育学会”于1983年在北京成立，高等教育学于1983年第一次作为教育学的二级学科被国务院学位委员会纳入学科专业目录，厦门大学分别于1984年、1986年获批全国第一个高等教育学硕士、博士学位授予点。这些高等教育学的学术组织和学位点的建立使高等教育学的建制化在我国得以实现，为高等教育研究和学科发展提供了组织保证。潘懋元曾将高等教育学科的创

① 潘懋元.潘懋元文集：卷二(上)[C].广州：广东高等教育出版社，2010：19.

② 潘懋元.潘懋元文集：卷二(上)[C].广州：广东高等教育出版社，2010：23.

建过程总结为“第一，大势所趋；第二，大家努力；第三，时机成熟”[①]，但高等教育学建制化的每一个进步，实际上都饱含潘懋元对高等教育学科建设信念的坚守与执着，渗透了他领导创建高等教育学科的艰辛付出与贡献。

在我国高等教育学科建设的过程中，曾出现所谓“学科”与“领域”之争。有人质疑，高等教育研究并不具备作为一门独立学科的条件，只能作为一个围绕高等教育相关问题所形成的研究领域，这与西方国家的高等教育研究者，如阿特巴赫(Philip Altbach)等人的论断基本一致。面对争议，潘懋元并没有简单地否定这种质疑，而是指出学科与研究领域并非对立的概念，二者也没有不可逾越的界限，“研究领域指的是有一定的研究对象的范围，而学科的首要条件正是特殊的研究对象。高等教育学由于有它独特的不可替代的研究对象，更由于它有其特殊的不同于普通教育的规律，因而可以构成一门独立的学科。至于理论体系、专门术语、方法论体系等，只有在它的发展过程中不断完善，不断成熟。确切地说，它既是一个研究领域，也是一门正在走向成熟的学科”[②]。在坚持高等教育研究科学化、学科化的基础上，潘懋元吸收融合了“研究领域论”背后的问题意识与研究方法论，极大拓展了高等教育研究的问题域与方法体系。随着潘懋元高等教育学科范式思想的不断发展，与高等教育实践紧密相关的问题，无论是一般的还是特殊的、宏观的还是微观的，都逐渐在他的理论研究中占据了一席之地，以多学科、跨学科研究为代表的方法论体系也得以逐步形成。在他的思想指引与亲力亲为(如组织编写《多学科观点的高等教育研究》等著作)之下，高等教育科学已形成了一个庞大的学科群，包括从高等教育学各组成部分分化出来的分支学科，如大学教学论、大学学习学等；高等教育学同其他学科结合产生的交叉学科，如高等教育哲学、高等教育管理学等；以及运用高等教育理论以研究不同类型、不同层次的高等教育所构成的学科，如高等工程教育、学位与研究生教育等，[③]形成了体系完整、结构清晰的学科群、问题域和方法体系。这标志着我国高等教育学科的发展已大大超越了普通教育学的研究领域与理论体系，形成了具有自身特色的学科范式与学科建设路径。

---

① 潘懋元，陈春梅，粟红蕾.关于高等教育若干问题的思考——厦门大学博士生导师潘懋元先生访谈[J].社会科学家，2017(2)：6.

② 潘懋元.潘懋元文集：卷二(上)[C].广州：广东高等教育出版社，2010：426-427.

③ 潘懋元.关于高等教育学科建设的反思[J].中国教育科学，2014(4)：9.

近年来，随着我国高等教育事业发展进入崭新阶段，潘懋元的高等教育学科建设思想也有了新的发展。一方面，他提出高等教育研究要主动适应新时代、新形势，特别是要反映从精英高等教育到大众化高等教育的变化，以"和而不同"的理念协调高等教育变革中的矛盾，包括价值观、质量观、发展观及政策上的矛盾，①并以新时代中国特色社会主义思想为指导，扎根于优秀中华文化传统，发展高等教育的中国学派；②另一方面，他认为新形势下的高等教育研究要更加重视微观教学研究，关注微观教学过程和培养专门人才的实践性问题，包括课程、教材、教法、评估及教学质量建设等，使高等教育研究真正深入到教育实践中去。③ 在具体的发展路径上，他强调要推进高等教育学一级学科建设，以新的现代学科建设标准加快中国高等教育学派发展，同时在广泛吸纳借鉴其他学科理论和研究方法的基础上，形成具有自身特色的理论与方法体系。④ 纵观我国三十多年来高等教育研究的发展，可以发现其大体上遵循了潘懋元的高等教育学科范式与学科建设思想，是在这一思想基础上的进一步生长。这实际上说明了，潘懋元之所以被公认为高等教育学科的创始人，不仅意味着他开展高等教育研究与学科建设探索的时间最早、持续时期最长且贡献卓著，更意味着他通过自身的思想与实践，开创了最具典范意义和现实影响力的学科范式。

（二）教育内外部关系规律思想

教育是有规律的。对教育内外部关系规律的认识与阐释是潘懋元高等教育思想中最重要、最核心的内容之一，也是他本人及诸多学者开展高等教育研究的重要理论基础。"文革"结束后不久，理论界开展了一场影响深远的，关于教育究竟是"上层建筑"还是"生产力"的论争。在这场论战中，各方都有其合理的论证，虽未形成统一的结论，但却在很大程度上解放了人们的思想，唤醒了人们对教育基本理论问题的关注。潘懋元不仅参与了这场论争，更为重要的是，他开始着重思考教育与社会经济、政治、科技、文化等方

---

① 潘懋元.关于高等教育学科建设的反思[J].中国教育科学，2014(4)：18.

② 潘懋元.主动适应新时代新形势 发展高等教育中国学派——在厦门大学教育研究院 40 周年庆祝大会上的讲话[J].高等教育研究，2018(6)：2.

③ 潘懋元.高等教育研究要更加重视微观教学研究[J].中国高教研究，2015(7)：1.

④ 潘懋元.中国高等教育改革发展 70 周年：回顾与前瞻——潘懋元先生专访[J].重庆高教研究，2019(1)：9.

面的关系。在他看来，高等教育发展在历史上出现的种种失误，是因为教育与经济、政治、文化发展不相适应，即违反客观规律所致，故而在高等教育学科发展中，研究高等教育发展规律是解决高等教育发展面临的根本问题的关键。他认为，人与社会是教育的两端，而教育是人与社会关系的中介，因此，可以从教育"促进人的发展"与"促进社会发展"两大基本功能入手，探索、归纳教育的基本规律。1980 年在湖南大学讲课时，潘懋元第一次正式提出"教育的内外部关系规律"，并在此后编写《高等教育学讲座》等著作时对其进行了表述上的修正。在这些论著中，教育的外部关系规律通常简略表述为"教育必须与社会发展相适应"[①]，教育的内部关系规律则一般表述为"教育必须全面地协调德育、智育、体育、美育，使学生全面发展"或"教育必须通过德育、智育、体育、美育，使受教育者全面发展"[②]，其后又增加了一个更重要的维度即"教育的要求必须与学生的身心发展相适应"[③]。教育内外部关系规律均要求相互适应，即同时包括"受制约"与"起作用"两个方面，且都存在主动适应与被动适应的问题。就二者的关系而言，教育内部关系规律的运用要受外部关系规律的制约，而外部关系规律又只能通过内部关系规律来实现。[④] 运用外部关系规律时，要以是否符合内部关系规律为准绳，即以是否有利于教育对象的健康成长为依据；运用内部关系规律时，要以是否符合外部关系规律为准绳，即以是否有利于社会的发展为依据。[⑤]

虽然关于教育规律的认识广泛地存在于前人的著述中，但潘懋元是明确以"内外部关系规律"来指称并系统阐述教育规律的第一人。教育内外部关系规律思想的提出，对当时的教育理论研究、教育实践探索，尤其是高等教育研究与实践产生了深刻的影响，且这种影响一直延续至今，贯穿了高等教育研究科学化与学科化的全过程，推动了高等教育学科理论体系的建立与完善。潘懋元主张，高等教育学不仅要研究一般教育规律，而且要着重研究一般教育规律在高等教育实践中的运用；[⑥]高等教育学的学科建设必须超

① 潘懋元.教育的基本规律及其相互关系[J].高等教育研究，1988(3)：1.

② 潘懋元.潘懋元文集：卷二(上)[C].广州：广东高等教育出版社，2010：523.

③ 潘懋元.对高等教育若干问题的思考——潘懋元先生访谈[J].西北工业大学学报(社会科学版)，2018(2)：27.

④ 潘懋元.新编高等教育学[M].北京：北京师范大学出版社，2009：13.

⑤ 潘懋元.关于高等教育学科建设的反思[J].中国教育科学，2014(4)：12.

⑥ 潘懋元.关于高等教育学科建设的反思[J].中国教育科学，2014(4)：10.

越一般意义上的问题研究，应当建立科学化的学科理论体系。科学理论体系的建立，通常需要有一种形式简单，但又能提纲挈领、统摄全部研究范畴的基本规约或基本思想。理论界在学科建立之初曾就高等教育学的“逻辑起点”等基本理论问题进行过论争，但并没有达成共识，而教育内外部关系规律思想的提出，则在事实上弥补了这一理论缺憾，使高等教育学的理论体系、基本范式的建立有了较为稳固的基础。无论是对潘懋元本人还是对其他研究者，无论是对当时还是现在的高等教育研究，这一思想都起到了重要的支持与牵引作用。潘懋元浩繁的研究领域中的诸多议题，比如，高等教育与商品（市场）经济的关系、高等教育与文化传统及文化创新的关系、新科技革命对高等教育的挑战、高校的教学原则与教学方法，等等，几乎都建立在其教育内外部关系规律思想的基础之上，是对这一思想的具体应用。从这个意义上讲，教育内外部关系规律思想是潘懋元高等教育思想体系的核心之所在。

潘懋元的教育内外部关系规律提出后引起了教育界的广泛关注，在很大程度上影响了教育理论与实践工作者的认识与思维方式，对我国高等教育的宏观发展与微观改革起到了重要的指导作用。尽管其确实引发了一些争议和讨论，但这客观上更促进了这一思想的传播与完善。随着这一思想在教育研究与实践中的广泛运用，其科学性也不断得以证明。比如，潘懋元基于教育外部关系规律对高等教育与市场经济关系的把握，在很大程度上预估了改革开放以来社会主义市场经济对高等教育发展的影响趋势；他基于教育内部关系规律提出的大学素质教育思想，为当代大学教育改革指明了方向，并从20世纪90年代中期开始直接或间接地影响了国家各级教育主管部门的教育决策。潘懋元指出，教育规律与实践存在着一定的矛盾关系，如规律的抽象性、一般性与实践的具体性、特殊性的矛盾；规律的客观性和实践的主观性的矛盾；规律的存在是无条件的，规律的应用是有条件的，等等。[①] 因此，教育规律的正确运用，必须与长期的实践探索紧密结合。可以看到，潘懋元之所以能够在高等教育方面做出诸多具有前瞻性、预测性的理论成果，并能为我国高等教育政策制定、高等教育实践发展提供适切的指导，既源于他有着长期的、丰富的研究与实践经验，也因为他牢牢把握、合理

① 潘懋元.关于高等教育学科建设的反思[J].中国教育科学，2014(4)：15.

地运用了教育的内外部关系规律思想。

二、高等教育宏观发展思想

理论的价值犹如太阳和月亮，不仅光耀星空，而且普照大地。潘懋元高等教育思想的一个重要特点，在于其并不是从理论到理论的抽象建构，而是与我国高等教育事业息息相关，与高等教育改革与发展有着不可分割的联系。在他的思想体系中，既有对我国高等教育发展的一般问题、普遍问题的关注，也有对不同高等教育类型的关切；既有对高等教育事业宏观发展方向、变革路径的把握，也有对高等学校内部微观事务的体察。概而言之，潘懋元的高等教育宏观发展思想主要由三大部分构成。

（一）中国特色高等教育发展道路思想

在现代高等教育的发展上，我国是后发国家。尽管我国现代高等教育的发展并没有宣称照搬任何国家的模式，但不可否认，“依附论”的影响在各个时期都有着明显的表现，自主发展往往处于式微之势。在高等教育研究中，“依附论”也很有市场。潘懋元的高等教育思想表现出鲜明的文化自觉意识，在其高等教育宏观发展思想中，中国特色高等教育发展道路思想占有重要地位，它体现了潘懋元对于我国高等教育发展基本立场的宏观把握，是对我国高等教育发展路径的战略设计。从思想源流来讲，潘懋元的中国特色高等教育发展道路思想与其比较高等教育思想密切相关。作为我国最早从事比较高等教育研究的学者之一，潘懋元见闻广博、阅历丰富，在他思想的形成过程中，曾学习或接触国内外各种教育思想。他曾将自己的学习经历戏称为“封”、“资”、“修”：所谓“封”，是指早年他的学习经历深受中国传统文化的影响，对中华民族的固有文化与道德伦理形成了较为深刻的认识；所谓“资”，是指青年时期他曾大量接触、学习西方的教育理论，尤其是美国的实用主义教育思想；所谓“修”，是指在新中国成立初期他又大量学习、实践了苏联的教育理论。[①] 在融汇国外多种教育理论、学说，以及高等教育发展的比较研究成果的基础上，潘懋元萌发了关于中国高等教育发展的创造性

① 潘懋元，口述.肖海涛，殷小平，整理.潘懋元教育口述史[M].北京：北京师范大学出版社，2007：114.

认识。在我国高等教育事业拨乱反正、走上正常的发展轨道之初，他即清醒地意识到，中国高等教育事业的发展不能抱残守缺、故步自封，需要从各种教育思想、教育模式中不断汲取营养，但也不能丧失自身的特色与主体性，唯“洋”是瞻，而应努力提升自身的文化自觉，立足于本国实际，通过借鉴、超越与创新，走出一条具有中国特色的发展道路。

对处于变革转型中的中国高等教育来讲，潘懋元的中国特色高等教育发展道路思想明确了中国高等教育发展的基本立场与发展方向。在全球化浪潮兴起的时候，西方学者提出的“依附论”曾一度引起我国高等教育界的重视。“依附论”学者阿特巴赫认为，西方发达国家与第三世界国家之间分别处于世界学术系统中的“中心”与“边缘”地位，二者之间存在控制与被控制的不平等关系，无论是在政治、经济，还是在教育、学术领域中，发展中国家对发达国家都存在无法避免、不可逆转的依附，未来似乎也只能在这一格局之下走依附性发展的道路。这种思想得到我国一部分学者的认同，他们援引中国高等教育发展初期曾移植、模仿日、德、美和苏联等国教育模式的客观事实，认为依附理论可以解释清末以来中国高等教育发展的历程，中国与西方国家确实存在教育与学术上的“边缘—中心”关系，且在相当长的一个时期内难以摆脱这种依附发展的局面。[①] 潘懋元从理论与现实两个维度对“依附论”进行了批判。在理论维度上，他提出依附理论是站在强势的西方文化立场来为东方代言，只强调教育的外部因素，而对第三世界的民族文化、政治体制等内在发展动力置若罔闻；在现实维度上，他认为依附理论对于中国高等教育的近代发展同样缺乏现实解释力。对西方教育模式的借鉴固然是所有“后发外生型”国家在高等教育发展初期的必经之路，但从我国的实际情况来看，所谓的“依附”是在逐渐减少的，随着民族性和本土性的日渐浓厚，中国的高等教育事实上也在不断探索适合自身发展的独特模式。在《借鉴—超越：中国高等教育自主发展路径研究》一文中，潘懋元进一步从“学术理念”、“学术语言”与“学术评价”三个角度阐述了影响中国高等教育自主发展的相关问题。[②]

① 陈兴德，潘懋元.“依附发展”与“借鉴—超越”——高等教育两种发展道路的比较研究[J].高等教育研究，2009(7)：11.

② 杜祖贻.大学正业与国际排名孰重？——序潘懋元教授《借鉴—超越：中国高等教育发展路径研究》[J].北京大学教育评论，2009(1)：174.

有鉴于此，潘懋元提出以“借鉴—超越”论取代“依附论”，认为中国高等教育百年来的发展实际上是一个学习、借鉴西方但有所创新的过程。通过大胆创新与不断超越，中国完全能够走上一条非依附发展的道路。尽管他关于这一思想的明确表述是在与“依附论”的论争中提出的，然而，从潘懋元高等教育思想的总体脉络来看，中国特色高等教育发展道路思想实际是他一贯的立场与主张，贯穿于他对于中国高等教育发展的整体设计之中。比如，在建构高等教育的理论体系时，他始终坚持对学科建制与中国现实问题的关注，开创了与国外“问题领域式”高等教育研究截然不同的中国高等教育学科体系与学科范式；在研究高等教育大众化问题时，他将马丁·特罗(Martin Trow)的理论与中国的实际情况相结合，最终对大众化理论进行了适应性修正，并影响了高等教育大众化相关政策的制定与实施；在研究高等教育国际化问题时，他认为应将“引进来”与“走出去”相结合，要在引进国外有益的教育思想与教育模式并保持自身主体性的同时积极作为。近年来，随着我国综合国力与国际地位的提升，潘懋元进一步指出我国高等教育要在世界上持续发展自己的鲜明特色和话语权，既要尊重中国的文化传统，又应广泛地吸取其他国家办教育的经验和优点，还要尊重联合国教科文组织所提出来的一些国际理念，如《教育 2030 行动框架》中提出的“全纳、公平、有质量和终身学习”的教育发展愿景等，[①]不断优化完善中国特色高等教育发展道路，彰显中国特色高等教育的优越性与影响力。中国特色高等教育发展道路思想体现了潘懋元对于中国高等教育发展的基本立场，在他的教育思想体系中具有十分重要的地位。

（二）中国高等教育大众化、普及化思想

大众化是现代高等教育发展的重要趋势之一，20 世纪中期以来在东西方很多国家中都得到了实践。美国学者马丁·特罗最早对这一现象开展理论研究，他从美国、西欧等国的高等教育发展经验出发，提出了著名的“高等教育大众化理论”。这一理论认为，高等教育“量”的增长将引起“质”的变化，当高等教育毛入学率进入 15%以上的大众化阶段后，高等教育的观念、

① 潘懋元.中国高等教育改革发展 70 周年：回顾与前瞻——潘懋元先生专访[J].重庆高教研究，2019(1)：8.

功能、模式、管理，以及与社会的关系等都将发生一系列的改变。[①] 为此，教育政策与教育制度应当进行相应的变革调整。大众化理论提出后，对世界许多国家的高等教育政策产生了重要影响，但在很长一段时间内并没有引起我国高教界的重视。由于我国高等教育毛入学率长期处于较低水平上，比如，1980 年毛入学率仅为 2.22%，到 1996 年也仅为 8.03%，大众化、普及化直到 20 世纪末都还几乎是无法想象的事情；不少人认为，大众化理论并不适合中国的国情，大众化所引发的教育质量、学生就业等问题是中国无法承受的。然而，通过研究 20 世纪后期我国经济社会发展需要以及新世纪经济社会发展的必然趋势，潘懋元运用教育外部关系规律的理论武器，敏锐地捕捉到了中国高等教育发展的历史性契机，指出中国高等教育需要"适度超前发展"，[②]大众化道路是我国高等教育发展的必然选择。有鉴于此，他开始组织学生译介、研究马丁·特罗的有关论著，成为国内最早开展大众化相关问题研究的学者之一。在研究的理论视角上，潘懋元并没有拘泥于马丁·特罗的思想，而是结合我国的实际情况开展适应性研究。通过研究，他发现马丁·特罗的理论并不足以完全解释我国高等教育的大众化进程，我国在距离毛入学率 15%的大众化底线标准很远的时候，就已经出现了若干大众化，甚至普及化阶段的特征，是一种"质变先于量变"的发展，即存在一个质的局部变化先于量的总体达标的"过渡阶段"。[③] 这一发现有力地弥补、修正了传统大众化理论的不足，为大众化理论在"后发外生型"国家的实际运用提供了适应性基础。在这一认识的基础上，潘懋元开始全面思考与我国高等教育大众化进程紧密相关的种种议题，最终形成了富有中国特色的高等教育大众化思想。

潘懋元的中国高等教育大众化思想首先体现在他的高等教育结构观上。他认为，大众化阶段的高等教育有两个特点：一是应用性，更多地要求培养具有应用能力的人才，而不是像精英教育阶段那样强调学术人才培养；二是多样化，应用型人才应该是多样化的，用传统的办学思路、办学手段来实施、规范大众化时代的高校办学既不经济也不科学；用传统精英教育的标

---

① 潘懋元.高等教育大众化的理论与政策[M].福州：福建教育出版社，2004:2.

② 潘懋元.潘懋元论高等教育[M].福州：福建教育出版社，2007:365.

③ 潘懋元，口述.肖海涛，殷小平，整理.潘懋元教育口述史[M].北京：北京师范大学出版社，2007:219.

准来引导、衡量大众化时代的高等教育更是一种误导。① 因此，高等教育大众化的实现需要正确定位高等学校的层次、结构与指向，以全面适应大众化时代的高层次人才需要。在洞悉我国经济社会发展需要和精准透视高等教育发展可能的基础上，他指出发展民办高等教育、高等职业教育与鼓励高等教育通向农村等方式是实现中国高等教育大众化的主要途径，因此在这些方面组织开展了大量的原创性研究。比如，他指导的博士学位论文《高等教育通向农村研究》（高耀明著）就是国内第一部系统研究高等教育通向农村相关问题的著作。同时，他还明确指出，在实现高等教育大众化的过程中应高度重视对传统精英教育的保护，不能将大众教育与精英教育视为矛盾对立、非此即彼的概念，大众化时期的高等教育既应包括大量培养专业性、应用性、职业性人才的大众教育，也应包括一定比例从事高深学问研究与传播的精英教育，②即应重视高等教育定位、分工与层次的合理化。此外，潘懋元的中国高等教育大众化思想还体现在他的高等教育质量观上。他提出，高等教育大众化的前提是办学模式的多样化，而其核心在于教育质量的多样化。③ 在大众化阶段，不同的高校处于不同的层次，拥有不同的教育目标与社会适应面，自然也应具有不同的规格与质量标准。高校招生规模的扩张，并不一定意味着教育质量的下降，通过保证高等教育的"适度超前发展"，为不同类型、层次的高校建立不同的评估标准与指标体系等方式，大众化时代的教育质量问题是能够得到有效解决的。

在对我国高等教育发展的历史阶段性和特殊性的准确把握上，潘懋元很早即预见到我国高等教育将持续向大众化、普及化方向发展，将很快进入毛入学率 50%以上的普及化阶段。在高等教育大众化思想的基础上，他开始进一步探索构建适应普及化阶段高等教育的新理念。潘懋元敏锐地指出，为主动适应我国经济社会的发展，高等教育应继续适度超前发展，因为人才的成长往往需要一个较长的培养周期。虽然 21 世纪初我国已具有较大规模的人才培养规模，但如果因此就停下来，将很容易陷入"中等收入陷

① 潘懋元.高等教育大众化面临的困难[N].光明日报，2014-09-23.

② 潘懋元.精英教育与大众教育[J].中国高教研究，2001(12)：16.

③ 潘懋元，口述.肖海涛，殷小平，整理.潘懋元教育口述史[M].北京：北京师范大学出版社，2007：219.

阱”，阻碍未来经济社会的转型发展。[①] 因此，普及化将成为未来15年我国高等教育发展的重要特征，这将引发高等教育新的变化，一是“全纳”将成为普及化的基本理念，接受高等教育已不再是精英化阶段少数人的特权或大众化阶段众多人的权利，而是所有适龄公民的义务；二是“质量”将成为教育永恒的核心，传统的精英化的学术质量将转变为多样化的质量，达到个人成长的素质同适应社会的知识能力的统一。[②] 在当前发展阶段，需要重点关注伴随高速增长而来的高等教育内外适应问题，包括高校学生数量激增与质量不高的矛盾、高校无序竞争与学生就业不充分的矛盾、高等教育中平等与优秀的矛盾，等等。[③] 潘懋元的中国高等教育大众化、普及化思想与其高等教育发展的中国道路思想一脉相承，互为衬托，共同影响了他的高等教育结构观与质量观，为当代我国高等教育快速、持续、健康发展提供了重要的理论依据。纵观近20多年来我国高等教育大众化的发展历程，可以发现其基本上遵循了潘懋元当时的判断与预测。

（三）终身教育思想

“终身教育”理念是由法国学者保罗·朗格朗（Paul Lengrand）于1965年召开的“成人教育促进国际会议”上提出的，其意涵主要包括：一是指教育应贯穿人的一生，使每个人都能在任何时候接受教育，从而更好地适应社会需要，实现自己的抱负；二是指教育应打破封闭、固化的学校体制，统合社会中各种教育与培训渠道，使每个人“在其生存的所有部门，都能根据需要而方便地获得接受教育的机会”[④]。按照朗格朗的思想，终身教育并不是指某种具体的实体，而是泛指一种抽象的思想或原则，类似于我国古语所说的“活到老，学到老”。正因如此，虽然终身教育概念引发了国际社会的广泛关注，但在相当长的一段时间内并没有形成共识，关于终身教育的实现方式，迄今仍存在不小的争议。

---

① 潘懋元，陈春梅，粟红蕾.关于高等教育若干问题的思考——厦门大学博士生导师潘懋元先生访谈[J].社会科学家，2017(2):8.

② 潘懋元，李国强.2030年中国高等教育现代化发展前瞻[J].中国高等教育，2016(17):6.

③ 潘懋元，左崇良.高等教育大众化：理论与实践的反思[J].攀登（双月刊），2016(2):140.

④ 高志敏.关于终身教育、终身学习与学习化社会理念的思考[J].教育研究，2003(1):79.

潘懋元是我国最早关注、重视终身教育的学者之一，早在20世纪70年代末进行学科建设的初步探索之时，他就考虑到传统的高等院校之外的高等教育形式很有可能在未来的教育体系中占据极为重要的地位，"高等学校教育学"这一称谓显然无法涵盖非学校形式的教育，因此，他坚持使用"高等教育学"来命名新学科。[①] 随着研究的进一步深入，终身教育思想在其理论体系中的地位越来越重要。首先，在对终身教育的价值与意义的理解上，潘懋元指出，终身教育与高等教育存在紧密的联系，它代表了高等教育发展的一大重要趋势，甚至在很大程度上预示着高等教育的未来发展方向。在开展高等教育大众化相关问题的研究时，他开始关注并引介日本学者有本章(Arimoto Akira)的"后大众化阶段"理论。这一理论认为，当大众化进入后期阶段，不仅适龄青年继续增加并最终进入普及化阶段，越来越多的成年人也会为了满足工作和生活需要多次进入高等院校接受继续教育，高等教育的后大众化阶段很可能会出现终身学习社会。[②] 潘懋元看到了终身学习社会的意义，并结合对中国高等教育大众化发展过程中"质变先于量变"的"过渡阶段"现象的考察，认为中国有可能借助于现代远程教育、高等教育自学考试和各类培训班等方式，超前或部分融入终身教育体系。他在《多学科观点的高等教育研究》一书中高屋建瓴地指出，教育对人类而言是永恒的，而高等教育则只是一个历史概念；随着实践的发展，高等教育可能已无法涵盖中学后的多样化教育，而应使用"第三级教育""中学后教育"来标示，也就是说，未来的高等教育很可能是终身教育的一个组成部分。[③] 随着近年来我国高等教育普及化趋势日渐明显，潘懋元进一步指出终身教育将在不断适应社会发展所进行的系列教育变革中渐趋形成的一种现实，高等教育最终将随着普及化的不断发展而融入终身教育体系中，成为终身教育体系的组成部分。"高等教育不再是人生学习生活的终点、学制层次的塔尖，而只是像初等教育、中等教育一样，作为终身学习的一个阶段。"[④]为此，需要将传统上

① 希建华.中国远程与高等教育印象——访我国高等教育学泰斗潘懋元先生[J].开放教育研究，2005(2)：4.

② 潘懋元，口述.肖海涛，殷小平，整理.潘懋元教育口述史[M].北京：北京师范大学出版社，2007：217.

③ 潘懋元.多学科观点的高等教育研究[M].上海：上海教育出版社，2001：51.

④ 潘懋元，李国强.2030年中国高等教育现代化发展前瞻[J].中国高等教育，2016(17)：7.

各种被人为割裂的教学和学习形式加以整合，发挥各个教育阶段和各种教育环境的互补性，实现学历教育与非学历教育的有效融合，致力于构建一个学习型社会。① 由此可见，潘懋元对终身教育的理解超越了一般意义上的现实或现象层面，而是从时代发展、历史趋势的高度来认识终身教育的现实意蕴。

其次，在对终身教育的意涵与实现路径的研究中，潘懋元并没有拘泥于国际上的理论争议，或照搬国外的相关经验，而是从中国的实际情况出发，谋划具有中国特色的终身教育建设之路。在对我国当前的经济发展水平、教育结构体系，以及高等教育大众化发展阶段等问题进行深入研究的基础上，他提出终身教育体系本质上是一个包含所有教育形式的复合系统，我国高等教育的大众化、普及化发展不能仅仅依靠普通高校这一种形式，也应大量依靠远程教育、自学考试等多种教育形式，通过学历教育与非学历教育的结合、国民教育体系与非国民教育体系的结合，我国将有可能在短时间内实现终身教育体系与学习型社会的建立。基于此，潘懋元组织开展了一系列卓有成效的研究，他所指导的博士学位论文《我国成人高等教育转型的研究》(余小波著)、《自学考试制度研究》(康乃美著)等，大大丰富了人们对终身教育及其实现方式的认识。

潘懋元的终身教育思想与其高等教育发展的中国道路思想、中国高等教育大众化思想构成了一个关于我国高等教育宏观发展的思想体系。中国道路思想体现了潘懋元对于我国高等教育发展的基本立场，大众化思想体现了他对于我国高等教育发展态势的总体构思，终身教育思想则体现了他对于我国高等教育发展趋势的长远预期。在这三种思想所框定的理论架构下，潘懋元组织开展了大量的理论与实践研究工作，为我国高等教育的宏观发展提供了许多具有科学性、建设性与创新性的思想和动议。

三、高等学校教育教学思想

潘懋元的高等教育思想不仅关注高等教育发展中的宏大叙事与宏观命题，同样关涉高等学校所面临的具体事务与微观问题。从潘懋元关于高等

① 潘懋元，陈斌.面向2030的理念与行动[J].中国高等教育评论(第9卷)，2018(1)：9.

学校内部事务的研究与论著来看，他关注最早、着墨最多的，无疑是高校的人才培养与教育教学问题，这正是教育内部规律所约束的范畴，也是统摄高校内部绝大多数事务的核心问题。具体说来，他的相关著述主要聚焦于高校课程与教学和教师教育与教师发展两大领域。

（一）高校课程与教学论思想

人才培养是高等学校的基本职能，课程与教学是人才培养的两大关键要素，因此，高校的课程与教学也是高等教育研究中最基本的领域。这可能是潘懋元关于高等教育学科建设的最初探索为什么紧紧围绕高等学校中的教与学问题而展开的深层原因。从思想源流看，他的高校课程与教学论思想从一开始即具有鲜明的科学性与原创性，它并非简单的教学现象归纳或教学经验总结，也并不是对普通教育理论或国外教育思想的简单移植，而是建立在他对高等教育的本质、特点与特殊性的理性认识和对教育基本规律的合理运用上。早在 1956 年组织编写《高等学校教育学讲义》时，他就初步总结了高等教育区别于普通教育、大学生区别于中小学学生的特殊性；而在 1983 年出版的《高等教育学讲座》中，他更将这种认识完整地概括为对高校教学本质的理解。他指出，高等学校教学的特殊性主要体现在三个方面：一是教学目标的特殊性，即高等教育是建立在普通教育基础之上的高等专业教育，高校教学应体现指向于特定实践领域的专业方向性；二是教学对象的特殊性，即高等教育的主要对象是 20 岁左右的青年，高校教学应对学生提出更具创造性、独立性的要求；三是教学过程的特殊性，即高校教学过程是人类一般认识过程和特殊认识过程相结合、学习已知和探索未知相统一的过程，因此应将科学研究和社会实践引进教学过程。[①] 潘懋元对高校教学特殊性的理性认识，揭示了高等教育区别于普通教育的本质特点与特殊规律，为科学、全面地理解高校课程教学提供了基本的思路指向。

在对高等教育的本质特征进行科学解释的基础上，根据他对教育基本规律的理性认识，潘懋元就高等学校的教学原则、教学方法、课程组织等问题展开了系统深入的探索，形成了一套层次清晰、结构严整的高校课程与教学论思想。在教学原则方面，他经过数十年来的研究、实践与修正，提出了

---

① 曹如军.潘懋元先生的大学教学思想探析[C]//潘懋元高等教育思想研究论文集.厦门：厦门大学教育研究院，2008：97.

高校教学的十大原则，即科学性与思想性相结合原则、知识积累与智能发展相结合原则、在教师主导下发挥学生主体性原则、理论联系实际原则、专业性与综合性相结合原则、教学与科研相结合原则、知识的系统性与认知的循序渐进相结合原则、少而精原则、量力性原则、统一要求与因材施教相结合原则。[①] 这十项原则兼顾一切教学活动中的普遍规律和高校教学过程中的特殊矛盾，上承他对于高等教育的本质特征与教育基本规律的理性认识，下启他对于高校具体教学内容、教学方法、教学组织的系统设计。在教学方法方面，潘懋元根据他提出的教学原则对高校教学通常使用的课堂教学法（讲授法、讨论法、实验法等）、现场教学法（参观法、调查法、实习实训法等）、自学法、科研训练法等进行了科学化、系统化的阐述。在课程组织方面，潘懋元主张既不能墨守传统的苏联式的学年制教学计划模式，也不能完全照搬美国式的学分制，而应结合中国的历史经验与现实情况，以及高校教育教学的普遍规律，制订具有中国特色的学分制课程教学计划与管理方案。[②]

尽管我国自近现代高等教育机构出现以来，就陆续出现了一些同高校课程与教学相关的研究，但直到 20 世纪 80 年代初期，这些研究通常止于一般意义上的经验总结，或移植普通教育理论的思路与范式，并未形成兼具学理深度与现实针对性的高校课程与教学理论。潘懋元在高校课程与教学方面的研究成果无疑是具有开创意义的。随着这一思想的日渐成熟，他将其运用到更广义的高校人才培养问题研究中，如对大学素质教育的研究、对研究生教育问题的研究、对高校课程教学改革趋势与策略的研究等，取得了丰硕的理论成果。近年来，随着新技术手段在高等教育中的广泛应用，潘懋元也逐渐将研究视野投向新技术环境下的人才培养与课程教学改革问题，包括关注大数据、云计算、人工智能、脑科学、机器人（智能人）与高等教育的关系；强调“互联网＋教育”在开拓新教学模式、实现智慧教育目标、推进教育民主化进程中的重要地位，[③]等等。同时，这一思想体系在高校教育教学实践中也得到了推广运用，如潘懋元本人在研究生教学实践中摸索出的“学习—研究—教学”三结合的教学法、“学术沙龙”教学法等，从不同的侧面展

① 潘懋元.新编高等教育学[M].北京：北京师范大学出版社，2009：247.

② 潘懋元.新编高等教育学[M].北京：北京师范大学出版社，2009：293.

③ 潘懋元，陈斌.“互联网＋教育”是高校教学改革的必然趋势[J].重庆高教研究，2017(1)：4.

现了他的高校课程与教学论思想的实践魅力。

（二）高校教师教育与教师发展思想

教师是高校办学的主体，是高校人才培养与教育教学活动的主要承担者，高校教师群体的学术水平、教学能力和师德，在很大程度上决定了高校的教育质量、办学水平和社会声誉。潘懋元很早就意识到了教师对于高等教育事业的重要性，并开始了高校教师相关议题的研究工作。比如，在他1956年组织编写的《高等学校教育学讲义》中，就有专门章节探讨高校教师在教学中的地位、作用、任务及其与学生的关系等。随着世界高等教育的发展变化，以及20世纪90年代以来我国师范教育的转型变革，潘懋元逐渐将研究视野聚焦到高校教师教育与教师发展问题上。

潘懋元是师范教育出身，曾参加中等师范培训和接受系统的大学师范教育，具有深厚的师范教育理论修养和丰富的师范教育实践经验。同时，作为高等教育理论工作者，他也深知师范教育的发展趋势和适应性变革要求。2004年，他发表《从师范教育到教师教育》一文，阐明了以"教师教育"取代传统"师范教育"的必要性。他指出，传统的师范教育仅仅强调教师职业的伦理性，是一种封闭、定向的教师职前教育，已不再适应大众化进程中高等教育领域所呈现的新趋势、新变化，应以"教师教育"取代这一概念。与师范教育相较，教师教育具有两大特征：首先，更强调教师职业的专业性，将教师视为一种拥有异于一般知识的专业知识，能够根据特有的专业经验为特定对象提供专业服务的专业化职业，[①]因此，必须经过专门化的专业教育与专业训练；其次，更强调教育的开放性、多样性与长期性，是一种贯穿教师职业生涯始终的终身教育体系。在2006年召开的第四届"高等教育质量国际学术研讨会"上，潘懋元发表报告《大学教师发展与教育质量提升》，正式引入"大学教师发展"这一概念。他认为，随着知识经济时代大学成为社会的中心，以及高等教育大众化趋势在世界范围内的普遍出现，大学教师的角色与功能正在发生巨大变化，传统上从外部社会、组织的要求出发建构的教育、培训已不再契合高校教师的成长规律与成长需要，应提倡注重自主化与个性化的"教师发展"。[②] 潘懋元指出，大学教师发展与一般所说的教师培训也是

---

① 潘懋元，吴玫.从师范教育到教师教育[J].中国高教研究，2004(7)：13.

② 潘懋元.潘懋元文集：卷三(下)[C].广州：广东高等教育出版社，2010：503.

两个有密切联系的不同概念,教师培训着重从社会或组织的要求出发,教师发展则着重从教师的主体需要出发,其虽然会借助某种形式的培训,但更加重视教师的自主性、个性化,促进教师的自主学习与自我提高,更加彰显了"以人为本"的特点。① 结合国际高等教育研究的普遍共识和中国高等教育的实际情况,他在后续的研究中将广义上的高校教师发展界定为"所有在职大学教师,通过各种途径、方式的理论学习和实践,使自己各方面的水平持续提高,不断完善"的过程②,并将高校教师发展的内涵界定为学科专业水平(包括基础理论知识、专业知识、跨学科与跨专业知识、实践能力)、教师职业知识与技能(包括教育理论、教学能力)、师德修养(包括服务精神、自律精神、创新精神)等三个方面③,同时对高校教师发展的方式、组织、动力及经验借鉴等问题展开了深入系统的研究。

纵观潘懋元高校教师教育与教师发展思想的发展历程,可以发现二者之间有着内在的逻辑一致性和理论包容性,主要体现在以下几个方面:其一,从宏观层面明确了教师教育与教师发展的基本性质。传统的教师职业缺乏对专业化的重视,传统的教师发展也缺乏专业化的机制,这种专业化的缺失已经严重偏离了现代高等教育发展的要求,这也是高校教师教育与教师发展问题之所以引人关注的主要原因。潘懋元对教师教育、教师发展概念的解读与论述,紧紧围绕着教师职业与教师发展的专业化而展开。近年来,高等教育质量建设成为研究与实践中的核心议题,潘懋元进一步指出了大学教师发展在高等教育质量建设中的重要地位,强调大学教学文化是质量建设的核心,而大学教师发展是质量建设的基础,二者在质量建设上密切地联系在一起:优质的教学文化生态系统为大学教师所营造,而优质的教学文化生态环境激发了大学教师的发展。④ 其二,从中观层面明确了教师发展的基本特征与主要模式。潘懋元从现代教师发展的要求出发,一针见血地指出了传统师范教育、教师培训中的诸多问题,如强制性、封闭性、短期性等,强调发挥教师发展的积极性、自主性,构建开放化、多元化的终身发展体

① 潘懋元.大学教师发展论纲——理念、内涵、方式、组织、动力[J].高等教育研究,2017(1):63.

② 潘懋元,罗丹.高校教师发展简论[J].中国大学教学,2007(1):5.

③ 潘懋元,夏颖,胡金木.教师发展与教师教育——访潘懋元先生[J].当代教师教育,2018(1):2.

④ 潘懋元.高等教育质量与大学教师发展[J].高等教育研究,2015(1):48.

系。其三，从微观层面明确了教师发展的具体路径与实现方式。潘懋元的高校教师教育与教师发展研究既重视对国外相关经验的引介与借鉴，又强调立足本国的优良传统与实际情况；既重视对普遍性、一般性问题的探索，又强调结合各种具体的高等教育类型，如研究型大学、应用型大学、高职院校等，寻找能够满足不同高校特殊需要的工作方法。

四、高等教育分类发展思想

在世界多国的高等教育发展中，与大众化相伴而生的，是高等教育的多样化发展，它既表现在高等教育类型的多样化上，又表现在高等学校办学模式的多样化上。潘懋元很早就看到了世界高等教育发展的这一共同趋势，并对我国高等教育多样化发展的理论与实践展开了长达近三十年的研究，形成了他的高等教育分类发展思想。他认为，分类发展应成为我国高等教育大众化、普及化阶段的重要思路，特别是针对近年来我国开展的“双一流”建设，他更指出“双一流”建设不能够仅限于几十所大学几百个学科，而应辐射全国不同类型、不同层次的高校，所有有实力、有特色的高校和学科，形成不同层次、不同类型的“双一流”。[①] “全国两千多所高等学校，数以万计的学科，大家都应该是各自不同的一流。”[②]潘懋元的分类发展思想涵盖各种类型、各个层次的高等教育，以及学历与非学历、全日制与非全日制等各种高等教育形式，然而，其中着墨最多，也最具开拓性、典型性的部分，主要集中于民办高等教育、高等职业教育和应用本科教育等三大领域。

（一）民办高等教育发展思想

我国现代高等教育发展史上曾出现过私立大学的兴盛时期，但 1949 年新中国成立后到改革开放前，民办高等教育几乎销声匿迹了。改革开放后，民办高等教育开始得到恢复发展，但是，受制于国家的政策法规和人们的传统观念，民办高等教育长期被置于边缘地位，不仅未能受到应有的重视，反而因诸多歧视和不公平政策的制约而举步维艰。潘懋元是我国最早关心和

---

① 潘懋元.高等教育“质量下降”是一个真命题也是一个假命题[N].中国青年报，2018-12-25.

② 潘懋元.对高等教育若干问题的思考——潘懋元先生访谈[J].西北工业大学学报（社会科学版），2018(2):29.

研究民办高等教育问题的学者之一，也是最早积极支持、推动民办高等教育发展的行动者之一。早在20世纪80年代民办高校复苏之初，他就指出，随着中国经济体制的改革，民办高等教育的重现不是不可能的，[①]并预见到民办高等教育将成为我国高等教育发展中不容忽视的重要力量。他认为，随着改革开放后城乡合作经济、个体经济和私营经济的持续发展，民办高等教育的出现有其合理性与必然性，符合教育的外部关系规律。同时，民办高等教育的发展有利于鼓励社会各方力量集资办学，广开财路，缓解高等教育日益严峻的供需矛盾；有利于调整高等教育结构，促进新的教育体制、办学机制的建立；还有利于社会智力资源的开发。[②] 从这个角度看，发展民办高等教育将成为中国高等教育大众化的必由之路，这也为亚洲和东欧多个国家的高等教育发展经验所证明。对民办高等教育历史意义的理性认识，以及对民办高校办学者的情感认同，促使他日益重视并积极推动民办高等教育的发展。1988年，他在《光明日报》撰文，着重阐明了民办高等教育的性质，提出“学校的社会性质，并不决定于经费的来源，而是决定于办学方针、教育宗旨以及体现方针、宗旨的教育内容、教育方法、管理制度”[③]，因此，民办高等教育同样应纳入国家教育体系中，享有与公立院校一视同仁的待遇。这一论述在很大程度上导致了当时关于民办高等教育究竟是姓“公”还是姓“私”的社会争议，使人们开始重新思索民办教育的性质、地位与意义。1990年原国家教委委托厦门大学高教所进行“民办高等教育立法的前期研究”，1998年厦门大学高教所成立“民办高等教育研究中心”，以此为基础，潘懋元和他的同事、学生们就民办高等教育发展的相关议题展开了持续不断的研究。

民办高等教育的发展一方面取决于民办高校的办学理念、办学方式等，另一方面取决于国家相关法规和改革的支持。因此，潘懋元不仅关心民办高校的内部建设与发展，而且非常重视相关法规和政策研究，努力为民办高等教育发展营造适宜的环境。在他看来，民办高校的发展面临着一系列重大问题，如办学宗旨、独立性与自主性、产权、投融资体制等，而解决这些问

① 潘懋元，口述．肖海涛，殷小平，整理．潘懋元教育口述史[M]．北京：北京师范大学出版社，2007：223.

② 潘懋元．潘懋元论高等教育[M]．福州：福建教育出版社，2007：341.

③ 潘懋元．潘懋元论高等教育[M]．福州：福建教育出版社，2007：340.

题的关键，主要在于相关法律、法规和政策的完善。在1995年召开的“亚太地区私立高等教育国际研讨会”上，他作了题为《立法——私立高等教育发展的保障》的主题发言，指出立法对于保证私立高等教育质量、促进私立高等教育健康发展具有重要意义。他认为，在当时的实际情况之下，我国民办高等教育立法应着重发挥扶持、引导，而非限制作用；必须明确私立高等教育的社会性质，确保其与国家的社会制度相一致；必须尊重其相对独立性、自主性和灵活适应性；必须公平对待，鼓励竞争；必须明确责任；必须建立评估制度。[①] 这些论断紧扣当时我国民办高等教育发展所面临的争议、问题和矛盾，为民办高等教育相关法律政策的出台奠定了重要的理论基础。2002年《民办教育促进法》颁布，这一关键性法律的出台使民办高等教育的法律地位和发展环境有所改善，但仍有许多悬而未决的问题。潘懋元在《民办高校产权制度改革的若干问题》等文章中指出，产权问题已成为制约民办高校发展的重要法律问题，根据现有的政策法律，民办高校的投资者和法人基本不享有财产所有权，这种延续公立高校管理的思维模式在很大程度上制约了民办高校举办者的积极性，需要有进一步的法规或条例对民办高校产权进行规范与保护。[②] 2010年《国家中长期教育改革和发展规划纲要(2010—2020年)》颁布后，他又针对将民办高校划分为“营利性”与“非营利”的简单二分法所引发的矛盾与困境，提出我国民办高等教育发展需要走出区别于“捐资举办的民办高校”和“营利性民办高校”的第三条道路，即“投资举办但不要求取得回报和要求取得合理回报但又不是营利性的民办高校”，[③]同时，也在积极倡导高等教育混合所有制办学改革。他指出，如果把营利性与公益性对立起来，势必导致营利性民办高校的办学结余只能按企业的有关法规处理，而不能按公益事业处理，因此需要多个社会部门相互协作，消解民办高校办学过程中营利性与公益性的矛盾。通过教育领域的“混合所有制”办学改革，有助于突破公私二元对立的理论传统，破解教育产权改革的理论难题，也有利于促进现代大学办学主体多元化发展，优化大学的产权结构与

---

① 潘懋元，魏贻通.立法——私立高等教育发展的保障[J].高等教育研究，1996(1)：21.

② 潘懋元，胡赤弟.民办高校产权制度改革的若干问题[J].教育研究，2002(1)：28.

③ 潘懋元，邬大光，别敦荣.我国民办高等教育发展的第三条道路[J].高等教育研究，2012(4)：3.

治理模式，完善现代大学的收益分配与回报机制。[①] 这些观点对民办高等教育的公益性与营利性问题进行了辩证思考，为民办高校在新时期所面临的法律、政策与办学困境提供了合理的解决之道。

除此之外，潘懋元还对民办高校内部的管理、办学和人才培养质量等议题保持了高度的关注，如建言民办高校在高等教育大众化的大背景下积极瞄准市场、适应市场经济对高技能型人才的需求，大力发展高等职业教育，[②] 发挥民办高校办学自主权较大、办学者和核心成员的成就感与更高的优势，推动民办高校精兵简政提高效率、贴近社会以生为本、精打细算运营资产、长远规划重视创新，[③]等等，为民办高校在中国高等教育大众化进程中的路径选择贡献了许多富有创见的思想，得到了很多民办高校办学者的认同。近年来，潘懋元又针对新形势下的高校混合所有制办学问题、独立学院等特殊类型民办高校的转型发展问题等展开了专门研究，如指出高校混合所有制办学形式应兼顾所有制属性和法人属性的分类；独立学院转设为独立设置的高等学校时应积极向应用型本科转型，克服"重学轻术"的思想认识阻力与政策上的歧视，着力改革专业设置与课程教学，提高产学结合度，促进产学融合、校企合作，等等。[④] 鉴于潘懋元对于民办高等教育发展的重大贡献与重要影响，中国民办高等教育委员会特授予他"中国民办高等教育创业奖(理论奖)"。

(二)高等职业教育发展思想

与高等教育发达国家相比，我国高等职业教育发展相对滞后。到20世纪后期，为适应高等教育大众化发展的需要，我国高等职业教育才走上了持续快速发展的道路。潘懋元高度重视高等职业教育的发展，因为在他看来，中国高等教育大众化的发展，关键就在于民办高等教育和高等职业教育，如果高等职业教育的问题解决不好，大众化的质量将受到整体性的影响。[⑤] 与

---

① 潘懋元.中国民办教育四十年专题笔谈[J].华南师范大学学报(社会科学版)，2018(6):20.

② 林金辉.潘懋元高等教育思想[M].广州:广州高等教育出版社，2010:77.

③ 潘懋元，罗先锋.民办高校机制优势研究[J].浙江树人大学学报，2014(5):9.

④ 潘懋元.独立学院的转型定位和发展[J].西南交通大学学报(社会科学版)，2014(5):6.

⑤ 潘懋元，口述.肖海涛，殷小平，整理.潘懋元教育口述史[M].北京:北京师范大学出版社，2007:228.

民办高等教育类似，我国的高等职业教育长期处于被轻视、误解的边缘地位，自身的发展路径与办学模式也存在诸多亟待解决的问题。潘懋元将高等职业教育作为其主要研究领域之一。他认为，解决高等职业教育问题的首要条件，是端正学校、教育主管部门乃至全社会对于职业技术教育的认识。早在1993年，他就在《必须重视专科教育研究》一文中指出，高等专科教育与本科教育是高等教育系统中同一层次的两个并列的子系统，二者的区别在于培养目标与规格，而不在于年限与水平。专科教育更重视应用技术与工艺，是一种技术性、职业性的教育，其在德、日等国的经济发展中扮演过极为重要的角色。① 这一观点对于纠正社会对职业教育的偏见，以及谋划职业教育的现实发展路径起到了积极的推动作用。1999年为了适应“大扩招”的要求，我国开始在普通高校中增设高等职业技术学院，并以“三补一改”等方式增办独立的高职院校，高等职业教育进入了快速发展阶段。然而，对职业技术教育的偏见、歧视仍普遍存在，有些甚至是制度化、政策性的歧视，比如，政府对高职院校的财政投入总是远远低于普通本科院校，高考中存在“先本科后高职高专”的录取顺序，公务员和企事业单位在招聘政策上歧视、拒绝高职高专学历等。在《当前高等职业教育发展的几个主要问题》等文章中，潘懋元将以上问题归结为“正确战略决策和不配套的政策措施的矛盾”，指出政府以高等职业为重点的大众化发展战略是正确的，但在具体的政策措施上并不配套，甚至在阻碍高等职业教育的发展。② 因此，必须通过调整有关高等职业教育的政策，如按照办学需要而非学校类型进行教育财政拨款、改革“重学轻术”的招生就业制度、依据行业或岗位而非学科目录来设置专业、建立以市场为导向的评估标准和评估体系，等等，③来转变人们对高等职业教育的态度与观念。

在对高等职业教育的历史与现状，以及国外经验进行充分研究的基础上，潘懋元提出了关于高等职业教育发展走向的构想。2003年，他明确提出，高等职业教育并非一种教育层次而是一种教育类型，不应将高职院校限

---

① 潘懋元.必须重视专科教育研究[J].上海高教研究，1993(4)：54.

② 潘懋元.当前高等职业教育发展的几个主要问题[J].高等职业教育(天津职业大学学报)，2003(6)：13.

③ 潘懋元.黄炎培职业教育思想对当前高等职业教育的启示[J].教育研究，2007(1)：45.

制在专科层次，应允许它们“升本”，但前提是不能一哄而上，且升本之后还是高职，不能变成普通本科。[①] 2005年，根据现代化建设的人才结构、高等职业教育的类型属性，以及世界高等教育的发展趋势，他提出了建立高等职业教育的独立体系。这一体系中的高校应具有更适宜于造就各层次职业技术人才的培养目标、教学计划、课程内容与教学方法，向上应涵盖专科、本科乃至专业硕士、专业博士研究生层次，向下则与中等职业技术教育相衔接。[②] 这一构想的提出引发了教育界的强烈反响，许多学者和办学者认为这一体系的建立将在很大程度上扭转社会对于职业教育的认识，也有助于巩固高职院校的地位，保持职业教育的连贯性，改善高职的办学质量和办学特色。在这一宏观构想提出后，潘懋元又针对如何建立特色化的高职教育人才培养模式、如何提高高职院校学生的人文素质、如何构建高职院校的评估标准、如何谋划高职院校的师资队伍建设等具体问题展开了探索，取得了大量具有理论与实践意义的研究成果。同时，他也持续关注教育政策与高等职业教育转型发展的关系。潘懋元指出，我国高等职业教育已经历了“需要发展主导型政策阶段（1978—1989）”“巩固发展主导型政策阶段（1990—1998）”“改革发展主导型政策阶段（1999—2009）”，正处在“深化发展主导型政策阶段”，推动产业转型、变革管理机制和满足个体需求是高职教育政策变迁的主要动力。[③] 在新的政策阶段，高职教育政策对高职院校发展的引领、指导作用日渐清晰、显著，随着2014年国务院《关于加快发展现代职业教育的决定》、教育部《现代职业教育体系建设规划（2014—2020年）》等政策文件的颁布，高等职业教育的地位和社会对高等职业教育的重视程度与日俱增，现代职业教育体系的建立也有了较为清晰的蓝图。当前我国高等职业教育政策与实践的整体推进方向，大体上符合潘懋元十几年来的理论预设。

（三）应用型本科教育发展思想

“应用型本科”是近年来逐渐为社会各界所关注的一种高校类型。对于这一概念，目前理论界与实践界还未形成共识，只在大体上用以指称那些以

---

① 潘懋元.当前高等职业教育发展的几个主要问题[J].高等职业教育，2003(6)：13，15.

② 潘懋元.建立高等职业教育独立体系刍议[J].教育研究，2005(5)：28.

③ 潘懋元，朱乐平.高等职业教育政策变迁逻辑：历史制度主义视角[J].教育研究，2019(3)：117.

应用型为办学定位，以高层次应用型人才为培养目标的本科院校。十多年来，潘懋元对应用型本科教育保持了高度的关切，主要是基于以下两个方面的原因：一是基于从宏观层面对我国高等学校分类定位与高等教育学制改革的总体把握。他指出，目前我国高等教育发展的一大突出问题，是高校单一化的发展方向与社会多样化人才需求之间的矛盾。一方面，许多高校，无论其办学基础、特色如何，都在谋求向多科性、综合性、研究型的巨型大学发展；另一方面，教育主管部门仍然依循单一化的政策取向、质量观与评估标准来引导高校，更加剧了高校的同质化。这种单一的发展方向与多样化的社会需求产生了尖锐的矛盾，严重影响了高等教育大众化的健康发展。[①] 通过参考卡内基教育促进基金会和联合国教科文组织的高校分类法，他提出建立类型多样、层次分明的新型高等教育学制系统，将高校分为三种基本类型：第一类是综合性研究型大学，主要培养研究型人才；第二类是专业性应用型大学或学院，主要培养理论基础宽厚且适应不同层次社会需要的专门人才；第三类是职业性技能型高校。[②] 目前，第一类和第三类在宏观方向上大体定位明确、道路清晰，而第二类（大部分为应用型本科）应如何在高等教育系统中寻求自身的位置、发挥自身的作用、体现自身的价值，还缺乏普遍性的共识与整体性的擘画，需要给予重点关注。二是基于微观层面对我国近年来大量出现的新建本科院校发展定位、发展取向的具体设计。1999 年"大扩招"以来，我国出现了大量的新建本科院校，多为专科院校经合并、重组或升格后形成，不仅数量众多（占我国普通本科高校数量的一半以上），而且门类繁多、情况复杂，历史长短不一、水平参差不齐。这些高校肩负着高等教育大众化的重要使命，理论上应朝着应用型本科的方向发展，然而，它们在办学定位、发展路径、教育模式等方面还存在不少差距，并没有形成成熟的发展模式。

为解决上述两大关键性问题，潘懋元首先从宏观层面对应用型本科进行了清晰的界定，明确了其在高等教育系统中的地位与价值。他提出，应用型本科应具有四大基本特点：一是以培养应用型人才为主；二是以培养本科生为主；三是以教学为主；四是以面向地方为主。[③] 与研究型大学相比，它应

---

① 潘懋元，吴玫.高等学校分类与定位问题[J].复旦教育论坛，2003(3)：6.

② 潘懋元，石慧霞.应用型人才培养的历史探源[J].江苏高教，2009(1)：7.

③ 潘懋元.什么是应用型本科？[J].高教探索，2010(1)：10，11.

更贴近社会实际，主动适应现代经济与社会发展的人才结构，积极培养符合社会需求的应用型人才；与高职院校相比，二者间虽然有一定的交集和“模糊地带”，但仍存在必要的分野，比如“高职学习的理论够用就行，应用型高校要求理论知识坚实，但不要太厚太深”①。在具体的发展方向上，应用型本科可以着重向以特定行业为依托，与市场、产业、行业和岗位群紧密联系的“特色型大学”②发展，也可以着重向立足于地市，为地方生产、生活服务的地方性高校发展。随着近年我国高等教育“双一流”建设的全面开展，潘懋元更明确指出不同类型的高校都有争创一流的潜质，不仅传统学术性研究型大学可以办成世界一流大学，在某些领域具有特色的应用型大学也有望办成世界一流大学。同时，中国的转型发展，要超越“中等收入陷阱”，也非常有必要加快发展地方性应用型高等教育，培养大量创新性技术人才。因此，各个层次、各种类型的高等教育都应有其一流大学、一流学科，达到统筹推进；③应用型高校需要加快转变体制机制，推动投资体制、招生体制、话语平台机制等方面的转变，实现专业群与区域经济社会发展产业链的紧密对接，培养具有创新性和创造力的高水平应用型人才。④ 在微观层面的发展路径上，潘懋元则对应用型本科的发展目标定位、学科专业定位、人才培养定位、课程教材建设、师资队伍建设等问题进行了深入探索。比如，在发展目标定位方面，他提出一方面要从培育自身特色出发，另一方面要从社会需要、市场需求等实际情况出发；⑤在课程教材建设方面，应从实际问题、实践经验，而非传统的学科理论出发；⑥在师资队伍建设方面，应从培养、引进既掌握专业知识，又熟悉岗位操作，更善于运用教学方法的“双师型”教师出发，⑦等等。在开展理论研究的同时，他不辞辛劳、亲力亲为，亲自调研、走访了许许多多的应用型本科高校，并积极为这些高校介绍经验、指导工作，足迹遍布

① 赵文青.对我国应用型本科院校发展战略的思考——潘懋元先生访谈录[J].高校教育管理，2014(1)：7.

② 潘懋元，车如山.特色型大学在高等教育中的地位与作用[J].国家教育行政学院学报，2008(4)：33.

③ 潘懋元.建设一流本科 全面统筹推进[J].中国大学教学，2016(6)：5.

④ 潘懋元，贺祖斌.关于地方高校内涵式发展的对话[J].高等教育研究，2019(2)：35.

⑤ 潘懋元，车如山.略论应用型本科院校的定位[J].高等教育研究，2009(5)：36.

⑥ 潘懋元.什么是应用型本科？[J].高教探索，2010(1)：10，11.

⑦ 潘懋元，车如山.略论应用型本科院校的定位[J].高等教育研究，2009(5)：38.

全国大部分省份。在这一过程中,他对于应用型本科教育发展的种种构想,也得到了诸多教育决策者和高校领导者的认同,对许多地区的高等教育政策、许多高校的发展战略产生了深远的影响。

潘懋元高等教育思想是中国高等教育学科的宝贵财富,它不只影响了中国高等教育的理论发展和实践走向,而且受到国际高教界的重视。潘懋元的高等教育思想深刻而恢宏、博大而虑精,在我国高等教育改革与发展实践中发挥了重大而深远的影响。他的高等教育学科创立和发展思想为我国高等教育学科建设奠定了重要的基础,他的高等教育宏观发展思想为我国高等教育事业擘画了清晰的总体蓝图,他的高等学校教育教学思想为高校办学和人才培养工作的完善提供了必要的理论依据,他的高等教育分类发展思想则为大众化、普及化时期我国不同类型的高校指明了合理的发展路径。本文主要基于他几十年来的研究成果与思想理路,对他在四大范畴、十大领域的主要学术贡献进行了初步归纳与概述。限于文章篇幅与笔者水平,本文对潘懋元高等教育思想的论述难免有疏漏之处,有待在今后更深入的研究中加以补救和完善。

潘懋元教育哲学

[挪威]阿里·谢沃著　李良方译　李福春校

潘懋元教育哲学深得中国传统文化精髓，深谙中国现当代思想与教育需求，理性汲取西方主要教育哲学精华，将不同渊源的文化思想有机融合，彰显出独特神韵。潘懋元集教师、管理者、研究者三种角色于一身，融实践理性思维、规范理性思维、分析理性思维于一炉，兼采儒家中庸之道，铸就了其教育哲学理论和实践的双重品行。在当下全球化时代，潘懋元教育哲学为我们反思如何应对西方文化价值观，怎样以中国文化价值为根基有机融合不同源流的思想，生成中国特色教育哲学提供了成功范例。

一、引言①

在长期从事学术的职业生涯中，潘懋元形成了自身独特的教育哲学。除了对高等教育领域巨大的理论贡献外，潘懋元教育思想的理论根基也特别值得我们从全球化、当代化的视角予以探析。他的教育哲学集分析理性思维、规范理性思维、实践理性思维三种不同的教育思维范式之大成。在兼容并蓄运用上述三种教育思维范式的同时，他还建设性地践行理论—实践一体化的原则，同时兼采中国儒家中庸之道。从全球史角度考察，他的教育哲学不仅植根于中国古代传统，特别是儒学和现代中国教育的需求，同时借

作者简介：阿里·谢沃（Arild Tjeldvoll），挪威奥斯陆大学比较教育学教授，济南大学客座教授。译者简介：李良方，山东英才学院学前教育研究院讲师；李福春，教育学博士，济南大学教育与心理科学学院讲师。

① 本文重点探讨潘懋元教育哲学，其对于高等教育理论建设的重大贡献不在本文讨论范围。

鉴古希腊本质主义、欧洲大陆百科全书派、综合技术主义及美国进步主义等西方主要教育哲学流派的观点。

本文旨在探析潘懋元教育思想的影响渊源。基于该主旨，本文首先分析潘懋元的国内经历对其教育哲学的影响：他的个人经历，尤其是童年和青年时期的学习、工作及政治起伏经历与他的教育哲学有着直接关联。此外，战争经历、共产主义思想也是影响他教育哲学的重要因素。继而，本文探讨影响潘懋元教育哲学的西方渊源。从国别来说，俄罗斯、德国和法国对其教育哲学的形成有着深刻影响。就人物而论，赫尔巴特和杜威对其教育哲学产生了深远影响。最后，本文探究潘懋元是如何成功地将以下不同渊源的思想有机融为一体的：第一，中国古代传统与中国现当代思想及教育需求；第二，中国文化思想与西方主要教育哲学观。

二、国内经历和研究历程

潘懋元，广东汕头人，生于 1920 年 8 月 4 日，即第一次世界大战结束后的头一年。他出身贫寒，父亲仅受过小学教育，母亲为文盲。他的哥哥天资聪慧，一心向学。在其短短的 21 年生命历程中，他的哥哥取得了远远超越他小学教师职业身份的业绩，有着显著的学术志趣，出版过一本诗集，对中国古代文化亦有深入研究。家境的拮据促使他们通过教育加以改善。哥哥的从教工作和学术志趣对潘懋元日后终生献身教书育人事业，始终对中国文化持有浓厚的兴趣有着直接影响。因此，教育不仅是一种改善经济状况的手段，同时其本身也具有重要的价值，来自早年的这种认识，形塑了潘懋元一生的品行。潘懋元的小学老师大多为年长老者，他们亦是清末技能娴熟的古文书写者。他们所授予的古典传统知识使潘懋元深受中国儒学思想影响。15 岁时，潘懋元开始在家乡的一所小学当老师。他并不认可这段小学从教经历，因为他实在不知道如何教授这些小孩子们。在课下，他总是花很多心思备课，查阅大量的教辅资料，并制订课堂教学计划，但是每次课堂实际授课时不到 15 分钟便把之前准备的极为充分的全部内容讲完了，然后便不知道该讲些什么了。当他面向学生教课时，学生们叽叽喳喳、喧闹不止；当他转身背对学生板书时，学生们则向他投纸团或其他东西。这种痛楚的实践经验，促使他情不自禁地思考，觉悟到要有专门的面向小学生的教学方法。这是他研习教育学的开端。潘懋元找到了民国时期教育家庄泽宣写的《教育概论》。但这本书读起来令人费解，于是他产生了正规学习教育学、系统探究如何有效教学的念头。他向往着进入师范院校深造。这个愿望的实现开启了潘懋元教育学的意义审思之旅，迈出了潘懋元教育哲学的第一步。

1937年噩耗袭来。日本侵入汕头，潘懋元所在学校被占领。他匆匆结束了自己的学业到广东内地继续教书，一直持续到1939年。除了日常教学工作，潘懋元还协助训练民兵如何对抗来侵的日本侵略者。也正是在这一时期，他参军入伍成为一名战士，为期半年。战争的历练，尤其是抗日战争和国共两党之争，使潘懋元开始思考伦理道德与教育之间的关系，即一定的教育是否能够发展国民心智以创建和谐社会。

抗战后，潘懋元所继续从事的教育工作有了很大变化，在从事教学工作的同时，开始担任教育管理职务。他开始尝试不同的思维方式，将教师、教育管理者、教育学研究者三种角色有机结合。“双肩挑”的工作强度和难度对他个人是极大的挑战。有些“双肩挑”人员在高升为院长或校长时，便会放弃原本的教学和研究工作，但是潘懋元始终坚持教学和研究工作。这种坚持让他不得不付出更多努力，但同时也因此而受益良多。当他思考教育理论时，他总是会想到该理论在实际工作中是否能够行得通，该理论在哪些方面可行和有效。当他在应对实际难题时，他会自然求助于理论研究以寻求破解之道。

学者的执政经历会使他们的实践行为与一般学者存在显著差异。具有执政经历的学者在做研究时，会考虑到实践工作所要求的可行性与现实性。没有执政经验的学者往往诉诸既有理论，并将之作为个人思想发展的基础，而很少考虑其实际的适用性和可行性。前者的学术成果通常较为实用，具有广泛的适用性，而后者的研究成果则很难得以应用。但是，具备执政经历的学者也有其自身的局限性：他们一般很难接受新思想和新观念，可能会变得趋于保守，因为他们往往淹没于日常的行政事务中。

从本质上讲，个人研究领域的适用性和实用性至关重要。例如，工厂管理者在计划生产新产品时，肯定会考虑新产品的经济价值，其成本、投入与效益因素。而其他人则很难会想到产品的成本和可能的经济利益。再比如，在房屋设计中，实际经验丰富的工程师会考虑到房屋的用途、房屋的收益。而缺乏实际经验的工程师，更倾向于房屋的外观是否更漂亮，很少能够考虑到该房屋实际的经济价值。同样的道理，一位好的导师绝非取决于单纯的学术资历问题。培养硕士或博士研究生，也并非只是让其获得所讲授的知识或发展其科研能力素养。导师应努力提升学生的学术水平，培养其学术追求和旨趣。潘懋元视对学生的学术关怀为合格导师的重要标准。

综上所述，潘懋元早年经历、战时考验、高校“双肩挑”的工作体验是他诠释西方教育思想的重要参照。上述国内经历从理论和实践双重维度塑造了他以规范性、实践性和分析性多元视角洞察教育领域的独特资质，同时他还践行理论—实践一体化，并有机糅合多种思维方式和观点，恰当运用儒学中庸之道。

三、西方影响

纵观潘懋元执教、为学、从政的职业生涯，他是逐渐熟悉西方教育思想并受其影响的。潘懋元对西方教育思想的了解，始于战后他赴地处北京的中国人民大学学习期间。在那里，通过苏联教师，他接触到了由苏联学者翻译而来的西方教育哲学。之后，他开始与其他西方学者交流。总之，种种迹象表明，西方主要的教育哲学思想与潘懋元的中国学术背景产生了共鸣。对教育目的、教育内容、学习方法、评价步骤与学生学习能力等各自特征及他们之间关系的不同理解，影响着人们对什么样的教育才是最好的教育这一命题的认识与判断。西方教育思想体系中的四种主要教育哲学对潘懋元教育哲学的形成具有明显影响。

（一）西方四种主要教育哲学

西方教育史中有四种主要的哲学流派：古希腊的本质主义学说、欧洲大陆百科全书派、综合技术主义和美国的进步主义。上述每一种流派都声称，自身所施行的教育是使学生学会创造性地掌管自我生活及社会最为适合的教育。这也意味着，教师角色即教师素质，因各流派的课程哲学而存在差异。

本质主义(Essentialism)。本质主义植根于柏拉图标榜的社会精英模型和个人差异理论。精英模型论认为，只有天资聪慧的人才能够接受教育，才能培养成为国家治理人才。个体差异理论——关于学习和知识的心理学观点，产生了最初课程体系——七艺教育。以本质主义为基础的课程在当时的欧洲教育实践中占据主导地位，而且建立了这种课程体系的理想性学习标准。这种标准也为教师如何授课提供了参考。英国是本质主义课程传统的典型代表。这种教育传统中的教师应具备博雅的知识和技能。

潘懋元并没有直接借鉴本质主义学说绝非偶然，原因可能在于该传统最接近中国儒家教育哲学的西方传统。本质主义学说与儒家教育思想有着特定的相似之处。总体而言，二者均强调良好的师生关系的重要性，主张教师与学生之间的对话，凸显人本主义价值。此外，二者都重视个体品质及道德品行的培养。儒学思想和本质主义的总体目标致力于指向学生智慧提升的学习过程。与柏拉图相似的是，二者还同时主张精英教育制度模式。只有天资卓越、聪慧过人者才有资格治理国家，像柏拉图理想国中的哲学王，如中国历代朝廷官员。

百科全书派(Encyclopaedism)。源于17世纪欧洲大陆的百科全书派融合了夸美纽斯大教学论和革命前法国理性主义者的思想，是第一个与柏拉图本质主义模式相抗衡的系统教育哲学思想，是直指当代学校综合教育模式的首次设计。简而言之，该传统认为学生应该尽可能多地学习已有知识，以完善自我、造福社会。同时，该传统强调实用型科目对发展学生创造性思维的重要意义。但是，法国思想家主张，学校教育系统还应该挑选极具天赋的学生进行教育，以培养国家领袖。百科全书派模式在19世纪盛行于除英国外的欧洲其他国家，对这一流派的批评主要有以下两点：第一，该流派主张所学科目越多越好，可能导致浅尝辄止；第二，该流派模式言论预示着知识存在等级性，复辟了阶级社会。百科全书派对中欧、西欧(英国除外)以及北欧教育政策影响深远。基于该流派的观点，教师素质与有效教学直接关联，教师应具备有效促使学生掌握大量学科最佳水平知识的素质。显而易见，该流派以“知识—学科”为中心。需要指出的是，该流派也非常重视教师角色的价值，这一点与儒学思想趋同。

该流派的重要代表人物赫尔巴特深深影响了潘懋元教育哲学思想。赫尔巴特认为，只有程序化的、细致的教育才有可能促进个体的道德与智力发展。个体发展的关键要素是内在的自由、至美、善行、正义、公平。能力并非天生的，而是后天培养的，教育恰好是提升个体道德和心智发展的平台。这一主张与儒学观点的相似之处是显而易见的。苏联教育家曾同时受到德国和法国教育思想的影响。当潘懋元深度审视当时北京求学期间苏联教师的言论观点时，很快便发现了他们的言论来源于欧洲国家，流淌着正宗的欧洲血脉。不同于本质主义学说，百科全书派强调公平。与儒学思想一致，百科全书派重视道德和知识发展。透视潘懋元教育哲学得知，他认为百科全书派与儒学思想二者最为一致的地方在于：知识的习得对个人道德发展具有强大的正面促进意义。不同于中国封建帝制教育思想，百科全书派认为知识的获得不仅限于人文科目，现代社会同时需要自然科学和技术知识，百科全书派的上述特征影响了潘懋元教育哲学。

综合技术主义（Polytechnicalism）。19 世纪，综合技术主义及美国进步主义崭露头角。前者立足于社会主义及共产主义哲学和社会学观点，激进的进步主义源于美国实用主义哲学。综合技术主义产生于 19 世纪下半叶，主张基于社会创造性生活的需求而组织教育，并将其视为综合技术主义的一个基本原则。教育体系被视为予以人们基于知识的能力、培养社会主义社会所需要的国民价值观——创造性的主要手段，教育为每个人充分发展个体才能保驾护航。在非阶级社会每个个体拥有同等的机会和渠道而获得同样的教育资源。苏联学校的很多学生通过自身学术和艺术成就达到了教师的高期望目标。但是，也有为数不少存在认知问题的弱势学生，在学校的生活甚为糟糕。综合技术主义视域中的教师素质与百科全书派所认定的教师资格标准十分相似。

苏联是综合技术主义的著名案例，得益于综合技术主义的运用，苏联从革命前几近文盲的社会，成功转化为一个教育超级大国，以首次太空宇宙载人为巅峰。新中国成立后，综合技术主义对中国教育产生了巨大影响。除了所致力的现代科学和技术手段，该流派还预设了平等及未来共产主义社会的理想样貌。潘懋元教育哲学显然受到了该流派的影响。然而，这种哲学思想中的部分思想是有问题的，如该流派强调实践和理论的绝对平等，认为应该掀起如列宁提出的文化革命。教育被理解为培养苏联公民的工具，在那里人们之间不存在任何等级性，所从事的实践工作与理论工作之间也没有任何区别。上述思想对文化学术发展造成重创。事实上，关于人与人之间学习能力差异性的表现，孔子有着更为切实的理解。潘懋元教育哲学在保持追求平等和社会和谐的目标基础上，顾及了人类学习特征的现实性。潘懋元认为高质量的教育和先进的技术是创建更加美好社会的前提，这一认识不仅得益于邓小平教育观的鼓舞，显然也受到了综合技术主义的影响。

20世纪50年代，中国共产党为什么会接受苏联的教育思想呢？潘懋元认为，其原因并非二者都是社会主义国家，而是因为二者均受到欧洲教育思想和传统的影响。欧洲教育思想与中国传统教育思想相吻合，如欧洲教育一向强调系统研究和高等教育，而中国教育也有重视系统性研究的传统。

进步主义(Progressivism)。美国进步主义诞生于20世纪上半叶，相较于综合技术主义，美国进步主义来势更加汹涌，该流派起源于美国本土的实用主义哲学。教育被视为促进社会更具民主性的重要途径，以杜威为主要代表。美国进步主义与综合技术主义不同之处主要表现在以下两个方面：第一，小学阶段课程科目的教学内容应开发为创造性地解决问题的持续过程，即“做中学”(learning by doing)；第二，学校组织和环境创设应类似于社区。进步主义迅速扩展至英国和斯堪的纳维亚的小学(芬兰除外)。斯堪的纳维亚和美国的中学教育亦深受进步主义的影响。正如有很多教师反对综合技术主义一样，美国进步主义也受到了学术团体的强烈抨击，还遭到了部分寄望子孙后代成为学术精英的家长们的质疑。提及学业成绩，美国高中时常被冠以“灾区”(a disaster)之名。进步主义提倡，教师要具备指导学生自身“发现新知识”或“做中学”的技能。不同于本质主义重视教师道德和品质素养，进步主义更关心教师对实际问题的解决能力。有别于百科全书派的是，进步主义并没有十分在意教师的学科知识背景。另外，杜威提倡“做中学”，甚至于走向了极端。但是，欧洲和美国传统教育思想都有自身优势。相比美国同年级学生，俄罗斯和中国的学生因其系统性知识学习，往往在数学、物理和化学等科目方面表现突出，但在运用知识解决实际问题方面则表现较为弱势。源于自身的传统教育思想，相较美国，中国更容易接受欧洲思想。

(二)杜威的影响

潘懋元认为杜威对中国教育的影响集中于思想理论层面，中国教育实践则并未受到杜威言论的明显影响。新中国成立后，通过苏联教育家，中国教育主要受赫尔巴特影响，只有个别小学在搞教育实验，如20世纪20至30年代的设计教学法，但是诸如此类的教育实验往往很快便草草终结。之后，教育内容受到了赫尔巴特教育思想的影响。杜威更为关注儿童教育，而非高等教育，其教育名篇《明日之学校》主要论述了小学教育，他对高等教育并未产生显著影响。但是，他的实用主义哲学思想对中国影响至深，其中包括新中国成立后中国教育的总体变革。但是他的影响更多偏于思想层面，集中于理论领域，并没有给教育实践领域带来多少改变。但直至今天，杜威实用主义思想连同毛泽东思想，在某种程度上仍然影响着中国教育变革的走向。

杜威的思想更适于社会的进步与发展，更关注物质获益，却忽视了人文精神的重要价值。基于问题，致力于问题的解决是杜威教育哲学的内核。在市场经济场域中，有效解决问题至关重要。由于中国现阶段市场经济体制的施行，杜威哲学思想在近 20 年再次受到热捧。

在潘懋元看来，杜威关注现实，重视社会实际及其物质需求。如杜威反对教育是为学生未来工作做准备的言论，他认为教育即是为了学生当下现实的生活，而不是未来。学生当下的幸福远比其未来的工作和社会的需求更有意义，进步主义并未对潘懋元教育哲学产生过多的影响。

四、三种互补的思维方式

将不同的思维方式卓有成效地加以结合是潘懋元教育哲学的显著特征。从哲学史的角度来看，有三种主要的不同思维方式被誉为人类的代表性特征，但是将这三者有机结合，充分发挥各自不同的社会功能，却是极为罕见的。这些思维方式（或理性 rationality）有着各自专门的理解和解决具体问题的独特框架。他们分别是分析理性思维（the analytical way of thinking）、规范理性思维（the normative way of thinking）、实践理性思维（the practical-administrative way of thinking）。这三种思维方式表现了社会劳动力构成的不同重要方面。处于不同发展水平的社会，对这三种思维方式各自独立的功用、角色认识与定位存在差异性。这三种思维方式在实际中相辅相成，叠加发挥作用。从分析的视角来设想这三种思维方式的效果是大有裨益的，缘由如下：第一，深化对现代社会劳动力构成的认识；第二，明确与三种思维方式相关联的知识及技能的类型和特性。

（一）功能

有效连接三种理性（思维方式）的是三种特定的功能。

规范思维侧重于在一定价值标准指导下，对事物的设想和目标规划。价值标准是该功能的核心。实践思维主要是形成与规划目标的实现最为相关的策略,这种相关性主要指逻辑相关性。

分析思维旨在对目标和策略进行"远距离"分析,就基于价值观念的策略和所做出的行为进行尽可能独立的阐释。分析思维基本功能在于就以下方面做出尽可能客观的描述和(或)分析:(1)规划设想/目标是如何产生的,有什么依据?(2)为什么采用这些实施策略?(3)这些策略在实践中为什么会起作用?

(二)角色

某些特定的角色与上述三种思维方式相关。政治家是规范理性思维的典型代表,他们基于自身所代表群体的共同价值基础,做出规划设想,领导群众为之共同奋斗。通常情况下,政治家所做出的行为与现实会存在差距,这正是规划目标需要填补的。政治家的想法往往跨越实际中的实施问题,因为策略实施问题是管理者或实践者的工作。

我们通常期待管理者实际地考虑策略实施问题,期待他们在实践中零距离地实现政治家所设定的目标。课堂中施教的教师是这种实践者的一个代表。虽然实践者的思维受限于政治家制定的设想和目标,需要尽可能地接近上述设想和目标,但是面对每天的现实状况,实践者必须具备自身特殊的思维方式。尽管这种思维可能会导致严重偏离,甚至背离当初设定的远景和目标,但却是实践操作中必需的。

第三种学术研究者的角色旨在尽可能远离政治上所设定的目标及完成目标所施行的实际努力,以保证能够尽可能客观、公正地看待上述目标和努力,可见这种角色是极为需要的。基于研究者对规范化实践行为所进行的最佳的、公正的描述和分析,会得出关于该事件最为有效和可信的结论。因此,我们便可以清楚、彻底地知晓整个过程中到底发生了什么事件,产生了什么行为,什么原因导致了这些行为和事件。该角色功能能够改进政治家和管理者对于自身行为的评价,验证他们的行为是否妥切。研究者的角色定位在于对政治家所设定目标的正确性和合法性提供最为可信的反馈,对管理者所采用策略的实用性和有效性予以尽可能可靠的反馈。

从以上表述可见,行动者在工作中会运用到这三种思维方式,并由此扮演不同的角色、演绎不同的功能。这一点是理所当然、习以为常的。然而,个人的主要职能角色即工作,往往使自身更擅长三种中的某一种思维方式。以下举例说明一个人如何同时诠释具有各自独立思维方式及不同功能的三种角色。

课堂中执教的教师不得不从实际出发考虑问题，因为他此时的主导功能是为学生施教一小时，该功能是实践性的。同样是这个老师，当他没有进行课堂教学，而是在办公室备课时，他将会首先考虑到国家课程标准所设定的目标和要求，这是教育部规范化信息所致，体现出规范化功能。研究者角色使其思维会被如下问题所占据：在教学实践中，为达到预期教学目标，依据什么规定了教师的授课内容和教学方法？在上述问题探索过程中，哲学、社会学、心理学、历史学、经济学学科能够提供哪些方面的借鉴？

纵观潘懋元一生，作为教师、研究者和教育领导者，得益于其创造性地、建设性地将上述三种理性有机融合，他赢得了世人的无比尊重，其言论思想也受到了广泛的支持和拥护，特别是他对杰出研究者实践理性思维的强调。基于自身实践经验来理解教学和行政管理工作，同时对学校制定的标准规范持有高度的敏感性，是卓越的研究者不可或缺的素养。同时具备懂得实践、洞悉社会需求（目标导向的政策表述）、理解发展科学依据的能力，是潘懋元教育哲学的显著特征。除此之外，他的哲学还具有独特的儒学神韵——中庸之道。

五、中庸之道

当我们试图归纳提炼潘懋元教育哲学基本观点，总结他作为教师、导师、研究者、学术引领者的具体作为时，以人为本的特性顿时跃然纸上，凸显出儒家思想所倡导的中庸之道（The Golden Mean）。儒学经典书籍“四书”中有一本便以《中庸》为题命名。中庸之道象征着适度、诚实、客观、笃实、正直和得体，其核心在于不能偏激行事。根据中国古代学者所论，中庸之道旨在通过思想上始终如一的平衡，以保持整体的平衡与和谐。“天命之谓性，率性之谓道，修道之谓教。”人的自然禀赋为“性”，顺着本性行事为“道”，遵循“道”的原则修养叫作“教”。“道”是不可以片刻离开的，因此，品德高尚的人在独处时其行事仍然十分谨慎与温文尔雅。

孔子的两个主要追随者孟子和荀子强调孔子教育思想完全不同的方面，这可能预示了中庸之道的实际运用。孟子极为重视人内心的善，将其视为培养道德的渠道，引导人们朝正确的道德方向发展。荀子强调儒学思想的现实性和物质性，认为道德的养成需要通过社会的传统教育和个人的教育熏陶。潘懋元在中庸之道的实际运用方面，创造性、建设性地保持了他对孟子人文主义和荀子现实主义二者的平衡。我们可以从以下方面管窥潘懋元调适孟子和荀子不同主张的成功实践：他与同事和学生之间有着融洽、和谐的关系，体现了孟子的人文主义；他同时是中国高等教育研究的创始人、厦门大学教育研究院的创建者，体现了荀子的现实主义。

六、潘懋元教育哲学

在潘懋元教育哲学中，教育的目的在于对学生进行综合的系统的培养，使之成为具有道德情操的人，同时具备公平社会生产实际需求的知识与技能。潘懋元教育哲学体系中的教育内容涵括人文、自然、科技范畴。学业技能和职业技能都非常重要。学习方法要能够有效传输知识和技能，同时能够有效激活学生的创造力。教师因高度尊重学生，而备受尊重。评价考试要如专业研究一样有效可信。但是，教师在学生学习过程中所做出的持续性评价应在心理上有助于学生的智能提升。潘懋元教育哲学是他个人经历、西方影响、中国文化传统的综合体，彰显出儒学思想和共产主义思想的有机整合与和谐统一，尤其受邓小平政治哲学思想的激励。潘懋元教育哲学的激励因素可归结为三个关键词：精英、平等、正义。他成功地将前晚清时期的教育思想与新中国成立后的教育思想融会贯通。就西方有价值的思想而言，潘懋元教育哲学作为范例，建设性地协调了国内，特别是晚清前后的教育思想和域外的教育思想。潘懋元教育哲学重视精英教育，这与本质主义学说趋同；潘懋元教育哲学强调理实一体化，认为高质量的教育是建设社会主义、通往共产主义社会的重要手段，这与综合技术主义相一致。在践行自身教育哲学的过程中，潘懋元建设性地统一融合了规范理性、实践理性、分析理性，同时兼采儒家的中庸之道。子曰："中庸其至矣乎，民鲜能久矣。"（《论语・雍也》）潘懋元教育哲学体现了中庸德行在现代中国学术思想中的绵延持续。

参考文献

[1]CHENG H L.(Ed.)New Essays in Chinese Philosophy[M].New York,NY:Peter Lang, 1997.

[2]HOLMES B, M McLean. The Curriculum A Comparative Perspective[M].London:Unwin Hyman Ltd, 1989.

[3]TJELDVOLL A. "The Language of Education.The Coherence of Educational Rationales,Systems,Cultures and Pa-radigms", in Daun, H. etal. (Eds):The Role of Education in Development. From Personal to International Arenas[M]. Stockholm:Stockholm University,Institute of International Education, 1995.

[4] TJELDVOLL A. Pan Maoyean A Founding Father of Chinese Higher Education Research[R].Trondheim:Nor-wegian University of Science and Technology's Department of Teacher Education. Academic Reports Number,24,2005.

潘懋元教育思想的价值

王洪才

潘懋元是我国当代最负盛名的高等教育学家，也是中国特色教育理论的开拓者，[①]他的许多教育思想一直对中国教育改革实践发挥着重要的指引作用，特别是内外部关系规律学说，科学地解释了教育发展与社会发展之间的关系及教育发展与个体身心发展之间的关系。他的多样化的高等教育质量观至今仍然对我国的高等教育大众化推进具有指导意义。他对民办高等教育的见解、高职教育见解和应用型本科的见解，都成为我国高等教育体制和机制改革的重要理论资源。在中国高等教育发展过程中，高等教育理论工作者发挥了独特的理论引导作用，潘懋元就是中国高等教育理论工作者的杰出代表。潘懋元丰富的教育思想，反映了他对中国教育特别是中国高等教育的独特认识，是中国当代教育思想特别是高等教育思想的重要来源，值得认真总结和整理。关于潘懋元教育思想的研究已经很多，但从不同角度阐发意义就非常不同。从逻辑视角进行阐发无疑是一个新视角，该视角会增强对潘懋元教育思想的阐发力。

一、一体三维：潘懋元教育思想的内在支架

在对潘懋元教育思想进行认真的考察后就会发现，在其教育思想深处，隐隐地有一个核心的理念在发挥着支配性的作用，从而成为他进行教育理

作者简介：王洪才，教育学博士，厦门大学教育研究院副院长、教授、博士生导师。

① 王洪才.论高等教育“适应论”及其超越——对高等教育“理性视角”的理性再审视[J].北京大学教育评论，2013(4)：129-149.

论思考和教育实践行动的动力源,这就是慈爱。这个理念来自于他对教育本质的理解。我们知道,爱是教育的本源,没有爱就没有教育。潘先生把这种爱升华为一种教育理念,成为一种内在的精神追求,从而灌注在所有的教育行为中:爱教育,爱学生,爱知识,爱生活。爱教育,使他兢兢业业从教 85 年,始终热恋讲台;爱学生,使他对学生的发展关怀备至,不自觉地把学生当成自己的孩子一样看待①;爱知识,使他成为教育规律的探索者,高等教育学的创始人;爱生活,使他把学术融入生活,使生活充满着睿智。他以 94 岁高龄获得"全国教书育人楷模"称号,成为中国教育学界的一座丰碑。②

爱教育是他慈爱精神的起点,这种爱源于他第一次上讲台时所遭受的震撼:辛辛苦苦准备了好久的教学内容不到半个小时就讲完了。③ 从此,他悟出教育大有学问,绝不是简单的讲授活动,于是他就开始了持久的、不懈的教育探究之旅。这种探究动力首先表现为对学生的爱,准确地表达就是慈爱,像慈父对待自己的孩子一样,这种慈爱精神转变为他对教育事业的挚爱,对教育规律的追寻,对教育科学的信念,并确立了他的"敢为天下先"的勇气和"只做第一,不做唯一"的自信。④

正是基于他对教育本质的理解,形成了他对教育科学的独特认知,当人们一般倾向于教育要与政治保持距离的时候,他坚持要肯定政治对教育的制约关系⑤,这一认识也是提出两条规律学说的重要动因,也为后来提出教育要主动适应市场经济要求进行了精神上的铺垫。因为教育规律必须反映教育运行的客观现实,不能单从应然角度进行理想国的构建。教育规律就是要全面揭示教育健康发展所需要的内外部条件,并致力于构建一个比较理想的发展条件。为此就需要对教育内外两个方面的要求进行全面综合考

---

① 教育界流传一则轶事。潘懋元儿子潘世墨在评价他父亲时说:我父亲在教育中犯了一个很大的"错误",就是把学生当成了自己的孩子,又把自己的孩子当成了学生。这可以从侧面反映出潘懋元对学生的爱。

② 2014"全国教书育人楷模"名单公布 94 岁潘懋元入选[EB/OL].(2014-09-03)[2015-05-02].http://news.xinhuanet.com/edu/2014—09/03/c_126948491.htm.

③ 潘懋元,口述.肖海涛,殷小平,整理.潘懋元教育口述史[M].北京:北京师范大学出版社,2007:30.

④ 潘懋元.30 年回顾与感悟——厦门大学教育研究院成立 30 周年发言[C]//潘懋元.潘懋元文集:卷二(上).广州:广东高等教育出版社,2010:301-305.

⑤ 潘懋元.30 年回顾与感悟——厦门大学教育研究院成立 30 周年发言[C]//潘懋元.潘懋元文集:卷二(上).广州:广东高等教育出版社,2010:301-305.

虑，换言之，必须考虑到教育发展中面临的一系列不利条件，只有这样未雨绸缪，教育发展才可能更加主动，才不会陷入一种被动的应付局面。所以，教育内外部关系规律转变为具体的教育发展，态度上就是要持一种包容性的发展理念、开放性的发展理念和务实性的发展理念。如此，作为一种普遍形式的慈爱精神就有了具体的执行实体，即依靠开放、包容、务实理念引导教育发展。这些理念就构成了"两条规律"学说、多样化高等教育体系思想、开放的高等教育学科建设思想的精神支柱。

二、务实性是教育规律学说的第一位品质

"教育内外部关系规律"学说（简称"两个关系规律学说"）是潘懋元对教育理论探索的独特贡献，尽管该学说曾引起争议。[①] 客观地说，引起争论并非坏事，至少说明该学说引起了学界关注，这对于活跃教育研究气氛具有极大的益处。显然，一种学说能够引起争论，正是因为它具有独特之处，即与传统思维不同，具有新的思想，人们在接受这个新思想过程中自然会出现不同的理解，甚至产生意见冲突的双方。所以，引起争议是学术界关注的结果，而非不受关注，不受关注才是最大的冷遇，故而应该客观冷静理智地对待各种争议。退一步说，引起争议本身还可以促进理论进行自我反思，从而促进理论走向完善，上升到更高层次。中国学术界不喜欢讨论，往往一有不同意见就会大惊小怪，甚至认为一有争论就容易破坏学术界所习惯的一团和气。事实上，学术发展本来就需要争鸣，只有争鸣才能促进学术繁荣。只是我们太习惯于传统的"唯一论"思维模式了，[②]从而把出现学术讨论看成是异常现象了。此外，争议还可以激发人们探索理论背后的思想根源，无疑这对从深层次阐释潘懋元教育理论具有积极意义。正如科学哲学家波普所言，科学发展实质上是一个不断证伪的过程，只有当一个学说被证明是错误

① 王洪才.论高等教育"适应论"及其超越——对高等教育"理性视角"的理性再审视[J].北京大学教育评论，2013(4)：129-149.

② 在过去"顶峰论"思维模式影响下，学术界也染上了唯一论、独断论的思维怪癖，认为一旦某个理论被接受后就不能再有异议，认为有异议就是一种不敬的表现，实际上这就否定了学术争鸣和学术发展。事实上，这也是一种形而上学思维模式的具体体现，认为事物发展的结果只能是唯一的、固定的、不能变化的。这种思维方式显然会窒息学术探讨空气，不利于学术进步。

的时候，科学才是进步了。[①] 在目前，两个关系规律学说只是被质疑，还没有被证伪。即使被证伪，也难以改变它所具有的里程碑意义。所以，从这个意义上说，两个关系规律学说是中国教育理论的一面镜子。[②]

认真研究潘懋元的两个关系规律学说的产生过程，我们不难发现，支撑他教育理论学说的是该理论背后所体现的慈爱理念。他真心地希望教育发展不再遭受折腾，必须按照教育规律办事，否则教育就很难避免遭受折腾的命运。只有教育规律受到了尊重，教育才能获得善待；教育获得了善待，个体的成长发展环境就更加健康。这也是他对教育事业本身的挚爱表现，一句话，他希望能够探索出一条促进教育稳定发展的机制环境。他在不断的理论探索与实践经验总结中发现，只有遵循教育规律才是保护教育健康可持续发展的唯一可靠途径。但怎么来表述教育规律就是一个必须认真思考的问题，因为如果单边地进行教育主张宣称的话，非但不能保护教育，反而给人们一种本位主义、利己主义的嫌疑。孔子曰："己所不欲，勿施于人"(《论语·卫灵公》)；"己欲立而立人，己欲达而达人"(《论语·雍也》)。这就是一种中国文化精神，即善于换位思考。在中国现实环境中，教育与政治的关系必须作为第一位的事务来考虑。如果不能正确处理这一关系，不仅不能推动教育发展，甚至会给教育发展带来致命的伤害。为此，教育内部与外部关系就成为教育规律要处理的头等重要的事情。

客观地说，教育不可能脱离或超越它所存在的环境，无论这个环境是如意的还是不如意的。教育规律表述不可能单方面地表达自己的意志，而应该站在换位思考的角度来思考教育究竟是什么，教育发展究竟需要什么。从根本目的上说，教育发展必须与周围环境的发展取得协调一致，教育不可能孤独地、固执地前行，为此，教育如何进行合适的自我定位就成为教育规律构建的核心思想。尽管人们都承认唯物辩证法的内外因规律，但在具体实践中应该是一个什么样子呢？系统论思想对教育规律的表述起到了决定

---

① 卡尔·波普尔.猜想与反驳：科学知识的增长[M].傅季重，等译.上海：上海译文出版社，2005：1-579.

② 王洪才.教育内外部关系规律学说：中国教育学发展的一面镜子——潘懋元教授专访[J].苏州大学学报(教育科学版)，2013(1)：48-52，126.

性的推动作用。[①] 这就是把社会看成一个大系统,而教育作为一个小系统看待,而不能把教育看成是独立于社会之外的系统看待。社会大系统中包含政治、经济、文化、科技等社会子系统,它们与教育系统不单纯是平行关系,而且具有复杂的交织关系。也就是说,教育活动不能不考虑到政治、经济、文化、科技系统的反应,因为只有充分考虑到这些系统的反应,才能凝聚教育发展的合力,不然可能形成排斥教育发展的力量,那样对教育发展是非常不利的。这也意味着,教育发展受到制约是必然的,是无法排除的,是必须面对的。面对这种必然性,教育不可能逃避,必须适应,在主动适应中表达自己的意志,从而表现出一种交往理性。

教育内部关系规律才是两个关系规律的核心,即教育发展必须适应人的全面发展要求。全面发展的教育理想是马克思主义哲学一贯主张的,而在现实中却是屡屡被歪曲的,因为现实社会经常出于短期的眼前利益,只强调某些方面的发展,比如强调应试技能方面的发展,对人的道德素质、心理素质、劳动素质和身体素质,特别是审美素质不予重视,这些显然是非常态的教育状况,也是必须加以阻止的。内部关系规律特别对这些现象加以关注,要求人们必须将人的全面发展放在教育发展中第一的位置。这其中透视的首先是对教育事业的热爱,更深层次的是对青少年一代的珍爱,也是对国家未来发展的珍爱。这实际上是出自内心深处的慈爱教育理念,即对教育本真的认识,即真正的教育应当如此。

正是对教育本身的挚爱,才促使潘懋元站在教育体系之外思考教育问题,打破了就教育论教育的局限,这体现了一种开放精神;要求教育主动适应外部要求,就是包容了教育异己的要求,这样才能激发教育的主动性、创造性,提高教育机体的适应性;对外部要求的接纳和适应,是一种务实精神的体现。如果坚持教育万能论思想或教育中心主义思想的话就可能使教育发展走向自我封闭,拒绝外部的一切要求包括其中的合理要求,同样也就丧失了教育自己的发展机会。毕竟教育是建立在一定经济基础上的,需要一定政治环境保护,教育不是建设思想上的乌托邦,必须脚踏实地,才能为教育发展争取最大的空间。

---

① 王洪才.教育内外部关系规律学说:中国教育学发展的一面镜子——潘懋元教授专访[J].苏州大学学报(教育科学版),2013(1):48-52,126.

三、包容性是多元化高等教育体系的基本特征

潘懋元在谈到高等教育发展趋势时就已经鲜明提出了多元化主张，[①]这是他对大众化高等教育要坚持多样化质量观的思想和多样化办学模式思想的进一步发展。[②] 同时，他还大力推动对高等教育分类的研究。这些都表明了他对多样化高等教育体系的坚持。[③] 而潘先生对高等职业教育研究高度重视和民办高等教育的格外重视是众所周知的事实，后来他对新建本科院校建设又投入了巨大的心力，始终坚持致力于推动多样化高等教育体系建设。从根本上说，这是他对健康高等教育发展机制的追求的表现，其背后透视出的仍然是他的人文关怀，是他对教育的慈爱精神。用他的话语说就是高职教育、民办教育是弱势群体，需要关注。

对于高职教育发展，他最著名的主张就是建立独立的高等职业教育系统思想。[④] 他的思想可谓独树一帜，显然是在对高等教育系统考察后提出的。其实他提出的理由非常实际，他认为，如果高职教育不独立发展的话，就很容易与普通高等教育趋同，那样的话高职教育就发展不起来。他这个判断绝对不是臆想，而是基于现实的判断。现在高职不断要求“升本”“升格”的动力就可以窥见一斑。

从国际高等教育发展经验来看，确实有高职教育独立发展并取得成功的案例。尽管人们对究竟是“单轨”还是“双轨”的意见一直没有达成共识，[⑤]但在我国高职发展过程中需要研究双方面成功的经验和存在的问题。我们

---

① 潘懋元，肖海涛.中国高等教育思想发展30年[J].教育研究，2008(10):3-10.

② 潘懋元.高等教育大众化的教育质量观[J].江苏高教，2000(1):6-10.

③ 陈厚丰.中国高等教育分类研究现状述评[J].大学教育科学，2010(1):34-38，59.

④ 潘懋元.建立高等职业教育独立体系刍议[J].教育研究，2005(5):26-29.

⑤ 传统上一般认为，美国是“单轨制”的代表，无论是在中小学还是在大学，都没有独立设置的职业教育系统，教育体系是综合性的。而欧洲传统上采用的是“双轨制”，在中学阶段分为文科中学、综合中学和现代中学等，在高等教育阶段，职业高等教育是相对独立的，比较有代表性的是德国、英国。但20世纪90年代之后，英国高等教育已经取消了双轨制的划分，传统的多科性技术学院也可以升格为大学，从而打破了传统的双轨制模式。而德国高等教育已经打通了职业系统和学术系统之间的关系，我国台湾地区在进入新世纪之后，职业高等教育系统向普通高等教育系统转变，似乎表明美国的“单轨制”或“综合制”代表了未来发展趋势。

知道，“双轨制”比较成功的国家是德国，其采用的“双元制”是国人在研究高职教育时一直称道的经验。我国台湾地区也是把高职教育作为“独立一轨”来发展，而且确实对台湾经济起飞发挥了巨大的作用。尽管在今天德国和我国台湾都存在着“双轨合并”的趋势，但作为一个发展阶段而言，“双轨制”似乎更有利于高职教育的快速发展。

民办高等教育在我国高等教育发展历史上的经历比较坎坷。最初我国民办高等教育发展动力是因为传教士建立的教会大学的影响，后来是一批主张“教育救国”的仁人志士为了兴学而创办了私立大学。但它们的发展历程都比较艰辛，始终面临资金发展短缺的问题，如比较著名的私立大学南开大学就是一例，有的最终改制为公立大学，如厦门大学就是典型一例。新中国成立后，为了适应社会主义教育改造的需要，私立教育一律被取消了，这样私立大学办学实践在大陆中断了，直到实行改革开放政策之后，民办高等教育才渐次发展起来。随着民营经济的不断发展，民办高等教育也出现了非常充沛的发展活力。对于这支新生的高等教育力量该怎么看待，一直是高等教育研究的热点问题。潘先生则一直坚持国家要采取保护、扶持、善待的政策，致力于消除对民办高等教育的歧视性的待遇，这一呼吁得到了越来越多的理解和支持。

可以说，潘先生主张大力发展高职教育，完全是基于对社会发展需要大批高层次技能人才的认识，因为他认识到，社会发展需要多样化的人才，单纯的理论性人才是无法满足社会发展需要的，必须培养更多实用性的技能人才才能适应社会建设需要。也可以说，发展高职教育思想也是他的两个关系规律学说的具体运用。

对于民办高等教育，潘先生一直给予高度的同情与理解，认为在国家没有直接大量投入的条件下，他们为国家培养了大批人才，从而较大地弥补了高等教育供应不足的缺口，其公益性是主导方面的。尽管他们多数都出于投资性的动机，但其实质是为社会、为国家培养建设者。他认为，在目前情况下，试图使他们完全不图回报是不符合实际的，当然也是不合乎情理的。实事求是地说，民办高等教育家多数都是白手起家，滚动发展，知道创业的艰辛，所以他们非常注重经营，如果不能赢利的话，他们就不可能生存下去。他们没有别的指靠，只能依靠市场，靠赢得市场而赢得发展机遇。因此，国家采取扶持性政策是应该的，毕竟他们分担了国家应该担负的责任。潘先生也不鼓励通过教育获得暴利的行为，认为那样就违背了教育的基本宗旨，也不可能办好教育，从而也不可能持久。因而他支持民办高教“适度赢利”的思想，认为这是民办高等教育发展的重要动力，也能够激励这些民办高等教育办学者主动办好教育。所以，他不支持对民办高等教育持过分理想主义态度即坚持要求他们捐资办学，认为在中国现阶段的经济和文化发展水平基础上，期望民办高等教育办学者有非常高的道德觉悟是不现实的。①

在新建本科院校发展道路上，他的态度是异常鲜明的，即走应用型发展道路，区别于传统的理论本科或学术本科的道路。② 这一思想逐渐得到越来越广泛的认可。对于许多新建本科院校而言，他们也希望走传统本科发展道路，也希望自己不断升格，从而最终实现举办研究型大学的梦想。如果真的是这样的话就走了一条如同升学主义的路线，对于高等教育自身发展是相当不利的，对社会经济发展需要而言则是造成了不必要的浪费，虽然它在短时间内能够满足人们对学历文凭的要求。事实也证明，新建本科院校如果走传统本科道路就只能被淘汰，因为传统本科所供应的人才市场需要早已经饱和，而且传统本科院校也在探索改革的路径。研究型大学普遍开展的通识教育、创新人才培养实验等，都是为了改变或更新原来的培养模式。新建本科院校如何来避免传统本科院校发展的误区则是其健康发展的关键。走与社会需要紧密结合的应用型发展路线可以说是其不二的选择。可以说，国家近来推动新建本科院校向应用技术大学转型的发展方针也是在一定程度上采纳了潘先生关于应用型本科院校建设的设想。

四、开放性是多学科观点研究高等教育的标识

作为中国高等教育学的创始人，潘先生非常关注高等教育学发展状况，这是再自然不过的事情了。但在高等教育学如何发展的问题上，是走过去的传统的封闭型的学科发展道路，还是走开放型的发展道路，则面临着重要

---

① 潘懋元，邬大光，别敦荣.我国民办高等教育发展的第三条道路[J].高等教育研究，2012(4):1-8.

② 潘懋元，车如山.略论应用型本科院校的定位[J].高等教育研究，2009(5):35-38.

抉择。在国内教育学"寻找逻辑起点"热、[1]强烈要求建立独立的高等教育学体系的大环境下,潘先生毅然决然地选择了走开放型发展道路,主张将多学科思想引入高等教育学建设中。这一抉择显然是冒了很大的风险的,因为教育学界一直有一种声音,即担心成为别的学科的殖民地,[2]而开放自己的研究领地是否是一种"引狼入室"的行为?但把高等教育学自我封闭起来就一定有发展前景吗?因为在教育学寻找逻辑起点的热潮中同时有一种"教育学终结"的声音。[3] 潘先生高瞻远瞩,从学科发展大局出发,坚持走开放发展之路,这确实是一种学术胆识,冲破了国内学术界的一种学术惯性,这种惯性倾向于使学科建设走向封闭,画地为牢,从而使学科发展走向萎靡不振状态。坚持从多学科视野来从事高等教育研究,确实为高等教育学发展赢得了更大的空间,也为高等教育学长远发展储备了充足的动力。因为多学科方法为高等教育学提供了多学科的理论资源,也借鉴了多学科的研究范式,特别是吸引了诸多跨学科人才加入到高等教育学研究队伍之中,从而为高等教育学发展赢得了勃勃生机。从本质上讲,高等教育学向多学科开放,反映了高等教育学学科的内在特性,因为高等教育学是以高等教育现象作为自己研究对象的,在高等教育现象中,必然要包含各个学科的人才培养活动,这也是高等教育实践活动的具体形式,从而就使高等教育研究更加紧密结合高等教育发展实际,同时也促进了高等教育学与多学科进行交叉融合,也为解决高等教育学重大难题——促进多学科共同发展,提供了丰富的实践基础。可以说,目前国内高教界所热衷的协同创新的一个重要形式就是跨学科合作,因为跨学科合作是未来知识创新、重大科学突破的基础。

必须指出,采取多学科发展范式是国际社会科学的一种普遍发展趋势,只有顺应这一趋势才可能开展国际对话,才能为各个学科发展赢得更大发展空间。事实上,依靠封闭型的发展路线只能造成发展资源越来越枯竭。国际著名学者华勒斯坦(Immanuel Wallerstein)教授就提出了开放社会科学的概念,[4]他的主张有众多的支持者。在高等教育领域也不乏许多追随

---

① 瞿葆奎,郑金洲.教育学逻辑起点:昨天的观点与今天的认识(一)[J].上海教育科研,1998(3):2-9.

② 陈桂生.教育学的建构[M].长沙:湖南教育出版社,1998:36-46.

③ 吴钢.论教育学的终结[J].教育研究,1995(7):19-24.

④ 伊曼纽·华勒斯坦,等.开放社会科学[M].刘峰,译.北京:三联书店,1997:1-113.

者，如美国当代已故的著名高等教育学者伯顿·克拉克不仅是该观念的支持者，也是这一观念的实践者，他的《高等教育新论——多学科视野》就是代表作。[①] 潘先生在一定程度上受到了伯顿·克拉克坚持多学科发展观念的启发，从而开始探索中国高等教育学的多学科发展之路，他主编的《多学科观点的高等教育研究》就是例证。[②]

潘懋元以巨人般的魄力，超人的智慧，率先主张开放学科领地，鼓励运用多学科的视角从事高等教育研究，为高等教育学发展注入了清水活源。不能不说，这是一种促进学科发展的有力举措，也使高等教育学很快很好地融入科学的大家庭中。

五、学术沙龙是"慈爱—开放—包容—务实"的典范

潘懋元主张高等教育必须联系实际，必须反映现实中的问题，既不搞封闭型的学科建设，也不搞脱离实际的理论研究，最为难能可贵的是他把高教研究与高教理论教学有机地结合为一体，致力于建设一种独特的高等教育研究文化氛围。他率先开展了研究生培养模式改革试验，在研究生教学中推行"学习—研究—教学"[③]（简称"学—研—教"）三结合的教学模式探索。所谓"学—研—教"三结合，就是在教学时间分配中老师的讲授占三分之一，学生自学占三分之一，而教学共同研讨占三分之一。当然，各占三分之一只是一个相对比例，不是绝对的，但它表明了要打破传统的单纯教师讲授的模式，要把学生自学的积极性发挥出来，特别是把师生在一起共同研究作为教学的重点推行。我们知道，学生是教学活动的重要主体，如果学生的积极性不能调动起来的话教学总体上是无效的。显然，完全采用自学研讨的方式对于中国学生而言还是吃不消的，也不利于快速地把学生带到学术前沿，教师的讲授在这一点上的作用是非常大的。无论是学生自学还是老师讲授，都存在弊端，单纯学生自学学习效果就难以保证，单纯教师讲授的话则可能形成单边灌输的情况。而教师与学生在一起共同研讨，就能够弥补这两方

---

① 伯顿·克拉克.高等教育新论：多学科的研究[M].王承绪，等译.杭州：浙江教育出版社，2001：1-331.

② 潘懋元.多学科观点的高等教育研究[M].上海：上海教育出版社，2001：1-404.

③ "学习—研究—教学"三结合，也被称为"自学—研究—教学"三结合。

面的不足。师生在一起共同研讨是教学改革的最重要的环节，这样就能够使课堂变成开放的课堂，一方面可以把学生自学中面临的问题带到课堂中，从而增强教学的实效性；另一方面可以促进教师思考，不断地面对学生的质疑，从而可以促进教师的知识构架的更新，完善自己的理论设计。

潘懋元在教学共同研讨方面创建了两个制度是影响巨大的，一是每周六晚上的学术沙龙制度，这已经成为先生自己生活中最重要的一部分，同时也是研究生学习生活中最重要的一部分，这对博士生而言尤其是如此。学术沙龙的主题丰富多样，既有热点讨论，也有课程作业汇报，还有大量的外部学术信息交流，特别是有一些著名学者拜访，这些都构成学术沙龙研讨的主题。所以，学术沙龙的信息量非常大，内容非常广，为学生提供了一个广泛学术探讨空间，从而使学生能够敏锐地接触到学术前沿，更直观地感受到现实的需要。每次学术沙龙都有丰盛的来自四面八方的风味茶点，使学生在享受精神大餐的同时也领略了各地风土人情。许多博士生在自己毕业论文的后记中都写到，沙龙对自己的学术思维训练影响最大，终生受益。这足以反映师生之间的共同探讨氛围的重要性。

另一个重要的制度建设则是每周一上午的学术例会制度，这是全院师生共同参与的，当然先生自己是坚持最好的，这个机会使研究探讨的问题不限于课堂内容或与课堂教学直接相关的内容，可以是各方面的学术报告。如果说沙龙是一种非常轻松自由的学术研讨氛围的话，学术例会则是一种比较正规的学术探讨氛围，两者相辅相成。这两种制度都为学术思维激荡提供了广阔的空间，都锻炼了学生的思维水平，扩展了学生视野，也传递了最新的学术动态，从而使师生之间形成了一个共同探讨的浓郁的学术氛围。

潘懋元在教学上的最重要特征是言传身教，他把对学生的爱融入自己的一言一行中。每年的迎新晚会，[①]潘先生都把自己压箱底的绝活拿出来，那就是出谜语、猜人名，人名主要是研究生，间或有个别老师的名字。这个节目本身需要认真研究人名的直接意思和象征意思，而且要与历史事件联系起来。这样的一个猜谜活动不仅考察学生的知识面，而且考察学生是否对自己的同学非常关心，当然最重要的是考察学生的反应能力是否灵敏，因此是一个娱乐性、智力性和知识性及情感性高度合一的项目，当然首先是考

① 人民网.高等教育学鼻祖潘懋元先生[EB/OL].(2014-09-06)[2015-05-02].http://edu.people.com.cn/n/2014/0906/c1053-25616533.html.

察的出谜题人的思维水平，故而是一个高难度的智力挑战。所以，每到这个时刻，也是最具有悬念的时刻，当然也是最充满刺激和欢乐的时刻，在这个时刻，师生的精神高度地凝聚在一起。这种人生经验与智慧的分享，使研究院充满了浓浓的人情味，具有无形的教化力量。

六、结语

我们说，在潘懋元身上，开放、包容、务实是三位一体的存在，三者统一在慈爱理念之下。在两个关系规律学说中，开放性反映在从教育外部视野来看待教育发展需要，包容性反映在必须客观地承认外部的制约，务实性反映在必须尊重教育内部要求即反映人的发展需要上。多样性高等教育质量观也是三者有机统一的体现，如对民办高等教育的营利性持包容性态度上，主张善待民办高等教育、消除关于民办高等教育的歧视性政策就是开放性态度的体现，承认民办高等教育的营利性与公益性的统一是一种务实的态度。而采用多学科观点研究高等教育则是他在学科发展上坚持开放、包容、务实理念的集中体现。毫无疑问，开放、包容、务实三者都是为了促进教育，是对教育挚爱的体现，是在慈爱理念下的有机统一。

学术沙龙是潘懋元创造的另一个独特的教学形式，这个探讨的氛围能够把多元的学术思想引进来，如此才能达到学术争鸣的效果。在学术争鸣中也充分贯穿了开放、包容、务实的理念。这些品质也表现在教学方法改革探索中，"自学—研究—教学"三结合也是开放、包容、务实理念的具体实践。

可以说，潘懋元从慈爱精神出发，使他对高等教育发展持开放的、包容的、务实的态度，这种精神不仅渗透在他的教育思想中，也遍布于他所有的教育实践行动中，最典型的例证则是两个关系规律学说、多样化高等教育质量思想、多学科的高等教育研究思想。而在他具体教学生活中，这些精神就体现得更为淋漓尽致。

潘懋元教育思想的演进、张力与贡献

韩延明

薪火相传，达者为先。"先生"，体现了一个尊称、一种修为、一份崇敬和一种精神。两千年前的范仲淹就曾赞曰："云山苍苍，江水泱泱，先生之风，山高水长。"值此潘懋元先生百岁华诞暨从教八十五周年之际，广东高等教育出版社决定重修再版多卷本《潘懋元文集》，其中包括笔者编著的《潘懋元教授纪事年表》一书。该书不仅记载和收录了潘懋元先生的人生历程和学术成就，更是一个学科群和一群学科人对中国高等教育理论与实践的集体记忆和世纪探索。鲁迅先生曾言："伟大也要有人懂。"[①]作为编者，我想结合年表内容和潘先生的教育人生进行一次系统的梳理和概括，以便使大家更好地了解和领会这位百岁大师的生平、思想、理论、人格、修为和贡献等。这无疑是中国教育界一笔弥足珍贵的历史文献和精神财富。

通览贯穿百年的《纪事年表》，笔者发现，许多个令人称羡的"第一"或"唯一"与潘先生结缘。马克思说过：人既是历史的剧作者，又是历史的剧中人。综观潘懋元先生的教育生涯和学术成就，亦是一个由不同时段和范围逐渐累积、演进、丰厚并不断发展和完善的辉煌历史进程。细察百年，笔者认为，潘懋元先生步履铿锵的跨世纪辉煌教育人生及其教育思想与实践的演进历程，大致可分为如下六个时期。略陈于兹，求教于各位方家同仁。

一、1928—1940 年：少年好学志教与抗日救亡淬炼时期

1928 年至 1940 年，是潘懋元先生刻苦学习文化知识、反思提高教学技

作者简介：韩延明，教育学博士，山东师范大学教育学部教授、博士生导师。

① 鲁迅.叶紫作《丰收》序[M]//鲁迅全集第六卷.北京：人民文学出版社，2005：228.

能、积极参加抗日宣传活动和中小学教学实践的好学储能、立志从教与“抗日救亡”淬炼时期。

1920年8月4日，潘懋元出生于广东省汕头市升平路集贤里一个小商贩家庭，所以他曾在一首《自戒》诗中写道：“幸是寒家子，万般总可为。”他祖籍揭阳，乳名如德，学名连培，曾用名潘茂元，笔名隽、业、隽之、隽芝、忆琴、潘隽之、潘隽芝、潘苑元等。自幼在家帮父亲看店铺、卖发糕。少时随二哥学习识字的潘懋元1928年8岁时才开始上学，当时是插班进入汕头市私立东海小学初小三年级读书，后来又相继插班进入汕头市私立时中中学高小部、初中部、高中部学习。“九一八”事变后，他积极参加学校组织的“抗日救亡宣传队”活动。13岁那年因在《汕头市民日报》副刊《市民乐园》上发表人生第一篇作品——《戏剧的宣传性》而备受鼓舞。其后，时常在《星华日报》《岭东民国日报》、汕头《小日报》《学生生活》等报刊上发表文章。其《如何救济潮汕农村经济》一文，荣获《小日报》主办的“潮汕各县市中学生征文比赛”第3名，得奖金10块银元。平生第一次获奖的兴奋和提振，激励他逐步成长为一名激情燃烧、勤奋写作、充满爱国精神和正义情怀的热血文学青年。

1935年在时中中学初中部三年级读书期间，潘懋元到揭阳县私立树德小学兼任教师。这是他第一次登上讲台，教授小学三年级国文、算术，时年15岁。正如北京大学教育学院为潘先生所写的一副贺联那样：“十五即从教，育天下英才桃李满园；九旬仍治学，问世间道理享誉中外。”他在《九十感言》中也写道：“1935年至今，对我来说，不是一条虚线，而是一条教师生活绵延不绝的实线。……75年来，值得欣慰的是，我当过小学生、中学生、大学生、硕士生、博士生的老师。学生既是我的教育对象，也是我的精神支柱与生活源泉。”①

然而，他初为人师的第一次上课失败了。正如《潘懋元教育口述史》中所记：“第一次上课的经历终生难忘，那是一次失败的课。事先，我花了很多心思认真备课，结果到上课那天，一上讲台就紧张，才讲了十几分钟，就将备课的内容全部讲完了，再也不知道讲什么好。学生见老师没话可说，就在下面叽叽喳喳、打打闹闹，教室的秩序顿时乱作一团。我站在讲台上，面对教

① 潘懋元.九十感言[C]//潘懋元文集：卷一.广州：广东高等教育出版社，2010：307-308.

室里闹哄哄的孩子,不知所措。”[①]但他没有气馁,反而下决心学习教育理论、研究教学方法、提高授课技能,特别是认真学习了平生所接触的第一本教育著作——庄泽宣的《教育概论》,并立下了终身的教育理想:“一定要教好书,当个好老师!”这就是他在1936年汕头《小日报》发表的《自戒》诗中所写的“掀天愿有志,投笔尚无时。……岂甘终暴弃,老大徒伤悲”,而且是一念执着、一生坚守。

17岁那年,经校长黄勖吾特批,潘懋元插班进入汕头私立海滨中学高中师范科二年级读书,系统学习师范课程,并在一所夜校兼任教师。“七七”事变后,面对家灾国难,他积极参加学校组织的一切“抗日救亡宣传活动”,并加入了汕头青年进步组织——“燎原文艺社”和“青年抗敌同志会”(简称“青抗会”),在作品中发出“挺起了心胸,团结不要松”的呐喊。他还兼任普宁县《青报》随军记者,连续为多家报纸杂志撰写抗日宣传作品,包括诗歌、散文、小说、杂文、时评、通讯、词作、政论等,数量颇丰。他在诗中写道:“瞄准了我们的枪尖,对正着我们的敌人! 流干了最后的一滴血,为着我们民族的生存。”文学天赋、爱国热情和坚韧性格的交融与锤炼,成为他在这一时期的人生亮点。

18岁那年,潘懋元到普宁县“青抗会”的核心据点——普宁县泥沟乡锲金小学任教,第一次正式成为专职小学教员,教授国文、算术。后来兼任训育主任,协助地下党员、校长王滧组织当地农民青年抗日自卫队、创办农民夜校、推广新文字运动等。1939年奉派担负“特殊任务”,只身潜入沦陷区汕头市为青年抗日游击队发展敌后情报人员,并将其所见所闻写成通讯在普宁《青报》和《星华日报》等发表,揭露日寇的罪恶行径,鼓舞民众的抗日激情。后因病返回揭阳,继续参与“青抗会”工作。为实现其成为优秀教师的人生理想,他于1940年(20岁)从揭阳榕城步行到福建永定,再搭车去长汀报考厦门大学教育系,历时7天。当年名落孙山,1941年继续赴考,终而金榜题名,10月份入学注册,开始了大学四年系统的教育理论学习。

潘先生灵心慧眼、元气淋漓,平生乐做老师,一生践行着厦门大学“自强不息、止于至善”的校训,谱写了卓育菁莪、弘文励教的壮丽篇章。他曾在

---

① 潘懋元,口述.肖海涛,殷小平,整理.潘懋元教育口述史[M].北京:北京师范大学出版社,2007:30.

“厦门大学教育研究院四十周年庆祝大会”上道出心声:“厦门大学教育研究院既是科研单位,也是培养高等教育专业人才的单位。相对来说,我认为培养人才更重要。40 年来,虽然我们承担了许多研究课题,出版了许多著作,也是智库之一;但 40 年来我们培养了 677 名硕士和 271 名博士,这更值得引以为荣。”[①]在中国教育史上,孔子十有五而“志于学”,先生则是十有五而“志于教”。孔子执教 40 余年,孟子执教 50 余年,董仲舒执教 30 余年,朱熹执教 40 余年。而百岁大师潘懋元先生,其潜心从教、驻足讲坛已长达 85 个春秋!

二、1941—1956 年:教育知识积淀与学术研究筑基时期

1941 年至 1956 年,是潘懋元先生作为厦大教育系学生和教师深入钻研教育理论、积极参与教学实践和教育改革、投身高等教育研究事业的知识积淀和科研筑基时期。

这一时期,他极为珍惜在厦门大学教育系学习和工作的美好时光,刻苦学习和钻研有关教育理论方面的各门基础课程和专业课程,并兼任长汀县私立乐育小学的国文教员和一所县立中学的历史教师、教务主任。他借助担任厦大教育学会主席和学生社会教育服务处主任的平台,积极联络各系文学爱好者开展端午节“笔会”,举办全校诗歌朗诵会、文学创作会、雕刻绘画展览等,进一步锻炼和提升了组织活动能力。他在著名教育史学家陈景磐教授指导下完成的长达两万余字的毕业论文《劳工教育的理论与实施》被评为学士学位优秀论文。1945 年大学毕业后,沐浴着全国抗战胜利的喜悦到江西雩都县立中学任国文和历史教员,后担任南昌葆龄女子中学国文教员和教务主任。

1946 年,应王德耀校长和系主任李培囿教授邀聘,潘懋元返回厦门大学教育系任助教,负责复建厦大附属小学并兼任校长。他在附小积极践行“新教育”理念,尊师爱生、建章立制,设置了秩序周、礼节周、服务周、孝顺周、仁爱周、勤俭周、整洁周、助人周等,大力倡导三育并进和个性教育,并聘请李培囿、林砺儒、郭一岑、陈景磐、汪西林等著名教授到附小讲演或座谈,提高教师教育理论素养。他在《附小校歌》中写道:要“师长慈和,同学相亲”;“循

① 潘懋元.主动适应新时代新形势 发展高等教育中国学派[J].高等教育研究,2018(6).

科学的大道,做民主的国民”。这期间,他结合办学实践,在报纸杂志特别是《星光日报》上发表了大量有关教育时政解读和教育问题解析的文章,如《初小国常合教的理论与做法》《小学低年级能否教算术》等。[①] 1947 年,他在《教声》创刊号发表《理论与事实——厦大附小的报告》,对那段特殊时期复建的厦大附小办学历史进行了回忆和梳理。同年,在《星光日报》上发表了担任厦大助教后的第一篇教育研究论文,题为《勿以苏联中学男女分校例中国》,论述了历来讨论中学男女分校合校问题的四大理由,提出不要盲目套用苏联办学模式。同时,他还在《星光日报》分两期连载了《劳工教育观念的演进》一文。

1948 年,他分别在《星光日报》发表了《一年来中国教育的回顾》《困难重重的国民教育经费问题》,并在上海《大公报》发表了《中国历代教育公费考》,在《江声报》发表了《教师任用方式之商榷》等,其真知灼见,发人深省。该年度他还发表了 20 多篇文学评论。1949 年,在《星光日报》分 3 期连载《关于新文字问题》,系统解答了当时人们对新文字改革与使用的种种疑惑问题,兴奋地在厦门大学迎接新中国的诞生。

1950 年,潘懋元在《江声报》发表《厦门的文艺运动》一文,坚定表明了发展文艺、情系大众的政治态度。他明确指出:“首先要把握住我们的唯一任务,是为人民服务,也即主要是为工农大众服务。”[②]此后,他开始在厦门大学教育系开设《教育政策法令》《中国教育史》《教育概论》等课程,并兼任政治大课辅导员,后来组建了教育学教研组。在王亚南校长提名下,晋升为讲师。

1951 年,潘懋元前往中国人民大学教育学教研室研究生班(翌年 2 月调整到北京师范大学教育系)学习,师从教研室主任王焕勋教授,与黄济、邵达成、章志光、车文博、王天一、王策三、汪达之、陈信泰、王道俊、王逢贤、夏之莲等同窗。这是他在厦大任教后第一次外出参加教育理论培训和教育研究活动,由此成为他研究新中国高等教育的新起点。不久,他在《新中华》上发表《评钱亦石的〈现代教育原理〉》一文,从教育的哲学观点、生物学观点、社会学观点三个方面提出了对该书的修订建议。

1952 年,接王亚南校长通知,潘懋元回校任教务处教务科科长,并先后

① 潘懋元.厦大附小散忆[J].厦门教育,1992(2).

② 潘雋之.厦门的文艺运动[J].江声报,1950-1-1.

兼任教育系教育学教研室主任、学校教学改革委员会秘书，负责厦大教学和课程改革事宜。1953 年，他先后拟订了《厦门大学教研组暂行条例》《厦门大学系工作暂行条例》《厦门大学学生学业成绩考试考查暂行办法》《厦门大学学生补考、留考、重修的补充暂行办法》等颁发全校推行，并在《新厦大》发表多篇教务管理与教学改革文章。1956 年，在党的"向科学大进军"号召和王亚南校长支持下，刚刚宣誓成为中共党员的潘懋元成功组织了"厦门大学 35 周年校庆活动暨第一次科学讨论会"并在会上宣读了自己的学术论文，还在《新厦大》上发表了《我参加科学讨论会的收获》一文。

这一时期，他先后参加了中国人民大学、北京师范大学教育学研究生班的学习和考察，发表了一系列教育研究论文，特别是对杨贤江教育思想、毛泽东教育思想、胡适教育思想、蔡元培教育思想、鲁迅教育思想，以及苏联教育家马卡伦柯、美国教育家杜威的教育思想等进行了较深入的研究，论述了全面发展教育、因材施教、启发教学、教育实习、课程建设、劳动教育、学业成绩评定、大学生理想信念教育等诸多问题。

这一时期，他通过系统研究马克思主义全面发展教育理论和著名教育家的思想与经典文献，研究国外高等教育的先进经验与中国高等教育的现实问题，研究普通教育和高等教育的共性与区别，逐步形成了对中国高等教育的独特认识和对高等教育研究的独到见解，由此步入一个全新的教学和研究领域，对高等教育规律产生了深刻认识，对高等学校教学管理有了新的理解，对许多过去困惑的教育理论问题豁然开朗。尤其是在马克思主义教育理论必须与中国教育实践相结合的认识上达到了新高度，能够自觉地以唯物史观和辩证法作为理论武器，并把教育问题视为改造社会的整个革命事业的重要组成部分，进而确立了他对中国共产党领导的教育事业的坚定信念和对教师职业的无比热爱。1956 年底，经厦门大学校务委员会研究，潘懋元晋升为副教授。

三、1957—1965 年：探索高教理论与架构学科雏形时期

1957 年至 1965 年，是潘懋元先生认真思考、积极倡议、强化研究、开拓荒原，尝试创立高等教育学科的理论探索与初具雏形时期。

1957 年，潘懋元在《新厦大》发表《"全面发展与发挥专长"的我见》一文，

并在中央人民政府高等教育部主办的《高等教育》上发表《全面发展的本质意义是什么》，后被《争鸣》全文转载。该文系统阐述了“马克思恩格斯是怎样提出全面发展的理想的”“为什么人的全面发展的本质意义是体力和智力的全面发展”“为什么不应把共产主义教育的组成部分代替全面发展的本质意义”等重要理论问题。该刊特发“编者按”：“我们希望大家对全面发展教育的本质意义以及在高等学校如何有计划地加以贯彻等问题展开讨论”。

正是在这一年，潘懋元组织厦大教育学教研室部分人员，主编了《高等学校教育学讲义》。这是中国第一本初具雏形的高等教育学教材，也是中国教育界在建立高等教育学科方面第一次系统的理论探索。尽管该教材并未正式出版，但它却是中国高等教育研究领域最早的学术专著，也标志着潘先生对高等教育学的认识和研究水平达到了一个新高度，由此而奠定了中国高等教育学科建设和高等教育研究的基石。他还在厦门大学《学术论坛》上发表《高等专业教育问题在教育学上的重要地位》一文，从智能教育、大学生身心发展和社会经验的特殊性等方面论述了高等专业教育与普通教育的不同之处，进而建议创建一门“高等学校教育学”或“高等专业教育学”。由此可见，早在20世纪50年代，潘懋元就提出了建立高等教育学的基本构想，并进行了相关的理论探索，形成了初步的研究成果。可惜因接踵而至的各种政治运动而被迫中断研究，以致延迟了20余年！正如潘先生在《九十感言》中所说：“我的一些创新性的设想，大多是在三十多岁时形成的；而有所贡献并被社会认可的，则是在六十岁之后的30年。”①

1958年至1965年，潘懋元先后任厦大教学科学研究处副处长、教务处代处长、教务处处长、研究生招生委员会办公室主任等。这期间，他广泛宣传教育部颁布的《高校六十条》，积极进行教育方针、教学管理的宣传解读和教学制度、实习制度的基本建设，主持拟订了《厦门大学各系修订教学计划的实施意见》《关于改进教学管理工作的若干意见》《厦门大学教务通则》《教研室暂行条例》《毕业论文暂行办法》等，并连续组织了四次学校“科学讨论会”且提交论文。当时，处于管理责任和教育使命使然，他砺其风骨、彰其底蕴，陆续发表了《教育方针试论》《高等学校勤工俭学的原则与问题》《教学、生产劳动、科学研究的矛盾与统一》《谈教师在教学中的主导作用》《坚持理

---

① 潘懋元.九十感言[C]//潘懋元文集：卷一.广州：广东高等教育出版社，2010：308.

论联系实际的原则》《毛泽东同志教育思想试探》《如何评价杨贤江的教育思想》《关于应否给学生有所怕的几点意见》《少而精教学原则初探》《关于红与专的矛盾关系问题》等文章。特别是《少而精教学原则初探》一文，结合高等教育理论对少而精原则进行了系统而深刻的阐述，确立了其在高等学校教学原则体系中的独特地位，发表不久即被人大剪报资料《高等教育》全文转载，成为20世纪60年代中国高校教学理论研究方面的一篇代表性学术论文。在此期间，他为学生开设《逻辑学》课程，并先后发表了《关于概念内涵的若干问题——逻辑学质疑之一》和《关于判断的若干问题——逻辑学质疑之二》两篇文章，使他的逻辑学知识得以充实、条理和系统，并在其后的教育理论研究中发挥了重要作用。

然而，伴随着持续不断的政治运动，青年潘懋元刚刚起步的高等教育研究被迫搁浅。1964年，潘懋元同刘佛年、张焕庭、阮镜清、彭飞、吕型伟、李放等一起，被教育部借调到北京，要求撰写批判苏联修正主义教育思想的理论文章，后来正式调中央教育科学研究所从事教育史研究，并任马克思主义教育研究小组组长。其后，奉命相继到北京、天津、河北、山西平遥、太原、临汾、河津等地蹲点调查半工半读和农业中学情况，并于1965年11月在《人民日报》发表《关于当前农业中学性质问题的探讨》一文。这一阶段，"运动"频繁，杂务缠身，居无定所，父亲病逝，影响了其教育理论的深化研究和教育实践的正常进行，但却奇迹般地开垦了中国高等教育学科建设的荒原。

四、1966—1976年：教学和研究被迫中断与沉思自励时期

1966年至1976年，是潘懋元先生教学工作和教育理论研究处于困惑、停滞、无奈和被迫中断与沉思自励的苍凉时期。

1966年，"文化大革命"全面爆发，历时10年。这期间，"雾失楼台，月迷津渡，桃源望断无寻处"。潘懋元被红卫兵从北京押回厦门接受"革命大批判"，停职参加校园劳动，如挑水、浇树、修路、打扫厕所、清扫马路等。之后，又被下放到安徽凤阳的教育部"五七干校"接受劳动改造，开荒、种地、养猪、养牛、做饭、管仓库、盖房子等，再后来被分配到云南省科教组参与大学的斗、批、改、"复课闹革命"工作。全家六口人分处五地，生活凄苦，春节都无法团聚。其间因患急性黄疸肝炎住院，长达数月，这时王亚南校长又因病去

世，使他陷入了痛苦、迷惘、低落和沉思阶段。虽然于 1973 年被调回厦大并继续担任教育革命处处长兼机关第二党总支书记，也尽己所能地建章立制、维护教学秩序、加强教学管理，但随后的“批林批孔运动”“学习朝农经验”“反击右倾翻案风”等，使他再次步履维艰。这段生活，使他深刻认知了“左”的错误思想给中国带来的沉重灾难，也更加看清了正常的教学科研工作中断以后给高等教育事业造成的深远的严重危害。

然而，即便是在这一动荡不安的特殊时期，他也没有气馁、没有止步，虽不能力挽狂澜，但也是履霜泰然、矢志不贰，仍然以坚定的信念和坚强的毅力从事着自己钟爱的教学科研工作。特别是在下放教育部“五七干校”，以及在云南省科教组工作期间，他加强自学、结交同道、深入调研，在不断思考中认清了违背教育规律的严重危害性，并尽其所能地正本清源，为其后来开展高等教育研究特别是提出“教育内外部关系规律”奠定了一定的思想和理论基础。

在《潘懋元教育口述史》中，他曾讲述了这样一段经历：1975 年初，邓小平主持中央日常工作，开始整顿教育，引导学生读书。当时，北京《教育革命通讯》（即原《人民教育》）编辑部组编“教育革命大辩论”的两篇文章，潘懋元应邀参与修改。其中关于杜威实用主义教育思想的一篇文章，他针对当时国内中小学教学轻视系统的知识学习的状况作了大幅度修改，并增写了一段话，大意是：杜威的实用主义常常同马克思主义教育思想的重视实践相混淆，最容易鱼目混珠。比如苏联革命初期，杜威在苏联待了相当一段时间，鼓吹实用主义的课程和方法，苏联 20 世纪 20 年代的国民教育改革，就是受实用主义理论的影响，办劳动统一学校，不认真学习系统的文化科学知识，把知识搞得支离破碎。该文刊发时，《教育革命通讯》专门发表社论，根据周恩来总理对教育改革指示的精神，比较系统地论述如何提高青少年学生掌握基础知识和基本技能的能力，如何加强对文化科学知识的系统学习。[①] 在当时的政治气候下，这种担当精神、学术勇气和教育情怀，确实是难能可贵的。

对这段人生遭遇和生活磨难，潘先生一直无畏挫折和寂寞，从未消沉和怨恨，始终以达观、平和、超脱、宽容的心态，虚怀若谷，豁达面对。他说：“回

① 潘懋元，口述.肖海涛，殷小平，整理.潘懋元教育口述史[M].北京：北京师范大学出版社，2007：147.

想起来，那些年我虽没能‘读万卷书’，却是‘行万里路’。这‘行万里路’的另外一种收获，也是书斋生活所不能得到的。这一段经历让人领悟了许多的生活意味。也许，那些年的生活是真正贴近人民的生活。”①这种心态、胸襟和情愫，正可谓“壮志托天地，虚怀贯古今”。

五、1977—2015 年：高教学科确立与成就斐然的黄金时期

1977 年至 2015 年，是潘懋元先生在全国大声呼吁、率先创建和正式确立中国高等教育学科及深入、系统、全面开展高等教育理论研究的大跨越、大发展、大繁荣的黄金时期，也是潘先生思想最活跃、研究最集中、成果最丰硕、在国内外影响最广泛的时期。

1977 年，高考恢复，中国教育事业迎来了新的历史发展机遇，被压抑了十年之久的潘懋元先生，英姿勃发，扬帆起航，迎来了他教书育人和学术研究的第二个春天。作为教务处长，他积极参与恢复高考制度后的第一次招生工作，致力于整饬教学秩序和教材编写工作，主持制定了《1977 年厦门大学招生工作意见(草案)》，拟订了《关于制订和执行教学计划的几点意见》，年末被光荣推选为福建省第五届人大代表。

1978 年，潘先生任厦门大学“高等学校教育研究组”负责人后不久，创办了全国第一个以高等教育为研究对象的专门科研机构——“厦门大学高等学校教育研究室”并兼主任(8 月改为“高等教育科学研究室”)，标志着中国高等教育研究正式成为一个专门的研究领域。他精心规划了研究室从 1978 年至 2000 年长达 22 年的三个战略发展阶段：第一阶段(1978—1983)，以建立高等教育学新学科为基本任务，促进建所工作；第二阶段(1984—1990 或稍后)，以培养人才为主要任务，并围绕培养人才开展科学研究工作；第三阶段(1990—2000)，进行较高水平与较广泛领域的科学研究，加强国际教育学术交流，建成名副其实的国家重点学科。

作为厦大哲学社会科学学术委员会副主任，他组织了新时期第一次校内大型学术研究活动——“厦门大学第七次科学讨论会”并提交论文。这是中断 15 年后的首次科学讨论会，全校共提交论文 353 篇。同时，他在《厦门

① 潘懋元，口述.肖海涛，殷小平，整理.潘懋元教育口述史[M].北京：北京师范大学出版社，2007：145.

大学学报》发表《必须开展高等教育的理论研究——建立高等教育学科刍议》一文，系统论述了开展高等教育理论研究的必要性、可行性和理论意义与实践价值，并在《光明日报》上发表《开展高等教育理论的研究》一文，大声呼吁和大力开展高等教育理论研究与建立高等教育学学科，在破冰初启的高等教育界产生了巨大震动。这一连串振聋发聩的呐喊，既体现了他的远见卓识，也展现了他的创新胆识，并由此而谱写了逐步开展和深化中国高等教育研究的崭新篇章。此后，他多年秉持初心、矢志不渝，躬身深耕厦大这块高等教育理论中国学派发源地。厦大高教逐步形成40多年来中国高等教育学科第一重镇的牢固地位，有的学者称之为“高教圣地”。年底，他被评聘为“文革”后第一批教授，并被任命为厦门大学党委常委、副校长。

1979年，厦门大学高等教育科学研究室被列为全国高等教育重点研究基地。1980年，演讲稿《高等教育学及教育规律问题》由湖南大学教务处印发。1981年，国务院批准厦门大学高教研究室为全国第一批高等教育学专业硕士学位授予点，潘先生成为中国第一位高等教育学硕士生导师。1983年，他编著的《高等教育学讲座》由人民教育出版社出版，这是我国第一本公开出版发行的高等教育学理论著作，是中国高等教育学本土创立、自主创新的重要标志，由此奠定了他在世界高等教育研究领域独树一帜的独特地位。挪威学者阿里·谢沃在《潘懋元——一位中国高等教育学科的创始人》一书中指出：“中国的普通教育学是从西方引进的，但高等教育学却不是。在中国，高等教育学完全是由本土学者自己建立起来的，早在20世纪50年代就出现了发展的萌芽，当时西方还没有这么一个学科。高等教育学作为一门独立的学科，在20世纪70年代就建立起来了。这一学科最早的出版物是完全用中文编写的，那就是潘教授的《高等教育学讲座》。”[①]

1984年，中国第一个高教所——厦门大学高等教育科学研究所经教育部批准正式成立，由他历时5年主编的中国第一部《高等教育学》(上册)由人民教育出版社和福建教育出版社联合出版(下册1985年出版)，标志着高等教育学作为一门新兴独立学科在中国的正式确立，被誉为永载史册的开山之作。该书出版后，在国内高等教育界引起了强烈反响，求购者蜂拥而至，第一版45000册旋即告罄。时任延边大学副校长张德江同志(中共中央政治

① 阿里·谢沃.潘懋元——一位中国高等教育学科的创始人[M].高晓杰，赖铮，等译.北京：高等教育出版社，2006：43.

局原常委、全国人大常委会原委员长)曾给潘先生写信:“去年十月,我在中央教育行政学院学习期间,听了您关于高等教育学的报告,大开眼界,很受启发和教育。回校后,我做了宣传,大家很感兴趣。我所带回的您主编的《高等教育学》(讨论稿),大家争相传阅,一致认为您作了开创性的工作,填补了我国高等教育学的空白。”该书先后荣获首届吴玉章基金教育学优秀成果奖、福建省哲社“六五”规划项目优秀奖、国家教委首届高校优秀教材一等奖、全国首届优秀教育理论著作优秀奖、全国首届教育科学优秀成果一等奖等。

1986 年,国务院批准厦大高教所为高等教育学博士学位授予点,潘先生成为中国第一位高等教育学博士生导师。其后,他治学不厌、创新不倦,理论联系实际,思想付诸行动,成为其思想最活跃、研究最集中、成果最丰富、获得奖项和荣誉最多、在国内外影响最广泛的时期,由此奠定了他在中国高等教育界的领先水平和统率地位。

1988 年,厦大高等教育学科被国家教委批准为全国第一个高等教育学重点学科。1990 年,指导的全国第一届高等教育学博士生王伟廉、邬大光顺利通过学位论文答辩。1993 年,被一致推选为中国高等教育学会副会长、全国高等教育学研究会第一届理事会理事长。1995 年,受联合国教科文组织委托,主持召开“亚太地区私立高等教育国际研讨会”。1996 年,厦大高等教育学科被评为全国第一个高等教育学国家“211 工程”重点建设项目。1998 年,主编的《中国近代教育史资料汇编》(10 册)荣获“第四届全国优秀教育图书”一等奖。1999 年,被英国赫尔大学授予荣誉博士学位;在厦大主持召开了“首届全国民办大学校长研讨会”。2000 年,厦门大学高等教育发展研究中心被评为全国高等教育学领域第一个“教育部人文社会科学重点研究基地”。中国教育学会会长顾明远先生在为《潘懋元论高等教育》一书作“序”时写道:“潘懋元教授在高等教育领域中的研究范围很广,从历史到现实,从中国到外国,从外部到内部,从宏观到微观,都有许多独到的见解。特别是他对高等教育学的学科建设做出了巨大的贡献……他是我国教育界的泰斗”。①

2001 年,潘先生主持创新的“学习—研究—教学三结合”研究生培养教

---

① 潘懋元.潘懋元论高等教育[M].福州:福建教育出版社,2000:1.

育模式,荣获国家级教学成果一等奖。2003 年,厦门大学高教所被批准设立教育学一级学科博士后流动站。2004 年,厦门大学教育研究院被批准为全国第一个高等教育研究"985 工程"基地。2005 年,率厦门大学 10 名师生到挪威科技大学参加并主持"第三届高等教育质量国际学术研讨会"。2007 年,厦大教育研究院被批准设立了全国首家教育部研究生教育创新计划(高等教育学)研究生访学基地。2008 年,他主编的《高等教育研究方法》由高等教育出版社出版,填补了该研究领域多年的空白。2009 年,被评为"改革开放 30 年中国教育风云人物"。2010 年,《潘懋元文集》(八卷 10 册)由广东高等教育出版社出版;教育部在给潘先生"从教 75 周年暨 90 华诞"的贺信中写道:"潘先生长期致力于高等教育理论研究,成果丰硕,为创建我国高等教育学学科、丰富和发展我国高等教育理论体系做出了重要贡献。"这是教育部第一次向一位大学教授发电贺寿。

2011 年,潘先生被评选为"第三届中国杰出人文社会科学家"。2012 年,荣获教育部"全国教育科学研究突出贡献奖"。2013 年,他主编的《现代高等教育思想的演变——从 20 世纪至 21 世纪初期》荣获教育部"第六届高等学校科学研究优秀成果奖"一等奖,并荣获厦门大学首届"我最喜爱的十位教师"称号。其典礼颁奖词如是:"十五从教,他历 80 载春秋,鲐背之年仍居教学科研第一线。爱生如子,他关怀晚辈,作育英才,桃李遍天下。敢为人先,他开创新学,尊为中国高等教育学科奠基人。杏坛传道,他著作等身,荣膺中国高等教育研究终身成就奖。从教乐教,他治学严谨,无愧中国教育界的师范楷模。一心研学,他薄名精艺,当仁治学先锋,新学泰斗。"①

2014 年,潘懋元先生被推选为 10 位"全国教书育人楷模"之一,时年 94 岁,是历年来荣膺这一殊荣人员中最年长的一位,在人民大会堂受到了习近平总书记的亲切接见。在接受采访时,他深情而自豪地说:"我一生最为欣慰的是,我的名字排在教师的行列里。"而就在这一年,他不顾年迈,先后前往北京、上海、湖北、湖南、四川、广东、浙江、广西等十余个省市进行实地调研、讲学。2015 年,"潘懋元高等教育思想研讨会暨从教 80 周年庆祝会"在济南大学隆重召开,参会论文之多、规模之大、气氛之浓,盛况空前。时任教育部副部长林蕙青在贺信中写道:"众所周知,潘先生是我国公认的高等教

① 韩延明.潘懋元教授纪事年表[M].厦门:厦门大学出版社,2015:303-304.

育理论家和社会活动家，先生八十年如一日躬耕教育，以其高尚的人格、对高等教育事业的执着追求以及严谨的高等教育理论体系，赢得了国内外学界的高度赞誉。”同年，由厦门大学中外合作办学研究中心与香港大学中国教育研究中心合作编译的《潘懋元高等教育思想文选》(英文版)，由世界知名出版社荷兰博睿(Brill)学术出版社出版，而该社出版中国教育领域的学术专著，尚属首次。

在此值得一提的是，从 20 世纪 80 年代开始，潘先生创立了一种师生平等讨论学术及社会诸问题的新型教学相长模式——“周末学术沙龙”，一般固定在每周六晚饭后开始，在先生家中举行。只要先生在厦门，风雨无阻。虽然地点随着潘先生之迁居而由校内与研究生公寓毗邻的东村九号别墅转到距离校园十四公里的前埔海滨高层住宅，但沙龙的举行依然如故，三十余年如一日。据《潘懋元教授纪事年表》显示，仅在 2014 年，“周末沙龙”就集聚了 32 场。这种独特的教学形式，颇有点像《论语》的《子路、曾皙、冉有、公西华侍坐》章中所描绘的孔子在阙里与弟子“各言尔志”的“杏坛”教学情境，令人久难忘怀。在校硕士生、博士生和部分教师，都把参加沙龙当成一种期待和享受，都会把自己学习与研究过程中发现的问题和遇到的困惑，包括道听途说、耳闻目睹的各种教育信息和感想体会带到沙龙上，与大家或共同讨论，或一起分享，或谋求共识。许多弟子坦言，沙龙不仅仅改变了研究生教学的单一形式，把课堂搬到了家里，更重要的是拉近了师生之间的心理距离，更有助于集思广益、教学相长。这是对中国传统私学教育和书院教育的继承和发展，也是对西方教学模式的借鉴和创新，使每一个学生都能在传统文化与现代知识的结合中受到求学与做人的熏陶、感染和教育，被学生们誉为“民间思想村落”、“学术生态场”和“精神家园”，犹如一个极大的气场，吸引着、熏染着、修炼着、升华着场域中的每一个人。有位师弟曾模仿刘禹锡的《陋室铭》写过一首《沙龙铭》，颇有一番韵味：“年不在高，有志则名；话不在多，有理则灵。斯是沙龙，谈笑风生。纵论古与今，横贯外与中。弟子先论辩，先生后点评。……晚辈云：伟哉沙龙！”如今，“自由讨论、平等对话、启迪思维、追求真理”的沙龙学术原则，已经固化为厦门大学教育研究院宝贵的学术传统，不少导师也纷纷仿效。

在 1997 年至 2015 年这一黄金时期，潘懋元先生创造了高等教育学领域的若干个“第一”和“唯一”，使中国高等教育学科从无到有、由弱变强，并在多个研究方向提出了一系列独到见解和政策建议，如教育与文化、教育本质与规律、高等教育与社会发展、高等教育体制改革、高等教育学制改革、高等教育学学科建设、高等教育科学研究、比较高等教育、民办高等教育、高等职业教育、高等教育大众化、高等教育国际化、高等教育地方化、大学校长职业化、高等教育史学、高等教育经济学、高校教学原理与方法、高校招生制度与就业、教师教育与教师发展、高等教育通向农村、应用型本科高校发展、多学科观点的高等教育研究、市场经济与高等教育、"一带一路"与高等教育等方面，基本形成了其完备的高等教育思想体系，在高等教育研究的诸多领域都做出了具有引领性和独创性的重大贡献，使其在高等教育界的影响与日俱增，成为公认的"高教泰斗"和"学界大师"。

近年来，他逐渐将研究视野和问题视域投向信息时代新技术环境下的人才培养与微观教学过程问题，包括大数据、云计算、人工智能、脑科学、机器人（智能人）与高等教育的关系，"互联网＋教育"在线上线下融合、创新教学模式、开发智慧教育中的作用等。他以高境界的自我，"筚路蓝缕，以启山林"，为厦门大学高教所、教育研究院和全国高等教育研究事业的发展殚精竭虑、踔厉奋发，"由诚而成懋业，敢闯而创新元"，倾情演绎了其丰富而传奇的跨世纪辉煌教育人生，引领我国高等教育学研究生培养不断扩充，推动我国高等教育研究机构快速发展，在创新学科发展中创造了多个新的就业岗位。至 2015 年，全国有高等教育学博士点 35 个、硕士点 103 个，各种类型的高等教育研究机构近 1300 所。[①] 潘懋元高等教育思想，不仅为我国高等教育学科的创建、形成、拓展和完善奠定了坚厚基石，而且对高等教育的改革发展彰显了思想引领、理论支撑、政策呼吁和实践指导的重大作用。

六、2015 年迄今：思想体系的沉思、完善与拓展、升华时期

2015 年以来，是潘懋元高等教育思想进一步沉思、凝练、丰富、完善、扩展和在国内外学术界产生广泛而深刻影响的升华时期，也是他在耄年以惊人毅力和热情为其酷爱的中国高等教育学科坚韧躬耕的忙碌与奉献时期。

---

① 瞿振元.在 2015 年高等教育研究机构协作组会暨第四届全国优秀高等教育研究机构表彰会上的讲话[EB/OL].(2015-07-30)[2015-09-21].http://www.hie.edu.cn/news_12577/20150507/t20150507_993206_1.shtml.

这一时期，耄耋之年的潘先生在忙碌从事教学和科研的同时，特别注意反思、梳理和进一步完善自己的思想和著述。2015 年，他在《九五感言》中谦恭地谈了自己反思性的两点感想："第一，我读了过去和现在一些有关潘懋元高等教育思想研究的论文，虽然只看了一部分，但是许多观点和理论已经超越了我的认识水平、思想深度。……我的理解是潘懋元教育思想的研讨，只是把潘懋元高等教育思想作为象征性的标志或者作为一个平台，实际上是大家在不断发展之中的共同思想。……第二，我感觉到惭愧的，还在于我没有完成我应该完成的、哪怕是很粗糙的高等教育学科体系基本工程。……我国高等教育学的研究，开始时，既不是宏观的理论，也不是宏观政策的研究，而是开始于微观的教学过程的研究。……但是后来为适应形势，我差不多放弃了微观的高校教学过程的理论研究和课程、教材、教学方法等等方面的应用研究。"[①]嗣后，他在《清华大学教育研究》《中国高教研究》分别发表了《从"回归大学的根本"谈起》和《高等教育研究要更加重视微观教学研究》的反思性论文，并组建学术研究团队，把重点放在"大学教师发展的理念、内涵、方式、组织、动力"这一"教育部人文社会科学重点研究基地重大项目"上来，而且是两条线索贯穿始终：一是不同类型高等学校教师发展的理念、内涵、方式与动力问题；二是不同国家和地区高等学校教师发展的理念、内涵、方式与动力问题。这对高等教育学科的建设与发展起了重大的推动和引领作用。

正是这种善于反思、敢于剖析和矫正自己的"吾日三省吾身"精神，使他虽然被学界尊为"泰斗"，但从不自以为是、盛气凌人，也不僵化地固守某种框架和模式，而是始终与时偕行、追求卓越，不仅具有"敢为人先"的创新胆识，而且具有"海纳百川"的宽广胸襟。其"教育内外部关系规律"这一理论学说提出之后，得到了众多教育理论研究者和教育管理工作者的高度认同，但也不时有人提出不同意见。对此，潘先生都是认真倾听、去粗取精，并在此基础上进一步思考、研究、完善，从没有以"长者"和"大家"自居而压制反面意见。2015 年，他在发表的《2014 年中国高等教育研究回顾与述评》一文中，特别对近年来涉及"教育内外部关系规律"的"适应论"论争给予了充分的关注，认为"关于高等教育适应论的讨论对高等教育学科发展是有益的，

---

① 潘懋元.九五感言[J].中国高教研究，2015(7).

这也是近年来少有的学术自由争鸣”。

2016年,他在接受《社会科学家》编辑部专访时,就“关于高等教育若干问题的思考”发表了多年思考的意见和观点。之后,他相继以《论行业特色型院校的回归与发展》《高等教育质量建设的理论设计》《做强地方本科院校的理论与实践研究》《思考“大学何为”》《“互联网+教育”是高校教学改革的必然趋势》《大学教师发展论纲——理念、内涵、方式、组织、动力》等为论题深刻反思、深入研究。2017年,其《大学的沉思》一书由商务印书馆出版,并在该年度被评选为“全国当代教育名家”。2018年5月17日,他在“厦门大学教育研究院四十周年庆祝大会”上颇有前瞻性地指出:“高等教育既要培养自然人,还要培养机器人,使之成为专门人才。……机器人同自然人共同生存于新的社会中,如何和谐共处,还必须具有新的社会伦理道德以及生活能力,这需要前瞻社会进步趋势,而后对机器人进行道德教育、情感教育、美育等。”①其远见卓识,振聋发聩、催人奋进,而他的奉献精神、顽强意志和达观心态,更令人肃然起敬!

我们且看一下99岁的潘懋元先生2019年11月份的工作记录:11月2日至3日参加在厦大举行的“创新大学教育 建设一流本科”国际研讨会并致辞;4日参加院学术报告会并作点评;5日至12日给2019级博士生集中授课;11日参加院学术报告会并作点评;18日参加院教职工大会并解读教育部《关于加强新时代教育科学研究工作的意见》;19日与厦大档案馆馆长石慧霞就有关档案管理工作进行交谈;22日至12月2日,给2019级博士生集中上课,其间还利用课余时间于23日、25日、29日、30日参加院学术报告会、博士答辩会和高教讲座并作点评。这一年,他参加的学术例会、报告会、讲座、开题会、访谈会、面试会、答辩会、学术沙龙等达90余场,还拨冗前往泉州职业技术大学参加揭牌庆典、听取厦大教研院2018级博士生的游学调研报告并作点评。

不仅如此,潘先生还花费大量时间和精力为博士生批改作业和评定成绩。以2019—2020学年秋季学期为例,潘先生连续为两类博士生班讲授《高等教育学专题研究》课程。其中,学术型博士生班13人,每人提交5篇论文(2篇专题报告、2篇读书报告、1篇自选论文);教育博士生班25人,每人提

① 潘懋元.主动适应新时代新形势 发展高等教育中国学派[J].高等教育研究,2018(6).

交2篇论文。两班相加,共有115篇。若每篇论文平均以5000字计,就是58万字,况且有的论文长达一万余字。真的是感人至深又难以置信,想象不出他并不伟岸的身躯何以拥有如此巨大的毅力和能量!

真正懂得生命的人,是不会让生命沉默的。作为一位勤学善思、塑形铸魂的睿智教育家,潘懋元先生始终在教书育人中抱诚守真、茹古涵今,一直在学术研究上通幽洞微、钩深致远,以高度负责的使命担当勇毅前行,始终在教学科研上铢积寸累、精雕细琢,探骊得珠、功不唐捐,“卓立潮头唱大风”,倾情演绎了其丰富而传奇的跨世纪辉煌教育人生。他用热血浇铸文字,用心雨滋养学生,言传身教地践行着“一位好老师”的“理想信念、道德情操、扎实学问、仁爱之心”:育学生成长和成熟;授学生知识和智慧;教学生做事和做人;引学生创业和创新。他心心念念的都是教育。他是一座奇崛的高等教育研究巅峰。

“居高声自远,非是藉秋风。”潘懋元教授非同凡响的教育生涯和极为旺盛的学术生命力,见证了我国高等教育研究的发展历程和理论创新,体现了当代中国的学术精神和学者风范,在国内外教育界产生了巨大影响。他不仅在国内多地行政机关、教育部门、大中小学、企业公司等作了千余场报告和讲座,而且还到日本、美国、英国、德国、俄罗斯、法国、泰国、新加坡、尼泊尔、科威特、荷兰、菲律宾、立陶宛、挪威、丹麦、卢森堡等多个国家以及港澳台地区访问、讲学或参加国际学术会议,将具有中国原创性自主知识产权的高等教育学科研究成果向境外交流和推广,深受国外著名教育家推崇。日本教育家有本章、大塚丰、马越徹、天野郁夫等,加拿大教育家露丝·海霍、伊丽莎白·芭可娜等,美国教育家阿特巴赫、白杰瑞等,英国教育家迪克斯、德国教育家罗兰德·舍恩、俄罗斯教育家尼康德洛夫、挪威教育家阿里·谢沃等,相继通过讲座、报告、撰文、著述、访问等形式研究和宣传潘懋元高等教育思想。潘先生充分展现了中国学者的学术气派、学术胸怀和学术自信,已成为国际高等教育学界重点关注的为数不多的中国学者之一。其学术精神和理论建树,已成为世界高等教育研究界具有中国特色的学术骊珠和理论丰碑,世界由此知悉中国高等教育学这门“土生土长”的显学,中国已成为名副其实的高等教育研究大国,并会逐步成为高等教育研究强国。可以预见,潘懋元高等教育思想研究,将成为国内外高等教育学又一新的研究领域和学术思潮。

忆昔声伟挫愈奋，瞻前心壮老弥坚。盛世高吟复兴曲，潮头再书强国篇！如今，百岁泰斗潘懋元教授仍以其矍铄的精神、睿智的头脑、高远的追求，在高等教育这块广袤的田野上孜孜耕耘。他在接受"厦大档案人"访谈时坚定地说："真正的学者应该是为国家、为科学、为真理献身的人。"他自我总结道："我的教育科学研究领域，是建立具有中国特色的高等教育学科，培养高等教育学科的理论工作者和具有理论水平的高等教育领导管理工作者。……由于是土生土长，未免显得土里土气。虽然具有中国特色，但是难以达到世界水平。因此，有必要从西方一些先进的教育理论中汲取养料，扩大眼界。但要坚持文化自信，不忘初心，推动中国向教育强国迈进。"[①]这既是对他多年来研究教育理论和创新教育实践的自谦总结，也是对后续教育科学研究工作者提出的殷切期望。此外，他在 2019 年 12 月 1 日接受《大学教育科学》编委会主任余小波和主编蒋家琼等的专访、12 月 2 日接受中国高等教育学会学术部主任高晓杰的访谈，以及 12 月 27 日与中国教育科学研究院院长崔保师、《教育研究》主编邓友超一行座谈交流时也指出：期待《大学教育科学》、中国高教学会、中国教育科学研究院和《教育研究》在促进教育科学研究成果的发表与推广、建立具有"中国特色、世界水平"的高等教育科学理论体系和高等教育中国学派等方面发挥更好的作用。言之谆谆，诚意殷殷。

习近平总书记在 2020 年新年贺词中号召："只争朝夕，不负韶华。"在壮阔时空中满载故事和硕果、无愧于韶华的跨世纪老人潘懋元先生，也将在新时代的新节点上"只争朝夕"，踏着中国共产党人第二个百年奋斗目标的鼓点，"而今迈步从头越"，不忘初心、满怀信心地开始其第二个闪光的百年人生，继续为中国高等教育事业的改革发展和中华民族的伟大复兴贡献力量！常言道："事事培元气，其人必寿；念念存本心，其后必昌。"我们衷心祝愿期颐之年仍然本心砥砺、元气淋漓的潘懋元先生，在新的百年教育征程上德厚流光、行者无疆，海屋筹添、寿比南山！

---

① 潘懋元.对教育科学研究工作者的期待、鼓励和鞭策[J].教育研究，2019(11).

潘懋元高等教育思想：全球化视角

李盛兵

潘懋元高等教育思想既是中国的，也是世界的。他的国际学术经历非常丰富，他与国际高等教育界的诸多学者保持着良好的联系。他对国际高等教育理论与实践的态度既是开放的，也是批判性的。其高等教育思想包括高等教育大众化理论、民办高等教育理论、高校分类与定位理论和多元质量观等，是在借鉴与批判国际高等教育理论和实践基础上形成的。他对国际高等教育理论建设做出了自己的贡献：一方面，他致力于高等教育理论的中国学派建设，为国际高等教育研究提供了中国模式和经验；另一方面，他对高等教育学的一般理论进行了诸多原创性和开拓性研究，丰富了国际高等教育理论体系。

一、引论

在中国高等教育学的发展历程中，潘懋元是其中最重要的人物。他不仅是中国高等教育学科的创始人，也是该学科建立30多年后仍然站在高等教育研究前沿的世纪老人。他几十年来奔走于国内外各种高等教育国际学术论坛和高校，始终站在国际国内高等教育研究的最前沿，发表关于中国高等教育重大发展问题的演讲、论文，为我国高等教育学科建设（包括高等教育学科体系、人才、学会、刊物和各种研究平台）做出了卓越贡献。潘懋元高等教育理论体系及其在我国高等教育研究中的突出地位，既源于他孜孜不

作者简介：李盛兵，教育学博士，华南师范大学教育科学学院高教所所长、教授、博士生导师。

倦地致力于高等教育学科创建和发展的兴趣、使命和坚韧，也由于他学术视野的兼容并蓄与开放，在高等教育的国际比较和观察中，为本国高等教育学科建设以及问题解决提供充足的营养。可以这么说，他的高等教育理论体系得益于对域外高等教育发展经验以及研究成果的持续关注。更加重要的是，他积极参与国际高等教育理论大厦的构建，为世界高等教育学术研究提供了中国模式。

在潘懋元几十年来专心致志的研究中，他与国际高等教育界的联系如何？他的高等教育思想在多大程度上受到国际高等教育理论和实践的影响？他对国际高等教育理论的态度以及贡献如何？本文试图从全球化视角来分析潘懋元高等教育思想，以寻找他的教育思想与世界的联系及其对国际高等教育理论的贡献。

全球化理论，主要有两种观点。一种是文化排他主义，主张同质化发展。彼特斯(Pieterse J N)认为："全球化最通常的解释是这样的观念，即通过源于西方的技术、商业和文化同步化，世界变得更加统一和标准化，并且全球化是与现代性联系在一起的。"①他把全球化看作一个混合过程，而这个混合过程则产生了一个全球"大杂烩"。另外一种是文化的地方主义，主张异质化发展。罗兰·罗伯森(Roland Robertson)提出了"全球地方化(glocalization)"，认为"全球化涉及那些习惯上被叫作'全球的'和'地方的'，或者——用一种更抽象的说法——普遍的和特殊的东西的同步进行和相互渗透"。② 在教育上，全球化表现为全球模式与国别模式，二者同步进行且相互渗透。前者表现为全球共同认可的高等教育观念、价值和发展模式，后者则体现在丰富多彩的国别和地区高等教育研究特色方面。虽然潘懋元高等教育理论产生、形成和发展于本土，但离不开国际高等教育理论和经验的滋养、启发、批判和借鉴。他在批判和借鉴(全球的)理论中，基于我国高等教育发展的特殊国情，在构建中国特色的高等教育学科和解决我国高等教育实践问题的同时，形成了颇具特色的中国学派(地方的)，丰富着国际高等教

① PIETERSE J N. Globalization as Hybridization[M]//FEATHERSTONE M, LASH S, ROBERTSON R. (eds) .Global Modernities.London: Sage, 1995.

② ROBERTSON R. Globalization: Time-Space and Homogeneity-Heterogeneity [M]//FEATHERSTONE M, L S, ROBERTSON R. (eds) .Global Modernities.London: Sage, 1995.

育理论。

二、潘懋元的国际学术经历

国际化分为内部国际化和外部国际化。潘懋元国际学术生涯也分为内部国际学术交流与外部国际学术交流。他早期国际学术经历由1941—1945年在厦门大学学习时期和1951—1952年在中国人民大学(后迁至北京师范大学)研究生课程学习时期构成,属于内部国际学术交流。在厦大求学期间,他的教育思想受到了留美教授的影响。“当时在厦门大学担任教授的多是留美学者,其中教育系主任李培囿是杜威的学生……另一名在教育系工作的知名学者陈景磐教授,于20世纪30年代在多伦多大学获得博士学位……潘懋元成为杜威著作的敬慕者。”①在人大研究生进修期间,给他们上马克思主义课程和教育理论课程的是来自苏联的四位教授。进修期间,潘懋元撰写了3篇介绍苏联教育的论文,并在返回厦大后向广大教师做了关于苏联教育实践的报告。他的教育思想在此有了美、苏教育理论的贯通。

1978年后,随着中国的改革开放,潘懋元在努力创建高等教育学科的同时,开创了高等教育研究国际交流的新时期。40年来,他数度出国考察和参加国际高等教育会议,邀请海外学者讲学,出国访学和举办国际高等教育会议。后期,他又在海外发表论文和出版专著、培养国际人才以及借鉴国外高等教育理论和实践经验来研究中国高等教育问题等。根据韩延明编著的《潘懋元教授纪事年表》,我们对潘懋元国际学术交流的以下三个方面进行了统计分析。

(一)广泛参加国际学术活动,与国际同行一道探讨国际和中国高等教育发展问题

潘懋元参加的高等教育学术交流活动,分为国外和国内两个方面(表1)。在国外学术活动方面,他出访7次,访问和考察了泰国、英国等12个欧洲和亚洲国家的高等教育,并且在每次回国后都写文章介绍和思考这些国家的高等教育;他还参加了在4个国家举办的7次高等教育国际学术会议,

---

① 许美德.潘懋元:中国高等教育研究的奠基人[C]//潘懋元.潘懋元文集:卷一.广州:广东高等教育出版社,2010:12.

与国际同行分享他的高等教育研究成果。这些在国外的高等教育学术活动，让他直接观察和了解了欧美亚多国高等教育实践以及国外高等教育理论热点问题，以思考我国高等教育学科的建设与高等教育的发展。在国别选择上，他既注重对欧美发达国家以及日本高等教育的观察和思考，还特别注重对发展中国家和欠发达国家高等教育的研究，形成了其对世界高等教育图景的整体认识。

在国内学术活动方面，潘懋元利用他的学术威望和影响力，通过“引进来”的方式，积极开展和参与143次各种高等教育国际活动。其中，他22次邀请包括阿特巴赫(Philip G Altbach)、许美德(Ruth Hay-hoe)、有本章(Arimoto Akira)、斯科特(Peter Scot)等国外高等教育专家来校讲学，32次参加国内举办的高等教育学国际会议，8次举办有国际高等教育专家的学术沙龙，81次参加其他国际高等教育活动。参加各种国际学术活动的外国专家来自30多个国家，包括欧美亚的发达国家和发展中国家。潘懋元主持和参加的近160次国际学术经历，形成了他高等教育理论的国际性以及与国际高等教育发展和研究的同步性等特征。

表1 潘懋元参加的高等教育国际学术活动(1951—2015年)*

活动类型		活动次数	活动涉及的国家及国际组织
国外活动	出访活动	7次	泰国、尼泊尔、科威特、英国、菲律宾、日本、挪威、荷兰、法国、丹麦、卢森堡、德国等
	国外学术会议	7次	泰国、日本、美国、挪威、立陶宛等
国内活动	邀请外国专家	22次	美国、加拿大、英国、日本、菲律宾、联合国教科文统计局等
	国际学术会议	32次	美国、澳大利亚、菲律宾、日本、加拿大、挪威、俄罗斯、英国、韩国、印度、马来西亚、蒙古、印度尼西亚、泰国、越南、新西兰、德国、瑞士、芬兰、法国、荷兰、立陶宛、瑞典等
	举办学术沙龙	8次	英国、马来西亚、日本等
	国际高等教育活动	81次	苏联、美国、澳大利亚、菲律宾、日本、加拿大、挪威、俄罗斯、英国、欧盟、东盟、韩国等

*表1、表2、表3均根据韩延明编著的《潘懋元教授纪事年表》(厦门大学出版社，2015)整理而来。

（二）重视外国高等教育研究和国际发表，分享外国高等教育经验，扩大我国高等教育理论的国际影响

潘懋元从事高等教育学科研究，立足国内、放眼世界是其重要特色（表2）。1988年，他宣布将“加强国际教育学术交流，打进‘国际市场’，使中国的高等教育科学在国际上有较大影响”作为厦大高教所第三阶段的发展战略。他在国内刊物发表23篇关于外国高等教育的论文，向国内同行介绍了苏联、美国、英国、日本、泰国、菲律宾、尼泊尔等国家高等教育的发展经验。在国际刊物发表10篇论文，阐述了他的高等教育学科思想，并向国际同行介绍了中国高等教育发展的经验与问题。在著作出版方面，他在国内主编出版了8本国际学术会议的论文集或专著。他还为国内出版的有关外国高等教育研究的18本专著作序，反映了他对国际高等教育研究者的关怀与鼓励，并提出了自己的国际教育观点。

潘懋元在中国高等教育研究的成就，在国际高等教育研究界引起了重视。1999年，英国赫尔大学授予他荣誉博士学位。赫尔大学校长在致辞中说：“他是中国高等教育学理论的创始人，他对中国高等教育改革做出了突出的贡献。”[①]挪威学者阿里·谢沃（Arild Tjeldvoll）出版了英文版的《潘懋元——一位中国高等教育学科的创始人》（2005），向国际推介了潘懋元在高等教育学上的研究经历和成果。加拿大教育家许美德著的《思想肖像：中国知名教育家的故事》（2008），专门介绍和研究了潘懋元在中国创建的高等教育学科及其学术思想。2015年12月，荷兰博睿出版社（Brill Press）出版《潘懋元文选》英文版，该书精选了潘懋元20世纪50年代以来各个时期20篇关于高等教育的代表性论文，涉及高等教育学科、教育内外部关系规律、教育发展战略、课程与教学论、教育管理等方面的教育思想。该书被认为是中国高等教育学研究走向国际的典范。

表2　潘懋元著作出版和论文发表国际化情况（1952—2015年）*

类型		数量	涉及的国家和地区
著作出版	国内出版	8本	东南亚国家、新加坡、发达国家等
	国际出版*	4本	挪威、加拿大、荷兰等

① 赖铮，高晓杰.让中国的高等教育研究走向世界——《潘懋元——一位中国高等教育研究的创始人》（英文版）评介[J].教育研究，2006(1).

续表

类型		数量	涉及的国家和地区
文章发表	国内发表	23 篇	苏联、美国、英国、日本、泰国、尼泊尔、科威特、菲律宾等
	国际发表	10 篇	日本、澳大利亚等
	序文写作	18 篇	东南亚、亚太地区、日本、美国、法国、英国、德国等

* 潘懋元在国际出版 1 本著作，其他三本著作或章节由其他人研究在国外出版。

（三）任职多个组织机构和刊物，领导和组织高等教育国际交流

潘懋元除了曾任厦门大学副校长、中国高等教育学会副会长、全国高等教育学专业委员会理事长等重要职务外，还在多个国际研究和办学机构、刊物任职，组织开展国际高等教育交流与研究（表 3）。例如，1978 年他创办“文革”后第一份外国高等教育研究刊物——《外国高等教育资料》，也是迄今为止唯一一本国际高等教育研究的专业刊物，开辟了一个介绍国际高等教育发展经验和研究成果的平台。在任厦门大学海外函授学院院长期间，制订了学院的海外发展计划，开展了留学生教育工作和华文教育研究。在福建省东南亚学会任顾问期间，组织研究和编写了《东南亚教育》。

表 3　潘懋元担任相关组织的职务情况（1983—2015 年）

时间	职务名称
1978—1992	《外国高等教育资料》主编
1980—1987	厦门大学海外函授学院院长
1985.9	福建省东南亚学会顾问
2012.7	郑州大学西亚斯国际学院客座教授
2013.12	厦门大学中外合作办学研究中心国际顾问委员会名誉主席

三、国际高等教育理论和实践对其思想的影响

作为我国高等教育学科的主要创建人，潘懋元领导、组织、参与和见证了我国高等教育学科的建设，并对我国高等教育诸多重大问题进行了开创

性研究，包括教育的内外部关系规律、民办高等教育、大众化理论、高校定位与分类、多学科研究、依附发展与自主发展、应用型人才培养等等。阅读他的著作和论文，我们能够强烈地感觉到他的高等教育思想与国际高等教育理论与发展实践经验的紧密联系。一方面，他的理论与国际高等教育理论在同步交流和发展；另一方面，其研究的终极关怀是服务于中国学派的建立与建设现代化的中国高等教育体系。

如何对待国际教育理论与经验，他早在1991年就表达了关于比较教育和国际教育研究较为成熟的观点，①即“比较教育既是外国与外国比较，也是外国与本国比较。前者着重于探讨教育发展规律，而后者着重于借鉴外国经验”。“要从中国教育改革与发展的需要出发，实事求是地借鉴外国的经验、教训，从中找出规律性的东西。以‘洋为中用’为目的，出发点和归宿都是中国。”因此，他研究高等教育理论与实践问题时，重视借鉴外国高等教育理论与经验。这里，我们选取他关于如下四个问题的观点，来观察国际高等教育理论与经验对他的影响以及他对国外理论和经验的态度。

（一）高校的分类与定位

高校分类与定位问题是高等教育大众化后出现的一个突出问题，关系到一个国家高等学校体系建设和高校的个性化发展。潘懋元非常关注该问题的理论探讨。当时，美国卡内基分类法和加州大学系统在国内影响很大，那么中国高校分类到底依据哪个标准呢？2003年，他在分析了美国卡内基的高校分类和联合国教科文组织的《国际教育标准分类法》后，指出“《国际教育标准分类法》关于高等教育类型的划分，更值得我们重视。因为联合国教科文组织所考虑的不只是某一个国家的高等教育现状，它必须全面概括发达国家与发展中国家的基本情况，因而大体上能适用于不同国家的高等教育分类。”②他认为，作为精英教育的学术性研究型大学和作为大众化主力的实用性职业技术型高职高专定位比较明确，但在二者之间，还存在大量的中间型高校定位不明。根据《国际教育标准分类法》理论型（5A）与应用技术技能型（5B）的分类，他指出学术研究型大学相当于5A1，中间型高校偏于

---

① 潘懋元.比较高等教育的产生、发展与问题[J].上海高教研究，1991(3).

② 潘懋元，吴玫.高等学校分类与定位[J].复旦教育论坛，2003(3).

5A2，高职相当于5B。5A1与5A2都属于理论型，但是5A2，不是为研究做准备，而是应用科学理论从事高技术要求的专业工作，培养专业硕士研究生和本科生。通过上述分析，他把我国高校分为研究型大学、高职高专和中间类型。

2009年，他再次以世界高等教育发展的趋势（美、英、法、德、日、韩和新加坡的高校类型）与《国际教育标准分类法》为参照，把我国高校分类置于全球视野，提出了学术型（研究型）大学、应用型本科高校和职业技术高校。[①]他认为，三种类型的区别主要在于人才培养目标不同，并无层次高低之分，更无社会地位之别。各种类型之间，可以架设"立交桥"。

从潘懋元对高等学校分类与定位的两次论述来看，他非常重视国际高校分类理论和经验，但他是批判地分析和研究它们，并将其应用于我国高等学校发展历史和现实之中，形成了独立的关于我国高校分类与定位的认识。

（二）民办高等教育

潘懋元关于民办高等教育的研究论文高达20多篇，反映出他对民办高等教育在市场经济条件下在我国高等教育发展中作用的重视，并寄予厚望。毫无疑问，他对民办高等教育研究和实践发展做出了开创性的贡献，提出了诸如立法、政府扶持、特色办学、创新创业转型等重要观点。其实，民办教育对潘懋元来说不是新鲜事物，他早年求学的中学和大学都是私立学校。因此，他对改革开放后的民办高等教育发展投入了极大的研究热情。在其民办高等教育思想形成中，我们发现国外高等教育理论和实践对他产生了较大的影响。

在论证民办高等教育重要性时，他说："当今不论发达国家或发展中国家，私立高等学校都为数甚多，如美国为54.4%（1983年）、日本为75.6%（1985年）、菲律宾为72.4%（1986年）、印度尼西亚为92.8%（1985年），其中不乏学术水平高的大学。"在谈到民办高等学校的经费时，提出"以自筹为主，政府给予必要的资助"。例如日本文部省1984年补助私立学校经费3000多亿日元，占该财政年度教育经费预算的5%，该项经费81%用于补助私立大学；1981—1982年美国全国私立大学的总经费约16.9%是由联邦政

① 潘懋元，董立平.关于高等学校分类、定位、特色发展的探讨[J].教育研究，2009(2).

府资助的。[①] 在民办高等教育发展速度与规模问题上，潘先生指出，在精英教育阶段，私立高等学校就已存在，但许多国家政府采取不支持或限制的态度，日本、印尼、泰国都是如此；但到接近或已经进入大众化阶段，大多数国家转为采取鼓励、支持态度。根据这样的分析，他大胆预测在我国高等教育大众化阶段，民办高等教育必将快速发展，并在高等教育体系中占据相当大的规模。[②]

在民办高校分类上，他提出要改变传统的西方"二分法"即两条道路，创新性地发展"第三条道路"。[③] 他认为传统二分法不能解决民办高校举办者普遍存在的两种心态。第一种是可以申请非营利，但不要求取得回报的学校；第二种是要求取得合理回报，但又不想成为营利性民办高校。而之所以提出第三条道路这一命题，是基于我国民办高等教育产生的特殊背景和现阶段遇到的特殊问题，也是兼顾国外私立大学发展的经验得出的。20 世纪以来，国际上出现了公立和私立高校之间的界限越来越模糊的趋势，将私立高校限定在"私人"领域的认识已为很多国家所抛弃。英国、美国和日本从 20 世纪初就开始为私立大学提供财政拨款，支持私立大学的发展。[④] 因此，可以这么说，他的"第三条道路"思想在一定程度上是受到发达国家民办高等教育政策和经验影响的。

（三）高等教育大众化理论

马丁·特罗(Martin Trow)在 20 世纪 70 年代根据美国高等教育发展的经验，提出了高等教育发展阶段理论，其中大众化理论在全球高等教育学术界和政府系统流行甚广，传到我国后成为高等教育学的热门理论。20 世纪 90 年代，有本章在研究日本高等教育发展实践的基础上，提出了后大众化理论，也在国内获得了一定的赞誉。在我国进入大众化前后，潘懋元在深入研究国际高等教育大众化理论和政策的基础上，对精英教育到大众化教育

① 潘懋元.关于民办高等教育体制的探讨[J].上海高教研究，1988(3).

② 范跃进，刘福才等.潘懋元先生思考民办高等教育问题的八个基本逻辑[J].山东高等教育，2015(4).

③ 潘懋元，邬大光，别敦荣.我国民办高等教育发展的第三条道路[J].高等教育研究，2012(4).

④ 潘懋元，邬大光，别敦荣.我国民办高等教育发展的第三条道路[J].高等教育研究，2012(4).

的过渡阶段和大众化高等教育教育质量等问题提出了自己独到的观点。

在批判特罗“只有在数量增长到15%之后，质的变化才开始”的观点后，他提出“在大众化进程中，量的增长与质的变化的非均衡性，使发展中国家从精英教育到大众化教育的进程存在一个质的局部变化先于量的总体达标的‘过渡阶段’”[①]。他认为特罗关于“量变先于质变”的断言，只是从西方发达国家(实则只是美国)的发展历程所总结的经验，不符合发展中国家大众化进程的实际。

在高等教育大众化质量的研究上，他的思想来源于两个方面。一是逻辑分析，他说“既然高等教育大众化的前提是多样化，包括办学的层次与类型、培养目标与规格、课程与教学内容的多样化，那么，大众化高等教育的质量也必然是多样化的”[②]。二是联合国教科文组织宣言，他认为1998年联合国教科文组织发布的《21世纪的高等教育：展望和行动世界宣言》提出“高等教育质量是一个多层面的概念”，就是高等教育大众化的质量观。可以说，没有特罗的高等教育大众化理论，就没有过渡阶段理论。当然，后者也从发展中国家的视角丰富了国际高等教育大众化理论。

(四)多学科研究方法

1988年，伯顿·克拉克(Burton Clark)主编的《高等教育新论：多学科的研究》在国内翻译出版后，对国内高等教育学科研究影响很大。克拉克组织8位专家分别从历史学、政治学、经济学、组织学、文化学、科学学、社会学和比较学的不同视角研究高等教育问题，开创了一种新的研究框架。潘懋元给予很高评价，认为“从更广泛的意义上进一步说，这是一本高等教育方法论的专著，为从多学科观点研究高等教育开辟了一条新的路子”[③]。

在该书的影响下，潘懋元认为“高等教育学独特的研究方法可能就是多学科研究方法，多学科的高等教育研究，对于高等教育理论体系的建设，是一项重要的准备工作”[④]。因此，他组织了11位专家分别从十一个学科入手，对高等教育的本质、功能、价值进行了全新的探讨。他认为，心理学的观点、哲学的观点、系统科学的观点同样重要并且更加密切，需要纳入高等教

① 潘懋元.中国高等教育大众化的理论与政策[J].高等教育研究,2001(6).

② 潘懋元.中国高等教育大众化的理论与政策[J].高等教育研究,2001(6).

③ 潘懋元.多学科观点的高等教育研究[J].高等教育研究,2002(1).

④ 潘懋元.多学科观点的高等教育研究[J].高等教育研究,2002(1).

育多学科研究体系中来。不仅如此，他还把多学科研究方法与高等教育学科建设和教育内外部关系规律联系起来，并赋予更大的学术价值和意义。他认为“高等教育的基本理论，无论是宏观的外部关系研究还是微观的结构研究，都涉及诸多学科，需要诸多学科的支持，从多学科、多视角进行审视、探索，才能比较全面和深入地理解高等教育的本质、功能、价值，掌握高等教育的内外部关系规律”[①]。

四、对国际高等教育理论的贡献

参照罗伯森的“全球地方化”之“全球的”和“地方的”模式，我们认为，潘懋元对世界高等教育理论的贡献主要表现在以下两个方面：一是致力于建立高等教育理论的中国学派；二是探索和丰富了高等教育的一般理论，并且二者同步进行、互相渗透。

（一）致力于高等教育理论的中国学派建设，为国际高等教育研究提供了中国经验或中国模式

坚持独立自主的高等教育发展道路。在全球化浪潮兴起时期，“依附论”传入我国，为一些高等教育学者所重视。在经典现代化理论、依附理论和边缘－中心说的影响下，我国部分学者提出了中国高等教育依附发展的结论和主张，引起了高等教育学术界的广泛议论。潘懋元对此观点进行了分析和批判，提出中国高等教育发展应坚持独立自主和创新发展的道路。潘懋元认为，“有关中国高等教育发展路径选择问题上，依附发展与借鉴－超越代表着两种根本不同的发展路径，具有本质区别”[②]。中国高等教育发展道路必然是借鉴—超越发展而不是依附发展。他指出高等教育的依附发展，往往是有依附而无发展，至多是低度发展。“中心”与“边缘”的关系不仅没有消解，控制与依赖关系反而不断因此强化，通过批判的学习与借鉴，探索高等教育的“中国模式”。

坚持独立自主的高等教育研究道路。潘懋元认为，“中国高教研究发展

① 潘懋元.多学科观点的高等教育研究[J].高等教育研究，2002(1).

② 陈兴德，潘懋元.“依附发展”与“借鉴—超越”——高等教育两种发展道路的比较研究[J].高等教育研究，2009(7).

20多年，走出了一条本土化、自主发展之路，并初步形成了自己的特色”[①]。他创建了中国高等教育学科体系，形成了国际高等教育研究的中国模式，认为依附发展和从属理论不仅解决不了中国的实际问题，还会对高等教育研究的健康发展产生负面影响。他认为，中国高等教育学科是在中国本土产生与发展起来的，其特点是紧密追踪中国高等教育的重大现实问题和热点问题；重视学科建制，和西方高等教育的“问题研究”取向有明显的不同。他致力于建设的高等教育理论中国学派，成为各国高等教育研究的典范，尤其为发展中国家开展独立自主的高等教育研究提供了理论探索的勇气和榜样。

（二）丰富了国际高等教育的一般理论，为国际高等教育理论体系做出了自己的贡献

教育内外部关系规律。教育是有规律的，教育学是研究教育现象及其规律的科学。潘懋元非常重视教育基本规律的研究，并以此作为高等教育理论研究与高等教育实践发展的基础。他提出和不断论证“教育内外部关系规律”，指出“教育必须与社会发展相适应”，“教育必须全面地协调德育、智育、体育、美育，使学生全面发展”。他的教育规律学说是其高等教育思想中最重要、最核心的内容之一，也是他本人及诸多学者开展高等教育研究的重要理论基础，[②]对我国高等教育理论研究和实践探索产生了深刻的影响。高等教育学是研究高等教育规律的科学，潘懋元提出的教育内外部关系规律，把国际上关于高等教育与社会、高等教育与人的关系的研究提升到了一个规律性认识的层面。

高等教育发展的过渡阶段论。潘懋元在特罗和有本章研究的基础上，结合我国高等教育发展的历程，提出了“过渡阶段理论”。指出发展中国家从精英教育到大众化教育的进程，不是简单的“量变先于质变”，存在一个质的局部变化先于量的总体达标的“过渡阶段”。一些国家在精英教育阶段，就已经出现了若干大众化甚至普及化阶段的特征，如高校类型的多样化、师生关系的多样化等。他的高等教育发展的过渡阶段理论，揭示了后发国家

---

① 潘懋元.中国高等教育研究的历史与未来[J].中国地质大学学报(社会科学版)，2006(5).

② 别敦荣，李家新.潘懋元高等教育思想论纲[J].山东高等教育，2015(7).

高等教育发展的一些规律性特征，使高等教育大众化理论更具全球性。

高等教育多元质量观。质量问题是国际高等教育理论界和各国政府始终关注的。高等教育大众化意味着适龄青年入学机会的增加与高等教育类型的多样化，培养社会所需要的学术型、应用型、技术型、职业型的各级各类专门人才。因此要转变传统的精英教育学术型质量观，不同类型、不同培养目标与规格的高等教育，应有各自的质量标准，努力达到各自的高质量要求。他的高等教育多元质量观，丰富了国际高等教育质量理论，为国际高等教育尤其是发展中国家高等教育大众化过程中出现的质量问题的解决提供了理论上的指导。

五、结论

在引论中，我们提出了 3 个问题。通过上述分析，我们现在可以比较清晰地回答它们。

第一，潘懋元的国际学术经历是非常丰富的，他与国际高等教育界的诸多学者保持着良好的联系，尤其在联合国教科文组织亚太组织比较活跃，多次参加其组织的国际高等教育会议。他不仅与发达国家的高等教育界保持着密切联系，也与发展中国家的高等教育界联系不断。

第二，他对国际高等教育理论与实践的态度既是开放的，也是批判性的。他的高等教育视野是开放的，其高等教育思想在许多方面都受到了国际高等教育理论和实践的影响，包括高等教育大众化理论、民办高等教育理论、成本分担理论、高校分类与定位理论、多元质量观等。但是，他不是人云亦云，而是在批判性思考的基础上，结合我国及发展中国家高等教育的实际，提出自己的高等教育理论、观点和思想。

第三，他对国际高等教育理论做出了自己的贡献。一方面，他致力于建设高等教育理论的中国学派，为国际高等教育研究提供了中国模式和经验；另一方面，他对高等教育学的一般理论进行了诸多原创性和开拓性研究，丰富了国际高等教育理论体系。

潘懋元指出："没有借鉴，很难建构一国的高等教育体系；从而，没有比较就很难弄清楚高等教育理论的脉络。”[①]同样，对潘懋元高等教育思想而言，我们也可以认为，没有借鉴与超越，也就没有他对中国高等教育诸多问题所进行的广博研究和理论构建，形成颇具特色的中国高等教育学研究模式和体系。反过来，他的理论也逐步走向国际，在国际高等教育研究领域产生着广泛影响。

① 潘懋元.比较高等教育的产生、发展与问题[J].上海高教研究，1991(3).

潘懋元高等教育理念与实践

赵婷婷

许美德教授在她的《思想肖像·中国知名教育家的故事》一书中，从一个外国学者的视角讲述了她对潘懋元先生以及他所从事工作的理解。她在文末这样写道："是什么使这位来自贫苦家庭的谦谦君子，保持着发展一个新学科的热忱和忠诚，50 年从不言悔？潘教授谈到早年所受的中国传统教育时所说的一番话也许能给我们答案……在他早期教育中，首先学会了怎样做人，同时也学会了用汉语表达自己的思想，他把对文学的热爱转化成了从事教育工作的关键财富。最后，他学会了把从各处学来的有用知识融入他学生时代形成的知识框架中。"①

许美德教授提出的问题也引发了我的思考：自 1935 年 15 岁的潘懋元先生在他家乡的一所小学任教以来，他与教育就结下了不解之缘，他经历过战争、政治运动、工作变动，但始终不变的是他对教育的深情。2014 年，他被评为全国教书育人楷模，在对他的访谈中，他深情地说道，"我一生最为欣慰的是，我的名字排在教师的行列里"。所以如果让我回答，是什么使得他始终保持着对教育的热情，历经多年而不变？是什么支持他在百岁高龄依然坚持奋战在教育工作的最前沿？我的回答是：在他的心里，教育不只是一种职业，更是毕生的事业，他将教育融入他的生活和生命里，在一字一句、一言一行中践行着他对教育的坚守和热爱。正是这种对教育的热爱赋予了他不断前进的动力和勇气，也正是多年的坚守打磨出他对教育更加鲜明和深刻的

作者简介：赵婷婷，教育学博士，北京航空航天大学人文社会科学学院教授、博士生导师。

① 许美德.思想肖像·中国知名教育家的故事[M].周勇，等译.北京：教育科学出版社，2008.

认识，这些最终深深地烙印在他的教育理念和实践当中，并孕育出他强烈的教育自觉意识、敏锐的理论创新意识、鲜明的实践导向意识和深刻的社会责任意识。在急功近利思想盛行、学术研究心态浮躁的今天，重新研读潘懋元先生的著作和文章，重新回顾他所经历的那些教育实践，其目的不只在于研究他本人，我们更希望能够从老一辈的教育家身上找到对于教育事业那种最原初的热爱，深切地体会到作为一个教育工作者的骄傲和责任。

一、强烈的教育自觉意识

为什么潘懋元先生所教过的学生无不对他的人品及学识崇敬仰慕？为什么潘懋元先生能够提出建立高等教育学科？为什么从1978年高等教育学科正式建立到今天，潘懋元先生始终能够在学科的发展中起到引领和带头作用？我想最关键的一点是，他始终保持着强烈的教育自觉意识，他不断反思着自己的教育实践和中国的教育实践，既默默坚守着作为教师的职责，又不忘履行作为研究者的责任。

什么是意识？所谓意识，主要是指人对环境及自我的认知能力以及认知的清晰程度，因此意识的获得，既要求个体在一定的环境中实践和体验，又要求个体能够在这一过程中进行理性思考，并将实践体验上升到理性认识。在行动过程中，意识能够在个体需要做出判断和选择时起到导向作用。因此，从某种意义上讲，它与个体的理念、价值观一脉相连。什么是教育自觉意识？这里可以借用我国著名社会学家费孝通先生的“文化自觉”观点来理解。“文化自觉”是费孝通先生于1997年首次提出的，其涵义可以概括为：生活在一定文化中的人对其文化要有自知之明，要善于自我认识和理解，在多元文化的世界里确立自己的位置；在此基础上，还需要主动的适应和调整，与其他文化共存，取长补短，共同发展。因此简言之，文化自觉就是文化的自我觉醒、自我反省和自我创建。教育自觉与此同义，就是教育工作者要对一定的教育实践进行自我认识和理解，并在此基础上进行反思、调整与创新。进一步分析，教育自觉意识可以分为两个层面的涵义：一是教育工作者对自我教育实践活动的觉醒和反思，以及在此基础上所进行的教育创新，我们常常会看到有很多优秀的教师，他们在自己的教育实践活动中善于思考问题、总结经验，善于根据不同的教育情景和具体的教育对象调整和创新自己的教学方法，可以说，这种教育自觉意识的养成是他们得以成为优秀教师的前提条件；二是教育工作者对他所处的整体教育实践和环境的觉醒和反思，以确立本国教育实践在世界教育体系中的位置，并努力地适应、调整、促进其发展，应该说，这种教育自觉意识是成为一名高水平学者的前提条件。

潘懋元先生的独特经历使得这两个层面的教育自觉意识能有机地统一在他的身上。作为教师，他从 15 岁开始就担任小学教师，之后担任过中学、大学教师，还担任过小学、中学、大学的教务长和校长。可以说，他经历了一个教育工作者所能经历的所有阶段、关键岗位的教育实践。当然，并不是经历了教育实践活动，就一定会具有教育自觉意识，从个体的角度讲，最原初的自觉意识都来源于想把事情做好，这种强烈的愿望会赋予个体觉醒和创造的力量。潘懋元先生 15 岁第一次在小学上课的教学经历是不成功的，"使他认识到教学必须讲究方法"[①]，这一意识深深地扎根于他的教育生涯之中。无论是当时作为一名小学教师，还是后来作为一名博士生导师，他一直都在反思、寻找着"最恰当"的教学方法。在第一次的不成功教学经历以后，潘懋元先生开始接触一些教育方面的研究，他的第一本教育学启蒙著作是庄泽宣先生撰写的《教育概论》；1937 年，"他插班进入汕头私立海滨中学（现华侨中学前身）高中师范科当旁听生，开始较为系统地学习教育学、教育行政学、教学法、教育心理学等科目"；1941 年，他考取了厦门大学教育系，主修教育学。在这一过程中，他始终关注把所学知识应用到自己的教育实践当中，改进教学效果。潘先生的这一自觉意识贯穿于他几十年的教育生涯当中，在他成为中国高等教育学的第一位博士生导师以后，他也丝毫没有因为所取得的成就和地位而忘记他作为一名普通教师的责任。他在培养博士生的过程中，深刻地认识到博士生培养的特殊性，他认为，"对于博士生的培养，研究所和导师只能提供必要条件，成才靠自己。所谓必要条件，包括一个具有优良学术气氛的环境，必要的图书资料以及其他教师的某种帮助"[②]。为了营造这种良好的学术环境，潘先生从课堂教学、学术活动、论文工作、思想品德等多方面入手，形成了他独特的研究生培养模式。尤其值得一提的是，他非常重视潜移默化的教育作用，建立了研究生家庭访谈制，学生称之为"先

---

① 韩延明.潘懋元教授纪事年表[M].厦门：厦门大学出版社，2015：5.

② 潘懋元.选才·培养·指引——我对博士生培养的一些看法和做法[C]//潘懋元文集：卷三.广州：广东高等教育出版社，2010：470.

生家的周末沙龙”:“周末晚上,是我接待研究生的时间,自由参加,从天下大事到个人生活,从学术争论到工作方法,清茶一杯,无所不谈。一般没有预定的谈话中心,发表意见没有什么拘束。这样,谈出了许多真实思想,也密切了师生感情。研究生对此很感兴趣,感到从中颇有得益;其实,导师也可以从中得到许多有价值的知识。”[①]潘懋元先生把他的“周末沙龙”描述得如此朴实,乍看没有什么惊人之处,但是自从他开始担任研究生导师以来,只要周末他在厦门,他的客厅里就会飘来他和学生们朗朗的笑声,30多年始终如一。他的一代又一代学生,无论他们毕业多久,身在何处,最念念不忘的就是“先生家的周末沙龙”,他们中的很多人甚至把这种教育的形式复制到自己的教学中去,它对学生影响的深刻程度由此可见一斑。而潘懋元先生之所以能够寻找到这种教育的形式,并坚持几十年,最根本的原因还是在于他已经把对自我教育实践的反思和创新发展为一种近乎“本能”的意识,他把他的学生放在心里的最深处,他所做的一切不必粉饰成华丽的辞藻,这一切最纯朴的目的就是把学生教好。

作为教师的教育研究和作为学者的教育研究是两种不同的研究,前者更强调具体的教育情景和可操作性的教学方法,后者更重视教育的一般特性和抽象的理论研究。潘懋元先生在这两种研究中都付出了自己的心血与努力,他在早期丰富的一线教育实践中,从作为教师的教育研究中获取了大量的宝贵经验,并逐步形成了将经验性研究提升到理论性研究的能力,他的教育自觉能力也因此从对自我教育实践的反思扩展到更广阔的领域,这些成为他创建中国高等教育学的基础。

1945年,潘懋元先生从厦门大学教育系毕业,并开始发表大量理论性教育研究论文,一些论文如《马克思主义教育思想传播者杨贤江》《作为社会现象的教育之本质及专门特点》《试论理论联系实际的教学原则》《全面发展的本质意义是什么》等产生了较大影响。与此同时,1946年底,应校长汪德耀、系主任李培囿的邀聘,潘懋元先生回厦门大学教育系任助教。之后的十余年间,他一边在厦门大学担任教师,一边在厦大附属小学、侨民师范学校、厦门一中、厦门大同中学等各级各类学校任兼职教师或管理人员。[②] 从某种意

① 潘懋元.选才·培养·指引——我对博士生培养的一些看法和做法[C]//潘懋元文集:卷三.广州:广东高等教育出版社,2010:470.

② 韩延明.潘懋元教授纪事年表[M].厦门:厦门大学出版社,2015:11-17.

义上说，这些经历使得他有更多的机会在实践中接触到高等教育与普通教育的不同，但是，促使他能够敏锐地发现这种不同的根本原因还是他对教育实践不断的反思和觉醒，以及他在长期的教育研究过程中积累的理论研究功力。

他在高等教育研究方面自觉意识的更直接体现，是他每过一段时间都会发表一篇关于高等教育研究或者高等教育学学科建设的文章，如1988年发表的《十年来高等教育科学研究的进展》、1991年发表的《高等教育研究的比较、困惑与前景》、1993年发表的《关于高等教育学学科建设的若干问题》、1998年发表的《高等教育研究在中国发展的轨迹》、2001年发表的《中国高等教育科学：世纪末的回顾与前瞻》、2004年发表的《中国高等教育学科建设之路》、2006年发表的《中国高等教育研究的历史与未来》、2009年发表的《高等教育研究60年：后来居上 异军突起》等，这些文章从历史研究或者比较研究的视角，系统回顾、反思、展望了我国高等教育研究的成绩与问题，力图在世界高等教育研究的宏观背景中勾勒出中国高等教育研究的发展脉络和特征，以不断加深对中国高等教育研究的认识和理解。正是他的这种教育自觉意识使得他总是能够站在高等教育研究的最前沿，发现并研究我国高等教育发展中的重大问题，孜孜不倦地探索着那些已知和未知的领域，为中国高等教育的发展贡献自己的力量。

二、敏锐的理论创新意识

自觉意识和创新意识是紧密相连的，从广义上讲，自觉意识就是内在自我觉醒、外在超越创新的一种思想解放过程，真正的自我觉醒和反思一定会走向自我突破和超越，一定会在寻找出路中走向创新和创造。因此，这里所说的理论创新意识，着重强调人们在社会实践活动中，对新出现的各种问题所进行的理性思考和理性回答。这些回答有助于我们更深刻地认识实践活动的本质和规律，丰富人类的理性认识，对实践活动的未来发展进行更准确的判断和预见。

创新一词来源于拉丁文，有更新、创造新的东西、改变等涵义。什么样的理论研究是理论创新？要理解这一问题，需要从理论创新中的两对辩证关系入手：破旧与立新、继承与创造。首先，“破旧”既有“破除”的意思，也有

"突破"的意思，前者是对旧理论的否定，后者是对旧理论的发展；[①]但是，"破"不是目的，只是过程，"破旧"的目的是"立新"，如果不能提出新的观点，而只是一味地否定别人，不能算理论创新。其次，任何的理论创新都是在原有理论基础上完成的，人类对自然界的理性认识都是世世代代积累的结果，现代的理论创新自不必说，就是那些古代的先哲们，他们的理论及思想也是当时人类认识成果的集中反映，因此，"理论创新就是继承、创造、再继承、再创造的对立统一过程"[②]。所谓理论创新，主要有三种情况：第一，对原有理论体系或框架的新突破，也就是说，原有的理论体系和框架已经无法涵盖所有的现实问题，当它在一些领域和方面失去解释能力的时候，就需要进行理论创新；第二，对原有理论和方法的新修正和新发展，在这一点上，理论创新有可能是观点创新、方法创新、研究视角创新等；第三，对理论禁区和未知领域的新探索，所谓原创性的研究大多属于这种情况。但无论如何，理论创新的标志不只是批判，更在于建构，是要提出或者构建自己的理论观点和框架。

正像前面所说的那样，潘懋元先生的理论创新意识来源于他的教育自觉意识，他在教育实践中倾注了大量的心血，他的理论创新动力来源于对实践问题的解决。通过潘懋元先生创立中国高等教育学科和提出教育内外部关系规律的过程，我们可以更清楚地理解这一点。

1956 年，在捷克斯洛伐克共和国召开了一次教育科学会议，捷克的科学院通讯院士在会上提出要研究中等、高等专业学校的教育问题，与潘先生产生了强烈的共鸣。[③] 从厦门大学教育系毕业后的十多年间，他丰富的教育实践经验使得他敏锐地意识到高等学校教学与中小学教学的不同，此前，应厦门大学培养师资的需要，潘先生还曾经尝试开设过高等学校教育学课程，并编写了教材。[④] 与捷克院士的不谋而合，促使了潘懋元先生更深的思考。1957 年，"在厦门大学《学术论坛》第 3 期上，他发表了《高等专业教育问题在教育学上的重要地位》一文，从智能教育、大学生身心发展和社会经验的特

---

① 马佩.试论理论创新的几个问题[J].西南大学学报(社会科学版)，2014(4).

② 马佩.试论理论创新的几个问题[J].西南大学学报(社会科学版)，2014(4).

③ 潘懋元.高等专业教育问题在教育学上的重要地位[C]//潘懋元文集：卷二(上).广州：广东高等教育出版社，2010：3.

④ 韩延明.潘懋元教授纪事年表[M].厦门：厦门大学出版社，2015：26.

殊性等方面论述了高等专业教育与普通教育的不同之处，并建议建立一门‘高等学校教育学’或‘高等专业教育学’”[①]。他认为，教养的目的是传授基本知识技能，由普通教育来承担，而智能教育的目的是传授专门知识技能，由专业教育来承担，[②]因此高等教育的教学内容、教学方法、教育对象与普通教育都有很大不同。这篇文章“被认为是中国第一篇倡导高等教育研究的论文”[③]，它其中的创新性观点成为以后潘懋元先生研究高等教育学的基础。正像潘懋元先生在他的《九十感言》中写的那样：“在人的一生中，青年时代是思想奔放、想象力活跃的时期，可谓‘后生可畏’……我的一些创新性的设想，大多是在三十多岁时形成的……”[④]

1978 年 5 月 27 日，“中国第一个以高等教育为研究对象的专门科研机构——‘厦门大学高等学校教育研究室’成立，潘懋元先生被任命为研究室主任(兼)”[⑤]。与此同时，潘懋元先生在《厦门大学学报》上发表了《必须开展高等教育的理论研究——建立高等教育学科刍议》一文，进一步强调建立高等教育学科的必要性和重要性。在潘懋元先生的呼吁和努力下，1979 年 10 月，“由厦门大学高教研究室和华东师大高教研究室发起并召开了全国高等教育学会筹备工作第一次会议’”，“会议决定向全国部分高校和省、市高教局(处)发出建立全国高等教育学会倡议书，并讨论了高等教育研究规划”[⑥]。1983 年 5 月，教育部召开“中国高等教育学会成立大会”，潘懋元先生“作了《关于中国高等教育学会筹备经过说明》的报告，并被选为中国高等教育学会常务理事。教育部部长蒋南翔任会长，何东昌、曾德林、季羡林、唐敖庆、李国豪、钱令希任副会长，于北辰任秘书长”[⑦]；8 月，《高等教育学讲座》一书由人民教育出版社出版，该书是我国第一本正式出版的高等教育学专著，包括“高等教育学的研究对象和任务”“教育的基本规律及其对高等学校教育

---

① 韩延明.潘懋元教授纪事年表[M].厦门：厦门大学出版社，2015：26.

② 潘懋元.高等专业教育问题在教育学上的重要地位[C]//潘懋元文集：卷二(上).广州：广东高等教育出版社，2010：5.

③ 韩延明.潘懋元教授纪事年表[M].厦门：厦门大学出版社，2015：26.

④ 潘懋元.九十感言[C]// 潘懋元文集：卷二(下).广州：广东高等教育出版社，2010：539.

⑤ 韩延明.潘懋元教授纪事年表[M].厦门：厦门大学出版社，2015：40.

⑥ 韩延明.潘懋元教授纪事年表[M].厦门：厦门大学出版社，2015：49-50.

⑦ 韩延明.潘懋元教授纪事年表[M].厦门：厦门大学出版社，2015：81.

的作用”“教学的基本规律和若干教学原则”“培养目标和教学计划”“课堂讲授”五部分内容。[①] 从高等教育学科创立的过程可以看出，正是由于普通教育学的原有理论体系和框架已经无法涵盖高等学校的现实情况，当它在一些领域和方面失去解释能力的时候，理论创新才得以实现。因此，潘懋元先生创立高等教育学科、构建高等教育学科体系框架，是理论创新中突破原有理论体系框架的典型案例。

对教育内外部关系规律的总结和提升是潘懋元先生的又一理论贡献。1980 年 11 月，潘先生“应邀到湖南大学为一机部所属院校教育科学研究班作题为《高等教育学及教育规律问题》的报告，不仅讲述了高等教育学的研究对象和内容，而且第一次提出了教育内外部关系规律学说”[②]。其实，潘懋元先生对教育本质和教育规律的关注由来已久，早在 1954 年，他就发表了题为《作为社会现象的教育之本质及专门特点》一文，但是，促使他更深入思考教育规律的原因是“文革”后整个教育界的大讨论。作为“文革”的重灾区，当时教育界在反思“文革”中教育的失误时发出了这样的疑问：教育的本质到底什么？怎样才能按照教育的规律办事？潘懋元先生也加入了这场大讨论，他对教育本质有自己的看法，并发表了《在教育是否属于上层建筑讨论中若干有待商榷的问题》一文。他同意教育是上层建筑的观点，但是他认为，要想加深对教育的认识，“不应只满足于认识它具有上层建筑的共同属性，而且应该深入研究它的特殊属性，探索它的特殊规律”[③]。在这篇文章中，他试图理清教育的哪些方面将随着上层建筑的变化而被扬弃，哪些方面会随着上层建筑的变化而被继承下来，这样的分析实际上已经超越了教育本质是什么的争论，而是尝试着对教育的规律进行思考。潘懋元先生在湖南大学的讲学引起了很大的反响，尤其是教育内外部关系规律的观点更是被很多实践工作者所认可，他们认为对教育规律的认识有助于指导实际工作。1983 年，潘懋元先生在《高等教育学讲座》一书中，对教育的内外部关系规律有了更明确的表述：教育的内部关系规律即“社会主义教育必须培养全面发展的人，或者说社会主义教育必须通过德育、智育、体育培养全面发展

① 韩延明.潘懋元教授纪事年表[M].厦门：厦门大学出版社，2015:83.

② 韩延明.潘懋元教授纪事年表[M].厦门：厦门大学出版社，2015:58.

③ 潘懋元.在教育是否属于上层建筑讨论中若干有待商榷的问题[C]//潘懋元文集：卷二.广州：广东高等教育出版社，2010:473.

的人，当然也可以加上美育”[①]，而教育的外部关系规律是指“教育与政治、经济、文化的关系。这条规律可以这样表述：教育必须与社会发展相适应。也就是：社会主义教育必须与社会主义社会发展相适应。适应，包括两个方面的意义：一方面教育要受一定社会的经济、政治、文化科学所制约；另一方面教育必须为一定社会的经济、政治、文化科学服务。所以，这条规律也可以表述为：教育必须受一定社会的经济、政治、文化科学所制约，并为一定社会的经济、政治、文化科学服务”[②]。

应该说，教育具有促进人发展和社会发展两大基本功能这一观点在教育内外部关系规律提出以前已经存在，但是，从功能的角度认识教育与人和社会发展的关系，强调的是教育的作用，是单向的关系；而从规律的角度认识教育与人和社会发展的关系，强调的是教育的规律性特点，是双向的关系，它更加全面也更加客观地反映了教育的规律性特点，因此可以说，教育的内外部关系规律是对原有理论的新的发展，是对教育活动认识的深化。

有学者认为，理论创新的动力可以来源于“实践的发展所提出的新问题”“理论之间的论战”“理论之间的互启”“人们对旧理论的怀疑和批判”[③]，但是从个体的角度讲，要想进行理论创新，我认为，其动力最终来源于社会责任感。当个体把理论创新看成是事业发展的需要时，他才可能敏锐地捕捉到理论创新的契机，他才会迸发出“敢为天下先”的胆识，也才能在创新理论提出以后，拥有容纳不同观点的广阔胸襟。教育内外部关系规律提出以后，得到了很多教育管理者和学者的认同，但也有人提出了不同的意见。对这些意见，潘懋元先生都认真加以研究，2015 年，在他发表的《2014 年中国高等教育研究回顾与述评》一文中，对近年来关于教育内部关系和外部关系的争论给予了充分的关注，他说，“关于高等教育适应论的讨论对高等教育学科发展是有益的，这也是近年来少有的学术自由争鸣”[④]。

---

① 潘懋元.高等教育学讲座[C]//潘懋元文集：卷一.广州：广东高等教育出版社，2010：47.

② 潘懋元.高等教育学讲座[C]//潘懋元文集：卷一.广州：广东高等教育出版社，2010：38.

③ 许玉乾.理论创新的前提、动力和阻力[J].国家教育行政学院学报，2008(4).

④ 潘懋元.2014 年中国高等教育研究回顾与述评[J].高校教育管理，2015(2).

三、鲜明的实践导向意识

20 世纪 60 年代以后，在世界范围内，人文社会科学研究的实践性越来越受到重视。在科学主义盛行时期，人文社会科学研究自身的特点得不到承认，它与自然科学研究的不同被当成缺乏科学性而饱受诟病。在经历了科学化的改造之后，人文社会科学研究回归自身特点，重新认识到自身的不同，就像韦伯所说的那样，“社会科学的意图在于对社会行为进行诠释性的解释，并从而对社会行为的过程及结果予以因果性的解释”[①]。因此，从实践中来、到实践中去，对人文社会科学研究十分必要。另一方面，人文社会科学研究对实践的关注，从根本上说是对人真实状况的关注，是对不同社会文化和制度的关注，因此，实践导向的人文社会科学研究是当今人文社会科学研究本土化的必然要求。近年来，在国内的管理研究领域，一些学者提出了“实践导向管理研究”[②]的倡议，针对中国管理研究过分重视模型建构而轻问题解决的现象，提出管理研究应直面中国管理实践，注重研究与本土管理实践的结合。因此可以说，实践导向是当前人文社会科学研究的趋势。

潘懋元先生的研究与实践中体现着十分鲜明的实践导向意识，这种意识可以从他如何把握和创造参与实践的机会、如何看待实践工作者的研究、如何发挥理论研究在实践中的作用等方面体现出来。第一，如何把握和创造实践机会。从 15 岁开始从教，潘懋元先生从没有离开过中国的教育实践，他利用一切机会深入体验教育实践的点滴，通过作为教师的教学实践、作为管理者的教育管理实践、作为专家学者的教育政策咨询实践以及各种访学、考察、参加学术会议、讲学等活动，时刻保持着与教育实践最紧密的接触。潘懋元先生反对书斋式的空洞研究，把教育实践作为理论研究的源泉，他认为，研究不能“唯书”和“唯上”，因为“正确的理论是要经过调查、讨论、探索之后才能取得”[③]。他不仅自己重视实践，更希望把这种观念和意识传递给

① 马克斯·韦伯.社会学的基本概念[M].上海：上海人民出版社 2005:22.

② 乐国林.实践导向管理研究评价的基本问题探讨——兼论由“出路与展望：直面中国管理实践”引发的学术争鸣[J].管理学报，2012(8).

③ 潘懋元.要鼓励并支持教育理论工作者争鸣[C]//潘懋元文集：卷二(上).广州：广东高等教育出版社，2010:69.

学生，因此他总是尽可能地为学生创造各种接触实践的机会：只要条件允许，一些国内重要的高等教育学术研讨会他都会带学生参加；在周末的学术沙龙上，他总会把在各地的所见所闻讲给学生听，然后一起讨论；从 20 世纪 90 年代开始，潘懋元先生更是在厦门大学高等教育研究所建立了研究生游学制度，使得这种教育实践教学得以制度化。每年他都会带领学生到一些高校去交流、访学，并在这一过程中，结合具体实践问题给学生上课，组织学生研讨。比如，2003 年 4 月 13—21 日，潘懋元先生带领“2002 级博士研究生 11 人，赴宁波调研，考察了宁波大学、万里学院、宁波职业技术学院、服装学院、大红鹰学院以及杨贤江中学等院校”①；2004 年 5 月 10 日至 19 日，他率领“2003 级博士研究生 20 余人前往西安调研民办教育。调研外事学院、思源学院、欧亚学院、翻译学院、西京学院等 5 所全国知名的民办高校，并参观、访谈了陕西省教育厅、陕西师范大学、西北工业大学、东方亚太学院等单位”②。通过这种方式，他把自己的实践意识生动地传达到学生那里，并在实践中加深着学生对高等教育的认识。

第二，如何看待实践工作者的研究。与其他人文社会科学相比，教育研究有其特殊性。最突出的一点恐怕是，在教育研究尤其是高等教育研究中，大量的从事教学和管理实际工作的人员在整个研究队伍中占据重要地位，人数之多、覆盖面之广大概是任何其他学科所无法比拟的，这和我国高等教育产生、发展的条件和环境紧密相关。在中国，高等教育研究机构不仅存在于师范院校，而且在综合院校中普遍存在，它应高等教育教学和管理实践的需求而出现，并始终围绕和服务于高等学校的教学和管理，所以应该说，中国高等教育研究系统具有非常鲜明的开放性特点。对此，一些专门从事高等教育研究的学者颇有微词，认为实践工作者的研究理论性差，导致中国高等教育研究整体水平无法提升。但是，潘懋元先生本着客观和开放的心态，始终积极肯定高等教育领域各类实践工作者在高等教育研究与实践中所做的努力和贡献。他认为，“从事高等教育研究需要各种各样的人才，需要有丰富的实践经验，所以说，高等教育研究队伍来自各个方面，不一定是坏事，在某种意义上是好事”，因为“高等教育不论改革或发展，最终决定于能否调动广大教师和干部的积极性，高等教育研究能否繁荣兴旺，最终也决定于能

① 韩延明.潘懋元教授纪事年表[M].厦门：厦门大学出版社，2015：181-182.

② 韩延明.潘懋元教授纪事年表[M].厦门：厦门大学出版社，2015：192.

否得到广大教师与干部的支持与参与。理论的源泉来自实践，只有广大有实践经验的教师和干部支持了，参与了，高等教育研究领域才能富有生气；高等教育科研成果，只有对教师与干部的教育实践与管理实践能起指导作用并为他们乐于接受，才能发挥它的社会效益”①。同时，要坚持实事求是的原则，不能用专业研究的标准来要求实践工作者所进行的研究，他认为，“如果一位教师或干部，在教育实践中确有深切的体会，有一定价值的经验，把这些体会、经验整理出来，并力求在理论上有所论证，能解决一两个具体问题，就是一篇值得重视的文章。这种文章，对自己是提高，对他人有影响，这就有了实际的效益”②。应该说，他本人的这种客观、开放和宽容的心态在中国高等教育研究的实践导向形成过程中起到了关键作用。试想，作为高等教育学科的创始人，如果他对实践工作者以及实践研究持排斥的态度，那么中国高等教育研究在实践中的影响力绝不会达到今天的程度。

第三，如何发挥理论研究在实践中的作用。潘懋元先生认为，研究成果应该具有科学性和可行性，他说，“研究成果的科学性和可行性，就其本质来说，应当是一致的，可行性必须建立在科学性的基础上，才能经得起实践的检验；科学性必须具有可行性，才能转化为‘生产力’——对于社会科学的研究成果来说，就是转化为社会实践”③。那么，社会科学的理论研究成果要如何从理论转化为实践呢？他认为，“必须经过这样一些中间环节：基本理论——应用研究（开发研究）——政策（一般指宏观的）——操作性措施——实践，或基本理论——应用研究（开发研究）——操作性措施（一般指微观的）——实践”④。也就是说，理论转化为实践并不会自动完成，而是需要进行一些应用性的研究。在这方面，西方的一些学者也有类似的看法，如美国学者亨普尔认为，“一个理论实际上是由两类原理构成的，第一类称为内在原理，它详细说明了由理论指涉的实体和过程，以及假定由这些实体和过程

---

① 潘懋元.高等教育研究的比较、困惑与前景[C]//潘懋元文集：卷二（上）.广州：广东高等教育出版社，2010：109.

② 潘懋元.高等教育研究的比较、困惑与前景[C]//潘懋元文集：卷二（上）.广州：广东高等教育出版社，2010：131.

③ 潘懋元.高教研究要重视科学性与可行性[C]//潘懋元文集：卷二（上）.广州：广东高等教育出版社，2010：73.

④ 潘懋元.高等教育研究必须更好地为高等教育实践服务[C]//潘懋元文集：卷二（上）.广州：广东高等教育出版社，2010：179-180.

确证的定律，第二类称为桥接原理，它指出了理论所假定的基本过程和可观察现象之间的关系……正是桥接原理，使得理论具有了解释力及产生检验意蕴”[①]，而社会科学研究要想真正实现本土化，必须“在各种宏观理论中引入能够与微观实际相联系的桥接原理(对应规则)”，它“远没有理论术语那般精确”，但是它关注内在原理得以确立的“初始条件和辅助性假定”，因此它更有助于理解本土实际[②]。可以看出，桥接原理与潘懋元先生所说的应用研究(或理论与实践的中介研究)有相似之处，而正是这种研究的存在才使得人文社会科学研究的本土化得以实现。潘懋元先生在他自己的理论研究中始终践行着实践导向的原则，在他所发表的论文中，有一半左右的文章是关于中国高等教育发展问题的研究，这些问题大多是发展中的难点问题，如民办高等教育、高等教育大众化、高等学校的分类和定位等，潘懋元先生对这些问题持续跟踪研究几十年，根据实际发展情况不断深入探索，为中国高等教育研究的本土化做出了重要贡献。

四、深刻的社会责任意识

学者和知识分子有多种类型，既有科技型、人文型、传媒型、专业型、战略型，也有出世的“书斋型”和入世的“为官型”，但从广义上说，能够称为知识分子的人应该是那些“不仅了解文化传统，且掌握现代知识包括现代自然科学知识与社会科学知识，并运用这些知识进行思考探索、解决实际问题、从事脑力劳动的人”。因此，知识分子不仅要有“知识”，更要用他的“知识”为社会服务。这里的服务，既包括探索世界、为人类社会长远发展服务，也包括关注现实问题、为国家和民族利益做出贡献。

中国现代知识分子群体形成于国家忧患之时，应该说，正是由于19世纪末中国国门被迫打开、西方文化强力入侵，中国传统以士大夫为代表的知识分子才渐渐为具有新观念的现代知识分子所取代。也许是因为中国现代知识分子的特殊成长环境，他们“高度关注国家富强的目标，关注民族的前途和命运，关注相关公众、公益利益之事”[③]，把国家的命运和自己的命运紧密

---

① 姚传明.社会科学本土化:反思、批判与限度[J].甘肃行政学院学报,2011(5).

② 姚传明.社会科学本土化:反思、批判与限度[J].甘肃行政学院学报,2011(5).

③ 俞祖华.中国现代知识分子群体的形成、世代与类型[J].东岳论丛,2012(3).

联系在一起。

潘懋元先生在少年时期接受的是中国传统教育，但在青年时期，他开始接触到西方文化和社会新思想。他经历过战争的社会动荡，体会过民不聊生的痛苦，因此他深深体会到个人命运和国家、民族命运之间的联系：他通过“救亡同志会”，积极参加各种抗日活动；他利用自己所学，为农民上课扫盲；他在报刊上发表文章，分析各种社会问题并提出自己的看法……潘懋元先生青少年时期的这些独特经历造就了他深刻的社会责任意识，并贯穿于他长期的教育研究和实践当中。

对社会责任感，每个人都有自己的理解，但无论怎样理解，社会责任感不是空谈，尤其作为学者和知识分子，社会责任感一定是和自己的所学、自身的实践紧密结合在一起的。从潘懋元先生身上，我们可以看到对学者和知识分子社会责任感的最好诠释：作为教师，他的心里时刻装着学生，他的教案每年都会更新内容，他对学生的关怀体现在学习、生活的方方面面，他不仅教学生怎样做事，更教学生怎样做人，他告诫学生，“只有理想才是战胜困难、敢于面对失败的永恒动力”①，而这种理想虽然因人而异，但一定应该是做对国家和社会有益的事情；作为研究者，他以“文章不写半句空”自勉，始终把促进中国高等教育研究和实践的发展当成自己的责任，百岁高龄仍笔耕不辍，殚精竭虑；作为中国高等教育学科的创始人，他没有故步自封，而是始终以饱满的热情投入到高等教育实践中去，他的研究始终散发着新鲜的实践体验和本土气息，最重要的，他几十年如一日，始终以这种深刻的社会责任意识约束、激励和鞭策自己。

当今的中国正面临社会转型，各种社会思潮涌现，各种现实问题需要研究，学者和知识分子应该在这一过程中清醒地认识到自身的社会责任，用自己所学发挥更大的作用。在这一过程中，作为学者，不能只是针砭时弊，还需要在发现问题的基础上，提出科学、可行的解决问题对策。要通过自身的研究与实践，缩减社会在转型过程中所付出的代价，维护民族和国家的利益，关注社会弱势群体的生存状况，促进社会的公平发展。应该说，这些都是当今中国知识分子需要深入思考、认真实践的课题。

“人生如逆水行舟”，不仅要时刻奋力前行，更要注意激流险滩，明确前

---

① 潘懋元.敢为天下先——在广东博士后工作20周年纪念大会上的讲话[C]//潘懋元文集：卷三(上).广州：广东高等教育出版社，2010：499.

进目标。本文所提到的这些意识,恰似人生征途中的灯塔、教育事业中的路标,无论遇到怎样的境遇和情况,心中有了这样的意识,才能不为一时的得失所左右,才能拥有克服困难的勇气。正像前面所说的那样,研究潘懋元先生的思想和实践,其意义不只在于研究他本人,更在于从老一辈教育家身上体会到对于教育事业的那种热爱和执着,体会到他们怎样将对教育的热爱化为内心的强大信念。从这一角度说,他自身就是最有说服力的教育,而这应该是作为一个教育工作者最值得骄傲的地方。

潘懋元高等教育思想的形成与发展

刘承波

潘懋元高等教育思想作为经得起当代中国高等教育改革与发展实践检验的学术思想，不仅为构建高等教育学的基本理论、体系框架奠定了基础，而且对中国高等教育研究与实践发挥了极其重要的指导作用。分析数十年来潘懋元先生学术思想的形成与发展，既与高等教育发展的时代要求紧密相连，更与潘懋元先生崇高的社会责任感分不开。他的学术思想的形成，首先源自高等学校人才培养的需要，围绕人才培养这一根本问题，他对高等学校的教育教学、人才成长的规律等进行了深入探索。作为高等教育研究的开拓者和学科的奠基人，他具有强烈的使命感，以繁荣教育科学为天职，不断进行理论创新，开创高教研究和学科建设的新天地。作为高教理论的研究者和践行者，他以崇高的社会责任感，多年来理论指导实践，服务社会，做出卓越贡献，并在此过程中吸取营养，丰富和发展自己的学术思想。因此，他的学术思想具有坚实的基础和强大的生命力，必将对中国高等教育研究与实践继续发挥更大的作用。

一、以培养专门人才为出发点，探索高等学校教育教学规律

潘懋元先生从教至今已有 85 年。在长期的教育实践中，他对从事教书育人这一职业有着深厚的感情，对人才培养有着深刻的认识。可以说，他的高等教育思想的形成，其出发点正是基于人才培养的需要。在他的思想理

作者简介：刘承波，教育学博士，教育部教育发展研究中心战略发展部副主任、研究员。

论的发展过程中，也都体现了把人才培养作为根本的特点。

早在20世纪50年代，潘懋元先生就已经深刻地认识到：不能把大学生当小学生来教，倡议建立高等教育学这一新学科。他认为，不能忽视高等教育自身的特点，必须建立有别于普通教育学的高等教育理论。尽管这一想法在当时引起很大争议，但他立足于探索高等学校培养社会主义现代化建设的专门人才的教育教学规律，坚持做出了大胆尝试和积极探索。只是由于后来情况的变化，此项工作搁置二十年之久。"十年动乱"之后，高等教育进入拨乱反正、恢复发展时期，潘懋元先生敏锐地感觉到高等教育研究的春天已经到来。1978年至1984年，潘懋元先生担任厦门大学校领导期间，负责整顿教学秩序，探索施行学分制、主副修制、选课制等教学改革。与此同时，他积极建议并于1978年5月27日主持创办了全国第一个高等教育研究机构——"厦门大学高等学校教育研究室"。他1978年在《光明日报》发表的《开展高等教育理论的研究》和在《厦门大学学报》发表的《必须开展高等教育的理论研究——建立高等教育学科刍议》，对后来以科学方法研究高等教育起到了启蒙和指导作用，揭开了中国高等教育科学研究的序幕。1983年，潘懋元先生出版了《高等教育学讲座》，为高等教育学学科的建立奠定了坚实的基础。1984年，经过不懈的努力，他主编的中国第一部《高等教育学》出版，同年国务院学位委员会正式将高等教育学列为二级学科。

潘懋元先生认为，教育是培养人的社会活动，受社会发展规律和人自身发展规律的制约。高等教育受生产力和科技发展水平、社会的政治经济制度、文化传统、学生身心发展的年龄特征等因素制约。其中，生产力和科技发展水平是起决定性作用的制约因素，社会的政治经济制度是显在的制约因素，文化传统是潜在的制约因素。但它们对高等教育的制约和影响都必然要受到大学生身心发展特征的制约。他在20世纪80年代初提出了教育外部关系规律和教育内部关系规律，并揭示了人才培养与社会发展的关系，为高等学校人才培养及教学改革提供理论指导。即当高等学校的人才培养不能很好地满足社会的需要，不能很好地适应高校人才成长规律时，就必须对人才培养方案与培养途径进行合理的调整，使人才培养更好地符合培养目标。也正是高校人才培养的需要，催生了一门年轻学科——高等教育学。

长期以来，潘懋元先生不仅对学校教育中的人才成长规律进行孜孜不倦的探究，他本人也一直是从事人才培养工作的践行者和楷模。从他自身的经历来说，他15岁站上了讲台，此后，先后执教于小学、中学直至大学，当过小学、中学、大学老师，乃至博士生导师，虽然也担任过小学校长、中学教务主任、大学领导等职，但他最看重的是“教师”这个称呼。正如他自己常说的一句话：“我一生最为欣慰的是，我的名字排在教师的行列里。”教书育人是潘懋元先生最喜爱的事业。但他也提到，他的第一节课“上得很失败”，课前努力备好的课，十几分钟就讲完了。此事对他触动很大，“失败乃成功之母”，他从此立志要当一个好老师。要教好书，就要找到符合学生身心特点的教学规律，为此他在以后的从教经历中，进行了不懈的探索，研读教育教学理论，琢磨教书育人的道理。他立志于从事教育事业，大学本科读的就是教育学专业，所从事的工作，与教育、与教书育人也一直分不开。在长期的高等学校教学实践中，他对高等学校人才培养的特殊性，产生了独到的理解：高等学校要培养的是各行各业的专门人才，他们不但要掌握特定学科的基本理论，还要运用基本理论解决特定实践领域的现实问题。而这一特定实践领域的指向性在普通中小学校则并不要求。大学所培养的是专业人才，毕业之后将要承担国民经济、社会发展及科学研究各部门和领域的重要、复杂工作，又由于大学生已具备较高的抽象思维的发展水平，与中小学生有质的不同，从而决定了在大学教学中应当在教学中进一步发展大学生的创造性思维能力，且有必要使教学与科研相结合，以培养大学生的科研能力，使大学生掌握科学的方法论。

在研究生培养中，他常爱引用韩愈的《师说》来鼓励学生“青出于蓝而胜于蓝”：“弟子不必不如师，师不必贤于弟子，闻道有先后，术业有专攻，如是而已”。他鼓励学生在学术上展开讨论，允许学生与导师有不同的意见，提倡学术平等。他的研究生教学，贯彻了他关于高层次人才培养的思想，充分体现师生之间互相讨论、相互问难质疑的探究精神，形成师生关系融洽、教师乐教学生好学的学术氛围。在他多年的高等教育理论和实践的基础上探索出的“学习—研究—教学实践”三位一体的教学法，获福建省教学成果一等奖，他主持的“高等教育学学科建设、人才培养与教学改革研究”也获国家级教学成果一等奖。他于20世纪80年代中期开始在家中创设周末学术沙龙，一直坚持至今。这一独到的课外学习制度已成了研究生们的精神家园，在沙龙上，学生们畅所欲言，全然没有课堂上的正襟危坐和刻板拘谨，真正体现出了“自由讨论，平等对话，启迪思维，追求真理”。这也正是潘懋元先生改进研究生教学所做的重要贡献。如今,潘懋元先生已培养硕士、博士研究生百余名,受他教诲影响的学生、教师及同行更是不计其数。他们已成为高教研究的中坚力量,有的已是国内知名学者、专家。虽然潘懋元先生现在已是百岁高龄,但仍躬耕于教学科研第一线,亲自给20多名博士生上课。因为在人才培养上的突出贡献,他被评为2014年度的"全国十大教书育人楷模"。

二、以繁荣教育科学为使命,奠基高等教育学科理论

改革开放以来,高等教育学作为一门新的科学应运而生。高等教育学是"一门以高等教育为研究对象,以揭示高等专业教育的特殊规律,论述培养专门人才的理论与方法为研究任务"①的教育科学。它和以往的普通教育学,都是教育科学"大家庭"里的主要成员。因此,高等教育学学科在中国的建立和发展,极大地丰富了教育科学的内容,开辟了教育研究的新领域。这其中,凝聚了潘懋元先生的不懈追求。正是他以繁荣教育科学为使命,根据教育学的基本理论,从规律的高度上对我国高等教育问题进行了深层次的探讨,对高等教育学的学科建设进行开创性的工作,从而奠定了高等教育学作为一门学科的坚实基础。

我们知道,一个学科的创建和逐渐成熟,既要有独特的研究对象和较为系统的方法论,更要有自身的基本理论体系和理论框架。潘懋元先生为此作了开拓性的探索。20世纪80年代初,他先后应邀到十多个省市的一些高等学校作了近百次的高教研究专题学术报告,在高教界产生了重大影响。1980年他应原第一工业机械部教育局的邀请,到湖南大学为该部所属高校领导干部教育科学研究班讲课,正式提出教育外部关系规律和教育内部关系规律。外部关系规律揭示了教育作为社会的一个子系统与整个社会系统以及政治、经济、文化等子系统之间的相互关系;内部关系规律揭示了教育作为一个系统,其内部因素或各子系统之间的相互关系。他还进一步揭示了内部、外部规律之间的相互关系——外部规律制约内部规律的作用,外部规律的作用只能通过内部规律来实现。此后,潘懋元先生又不断深入探讨,

① 潘懋元.高等教育学:上册[M].北京:人民教育出版社,1984:2.

用这两条规律来解释、解决复杂的高等教育现象和问题。

他以高等教育是建立在普通基础上的专业教育和高等教育的主要培养对象是20岁左右的青年作为理论基础，以教育内、外部规律作为高等教育学说的理论核心，为高等教育学的诞生奠定了基础。事实上，教育基本规律提出后，受到了教育界的广泛重视。许多教育理论研究者和高等教育工作者认为，明确的表述有利于人们对教育规律的认识与利用。自潘先生的《高等教育学讲座》问世以来，也有多部"高等教育学"著作出版，它们或内容有所增减或体系有所更新，但所有这一切都与潘先生所做的开拓性工作密不可分，其学术思想对中国高等教育学的发展起到无可替代的奠基作用。

在随后几十年的研究中，他坚持理论研究与实践探索相结合，不断丰富学术思想，先后出版十几本著作，在重要学术报纸杂志上发表了数百篇见解独到的学术论文，并承担了多项国家级、省部级科研项目，获得有关优秀成果奖。潘先生始终站在时代的前沿，做时代的先锋，对迎接新科技革命挑战、市场经济与高等教育关系、高等教育大众化理论、民办高等教育发展、文化传统与高等教育关系、海外华文教育与弘扬中华优秀文化、高等学校教学和课程改革、信息时代教学过程的变革等多方面的高等教育理论与实际问题都作了深入的研究，开创了高等教育研究的繁荣局面。他的许多研究和见地都具有科学预见性，在我国教育界和政府决策层产生了重大影响。例如，他曾运用教育外部关系规律，通过对国际高等教育发展的比较研究，和对我国历史和现实的深入分析，正确预言了高等教育地方化和民办高等教育在我国重新出现的必然性。他对中国高等教育地方化的必要性与可行性作了分析，指出当前中国的生产力发展水平和市场经济的现实，必要求高等教育把地方化作为教育体制改革的一项主要内容。他还率先提出在我国大力发展民办高等教育的富有战略性和超前意识的观点，指出随着单一的计划经济体制向多种经济成分并存的所有制结构的转变，教育体制也必然发生变化，教育理论界要超前研究民办教育的理论问题，教育行政部门也要做好超前决策。实践证明，他的学术思想为中国高等教育体制改革提供了重要理论支撑，在高等教育改革与发展的实践中发挥着越来越大的指导作用，并经得起当代中国高等教育改革与实践的检验。如在《国家中长期教育改革和发展规划纲要(2010—2020年)》中就明确指出："民办教育是教育事业发展的重要增长点和促进教育改革的重要力量。各级政府要把发展民办教育作为重要工作职责，鼓励出资、捐资办学，促进社会力量以独立举办、共同举办等多种形式兴办教育。完善独立学院管理和运行机制。支持民办学校创新体制机制和育人模式，提高质量，办出特色，办好一批高水平民办学校。”①

潘懋元先生还为推动国内高等教育研究机构的建设而尽心竭力。在潘懋元先生的领导下，经过他和他的同事共同努力，1978 年全国第一个高等教育研究机构——厦门大学高教室成立。经过多年的发展，2004 年 4 月 6 日更名为厦门大学教育研究院。它曾创造和拥有许多全国“第一”和“唯一”。这与潘懋元先生孜孜不倦，亲力亲为，致力于建立高等教育学这门新学科所作的贡献是分不开的。与此同时，他还以“开门办学”的思想，推动国内各大高校建立高等教育研究机构，积极倡议成立全国性的高等教育研究学术团体，一起促进高等教育研究的开展。他也积极鼓励学生毕业后到全国各个高等教育研究机构去工作，去帮助全国高等教育研究和学科的建设，营造高等教育学的“满园春色”。他常引用“一花独放不是春，百花齐放春满园”的名句，认为如果中国高等教育学只有厦门大学这一枝独秀的话，最终就会是“孤家寡人”，几十年的艰苦努力会付诸东流。只有建立更多的研究机构，树立更多的竞争对手，让他们参与到竞争中来，这样才能推动高等教育学科的发展。在他眼里，所谓的竞争对手，更多的是合作伙伴。因此，在厦门大学于 1986 年建立我国首个高等教育学博士学位点之后，潘懋元先生就以远大的目光关注全国高等教育学研究机构的建设和发展，并积极谋划和推动其他大学高等教育学博士点的建设。在 20 世纪 90 年代中期之前，我国教育学科内博士学位点建设竞争异常激烈，潘先生凭借其学术影响力和智慧，最终促成全国最早的其他三个高等教育学博士学位点的建设，并积极营造良好的学科发展平台和空间。如今，以厦门大学为发源地，国内许多高校都设有高等教育研究机构，还有各级教育科研部门的诸多高教研究机构，真正形成了高等教育研究繁花似锦的大好局面。潘懋元先生还先后到过日本、菲律宾、泰国、英国、新加坡、尼泊尔、科威特、美国、俄罗斯、荷兰、立陶宛等多个国家以及港澳台地区，参加高等教育的学术交流，将中国的高等教育成果向境外

① 国家中长期教育改革和发展规划纲要(2010—2020 年)[EB/OL].(2015-07-30)[2015-09-21]. http://old.moe.gov.cn/publicfiles/business/htmlfiles/moe/moe_177/201407/171904.html.

推广。

三、以服务社会为己任，用理论指导高等教育实践

如果说潘懋元高等教育思想的形成，最初起源于高校人才培养和建立一门新学科的需要，那么其进一步发展，则更多地源自他以强烈的社会责任感，长期坚持理论指导实践，科研服务社会。他给高等教育理论研究所作的明确定位也正是这样，即高等教育理论研究的重要目的是指导实践。高等教育学作为一门应用性很强的学科，不为高等教育改革发展服务，其理论研究就会失去应有的社会价值。在潘先生从事高等教育研究的数十年间，能始终应高等教育改革和发展之需，以服务社会为己任，坚持“高等教育研究要为高等教育改革和发展服务”的理念，为促进中国高等教育的稳步健康发展尽心尽职，做出了卓越贡献。在此过程中，他不断吸取来自高等学校一线实践的营养，丰富和发展自己的学术思想。

作为中国高等教育研究的先驱者，出于强烈的社会责任感，潘懋元先生时刻关注着中国高等教育的发展，对中国高等教育发展中的突出问题，都能紧扣时代的脉搏，及时提出自己的精辟见解。在强烈的社会责任感的驱使下，他所关注的问题大都是中国高等教育领域的重大现实问题。作为一名杰出的教育家，每每到了社会转型、教育转型之际，他总是能以深邃的思想理论和超前的洞察力为中国高等教育改革实践提供正确的理论指导，指明发展方向。例如，他较早地提出在大众化背景下进行高等教育通向农村研究，指出这是实现高等教育大众化的必由之路；随着终身教育、终身学习、学习化社会的到来，他敏锐地预见到这一过程的重大转变，组织开展“在终身教育体系平台上的多种教育模式研究”；等等。

潘懋元先生尤其关注资源弱势高校的发展，对民办高校、地方高校（包括新升本科院校和高职院校）的发展倾注大量精力。多年来，他经常带博士生到全国各地的民办高校、地方高校去做社会调查，对中国民办高等教育的发展充满了希望，提出期望和建议；对处于“弱势地位”的新办本科院校的定位、特色、质量与发展问题给予特别关注。“十八大”之后，为建设现代职业教育体系，教育部启动了促进地方本科高校转型发展的应用科技大学改革试点工作。实际在此之前，潘懋元先生一直在关注新升本科院校的发展。

他通过调查实践和理性分析，早就提出“专升本”之后的新建本科院校大多数(不是所有)都仍然应该坚持走本科高职院校之路，培养高水平的职业技能型人才。[①] 他提出应该建立独立的高职教育体系，即包括中专、大专、本科及硕士以上层次的与普通高等教育系统相平行的高职教育体系。为此，他以联合国教科文组织公布的教育标准分类为依据，高屋建瓴，对高等教育进行分类，提出将高等教育分为 5A 理论型和 5B 实用技术型两类。5A 又进而分为两种类型，即一种相当于学术性研究型大学的本科与硕士生，侧重于基本理论学科，可以为进入第二阶段(博士级)做准备；一种相当于工、农、医、师等本科以及硕士生，培养各行各业的高级专门人才。5B 类即相当于高职高专，主要是让学生获得从事某个职业或某类行业所需的知识技能，即劳务市场所需的能力与资格。他很赞赏历史上的杭州艺专、立信会计专科等专科学校，由于其办学质量高，所以其名气也不小，它们都有自己的办学特色。他也对一些新建院校，如江西渝州科技职业学院、四川国际标榜职业学院等，能够找准自己的优势、制定具有校本特色的发展战略、办出自己的特色而感到高兴。

潘懋元先生还通过积极宣传和大力普及，使高等教育研究成果得到推广，从而切实践行一名高等教育理论研究者的社会责任。潘懋元先生的高等教育思想理论著述甚丰，但从不满足于把自己的理论研究成果停留在报刊、书本上，而是积极地将其普及到高等教育管理者、高校教师甚至大学生中去，使其对高等教育实践产生直接的效果。他应邀到许多省市、高校作学术报告，汇报有关研究成果，因贴近现实、深入浅出、清晰易懂，而深受欢迎。正是有像他这样的一批高等教育理论研究者的积极宣传、大力普及，才使得我国高等教育理论得以迅速发展，并在实践中广为运用、传播，也使我国的高等教育理论研究从一开始就与改革实践紧密相连，并形成传统。广大高教界的实际工作者接受了高等教育理论的研究成果，从而自觉地、有目的地参与到高等教育改革实践当中，在最广泛意义上实现了高等教育理论研究的实践价值和社会价值。

潘懋元先生认为，为政府政策的制订和宣传(解读)提供服务，也是高等教育研究的重要作用之一。《国家中长期教育改革和发展规划纲要(2010—

① 潘懋元.论新建本科院校的定位问题[J].上海电机学院学报，2006(1).

2020)》(以下简称《规划纲要》)发布以后,潘懋元先生从一位理论研究者高度的社会责任出发,对《规划纲要》的科学性、民主性与创新性进行分析:《规划纲要》经过近两年的酝酿、沟通、修改,在最大程度上吸纳群众的意见,包括研究者的意见建议,其制订体现了"从群众中来"。《规划纲要》既体现了政策的连续性,又反映了形势的创新性。一方面,《规划纲要》与20世纪八九十年代提出的政策一脉相承;另一方面,它又有许多论点与具体措施的创新。他对教育均衡发展、教育资源分配、高教规模和大众化发展,大学、政府与市场的关系等进行学术评价,对"建立高校分类体系,引导高校合理定位",高校"去行政化"及"营利性"学校等热点问题阐述自己的学术观点。他以丰富的实践经验和敏锐的学术思想,对《规划纲要》的精神进行力所能及的解读和宣传,产生了广泛的影响。

回顾潘懋元先生对中国高等教育的发展所做出的巨大贡献,实属难能可贵!从教书育人到学科建设,再到指导实践、服务社会,几乎在高等教育教学和科研等所有领域都留下了他的足迹。至今,他仍以饱满的热情、旺盛的精力、强烈的社会责任感,培养、带领一大批中青年后学,不遗余力地为研究中国高等教育的改革和发展而努力!

内外规律说:
潘懋元高等教育思想的理论基石

平和光　姜朝晖

1980年,潘懋元先生在湖南大学讲学时首次提出教育的两条基本规律:"一条是教育外部关系的基本规律,指的是教育作为社会的一个子系统,与整个社会系统及其他子系统(主要是经济、政治、文化系统)之间相互关系的规律,简称'教育的外部规律',在我国表现为社会主义教育必须通过培养全面发展的人,为社会主义的政治、经济、文化的发展服务;另一条是教育内部关系基本规律,指教育作为一个系统,它的内部各个因素或子系统之间的相互关系的规律,简称'教育内部规律',在我国表现为社会主义教育必须通过德育、智育、体育来培养全面发展的人。"[①]而教育"适应论",就是"教育必须与社会发展相适应"。1983年,潘懋元主编的《高等教育学》初稿听取意见会在华中工学院(原华中理工大学)召开,会上就有学者针对"教育外部关系的规律"提出了不同意见,潘懋元当场给予了针对性的解答,并于1984年和1986年分别在《高等教育学》和《高等教育学讲座》两本著作中更加系统、全面地论述了教育基本规律,其中教育外部关系规律被表述为:"教育必须与社会发展相适应。"[②]1990年,潘懋元又公开发表了《教育外部关系规律辨析》一文,对教育外部关系规律的客观性与必然性、教育适应性的内涵以及如何

作者简介:平和光,教育学硕士,吉林工程技术师范学院助理研究员;姜朝晖,教育学博士,中国教育科学研究院办公室副主任、副研究员。

① 潘懋元.高等教育学及教育规律问题[M].长沙:湖南大学教务处编印,1980:56.

② 潘懋元.高等教育学讲座[C]//潘懋元文集:卷一.广州:广东高等教育出版社,2010:38.

利用和把握教育外部关系规律以保证"适应论"的科学应用等进行了详细分析,[①]以全面回应外界的质疑。至此,高等教育内外部关系规律和"适应论"在我国学术界得到了广泛认可。

潘懋元提出的高等教育内外部关系规律主要包含三层含义:

一是关于教育内部关系规律的阐释。教育内部规律是把教育看作一个整体或一个独立系统来探讨其内部各要素或各子系统之间的相互关系。潘懋元指出:"社会主义教育必须通过德育、智育、体育、美育,培养全面发展的人。"[②]这句话主要有以下几层意思:第一,发展要素的全面性,德、智、体、美等诸要素缺一不可,不可偏废;第二,发展要素的统一性,德、智、体、美等诸要素的发展与人的基本属性的全面发展是统一的,教育必须尊重教育对象的身心特征和个性特征;[③]第三,发展的协调性,社会主义教育的本质是培养全面发展的人,而德、智、体、美等诸要素相互作用的水平决定着全面发展的人的最终发展水平。因此,德、智、体、美四者之间的本质联系是最基本的内部关系,要处理好内部各要素之间的关系,才能培养出具有健康身体素质、较高文化修养、高尚道德品质、熟练劳动技能、美好情操与审美能力的人。[④]由于教育内部因素的多样性、关系的复杂性和发展的动态性,对于教育内部关系规律的认识是一个漫长的、不断深化的过程,人们很难进行完整的描述,连潘懋元自己都承认:"从不同的角度来揭露教育的基本矛盾是很难达成一致的"[⑤],但如果从教育系统区别于其他社会系统的视角出发来揭示教育的内部规律则是可行的。

二是关于教育外部关系规律的阐释。作为一种社会的现象,教育是社会大系统中的一个子系统,它与整个社会系统和其他子系统之间存在着内在的、必然的相互作用的联系,这就是教育的外部规律。潘懋元先生总结为:"外部关系规律,就是教育同社会的关系规律"[⑥]。这种规律主要体现在

---

① 潘懋元.教育外部关系规律辨析[J].厦门大学学报(哲学社会科学版),1990(2):1-7,38.

② 潘懋元.潘懋元文集:卷二(上)[C].广州:广东高等教育出版社,2010:492.

③ 潘懋元.潘懋元文集:卷二(上)[C].广州:广东高等教育出版社,2010:538.

④ 潘懋元.潘懋元文集:卷二(上)[C].广州:广东高等教育出版社,2010:493.

⑤ 潘懋元.教育外部关系规律辨析[J].厦门大学学报(哲学社会科学版),1990(2):1-7,38.

⑥ 潘懋元.潘懋元文集:卷二(上)[C].广州:广东高等教育出版社,2010:484.

经济、政治和文化上：在经济上，一方面经济发展是高等教育发展的物质基础，经济发展水平制约着高等教育发展的速度和规模，经济体制改革制约着高等教育体制变革和高等教育结构的调整；另一方面，高等教育的发展可以带动和促进经济的发展，例如高等教育可以促进经济结构的调整和完善，提高受教育者的经济收入。在政治上，政治体制决定高等教育的领导权和受高等教育者的权利，并制约着高等教育的体制、目的、方针、政策；反过来，高等教育对受教育者进行政治教育，培养专门的政治、法律人才，又能推进民主政治的发展。在文化上，一方面，文化的弥散性决定着文化对高等教育影响的全面性，特别是文化传统影响着高等教育特色的形成；另一方面，高等教育又具有传承、保存、选择、批判、创新和发展文化的功能。因此，教育外部关系规律的基本内涵可表述为："教育必须受一定社会的经济、政治、文化所制约，并为一定社会的经济、政治、文化的发展服务。"①

潘懋元将教育外部关系规律表述为："教育必须与社会发展相适应"，并认为教育适应包括两层含义，"一方面教育要受一定社会的政治、经济、文化科学所制约；另一方面教育必须为一定社会的政治、经济、文化科学的发展提供服务"。一方面"受到制约"，一方面"为之服务"，前者是前提，后者是方向。② 对教育外部规律的运用要掌握两大基本原则，一要全面适应，不要片面适应。制约教育的外部因素有生产力、社会制度、科技发展水平、人口、文化传统、宗教、资源、地理、生态、民族等因素，这些因素之间密切联系并相互制约，如果教育仅仅强调与某一方面或某一因素的发展相适应而忽视了其他方面的适应问题，则会导致片面性的失误。二要主动适应，不要被动适应。客观事物往往具有两面性，教育主动适应社会经济的发展，指的是对积极面的适应，不是不加判断和辨别，盲目地去适应一切，包括适应一些不利于社会进步的消极落后或错误的东西。主动适应包括四层含义：从适应的选择性来看，高等教育要主动适应积极、进步的要求，而不是消极、落后的要求；从适应的双向性来说，高等教育要主动适应社会的发展，调整学校专业结构、层次结构，培养适合商品经济发展所需要的人才；从适应的动态性来说，高等教育适应社会发展需要所采取的对策不可能是一成不变的，必须随

---

① 潘懋元.潘懋元文集：卷二(上)[C].广州：广东高等教育出版社，2010：484.

② 潘懋元.教育外部关系规律辨析[J].厦门大学学报（哲学社会科学版），1990(2)：1-7，38.

社会的变化发展而发生相应变化；从适应的多维性来说，高等教育在主动适应商品经济或市场经济发展需要的同时，还要主动适应民主政治建设、精神文明建设等的需要。

三是关于教育内部规律和外部规律的关系。教育内部规律和外部规律是一种相互作用的关系。一方面，教育内部规律的运行要受到外部规律的制约。如果把社会系统看成一个大系统，教育系统则属于社会这个大系统内的一个子系统，那么作为下位规律（特殊规律）的教育内部规律必然要符合作为上位规律（一般规律）的教育外部规律。具体来讲，就是教育要受一定社会经济、政治、科学文化的制约，并为一定社会经济、政治、科学文化提供服务。因为，“就教育谈论教育”，即使谈得非常好，倘若教育不能满足社会的需求，教育的社会效益和经济效益就无法实现，教育的存在价值就会动摇。另一方面，教育的内部规律是教育外部规律实现的根本保障。作为上位规律（一般规律）的教育外部规律必须通过作为下位规律（特殊规律）的教育内部规律来实现，否则教育的外部规律是空的。潘懋元指出：“只就社会的各个因素来谈教育，只就生产力、社会制度、文化传统来谈教育，不顾教育自身的特殊性，违反教育的内部规律办事，也是不全面的。”[①]总之，教育内部规律和外部规律是相互依存统一的，教育与社会诸要素之间的“制约”与“服务”关系是教育内外部关系规律理论内涵的核心，办教育只有遵循这两种教育规律，并把教育的内、外部规律科学地统一结合起来加以运用，教育的内在和外在价值才能发挥到最佳。

高等教育“适应论”的提出有其必然性与合理性。

一是从高等教育的基本功能来看“适应论”的必然性和合理性。“高等教育是建立在普通教育基础上的以培养专门人才为目标的社会活动。”[②]这一界定揭示了高等教育的两种基本功能：促进人的发展和促进社会的发展，并逐渐形成了两种对立的教育观，即个人本位教育论和社会本位教育论，前者主张教育目的的确定和教育活动的开展要满足个人发展的需要，后者主张根据国家的利益和社会的需求来确定教育目的和教育活动。尽管在实践时，两者存在畸重畸轻甚至矛盾冲突不断的现象，但是两者在本质上是统一的。因为高等教育要促进社会的发展就必须满足人的自身发展需要，提高

① 潘懋元.潘懋元论高等教育[M].福州：福建教育出版社，2007：12.

② 杨德广，谢安邦.高等教育学[M].北京：高等教育出版社，2009：50.

人的个体和群体素质。与此同时，高等教育只有满足社会发展的需要才能促进人的发展，因为人的发展需要社会的发展提供物质保障和精神支撑。由此可见，高等教育的两项基本功能是互为目的、互为条件和相互统一的。而两者最大的共同点就是高等教育的适应性。一方面，高等教育只有适应了社会发展规律才会更好地促进社会的发展，一旦忽略了社会，则会滋生个人主义和自由主义；另一方面，高等教育只有适应了人的发展规律才会更好地促进人的发展，一旦忽略了人，则会导致人的个性、积极性和主动性被压抑，人的潜能和聪明才智很难被充分挖掘出来。由此可见，高等教育必须同时适应人的发展和社会的发展，这与高等教育适应论的内涵和主张是相符的。

二是从高等教育的基本价值来看"适应论"的必然性和合理性。"价值指客体的属性与功能对主体需要的适应和一致"。[①] "教育价值取向则指社会主体把教育作为一种社会客体的情况下，根据自身生存和发展的需要对教育客体进行价值设定、价值预期时所表现出来的意向或倾向。"[②]在教育价值的立场上，我国学者可以分为三大类：一种强调教育应当在满足社会的需求中体现出自身的价值；另一种强调教育的价值应当体现在人的自身发展和自我完善上；最后一种强调教育自身的价值，即怎样的教育活动才具有教育上的价值，才能有效获得那些教育中的价值。尽管三种教育价值观有诸多区别，但却有着共同的内涵：一是理想性的教育价值取向必然会受到现实的教育价值趋向的影响和制约；二是教育价值取向是与特定主体（社会、人、大学自身等）相联系的，具有明显的主体差异性；三是价值主体的价值需要总是受到一定社会和历史的制约。总之，教育必然会受到社会制约，教育必须要考虑它的社会价值，不考虑社会需求的教育价值观是唯心主义的，因为"教育主体提出对高等教育的价值需求要受一定社会历史条件的制约，反映的是这个国家和民族在一定社会历史条件下的社会发展现状和文明程度"。[③]

---

① 唐日新，李湘舟.价值取向与价值导向[M].长沙：中南工业大学出版社，1996：16.

② 王卫东，石中英.关于建国后教育价值取向问题的思考[J].江西教育科研，1996(4)：1-4.

③ 王卫东，石中英.关于建国后教育价值取向问题的思考[J].江西教育科研，1996(4)：1-4.

三是从高等学校职能的流变来看“适应论”的必然性和合理性。在学术界，高等学校一般被公认为有三种职能：即培养人才、科学研究和服务社会[①]，这三种职能是在较长的历史发展过程中逐渐形成的。现代意义上的大学发端于中世纪时期的大学，当时的大学主要分为学生主管学校事务的“学生大学”(以波隆那大学为代表)和以教师为管理主体的“先生大学”(以巴黎大学为代表)两种，二者的主要职能是人才培养，培养当时社会所需的官吏、法官、牧师、医生等。由于受欧洲文艺复兴运动、宗教改革运动和近代科技革命影响，再加上 19 世纪初欧美国家爆发的新大学运动，大学的发展出现迟滞，为摆脱困境，在洪堡、费希特等新人文主义者的倡导下德国率先发起了大学改革运动。洪堡主持创立的柏林大学，坚持将科学研究与培养人才相结合，发展了大学的第二个职能。如果说 19 世纪初期柏林大学改革使德国大学成为“引起世人羡慕、详尽研究和仿效的对象”[②]的话，那么 19 世纪中后期美国威斯康星等大学的崛起便为世界高等教育发展提供了另一个样板。作为美国赠地学院的典范，为了适应社会发展的需要，威斯康星大学在 1904 年将社会服务作为其主要任务之一，从而发展了高等学校的第三个职能：服务社会。从高等学校三大职能的形成历史可以看出，高等教育职能的演变和拓展与社会的发展紧密相连，反映了高等教育的发展要满足社会发展的需求。

四是从我国高等教育社会历史发展的背景来看“适应论”的必然性和合理性。自 1949 年中华人民共和国成立至今，我国高等教育的发展大致分为三个时期：1949 年 10 月至 1966 年 5 月，是积极探索中国特色社会主义教育发展道路的时期；1966 年 5 月至 1976 年 10 月，是社会主义教育事业遭受重大挫折的时期；1976 年 10 月至今，是初步建立中国特色社会主义教育体系的基本框架，并在改革发展中不断发展和完善的时期。[③] 在整个发展历程中，我国高等教育与社会、政治、经济、文化的发展是紧密相连的。

在第一个时期，由于新中国刚成立，政治制度、经济体系、人才培养机制等亟须重建，在这几大因素的制约下，高等教育必然要与之相适应。从 1950 年第一次全国高等教育会议的召开和模仿苏联所开展的高校院系调整，到

---

① 翁庆余.略议新世纪高等教育职能[J].中国高教研究，2001(9)：6-9.

② 贺国庆.德国和美国大学发达史[M].北京：人民教育出版社，1998：80.

③ 刘海峰，史静寰.高等教育史[M].北京：高等教育出版社，2010：189.

1956年进行的“教育大革命”，再到1960年教育工作“调整、巩固、充实、提高”八字方针的提出，最后到1961年中共中央颁布《高校六十条》，无不说明这一时期高等教育在努力与社会保持适应，尽管高等教育出现了一些问题，但这是外部力量不尊重高等教育发展规律、过度干预高等教育所造成的结果。

在第二个时期，“文化大革命”给我国高等教育的发展带来了极大破坏，高等教育指导思想被搞乱，广大教师和学者受到严重摧残，大批高等学校被撤销合并，教育行政管理和高校内部管理处于混乱状态，教学工作无法正常进行，考试制度也被全面否定，高校大量基础设施特别是图书资料和实验仪器遭到毁坏，高等教育事业陷入了全面停顿的状态。① “文化大革命”的教训告诉我们，改革和发展高等教育必须在安定团结的社会环境中进行，必须有民主与法制的可靠保证，同时还必须按照教育规律办事，走教育决策民主化、科学化的道路。

在第三个时期，我国经过拨乱反正结束了“文革”，并于1977年恢复高考，1982年中共“十三大”正式提出《中共中央关于教育体制改革的决定》，1993年中共中央、国务院正式印发《中国教育改革发展纲要》，1998年又颁布《中华人民共和国高等教育法》等，这一系列举措有力推动了我国高等教育的蓬勃发展。但改革开放以来，商品经济和市场经济的负面因素又使一些高等教育办学者和管理者出现了左右摇摆的困惑，并在我国高等教育学术界引发了一场针对市场经济与高等教育关系的大讨论。

正是在此背景之下，潘懋元在总结成功经验与失败教训的基础上提出了高等教育内外部关系规律，正如其所说：“高等教育适应论的提出，这里还有个时机的问题，也可以说是被客观需要逼出来的。”②

准确理解和把握高等教育适应论需要抓住以下几个关键点：

一是在高等教育的本质属性上，“高等教育的本质属性是培养社会所需要的高层次专门人才的社会实践活动”③，它包含两层意思：第一，高等教育

---

① 郝伟谦，龙正中.高等教育史[M].海南：海南出版社，2000：317-327.

② 潘懋元.教育外部关系规律辨析[J].厦门大学学报（哲学社会科学版），1990(2)：1-7，38.

③ 董立平.高等教育科学发展的理性选择——兼与展立新、陈学飞商榷[J].大学教育科学，2014(1)：10-19.

必须要与社会发展相适应，满足社会的发展需要；第二，社会主义高等教育必须培养全面发展的人，满足人的发展需求。

二是在高等教育是上层建筑还是经济基础上，“教育是上层建筑……既然教育是上层建筑（或所谓部分是上层建筑），就得接受经济基础制约并为经济基础服务，而政治是经济的集中表现，就得受政治所制约并为政治服务。在处理具体问题上，就必须按这个规律办事”。

三是在认知理性与实践理性的关系上，认知理性与实践理性是一种辩证统一的关系，两者统一于人的实践活动。一方面，认知理性是实践理性的前提条件，认知理性对实践理性的发展起到指导作用，认知理性如果失去了“真”，实践理性则会失去“善”与“美”；另一方面，认知理性要回归到实践理性中去，并通过实践理性彻底地完成其认识世界和改造世界的使命和任务。

四是在大学知识生产的功能是否被边缘化上，“超越论”将大学知识生产的功能边缘化，因为这些抛弃“适应论”者主张“教育要游离于社会、政治、经济之外，不要进去社会中心，与社会保持一定距离”，而“适应论”始终坚持高等教育的生产功能从社会的边缘走向社会的中心，一直在鼓励和推动高等教育知识生产功能的发挥。

五是在各种实践理性的失调上，“适应论”认为：“这种现象在某一历史阶段的确存在过，但那不是‘适应论’造成的，而是由于当时的经济政治状况和当权者的状况决定的，那不是某一所大学甚至整个教育系统所能够改变得了的。”“适应论”是指多方面的、多样化的“适应”，不是单方面的适应，因此各方面都务必要加强合作，互助互补，不存在“造成了极大的矛盾与冲突”①，而上述问题之所以会发生，与其说是“适应论”本身的问题，毋宁说是我们对“适应论”的理解还不够甚至在某种程度上存在偏差，因而在实践中没有贯彻到位，以至于方向走偏了。②

六是在适应必然伤害学术自由和学术自治问题上，“适应论”则认为，教育的内部规律和外部规律是辩证统一的，在强调教育要适应和满足外部社会需求的同时，也要注重教育对内部规律的适应，即要关注教育自身的需求

① 杨德广.高等教育“适应论”是历史的误区吗——与展立新、陈学飞商榷[J].北大教育评论，2013(3)：135-128.

② 饶佩.高等教育“适应论”真的是历史的误区吗？——兼谈高等教育的理想与现实[J].重庆高教研究，2014(4)：17-22.

和发展，这与强调认知理性在本质上是一致的。[①] 在高度集权的计划经济时期和以“左”的思想路线为主导的时期，只强调注重高等教育与社会政治、经济等相适应，从而导致学校的学术自治和学术自由得不到应有保障，那是由当时环境造成的，不能怪罪于“适应论”。在改革开放的市场经济时代，“适应论”必须在构建现代大学制度、实行学术自由等方面有所体现。近年来在这些方面也取得一些进步和成效，并非阻碍学术自治和学术自由。[②] 因此，将适应社会与学术自由绝对对立，认为适应社会必然伤害学术自由和剥夺学术自治的观点是值得商榷的。

---

① 刘志文，邹晓平.论高等教育外部关系规律理论的科学性——与《理性的视角：走出高等教育“适应论”的历史误区》商榷[J].教育研究，2013(11)：57-64.

② 杨德广.高等教育“适应论”是历史的误区吗——与展立新、陈学飞商榷[J].北大教育评论，2013(3)：135-128.

二

高等教育学科倡建与创新发展

高等教育学科发展的中国特色
——学习潘懋元先生的高等教育思想

胡建华

20世纪70年代末的改革开放、解放思想，开启了我国社会科学发展的春天。高等教育学科正是在这样的背景下，由最初的“星星之火”，逐渐发展，形成了现在的“燎原之势”。高等教育学科由当初是否是一门独立的学科发展到现在，已经在教育学科群中占有了重要的位置；数以百计的高等教育学研究生培养单位培养了众多的从事高等教育研究与管理实践的专门人才；上千所高等学校设有高等教育研究机构，大批专职研究人员进行着高等教育的理论与实践研究；一批高水平的学术期刊成为高等教育研究成果的重要交流平台，高等教育学科的研究成果对我国高等教育的改革与发展实践产生着积极的影响。40余年高等教育学科的发展过程也是中国特色的高等教育学科形成过程，这其中，高等教育学科的创始人潘懋元先生做出了重要的贡献。

一、建立学科体系

高等教育学科的建立以高等教育研究的开展为基础，这是不言而喻的。但是，高等教育研究的开展并不必然导致高等教育学科的建立。据研究，早在1893年，时任克拉克大学校长的斯坦利·霍尔就创设了美国高等教育研究领域的第一个哲学博士和文学硕士项目，他所开设的“高等教育学（higher pedagogy）研究”课程的主题与内容包括：“大学的组织结构（其中带有对欧

作者简介：胡建华，教育学博士，南京师范大学教育科学学院教授、博士生导师。

洲和美国典型机构的历史概要与描述)、各国政府与科学的关系、学术团体/协会与学会、三种需要高深学识的职业、技术教育、艺术学校,等等。"[1]20 世纪 50 年代中期,哥伦比亚大学、加州大学伯克利分校和密歇根大学成为美国高等教育研究的中心,哥伦比亚大学高等教育研究所以研究高等教育管理与财政问题为重点,加州大学伯克利分校高等教育研究中心的研究主题包括高等教育公共政策与治理、本科生与影响大学入学的因素以及社区学院问题,密歇根大学高等教育研究中心则主要研究高等教育公共政策问题及其对大学的影响。尽管美国的大学现在拥有约 230 个与高等教育有关的博士和硕士学位项目[2],且这些项目"已经鼓励了其教师从事与高等教育主题或问题相关的研究,同时也使得高等教育的多学科领域拥有了一个广泛的知识基础"[3],但是高等教育研究在美国仍然被普遍看作是一个"研究领域",而非一门"学科"。

日本高等教育研究在 20 世纪 70 年代高等教育步入大众化之后逐渐发展起来,1972 年 5 月第一个高等教育研究机构——广岛大学大学教育研究中心成立。关于高等教育研究,日本著名高等教育研究学者喜多村和之认为:"大学研究是指将现代社会的高等教育以及以学术研究为主要机能的大学这一社会制度的各个方面作为学术研究的对象,运用科学的方法进行分析、评价与综合化。在几乎所有的社会中大学是高等教育制度的核心机构,因此大学研究在很多场合下,又可被称为高等教育研究。"[4]在组织化的高等教育研究机构产生以来的 40 余年间,日本高等教育研究以大学研究、比较研究、领域研究为基本特征,伴随着 90 年代初开始的第三次高等教育改革的不断推进,高等教育研究的规模持续扩大,作为全国性学术交流机构与平台的日本高等教育学会终于在 1997 年成立。虽然 2005 年时任广岛大学大学教育研究中心主任的有本章主编出版了具有体系性质的《高等教育概论》,但是从总体上讲,日本的高等教育研究与美国一样,研究者们关注的是高等教育问题,而非高等教育学科。

---

① 莱斯特·古德柴尔德.在美国作为一个研究领域的高等教育:历史、学位项目与知识基础[J].北京大学教育评论,2011(4).

② 高野笃子.美国大学管理人员培养[M].东京:东信堂株式会社,2012:196-231.

③ 莱斯特·古德柴尔德.在美国作为一个研究领域的高等教育:历史、学位项目与知识基础[J].北京大学教育评论,2011(4).

④ 转引自胡建华、周川.日本高等教育研究二十年[J].高等教育研究,1994(1).

我国的高等教育研究发展走了一条与美国、日本等国家不同的道路，这就是以建立学科体系作为开展高等教育研究的一个主要目的。虽然在20世纪70年代之前有过一些零星的关于高等教育的研究论说，我国高等教育科学研究的起步还是在20世纪70年代末的改革开放政策实施之后，其重要标志之一是高等教育研究的组织化。在1978年到1979年的两年间，厦门大学、北京大学、华中工学院（现华中科技大学）等20余所高等学校相继成立了高等教育研究机构，1983年在筹备了3年多之后中国高等教育学会正式成立。在高等教育研究起步之初，潘懋元先生就为我国高等教育研究的开展提出了建立学科的重大任务。1978年，潘懋元先生在《厦门大学学报》上发表了题为《必须开展高等教育的理论研究——建立高等教育学科刍议》的论文指出："高等教育理论研究，有重大的意义，有广阔的天地，是客观需要，势在必行。必须像'学前教育学'那样，逐步地建立一门以研究高等专业教育为对象的'高等教育学'，作为整个教育科学的一个分支学科。"①

1979年，潘懋元先生领导的厦门大学高等教育科学研究室即开始编写《高等教育学》的工作。"从编制大纲、组织编写、反复修改、油印试用，到定稿出版，前后经历六年，《高等教育学》终于出版。它的出版成为中国第一部高等教育学著作，成为高等教育学作为一门学科正式建立的标志性著作。"②在这部《高等教育学》著作中，第一次构建了高等教育学的学科体系。潘懋元先生在书中写道："从我国高等教育的实际出发，根据高等教育的基本特点，参考教育学的一般体系，我们认为：高等教育学的基本体系首先应当论述高等专业教育在社会主义物质文明和精神文明建设中、在社会生活中的地位与作用，专业设置原则和专业培养目标，受教育对象的大学生的生理和心理的基本特征和教育者的职责任务；其次，应当论述全面发展教育的各个组成部分在高等学校实施中的任务、过程、内容、方法、形式等；再次，论述高等教育工作的组织制度、领导、管理及其方法。"③这部《高等教育学》的框架体系虽然在一定程度上与当时的教育学一般体系有相似之处，但是"它已经

① 潘懋元.必须开展高等教育的理论研究——建立高等教育学科刍议[C]//潘懋元文集：卷二（上）.广州：广东高等教育出版社，2010:23.

② 潘懋元，口述.肖海涛，殷小平，整理.潘懋元教育口述史[M].北京：北京师范大学出版社，2007:175.

③ 潘懋元.高等教育学（上）[M].北京：人民教育出版社、福州：福建教育出版社，1984:6.

初步构建了高等教育学的知识体系，为高等教育学的学科建设确定了一个基本的框架。同一般的教育学相比，它在体系的构建和内容的处理上具有一定的创新性，初步体现了高等教育学和高等教育研究的特点”。[①]

潘懋元先生主编的第一部《高等教育学》不仅奠定了我国高等教育学科发展的基础，而且引导着起步阶段我国高等教育学科研究的发展方向，开启了学科体系研究与构建的潮流。1992年，潘懋元先生建议召开了“全国高等教育学科建设研讨会”，在会上作了题为“关于高等教育学学科建设的若干问题”的报告，指出：“一门社会科学的学科，可能有三种相互联系的不同体系：第一，理论体系；第二，知识体系（经验体系、工作体系）；第三，课程体系（教材体系）。”“一门成熟的学科，必须有它完整的科学理论体系。”[②]在1993年召开的全国高等教育学研究会成立大会暨第二届学术研讨会上，高等教育学科体系的建设问题仍然成为会议的一个重要主题。“这次会上，不少代表对如何构建理论体系问题作了深入探讨。有同志从方法论角度出发，提出高等教育学的科学理论体系的框架应包括存在论、本质论、实践论三大部分。……另有同志则提出学科体系构建应由五个大部分组成，即导论篇、历史篇、现实篇、未来篇、方法篇。还有同志从宏观、微观、中观来划分不同的理论体系，提出构建微观高等教育学的构想。”[③]

正是在潘懋元先生的积极倡导与第一部《高等教育学》的影响下，到20世纪90年代中期，学术界又陆续推出了十余部以“高等教育学”为名的著作。这些著作的出版不仅进一步推动了高等教育的理论研究，也为我国高等教育学的学科建设打下了扎实的基础。可以这么认为，创建学科体系是潘懋元先生高等教育思想中的重要内容，也是高等教育学科发展的中国特色之一。为什么在我国高等教育学科的发展过程中，尤其是在起步阶段创建学科体系十分必要？因为，“形成独立的体系是一门学科建立的重要标志。这是因为，我们所研究的任何事物都存在着各种不同的属性和关系，而这种属性和关系都是相互联系的，构成一个统一体。反映在理论上，就不能不是由

---

① 李均.中国高等教育研究史[M].广州：广东高等教育出版社，2005：152.

② 潘懋元.关于高等教育学学科建设的若干问题[J].高等教育研究，1993(2).

③ 王伟廉.全国高等教育学研究会成立大会暨第二届学术研讨会综述[J].高等教育研究，1994(1).

许多相互联系着的概念、范畴所构成的一个体系”①。

二、拓展学科视野

为什么在美国、欧洲以及日本的学术界，高等教育研究通常被看作是一个领域而不是一门学科，这与高等教育领域的广泛性、问题的复杂性、研究的特殊性有着重要的关系。德国卡塞尔大学国际高等教育研究中心的乌利希·泰希勒就认为：“在欧洲，高等教育一般不是被看作一门学科或一个子学科，而是被看作一个融入了多学科的专题领域，尤其是教育学、心理学、社会学、政治学、经济学和商学、法律和历史等学科，均为研究高等教育做出了贡献。来自这些学科的学者可能会偶尔或定期参与到高等教育研究中来。环顾欧洲著名的高等教育研究中心，我们会注意到，高等教育直接与公共管理、社会学、教育学、政治学、科学学等相关，或者被直接正式定义为多学科领域。”②

如何从多学科的视角来认识高等教育、研究高等教育？1982 年美国加州大学洛杉矶分校召开了一场题为“高等教育系统：八个学科的和比较的观点”的研讨会，25 位不同学科的专家与会，其中 8 位学者从历史、政治、经济、组织、地位、文化、科学、政策等 8 种观点出发、以高等教育系统为主要对象所形成的研究成果结成了题为“高等教育新论——多学科的研究”之论著。伯顿·克拉克在该书的导言中就为何要以多学科的视角来研究高等教育以及多学科研究高等教育的目的做了精辟的论述。他认为：“没有一种研究方法能揭示一切；宽阔的论述必须是多学科的。……高等教育的研究也是这样。如果我们手边没有进行这种研究的各种不同的分析观点，没有历史学、政治学、经济学、组织理论等所提供的观察的方法，我们将不得不发明它。”“因此，当学科专家们研究高等教育时，我们可以跟随他们，要求他们解释他们的聚光灯所揭露的东西，并给他们相互介绍，这是有意义的事。……它们可以通过其他领域的专家的坚持在树丛中多看一下森林并且帮助各个领域的专家开阔思想。……有助于博学之士了解各专业的特殊贡献，融会贯通，促

① 南京师范大学教育系编.教育学[M].北京：人民教育出版社，1984：5.

② 乌利希·泰希勒.欧洲高等教育研究与高等教育政策及实践的关系[J].北京大学教育评论，2011(4).

进更为广泛深入的理解。”[①]《高等教育新论》正是汇集了8位学者分别从历史学、社会学、政治学、经济学、文化学、组织理论等视角对高等教育系统研究的成果,“使我们认识到,一个国家的高教系统越来越不仅仅是一种依靠政治秩序,或生产的经济力量,或‘世界系统’决定方向的附带现象了。在高教系统的内部和外部有决定性的过程,生长和定性变化的机制,这是高教系统运行的组成部分”[②]。

当90年代我国高等教育学的学科建设初见成效,学科体系的探讨与研究渐成潮流之时,潘懋元先生敏锐地看到了高等教育学学科建设中存在的一些问题。一是作为学科体系建设的研究基础尚嫌不足。潘先生认为:“建构一门学科的理论体系,不是拍脑袋所能顿悟出来的。它需要:第一,有宽厚的实践经验为基础,虽然理论体系是高度抽象的概括,似乎远离实际,但归根到底,它是建立在既宽又厚的实践经验基础上的;其次,要有一系列的理论准备,并且这些理论能在某一点上深入到高等教育的内在本质而不是泛泛而谈,它的科学性能经得起实践的检验和时间的考验;再次,还要运用科学的方法论,使之能综合已有的抽象的理论,并从抽象到具体,形成严谨的、能充分反映学科自身内在逻辑的科学体系。”[③]二是高等教育学的学科研究视野过于狭窄。由于我国的高等教育学在产生之时“脱胎”于教育学的理论与方法,因此,“只从普通教育学的观点认识高等教育,往往忽视高等教育的特殊性与复杂性,很难全面深入”。“高等教育的基本理论,不论是宏观的外部关系或微观的内部结构的研究,都涉及诸多学科,需要诸多学科的支持,从多学科、多视角审视、探索,才能比较全面和深入地理解高等教育的本质、功能、价值,掌握高等教育的内外关系规律。”[④]

在上述认识之下,潘懋元先生遂于1996年开始组织多学科的高等教育研究,并于1997年获得“全国教育科学九五规划”国家重点课题立项。潘先生就开展这项研究的意义写道:“在我组织编写《新编高等教育学》之后,就

---

① 王承绪等编译.高等教育新论——多学科的研究[M].杭州:浙江教育出版社,1988:2-3.

② 王承绪等编译.高等教育新论——多学科的研究[M].杭州:浙江教育出版社,1988:312.

③ 潘懋元.多学科观点的高等教育研究[M].上海:上海教育出版社,2001:2.

④ 潘懋元.多学科观点的高等教育研究[M].上海:上海教育出版社,2001:3.

同一群青年学者讨论结合世界高等教育发展的新趋势、新理念和中国高等教育的实践经验，编写一本有中国特色的高等教育多学科研究专著，作为建构高等教育学理论体系的准备工作。”[①]经过4年的研究，2001年具有中国特色的高等教育多学科研究论著——《多学科观点的高等教育研究》面世了。这本《多学科观点的高等教育研究》与《高等教育新论》相比较的意义在于：第一，《高等教育新论》的“内容主要反映几个发达国家的传统理念与知识经验”，《多学科观点的高等教育研究》则主要基于我国高等教育发展的历史与现状，意图从多学科的视角来解释中国高等教育的问题。第二，《高等教育新论》出版于20世纪80年代初，《多学科观点的高等教育研究》面世于21世纪初，两者相隔的这20年期间，无论是世界高等教育还是中国高等教育都发生了很大的变化。《多学科观点的高等教育研究》基于发展的新变化、改革的新趋势，提出了适应新形势的高等教育新观点。第三，《高等教育新论》主要从8个观点出发、以高等教育系统为对象展开论述，《多学科观点的高等教育研究》在此基础上增加了哲学、心理学、系统科学等观点，使得研究的视角更为丰富。总之，潘懋元先生领导的多学科的高等教育研究，进一步拓宽了高等教育研究的学科视野，为我国高等教育学科的发展开辟了新的途径与方法。

三、关注改革实践

我国高等教育学科的发展从起步阶段开始就伴随着高等教育改革与发展的进程。20世纪80年代以来我国高等教育的改革与发展，无论在高等教育规模扩张的速度上，还是在高等教育制度改革的深度上都是中国近代高等教育制度形成以来前所未有的。例如，就高等教育法制而言，1998年颁布的第一部《中华人民共和国高等教育法》标志着我国的高等教育法制建设进入了一个新的阶段；就高等学校类型而言，20世纪90年代后期开始的大规模的学校合并以及高等学校综合化的扩张趋势，改变了20世纪50年代初期以“院系调整”为标志的高等教育改革之后形成的单科院校为主的高校类型结构，多科性综合大学成为高等学校的主体部分；就高等学校所有制结构而

---

① 潘懋元.多学科观点的高等教育研究[M].上海：上海教育出版社，2001:17.

言,20 世纪 50 年代初期大学改革之后至 80 年代初期的单一、公有的高等学校所有体制已经被打破,近年来民办高等学校迅猛发展,民办高校的学生数量已经达到普通高校学生数量的 20%左右;就高等教育经费来源结构而言,20 世纪 80 年代之前单一的基本上由政府财政拨款的状况已经一去不复返,财政支付、社会出资、受益者负担的多渠道经费来源结构已经形成;就高等教育人才培养而言,通识教育、创新教育等理念正在改变着大众化时代的人才培养模式。40 多年来的高等教育改革与发展不仅构成了高等教育学科发展的极好的时代背景,也是高等教育学科赖以成长的基础条件。

面对生气勃勃、不断变化的高等教育改革与发展实践,高等教育(学科)研究绝不能视而不见、置之度外。潘懋元先生从创建高等教育学科之始就十分重视对高等教育改革问题的研究,将高等教育的问题研究作为研究者的重要使命、高等教育学科发展的基本要素。

20 世纪 70 年代末实施“改革、开放”的政策之后,我国的社会、经济发展遂处在不断变革的过程之中,高等教育如何适应社会的发展变化成为高等教育界一直要面对的课题。潘懋元先生在 1989 年的第二届全国大学教育思想研讨会上,作了题为“高等教育主动适应经济与社会发展的理论思考”的报告。潘先生在报告中指出:“一定社会的经济、政治、文化发展过程中,往往存在积极面与消极面,尤其是在改革的探索过程中,很难避免出现某些偏差。教育主动适应经济社会发展需要,指的是对积极面的适应,不是不加判别被动地去适应一切,包括不利于社会进步的、消极的、落后的、错误的、偏差的东西。……高等教育应当发挥它的主体判断与选择的作用,趋利避害,力求主动适应而不是被动适应。”[①]改革开放之后我国经济社会的最大变化莫过于计划经济向市场经济的转变以及社会主义市场经济制度的建立。这一转变对高等教育的影响是巨大的,因为直到 20 世纪 80 年代的我国高等教育体制是以计划经济为基础的。高等教育如何面对社会的转变、如何主动适应社会主义的市场经济,潘懋元先生就这一问题展开了深入的研究。潘先生在发表的多篇论文中,探讨了市场经济冲击高等教育的必然性,市场经济影响高等教育的两重性以及高等教育应如何主动适应市场经济。譬如,潘先生认为:“为使高等教育能更好地主动适应市场经济,一个重要的前提,

---

① 潘懋元.高等教育主动适应经济与社会发展的理论思考[C]//潘懋元文集:卷三(上).广州:广东高等教育出版社,2010:49-50.

就是高等学校要有办学自主权。而'自主权'这个概念，应当包括权力与责任两个方面。只有权与责统一了，高等学校才能在主动适应市场经济的过程中，不断地自我完善、自我约束、自我发展。"①

在我国近40多年的高等教育改革与发展过程中，90年代末开始的跨越式规模增长是十分引人注目的。1998年之前，我国的高等教育毛入学率还一直徘徊在10%以下，1999年启动的高校大扩招使高等教育毛入学率首次突破了10%，2002年达到15%，2018年高等教育毛入学率提高到48.1%。也就是说，在21世纪初我国的高等教育发展进入了大众化阶段。大众化理论是20世纪70年代美国学者马丁·特罗在分析美国等发达国家的高等教育发展过程之基础上提出来的，这一理论是否适用于解释我国高等教育的大众化过程，大众化会给我国高等教育带来什么样的影响与变化，这不仅是理论研究需要回答的，也是实践中需要解决的问题。潘懋元先生在这一问题上也展开了深入的研究，提出在分析我国高等教育大众化时必须充分注意区别于其他国家的特点。潘先生认为："必须用历史的眼光看待当前在我国风行的马丁·特罗的高等教育发展阶段论，切勿削足适履，用其理论来框定我们的发展道路与模式，而是要充分发挥我国高等教育'后发外生型'的优势，借鉴适合我国国情的国外先进经验，闯出一条中国特色的高等教育大众化道路，同时在总结我们的发展经验的基础上，进一步修正和充实舶来的高等教育大众化学说和理论。"②

20世纪80年代以来，民办高等教育的复兴、《民办教育促进法》的出台、民办高等教育制度的确立成为我国适应从计划经济体制向市场经济体制转变的高等教育制度改革的一个主要特征。民办高等学校经过30余年的发展，无论在数量上还是办学水平上都有了较大幅度的增长与提升，2018年，全国普通民办高校达749所(含独立学院265所)，占当年普通高等学校总数2663所的28.1%；民办普通高校本专科在校生649.60万人，占全国普通高校本专科在校生总数2831.03万人的22.9%。③ 民办高等教育在我国高等教

---

① 潘懋元. 市场经济的冲击与高等教育的抉择[C]//潘懋元文集：卷三(上). 广州：广东高等教育出版社，2010：99.

② 潘懋元. 试论从精英到大众高等教育的"过渡阶段"[C]//潘懋元文集：卷三(下). 广州：广东高等教育出版社，2010：428.

③ 2018年全国教育事业发展统计公报[EB/OL]. (2018-03-10)[2018-08-21]. http://www.moe.gov.cn/jyb_sjzl/sjzl_fztjgb/201907/t20190724_392041.html.

育大众化的进程中发挥了不可忽视的作用。当然，在民办高等教育迅速发展的过程中，还存在着诸如制度不完善、办学不规范、师资队伍水平不高、办学资源不足等问题，影响着民办高等学校办学水平的提升和民办高等教育的健康可持续发展。潘懋元先生在民办高等教育发展的初期就开始予以关注，用潘先生自己的话来说，是"对民办高等教育情有独钟"。潘先生对民办高等教育的研究既深入又广泛，涉及民办高等教育体制、民办高等教育立法、民办高校产权制度、民办高校的教学与评估、民办高等教育可持续发展、独立学院等。在对民办高等教育发展面临的困境及走出困境的举措深入分析的基础上，潘先生认为，宏观环境给我国民办高等教育发展提供了机遇，"随着人们思想观念的转变、民办高校自身质量的提高、内外部环境及政策的成熟，中国的民办高等教育必将以活力与稳健兼具的姿态，拥有一个美好的发展前景"①。

建立学科体系、拓展学科视野、关注改革实践是高等教育学科发展的中国特色，充分体现了潘懋元先生高等教育思想中的高等教育研究必须做到理论与实践相结合的基本原则。我国高等教育学科发展至今虽已过"不惑之年"，但无论是在学科基本理论的研究深度，还是在改革与发展现实问题的解释力度方面，都还存在着许多不足。学习潘懋元先生的高等教育思想、总结高等教育学科的发展经验，为的是更加明确高等教育学科的未来方向，更加坚定理论研究、学科发展有助于实践改进、社会进步的信心。

① 潘懋元. 2020：中国民办高等教育前瞻[C]//潘懋元文集：卷三(下). 广州：广东高等教育出版社，2010：310.

教育内外部关系规律及其对高等教育学学科建设的意义

张应强

潘懋元教授是我国高等教育学的开拓者和创立者。他对我国高等教育学的贡献，一是开创了高等教育学学科，为我国建立高等教育研究的学科建制、形成方兴未艾的高等教育研究局面做出了重大贡献。二是培养了我国高等教育研究的基本研究队伍，如今活跃在高等教育研究领域的骨干学者大多都得益于他的培养或指导。在高等教育学基本理论研究方面，他提出的教育内外部关系规律奠定了我国高等教育学的学科理论基础，并对高等教育改革实践产生了深远影响。这里仅就教育内外部关系规律对高等教育学学科建设的贡献，谈一点个人的认识和看法。

一、教育内外部关系规律的提出、争论与启示

（一）教育内外部关系规律的提出

教育内外部关系规律是潘懋元先生在“文革”之后所提出来的。“文革”结束后，教育领域特别是高等教育领域作为“文革”的重灾区，着力拨乱反正，开始反思教育理论和教育实践上的失误，提出了要按照教育规律办教育的诉求。因此，教育本质研究和教育规律研究成为教育理论界关注的核心问题。那个时期几乎所有教育学家和教育学者都直接或间接参与了教育本

作者简介：张应强，教育学博士，华中科技大学教育科学研究院教授、博士生导师，长江学者。

质和教育规律的讨论。潘先生也参与了这项研究,但他对关于教育本质的研究有不同看法,认为那些所谓的教育本质研究其实是关于教育社会属性的研究。教育的社会属性是一个多层面的概念,教育具有不同的社会属性。因此,他开始思考和研究教育与社会之间的关系,研究教育与社会大系统中的政治、经济、文化等方面的关系。他认为,从教育功能入手来分析和研究教育规律,是一个很好的切入点。教育具有促进人的发展和促进社会发展两大基本功能。从教育的内部关系来看,教育作为培养人的活动,有一个基本规律;从教育与社会的关系这种教育的外部关系角度来看,也存在一个基本规律。基于这种认识,潘先生率先明确提出了教育内外部关系规律这一概念。

1980 年,他在湖南大学讲学时,正式提出了教育内外部关系规律。1983 年,他在编写《高等教育学讲座》一书时,对教育内外部关系规律的表述做了一定修正。他明确指出:"教育的外部关系规律是指教育与政治、经济、文化的关系。这条规律可以这样表述:教育必须与社会发展相适应。也就是:社会主义教育必须与社会主义社会发展相适应。适应,包括两个方面的意义:一方面教育要受一定社会的经济、政治、文化科学所制约;另一方面教育必须为一定经济、政治、文化科学服务。"① 教育必须受一定社会的政治、经济、文化科学所制约,并为一定社会的政治、经济、文化科学服务。他还特别强调了其中的"适应"具有"主动适应"和"多维适应"两方面的内涵。他提出教育内外部关系规律后,就开始探讨如何运用这两条基本规律来研究和解决高等教育理论和实践问题。

(二)教育内外部关系规律引发的学术争论

教育内外部关系规律提出之后,有学者提出了不同意见。这些意见主要针对教育的外部关系规律,认为"规律是事物内部的本质的必然联系",教育的"外部关系规律"的提法不科学。对此,潘先生专门撰文予以回应。他基于列宁所说"规律就是关系,本质的关系或本质之间的关系",认为本质的关系是内部关系,本质之间的关系是两个事物的关系,对于本事物来说,就

---

① 潘懋元.高等教育学讲座[C]//潘懋元文集:卷一.广州:广东高等教育出版社,2010:38.

是对于某一事物的外部关系，所以教育上可以有内部关系与外部关系。① 教育内外部关系规律并没有因为这种学术争论而受到影响，我国高等教育学学者一直以来都在广泛运用这一规律来研究高等教育的理论和实践问题。

最近两年来，又有学者对教育内外部关系规律提出了学术质疑，并引发了高等教育学术界对教育内外部关系规律的再次讨论。质疑者同以前的持不同意见者一样，主要集中在对教育外部关系规律的质疑上，认为"教育必须受一定社会的政治、经济、文化科学所制约，并为一定社会的政治、经济、文化科学服务"是一种"教育适应论"。质疑的重点不在教育内外部关系规律作为一种教育规律的表述是否科学，而在教育思想层面的"教育适应论"上。没有质疑教育内部关系规律（人才培养规律）中的适应论，而是把教育外部关系规律的表述归结为"教育适应论"而予以质疑。目前，这种质疑所引发的学术争论仍然在进行之中，限于本文主题，这里只谈谈我对教育内外部关系规律几个关键点的认识。

第一，教育内外部关系规律其实是"大教育"时代的教育规律表达，是教育进入"知识经济时代"和"教育时代"后的教育规律表达，是一个教育发挥越来越广泛和重要的社会作用、受到众多社会因素影响，并产生了众多利益相关者的时代的教育规律表达。在这样一个时代，我们既要"就教育论教育"，又要"就社会论教育"，两者必须兼顾，不可偏废。

第二，教育内外部关系规律中的内部关系规律，其核心就是长期以来教育学理论所一直探索的人才培养规律；其中的外部关系规律，就是指教育发展规律，即教育作为一个整体，在人类教育层面和具体国家教育层面的演化和发展规律。

第三，潘先生在概括教育内外部关系规律时，特别强调了教育的"主动适应论"和"多维适应论"思想。"主动适应论"就是要发挥主体（教育自身）的价值判断和选择作用。这就是说，"教育适应"是一种有条件的适应，也是一种有选择的适应。在不同时代不同国家，教育适应什么不适应什么，要根据教育自身的价值判断来进行选择，而不是不分青红皂白，"一古脑"地适应。否则，那就是被动适应。当前我国社会领域"官本位"文化和庸俗文化

① 潘懋元.高等教育学讲座[C]//潘懋元文集：卷一.广州：广东高等教育出版社，2010:36.

流行，甚至还有不少封建文化流毒，很显然，教育不能与这种违背教育精神、教育价值、教育理想的东西相适应。“多维适应论”就是要适应现实社会多方面的社会需要，而不只是适应某一方面的社会需要。“文革”时期我国教育之所以遭遇灭顶之灾，一方面是缺乏根据教育自身的价值判断而主动适应的思想，另一方面就是只突出教育的政治性或阶级性，从而强调教育为无产阶级政治服务，为改造和防止人们特别是知识分子的所谓“资产阶级思想”服务。在当今社会主义市场经济时代，如果只强调教育为经济发展服务，那也是教育的一种“片面适应”或“局部适应”。教育的“片面适应”或“局部适应”，必然导致教育的“全面不适应”，不仅会导致教育系统的自身崩溃，也不能真正发挥教育促进社会健康发展的作用。

第四，教育规律同社会其他领域的规律一样，甚至与科学规律一样，都是实践或实验的产物，具有历史性和发展性。社会发展领域的规律都是社会实践的总结和理论升华。教育规律与人类教育理想的关系，与教育学家教育思想的关系，是复杂的。千百年来，教育这个与哲学有着不解之缘的人类实践活动，人们对教育表达出了诸多美好期盼，甚至借助教育来表达人类社会的理想和人的理想状态，但是我们不能用教育理想和个人的教育思想来代替教育规律。作为具体实践总结和提炼的教育规律，具有历史性和发展性。所谓历史性，就是说教育规律的概括和总结，既是那个历史时期教育实践的产物，也是那个时代教育理论思维发展水平的产物，因而既具有历史进步性也具有历史局限性。教育规律的概括和总结具有发展性，随着时代的变迁、教育实践的变化和人们教育理论思维水平的进步，必然会出现对教育规律的新的认识和总结。

（三）教育内外部关系规律的启示

与其他学者不同，潘先生是从高等教育研究角度提出教育内外部关系规律的。他开教育与社会发展之关系研究的先河，将作为整体的教育与教育之外的社会系统的关系作为高等教育学的研究内容，实现了高等教育学研究内容的拓展和超越，因而对教育规律的把握具有鲜明的特点。而围绕教育内外部关系规律所发生的两次学术论争，都不是针对教育内部关系规律的，而是集中在教育外部关系规律上。这似乎说明高等教育学学者与一般教育学学者在教育研究取向上有明显不同，切入点和关注重点也有差异，在某种意义上反映了高等教育和高等教育研究的特殊性。根本原因在于高等教育学具有与一般教育学不同的特性，高等教育学的研究内容与一般教育学有着重要差别。

陈桂生教授在揭示教育学理论谱系时曾描绘过教育学的“涟漪图式”。他认为，教育学的问题域就像在平静的湖面投下石子后泛起的涟漪一样，有向外不断扩大的趋势，即由最初的“教育”之学（关于教育的哲学思考，哲学教育学）到“教育过程”之学（师生教与学的双边活动过程，“课堂教育学”），然后到“教育实体”之学（学校教育学），再到“学校系统”之学（不同层次和类型的学校构成的学校系统），进而到“教育系统”之学（学校与其他教育机构构成的教育系统），最后到涉及整个社会的“社会教育学”或者“教育社会”之学。① 教育学问题域和教育学理论的涟漪图式说明，现代教育已经融入社会之中了，社会系统对教育已经产生了深刻影响，以至不研究教育与社会的关系，就不是真正的、完整的教育研究，也无法科学揭示教育规律。缺乏对教育与社会发展关系的研究，就不是真正的教育规律研究。

二、教育内外部关系规律对高等教育学学科建设的意义

尽管有少数学者对教育内外部关系规律提出了一些学术质疑，但不可否认，教育内外部关系规律研究开创了从教育外部关系来研究教育特别是研究高等教育的先河。教育内外部关系规律也是高等教育学理论体系中的核心理论问题，其对高等教育学学科建设的意义自不待言。这里主要谈谈其对高等教育学学科建设方向的意义。高等教育学学科建设方向问题主要涉及两大基本问题：一是高等教育学与一般教育学的关系问题——是建设作为独立学科的高等教育学，还是建设依附于一般教育学的高等教育学？二是高等教育学学科性质问题——是建设作为经典学科的高等教育学，还是建设作为现代学科的高等教育学？

（一）高等教育学与一般教育学的关系问题

毋庸赘言，我国高等教育学的建立，是以一般教育学作为基础的。在高等教育学创建初期，一般教育学的学科范式对高等教育学具有范例和示范性质。高等教育学的概念、范畴、教材体系和理论体系，虽有一些改造和创

① 陈桂生.教育学的建构[M].长沙：湖南教育出版社，1998：198.

新，但总体而言，是模仿一般教育学的。但随着现代社会的发展和高等教育的发展，作为高等教育学研究对象的“高等教育”出现了与一般教育完全不同的性质和内容，甚至有一种脱离“教育”的倾向和趋势，以致我们按照“教育”的思路和标准来准确定义和认识高等教育都出现了困难。潘先生在论证高等教育的特殊性的时候，提出过“高等教育与社会的关系更为直接更为紧密”的思想认识。正是因为这种关系的紧密性甚至交融性，使得现代社会的变迁，特别是经济发展和科技进步影响和改变了传统高等教育的性质。因此，在建设高等教育学过程中，我们有必要正确认识和把握高等教育学与一般教育学的关系。

一般教育学主要是儿童教育学，是学校教育学，其教育学理论主要是在学校教育范围内围绕儿童的成长发展而建立起来的。尽管现代教育学也要研究教育与社会的关系，并通过教育目的、教育本质、教育规律等内容来谈及社会的政治、经济、文化等对学校教育的影响与作用。但是，所谈的这些方面都不是教育学的核心内容和目的所在，而是为论述学校教育中儿童的成长与发展服务的。也就是说，一般教育学理论体系的立足点在于儿童成长发展与学校教育的关系上，在于以儿童成长与发展为核心，阐述学校教育中“教”与“学”以及教与学的关系和规律。包括遵循儿童身心发展规律，研究教育目的、教学原则、教学组织、教学方法、课程开发、课程实施、学校环境建设，等等。因而，教育本质、教学与课程是一般教育学的核心理论问题。总体上看，一般教育学是在学校教育范围内“就教育而论教育”的教育学，基本不涉及家庭教育、社会教育、职业教育等更为广泛甚至对儿童成长发展影响更大的教育形式和教育内容。

长期以来，我国教育学界形成了一种学校教育学独大的意识和局面，用从学校教育中总结出的教育理论和教育规律来指导和解决家庭教育、社会教育、职业教育中的理论和问题，也曾经产生过用之来指导和解决高等教育理论与问题的观点，认为没有必要建立什么高等教育学。其实，教育从来就不只是表现为学校教育，更不只是中小学教育，而且学校教育也离不开社会的影响；教育规律也不只是学校教育的规律，学校教育规律不可能代替整个教育的规律。基于学校教育学独大意识的教育学理论，一是表现出理论上的狂妄，认为学校教育是万能的、无所不及的，可以解决社会的所有教育问题以及与教育相关的问题。二是让学校教育背上了沉重的包袱，只要教育出了问题，就是学校教育的问题。如当前出现了大学毕业生就业难问题，人们总是认为是高等学校教育出了问题，只是局限在学校教育层面找原因和寻找对策。实践证明，学校教育学的独大意识，已经在教育实践上使学校教育不堪重负，极大地伤害了学校，伤害了真正的教育。这也是社会上普遍流行的教育学无能、教育学无用的认识来源。在高等教育学学科建设中，我们必须避免（中小学）学校教育学独大意识的影响。

教育内外部关系规律研究，从教育与社会的关系角度来研究和揭示教育规律，将高等教育的理论视野拓展到高等教育与社会发展的关系上。20世纪70年代末期，潘懋元教授用“高等教育学”代替了他在20世纪50年代所使用的“高等学校教育学”。这表明，他敏感地认识到高等教育学与高等学校教育学有着本质不同，高等教育学将超越学校教育学范畴而进入“大教育学”领域。因此，高等教育学的核心研究内容和学科范式，就不只是围绕高级专门人才培养而研究高等学校的教学和课程问题，而是要扩展到高等教育与社会发展的相互关系中。这就是说，高等教育学的基本内容，固然要研究高等学校教育问题，特别是要研究高级专门人才的培养规律，但也要研究高等教育与社会发展之间的关系——既研究高等教育的社会功能和社会作用，也研究社会的政治制度、行政体制、经济发展水平、文化传统和科技革命等对高等教育的制约和影响，亦即要研究高等教育的发展规律——教育的外部关系规律。如果说研究高级专门人才的培养规律还与一般学校教育学有一定关联的话，那么，研究高等教育的发展规律，就不仅脱离了一般教育学，而且超越了学校教育学视界，进入了“社会教育学”的广大领域，并且使高级专门人才培养规律的研究，建立在高等教育与社会关系的广阔背景上，从而能充分反映高级专门人才培养规律的社会制约性。

由此可见，教育内外部关系规律研究，开辟了高等教育学不同于一般教育学的学科范式，实现了高等教育学学科范式的革命——从高等学校教育学到高等教育学，从学校教育学到“社会教育”之学，从单一的教育学到多学科交叉的高等教育学，甚至要从教育学发展为一门综合社会科学，从而脱离教育学这个它曾经的寄生之所。因此，高等教育学的学科建设方向，是建设作为独立学科的高等教育学，而不是依附于一般教育学的高等教育学。在条件成熟时，还要建设作为一级学科的高等教育学。

高等教育学的这种“学科范式革命”，绝不是源于理论上的推演，而是因为作为高等教育学研究对象的现代高等教育，已经越来越成为一个综合性社会现象和社会问题，并且越来越游离出传统的“教育”内涵而具有高度的综合性和复杂性。众所周知，现代社会已经演变为知识社会和创新驱动的社会，现代高等教育处于现代社会的中心，成为带动社会发展和科技进步的引擎。在这个“以知识为轴心”的社会，科技精英因为受到高等专业教育，具有技术专长而成为社会的统治人物。高等教育进入社会的中心，改变了社会的性质和社会形态，以至于离开高等教育，我们就难以理解现代社会。①这就是说，是“知识社会”使高等教育学必然成为“高等教育社会”之学，它源于“社会的‘真实’问题所带来的持久动力和高校履行其全部社会责任的需要”。②

（二）高等教育学的学科性质问题

长期以来，对于高等教育学学科性质的判定，高等教育学术界主要局限在“理论学科”和“应用学科”这对范畴内，有的学者认为高等教育学是理论学科，有的认为是应用学科。但随着学科的发展，特别是二战以来国际社会科学领域交叉学科和横断学科的大量出现，这种传统的学科性质划分范畴的解释力大大下降，甚至很难以此进行学科性质划分。基于此，笔者曾经提出过“经典学科”和“现代学科”这一对新的学科性质范畴，③并且认为高等教育学是一门现代学科，建设作为现代学科的高等教育学，是我国高等教育学学科建设的方向。这种思想和观点的提出，在很大程度上源于潘先生提出的教育外部关系规律的启发。

教育外部关系规律启发我们，要把高等教育放在整个现代社会大系统中来研究：一方面研究高等教育与社会发展之间的互动关系以及给各自带来的变化与发展，即高等教育的发展规律；另一方面研究社会需要和社会发展对高等教育学学科性质和学科形态的影响。受此启发，通过考察二战以来社会科学领域新兴和新型学科蓬勃发展的现象，我们发现社会需要和社会问题研究主导着社会科学学科性质的变化和学科形态的变化。面对这些

---

① 张应强.高等教育学的学科范式冲突与超越之路——兼谈高等教育学的再学科化问题[J].教育研究，2014(12).

② 朱丽·汤普森·克莱恩.跨越边界——知识·学科·学科互涉[M].姜智芹，译.南京：南京大学出版社，2005：11.

③ 张应强，郭卉.论高等教育学的学科定位[J].教育研究，2010(1).

广泛兴起的新兴和新型学科，笔者提出了“经典学科”和“现代学科”这对新范畴。经典学科又称为“内生性学科”，主要遵循学科知识自身的演化逻辑而发展。知识与知识之间、学科与学科之间具有严密关联性，存在一种“树形结构”或“阶梯结构”，不同知识和学科之间可以相互追溯。现代学科又称为“外生性学科”，主要遵循社会需要逻辑主导的原则而发展演化。其学科形态表现为交叉学科、横断学科、“领域学科”甚至“问题学科”。在这里，我们已经找不到知识与知识之间、学科与学科之间的那种“树形结构”或“阶梯结构”了，而传统的所谓“基础学科”“分支学科”等概念也不复存在了。用这种新的学科性质范畴来分析高等教育学，高等教育学就是一门典型的现代学科，是一门主要由社会需求逻辑和社会问题主导的学科。因而，高等教育学必然要超越传统的教育学，成为“高等教育社会”之学或“综合社会科学”；高等教育学不仅要研究高级专门人才的培养规律，甚至要把研究的重点转移到以高等教育与社会发展关系研究为基础的综合社会科学研究上来。

因此，高等教育学的学科建设方向是建设作为现代学科的高等教育学，而不是作为经典学科的高等教育学。长期以来，我国高等教育学者确立了建设作为经典学科的高等教育学的学科建设目标，希望通过学术共同体的努力，把高等教育学建设成为一门具有独特研究对象、独特概念范畴系统、独特研究方法论和独特理论体系的经典学科。事实证明，尽管我们为之做出了艰苦的学术研究和探索，但作为经典学科的高等教育学始终没有建立起来，并且一直面临着“研究领域论”的严峻挑战，面临着“高等教育学到底是不是一门学科、能不能发展为一门学科”的疑问。在这个过程中，有些学者有意无意地放弃了高等教育学学科建设追求，丧失了高等教育学的基本学科立场和学科情感。这对建设高等教育学学科、提高高等教育学的学科地位，是极为不利的。

对高等教育学是一门现代学科的性质判定，以及建设作为现代学科的高等教育学的思想观点，将会化解和包容长期以来存在的“经典学科论范式”与“研究领域论范式”之间的矛盾和冲突，纠正我国高等教育学学科建设的方向性偏差，从而使我国高等教育学走上超越发展之路。①

---

① 张应强.超越“学科论”和“研究领域论”之争——对我国高等教育学学科建设方向的思考[J].北京大学教育评论，2011(4).

潘懋元高等教育学及其研究立场

刘振天

作为中国高等教育学创始人和当代高等教育学领军人物，潘懋元教授的高等教育研究及其成果无论在理论界还是在实践界，都有着举足轻重的地位，产生着广泛而深远的影响。潘懋元高等教育学之所以具有如此力量，究其根源，就在于其自始至终地秉持着本土化立场、实践化立场、平民化立场和科学化立场。

马克思在《〈黑格尔法哲学批判〉导言》中指出："批判的武器当然不能代替武器的批判，物质力量只能用物质力量来摧毁，但是理论一经掌握群众，也会变成物质力量。理论只要说服人，就能掌握群众；而理论只要彻底，就能说服人。所谓彻底，就是抓住事物的根本。"[①]每一个从事科学研究的人，无不渴望自己的理论不仅能够合理地解释他所研究和面对的对象，而且能够改造它的对象，实现理论的价值和理想。但能够实现如此目标和境界者，毕竟是极少数。在庞大的高等教育学研究群体中，潘懋元教授无疑属于这极少数幸运者之一。

潘懋元教授是我国学界公认的高等教育学科开拓者和奠基人，是令人尊崇和景仰的著名高等教育理论家和社会活动家，中国高等教育学领军人物。潘教授出版专著和教材十余部，发表高水平论文300多篇，直接培养的博士硕士研究生逾百人，间接受其教诲者更为广众，用桃李满天下、著作等身来形容毫不为过。潘懋元教授是一位传奇式的人物，他开辟了中国乃至

作者简介：刘振天，教育学博士，厦门大学高等教育发展研究中心主任、教授，博士生导师。

① 马克思恩格斯选集（第1卷）[M].北京：人民出版社，1972：9.

世界高等教育研究领域诸多“第一”,如创立了第一个高等教育研究机构,建立了第一个高等教育学硕士课程和博士课程,成为第一个招收高等教育学研究生的指导教师,出版了第一部高等教育学专著,建立了第一个高等教育学国家级重点学科和研究基地……然而,单是这些亮闪闪的第一,并不足以囊括潘懋元教授的全部学术成就,更值得称道的是,他建立了一整套甚为严谨的高等教育学体系,提出了一系列具有重要影响的思想、理论、观点、见解和主张,并在高等教育改革和发展实践中产生了明显效用。可以不夸张地说,不论高等教育学者还是实践者,在从事研究、制定与执行政策,或者开展教育教学活动时,都绕不开跳不过潘懋元高等教育学,都需要深入到潘懋元高等教育学殿堂中汲取知识和智慧,寻找方法和路径。

潘懋元高等教育学缘何具有如此的魔力和魅力?换言之,潘懋元高等教育学的影响力从何而来,其理论的力量何以可能?在笔者看来,根本点就在于潘懋元高等教育学的研究立场,进一步说,在于其深刻的本土化立场、实践化立场、平民化立场以及科学化立场。

一、潘懋元高等教育学的本土化立场

挪威奥斯陆大学比较教育学家阿里·谢沃(Arild.Tjeldovll)在其撰写的 *Pan Maoyuan—A Founding Father of Chinese High Education Research*(《潘懋元——一位中国高等教育研究的创始人》)一书中说过这样一段话,潘懋元教授是中国高等教育学的第一人,他开创的高等教育学是真正本土化的学问。[①]

一个有趣的现象是,中国现代意义上的高等教育体系和制度是从西方引进的,是完全意义上的舶来品。1898 年清政府效仿欧洲开办的京师大学堂被视为近代中国第一所具有现代性质的大学,至今不过百十余年的时间。然而,现代中国的高等教育学却地地道道属于中国学人的独立创造。国外有高等教育研究,但并无高等教育学,在那里,高等教育是作为多学科的研究领域存在和发展着,但中国学者却建立和发展了专门的学术体系。这个专门的学术体系的倡议者、发起者和建构者,就是厦门大学的潘懋元教授。

① 赖静,高晓杰.让中国的高等教育研究走向世界[J].教育研究,2006(1).

早在20世纪50年代，潘懋元教授就受苏联学者的启发，敏锐地感觉到专门开展高等教育研究的必要性。1957年，他在厦门大学《学术论坛》第3期上发表了《高等专业教育问题在教育学上的重要地位》一文，从智能教育、大学生身心发展和社会经验的特殊性等方面论述了高等专业教育与普通教育的不同之处，进而建议建立一门“高等学校教育学”或“高等专业教育学”，这被认为是中国第一篇倡导进行高等教育学研究的论文。同年，潘懋元教授同厦门大学教育学教研组教师合作编写了中国第一本高等教育学教材《高等学校教育学讲义》，作为交流材料发送全国综合性大学和师范学院，这是中国高等教育界在建立一门“高等专业教育学”或“高等学校教育学”方面的第一次系统的理论尝试，也可以看成作为学科的高等教育学的雏形。由于后来遭遇“文化大革命”，他的研究和倡议受到了阻碍，直到改革开放后，这一理想才找到了实现的机遇。

1978年，潘懋元教授在《光明日报》上发表《必须开展高等教育的理论研究》，再次提倡建立高等教育学学科，立即得到全国高等教育界的热烈关注与响应。同年，他以辛勤的工作和开拓性的探索，在厦门大学创建了我国第一个高等教育研究机构——厦门大学高等教育科学研究室，这个机构很快发展成为一个全国性的高等教育研究中心。1983年，在潘懋元教授的推动下，经过全国高等教育界的努力，高等教育学被国务院学位委员会确定为教育学的二级学科，厦门大学高教所也被批准为我国第一个高等教育学硕士学位授权单位。1984年，潘懋元教授主编的《高等教育学》(上下两册)一书由人民教育出版社和福建教育出版社联合公开出版，宣告中国第一部高等教育学专著诞生，标志着作为系统化的高等教育学科的正式确立。之后，高等教育研究的影响迅速扩大，20世纪80年代至今，全国已有数百家高校成立了高等教育研究机构(院、所、室)，博士学位点高校发展到20多所(包括独立建制的高等教育学学科点与挂靠在管理学一级学科或教育学一级学科上的高等教育学方向)，硕士学位点数100多个，高等教育学国家重点学科2个，国家重点研究基地1个，高等教育领域专业学术期刊20多种，每年出版高等教育研究的专著100余部，论文15000多篇。① 在高等教育学科内部，又衍生出高等教育原理、高等学校教学论、大学课程论、大学生心理学、高等

---

① 根据互联网相关数据资料统计，年度从2007年至2013年。

教育哲学、高等教育管理学、高等教育经济学、高等教育政治学、高等教育文化学、高等教育战略学、成人高等教育学、高等职业教育学、学位与研究生教育学等分支学科，专职研究队伍近千人。高等教育研究在促进学科理论建设、培养高层次专门人才、为政府和社会提供高水平决策咨询服务等方面，发挥了非常重要的作用。高等教育学的繁荣发展局面，可能连作为学科创始人和带头人的潘懋元教授都始料未及。

特别值得提及的是，在潘懋元教授的鼓励和带动下，高等教育学的理论探索十分活跃，产生了一批重要成果。在潘懋元《高等教育学》、《高等教育学讲座》(人教社版 1983 年)、《新编高等教育学》(北师大版 1996 年)等著作之外，还有一批高等教育学新作问世，如田建国教授的《高等教育学》(山东教育版 1990 年)、胡建华教授等人合著的《高等教育学新论》(江苏教育版 1995 年)、薛天祥教授主编的《高等教育学》(广西师大版 2001 年)、杨德广教授的《高等教育学》(高教版 2009 年)以及韩延明教授主编的《高等教育学新论》(山东人民版 2012 年)等。这些高等教育学在沿循潘懋元高等教育学道路的同时，均试图有所前进、有所突破。如"《高等教育学新论》的作者们，是以构建'一个新的学科体系'自期的，也确实构建了一个有别于知识体系、课程体系的学科框架。这个框架的主线是历史—现实—未来。……全书条理清晰，结构严整，具有中国式的学科体系建构的特色，超越西方某些高等教育只是作为一个研究领域而构建的松散、无序的论著"[①]。薛天祥《高等教育学》[②]则把建立科学的高等教育学理论体系作为追求的目标，并且力图形成自己的概念或知识体系。全书把高深专门知识的教与学作为高等教育学理论体系的逻辑起点，以专业作为中介概念，以高等教育(含高等教育的本质与规律)为中心概念，以高等教育原则为过渡概念，以高等教育目的及其实现途径为逻辑终点，又分别从德育、教学、课程、科研、体育、美育和教师几方面对逻辑终点做分解阐述，由此形成一个相对完整的理论系统。这些都是可贵的创新之举。

潘懋元高等教育学，一个最大特点就是用中国本土的语言研究并叙述着发生在中国本土的高等教育故事。用加拿大著名比较教育学家许美德

---

① 潘懋元.高等教育学新论序[C]//潘懋元文集：卷五.广州：广东高等教育出版社，2010:17.

② 薛天祥.高等教育学[M].桂林：广西师范大学出版社，2001.

(Ruth Hayhoe)的话说:“是什么使这位来自贫苦家庭的谦谦君子,保持着发展一个新学科的热忱和忠诚,50 年从不言悔?潘教授谈到早年所受的中国传统教育时说的一番话也许能给我们答案。他可能从没掌握过一门外语,在数学和自然科学中也并没有很高的造诣,但在他早期教育中,首先学会了怎样做人,同时也学会了用汉语表达自己的思想,他把文学的热爱转化成了从事教育工作的关键财富。最后,他学会了把从各处学来的有用知识融入他学生时代形成的知识框架中。”[①]许美德教授的概括是正确的,也是准确的。事实上,潘懋元教授对高等教育研究时刻保持着本土化的热情,并且对那些食洋不化的高等教育研究保持着高度的警惕。尤其是改革开放后,在中国大地上涌动西方文化热的浪潮下,更显示出潘懋元高等教育学本土化的学术自信与高瞻远瞩。

一个时期以来,在中国人文社会科学研究领域一直面临国际化与本土化问题的困扰。所谓人文社会科学要与国际接轨,要按照西方的标准和范式进行研究等观点流行于国内学术界。就在这种与国际接轨过程中,“尊奉”西方思想已在相当程度上成为一种“时髦”,特别是在年轻学者中大有市场。他们认为只有西方的理论才是普适性的,才称得上真理,因此主张提高中国高等教育研究水平,必须用西方的理论、概念、话语或方法来研究和解决中国的高等教育问题。实际研究中,有些学者不管对象、条件和场合,照搬照抄西方理论与方法,满篇文章是让人看不懂的概念和话语,以此显示自己的水准。对此,潘懋元教授认为,中国的高等教育及其研究离不开国际大环境,推进中国高等教育研究和学科发展,也需要研究国外高等教育实践、理论、观点和方法,但不能不加以理解、消化和吸收,生搬硬套和生吞活剥不仅不能发展中国高等教育和高等教育科学,反而会阻碍或消解中国的高等教育和高等教育科学。因为一味强调向西方靠拢,最后的结果却是越靠越远,甚至背道而驰,使我们的研究出现主体性的迷失和批判力的丧失。潘懋元教授举台湾的例子来说明这种现象,他说,近些年来,表面上看,台湾的学术市场相当热闹,逻辑实证论、行为科学、现象学、诠释学等西方流行的理论和方法悉数出场,但若深究其“营养”,却相当贫乏,就像流行服饰般无根。而造成此一流弊的原因,主要是近百年来,中国学术文化受西方强势文化的

---

① 许美德.潘懋元:中国高等教育研究的奠基人[C]//潘懋元文集:代序.广州:广东高等教育出版社,2010:28.

冲击，逐渐失去信心，反而对外来理论或思想过度依赖。香港的情况也和台湾的情形有某种相似性。目前，大陆也可能在步香港和台湾的后尘，这是我们不能不警醒的。[①] 潘先生认为，对于我们这样一个发展中的大国来说，走西化的道路是不可能真正获得学术与文化独立的。要积极吸收人类一切先进的文明成果，但必须以重视和发展本民族文化为前提，以此增强文化自觉，增强民族自信心和自豪感，增强民族内聚力，振奋民族精神。高等教育研究者要以饱满的热情，充分挖掘历史和文化资源，找到适合中国国情、符合科学规律的措施与对策。正是由于潘懋元教授及其同道植根本土化研究、坚持本土化立场，才成就了本土化的潘懋元高等教育学，也才成就了中国气派和中国风格的高等教育学，进而引起了国际高等教育研究同行的关注。这也从另一方面验证了"越是本土的，就越可能是世界的"这句话的道理。

20世纪80年代以来，高等教育学领域的国际交流与研究合作日益扩大，在这种交流和合作过程中，潘懋元高等教育学获得了国际同行的广泛认可和高度评价。加拿大著名高等教育专家露丝・海霍(Ruth Hayhoe)专门来到中国，来到厦门大学，调查了解潘懋元教授，撰写著作向世界介绍潘懋元及其高等教育学。[②] 挪威专家阿里・谢沃(Arild. Tjeldovll)的著作在介绍和传播潘懋元高等教育学以及整个中国高等教育研究方面，发挥了重要的作用，他甚至将潘懋元教授与瑞典国际著名比较教育学家胡森并列为他最崇敬的教育学家。[③] 此外，美国著名比较高等教育专家阿特巴赫、日本著名高等教育专家天野郁夫等也在潘懋元高等教育学的国际传播上做了许多工作。

二、潘懋元高等教育学的实践化立场

所谓实践化立场，即立足现实、联系现实和服务现实。用潘懋元教授的

① 潘懋元，陈兴德.依附、借鉴、创新——中国高等教育学科建设之路[J].北京大学教育评论，2005(1).

② Ruth Hayhoe. Portraitsof Influential Chinese Educators[M]. Comparative Education Research Centre The University of Hongkong Springer，2005.

③ 赖静，高晓杰.让中国的高等教育研究走向世界[J].教育研究，2006(1).

话说，理论工作者心目中永远要装着一个“实际”，高等教育研究最忌惮的就是脱离实际空谈理论、无病呻吟。如果那样的话，理论不仅苍白无力，而且将从根本上断送理论发展的源泉和动力。

实事求是，理论联系实际，一切从实际出发，从群众中来到群众中去，一贯是马克思主义的基本立场、观点和方法。以此标准来衡量，可以毫不夸张地说，潘懋元高等教育学及其高等教育研究，是现实化立场、观点和方法的典型代表和忠实践行者。潘懋元高等教育学，绝不是纯粹的概念或理论体系的推演，而是源于中国高等教育历史和现实、对中国高等教育实践的理论概括、解释和回答。恰恰是实践的需要才产生了潘懋元高等教育学。①

潘懋元教授认为，高等教育研究是一门学问，他毕生所追求的，就是建立独立的高等教育学学科及其体系。应该说，这一目标初步实现了，接下来要做的是如何进一步发展好和完善好的问题。但是，潘懋元教授心中的高等教育学，不是用概念和范畴堆积起来的所谓理论体系，而是一门面对实际、面向实际的应用科学。因此，潘懋元教授在创立独立的高等教育学时，从一开始就将其定位为应用学科，②并认为，所谓的应用学科，毫无疑问，为的就是要解决中国现实的高等教育问题，离开了实践，离开了中国高等教育现实问题，无疑等于取消了高等教育学。

然而，应用学科也有应用学科的理论和体系。作为学科，不仅意味着研究的理论化和体系化，也意味着学科的建制化或组织化，围绕学科形成了研究团队、研究课题和研究方向，要处理研究资源以及学术管理等一系列问题。而专业化是学科面临的首要问题，它不仅关系到学科的地位、学科的生存和发展，而且也首先关涉到学科内部的学术标准、学科外部的学术地位等根本问题。所以，高等教育学从建立之初，特别是形成了一个相对庞大的研究团队以及研究后备力量的培养机制后，一些从事高等教育学研究的专家学者迫切感受到需要提高高等教育学科的科学化、专业化程度，进而加强高等教育学科建设、提高高等教育学科的自足自治性便提到了日程上来。20世纪80年代尤其是90年代，作为学者联盟的全国高等教育学研究会，多次召开高等教育学学科建设研讨会，集中讨论的问题是确立高等教育学的学

① 张亚群.理论源于实际高于实际——论潘懋元高等教育思想的特色[J].机械工业高教研究，1993(3).

② 潘懋元.关于高等教育学学科建设的若干问题[J].高等教育研究，1993(2).

科性质、研究对象、结构体系、内容方法等。应该说，开展学科建设研究十分重要也相当必要，学科建设确实取得了重要成果，在促进高等教育学独立性和自主性方面发挥了积极的作用。然而，必须看到，学科建设研究的深层次问题，或者学科建设背后的问题，是高等教育学学者内心普遍的焦虑感，他们迫切期待摆脱作为学科的高等教育学的不成熟，提高学科的地位和学术水平。因此，学者们提出高等教育学必须从现有的教材体系、工作体系发展到理论体系，寻找到一条可与经典学科体系平起平坐的途径，尤其是建立起那些成熟学科所具有的一套严谨的概念、范畴、理论命题甚至独特的研究方法，即学科范式。由此兴起了所谓的元高等教育学研究、作为规范性的高等教育学研究等等，试图梳理已有的高等教育学概念并使之精确化，探究高等教育学的逻辑起点、展开线路以及逻辑终点，由此形成首尾相接、前后一致的理论系统。

高等教育学学科建设研究本无可厚非，因为高等教育学虽然作为应用学科，但它“不可能只是简单地应用现成的教育学基本理论直接解释高等教育现象和解决高等教育问题”[①]，必须发展起自己的理论体系。然而，在实际研究中确实出现了偏离学科建设正确轨道的现象，集中表现就是一些学者闭门造车式地从事所谓的纯粹高等教育理论研究，他们不是关心现实的高等教育问题，不是从高等教育实际出发抽象出所需要的理论，而是借用其他学科概念或者国外学者的理论，企望推演、归纳和衍生出一套普遍适用的永恒的理论体系，结果，高等教育研究被引向学院化和主观化。恰如张祥云教授所说，高等教育研究出现了“揉面团”现象，这种研究不是为了增加新知，它不过是简单地将以往的知识按照新的形式编织成另外一种样子，本质上没有任何改观。[②] 针对这种不良风气，潘懋元教授及时地加以引导和纠正，并迅速地转变高等教育研究方向。潘懋元教授认为，高等教育学是应用性学科，应用性学科的生命在于实践，在于火热的生活，离开生活和实践的高等教育学及其高等教育研究，就无法成长壮大，就不会产生力量。因此，从20世纪90年代中后期开始，潘懋元教授领导的全国高等教育学研究会没有再就学科建设问题进行过专门的研讨，而集中时间精力研究探讨高等教育改革发展中若干重大的理论和实践问题。例如高等教育与市场经济问题，

① 潘懋元.关于高等教育学学科建设的若干问题[J].高等教育研究，1993(2).

② 张祥云.教育科学研究中的知识中心倾向[J].江西教育科研，1992(6).

高等教育大众化及其质量问题,高等教育国际化与地方化问题,可持续发展与高等教育改革问题,大学素质教育问题,加入 WTO 对中国高等教育发展的影响及对策问题,知识经济与高等教育问题,体制改革与现代大学教育制度问题,高等教育分类与定位问题,高等学校招生考试改革问题,民办高等教育的发展问题等等,形成了一系列重要的研究成果。这些成果在指导高等学校办学和教育教学改革,为政府高等教育决策与政策制定等,发挥了极其重要而关键的作用。只要我们翻开潘懋元教授本人数百篇高等教育研究论文,会发现绝大多数文章都在讨论有关高等教育发展和改革等重大现实问题。

面向中国高等教育实际、服务于中国高等教育改革发展实际,是潘懋元高等教育学的基本立场和出发点。中国高等教育实践及其需要,是潘懋元高等教育学的源头活水。潘懋元教授之所以能在 20 世纪 50 年代即敏锐地感到需建立高等学校教育学并倡议对高等教育进行专门研究,就是因为高等教育教学工作的实际需要。在此之前,人们不承认高等教育实践的特殊性,因而,只是简单地用普通教育学,准确地说,是用中小学教育学的理论来解释和解决高等教育问题。在一些人看来,教育理论就是教育理论,是通用的,哪里还需要有什么所谓的高等教育学?但是,潘懋元教授看到了高等教育实践的独特性,发现了一般教育学或者普通教育学所不能回答和解决的高等教育问题。比如,普通教育学就不能解释高等学校专业设置问题,教学计划与课程结构问题,毕业论文与毕业设计问题,大学生思想道德教育问题等。因为这些问题在普通中小学里根本不存在,所以,普通教育学根本没有涉及,更谈不上系统探讨。[①] 同样,潘懋元教授提出的一系列重要的一般性教育理论命题,比如,教育外部关系规律和内部关系规律命题,也是基于高等教育实践的特殊性发现的。这一理论一经提出,就丰富和发展了普通教育学理论,成为普遍性的教育论断。普通教育学虽然也研究教育基本规律,但是,在普通教育学领域,研究者们并没有总结出教育的一般规律,没有提出教育的外部关系规律和教育的内部关系规律,何以如此?用潘懋元教授的话说,这是因为,普通中小学教育作为基础教育,与社会的联系是间接的、松散的,在这里,人们很难发现其中的关系和规律。而高等教育与社会之间

① 潘懋元.邬大光,别敦荣.我国民办高等教育发展的第三条道路[J].高等教育研究,2012(4):5.

的联系直接而紧密，社会的发展和变化时时处处都会对高等教育提出要求，其影响都能体现在高等教育教学过程中，所以，从高等教育角度来看待教育与社会间的关系，就容易看到普通教育所看不到和不好发现的事实与规律。同样，教育与人的发展也是这样。如此，教育的内外部关系规律，是高等教育理论工作者对整个教育学理论的重大贡献。没有对高等教育实践的深入观察和研究，是发现不了这一规律的。

立场决定方法，也决定观点和治学态度。在从事高等教育研究的众多学者中，潘懋元教授的观点和主张，往往最能引起理论工作者的高度关注，也最能引起实践工作者和管理人员的认同。之所以如此，关键在于潘懋元高等教育学的实践性。潘懋元说过一句很形象的话，叫“板凳敢坐十年冷，文章不写半句空”。这既是对自己的要求，也是他自身学术经历的真实写照。“敢坐冷板凳”是一种精神、毅力与韧性，认准的正确目标绝不动摇，必然有所成绩、有所收获、有所创造。潘懋元教授岂止坐了几十年冷板凳！但最重要和最令人欣慰的是他把冷板凳坐热，成千上万的追随者加入高等教育研究行列，使高等教育学成为显学。

“不写半句空”既是一种态度，也是一种标准。潘懋元教授向来反对高等教育研究中理论脱离实际的倾向，反对脱离实际的空谈，要求自己以及学生心中永远装着实际，装着中国高等教育的历史与现实。潘懋元教授所开创的教育学，不是从书本中搬抄来的，而是从实践中总结提升出来的。潘懋元是高等教育学家，但确切地说他首先是一位高等教育社会活动家，长年累月养成的行万里路的良好习惯，使他的高等教育研究成为中国高等教育理论和历史的活教材。没有调查就没有研究，在潘懋元教授这里是最真实和生动的写照。潘懋元高等教育学，是用数据和事实说话的高等教育学，是深深地扎根在中国高等教育实践大地上的高等教育学。读他的著作和文章，就会在读者脑海中生成中国高等教育完整的历史和现实立体画卷。潘懋元教授一年之中，总会有相当长时间到一线访学和调查，这一习惯在年事已高时仍然坚持着。他每年都带领着他的研究生们，少则几人、多则十几人亲临一线系统调研。他与学生们提出的民办高等学校走“万里模式”[①]以及民办

① 潘懋元.浙江万里学院——一种第三部门高等学校的范例[J].高等教育研究，2002(7).

高等教育发展的第三条道路等[①]甚至更多种途径[②]，就是通过深入调查得出的科学结论。

三、潘懋元高等教育学的平民化立场

一般地，高等教育学是研究高等教育现象、揭示高等教育规律的科学。一提起高等教育，人们自然想到大学，而大学总令人感到高深莫测，或者用今天的话说，高等教育是个高大上的活动。蔡元培说，大学是研究高深学问、养成硕学闳才的机构；梅贻琦说，大学是大师的天下。无论是高深学问还是大师，都不是常人，不是普通百姓；也不是常事，不是家长里短。所以，美国高等教育学者布鲁贝克说，高等教育与中等教育只是阶段不同，但在教育阶梯的顶部却如此差异，高等教育研究高深学问，或者虽然处于已知与未知之间，但由于它们过于高深，非常人能够理解。[③] 这就更加深了高等教育的神秘感。高等教育所传授和研究的是人类顶端的文化、知识和智慧，不可避免地给人一种崇高感和敬畏感，也因此形成了社会对高等教育群体的晕轮效应或刻板印象：大学里的人都是知识分子，教授们不食人间烟火，戴着高度近视眼镜，手里捧着厚厚的大部头著作，走起路来慢悠悠，说起话来文诌诌。他们自命不平、自认清高、出人一等，或者承担着"为天地立心、为生民立命、为往圣继绝学、为万世开太平"的重任，整个世界都要由他们来解释、主宰、支配和拯救。

事实上，知识分子自身也确实容易犯那样的毛病。历史上，无论中国的士，还是西方的智者，教师或知识分子都属于权贵阶层。中国自古即以吏为师、学在官府、学术官守，只有那些有钱有闲有权的人才能从事教育和学习知识活动。这也养成了大学教授们的社会精英意识和气质，总是自觉不自觉地将自己与普通民众间划出一条明显的界限。这种精英意识和文化，使他们在从事知识传授传播以及知识发现创新时，往往脱离基层、脱离民众，

---

① 潘懋元.邬大光，别敦荣.我国民办高等教育发展的第三条道路[J].高等教育研究，2012(4).

② 潘懋元.邬大光，别敦荣.我国民办高教发展需要有更多的路径[N].中国教育报，2012-01-09.

③ J.S.布鲁贝克.高等教育哲学[M].杭州：浙江教育出版社，2001:2.

代表了精英主义文化和上层社会的文化，在他们的研究活动甚至日常生活中表现出来。不管是摆弄故纸堆，还是前沿政策或者是热点问题的研究，都改变不了精英文化和精英社会阶层观念。对此，西方学者有较为深刻的揭示。他们指出，教师和学者趋向于学校所代表的自由奢侈品位文化以及中上阶层学生的文化习性，排斥劳工文化与底层学生的文化习性。这种习性是教师文化的主流，往往造成社会文化与阶层的不平等，因此，打破这种现象需要平等地对待各阶层的文化，树立多元文化观和学力观，教师和学者应该成为文化转型的知识分子。① 而潘懋元教授却没有上述论点所说的知识分子习性，丝毫看不出他身上有“贵族”的影子，甚至可以理直气壮地说，潘懋元高等教育学是彻彻底底的平民主义高等教育学，是真正意义上的人民高等教育学，潘懋元也理所当然地称得上平民高等教育学家。

潘懋元高等教育学，很少有那些高大上的东西，没有故弄玄虚，没有趾高气扬，没有一点儿精英气质和派头。其研究选题、关注的热点难点，都是高等教育实践一线的问题，甚至许多都是高等教育底层面对和迫切需要解决的课题。潘懋元高等教育学关心什么？他关心的是普通民众接受高等教育的权利，关心的是如何提高一般院校特别是薄弱院校、边缘院校的发展、改革和质量问题。在全部的潘懋元高等教育研究中，相当数量的成果都是有关弱势群体、弱势高校的研究，通过研究探索该类高等教育办学规律与特殊性，为这些学校和学生鼓与呼，为其争取利益。比如，民办高等教育立法问题研究。众所周知，民办高校是改革开放后兴起的新型教育机构，在众多的国办和公办高等教育体系中，民办高校势力单薄，地位低下，办学条件欠缺，是典型的弱势群体。某些决策或者政策，对民办高等学校还存在着明显的歧视，民办高校不仅得不到当地政府应有的支持和关注，反而还要向地方政府缴纳各种税费。民办高校教师身份被划归为非企业单位人员，被人们形象地比喻为三等公民。更有甚者，民办高校学生享受不了假期火车票优惠……所有这些，归根到底是国家高等教育立法滞后，民办高等教育法律地位得不到保证。因此，早在 20 世纪 80 年代中期，潘懋元教授就领导厦门大学研究人员率先开展民办高等教育立法研究，②深入民办高校一线调研，掌

---

① 朱新卓.教师的阶层文化与教育的文化再生产——西方学者论阶层文化对教育公平的影响[J].教育研究，2014(12).

② 魏贻通.民办高等教育立法前期研究[J].高等教育研究，1994(4).

握了大量的第一手材料，倾听民办高校的真实声音，反映民办高校的生存权利和发展需要，形成了一大批重要的研究成果。这些研究成果直接促成了国家民办高等教育促进法的研制和实施。应该说，民办高等教育发展到今天，已经形成气候。据统计，单是教育部认可学历的民办本科高校，就已经突破了 100 多所，民办高职高专院校 300 余所，独立学院 280 多所，在校学生 700 余万人，成为中国高等教育大众化的重要方面军，成为服务国家经济社会发展的不可缺少的重要力量。其中，凝结着潘懋元教授的心血、思想、理论和情感，民办高等教育发展离不开潘懋元高等教育学的贡献。

如果说，民办高等教育是弱势群体，那么，地方院校特别是地方新建本专科院校可称为边缘群体。因为长期以来，人们一说起高等教育，往往眼睛只盯在那些国家重点建设大学，盯在那些肩负知识创新、创建世界一流大学、争取科技占领国际科技一席之地的“985 工程”高校或者“211 工程”高校上。而大量地方新建本专科院校则常常作为高等教育体系的底端、末端而遭社会冷落，被置于边缘地位。一些高等教育界学者，也自觉不自觉地将研究重点和重心放在所谓的“经典大学”上，热衷于探讨所谓这类大学的理念、理想、逻辑，大学自治、学术自由、教授治校，普通教育、博雅教育、精英教育等具有崇高意义的话题。潘懋元教授则把大部分时间和精力用在思考一般院校，特别是处于底层、末端或者边缘的地方院校、高职高专院校发展、公平和质量提升问题上。这些研究构成了潘懋元高等教育学的重要内容。① 比如，他对高等教育分类问题的研究，主旨并不在于分类本身，而在于确立新建本科院校、民办院校、高职高专院校的地位、办学模式与发展道路等问题，归根到底是这类院校如何走自己的路，如何办出特色，如何根本提高自身发展能力的问题。

潘懋元高等教育学平民化立场最明确的表达，就是他关于高等教育通向农村的理论。20 世纪 90 年代，中国高等教育获得了长足发展，曾经有一个时期，一年就新建了一百多所高校，几乎每三四天就建立一所高校。对于这一问题，有学者担心高等教育发展过快影响质量，提出高等教育限制发展的论点。在他们看来，高等教育是精英化机构，是培养高层次专门人才的，高等教育盲目扩张会导致质量下降。对此，潘懋元教授提出了自己的独到

---

① 潘懋元.潘懋元文集：卷五[C].广州：广东高等教育出版社，2010：7-8.

见解,他认为高等教育大众化发展是世界经济与社会发展的普遍需要和趋势,是全面提高国民科学文化素质和专业素质的必经途径。在高等教育发展道路上,潘懋元教授提出的高等教育要通向农村,其手段是发展现代远程高等教育、地市县兴办高等学校,扩大农村子女接受高等教育机会。[①] 他还亲自指导学生以高等教育通向农村作为博士学位论文选题进行攻关,[②]经过大量调查和文献研究,在理论和实践上提出了高等教育通向农村的必要性及可行性。其后的实践证明,潘懋元教授是极富远见的。目前,我国高等教育地区布局日益合理,地级城市基本上建有一所本科院校或一两所专科学校,有的县级市建立了高校,真正实现了高等教育通向农村。

潘懋元高等教育学平民化的另一表现,就是朴实的学风和文风。潘懋元高等教育学是最能让普通人读得懂的学问,他的高等教育学从来不使用生涩的概念和词语,没有拗口的语言文字,更没有华丽的辞藻,有的尽是平实的语言,并在这些通俗易懂的大白话中明确表达出深刻的道理。他反对那些故作深沉和玄奥或者"题目大、口气大"的学问,倡导研究要深入浅出,倡导生活朴素化、语言包含内在的思想和理论。这让人想起了唐代大诗人白居易,他写诗总是第一个念给自己目不识丁的母亲来听,母亲听不懂,他就改,直到母亲听懂为止。所以,潘懋元能够把深奥的学理用浅显的语言表达,如果不是出于平民化的立场,是根本做不到的。

潘懋元高等教育学之所以富有平民化立场,与其本人的生活经历有关。潘懋元教授出身贫寒,很早就靠自己的劳动养家糊口,深知底层民众的需要与疾苦。后来通过自己的努力,一步步考上大学,当助教、讲师、副教授,又经历了"文化大革命",这些丰富而坎坷的阅历,使他总能从民众和基层立场出发,想其所想、急其所急。关心年轻学生及学者是潘懋元教授的一贯作风,作为中国高等教育学科带头人,潘懋元教授著作等身、获奖无数,但他从不以名人自居,而是平等待人、奖掖后学。那些名不见经传的初学者、中道改行研究高等教育者、从事过一定管理的人员,他们每出版自己的著作,不管水平如何,只要有求潘懋元教授作序的,他都乐于为之,并且从来都是认真阅读并亲笔写序,从不让别人捉刀代笔。这种甘为人梯、奖掖后学的精

① 赵叶珠.潘懋元高等教育通向农村思想初探[J].集美大学学报(教育科学版),2002(2).

② 高耀明.高等教育通向农村研究[D].厦门大学,1998.

神,鼓舞着那些年轻学人加入高等教育研究行列,为高等教育学源源不断地注入新鲜血液和活力。

20世纪80年代中期,中国高等教育进入了快速发展时期,相应地,高等教育学研究也如火如荼地开展起来。当时全国一千多所高校中,有约700家成立了高等教育科学研究所或研究室,每一所高校都有一批学者从事高等教育教学研究。由于没有那么多公开出版的高等教育学术刊物,于是很多高校就办起了内部刊物,为研究人员提供发表成果的园地和平台。编辑和出版刊物,总要有一两位专职人员、一两间办公室和两三万元费用,这对高校来讲也算是一笔不大不小的开支。因为是内部刊物,稿源很窄,读者面很小,主要面向本校教师与研究人员,对外发行也多出于交流和交换的目的,所以,无论是质量还是影响力,都是不尽如人意的。也正因为如此,一些高校领导认为很不合算,想取消这类内部刊物。当时,有的领导和人员写信给潘懋元教授,征求他对这些内部刊物的意见。潘懋元教授在回信以及此后多种公开场合说过这样的话:内部刊物以及刊登的文章,整体质量确实可能不高,但是,它有存在的必要。一所高校办个内部刊物,花上三两万块钱,一年刊发几十篇文章,效益是相当大的。于这几十位作者来说,他要写好文章,首先要认真读别人的文章,认真思考理论和总结实践经验。也许他的文章是拼凑出来的,但拼凑也要下功夫和花心思的。如果每篇文章再有几个读者,那就等于花几万元钱对几百人进行了高等教育学培训,这个钱花得值,刊物也就办得值。办一个内部刊物,等于开办一所好的培训学校。若同时办了几种内部刊物,就相当于开办了几个学科的培训学校,有助于提高教师学术水平,何乐而不为呢?[①] 从对办高等教育内部刊物的态度,足以看出潘懋元教授对基层从事高等教育研究人员的关心和爱护。也可以说,高等教育研究的繁荣兴盛,与他的平民化和人本化立场有直接的关系。

四、潘懋元高等教育学的科学化立场

潘懋元高等教育学是本土化、实践化和平民化的高等教育学,尤其是以关注中国现实高等教育问题构成潘懋元高等教育学的本质特性。然而,实

① 刘振天.我们如何对待所谓垃圾学术[N].光明日报,2014-10-04.

践化不意味着潘懋元高等教育学不重视科学化，恰恰相反，科学化是潘懋元高等教育学的长远目标追求，没有科学化，就谈不上高等教育学，也就谈不上高等教育学的实践化价值。

任何理论都与其对象化的实践之间存在着紧密的互动关系，理论与实践二者相互促进。这就是实践、认识、再实践、再认识，如此循环往复，人们对客观事物的认识以及形成的理论就越得以接近事物的本质和规律，由此，人们越能够把握和控制客观事物，使之按照符合人自身的需要和意志方向发展。有鉴于此，潘懋元教授自从事高等教育研究之初，即树立了相当明确的科学化意识。这种意识，最重要和最集中的表现，就是高等教育学学科意识。这与其他研究高等教育的学者明显不同。当时，学界对待高等教育研究存在两种认识和态度，一种是西方学者的多学科意识，他们不认为高等教育研究是一门独立的学问，不过是各门学科运用自己的概念、理论和方法加以研究或观察的对象而已，进而各门学科从自己的角度得出各自不同的观点、意见和看法；另一种是中国学者的普通教育学意识，相当多的学者认为，高等教育没有自己的特殊性，高等教育领域中的一些问题不具有独特性，完全可以用一般教育学或者普通教育学加以解释和概括，因此，完全没有必要、根本不需要建立独立的高等教育学。甚至在 1980 年代中期之后一个相当时期，潘懋元教授及其团队已经出版了高等教育学，高等教育也被教育部列为独立的二级学科、开始招收研究生的情况下，仍然有不少普通教育学者还不承认高等教育学，反对学科意义上的高等教育学。

潘懋元教授之所以要建立独立学科的高等教育学，是因为在他看来，高等教育不同于普通教育。换言之，普通教育学不能很好地解释或者根本无法说明和解决高等教育领域的现象或问题。这主要源于两个方面，一是高等教育的性质、目标和任务不同于普通中小学教育，普通中小学是基础教育，而高等教育却是专业教育，目标和任务是培养经济社会不同领域需要的专门人才；二是高等学校的对象一般是 18 岁以上的青年人，他们无论是智力、心理还是社会方面，都不同于中小学生。上述两方面决定了不能简单地用普通教育学理论解释和研究高等教育问题，必须建立独立的高等教育学。[①]

---

① 林金辉.高等教育学学科建设的基本轨迹及其走向[J].教育研究，2003(2).

然而，建立独立的高等教育学并非易事，特别是使高等教育学能够从过去人们认为可以囊括一切教育对象和现象的普通教育学中分离出来，远非那么简单。这也是为什么潘懋元教授领导的研究团队1984年出版第一本高等教育学专著时，在相当程度上还保留着普通教育学的印迹，甚至存在着明显的普通教育学教材痕迹的原因。本来，相对于哲学、历史学、人类学、经济学、政治学、社会学等人文社会科学，教育学的科学化程度就不高，而高等教育相对于普通教育学而言，其科学化程度或者学科成熟度又差了一截。因此，潘懋元教授迫切地感到大力加强高等教育学科学化的重要性和必要性。从20世纪80年代中期开始，一直到90年代末期，都在致力于学科建设，通过学科建设提高高等教育科学化水平，提高高等教育学对高等教育实践的理论概括和提升功用，提高其对高等教育的解释、预测、评价、规制和指导作用。高等教育学学科建设所讨论和关注的问题相当广泛，从概念、原理、命题的检讨，到研究方法的运用，再一直到学科理论体系的逻辑表达，所有这些，都产生了积极的影响，取得了较为理想的效果。当然，学科建设不是一时一地能够完成的，它是一种目标、一种结果，又是一种过程，学科建设永远在路上。随着实践的发展，高等教育学概念会更新，理论会发展，学科水平会提高，学科建设不可能毕其功于一役，这也是今天一些学者仍然强调高等教育学再学科化的缘由所在。[①] 不过，潘懋元高等教育学的学科化或科学化，并非为学科而学科的唯学科论，学科建设和科学化的目的，归根到底是提高学科的理论水平和实践能力。所以，潘懋元教授反对脱离现实、脱离实际的为学科而学科的唯学科论，进而坚持在实践中加强学科建设，加强学科建设服务实践的重要主张。

潘懋元高等教育学在解决了独立学科，进而解决了科学化立场之后，面临的又一个问题，就是高等教育学学科的性质问题。高等教育学是什么样的学科？是基础学科还是应用学科？潘懋元教授认为，高等教育学是应用性学科，应用学科有应用学科的体系，这个问题，前文已经论及，在此不加赘述。这里的另一个问题是，高等教育学是人文学科还是社会学科？换句话说，高等教育学应该像社会科学那样追求客观规律，还是像人文学科那样，仅仅表达着不同个体的不同理解和意见？目前，确实存在着较为明显的对

① 张应强.高等教育学的学科范式冲突与超越之路——兼谈高等教育学的再学科化问题[J].教育研究,2014(12).

立和分歧。某些学者主张高等教育学的人文性或者文化性，从而强调高等教育的独特性，否定高等教育客观规律的存在，否定高等教育的任务在于揭示客观规律。[①] 他们认为，高等教育是人为现象，是人文现象，受政治、经济、民族、文化等性格的影响，不同国家、地区、民族甚至个体，对高等教育的理解是不同的，高等教育制度也是有差异的，想获得统一性、客观性、真理性的认识几乎是不可能也是不现实的。这种观点今天有很大市场。对此，潘懋元教授认为，高等教育学的任务，今天是、将来依然是研究高等教育现象，揭示高等教育规律。潘懋元高等教育学不否定高等教育的文化特性，不否定高等教育的差异性，但是，高等教育学的主要任务，不是简单地复制、解释甚至迁就各种不同，关键是在不同之中找出共性规律或一般性规律。高等教育学要处理好“多”与“一”之间的关系。“多”是事物的形态和外在表现，其里或者本质是“一”，从“多”到“一”是理论的抽象和上升过程，从“一”到“多”是理论回到实践、解释和解决实践的过程，是抽象上升到具体的过程。单纯把高等教育学归结为人文学科，就等于将高等教育学停止在事物“多”样化形态层面，缺乏理论的抽象化和具体化，不利于高等教育的发展。

出于高等教育科学化立场，潘懋元高等教育学力求揭示高等教育的一般规律与原则。潘懋元教授提出的高等教育内部关系规律和外部关系规律，可以说是高等教育科学化的成功探索和有力佐证。两大规律的提出，是高等教育学的重大发现，是潘懋元教授对高等教育的重大贡献。人们运用两大规律认识、观察和理解高等教育问题，顿时有豁然开朗之感，因为它不仅提供了立场、理论和视角，也提供了有效的方法。潘懋元教授还在两大规律基础上，提出了高等教育对社会发展需要的适应论这一十分重要的理论主张。他明确指出，要主动适应而不要被动适应，全面适应而不是片面适应，要处理好适应与超越、遵循和引领之间的关系。有人认为他的适应论是社会机械决定论，并认为导致了高等教育发展中的失误，[②]这显然是对潘懋元高等教育学的严重误解。更为重要的是，他以此为基点，成功预测了中国高等教育大众化发展和多样化发展的必然性，预测了新时期中国民办高等教育发展的必然性和可能性，高等教育通向农村的可行性，并在这些领域进

① 张楚庭.教育学属于人文科学[J].教育研究，2011(8).

② 展立新，陈学飞.理性的视角：走出高等教育适应论的历史误区[J].北京大学教育评论，2013(1).

行了卓有成效的先行探讨，取得了重要的研究成果。这些，都是科学化导致下的普遍性结论的结果。

潘懋元高等教育学科学化立场，还有一个重要表现，就是坚持科学研究的客观性、中立性，尽可能地避免偏见与狭隘。我们遍读潘懋元高等教育学，遍读他的全部专著和论文，会发现一个十分明显的特征，就是潘懋元教授高等教育研究的客观性、中立性的立场。他对待高等教育现象及其研究，一向秉持学者的客观中立立场，有意识地避免价值介入或者先入为主，因此很少感情用事，很少激进，更少那种随着形势或者政治宣传需要跟风倒的学术。潘懋元教授关注形势，总是能够敏锐地抓住学术领域最前沿的课题加以研究，但这种研究，只表现他的视野、眼光、高度和敏感性，并不表示跟风，与某些御用文人的御用学术是大相径庭的。我们注意到，潘懋元教授从20世纪50年代开始研究高等教育学，一直到目前为止，前后历经数十载，其间所研究的问题经常在变，研究成果难以计数，但这些林林总总的研究课题与成果中，其理论、观点和主张总能保持前后一致，很少甚至根本没有出现过自我矛盾、自我否定的现象。何以如此？关键是其一以贯之地秉持科学化立场，而不以外部政治变化、不以领导意志和喜好为转移。潘懋元教授特别反对那些今天一个观点、明天又一个看法，只顾追求当下时髦或者吸引眼球而不顾观点相互矛盾冲突的墙头学术，认为这样的学术缺乏学者的一般原则和立场，注定没有生命力。我们还注意到，潘懋元高等教育学具有广泛的读者，他每发表一种观点，都会引起学术界的关注，也会引起一线管理者和教师的关注。人们都能从中汲取自己所需要的观点和方法，从中获得教益，从而根据他的观点、见解和方法，指导自己的研究、管理和教育教学工作。这里的关键，不在于人们通过潘懋元高等教育学获得多少具体的知识和观点，而在于人们总能够从中获得世界观与方法论的启迪。再举一例，关于民办高等教育管理问题，政府出台文件，要求对民办高校以营利性与非营利性两种模式进行归类和分类管理，这种明确区分，对管理十分方便，但是否符合民办高校的实际？潘懋元教授没有从政府出台的现成文件这一看似简单的方法出发进行研究，而是着眼于实际，通过大量的调查研究，在理论上提出了民办高等学校发展的第三条道路这一重要观点，丰富和发展了民办高等教育管理理论。笔者认为，如果不是客观化和科学化的立场，就不会得出这样的观点和结论。而这恰恰是一名严肃负责的社会科学家应有的品质。

开拓中国高等教育学科自主创新之路
——论潘懋元高等教育理论的国际视野与本土情怀

李　均

作为中国高等教育学科的创始人，潘懋元具有开阔的国际视野和浓郁的本土情怀：他既提倡借鉴国际高等教育先进理论，又反对依附西方，坚持走自主发展和创新的道路；他既主张高等教育学科要立足国内，为中国高等教育改革发展服务，又鼓励中国高等教育学科通过国际化道路走向世界，创造国际高等教育研究的中国学派。潘先生关于国际视野与本土情怀、国际化与本土化关系的理论与实践，不仅直接推动了中国高等教育学科的创建和发展，也为未来中国高等教育学科增强文化自觉、探索自主创新之路指明了方向。

一

潘懋元作为中国高等教育学科创始人的历史地位早已得到国内外高等教育研究界的公认。为什么是潘懋元创立了高等教育学科？潘懋元是如何创建高等教育学科的？影响和支持潘懋元创建高等教育学科并为之奉献毕生精力的主要动因是什么？不少学者已经从不同角度做了分析和思考。笔者认为，这些重要问题仍然值得继续深入研究。大师本身就是一门课程，大

作者简介：李均，教育学博士，深圳大学师范学院副院长，高教所所长、教授、博士生导师。

师本身就是一门学问。① 研究潘懋元这样的大师不仅是为了了解中国高等教育学科的历史进程，也不仅是为了学习大师做人、做事、做学问的境界与方法，更是为了寻觅中国高等教育学者应有的精神和态度、探索中国高等教育学科未来发展与创新之路。

稍微了解一点高等教育学科历史的人都知道，潘懋元创建的高等教育学科是地地道道的中国“自主品牌”。换言之，高等教育学即便放到世界范围来看也是史无前例。这本身就是一个值得重视的关于中国学术自主创新的典型案例。众所周知，中国的绝大多数社会科学学科是通过依附西方建立的。如经济学、政治学、社会学、人类学、教育学、心理学等学科基本上都是近代从西方引进，然后经历从西方化逐渐转向中国化的演进历程。但高等教育学科却与上述学科走过的道路完全不同，它首先诞生于中国，然后逐步发展壮大，并在近年来开始探索国际化路径。

早在十几年前，拙著《中国高等教育研究史》就曾经简要分析过中国高等教育研究选择独立自主发展道路、没有沦为西方从属理论的两点原因。一是历史原因。当时“中国正处于改革开放初期，与国外高教研究界交流极少，渠道也不通畅……我们只能依靠自己的力量，独立自主地发展高教研究、独立自主地创建高等教育新学科”。二是与中国高教研究早期开拓者的情况也有密切关系。“潘懋元等一批中国高教研究的开拓者，几乎都是在中国高等教育实际工作中摸爬滚打若干年后成长起来的，是地地道道的‘实践—理论派’……他们从实践中来，对实践中的活生生问题有切身感受，他们的理论更多地来自对本国实践中各种问题的思考……尽管他们从不排斥国外理论，但不会对国外的新理论亦步亦趋。”②

现在看来，上述分析还不够全面和充分。笔者认为，创造中国自主品牌的高等教育学新学科是一项前所未有的伟大创举，它不仅仅是因为历史的

① 笔者认为，把潘懋元作为一门“学问”来研究至少有三个层面的重要意义：一是实践层面的意义，全面梳理和探讨潘懋元的高等教育思想和理论，为建设高等教育强国提供理论支持；二是学术层面的意义，系统总结和分析潘懋元先生高等教育学科建设和高等教育科学研究的理论、方法，为构建具有中国特色的高等教育理论体系、推动中国社会科学的自主创新提供学术资源；三是精神层面的意义，深入挖掘和提炼潘懋元“敢为天下先”的创新精神以及创业精神、实践精神、爱国精神等，为中国高等教育科学事业改革创新与持续发展提供精神动力。

② 李均.中国高等教育研究史[M].广州：广东高等教育出版社，2005：413-414.

机遇，更直接体现了以潘懋元为代表的第一代中国高等教育研究者的五种精神：一是“敢为天下先”的创新精神；二是艰苦奋斗、自强不息的创业精神；三是服务现实、与时俱进的实践精神；四是立足中国、独立自主的爱国精神；五是海纳百川、有容乃大的开放精神。限于篇幅，本文无力对上述精神做全面的阐述。笔者拟结合潘懋元创建高等教育学科的历史过程，对他的国际视野（开放精神的一个主要方面①）和本土情怀（爱国精神的集中体现，也体现创新、创业和实践等精神）进行论述，以期为探索未来中国高等教育学科自主创新的方向与路径提供重要启示。

二

我们知道，潘懋元创建高等教育学科体现了他“敢为天下先”的创新精神，但我们也应该明白“敢为天下先”要从一种精神落实到具体的行动，首先需要“知天下”，否则“敢为天下先”只能是一句盲目的口号。对于高等教育学者而言，这里的“天下”主要指的是中外教育科学以及高等教育理论研究发展的历史与现实。20世纪50年代，潘懋元敢为天下先，第一个提出建立高等教育学科，是对高等教育理论的“天下”有充分了解的前提下做出的一个具有前瞻性、战略性的选择。

挪威学者阿里·谢沃（Arild Tjeldvoll）最近撰文提出：“从全球史角度考察，他（潘懋元）的教育哲学不仅植根于中国古代传统，特别是儒学和现代中国教育的需求，同时借鉴古希腊本质主义、欧洲大陆百科全书派、综合技术主义及美国进步主义等西方主要教育哲学流派的观点。”“从国别来说，俄罗斯、德国和法国对其教育哲学的形成有着深刻影响。就人物而论，赫尔巴特和杜威对其教育哲学产生了深远影响。”②虽然笔者不完全认同他的观点，但我认同潘懋元至少在青年时代就已经对西方主要教育流派及苏联教育理论相当熟悉的事实，这是潘懋元高等教育研究国际视野的起点和基础。

谢沃认为：“潘懋元对西方教育思想的了解，始于战后他赴地处北京的

① 笔者认为，潘懋元的开放精神至少体现在三个方面：无门户之见，积极鼓励群众性高教研究；不故步自封，大力倡导多学科研究；不闭关自守，高度重视借鉴国外先进的理论和方法。

② 阿里·谢沃.潘懋元教育哲学[J].山东高等教育，2015(4)：89.

中国人民大学学习期间。在那里，通过俄罗斯教师，他接触到了由俄罗斯学者翻译而来的西方教育哲学。”[①]实际上，潘先生对西方教育理论的学习始于20世纪40年代初期他在厦门大学教育系读书期间。大学时代，潘懋元已经系统学习过夸美纽斯、卢梭、赫尔巴特、杜威等西方学者的教育理论，特别是卢梭自然主义教育思想对他有较大影响。[②] 潘懋元曾回忆，他年轻时特别欣赏瑞典新教育运动倡导者爱伦·凯的教育思想，并因此为他的爱女起名“凯伦”。[③] 可以说，青年时代的潘懋元对西方教育理论相当熟悉，并有扎实的基础。

毋庸置疑，学习卢梭、杜威等西方学者的教育理论，为潘懋元打下了坚实的教育理论基础，也开阔了他的理论视野，但20世纪50年代潘懋元探索建立高等学校教育学学科时，对西方教育理论的借鉴是相对有限的，他当时对待西方教育理论的态度更多是批判和超越。原因有二：一是50年代的潘先生已经成长为一个马克思主义教育理论工作者，已经学会用马克思主义的理论和方法分析问题、解决问题；二是他在高等教育实践中深刻地体会到传统教育学的局限性，即传统教育学实际上只是以儿童和中小学教育为对象的教育学，不可能很好地解决高等专业教育问题。

这一态度也反映在潘懋元对待苏联教育学方面。1951年8月，厦门大学开始学习苏联经验，潘懋元被王亚南校长选派到中国人民大学教育学研究生班（该班于1952年初转入北京师范大学）进修，使他有机会系统学习了苏联的教育学理论，如凯洛夫的《教育学》。但潘懋元也没有盲目崇拜凯洛夫理论，相反他通过学习苏联教育学以及为厦门大学教师干部讲授教育学，更加强烈地体会到传统教育学的局限性，即不关注高等专业教育的问题。1957年，他第一次提出要“逐步地建立一门称为‘高等专业教育学’或‘高等学校教育学’的教育科学”[④]，并组织厦门大学教育学教研组的同事一起合作编写了《高等学校教育学讲义》，在创建高等教育学科方面进行了第一次重要的探索。

---

① 阿里·谢沃.潘懋元教育哲学[J].山东高等教育，2015(4)：91.

② 潘懋元，口述.肖海涛，殷小平，整理.潘懋元教育口述史[M].北京：北京师范大学出版社，2007：81.

③ 潘懋元，口述.肖海涛，殷小平，整理.潘懋元教育口述史[M].北京：北京师范大学出版社，2007：87.

④ 潘懋元.潘懋元文集：卷二(上)[C].广州：广东高等教育出版社，2010：16.

可见，在20世纪50年代第一次探索建立高等教育学科时，潘懋元已经具备了比较宽广的国际视野，对世界教育学的发展历史相当熟悉，特别是对传统教育学的局限性体会深刻，这对他提出创建高等学校教育学的观点有直接影响。尽管当时国内高教界处于闭塞状态，潘懋元仍然抓住一切机会了解国外的情况。如他通过当时的《教学译报》了解到如捷克斯洛伐克科学院通讯院士帕符利克在一次发言中，批评教育科学理论研究只停留在普通学校教育工作上的问题，很少注意到专业学校的教育工作问题。[①] 这个发言对潘懋元创建高等教育学科也有所启发。

1978年，中国迎来了科学的春天，潘懋元终于等来了高等教育研究前所未有的发展机遇。是年5月，厦门大学高等学校教育研究室[②]成立后，潘懋元决定把探讨当前高等教育改革和编写中国第一部《高等教育学》作为主要目标。当时，国内刚刚经历“十年浩劫”，百废待兴，与国际学术界几乎没有交流。潘懋元深知，如果不了解国外的高等教育发展情况，特别是新技术革命对高等教育影响的最新趋势，《高等教育学》是难以编写出来的。于是，潘懋元克服一切困难，组织研究室的同事从多个渠道搜集国外的资料，为编写《高等教育学》做好准备。1978年10月，在潘懋元的指导下，研究室创办了外国高等教育研究的专业刊物《外国高等教育资料》，该刊不仅是“文革”后最早创办的高等教育研究专业刊物之一，也是迄今为止唯一一份专门研究国际高等教育的专业刊物。刊物创办后，就组织校内外专业人员翻译和介绍大量国外高等教育发展的动态资料和研究论文，成为国内高教研究界了解国际高等教育的一个重要窗口。从1979年开始，厦门大学高教研究室围绕编写《高等教育学》的任务，进行72个专题的研究，其中相当一部分专题是关于国际高等教育改革动态的。

1982年，潘懋元在湖北省首次高等教育学术研讨会上做学术报告，专门介绍了国外高等教育理论研究的情况。据我了解，这是国内高教研究界第一次较为详细地对国外高等教育研究状况的介绍。[③] 这表明，潘懋元在创建高等教育学科的过程中一直在关注着国际高等教育研究的动态。1983年，

---

① 潘懋元.潘懋元文集：卷二(上)[C].广州：广东高等教育出版社，2010:3-4.

② 厦门大学高等学校教育研究室于1978年、1984年和2004年先后更名厦门大学高等教育科学研究室、厦门大学高等教育科学研究所、厦门大学教育研究院。

③ 潘懋元.潘懋元文集：卷二(上)[C].广州：广东高等教育出版社，2010:41-43.

潘懋元在华中工学院召开的《高等教育学》教材听取意见座谈会上的发言，提出编写《高等教育学》教材要注意“吸收已被历史证明为符合教育规律的中外教育理论”。[①]

经过几年的艰苦工作，1984 年 7 月，由潘懋元主编的中国第一部《高等教育学》上册终于由人民教育出版社、福建教育出版社联合出版，下册于次年问世。这是中国乃至世界第一部具有相对完整体系的高等教育学专著，它的出版标志着中国高等教育学科的正式建立。尽管当时潘懋元及参加编写的人员对国外高等教育了解不多，但这部高等教育学开山巨著中，仍然可以找到多个通过联系国际高等教育历史和现实来阐述高等教育理论问题的实例。如该书在论述高等教育在国家建设和社会发展中的任务和作用时，大量列举了美、日、苏等发达国家高等教育发展规模、速度以及教育经费等数据，运用舒尔茨人力资本理论分析了教育投资在国民经济建设和社会发展中的重要性。[②] 又如在论述大学教师队伍结构时，该书专门介绍了美、苏、日、西德四国大学教师的发展情况和结构特征。[③]

高等教育学科建立后的 30 多年，潘懋元一直倡导高等教育研究要重视借鉴国外先进理论和经验。在他的带领下，厦门大学高教研究所积极开展国际交流。早在 20 世纪 80 年代，该所就邀请英、美、日、加等国家和地区的高教研究学者来所讲学；派遣教师和学生到国外访问或攻读学位；翻译国外相关论文和专著；与日本广岛大学、美国卡耐基基金会教学促进委员会建立了交换资料的关系。尽管当时厦门大学高教所在国际交流上取得了一定的成绩，但潘懋元认为厦门大学高教所国际学术交流“不经常，徘徊于‘国际市场’之外，国际影响很小”，并于 1988 年在厦门大学高教所建所十周年的工作报告中提出要把“加强国际教育学术交流，打进‘国际市场’，使中国的高等教育科学在国际上有较大的影响”作为该所第三阶段发展战略。[④]

20 世纪 90 年代以后，随着改革开放的不断深化和社会主义市场经济体制的逐步建立，中国高等教育对外开放的步伐进一步加快，潘懋元更加重视

---

① 潘懋元.潘懋元文集：卷二(上)[C].广州：广东高等教育出版社，2010：414.

② 潘懋元.高等教育学(上)[M].北京：人民教育出版社，福州：福建教育出版社，1984：27.

③ 潘懋元.高等教育学(上)[M].北京：人民教育出版社，福州：福建教育出版社，1984：137-138.

④ 潘懋元.潘懋元文集：卷二(上)[C].广州：广东高等教育出版社，2010：101.

与国外高教研究界的交流与合作，多次在文章和报告中提出要重视借鉴国际高等教育先进理念和成果。

1992年，潘懋元邀请美国著名比较高等教育专家阿尔特巴赫前来厦门大学高教所，并借此机会，召开了中国第一次比较高等教育学术研讨会。[①] 20世纪90年代末和21世纪初，为了推动中国高等教育大众化进程，潘懋元组织厦门大学高教所师生在国内率先系统研究马丁·特罗的高等教育大众化理论。他的研究生还将马丁·特罗的代表作《从精英向大众高等教育转变中的问题》翻译成中文。

进入新世纪后，尽管中国高等教育研究事业继续得到较快发展，但潘懋元清醒地认识到“从世界高教研究的整体格局来看，中国高教研究仍游离于‘中心’之外。由于在相当长一段时间内缺乏与国际的交流与合作，我们有不少研究成果是在相对封闭的学术环境中产生的，这导致我们的研究视野狭窄，对国外先进成果借鉴不够，研究的科学化程度不高”[②]。因此，他多次撰文提出“高等教育研究应当加强国际交流与合作，通过国际化来促进中国高等教育的改革与发展”。[③]

2008年，在厦门大学教育研究院（即厦门大学高教所）建院三十周年庆祝大会上，88岁高龄的潘懋元提出，研究院的第四阶段主要战略任务“应当是进一步推进中国高等教育学学科的国际化”。[④] 我认为，“国际化”不仅仅是潘懋元为厦门大学教育研究院提出的战略任务，也是他对未来中国高等教育学科发展指出的一个重要战略方向。

三

笔者师从潘懋元20多年，得到他的谆谆教诲，拜读了他几乎所有的专著和论文。在我看来：潘先生是一位真正的教育家，而且是一位真正的爱国主义教育家。虽然“爱国主义教育家”这个称谓在研究潘先生教育思想的论著中并不多见，但若纵观潘懋元80年来的教育生涯，或者阅读潘懋元的文集、

① 潘懋元.潘懋元文集：卷二（上）[C].广州：广东高等教育出版社，2010：149.

② 潘懋元.潘懋元文集：卷二（上）[C].广州：广东高等教育出版社，2010：299.

③ 潘懋元.潘懋元文集：卷二（上）[C].广州：广东高等教育出版社，2010：284.

④ 潘懋元.潘懋元文集：卷二（上）[C].广州：广东高等教育出版社，2010：302.

口述史，就不难发现："爱国"是潘懋元的一个重要品质，是潘懋元高等教育思想的一个重要特点。

潘懋元成为一个坚定的爱国主义者，与他的人生经历密不可分。他早年目睹国难当头、民不聊生的旧中国惨状，参加过潮汕地区抗日组织"青抗会"，发表过多篇充满爱国主义情感的文学作品；新中国成立后又亲历了社会主义建设的各个历史阶段，见证了中国高等教育事业从弱小走向强大的历史进程。对国家、对民族、对中国高等教育事业，他都倾注了全部情感，这是支持他义无反顾地创建高等教育学科并为中国高等教育研究事业奋斗终生的强大精神动力。

翻开洋洋八卷十册的《潘懋元文集》，300 多万字的著述涉及高等教育理论和中国高等教育教育改革发展的方方面面，任何读者要从中提炼出潘懋元最核心的高等教育思想或归纳出潘懋元高等教育思想的体系都是困难的。笔者冒昧地认为以下三点可能是潘懋元高等教育思想的核心：一是高等教育本质论（即高等教育的本质是高等专业教育）；二是教育规律论（即教育内外部关系规律理论）；三是高等教育研究目的论（即中国高等教育研究的目的是为中国高等教育实践服务）。前两个理论，高教界已经做了比较充分的研究，对第三个理论的研究不多。实际上，这三个理论是相互关联的一个整体：本质论是潘懋元教育思想的本体论，回答高等教育是什么；规律论是潘懋元教育思想的认识论，回答高等教育怎么办；而高等教育研究目的论则在一定程度上体现了潘懋元教育思想的价值论，即回答我们需要什么样的高等教育研究？或者说，什么才是好的、有意义的高等教育研究？笔者认为，这一点很重要。忽略了对目的的认识，可能就会使我们的研究迷失方向，甚至误入歧途。

作为爱国主义教育家的潘懋元对高等教育研究目的的认识一直是明确的：高等教育研究必须立足中国，为中国高等教育改革和发展的实践服务。上文所论潘懋元积极倡导"借鉴国际高等教育先进理念和成果"以及一切相关的努力也是为了这个目的。正因为如此，我们研究潘懋元高等教育思想不难找到其中一些显著特点：一是重视中国高等教育改革和发展现实问题的研究；二是学科建设和理论研究的最终目的是为中国高等教育改革发展实践服务；三是借鉴国外先进理论和经验，也是为中国的高等教育改革发展实践服务；四是中国高等教育研究必须坚持自主创新之路。笔者认为，这些特点突出地体现了潘先生坚持高等教育研究为中国服务的“本土情怀”。也正因为如此，潘懋元不仅仅把高等教育研究和高等教育学作为“学问”来做，而是作为一种服务于中国高等教育改革发展的“事业”来做，这使得他比专门“学问家”的境界更高。牟宗三把学问分为上中下三个层次，最上层是“生命的学问”。而潘懋元的高等教育理论及他为中国高等教育学科所做的一切已经超越了“学问”的层面和范畴，他是用生命在追求一个更加伟大的事业。

如前文所述，潘懋元在 20 世纪 50 年代就倡导建立高等教育学科，组织当时厦门大学同事一起合作编写了《高等学校教育学讲义》。潘懋元创建这个新学科，也不是单纯为学科而学科，而是为了研究高等专业教育中存在的不同于普通教育的“特殊问题”，为中国高等教育发展服务。限于当时的条件，《高等学校教育学讲义》主要参考了凯洛夫《教育学》的框架，但该书并没有照搬凯洛夫《教育学》的理论，而是尽可能联系了中国高等教育和高等学校发展的实际情况。特别是潘懋元在该书的“前言”中倡导建立高等学校教育学，并专门探讨了高等学校教育的特点，这些都是具有创新意义的。

潘懋元重新倡导高等教育科学研究和创建高等教育学科时，仍然坚持自主创新的发展道路。潘懋元重视借鉴国际高等教育先进理论和经验，但更强调要“洋为中用”，创建中国自己的高等教育理论体系。1978 年，潘懋元在《厦门大学学报》发表《必须开展高等教育的理论研究》，在这篇倡导高等教育理论研究的著名论文中，潘懋元提出高等教育理论研究要“批判地吸收历史的、外国的有用的东西”；“社会主义新中国的高等教育实践为建立新学科提供了丰富的材料，高等教育的发展需要这样的新学科”。① 从这一论述中可以看到潘先生创建高等教育学科的基本路径和策略：不会照搬西方理论，而只是“批判地吸收”，同时更重视从中国的高等教育实践中寻找学科资源，以满足中国高等教育发展的需要。1982 年，潘懋元在湖北省首次高等教育学术研讨会上介绍国外的高等教育研究情况时，更是明确提出“必须针对高等教育的特点，建立符合我国文化传授和高校实际的《高等教育学》”②。

1984 年，潘懋元在其主编的中国第一部《高等教育学》中提出建立高等教育学学科的目的是：“总结我国高等教育实践的经验，借鉴国外高等教育

① 潘懋元.潘懋元文集：卷二(上)[C].广州：广东高等教育出版社，2010：31.

② 潘懋元.潘懋元文集：卷二(上)[C].广州：广东高等教育出版社，2010：50.

的某些理论和经验，探讨高等教育各个层次的规律，为建立具有中国特色的社会主义高等教育体系、为发展我国高等教育事业服务。”①同时潘懋元还在该书中第一次提出创建“中国特色社会主义高等教育科学体系”的战略目标：“研究高等教育学，应以研究高等教育事业的发展和改革过程中的重大实际问题和理论问题为中心，以建立具有中国特色的社会主义高等教育科学体系为目标。”对于国外的高等教育理论和经验，“既不能采取闭关锁国、故步自封的方法，也不能采取不加批判、原样照搬的做法，建国前的‘全盘西化’、建国后的‘全盘苏化’都是不足取的。应当从我国国情出发，坚持以我为主，博采各国之长，借鉴其适合于我国的有用部分，吸收消化，做到‘洋为中用’”②。笔者认为，潘懋元的这些观点虽然是30多年前说的，但即便放到今天，仍然具有重要的现实指导意义。

20世纪80年代中后期，随着国外各类理论思潮的不断涌入，学术界开始出现盲目崇拜西方理论的现象，一些学者唯西方是瞻，在研究中不顾国情，照搬照抄西方理论。对此，潘懋元持坚决的批判态度。

1987年，潘懋元在《教育研究》举办的一次座谈会上尖锐地批评了当时流行的“认同论”③。他认为，制约理论发展的因素不仅仅是科学技术，还有社会制度、文化传统等因素，因此“认同论”是不能成立的。他提出，教育科学研究要“立足国情，面向世界”；“这条路这样走，能走出自己的特色”④。1988年，他在《教育研究》上撰文指出：我们的高等教育科学研究，应该把“重点放在研究我国高等教育事业发展与改革过程中的重大理论问题和实践问题上。这是探索建立有中国特色的社会主义高等教育体系的唯一正确道路”。他认为：“现在一些研究高等教育的文章，往往生硬搬用西方学者的理论。”“即使是一些在西方可行的东西，也还存在是否符合中国国情的问题。我们必须用马克思主义的准则来分析判断，不可一味地亦步亦趋，食洋不

① 潘懋元.高等教育学(上)[M].北京：人民教育出版社，福州：福建教育出版社，1984：5.

② 潘懋元.高等教育学(下)[M].北京：人民教育出版社，福州：福建教育出版社，1985：295-296.

③ “认同论”也叫“趋同论”，该论表面讲的是科学和理论“无国界”，实质是主张发展中国家的理论向发达国家的理论趋同，沦为发达国家的从属理论。

④ 潘懋元.潘懋元文集：卷二(上)[C].广州：广东高等教育出版社，2010：422.

化。"[①]1989 年,潘懋元在第一届全国校际高等教育科学研究所(室)工作研讨会上做总结报告,他分析为何有些理论未能及时转化为实践,其中一个原因就是"照搬西方理论而昧于国情"。[②]

进入 20 世纪 90 年代,随着中国高等教育科学研究的迅猛发展,中外高等教育研究领域的交流日趋增多,比较高等教育研究受到更多学者的重视,大量西方高等教育理论成果被引进到中国。由于一些学者缺少对比较高等教育目的的正确认识,也缺乏对中国高等教育现实的了解,导致一些比较研究的成果只是单方面介绍国外的经验,缺乏与中国的比较。针对这一现象,1991 年,潘懋元撰文指出:"中国学者研究比较教育,就是要从中国改革与发展的需要出发,实事求是地借鉴外国的经验、教训,从中找出规律性的东西。以'洋为中用'为目的,出发点和归宿都是中国。"[③]他还指出,对待外国的教育理论、外国高等教育的经验介绍,要"从照搬、迷信到评论其是非得失,取其精华,弃其糟粕,吸收消化"[④]。

1997 年,潘懋元在全国高等教育学研究会年会上主题报告,他对高教研究中的"大、洋、空"现象进行批评。他说:"洋就是喜欢搬洋人的话,以壮大自己的声势,有的研究连篇累牍地引用外国二三流作品的内容,而对中国自己的理论建树不屑一顾。"他还举例,"一些关于高等教育发展规模和速度问题的研究,往往不顾我们实际国情和高教实际发展状况,单纯的根据某些国家国民生产总值(GNP)负担大学生人数或每万人口中大学生人数,来推导我国高等教育的发展规模和速度"[⑤]。

对于中国高等教育研究的发展,潘懋元始终充满信心,认为中国高等教育研究虽然起步比西方晚,但我们要有自己的特点和优势。早在 1987 年,潘懋元就指出:"我们过去有一种自高自大、骄傲自满的情况。而到了现在则有一种相当厉害的自卑情绪,我觉得这是要不得的。……我们落后,但不等于所有的东西都落后,包括我们的教育科学研究不一定落后。"他还谈到中国高教研究与日本高教研究的比较。认为中国在研究机构、刊物数量上有

① 潘懋元.潘懋元文集:卷二(上)[C].广州:广东高等教育出版社,2010:89.

② 潘懋元.潘懋元文集:卷二(上)[C].广州:广东高等教育出版社,2010:108.

③ 潘懋元.潘懋元文集:卷四[C].广州:广东高等教育出版社,2010:498.

④ 潘懋元.潘懋元文集:卷二(上)[C].广州:广东高等教育出版社,2010:139.

⑤ 潘懋元.潘懋元文集:卷二(上)[C].广州:广东高等教育出版社,2010:178-179.

优势，日本在宏观教育方面研究得比中国多。[①] 1995 年，潘懋元在全国高等教育学研究会年会上做主题报告提出："中国高等教育学理论，要立足社会主义的中国，也要面向世界，面向未来，要使中国的高等教育学，能够在世界高等教育理论领域以其特色而形成有影响的学派，以与西方某些高等教育理论比高低、争长短，能为世界高等教育理论的发展做出我们的贡献。"他还说："建设一个中国高等教育理论学派，我认为是有条件的，问题是有没有信心。"[②]1998 年，潘懋元为《高等教育研究在中国》(英文本)所做的《高等教育研究在中国发展的轨迹》一文中明确提出："中国高等教育学科是在中国本土产生与发展起来的，而不是从他国引进的。如果说，中国的学校教育制度，包括高等学校教育制度，先后借鉴了日本、英、美、苏联，中国 19 世纪末至 20 世纪初的教育理论，是从翻译国外教育专著开始，并一直带着浓厚的'从属理论'气息，那么，中国的高等教育理论的主流，则始终带着浓厚的本土气息。"[③]这段话不仅向西方同行陈述了一个事实，也表达了中国高等教育学者应有的理论自信。

进入新世纪后，中国高等教育研究事业继续得到繁荣发展，专业研究机构、人员、刊物、成果等多项指标位居世界第一，中国已经成为高等教育研究大国。但潘懋元并不满足于现有的成就，而是站在建设高等教育研究强国的高度对未来中国高等教育研究的发展道路进行了战略性的思考，提出了 21 世纪中国高等教育研究要"继续立足国内"，并"力争走向世界"的发展战略。

2002 年，潘懋元在澳大利亚悉尼大学举办的一份国际刊物上撰文提出：21 世纪初期中国高教研究"将继续立足国内"，"构建有中国特色的高等教育学科体系，并逐渐形成中国高等教育理论学派"；同时，"中国高教研究要力争走向世界"，"逐步确立中国高教研究和中国高等教育理论学派在世界学术界的地位"，"为世界高教研究的发展和人类学术的进步与繁荣做出我们中国学者应有的贡献"。[④]

2003 年，潘懋元组织他的博士生对教育理论界流行的"依附理论"("从

① 潘懋元.潘懋元文集：卷二(上)[C].广州：广东高等教育出版社，2010：422-423.

② 潘懋元.潘懋元文集：卷二(上)[C].广州：广东高等教育出版社，2010：445-446.

③ 潘懋元.潘懋元文集：卷二(上)[C].广州：广东高等教育出版社，2010：195-196.

④ 潘懋元.潘懋元文集：卷二(上)[C].广州：广东高等教育出版社，201：251-252.

属理论”)提出质疑,撰写了一批论文。2004年,潘懋元在北京论坛上做的主题报告《中国高等教育学科建设之路》引起了强烈反响。他提出:“中国高等教育学科发展的历史证明,通过提升文化自觉,立足本国实际,大胆借鉴,不断超越,勇于创新,所走的完全是一条非依附发展的道路。”对于未来中国高等教育学科的发展道路选择,他明确提出:“在继承中学习、在借鉴中超越”是“中国高等教育学科创新的必然选择”。①

2005年,潘懋元在为拙著《中国高等教育研究史》所做的序文中指出:“作为‘高等教育研究的大国’,不能满足于规模大、成果多,更重要的是要不断提高科学化(不是八股化)水平和应用价值,逐步走向国际,不是依附于西方,而是同国外高等教育界相互借鉴,平等对话。”②

2006年,潘懋元再次倡导创建高等教育研究“中国学派”。他说:“在新世纪,中国高等教育学的学科建设应当克服民族虚无主义和民族本位主义两种倾向,努力做到在继承中学习、在借鉴中超越,从而实现中国高等教育学的学科创新。”③“既立足本国又学习外国,大力推进学术观点创新、学科体系创新和科研方法创新,形成国际高等教育研究中的中国学派,努力建设具有中国特色、中国风格和中国气派的高等教育学科群。”④

2009年,潘懋元在回顾新中国高等教育研究60年历史的论文中再次强调:“中国高等教育研究近三十年繁荣发展的历史已经证明了坚持独立自主的发展道路是正确选择,各国社会科学发展的历史也证明了没有哪个国家是通过选择依附发展的道路成为社会科学研究强国的。依附发展和从属理论不仅解决不了中国的实际问题,还会对高等教育研究的健康发展产生负面影响。”⑤

2011年,潘懋元在《中国高教研究》组织的一组笔谈上建议:“中国高等教育学会主办的国际论坛,能够更好地站在国际的高度上,吸引更多的国际眼光,在讨论世界和中国共同关心的高等教育问题上,有中国教育领导和专家的话语。让国际能够更好地感受到中国正在从教育大国走向教育强国;

---

① 潘懋元.潘懋元文集:卷二(上)[C].广州:广东高等教育出版社,2010:454.

② 李均.中国高等教育研究史[M].广州:广东高等教育出版社,2005:3.

③ 潘懋元.潘懋元文集:卷二(上)[C].广州:广东高等教育出版社,2010:458.

④ 潘懋元.潘懋元文集:卷二(上)[C].广州:广东高等教育出版社,2010:300.

⑤ 潘懋元.潘懋元文集:卷二(上)[C].广州:广东高等教育出版社,2010:322.

正在从教育研究大国进入教育研究强国。”①

2012年,潘懋元主编的《中国高等教育自主发展路径研究》由高等教育出版社出版,该书从学术理念、学术语言和学术评价的视角探讨了中国高等教育,特别是中国高等教育学科自主发展和自主创新的路径。

由此可见,创建“高等教育研究强国”、实现中国高等教育学科的自主创新是潘懋元近年来最为关注的一个问题。作为中国高等教育学科的创始人和中国高等教育研究事业的领头人,潘懋元深知中国高等教育学科必须坚持自主创新的发展道路,成为西方的“从属理论”是没有出路的。他不仅提倡自主创新,而且身体力行,带领和指导他的团队积极开展自主创新。2014年,厦门大学教育研究院组建了中国第一个“高等教育质量建设协同创新中心”,该中心将建成中国特色新型高等教育智库,为我国和世界高等教育质量的持续提升提供强有力的理论支撑和人才支持。同时,潘懋元还指导他的团队对国外的一些重要高等教育理论进行改造和超越,其中对伯顿·克拉克多学科高等教育研究的超越和对马丁·特罗高等教育大众化理论的创新就是典型事例。

四

通过上文对潘懋元高等教育理论国际视野和本土情怀的论述,我们既领略到一个教育家的远见卓识和博大胸怀,又找到了高等教育学科在中国横空出世并得到繁荣发展的重要原因。中国高等教育学科要积极借鉴国外的先进理论,更要坚定地走自主创新的发展道路,依附西方、做西方的从属理论是没有希望的。这是中国高等教育学科创建30年来的一条宝贵经验,也是未来中国高等教育学科持续发展、再创辉煌的必然选择。

长期以来,中国高等教育研究界存在两种不良的倾向:一种是缺乏国际视野,不善于借鉴国际先进的理论和方法,甚至对外国的东西一律加以排斥;另一种则是缺乏本土情怀,言必称外国,盲目崇洋媚外,妄自菲薄,对国外的东西盲目崇拜和全盘照搬。

先说第一种倾向。如前文所述,当年潘懋元创建高等教育学科时,对待

① 潘懋元.国际论坛与国际话语[J].中国高教研究,2011(9).

外国理论,采取了科学和理性的态度。如人力资本理论刚刚进入中国时,被有些学者认为是“追求利润”的资本主义理论而遭到排斥,但潘先生则认为,西方理论在“适应社会需要、在讲究经济效益、在提高科技人才的质量上,有其共性。所以,这方面有许多理论值得我们借鉴”①。在他的论著中多次引用了人力资本理论。此后,他在《教育研究》上撰文明确指出不能轻率地否定西方理论。他说:“西方学者的理论以及他们的研究方法,的确有许多合理的、值得借鉴的东西,不应当因为是资产阶级学者所提倡或资本主义国家所采用的就轻率地予以否定。”②那个时代,改革开放刚刚起步,“极左”思潮盘桓未尽,潘懋元尚能有如此认识,在全球化已经成为时代大趋势的今天,我们还有什么理由来闭关自守,盲目排斥国外的理论呢?

虽然中国高等教育研究经过30多年的发展,已经取得了巨大的成绩,已经成为“高等教育研究大国”,但中国高等教育研究仍然处于国际边缘地带、影响力微弱,这是不争的事实。未来的中国高等教育研究,不仅要引进世界先进的高等教育理论,还必须把我们自己的高等教育理论推向国际学术舞台,这样才能使中国的高等教育研究成果为国际更多的同行熟知和认可,才能确立中国高等教育研究在世界学术界的地位,才能使中国高等教育理论成为世界高等教育科学宝库的一部分。要做到这一点,除了要加强中国高等教育学科和理论的自身建设、以增强与西方高教学术界相抗衡的实力外,还需要我们的高等教育学者具备潘懋元那样的国际视野和开放精神。

与闭关自守相比,第二种倾向即崇洋媚外、妄自菲薄的倾向,在当前高教研究界似乎更为常见。潘懋元多次批评的情形,笔者也经常遇见。例如,我就多次听到个别学者质疑高等教育学科的“合法性”,他们的理由竟然是:美国就没有,中国为何可以有?这样的理由实在让人啼笑皆非,根本不值得一驳。还有一次在全国的高等教育学研究会年会上,一位中年学者发言,情绪激动地批评中国的高等教育学科几十年来究竟创造了什么知识、什么理论,有哪个理论能和伯顿·克拉克的“三角理论”相比?提出这样的观点只能表明这位学者对中国高等教育学历史和现实的无知,亦不值一辩。更多的情形反映在研究中,一些学者缺乏中国意识和本土情怀,不愿意研究中国问题,即使研究中国问题也盲目地以引用外国文献为荣,就是潘懋元说的二

① 潘懋元.潘懋元文集:卷二(上)[C].广州:广东高等教育出版社,2010:335.

② 潘懋元.潘懋元文集:卷二(上)[C].广州:广东高等教育出版社,2010:89.

三流作品也要反复引用。我曾经把某核心刊物一篇研究中国某地教育经费的论文拿来让本所一年级的硕士生看，结果他们一下就发现两个问题：一是研究中国某地方的教育经费，参考文献竟然全部是外文；二是数据陈旧，全部用的是几年前的旧资料、旧数据。可见，为了媚外，这个作者连数据的时效性都不考虑了，只要是洋文就好。

近年来，潘懋元一再告诫中国高等教育研究不要走依附发展和从属理论的道路，是他高瞻远瞩，看到了学科发展的根本出路。考察世界各国社会科学发展的历史，不难发现，迄今为止，没有哪个国家的社会科学通过依附发展成为社会科学研究强国。其根本原因是，社会科学与自然科学研究存在本质的差异。自然现象虽变化无常，但现象背后的规律古今如一，各国各地区如一，而社会科学具有难以磨灭的地域性、民族性特征。社会学家金耀基在谈到社会学性格时说过："它的普遍性格显然没有自然科学那么强"。"我们在专书或学报上不时可看到像'美国社会学'，'日本社会学'，'加拿大社会学'，'苏联社会学'等字样。……这现象在人文学中是司空见惯的，但在自然科学中可以说是未之一见。这很有力地反映了社会学缺少普遍性的性格。"[①]也就是说，各国有各国的问题，各国的社会科学也有各国的特色，依附发展意味着永远只能跟在别人后面，永远甘居从属地位，永远不可能占据社会科学的制高点。

高等教育学是中国创造的自主品牌，自主品牌不一定就比洋品牌差，自主品牌也有自己的特点和优势，对此潘懋元早在1991年《高等教育研究的比较、困惑与前景》、1998年的《高等教育研究在中国发展的轨迹》等论文中就有过精辟论述。笔者也曾分析过高等教育学科的两大意义：一是从理论的角度分析，高等教育学科具有多学科研究无法替代的作用。二是从历史的角度看，建立高等教育学科不仅使高等教育研究在中国取得了合法地位，而且极大地推进了高等教育研究制度化进程。因此，"高等教育学不仅是中国高等教育研究事业繁荣发展的直接原因，也是中国为世界高等教育研究发展做出的重大贡献"。[②] 所以，不能简单地认为，西方没有高等教育学，中国就不能有，关键要看高等教育学对于中国高等教育研究和中国高等教育事

① 金耀基.社会学的中国化：一个社会学知识论的问题[C]//杨国枢，文崇一.社会及行为科学研究的中国化.台湾"中央研究院"人类学/民族学研究所，1991：95.

② 李均.中国高等教育研究史[M].广州：广东高等教育出版社，2005：393-396.

业发展的实际意义。

潘懋元认为:“西方高等教育研究虽然起步较早,但一直未能成为一个独立学科。而中国高等教育研究从一开始就选择了一条不同于西方的发展道路,通过建立专门的高等教育学科来带动整个高等教育研究事业的发展。历史证明,这条道路适应了中国国情和中国高等教育研究发展的实际需要,推动了中国高等教育研究的超常规、跨越式发展。”[①]潘先生认为,21世纪的中国高等教育研究应该坚持走自己的路,在实施国际化战略的同时,探索自主创新之路。正如杜祖贻教授所言:“亦步亦趋,终为奴仆;借鉴超越,方成主家。”[②]同时,每个中国高等教育学者都应该像潘先生那样既有国际视野,又有本土情怀,两者缺一不可:有国际视野,无本土情怀,就会盲目媚外,很可能沦为发达国家的附庸;有本土情怀,无国际视野,又可能盲目自大,陷入“民族本位主义”的泥坑。这里实际涉及的是高等教育研究中如何处理国际化与本土化的关系问题。作为中国高等教育学科的创始人,潘懋元不仅在理论上回答了这一问题,而且以他的实际行动做出了示范。我们不仅要学习潘懋元的高等教育理论,更要学习他在创建中国高等教育学科的过程中“敢为天下先”的创新精神以及创业精神、实践精神、爱国精神和开放精神,为增强中国高等教育学科的文化自觉与道路自信,为继续开创中国高等教育学科自主创新之路,做出自己的贡献。

① 潘懋元.潘懋元文集:卷二(上)[C].广州:广东高等教育出版社,2010:316.

② 潘懋元.中国高等教育自主发展路径研究[M].北京:高等教育出版社,2012:127.

潘懋元高等教育学科思想

车如山　王彦雷

从理论上讲，作为知识分类的学科，在中西方历史的起源是不同的，这种不同的学科起源与知识观密切相关。从人类发展史来看，学科的发展与知识的精细化即知识的分类关系密切；从学科的起源来看，古今中外的学科无不源于对知识分类的不同看法；从大学发展史来说，学科与大学的关系更加紧密。在我国，高等教育学作为一门独立学科的出现，既是源于知识分类，又是基于高等教育实践的迫切需要。20 世纪五六十年代，潘懋元先生在其丰富的教育教学实践基础上，首倡建立独立的高等教育学科。经过长期的探索和实践，到 20 世纪 70 年代末 80 年代初，他主编并出版了我国第一部《高等教育学》，建构了高等教育学科体系，奠定了高等教育学科发展的理论框架。作为我国高等教育学科的创始人，潘懋元先生在长期的高等教育实践与理论研究基础上，形成了自己的高等教育学科思想，对中国高等教育的实践产生了重要推动和引领作用。潘先生始终坚持理论联系实际，将高等教育理论与高等教育实践紧密结合，他既注重对高等教育宏观问题的研究，也注重对高等教育微观问题的探讨。

一、高等教育学科的初创阶段
——以建设独立的高等教育学科为目标

随着社会的不断发展与进步，现代高等教育首先在西方国家产生。第

作者简介：车如山，教育学博士，兰州大学教育学院副教授，兰州大学格鲁吉亚研究中心主任；王彦雷，华中科技大学教育科学研究院博士研究生。

二次世界大战以来，随着西方国家经济的复苏与繁荣，大量退伍军人需要重新就业，新兴产业迅速发展，促使西方高等教育迅速进入大众化、终身化发展阶段。高等教育的经济、政治、文化等功能和对个人、社会、民族、国家的作用也逐渐凸显，高等教育成为社会关注的焦点，并纷纷上升到国家战略层面，高等教育逐步走向社会的中心，其功能和作用越来越重要。

西方国家很早就开始高等教育研究，但至今并没有把高等教育学作为一门独立的学科来对待。而我国高等教育学科自建立之始即以独立的学科为目标，这是我国高等教育研究与西方高等教育研究最显著的区别，也是我国高等教育学最显著的特色。我国高等教育学科经过几十年的发展，学科建设已初见成效，但其学科至今依然面临着身份合法性的争议。这种争议表现为是学科还是领域的争论。在这一问题上，潘先生坚持认为："高等教育学由于有它独特的不可替代的研究对象，更由于它有其特殊的不同于普通教育的规律，因而可以构成一门独立的学科。至于理论体系、专门术语、方法论体系等，只有在它的发展过程中不断完善，不断成熟。确切地说，它既是一个研究领域，也是一门正在走向成熟的学科。"潘先生以其敏锐的洞察力，预测改革开放后我国高等教育必将进入大发展、大繁荣阶段。因此，研究高等教育成为理论工作者的必然要求。不以领域而以学科为目标，更是体现出先生目光如炬，见解独特。以独立学科为目标，必然要建立内在的学科理论知识体系和外在的学科制度体系相互促进，共同发展。

在大家都还未认识到作为独立学科的高等教育学对国家高等教育事业重要性的时候，潘先生便以其理论工作者的责任和担当、勇气和魄力，自觉扛起建设独立学科的大旗。要建立独立的学科，首先要开展学科理论知识的研究与探索，构建学科内在的理论知识体系。1957 年，潘先生主持编写了《高等学校教育学讲义》，这是我国第一本高等教育学著作。然而，由于各种原因，此书未引起较大反响。1984 年，《高等教育学》出版面世，此书称得上是高等教育学科意义上的首部力作，它的重要意义在于比较系统地建构了高等教育学科知识体系，为建设独立的学科奠定了理论基础。其次，学科的发展离不开外在的学科组织保障。在潘先生的倡导下，1992 年召开的第一次"全国高等教育学学科建设研讨会"，集中讨论了高等教育学学科性质、学科体系、理论与实践等问题；1993 年召开的第二次年会上成立了"中国高等教育学会高等教育学研究会"，并以"建设有中国特色的社会主义高等教育理论体系”为主题，讨论学科理论体系建构、高等教育学研究对象、高等教育基本规律、高等学校基本职能；1995年召开的第三次年会，以“在当前形势下，需要重新认识的高等教育基本理论问题”为主题，重新认识高等教育的基本理论问题。[①] 最后，要想实现建设独立的学科这一目标，必然要走理论研究与问题研究并行且相互交叉、相互促进、共同发展之路；1997年召开的第四次年会以“高等教育理论研究如何更好地为高等教育改革与发展实践服务”为主题，自此，我国的高等教育研究开始更加关注现实中的重大问题，不再只就学科论学科，更加关注理论与实践的结合，走上了一条独具中国特色的高等教育学科发展之路。

可以看出，潘懋元先生在我国高等教育学科还处于初创阶段时，就以独立学科为目标，沿着理论研究与问题研究两条道路齐头并进：一方面是理论研究逐步向纵深发展，在核心概念界定、研究对象、研究方法等学科的关键要素方面取得重大进展，为高等教育学逐步走向成熟的、独立的学科奠定了坚实的理论基础；另一方面是关注高等教育中的重大现实问题，并在解决问题的过程中，促进理论的丰富与发展。正是因为潘懋元开创性的工作，才有今天欣欣向荣、生机勃勃的高等教育学学科。

二、高等教育学科基本形成——以人才培养为核心理念

专业人才是高等教育学科发展的核心动力。无论是哪个学科，专业人才始终是核心动力，离开了专业人才，学科的发展就会是无源之水、无本之木。因此，高等教育学科建设必以专业人才培养为核心。按照经典学科范式，构成学科的核心要素是：学科知识体系或学科理论体系的逻辑起点、独特的研究对象、独立的研究方法、公认的学术术语和具有代表性的学术著作。

潘懋元先生以其精深的理论知识和丰富的实践经验，深刻洞悉现代学科发展之道，认识到经典学科范式的缺陷，独辟蹊径，率先从学科的外在制度建设入手，即建立高等教育学科人才培养制度。以培养高等教育学硕士、博士研究生为起点，逐渐壮大学科研究，使高等教育学逐渐发展成为一个学

---

① 潘懋元.潘懋元文集：卷二(上)[C].广州：广东高等教育出版社，2010:439-445.

科群。潘先生未雨绸缪、高瞻远瞩，从学科发展的长远发展与规划出发，高度重视高等教育学科人才的培养，并成为我国第一个高等教育学硕士、博士生导师。在其精心指导下，桃李遍天下，弟子遍布全国高校和研究机构，成为研究高等教育学的主力军。潘先生多次强调，高等教育学科发展离不开专业人才队伍，“高等教育理论工作队伍，不论外国或中国，大量的是来自各门学科的专家，不一定非要‘科班出身’不可。但是，一批‘科班出身’的人才加进这个队伍，成为专职的教学、科研与管理人员，对于队伍的稳定和发展，对于理论研究的加深与提高，毕竟是强劲的生力军”①。潘先生以“英雄各有见，何必问出处”的胸襟和气魄，摒弃狭隘的观念（科班情怀），无论是科班出身还是跨学科的学子，无论是从事教学还是管理的学者，只要是以高等教育学为志业，先生均一视同仁。

一门学科基本形成的重要条件之一就是以一支专业的人才队伍为支撑。潘懋元先生以其毕生精力倾注在学科建设和人才培养上。首先，先生作为一名教师，把培养人才视为其天职，经久坚守，从无二心。如今潘先生已然是百岁老人，本应颐养天年，但是潘懋元“老骥伏枥，志在千里”，依然奋斗在高等教育教学、研究的第一线。潘懋元先生从教85年，始终站在高等教育前沿，秉承“学而不厌，诲人不倦”的精神，培养了一大批专业人才。其次，潘先生始终走在学术前沿，认识到高等教育人才培养的重要性和特殊性，认为一门学科的建设不是朝夕就可以做到，而是需要一代代人的不懈努力。

人才培养的过程就是学科组织的形成、发展过程。首先，培养人才需要一个平台，对于高等教育学科来说，就是学位点的设立。在潘懋元先生的倡导下，1981年高等教育学专业首招研究生，1984年正式列为教育学的二级学科，并批准成立第一个硕士授予点（当时的规定是先招生培养，后报批学位授予点），1986年拥有第一个博士点。② 此后，高等教育学科的硕士、博士点迅速成长，成为人才培养的基地和摇篮。其次，人才队伍的发展需要自己的专业组织来凝聚智慧和力量，指导人才的成长，促进学科的发展。中国高等教育学会作为高等教育学的全国性学术组织，为高等教育学科发展搭建了平台。最后，人才培养需要学术成果展示的舞台——高等教育学学术期刊。目前，高等教育学学术期刊发展迅速，数量大，种类多，为人才学术成果

① 潘懋元.潘懋元文集：卷二（上）[C].广州：广东高等教育出版社，2010：169.

② 潘懋元.潘懋元文集：卷二（上）[C].广州：广东高等教育出版社，2010：166-167.

的展示提供了阵地，促进了人才之间的相互交流、相互学习，并且相应地提高了高等教育学科的威信和影响力。

三、高等教育学科的成熟与完善——以多学科研究为方法

随着研究问题的情境性和复杂性加深，作为一门应用性很强的理论学科，高等教育学的研究离不开多学科研究方法的应用。

首先，高等教育与社会政治、经济、文化等存在着密切的联系，在社会大系统中不断地互动。因此，在潘先生看来，研究这种复杂的社会现象的高等教育学，必须具有宽广的视野和多种方法。如果只“从某一门学科的观点考察高等教育，只能看到高等教育的一个侧面。在研究高等教育的过程中，对某些问题可以而且必须着重就一个适当的学科观点进行深入探讨，不能眉毛胡子一把抓，但不要忘记同其他学科观点的联系。只有把多门学科观点的研究成果综合起来，比较分析，才能获得比较全面的认识”①。进而，他提出了高等教育学的独特的研究方法可能就是多学科研究方法。② 虽然理论界对这种观点有争议，但是争议并不代表错误，真理越辩越明，有争议反而会增加认识的深度和广度。实践是检验真理的唯一标准，高等教育学 40 多年的发展、繁荣证明了多学科研究的必要性和正确性，正是多学科研究方法为高等教育研究提供了多种研究范式，开辟了新的研究领域，拓展了学者的眼界，促进高等教育学成为体系庞大的学科群。因此，我们要以发展的、长远的眼光来看高等教育学，“高等教育学是正在走向成熟的一门学科，目前没有独特的研究方法并不表示她不存在独特的研究方法，不表示她作为一门学科的不成立”。③

其次，由于高等教育学是一门正在走向成熟的学科，其自身理论的不成熟、不完善是客观存在的，这种缺陷会影响到对问题的认识与解决。因此，多学科研究方法成为高等教育学走向成熟与完善的捷径。今天的高等教育早已走出“象牙塔”，与社会的联系日益紧密，相互作用也愈加明显。显然，

---

① 潘懋元.潘懋元文集：卷二(上)[C].广州：广东高等教育出版社，2010：214-215.

② 潘懋元.潘懋元文集：卷二(上)[C].广州：广东高等教育出版社，2010：215.

③ 刘小强.走出一条学科建设的新路子——潘懋元高等教育学学科建设思想评析[J].高等教育研究，2011(8).

高等教育的问题已不再仅仅是高等教育的问题。比如,研究高等教育的结构问题,不仅关系到高等教育的内部结构,而且还会与社会的产业结构、国家经济结构转型等问题密切相关。对此问题的认识,不仅需要运用高等教育学的理论,而且还需要运用经济学、社会学等学科的理论来看问题。我们对一个问题的认识,如果只有一个角度、一种方法就会陷入“只见树木不见森林”的狭隘境地。而运用多学科研究方法,就会达到“横看成岭侧成峰,远近高低各不同”的效果,必然会对问题的认识更加全面、深刻。

既然高等教育在理论研究上与现实问题解决上都需要运用多学科研究方法,那么就有必要对多学科研究方法进行系统的梳理与总结,使其上升为科学的研究方法。潘懋元先生受伯顿·克拉克《高等教育的观点:八个学科的比较观念》的启发,于 2001 年主持编写了《多学科观点的高等教育研究》,从历史学、哲学、心理学、文化学、科学学、经济学、社会学、政治学、管理学、系统科学、比较教育学的观点和方法对高等教育进行系统的研究。不但解决了高等教育学科没有独特研究方法的问题,而且还确立了多学科研究方法在高等教育研究中的身份和地位,开启了运用多学科研究方法研究高等教育的潮流,引领众多学者从各个不同的学科视角与运用多学科研究方法研究高等教育,加深了高等教育研究的深度与广度。有学者在评论潘先生的多学科研究方法时指出:“他没有坚持传统学科单一独特的研究方法,而是根据大科学时代学科交叉融合的发展趋势强调了多学科方法对于高等教育学的适用性,在高等教育学学科建设上打开了研究方法多元化的大门。他还从高等教育本身的特点出发,论证普适性的多学科研究方法对高等教育学不同于其他学科的特殊意义。将‘多’与‘一’结合起来,尝试将多学科方法作为高等教育学的独特方法,从而走出专门方法的窘境。”①

潘懋元先生开创的多学科研究方法不仅促进了高等教育学科逐步走向成熟与完善,而且还促进了大科学时代学科之间的交叉与融合,推动了学科互涉时代学科交叉融合发展的趋势,也为其他新兴学科的发展提供了借鉴。

---

① 刘小强.走出一条学科建设的新路子——潘懋元高等教育学学科建设思想评析[J].高等教育研究,2011(8).

四、高等教育学科建设的深化
——高等教育理论与实践的紧密结合

理论与实践相结合，是马克思主义辩证唯物主义的方法论。这是一条既浅显易懂又放之四海而皆准的法则。但是，在现实中高等教育研究面临的主要问题有两个：一是理论脱离实际，内容贫乏，理论空乏，教条味重；一是实际脱离理论，铺叙事实，就事论事，发表局部经验或个人感想，以偏概全，不能上升到一般理论上来。①

如何才能避免理论与实践的脱节，在理论与实践之间找到契合点，是高等教育研究始终不能回避的问题。潘懋元先生在大量的实践经验和持续的理论研究基础上得出了结论："在求真与求用的问题上，我认为，总的原则应该是在求真的前提下求用。既要坚持真理，又要心中有个实际，把科学性与可行性结合起来，用科学的理论解释、说明或论证实际现象或问题，并根据主客观实际条件，探讨解决问题的可能途径或方案。"②

理论是实践的基础，实践是理论的源泉。理论的出发点在于指导实践，实践的过程又是理论发展的新动力，二者相互促进、相互发展，最终是以实践为出发点和归宿点。因此，潘先生多次强调理论要为实践服务，努力在高等教育研究中，形成鲜明的问题意识，倡导理论研究要建立在中国高等教育现实存在的重大问题、热点问题上，力求避免理论研究中的"大、空、洋"："大"就是题目大、口气大，认为别人的研究一无是处，只有自己的理论是"填补空白"的；"空"即空对空，研究的结论纯粹是理论推导出来，空话连篇；"洋"就是喜欢搬洋人的话，以壮大自己的声势。③ 理论研究者最容易陷入"坐而论道"的窘境，针对理论研究脱离实际情况，有学者指出理论与实践结合的重要性，"理论研究虽然重要，但最终却要回到实践中去，离开实践，这样的理论是苍白的，是没有说服力的，是空想，是脱离实际的，是不被人们所

① 潘懋元.潘懋元文集：卷二(上)[C].广州：广东高等教育出版社，2010：118.

② 潘懋元.潘懋元文集：卷二(上)[C].广州：广东高等教育出版社，2010：180-181.

③ 潘懋元.深入浅出由博返约——潘懋元教授谈高等教育研究[J].教育研究，2001(11).

认可的。因此，关注并解决实际问题，也是理论工作者的重要任务。”[①]

子曰：“君子欲讷于言而敏于行。”潘懋元非但不讷于言，而且既敏于言又敏于行，最好的例证就是高等教育外部关系规律的提出。从高等教育学与普通教育学的关系来讲，高等教育学与普通教育学存在着内在的、本质的联系，二者同属于教育科学，且高等教育学是教育学的下位学科。因此，高等教育研究最开始是按照普通教育学的理论来展开，是在学习和借鉴普通教育学的概念、范畴、教材、理论体系的基础上建立高等教育学科理论体系。这在当时是合理的，任何事物都不会凭空产生，都是历史发展的结果，高等教育学需要在萌芽阶段借鉴普通教育学的成果。在当时理论界普遍认为，高等教育学与普通教育学的区别不过是在“教育学”前面加上“高等”二字，这也是为什么潘先生的第一本高等教育学著作名称是《高等学校教育学讲义》，而第二本高等教育学著作名称却成了《高等教育学》之缘由。其中变化的不仅仅是名称，更重要的是对高等教育特殊性的认识更深刻、更准确。潘先生以深厚的理论功底并结合多年的实践经验，准确把握高等教育与社会的政治、经济、文化等方面存在的内在的、本质的必然联系，将其总结上升为高等教育的外部关系规律：教育必须受一定社会的经济、政治、文化所制约，并为一定社会的经济、政治、文化的发展服务。[②] 高等教育外部关系规律的提出，促进高等教育向纵深发展，这正是先生坚持理论与实践结合的成果。

五、高等教育学科的飞跃
——中国化与国际化相结合（独立与依附的关系）

在全球化大背景下，世界各国的经济、政治、文化等领域交流互动频繁，在对外交往中，最终目的都是为了在相互学习、借鉴的过程中为国家发展服务。高等教育作为社会的重要组成部分，位于社会系统的中心位置，不可在全球化浪潮中置身事外。进行高等教育学科建设，不仅不能闭门造车，反而需要以更加开放和包容的姿态加强国际交流。

---

① 车如山.论潘懋元先生高等教育思想的实践品格——兼论理论工作者的社会责任[J].中国高教研究，2010(10).

② 潘懋元.潘懋元文集：卷二(上)[C].广州：广东高等教育出版社，2010：484.

西方经济学领域的“依附理论”逐渐渗入到高等教育学研究领域，以美国学者阿特巴赫为代表，其观点认为：西方发达国家与第三世界国家之间在教育上存在控制与被控制的不平等关系，并指出广大第三世界国家在世界学术系统中处于边缘地位，发展中国家对发达国家在教育和学术领域存在不可避免的依附甚至是依赖，这样一种文化和学术领域的“国际格局”短时间内不可逆转，第三世界国家发展教育只能走依附性发展的道路。[①] 这种站在“西方中心主义”立场的观点出现在西方社会无可厚非，奇怪的是国内一些学者自觉、不自觉被“西方中心主义”所同化，非但不能自觉抵制“文化殖民主义”，反而为“西方中心主义”摇旗呐喊。这种不顾我国实际，不加批判地、盲目地向西方学习，以西方标准为标准的做法，必然会对我国高等教育的发展带来极大的阻碍，甚至会危害到民族文化的独立与自主。面对“依附理论”带来的问题，潘懋元在关键时刻又一次站在时代的前沿，呐喊出我国高等教育学最强音，为我国高等教育学的发展指出一条独具中国特色的道路：“中国高等教育学理论，要立足社会主义的中国，也要面向世界、面向未来，要使中国的高等教育学，能够在世界高等教育领域以其特色而形成有影响的学派，与西方某些高等教育理论比高低、争长短，能为世界高等教育理论的发展作出我们的贡献。”[②]这充分体现了潘懋元作为一名中国知识分子的骨气与志气，作为一代大师的胸怀与魄力。

潘懋元以学者的责任和担当，自觉捍卫民族学术的独立，一针见血地指出：“依附理论的一个重要缺陷，就是将学习作片面的理解，认为只要是后来者对先行者的学习就是依附，只要是发展中国家向发达国家学习就是依附，混淆了主动借鉴和被动依附的本质区别。依附，讲的是丧失自我意识，被动地学习；而借鉴，则是主动地学习。所以，主动学习是借鉴，被动学习是依附，这是一个基本的判断标准。”[③]要想认清高等教育学的中国化与国际化，独立与依附的关系，必定要始终站在民族、国家的立场才能看清问题。因为我国高等教育学的根在中国、理在中国、学在中国、用在中国，在独立与依附

① 潘懋元，陈兴德.依附、借鉴、创新？——中国高等教育学科建设之路[J].北京大学教育评论，2005(1).

② 潘懋元.潘懋元文集：卷二(上)[C].广州：广东高等教育出版社，2010：445.

③ 潘懋元，陈兴德.依附、借鉴、创新？——中国高等教育学科建设之路[J].北京大学教育评论，2005(1).

的关系上，在学习与借鉴的关系上，必定要坚持“以我为主，为我所用”的观点，坚信“只有民族的，才是世界的”，必定要坚持用辩证的观点、批判的眼光来看问题，切不可盲目、自卑，用一句话来总结就是：“亦步亦趋，终为奴仆；借鉴超越，方成主家。”①

今天，我国高等教育学科的内在知识体系与外在制度均已基本形成，并逐渐完善，正在走向成熟的独立的学科。但是，要想实现高等教育学科质的飞越，必须走中国化与国际化相结合的道路。我国是名副其实的高等教育大国：拥有世界上规模最大的高等教育群体，庞大的研究成果与研究机构。但是，高等教育整体质量不强，我国高等教育只占数量优势，没有质量优势。因此，我们只能称之为高等教育大国，而不是高等教育强国。要想实现高等教育的强国梦，实现高等教育质的飞跃，走国际化道路是必不可少的。走国际化道路，首先，必须分清“国际化”与“西方化”的区别：“国际化”不仅包括西方发达国家，而且还包括广大发展中国家与相对落后的国家，而“西方化”则单指西方发达国家。因此，在高等教育走出国门，走向世界时，目光不应只盯着欧美发达国家，也应该向发展中国家甚至落后国家取长补短。其次，在价值取向上：既不能过分自信、孤芳自赏——“民族本位主义”；也不能过分自卑而抬不起头——“民族虚无主义”。这两者的价值取向都不可取，因为没有根据我国高等教育学科的实际情况，忽略了我国高等教育学的优点与缺点。最后，立场要坚定。必须明确，开展国际交流的目的是促进我国高等教育学的发展。必须不断在增民族文化自信的过程中，虚心学习别国成功经验，弥补自身不足。只有真正走中国化与国际化相结合的道路，正确认识独立与依附的关系，才能真正实现高等教育学科质的飞越。

按照马克思主义唯物史观，人民群众才是历史的真正创造者，但是，我们不能否定一些关键人物在历史的关键时刻，对社会、民族、国家的发展做出了巨大的贡献，产生历史性的影响。改革开放后，我国进入一个新的历史发展时期，潘懋元正是在社会新旧发展时期，以“敢为天下先”的勇气和魄力，以学者的使命和担当，率先扛起建设高等教育学科的大旗。潘懋元先生对我国高等教育学科发展做出了不可磨灭的贡献，张应强曾撰文认为：“世界教育学界不乏声名远播、学术思想影响深远的教育学家，但以一个学者的

① 杜祖贻.借鉴超越：香港学术发展的正途[J].比较教育研究，2000(5).

身份，而能领导一个国家的一门学科从无到有、从小到大、从弱到强而欣欣向荣的，除了潘懋元先生之外，恐怕找不出第二个。"[①]潘先生一生孜孜以求，以学术为志业，上下求索，永不止步，时至今日，年已百岁的潘先生仍然活跃在高等教育学科建设的前沿，他以实际行动带领中国高等教育学走出一条独具中国特色的发展之路，为我国高等教育的大发展、大繁荣做出杰出贡献，从一定程度上说，没有潘懋元先生的辛勤耕耘，就没有中国高等教育学科的今天，或者说，高等学科的水平远达不到目前的水平。

① 张应强.像潘懋元先生那样做高等教育学大学问[J].高等教育研究，2010(8).

潘懋元高等教育学科建设思想

方泽强

1983 年，高等教育学列入国家的学科专业目录，同年，建立全国高等教育学会；1984 年，国内第一部《高等教育学》学术专著出版，同年，第一个高等教育学硕士点获批；1986 年，第一个高等教育学博士学位点获批。此后，高等教育学作为一门新兴学科迅速发展，逐渐成为一门显学。外在建制方面，高等教育学硕士、博士点逐年渐多，学科人才培养数量、专业研究队伍规模逐渐扩大，各类高等教育研究机构如雨后春笋般勃生，专业期刊和图书的数量增长呈几何数倍翻，高等教育研究服务实践的影响力不断扩大；内在建制方面，高等教育学形成自属的概念群，构建独立的理论体系，理论建设水平日渐提高，与此同时，高等教育学的分支学科、交叉学科不断生成，从而形成了庞大的高等教育学科群，高等教育学已成为教育学科中具有举足轻重地位的一员。

客观地说，这门学科的发展，离不开高等教育学科人的共同努力，而其中，作为该学科的首倡者和奠基人，潘懋元先生的思想和行为对这门学科的产生和发展起重要作用。在高等教育学创建已过“而立之年”之际，系统梳理潘懋元先生已被实践证明行之有效的学科建设思想，并将其进一步深入实践具有重要意义。

一

研读潘懋元先生高等教育学科建设的文献，回顾其创建和推动高等教

作者简介：方泽强，教育学博士，广东工商职业技术大学副教授。

育学的行动，笔者认为，潘懋元先生高等教育学科建设思想主要归纳为如下几点：

第一，立足高等教育实践，把实践作为学科建设的起点。

20 世纪 50 年代，潘懋元先生在大学参与教师培训工作。在工作中，他逐渐发现，高等教育不同于普通教育，诸如大学内如何举办专业并开展专业建设、如何有效管理身心较为成熟的大学生等问题，传统的以基础教育为研究对象建立起来的教育学理论知识无法提供指导。接受培训的教师们也深有同感，反映《教育学》的知识难以指导实践。实践需要催生理论思想的火花。潘懋元先生认真深入实践一线，在开展理论探讨后认为，必须在高等教育实践基础上建立高等教育专门理论，编写一门适合于高校教师培训工作的教材。1957 年潘懋元先生编写《高等学校教育学讲义》并在前言提到："高等专业教育有许多特殊问题要研究，是教育理论工作重要与广阔的园地。它的研究工作是整个教育科学的一个重要组成部分，但却不是以普通学校教育为对象的普通教育学所能概括的。必须像'学前教育学'那样，逐步建立一门称为'高等学校教育学'或'高等专业教育学'的教育科学。"[①]提出创建学科的思想后，潘懋元先生多方奔走，呼吁政府部门将高等教育列入学科专业目录。由于国内经济政治环境的原因，高等教育学的创建没有遂愿。

1978 年十一届三中全会后，国内经济政治环境发生变化，特别是光明日报上《实践是检验真理的唯一标准》的刊发，引发人们的思想大解放。要求各行各业的发展应立足实践，按规律办事成为一股思潮。经过 20 多年的理论积累和准备，潘懋元先生抓住这一大好的时代机遇，再次提出开展高等教育专门研究，建立高等教育学科，以解决现实中的各种高等教育难题。潘先生在《必须开展高等教育的理论研究》指出："在实现新时期总任务，建设社会主义现代化期间……培养千百万有社会主义觉悟的、又红又专的专门人才是历史赋予高等学校光荣而艰巨的任务。为了实现四个现代化，高等教育须来个大发展、大提高。高等教育事业的发展、教育质量的提高，都存在一连串的问题，有待于从理论与实践的结合弄清道理……这就需要开展高等教育理论研究，探索高等教育中一些规律性的东西……建立高等教育学科，以之指导高等学校的教育、教学工作。这是摆在我们教育科学工作者面

① 潘懋元.高等教育学讲座[M].北京：人民教育出版社，1983：1.

前重要而且迫切的任务。”①得益于国内的好环境，得益于潘懋元先生等老一辈教育工作者的努力，更得益于高等教育实践的强烈需求，高等教育学科终于在1983年成功进行行政建制，成为一门新兴学科。从提倡并最终创建高等教育学的过程中不难发现：立足高等教育实践，服务高等教育发展是潘先生高等教育学科建设思想的出发点。

第二，推动理论研究，把理论建构作为学科发展的根本。

尽管高等教育学在我国成为一门学科，但作为一门新兴学科，要在社会科学中获得其他学科的承认并非易事。“学科发展史，是学科理智史和学科制度史的双重动态史。特定学科的独特尊严和合法性的建构，有赖于特定学科的理智进展和学科制度的完善。”②因此，必须在学科制度和理智建设方面“成熟”才能得到相关学科的认同，奠定其独立学科的地位。相较而言，学科制度建设较易，而理智建设较难。前者体现为建立研究组织、形成人才培养体系等；后者一般体现为形成较成熟的独立的理论体系。“形成独立的体系是一门学科建立的重要标志。这是因为，我们所研究的任何事物都存在着各种不同的属性和关系，而这种属性和关系都是相互联系的，构成为一个统一体。反映在理论上，就不能不是由许多相互联系着的概念、范畴所构成的一个体系。”③潘懋元先生显然充分意识到这一点。所以，即便在1984年他主编出版《高等教育学》，已初步搭建该学科的知识体系框架，但他依然执着地坚持必须开展高等教育理论研究，开展理论体系建设工作。

1993年潘懋元先生推动筹建全国高等教育学研究会，目的是推动高等教育基本理论研究。他指出：“高等教育要改革，要发展，就要有高等教育理论的指导，不但要有专业理论指导，还要有基本理论指导；专业理论一般也要建立在基本理论的基础上，才能更好地提高与加深。基本理论一般不能直接转化为社会实践，但却具有更为普遍的、深层次的指导改革实践的作用。”④在他的提议下，研究会从1993—1995年连续三年将高等教育基本理

① 潘懋元.必须开展高等教育的理论研究——建立高等教育学科刍议[C]//潘懋元文集：卷二(上).广州：广东高等教育出版社，2010：18-19.

② 方文.学科制度和社会认同[M].北京：中国人民大学出版社，2008：10-11.

③ 南京师范大学教育系.教育学[M].北京：人民教育出版社，1984：5.

④ 潘懋元.高等教育理论研究必须更好地为高等教育实践服务[J].高等教育研究，1997(4)：1-4.

论研究和学科建设作为年会主题，极大地推动了高等教育理论的发展。随后，一批有理论深度的高等教育学学术专著先后出版，田建国《高等教育学》(1990)、胜依凡等《高等教育学》(1990)、胡建华和周川等《高等教育新论》(1997)、薛天祥《高等教育学》(2001)、杨德广《高等教育学》(2009年)、韩延明《高等教育学新论》(2012年)等就是不同时期的代表。潘先生也在《高等教育学》(1984)的基础上出版了《高等教育学》(1995)，并在1996年、2009年先后修订再版，增添新的高等教育理论成果，让该学科的理论体系建设水平与时俱进，从而使高等教育学的学科地位进一步稳固和提高。

值得一提的是，对于学科的合理性问题，一段时期学界认为，一门学科除了有特定的研究对象和形成独立的理论体系外，还必须有独特的研究方法。而高等教育学在创建时显然没有提出独特的研究方法。因此，其他学科对高等教育学的合理性或多或少、或明或暗地诘责。对此，潘先生指出，对于独特方法的形成，"不可能也不应该在草创之初，就求全责备"①。"高等教育学由于有它独特的不可替代的研究对象，更由于它有其特殊的不同于普通教育的规律，因而可以构成一门独立的学科。至于理论体系、专门术语、方法论体系，只有在它的发展过程中不断完善，不断成熟。"②后来，受伯顿·克拉克1984年出版《高等教育的观点：八个学科的比较观念》的启发，2001年潘懋元先生经过深入探索后提出，"多学科研究方法可能是高等教育研究的独特方法"③，这种认识是基于这么一种理论思考，"一方面，高等教育的基本功能是为社会的各个部门培养专门人才，它必须同经济、政治、文化、科学等系统交流不断变化着的信息，受社会各有关系统制约并为之提供服务，在主动适应外部环境的变化中获得社会的支持并增强自身的活力，发挥自身的功能，实现自身的价值。另一方面，高等教育是由各种专业组成的，每种专业都是一门或宽或窄、或单一或综合的学科，并且联系着其他有关学科，它必须同各门学科交流信息，获得各门学科最新进展的信息，及时转化为教育资源，以便提高所培养的人才知识水平和学术视野"④。潘先生随后

---

① 潘懋元.高等教育研究的比较、困惑与前景[J].高等教育研究，1991(4)：1-12.

② 潘懋元.关于高等教育学学科建设的若干问题——在全国高等教育学学科建设研讨会上的报告[J].高等教育研究，1993(2)：1-6.

③ 潘懋元.多学科观点的高等教育研究[M].上海：上海教育出版社，2002：1-24.

④ 潘懋元.多学科观点的高等教育研究[M].上海：上海教育出版社，2001：2.

主编出版《多学科观点的高等教育》，将多学科研究这一思想推行开来。多学科研究方法论后来在学界盛行并被使用，被证明是推动高等教育理论研究的行之有效的科学方法。应该说，提出并践行多学科研究是潘先生对这门学科理论建设的显著性贡献之一。

法国学者埃德加·莫兰指出，“学科的有效性已在科学史上得到证明：一方面，它为一个技能的领域划定了边界，而没有这个边界认识将变得捉摸不定；另一方面，它为科学研究揭示、提取或建构了特别的对象”①。从中不难发现：一门学科是有一定边界的，且研究的对象是特别的。进一步的推论是：一门学科必须围绕研究对象来建构理论体系，如此才能使学科获得合理性、有效性。潘先生的学科建设思想显然契合上述思想观点。他在高等教育学创建后不断倡导并身体力行地推动学科的基本理论研究，使高等教育学界逐渐形成了“有理论、有体系，方能成就成熟学科”的共识，进而推动高等教育学的理论发展和创新，使该学科成功屹立于学科之林。

第三，坚持理论研究和实践应用相互促进发展。

在高等教育学科发展过程中，潘先生始终坚持理论研究和实践应用研究相互促进这一思想。首先，倡导理论研究，但不忘实践研究。学科建设初期，潘先生提出必须搞理论研究，只有这样，学科建设才有基础，不至于立足根基不稳，更重要的是，实践有了理论的指导，才不会“摸着石头过河”。这一点毋庸置疑是正确的，也是必需的。在其倡导下，如上文所述，在全国高等教育学研究会第一届到第三届期间，高等教育学界兴起理论研究热，纷纷致力于建构学科理论体系。众所周知，做任何事情，“过”和“不及”都是有危害的，必须把握一定的“度”。面对高等教育研究“沉迷”基本理论而脱离实践的严重偏向，潘先生及时进行扭转。在他的提议下，高等教育学研究会第四次年会在主题上实现了从基本理论研究到实践研究的转向，把高等教育实践研究作为年会主题。潘先生在发言报告中指出，“如果我们老是只围绕一个方面，即高等教育学的学科建设问题讨论下去，故步自封，而不去接触火热的高等教育实践，就会由于钻牛角尖而走到死胡同。例如，如果一味地在那里冥思苦想如何构建一个科学、完美的学科理论体系，一味地在那里冥思苦想如何找到一个建立学科理论体系的逻辑起点，就可能导致我们的研

① 埃德加·莫兰，复杂性理论与教育问题[M].陈一壮，译.北京：北京大学出版社，2004:196.

究工作严重地脱离实际”[①]。

其次，提出实践研究必须联合各方力量，且实践研究过程要提炼形成理论。潘先生认为，高等教育必须走群众路线，必须团结和发挥高等教育工作一线人员的力量，而不能仅仅依靠高等教育专业研究者。他指出“高等教育研究能否繁荣兴旺，最终决定于能否得到广大教师和干部的支持与参与。理论的源泉来自实践，只有广大有实践经验的教师与干部支持、参与，高等教育研究领域才能富有生气；高等教育科研成果，只有对教师与干部的教育实践与管理实践能起指导作用并为他们乐于接受，才能发挥它的社会效益。”“如果只有少数专职研究人员闭门造车，孤芳自赏，既打不开局面，也不能实现它的社会效益。因此，无论从读者对象看，还是从研究队伍的组成看，都应该认识到广大教师、干部是主体。”[②]在他的提议下，高等教育研究队伍迅速壮大。同时，高等教育应用研究轰轰烈烈进行。然而不久后，实践研究过热导致理论研究边缘化的问题。这极其不利于高等教育研究的发展。在此背景下，潘先生在2005年召开的全国高等教育学研究第八次年会上又重新发出了“要重视高等教育的基本理论研究”的呼吁，倡议研究者们在搞应用研究时不忘理论研究，在解决现实难题应对研究结论进行提炼，抽象出一般理论。[③] 这样，我国高等教育研究又步入健康发展的正轨。

最后，提出理论研究和实践研究相结合。潘先生一向以来都坚持高等教育研究要将理论转化并用于实践，指导和服务实践发展。不仅如此，他还对理论如何转化到实践的问题提出了指导原则。“如果把抽象的、一般的理论转化为具体的、特殊的实践，其中有众多条件和中介环节。就好比工程技术研究试制成功一项新产品后，如果要进行大批量生产，必须具备种种条件，包括工艺流程、生产设备、材料供应，以及生产成本的核算，等等。哪一个条件不具备，比如没有适当的新设备，没有所需的原材料，或成本太高不合算，等等，新产品虽然很好，也不能投入大批量生产，只能停留在‘样机’或‘样品’上。能不能解决生产条件问题，如何解决这些问题，一般需要经过小

---

① 潘懋元.高等教育理论研究必须更好地为高等教育实践服务[J].高等教育研究，1997(4):1-4.

② 潘懋元.高等教育研究的比较、困惑与前景[J].高等教育研究，1991(4):1-12.

③ 潘懋元.中国高等教育研究的历史与未来[J].中国地质大学学报(社科版)，2006(5):1-6.

批量的中间生产(或称中试)。同样,教育理论要转化为教育实践,也需要具备一些必要的条件,要经过中介环节,而且它的中介环节可能不只是一个而是多个。"[①]这种寻找中介充当理论与实践桥梁的指导原则使广大研究者在将理论转化为实践的过程中注意到应创造具体的实施条件。另外,为提高高等教育研究的效益,潘先生倡导理论研究和实践研究的融合。这种融合,一是如上述所言的将理论转化落到实践,另一种是要求理论研究者和实践研究者进行合作研究。他指出,"理论工作者与实践工作者如果能在中介环节上相互接近,共同努力,那么,高等教育理论研究将在为实践服务的过程中产生良好的社会效益。"[②]这个建议对化解理论研究者和实践研究者各自为政、"自扫门前雪"的难题提供了解决思路。用现在的话来说,就是协同合作、协同创新。这无疑是有效的一种方法。

第四,倡导本土意识,构建中国学科特色,反对依附主义。

在高等教育研究过程中,潘先生倡导本土意识,坚持独立自主。他一直认为,由于经济政治文化的不同,各国高等教育研究具有各自的特点,因此,应立足各自的国情自行探索发展道路。

对于这一思想的践行,最能说明的例子就是高等教育学科的建立。其实,早在20世纪40年代,苏联学者就出版学术著作《高等学校教育学原理》,这在一定程度上标志着国际上高等教育学的创建。只不过,当时苏联学者对高等教育研究的范围仅限于高等学校,研究问题域只限于课堂教学和德育[③],还没有涉及整个高等教育系统。在学习借鉴苏联经验,并在研究中国高等教育实践的基础上,潘先生认为,高等教育学不只应关注高校的课堂教学和德育,更应该进一步拓宽到整个高等教育。之后,潘先生提出"教育内外部关系规律"理论。也正是这一理论,特别是教育外部关系规律理论,使人们认识到高等教育的特殊性,即高等教育与经济社会的联系比普通教育与经济社会的联系要密切得多,高等教育适应并能动地推进经济、政治和文化的发展。更进一步地,这一理论观点使高等教育学的创建有了不同于普

① 潘懋元.高等教育理论研究者必须更好地为实践服务[C]//潘懋元.潘懋元论高等教育.福州:福建教育出版社,2007:76-83.

② 潘懋元.高等教育理论研究者必须更好地为实践服务[C]//潘懋元.潘懋元论高等教育.福州:福建教育出版社,2007:76-83.

③ H.H.科贝利亚茨基.高等学校教育学原理[M].李子卓,等译.北京:北京师范大学出版社,1985.

通教育学的合法性理论根基。可以说,倡议把对高等教育的研究扩展到整个高等教育系统,在此基础上建立宏大的高等教育理论大厦,以之成为高等教育学科建设的根基,正是潘先生对苏联经验的突破,是立足我国实践的独创。

综观苏联之外的国家,并没有这样的先例。欧美有些国家更是反对将高等教育建成一个学科。美国的阿特巴赫指出,高等教育没有学科基础、学术归属,也没有自属的方法论和理论,因此,高等教育是一个多学科的研究领域,而不会成为一个学科。① 德国的泰希勒则认为,高等教育是以主题为基础的相对较小的一个研究领域。② 可以说,正是持有本土意识和本土情结,在潘先生的推动下,我国高等教育学才突破了苏联经验的"惯习"和欧美"经验"的影响,独树一帜,独立自主地发展,形成了"中国特色"学科,并最终成就今时今日高等教育学的繁荣发展。

在坚持本土意识外,潘先生支持学习借鉴国外的研究成果,但反对依附主义。在高等教育学建设过程中,经常有学者提出,西方国家(不是所有西方国家)只是把高等教育作为一个研究领域,采集教育现象,研究存在问题,总结实践经验,评论得失是非,并没有把它作为一门专门学科。对此,潘先生是宽容的。他认为,"在科学研究上,质疑问难,是推动研究深化的助推力。学科建设与现实问题研究,并不是非此即彼的两回事,而是相辅相成的两条轨道"③。换言之,潘先生对国外把高等教育作为研究领域持包容态度,这与他一直坚持高等教育研究具有各国特色和文化性格的观点是一致的。但是,对于某些研究者坚持"高等教育在国外不是学科,因而我国也不应作为学科"的观点和所持的研究逻辑,潘先生则坚决批评。他指出,高等教育研究,作为一门学科建制,既体现了这一研究领域的本质特征,也符合于中

① ALTBACH P G. Research and Training in Higher Education: The State of Art [C]//ALTBACH P G, ENDBERG D. Higher Education: A World Inventory of Centers and Programs Phoenix: The Oryx Press, 2001: 2-17.

② 乌希里希·泰希勒. 高等教育研究:一个多学科研究的案例[J]. 叶赋桂,译. 清华大学教育研究,2003(1):1-8.

③ 潘懋元.序[M]//方泽强.高等教育学的学科建设研究.广州:广东高等教育出版社,2014:1.

国对人文与社会科学研究的传统,更是现实的需要。[①] 高等教育的学科建制是中国高等教育研究的特点,也是优点。[②] 的确,如果国外没有高等教育学科,而否认国内不应有该学科,严格来说这是一种典型的依附主义思想。特别是高等教育学属于人文社会学科,具有地域性、文化性特点,更不应该有所谓的"国际标准",也无须唯国外马首是瞻。

正是潘先生坚持反对依附主义思想,主张创建高等教育学,才使我国高等教育研究走出了具有中国特色的学科建设道路。"如果说中国高等教育制度和理论,早期主要是从西方引进而带有一定依附性的话,那么,中国高等教育学科发展的历史证明,通过提升文化自觉,立足本国实际,大胆借鉴,不断超越,勇于创新,所走的完全是一条非依附发展的道路。"[③]反对依附主义,成就了高等教育学这门学科的创建和发展。

第五,推动高等教育学国际化,提升学科影响力。

在高等教育学科发展过程中,潘懋元先生主张推动高等教育研究国际化。他指出,高等教育研究应积极参与国际高等教育课题研究,促进世界高等教育研究的交流和学术的普及。[④] 世界和中国所共同面临的问题很多,如高等教育质量保障、大学教师专业发展、合作办学、学位与学历互认、弱势群体的教育等。在国际教育的平台上,讨论这些问题,都应有中国的声音。[⑤]当然,在倡导走国际化道路的同时,潘先生也反对"唯外是从"。他认为在国际化研究时应避免囫囵吞枣,不加辨别地用国外的高等教育理论来指导我国的实践。因此,潘懋元先生在多种场合中指出,"如果中国的高等教育研究只能仰仗西方理论的辐射,那么中国的高等教育学科只能被边缘化,这是应该引起警惕的"[⑥]。

---

① 潘懋元.序[M]//方泽强.高等教育学的学科建设研究.广州:广东高等教育出版社,2014:1.

② 潘懋元.序[M]//王建华.高等教育学的建构.广州:广东高等教育出版社,2009:1-3.

③ 潘懋元.中国高等教育研究的历史与未来[J].中国地质大学学报(社会科学版),2006(5):1- 6.

④ 潘懋元.大学应当研究自己——中国高等教育科学研究的发展与特征[J].大学教育科学,2003(1):1-4.

⑤ 潘懋元.国际论坛与国际话语[J].中国高教研究,2011(9):3-4.

⑥ 潘懋元.中国当代教育文存——潘懋元[M].上海:华东师范大学出版社,2006:9.

除了呼吁高等教育研究国际化外，更加重要的是，潘先生身体力行，实践其国际化思想。首先，潘先生在所工作的厦门大学教育研究院主张并推动国际化发展战略。潘先生提出，第一个阶段，从1978年建立研究室至1984年高等教育学科被正式确认，以建立高等教育学新学科为基本任务，促进建所工作；第二个阶段，从1984年至1990年左右，以培养人才为主要任务，围绕培养人才、开展科研工作；第三个阶段，从1990年至世纪之交，进行较高水平与较广泛领域的科学研究，建成名副其实的国家重点学科点；第四个阶段，进一步推进中国高等教育学科国际化。① 目前，厦大教育研究院正在切切实实地推进国际化战略。近些年，教育研究院外派教师到国外进修访学、与国外联合培养研究生、招收国际生、与国外联合举办国际学术论坛等行动，都是国际化这一思想推动下的"产物"。

其次，潘先生率先示范，努力将我国高等教育学的理论成果推向国际。早在2003年全国高等教育研究会年会上，潘懋元先生就指出，"中国现在已是世界高等教育的第一大国，也是高等教育研究的大国。未来的中国，不仅要力争成为高等教育强国，而且也要力争成为高等教育研究的强国。"②而要成为高等教育强国，不仅要提高研究成果的质量，还要努力将这些成果推出国门，在国际上发挥影响，为建立高等教育研究强国创造条件。简言之，高等教育研究国际化应成为推动高等教育研究强国的一条道路。鉴于潘先生在高教研究领域的学术造诣，国际著名学术刊物 *Chinese Education and Society* 向其约稿。借此机遇，潘先生遴选《必须开展高等教育的理论研究——建立高等教育学科刍议》《教育基本规律及其在高等教育研究与实践中的运用》《走向21世纪的高等教育思想的转变》《关于民办高等教育体制的探讨》《中国高等教育大众化之路》等7篇代表性论文，组成一个专辑，在 *Chinese Education and Society* 2007年第3期进行刊发。这样，通过国际高层次学术平台，潘先生扩大我国高等教育研究的学术影响力，既为世界其他国家高等教育发展提供了"中国经验"，也吸引更多的国外学者关注我国高等教育的发展以及高等教育作为学科进行建设的成果。

学者方文指出："符号霸权的获得，并不是虚幻的自我标榜和自我抚慰，

① 刘海峰.厦门大学教育研究院(高教所)建院(所)三十周年工作报告[EB/OL].http://ihe.xmu.edu.cn/yuanqing/news/工作报告.html.2011-12-23.

② 李均.中国高等教育研究史[M].广州：广东高等教育出版社，2005:399.

它只唯一地奠基于原创性的研究之上;而我们今天所梦想的对欧美霸权的解构,也只唯一地奠基于我们原创性的研究之上。"[①]在高等教育研究领域,在国际上的确存在欧美的霸权地位。为了打破这种垄断地位,中国高等教育研究界必须学会"与狼共舞",在此过程中依靠原创性知识来获取话语权。这一点,潘先生无疑是有先见之明的,故而,他坚持走国际化道路,要求我国学者要研究国际高等教育的共性问题,同时对外推广我国高等教育的原创性研究成果。正是走了这么一条道路,近十几年来我国高等教育学界与国外交流合作增加。一方面,国外学者逐步了解我国高等教育研究的特点和成绩;另一方面,中国高等教育研究也逐渐在国际舞台发挥重要影响。挪威学者阿里·谢沃就专门撰写了关于潘先生的著作《潘懋元——一位中国高等教育学的创始人》。该书于2005年7月在挪威科技大学教育学院正式出版,从而在国外传播中国的高等教育研究情况与高等教育学的发展。

二

从历史和实践综合来看,笔者认为,潘懋元高等教育学学科建设思想彰显出重要的价值和功能,不仅为高等教育学的创建和发展提供指导,而且,其影响已溢出高等教育学这门学科而辐射到其他学科,为其他学科的建设发展提供了经验。如果用一句话来归纳潘先生高等教育学科建设思想的功绩,可表述为"走出一条独特的、有卓越影响力的学科建设和发展道路"。

第一,指出高等教育的独特性,奠定学科的学术根基。

科学史学家霍尔顿指出:"科学的主要任务,就是要从那些混乱和不断变化的现象中探索出一个有秩序和有意义的协调一致的结构,并以这种方式解释和超越直接的经验。"[②]潘懋元先生对高等教育的研究,无疑切中和契合霍尔顿的要义。

20世纪50年代新中国建立伊始,社会各行各业百废待兴,高等教育事业的发展也是其中之一。推动高等教育发展无疑要求加强理论研究,用高等教育规律指导实践。在这种背景下,潘先生在实践研究中敏锐地发现高等教育的独特性,即高等教育具有与普通教育不同的特点:首先,是一种专

① 方文.学科制度和社会认同[M].北京:中国人民大学出版社,2008:70.

② 黄顺基.科学论[M].郑州:河南大学出版社,1990:77.

业教育;其次,受教育对象是身心较为成熟的青年。因此,用普通教育学的理论无法解释高等教育问题。

那么,如何在高等教育领域"探索出一个有秩序和有意义的协调一致的结构,并以这种方式解释和超越直接的经验",以指导现实中高等教育的发展呢?

潘先生认为必须开展专门研究,建立一门独立学科,以指导和服务高等教育实践。当时,学术界并未意识到高等教育的独特性问题,即便在教育学界,学者们对高等教育的独特性也没有达成高度认同,部分认为是用普通教育学的理论结合具体情况分析足矣。然而,在潘先生看来,高等教育的独特性问题远非普通教育学所能解释。如大学内的专业设置、专门人才培养等问题无论怎么依赖普通教育学一般理论的指导,都难以解决。虽说高等教育学的创建在20世纪50年代未能实现,一直推迟到80年代。但立足当时历史背景来看,潘先生指出高等教育的独特性,倡导建立独立学科无疑是高屋建瓴的,远远走在时代前沿。倘若没有潘懋元先生率先提出开展高等教育专门研究、建立学科,指出高等教育的"独特性",很有可能,我国高等教育理论和实践研究就不会兴起并逐渐"成气候"。后来高等教育学的快速发展并逐渐成为显学的实践证明:潘先生的学科建设思想是超前的,高等教育独特性的判断为我国高等教育专门研究指出了必要性和前行的方向——建立学科。同时,建立学科克服了国外学者一直批评的"大学(高等教育)什么都研究,就是不研究自己"的"弊端",为高等教育研究、反思和探讨搭建了理论和制度平台,从而使我国高等教育研究成为国际高等教育研究中一道独特、亮丽的风景。

第二,提出并通过实践成功走出一条独特的、创造性的学科建设道路。

在历史上,学科形成的方式通常走的是由内而外的方式,即先开展学科理论建制,再进行行政建制。也就是说,某学科在知识和理论方面积累和发展,初步形成独立的理论体系,获得学术界认同,继而才开始建立规范的学科专业人才培养制度、专门学术研究机构等。这已成为学科建设的通例,是一种传统的学科建设道路。

然而,于高等教育学的建立而言,走的却是非传统的学科建设道路。高等教育学的建立,是在知识积累相对有限、独立理论体系并未完全形成的背景下进行的。"这一时期潘懋元先生的著作大体反映了我国高等教育学的学科认识水平与学科观念。从1983年出版的《高等教育学讲座》到1984年的《高等教育学》,其写作框架基本沿用了普通教育学'教学之学'的体系,研究内容也只是在普通教育学的基础上强调了高等教育的特点。"[①]即使在这种情况下,潘懋元先生也竭力倡导并推动建立该学科。在他看来,一门学科要先完成以理论建构为基础的内部建制,继而再来开展以人才培养制度、学术组织建设等为内容的外部建设,这一道路对高等教育学而言可能不太符合。

这是因为,高等教育实践强烈要求有专门化、成熟的理论指导,在这种情况下,通过先完成建立人才培养制度、成立学术组织、建立专门期刊等行政建制成为学科,使高等教育专门研究力量强化和集中,无疑能迅速地为高等教育实践提供指导。在此基础上,通过外部建制来促进内部的理论建制则效率更高。而如果要先完成高等教育的理论建制,得到学术界其他学科的认同后才来开展外部建制、建立学科,这种由内而外的学科建设道路从建设速度上来说显然是缓慢的,从效率上来说是较低效的,完全不能满足当时高等教育强烈的实践需要及理论需要。再说,对于一门正在成长的新兴学科来说,独立的理论体系的建设不可能凭空而生,只能通过实践积累慢慢形成,这需要较长的时间。就此而言,传统的由内而外的学科建设思路存有一定的局限性。而当时,学术界已明确高等教育具有与普通教育不同的独特性和本质,高等教育创建成为理论学科的合理性基础已经存在。因此,先通过外部建制建立学科,再助推内部建制形成无疑是对传统学科建设方法超越和创新的一种探索。

潘懋元先生这一种由外而内、内外并进的学科建设思路,在当时可谓十分"大胆""新颖"。后来的实践证明,这一大胆的尝试和创新促使中国高等教育学在短短30多年得到大发展,这一学科建设方法既是对传统学科建设方法的突破和创新,也符合中国国情。30多年后,回顾这段历史,潘先生说了自己的看法:"高等教育研究,作为一门学科建制,既体现了这一研究领域的本质特征,也符合于中国对人文与社会科学研究的传统,更是现实的需要。正是由于作为学科建制,高等教育可以进入大学作为学术专业培养专门人才,组织学科研究团体,出版学科刊物,形成学科群体。"因此,30多年

① 王建华.学科观念变迁与高等教育学学科建设[J].中国高教研究,2007(4):26-29.

后，“高等教育研究不但已是一门具有自己理论体系的专门学科，而且已形成一个庞大的学科群。”①。综上所述，潘懋元先生由外而内、内外并进的学科建设思想被证明是行之有效的；潘先生这一学科建设思想既是对“由内而外”学科建设“惯习”的思想大解放，也为其他学科的创建和发展提供了新指引。

第三，丰富和强化了理论研究和应用研究相结合的学科建设法则。

如果说，从学科内外部建制的角度而言，潘懋元先生用实践走出并证明了学科建设可以先外部建制、后内部建制、再内外部相结合建设的道路，那么，从内部建制的理论和实践角度看，潘先生则用高等教育学的实践丰富和强化了理论和实践相结合是推动学科内部建制有效方法的一般法则。

首先，高等教育学必须“有理论”，而且要与实践进行结合，这是促进学科内部建制发展、获得其他学科认同的最佳途径。“作为一门学科，学科边界、它的语言和它特有的概念将使该学科孤立于其他的学科和跨学科的问题。”②这种“理论的孤立”一定程度上就表征着学科之所以为学科的特征。因此学科应该“有理论”。从潘先生创建高等教育学的历程中以及他在高等教育学研究会呼吁开展学科理论研究中不难发现，他十分重视高等教育学的理论建设工作。当然，在开展理论研究时不忘实践研究也是潘先生所坚持的。潘先生倡导多学科研究，用多学科的理论知识服务高等教育实践就体现了这一点。高等教育学的发展过程中由于依靠理论和实践的相结合，因此，其内部建制逐渐成熟，学术地位逐步提高，越来越多的其他学科的研究者认可这门学科的学术合理性，并且，积极投身到高等教育研究。上述证明了理论与实践相结合之于学科内部建制推动及对学科认同的有效性。

其次，高等教育学的理论与实践相结合有利于提高学科建设水平，且避免学科建设“走弯路”。众所周知，“实践＋理论”的方法是任何一门学科提升学科建设水平的有效法则。这一法则当前十分明确，但在 20 世纪 50、60 年代，这一“法则”并不明朗。当时，国内有些学科都是由国外引进的，虽然一些学科成功建立起来，但学科概念和话语体系都是国外的，且在解决我国

① 潘懋元.序[M]//方泽强.高等教育学的学科建设研究.广州：广东高等教育出版社，2014：1.

② 埃德加·莫兰.复杂性理论与教育问题[M].陈一壮，译.北京：北京大学出版社，2004：197.

实践问题时，不加分辨地推崇“国外经验”而非立足本国实践，理论与实践并未很好结合。如同莫兰指出，我们的知识是在学科之间的被分离、肢解和箱格化的，而现实或问题愈益变成多学科性的、横向延伸的、多维度的、跨国界的、总体性的和全球化的，这两者之间的不适应变得日益宽广、深刻和严重。[①] 因此，这些学科的建设之路走得并不顺畅，甚至有些学科在建设上走了许多弯路。

就是在这个背景下，高等教育学的建设探索走出一条不同于当时一些学科走的道路。首先，这门学科的创建并非由国外引进，而是立足中国大地土生土长的，是实践催生和理论研究相结合成就的学科；其次，这门学科的建设坚持“理论”与“实践”相合，特别是强调实践研究，因此学科建设水平提高很快。对于高等教育学学科建设的目标，潘先生就明确指出，高等教育学的任务在于应用教育学的基础理论去认识和解决高等教育中的问题。但高等教育学同时要进行一部分基础理论研究，用以指导高等教育活动。[②] 潘先生也在各种场合多次指出，高等教育学是一门应用性十分强的学科，应该注重实践。“为制定和宣传政策服务、探寻实践中介和直接服务实践以及研究、应用理论对高等教育的发展及其挑战及时提出预测、预警是高等教育研究应承担的具体社会责任。”[③]总之，潘先生坚持理论与实践相结合，强调实践，注重“从实践中来、到实践中去”的思想，很好地解决了学科建设中的大部分问题，高等教育学的学科建设水平提高得很快。这一实践进一步强化和丰富了理论与实践相结合有利于推动学科建设这一学科建设法则。

第四，由本土走向国际的思想开拓学科发展的广阔空间。

对高等教育学这门学科而言，其创建很大程度上是基于本土经验。因为，从国际上看，20 世纪 80 年代世界其他国家并未有高等教育学这门学科。苏联尽管有高等教育学，但其只是一门研究高校内部教学和德育的学科，而非如我国一样，建立了一门包括关于整个高等教育系统的高等教育学。那么，当一门学科创建并发展起来后，学科发展目标何在？

潘先生为我们提供了答案：走向国际化。这一思想恰恰契合并丰富和

① 埃德加・莫兰.复杂性理论与教育问题[M].陈一壮，译.北京：北京大学出版社，2004:101.

② 潘懋元，王伟廉.高等教育学[M]. 福州：福建教育出版社，1995:343-346.

③ 潘懋元，方泽强.论高等教育研究的社会责任[J].高校教育管理，2012(6):1-5.

发展了学科建设最根本的原理:学科必须既开放又封闭。[①] 这一原理是法国学者莫兰提出的观点。然而,莫兰所指出的开放是指某学科对其他学科的开放,而潘先生则用高等教育学的发展实践并扩展这一原理。实践,表现为提出高等教育多学科研究,不仅引进其他学科的理论知识丰富高等教育学科,而且鼓励其他学科的学者加入高等教育研究队伍;扩展,表现为提出高等教育学国际化道路。国际化包含两个层面:一方面,指高等教育学由立足国内走向面向国际;另一方面,指把国际上的高等教育研究成果引进国内。应该说,对于自然社会科学而言,学科的国际化发展道路一目了然、自然而然。因为自然科学无国界。而对于人文社会科学而言,学科建设由"国内向国际发展、由国际引入国内"的道路可能会被忽视。

潘先生的高等教育学科建设实践提出并验证人文社会科学走这条道路的必要性。正是其提出了国际化建设思路,我国高等教育学的理论研究成果才先后进入国际舞台,学科建设之路走得更远,如高等教育研究作为学科建制的成果就被国外学者认同和接受、"量变与质变同时发生"的大众化理论就是国际理论引进国内后通过研究进一步丰富和实践的结果,其在国际上也得到认可。从未来看,我国高等教育学科走的这条国际化道路毫无疑问将使学科建设道路越走越宽:一方面,本土经验国际化,能为国际高等教育研究贡献中国力量,同时,也使本土经验接受国外"考验"而深化,甚至上升为具有跨越时空限制的一般理论;另一方面,国际经验本土化,为我国高等教育研究的发展提供新的动力,促进高等教育研究的繁荣。显而易见,高等教育学科这种国际化发展思路对其他学科的发展也极具参考价值。

第五,思行统一为学科建设提供科学的方法论指导。

潘先生不仅是一位思想家,还是一位实干家和行动者,他在学科建设中身体力行,推动高等教育学一次又一次的转向和发展。而这种行动,也是其学科建设思想的重要组成部分。这种将思想和行为相统一的做法,为学科建设提供了科学的方法论指导。

回顾高等教育学的建设过程,潘先生思行统一的例子比比皆是。20 世纪 50 年代,潘先生提出建设高等教育学的思想,指出了其理论的合理性。但

---

① 埃德加·莫兰.复杂性理论与教育问题[M].陈一壮,译.北京:北京大学出版社,2004:206.

潘先生并非坐而论道，而且多方奔走，倡议建立学科。80 年代，在潘先生的努力下，厦门大学建立了第一个高等教育学硕士点、博士点，主编出版了国内第一部《高等教育学》。在厦门大学创建高等教育学硕士点、博士点后，潘先生更是多方奔走，支持北京大学、华东师范大学、华中科技大学（原华中工学院）等创建高等教育学硕士点、博士点，最终实现他一贯坚持的“一花独放不是春，百花齐放春满园”的夙愿。在中国高等教育学会、全国高等教育学研究会等学术机构的创建中，潘先生也是身先士卒，用其实际行动支持高等教育学科的发展。

特别值得一提的是，作为潘先生的学生，笔者读博期间有幸跟随先生外出游学，对潘先生的实干精神和思行统一更是有了近距离的接触和体会。例如，潘先生十分关心高等教育学科专业研究后备人才的培养，2011、2012 年的全国高等教育学会博士生论坛，潘先生都亲自参加，现场观摩并指导博士生的学术报告。据笔者所知，在每一届的全国高等教育学会，潘先生如无其他要务，均“偏爱”参加博士生论坛，与青年学子论道，对他们进行“传道、授业、解惑”，默默支持高等教育学科专业人才培养工作，促进学科建设的发展。总之，潘先生的学科建设集思想和行为为一体，他充分地解读并用行动证明推进学科建设的应为之道，为我们深入推动学科建设提供方法论指导。这种思行统一的思想不仅为高等教育学，也为其他学科的发展指明了方向。正是潘先生这种“俯首甘为孺子牛”的“实干”行为和精神，潘先生 2010 年被中国高教学会授予“对高教研究具有开拓性杰出贡献人物”称号。

三

与其他学科相比，我国高等教育学科的发展历史不长，从 20 世纪 50 年发起、80 年代创建，至今不过短短 60 年，但得益于潘先生的高等教育学科建设思想，该学科迅速发展和壮大，成绩斐然，成功走出了一条独特的、有魅力、影响力和辐射力的学科建设道路。不仅发展成为一个庞大的学科群，建立了一大批研究生学位点，培养数以万计的专门人才，成为教育学科群中一个发展迅速的学科。更重要的是，学科建设带来的研究成果为我国高等教育实践提供了指引，助推我国高等教育 60 年来的大发展、大改革、大建设。

用潘先生自己的话来表述，高等教育学的发展是“后来居上，异军突起”。[①]值得称道的是，潘先生的学科建设思想超出了服务高等教育学科建设的功能界线，更为其他学科的建设和发展提供经验示范和指引。

学科发展，犹如逆水行舟，不进则退。遥望我国高等教育学的未来发展，笔者坚信，坚持潘先生高等教育学科建设思想，将其继续发扬光大并深入实践，同时，严格把握和实践“开放性是高等教育学科重要而鲜明的学科特征”[②]这一特点，这样，我国高等教育学的建设之路将越走越宽，中国高等教育学派也必将能在国际高等教育研究界获取更多话语权，进一步推动国际高等教育研究和实践的新发展。

---

① 潘懋元，李均.高等教育研究60年：后来居上，异军突起[J].中国高等教育，2009(18)：15-19.

② 徐楠，李莉.论现代高等教育学科的开放性特征[J].西南交通大学学报(社会科学版)，2013(6)：122-125.

潘懋元高等教育学的学科思想体系

袁　礼　袁　卫　徐东波

作为我国高等教育学第一位硕士生导师和博士生导师，潘懋元先生学术研究成就斐然，学生培养桃李遍天下，为后辈树立了立德育人的大师典范。他自20世纪50年代开始进行高等教育研究至今已六十余年，学术研究生涯贯穿高等教育学学科建设的前学科时期和学科化时期，且一如既往地走在学科发展的最前沿，为高等教育学的发展引领风尚，堪称教育界的"常青藤"。他的高等教育学学科范式思想体系完整、结构完备，为高等教育学学科的建设与建成定下了完整而丰富的格局。从宏观上看，潘懋元逻辑严密、规模宏大的高等教育学学科范式思想体系，在整体上囊括了关于高等教育学学科建设的思想、高等教育学学科研究方法论的思想以及关于高等教育学学科发展与演进的思想这三个维度，每一个维度都各具内涵、寓意精深，且各维度之间又相互渗透、互为贯穿，共同组成了博大精深的潘懋元高等教育学学科范式思想体系。本文拟从以上三个维度对潘懋元先生高等教育学学科范式思想展开探讨与评述，希望能够从其学科范式思想体系的演绎分析中加深对于高等教育学学科发展趋势的认识，从而为理解与研究高等教育理论与实践、把握高等教育学学科发展趋势提供借鉴与参照。

一、开拓与引领：高等教育学学科建设思想

潘懋元先生自20世纪50年代中期就开始了建设一门专门研究高等教

作者简介：袁礼，教育学博士，深圳职业技术学院技术与职业教育研究所讲师；袁卫，上海交通大学高等教育研究院博士研究生；徐东波，厦门大学教育研究院博士研究生。

育问题的学科的尝试，着实可谓是我国教育界中开展高等教育领域内问题研究的先驱。如今回眸高等教育的研究史我们可以发现，在当时，国内即便是教育学界的研究者，并没有太多的人关注高等教育问题，对高等教育这个"新"的研究领域鲜有启发性的论述。但潘懋元在当时的社会背景下创造性地提出了非常深刻的洞见，即：高等教育本身与国民经济各个部门具有很多的联系，它具有直接的专业型，因此高等教育可以理解为建立在普通教育基础之上的专业教育，作为接受高等教育的大学生与接受基础教育的中小学生在社会经验状况以及身心发展特征方面存在着明显的不同，因此应该建立一门专门的高等教育学科来研究高等教育领域的现象与问题。由此可见，潘懋元先生对于高等教育的认知独具见解，在他看来，高等教育是教育系统的一个特殊组成部分，在认识高等教育领域内的现象时，我们不能简单盲目地将普通教育学的原理与基本方法嫁接到高等教育问题研究的领域之中。

此后，潘懋元先生为了将高等教育领域的问题和其他普通教育问题在一定程度上区别开来并进行专门研究，他积极筹划了"高等学校教育学"课程的首次开设以及《高等学校教育学讲义》这一开拓性教材的编写。正是在《高等学校教育学讲义》这本具有学科历史开创性的著作中，他在教育界首次提出要建立一门"高等专业教育学"或者是"高等学校教育学"这种独立的学科。他从高等教育的一般性质出发，对高等教育的性质和属性进行了科学的界定，并进一步明确了高等教育学学科的基本研究对象和研究的基本范畴，同时从多个角度对进行高等教育领域问题研究的学科方法论进行了广泛的讨论，为之后高等教育学这门"新学科"的正式创立奠定了不可或缺的理论体系和方法论基础。

但学科建设并非易事，尤其是一个全新的学科的诞生不仅要有丰富系统的理论思想做铺垫，更需要许多仁人志士不断地努力与争取，这其中潘懋元是最典型的代表，他的这些实践不仅为高等教育学学科建设指明方向、搭桥铺路，更是为学科建设之思想奠定基本格调。"1978 年，改革的春风吹遍神州大地，教育界如其他领域一样正在缓缓复苏，此时也是开展高等教育领域研究的历史性机遇期。是年，厦门大学党委召开会议，决定成立高等学校教育教研室，其主要的工作任务正是专门研究高等教育问题。经过短暂的十天筹备，厦门大学高等学校教育教研室于当年 5 月 27 日正式成立，潘懋元先生任教研室主任，这是中国第一个以高等教育作为研究对象的专门机构。”①

厦门大学建立高等教育研究机构之后，开此先河，这就犹如一盏黑暗中的一把火炬，照亮了整个高等教育的研究领域，这对于其他大学无疑起到了示范与带动作用。一时间，这一“星星之火”，大有“可以燎原”之势，全国范围内的高等教育研究浪潮就此发端。1978 年底，潘懋元先生分别在《厦门大学学报》和《光明日报》上面发表了《必须开展高等教育的理论研究——建立高等教育学科刍议》和《开展高等教育理论的研究》两篇极具影响力的论文，提出“要建立一门高等教育学，即必须像‘学前教育学’那样，逐步建立一门以研究高等专业教育为对象的‘高等教育学’”②。除了撰写理论性文章，潘懋元先生还通过全国性学术会议和在各地专题报告的机会不遗余力地倡导开展科学的高等教育研究。

随着潘懋元先生所主编的我国首部《高等教育学》教材在 1984 年出版，这部著作成为我国乃至世界高等教育学学科发展历史上第一部具有相对完整体系的高等教育学理论性著作，这一部著作的正式出版标志着中国高等教育学科的建立，这在高等教育学科发展史上也极具划时代的意义。国内学者对此曾一针见血地评价道：“中国的‘高等教育学’从此也可以理直气壮地称之为学科。”③有了学科的依托，我国高等教育理论与实践的研究从此走向了一个更广阔的天地。回顾高等教育学学科的萌芽与创建历程我们可以明显地感受到，从“刍议”发展到“可以理直气壮地称之为学科”，高等教育学学科的创建之路可谓“任重而道远”，这并非轻而易举的说辞或者短暂的过程，在这其中包含了潘懋元先生在高等教育学学科开创过程中的筚路蓝缕与不懈努力，也蕴含了潘懋元先生关于高等教育学学科建设的思想结晶。

二、丰富与完善：高等教育学学科方法论思想

潘懋元先生在 20 世纪 90 年代初曾提出人们认识教育规律可以采取的

① 李均.中国高等教育研究史[M].广州：广东高等教育出版社，2005：102.

② 潘懋元.必须开展高等教育的理论研究——建立高等教育学科刍议[J].厦门大学学报(哲学社会科学版)，1978(4).

③ 刘海峰.高等教育学：在学科与领域之间[J].高等教育研究，2009(11)：45.

三种途径,即通过教育历史的演变进行推论得出、对国际教育进行比较研究概括得出以及从现实的教育实践经验总结而得出。[①] 在21世纪初潘懋元先生又提倡利用多学科研究方法来丰富高等教育学学科方法论,他认为:"多学科的高等教育研究,具有重要的方法论意义。"[②]潘懋元先生高等教育学学科方法论思想经过几十年的发展已渐成一个统一的逻辑体系,具体可以从史学研究方法论思想、比较研究方法论思想、实践研究方法论思想和多学科研究方法论思想四个方面来进行探讨。

(一)史学研究方法论思想

潘懋元先生在1990年受邀为我国首份教育史学科的专业性学术研究刊物《教育史研究》撰写"评论意见"时曾谦称自己"不是教育史学家,最多只能算个散兵游勇"[③]。如今我们在梳理潘先生的研究文献可以清晰地发现,这当然是潘懋元先生的谦虚之辞,实际上,潘懋元先生早在学术研究生涯初期就已倡导和运用史学研究方法来开展高等教育问题的研究,从他早期的论著中不难看出,他具有深厚的史学功底和丰富的史学思想。根据潘懋元先生的论证,从历史的事实展开对高等教育问题的剖析论证这种史学研究方法,"最能从宏观上把握高等教育的本质、功能与规律"[④]。

通过历史学的研究方法去开辟研究路径,以把握高等教育的本质、功能与规律,这体现了潘懋元先生对于史学研究方法的深刻见解。他曾引用国外著名比较教育家Kandel所言"比较教育可以看作是教育史的研究延伸到现在的延续",进一步通过论证而作出判断:"历史与外国,都是前人与他人的教育实践经验"[⑤],在他的学术论著中我们可以经常看到其运用历史学的视角对高等教育的功能和性质进行过深入的分析,在发展高等教育学理论时不为旧法所绊,而是另辟蹊径,可谓独树一帜。在认识和阐释高等教育规律时,潘懋元先生经常擅于运用历史学的研究方法来分析问题,从而得出深刻的认识。潘懋元先生在揭示教育基本规律、构建高等教育学理论体系时,特别注重汲取教育历史中的经验与教训,为其高等教育理论学提供客观依

---

① 潘懋元.潘懋元高等教育文集[M].北京:新华出版社,1991:743.

② 潘懋元.多学科观点的高等教育研究[J].新华文摘,2002(6):35-37.

③ 潘懋元.致《教育史研究》编辑部的信[J].教育史研究,1990(3):16-20.

④ 潘懋元.多学科观点的高等教育研究[J].新华文摘,2002(6):35-37.

⑤ 潘懋元.比较高等教育的产生、发展与问题[J].上海高教研究,1991(3):29-36.

据。由此可知，史学研究方法论思想是潘懋元先生高等教育学学科方法论思想的重要组成部分。

（二）比较研究方法论思想

高等教育学理论的深化拓展离不开诸多国家、地区和民族之间的发展经验支持。在开展高等教育学研究时，要注重运用比较的分析方法可以更为全面客观地认识高等教育问题，以揭示其本质规律。潘懋元先生曾指出比较教育的学科方法其具备的独特优势，“以比较分析的方法来研究国家与国家、地区与地区、民族与民族之间的关系，以资相互借鉴”①，从而可以根据不同国家与地区的教育实践经验探索其教育发展的基本规律。根据潘先生的认识，高等教育理论是建立在前人的教育实践经验、别国的教育实践经验和研究者自身的教育实践经验基础之上的。在实际研究过程中，别国的教育实践经验只能通过比较的研究方法来获得。因此，比较教育研究方法是高等教育理论的重要源泉之一。

从世界各国的高等教育发展进程来看，一个国家的教育体系或教育制度的发展，需要从国外先进国家的教育发展经验中获得其实践经验。如美国先后从英国和德国引进其先进高等教育模式和体系，然后经过自身的发展与改造逐渐形成了美国独特的教育模式。20 世纪 80 年代以来，我国从经济社会各方面开始改革，在高等教育领域更是极力引进世界各国的高等教育发展经验，以建设有中国特色的社会主义高等教育体系。潘懋元先生提倡利用比较研究的方法来剖析高等教育领域内的相关问题，汲取其独特的优点，这为拓展我国高等教育学学科研究方法论视野起到了很大的推动作用。

（三）实践研究方法论思想

潘懋元先生在学术界一贯倡导实践研究的重要性，并且身体力行。在实际教学工作中，他经常将深奥的理论用实践的经历表述出来，使学生耳目一新、备受教益。潘懋元先生在 20 世纪 60 年代初撰写了两篇“试论”和“再论”两篇学术论文对开展高等教育问题研究的理论联系实际的方法论作了深入的分析论证，他曾经明确指出当时国内高等教育学学科在研究方法上

① 潘懋元.多学科观点的高等教育研究[J].新华文摘，2002(6)：35-37.

存在两点问题，其一是理论脱离实际的问题，其二是实际脱离理论的问题。[①]潘懋元先生的实践研究方法论思想一方面强调，高等教育领域的问题研究应该立足于高等教育实践的基本现实，高等教育学学科理论研究者应该积极关注高等教育改革与发展的基本情况，应该从实际情况出发，从现实的实践中提炼出符合实际发展规律的基本理论。另一方面，潘懋元先生的实践研究方法论思想也强调理论与实践相结合，即理论研究者既应该切身关注高等教育的现实发展状况，又理应重视对高等教育的基本理论的探究。他通过提倡将高等教育基本理论与问题的研究与现实的实践结合起来，同时也提倡理论工作者和实践工作者结合起来，开展注重现实实践的行动研究，这在很大程度上解决了学科研究方法上存在的两大问题，促进了学科方法论的深入发展。

（四）多学科研究方法论思想

从潘懋元学科范式思想这一整体系统范围内来看，多学科研究方法论也是潘懋元先生高等教育学学科方法论思想体系的一种重要的组成元素，同时也是进行高等教育问题领域研究的一种重要途径。潘懋元先生20世纪80年代初在其主持编写的《高等教育学》以及紧接其后撰写的《高等教育学讲座》这两本开创性著作时，就曾明确提出研究者应该正确地认识高等教育学跟其他学科领域的规律联系，应当主动地吸纳并应用其他学科的科学研究方法，来指导对高等教育学学科理论体系的深入研究。潘懋元先生曾指出，应当学会“运用不同的学科方法来认识高等教育的功能与价值”[②]。潘懋元先生在20世纪80年代伯顿·克拉克（BurtonR.Clack）的《高等教育的观点：八个学科的比较观念》中文版出现以来就敏锐地认识到，运用多学科的研究方法在拓展高等教育学学科的研究视野、促进高等教育学理论与实践的深入发展方面具有很重要的意义。由此可见，他认为在开展高等教育学研究时，将多种学科的研究方法论进行正确认识并运用，能够增进对高等教育的深入理解，从而能更为全面地认识高等教育的发展规律。

---

① 潘懋元，口述.肖海涛，殷小平，整理.潘懋元教育口述史[M].北京：北京师范大学出版社，2007：262.

② 潘懋元.多学科观点的高等教育研究[J].新华文摘，2002(6)：35-37.

三、深化与拓展：高等教育学学科发展思想

高等教育学学科自建立以来就不断深化，并且随着社会的发展不断完善其理论基础。进入21世纪以来，高等教育理论与实践的研究力度进一步加大，研究视野显得愈加开阔，迄今已发展成了一个具有相当数量的学科群，几乎涉及高等教育问题的各领域，且各学科之间相互交叉、相互渗透的态势越来越明显。但未来的高等教育学科应该如何进一步突破？是止步于此，还是大刀阔斧地前进，抑或循序渐进，这需要处理好传统理念与新兴事物之间的关系。

潘懋元先生在20世纪末已经陆续主编或出版了数本高等教育基本理论方面的著作，这奠定了高等教育学学科的基本理论与方法论的基石。但耄耋之年的他丝毫不排斥新兴事物，且对学科的进一步开拓创新非常关注，例如，他不仅对于高等教育大众化、高等教育管理等传统话题作出了新的解读，也对于诸如互联网＋高等教育、“双一流”建设等新兴话题十分关切。对于高等教育从精英化阶段进入大众化的发展阶段，各种矛盾愈演愈烈，潘懋元先生认为，高等教育学学科的深化与拓展应该理性地看待各种矛盾与利益冲突，“也应当以‘和而不同’的理念，来协调高等教育变革中的矛盾关系。”①

在高等教育管理的认识方面，潘懋元先生认为应该从实际的发展经验来理解，传统的集权式大一统的“管理”的思维不利于高等教育的可持续发展。他进一步地作出思考，并指出应该积极运用“治理”的思维来引导高等教育的变革，在面对全新的社会发展形势时，传统的教育价值观、质量观和发展观理应做出相应的调整，以适应时代发展的需要。无论是“和而不同”理念的提出，还是高校“治理”思维的转变，都体现出潘懋元对老问题的新思考，这是他学科发展思想的一个重要层面。另一个层面，在信息发达与全球化日益深入的今天，社会对高等教育提出了新的要求，比如互联网等信息技术对于高等教育发展的机遇与挑战，潘懋元先生不仅亲自体验与研究慕课等互联网教学方式，更鼓励并引导新一代的学人去积极研究该领域的问题。

---

① 潘懋元.关于高等教育学科建设的反思[J].中国教育科学.2014(4):3-19.

此外，潘先生也投身到对“双一流”建设的思考中去，他认为“在‘双一流’建设中，应当着重一流学科的建设，把学科建设摆在第一位”①。这些都是潘先生在新的时代背景下对于高等教育及其学科发展的新思考，反映了他与时代和世界的发展潮流同行的高等教育学学科发展思想。

高等教育学学科的发展离不开高等教育学学科人才培养规模与质量的提高，正是由于学科优秀研究队伍的持续扩大，高等教育学才能够在我国高等教育大众化的浪潮中迅猛发展，直至今日成为一门“显学”并获得学术界的广泛认同，其学科地位持续提升。潘懋元先生作为我国第一位高等教育学硕士生导师和博士生导师，为我国培养了大批高等教育学学科研究的学术人才。他几十年来所培养出来的众多优秀学子大部分在全国各大高校或研究所展开学术研究，持续为高等教育学学科的深化与拓展添砖加瓦。他的高等教育学学科发展思想不仅存在于他的学术论著当中，更蕴涵于他对人才培养的过程，他提倡“真、善、美”的学术品行，经常与学生促膝长谈，有时也鼓励学生们互相辩论。他是严师，更对学生仁爱，几十年如一日。如今虽然潘先生已近百岁高龄，但仍旧坚持每周亲赴学院主持学术例会，周末经常孜孜不倦地在学术沙龙上与学子们亲切交流，日常也积极地参加全国性的学术活动。他的这种为高等教育学的奉献精神，无不让每一位高等教育学领域的学习者与研究者为之动容。总体而言，从几十年前少数学者为争取高等教育学科而“孤军奋战”的局面，发展到如今高等教育学学科研究“百家争鸣”的状况，潘懋元先生在高等教育学学科的深化与拓展中起到了一个中流砥柱的作用。

四、结语

潘懋元先生长期投身于高等教育学学科理论与实践的研究工作，从学科的历史发展进程中来看，他为高等教育学学科的初步创立与深化拓展做出了卓著的贡献。他的高等教育学研究重点不拘泥于高等教育学理论研究，而又以高等教育基本理论和基本问题为重心；他的研究视野不限于元高等教育研究，而是采用多角度、多学科的视角来观摩高等教育学学科的发

① 潘懋元.建设一流本科全面统筹推进[J].中国大学教育，2016(6)：4.

展;他的学术实践不囿于理论,而是注重与现实社会紧密结合去解决实际问题。在多学科研究方法论的指导下,通过他个人的积极实践,奠定了学科的理论与方法论基础,极大地丰富了学科的研究成果,扩大了高等教育学学科的影响力,提升了学科的发展地位。

潘懋元先生的学科范式思想体系内涵丰富,体系完备,对高等教育学学科建设及发展有着开创性的贡献,他的高等教育学思想体系恢宏辽阔、博大精深,堪称当代学术大师之典范。他的高等教育学学科范式思想是其教育思想的重要组成部分,必将继续为我国高等教育学的理论和实践的深入发展发挥巨大作用,也必将激励着一代又一代的研究者为我国的高等教育以及高等教育学学科的发展而不断奋进。

三

高等教育学科领域开拓与深掘

潘懋元高等教育史学思想

张亚群

潘懋元作为我国著名高等教育理论家，不仅开创了高等教育学学科，也为高等教育史学研究做出了突出贡献。1990 年国内第一份教育史专业刊物《教育史研究》问世，编辑部特邀潘懋元写“评论意见”，潘懋元谦称自己“不是教育史学家，最多只能算个散兵游勇”①。实际上，潘懋元具有深厚的教育史学功底和深邃的高等教育史学思想，在长达八十五年的教学实践和教育理论研究中，对教育历史人物、教育思想史、近现代高等教育史等做过深入探索，取得一系列标志性成果，堪称教育史学家。他曾在中学教授中文、历史，在大学讲授教育史、高等教育史课程，重视教育史研究，指导多篇研究高等教育史的博士、硕士论文，硕果累累。他秉持“论从史出，以论论史”的基本理念，运用丰富的教育理论知识和历史知识，倡导“古为今用”的教育史研究导向；其教育史学研究具有鲜明的实践性特色和实事求是的治学风范。潘懋元高等教育史学思想已成为其博大精深的高等教育思想体系中不可或缺的组成部分。

学术界对于潘懋元的高等教育史学理论与成就已有初步探究。如王伟廉、杨广云主编的《潘懋元与中国高等教育科学》（中国华侨出版社 2000 年出版），刊载了田建荣的《“论从史出”与“以论治史”的辩证统一——潘懋元的高等教育史学理论》和李均的《潘懋元先生与高等教育史研究》两篇论文。再如林金辉主编的《潘懋元高等教育思想》（广东高等教育出版社 2010 年出

作者简介：张亚群，教育学博士，厦门大学教育研究院教授、博士生导师，教育史研究所所长。

① 潘懋元.致教育史研究编辑部的信[J].教育史研究，1990(1).

版)第五章第一节,简述了潘懋元的“高等教育史学思想”。这些研究成果高度评价潘懋元对高等教育史学科建设的贡献,包括高等教育史的学科性质、研究对象及方法,高教理论与高教历史的关系,高教改革实践与高教历史借鉴的关系,治史态度、教育史研究成就等,扩大了对潘懋元高等教育思想的认识。另一方面,相较于潘懋元的高等教育学学科建设思想和基本理论研究,目前对其高等教育史学思想研究尚薄弱。这种状况是与潘懋元的教育史学成就不相称的,需做进一步探索。本文不揣浅陋,结合自己的学习心得,从理论源泉、研究导向、治学风范和学术成就四个方面,探析潘懋元高等教育史学思想的内涵、特色及发展逻辑,就正于方家。

一、教育史是教育理论的重要源泉之一

广义的“教育史”泛指历史上所发生的教育活动、教育现象,包括教育历史人物、教育机构、教育制度、教育思想和教育习俗等。狭义的“教育史”是专指教育学的分支学科,包括教育史的教学与研究活动。它“以教育理论与实践发展的历史为研究对象。任务是研究各历史时期教育理论与实践发展的实际状况和进程,总结历史经验,探讨客观规律,为解决当代教育问题提供启示与借鉴,并预示其发展方向。”[①]这种学科意义上的教育史亦称为“教育史学”。

教育史研究与教育理论研究密切相关,如何看待二者的关系以及教育史学的性质、功能与地位,反映出教育研究者的认识水平和理论境界。潘懋元在长期的高等教育教学实践和理论研究中,以马克思主义的认识论为指导,深刻认识教育史研究对于教育理论发展的重要意义。他提出教育史是教育理论的重要源泉,并从历史学的观点,阐释高等教育的内涵、本质、功能与规律,分析高等教育历史与理论的辩证关系,在高等教育科学体系中确立了高等教育史学的应有地位。

(一)“三条源泉”说

潘懋元认为,教育理论源于教育实践。早在20世纪90年代初,潘懋元就明确提出:“人们认识教育规律不外乎三条途径:第一,纵观教育历史的演

① 顾明远.教育大辞典(增订合编本)[M].上海:上海教育出版社,1998:773.

变所推论出来的;第二,从国际教育比较研究所概括出来的;第三,从现实的教育实践经验所总结出来的。这三个途径是相互联系,互相贯通的。"他还引用比较教育家 Kandel 所言"比较教育可以看作是教育史的研究延伸到现在的延续",进而指出:"历史与外国,都是前人与他人的教育实践经验,由此所认识的规律还必须通过本国教育实践的验证。"①

其后,潘懋元又指出,"教育理论的源泉有三:一是教育史研究,二是比较教育研究,三是现实的教育实践经验的总结和提高。它们之间实质上是一致的。"潘懋元认为,"这三条源泉的价值比较起来,可以说第三条最为重要",但并不能由此而否定前两条源泉的价值。因为,"一个国家或一个人的实践经验有局限性","而历史与比较研究,可以从纵横两个维度观察教育的发展过程和发展趋势,视野开阔,又能集古今中外无数前人的智慧结晶和国外学者在不同情况下所提出的一些精辟见解,使我们能够站在他们的肩膀上攀登。如果对这些智慧结晶、精辟见解,不能很好地吸收,则我们现实的理论研究不但会视野狭窄,以偏概全,流于肤浅,而且往往要重复历史上或外国已经历过的错误,在指导教育实践上难免不发生误导。"②这些精辟论述是对教育理论来源的科学总结,也是对教育史学价值的充分肯定。

(二)高等教育研究的历史学观点

随着中国高等教育学学科建设的发展,为适应高等教育理论研究需要,弥补国外相关理论研究的不足,1997 年,潘懋元主持承担"九五规划"国家级重点课题《多学科观点的高等教育研究》,并于 2001 年主编出版了专著。其中,"总论"及首章"历史学的观点"就是潘懋元撰写的,贯穿并发展其高等教育史学理论。

潘懋元指出:"高等教育的思想、目标、体制、模式以及课程、方法、手段,等等,都是一定历史的产物,并都随着历史或将随着历史的发展而变化。历史的观点,最能从宏观上把握高等教育的本质、功能与规律。"③那么,高等教育的本质是什么?对此潘懋元从历史学的视角进行分析,提出"高等教育是一个历史的概念","它所体现的是人类社会在一定历史阶段教育系统的一

① 潘懋元.比较高等教育的产生、发展与问题[J].外国高等教育资料,1991(2).

② 潘懋元.从高等教育理论建设看高等教育史研究的重要性——在高等教育史研讨会上的发言[J].中国高教研究,1994(6).

③ 潘懋元.多学科观点的高等教育研究[M].上海:上海教育出版社,2001:8-9.

个层次”。具体说来,“高等教育”作为相对独立的教育层次和统一的概念,“是这一层次的教育以不同的名称存在和发展了很久之后,大约在19世纪后期才被人们所普遍采纳的”;“它是特指近现代建立在普通教育基础上的专业教育”。“时至今日,高等教育概念的外延和内涵仍处在不断变化中。”20世纪以后,高等教育的“精英教育”观念、“高等教育是从事高深知识的传授和研究”的观念,均受到冲击,已发生某些变化,而“高等教育是正规学校教育的一部分”的观念也应当改变。[①] 这些观点体现了潘懋元对高等教育学的独到见解,而其缘起来自对高等教育发展史的深刻洞察。

同样,从历史学的视角考察,高等教育的功能也是随着历史和社会的变迁而不断发展演化的。潘懋元认为:“高等教育的内容和功能的演变,经历了一个从简单到复杂的过程。”古代高等教育培养统治人才和研究、传授高深学问的功能是由两类不同性质的教育机构所承担的,直至近代德国柏林大学的改革,二者最终被融合于一体,成为近现代高等教育机构可以同时兼有的功能。这两种功能的充分发挥,不仅完成了高等教育在教育系统中的定位,也使“高等教育的发展步入了一个新阶段”[②]。

认识和阐释高等教育规律,更需要运用历史学的观点和方法。潘懋元强调:“历史是有连续性与继承性的,研究高等教育或其衍变的某种教育形式的理论,必须研究高等教育历史,才能掌握其规律。也就是‘论从史出’。”“这种研究对于我们准确理解高等教育现象本身及其与社会间的关系,认识高等教育的发展规律和机制,往往是关键性的。”[③]事实正是如此。潘懋元在揭示教育基本规律,构建高等教育理论体系时,就是汲取教育史特别是高等教育史的经验与教训,为其教育理论提供客观依据的。

(三)高等教育历史与理论的辩证关系

潘懋元从辩证唯物主义方法论的高度,结合高等教育科学研究、人才培养的实践经验,论述高等教育研究中“史”与“论”的依存关系,得出这样的结论:“教育理论研究,有赖于教育史研究的支持;教育史研究,也有赖于教育

---

① 潘懋元.多学科观点的高等教育研究[M].上海:上海教育出版社,2001:25.

② 潘懋元.多学科观点的高等教育研究[M].上海:上海教育出版社,2001:42-45.

③ 潘懋元.多学科观点的高等教育研究[M].上海:上海教育出版社,2001:27-36.

理论研究的支持。”[①]“既要认识‘论从史出’，还要坚持‘以论论史’。”[②]

举例来说，“高等教育管理理论研究，离不开大学校长们丰富的、具体的办学经验，只是从一般管理原则推论出高等教育管理理论，或从一时的得失论述管理的成效，就很难写出内容丰富、科学性强的专著。尤其是涉及高等教育一些规律性的根本问题，往往非一时所能看清楚，也不是靠有局限性的实验或实践所能解决，必须从历史的角度加以考察研究才能有深度、有远见”[③]。潘懋元的这些见解，是其从事高等教育管理实践和高等教育历史研究的经验总结，富有启发性和借鉴意义。

另一方面，研究高等教育史，“必须在充分掌握马克思主义的教育理论的基础上进行。如果没有充分掌握教育理论，教育史的研究就只能做到史料的罗列，很难从教育的历史演变中探讨教育规律，对教育思想做深入、正确的评价”。高等教育史的研究，总要接触到许多高等教育的理论。如：高等教育的功能、高等教育的基本特点、高等教育发展的动力、高等教育的运用机制、高等教育与科技的关系，以及人才观、质量观等一系列理论或原则。因此，“高等教育理论研究与高等教育史研究之间是相互支持的”[④]。

从高等教育学科建设来看，“亟须高等教育理论工作者和高等教育史研究工作者的合作”。在1994年高等教育史研讨会上，潘懋元针对国内教育史研究状况，曾呼吁研究者：“在重视中国高等教育史研究的同时，也重视外国高等教育史的研究，尤其是外国高等教育思想史的研究。”此外，应重视高等教育史的学科特色，“编写高等教育史就要写成‘高等教育’史，突出高等教育，而不是大量转抄一般教育史资料”[⑤]。为了促进高等教育学科建设，潘懋元在创建高等教育学过程中，极为重视高等教育史资料搜集和编纂工作。1978年10月，厦门大学高等教育科学研究室（1984年2月，教育部批准更名

---

① 潘懋元.从高等教育理论建设看高等教育史研究的重要性——在高等教育史研讨会上的发言[J].中国高教研究，1994(6).

② 潘懋元，刘海峰.高教历史与高教研究[J].高等教育研究，1992(1).

③ 潘懋元.百年之功：中国近代大学校长的教育家精神序[C]//潘懋元文集：卷五.广州：广东高等教育出版社，2010：115.

④ 潘懋元.从高等教育理论建设看高等教育史研究的重要性——在高等教育史研讨会上的发言[J].中国高教研究，1994(6).

⑤ 潘懋元.从高等教育理论建设看高等教育史研究的重要性——在高等教育史研讨会上的发言[J].中国高教研究，1994(6).

为厦门大学高等教育科学研究所）创立不久，就创办了刊物《外国高等教育资料》。在后来出版的《潘懋元教育口述史》中，潘懋元充分肯定这份刊物的学术价值："这是'文革'后第一份外国高等教育研究的刊物，也是'文革'后第一份高等教育研究最早的专业刊物之一。我们除了给本校教师干部参考外，也向校外单位寄发了一百多分（份），作为交流资料。"[①]20 世纪 90 年代初，潘懋元和刘海峰合编《中国近代教育史资料汇编·高等教育》，1993 年由上海教育出版社出版，为中国近代高等教育史研究提供了重要资料。

二、"古为今用"的教育史研究导向

研究高等教育史，既是高等教育理论研究的需要，更是高等教育改革实践的现实需要。在教育历史、教育理论和教育实践三者关系中，教育史研究往往通过教育理论的中介，为现实的教育改革提供认识和借鉴等服务。教育史研究与教育实践的关系，体现了教育史学的功能，是教育史研究者和教育工作者不容回避的问题。在这一方面，潘懋元以高等教育改革的现实需要为导向，选择教育史研究问题，实践性成为其高等教育史学思想的又一鲜明特色。

潘懋元认为："教育史就是前人丰富的实践记录。研究高等教育理论，必须'鉴古知今'；进行高等教育改革，必须'古为今用'，这就是高等教育史的价值所在。"[②]教育史研究结合教育改革的需要，其作用是双向的。一方面，"古为今用"，为当前教育改革服务；另一方面，也能较好地体现其现实的价值，使研究工作富有活力与生机。"历史与现实是不可能割断的。研究现实的教育理论与解决当前的教育改革实践问题，差不多都需要掌握其历史渊源，了解其历史经验与教训，纵观历史发展趋势，即所谓'观今宜鉴古'。历史研究的生命力也在于'古为今用'，启发人们借鉴历史经验，免蹈历史覆辙。"教育史研究者应尽的责任之一就是，厘清现实教育改革中有些"新观念"的来龙去脉，判断某些"新方法"的优劣成败，给予启示与忠告。"尤其是当历史虚无主义在教育理论界泛滥时，教育史研究者就更有责任有针对性

---

① 潘懋元，口述．肖海涛，殷小平，整理．潘懋元教育口述史[M]．北京：北京师范大学出版社，2007：157.

② 潘懋元．多学科观点的高等教育研究[M]．上海：上海教育出版社，2001：10.

地分清传统教育的精华和糟粕，这样的历史研究对今天的改革更有其重大的现实意义。”①

在高等教育研究中，潘懋元以切身经验垂教：“从我所从事的高等教育理论研究和高等教育改革实践出发，每有求于教育史，希望从历史研究中了解教育发展的规律和经验，获得某些启示和论据。”②纵观其教育理论创新和教育实践活动，这样的事例比比皆是。

20 世纪 80 年代初，潘懋元提出了著名的“教育外部关系规律”学说，并且“一经提出，就被广泛认可。”究其缘由，在一定程度上说，就是源于对新中国成立以来我国高等教育发展经验与教训的科学总结，适应了教育改革的现实需要。潘懋元对此曾作分析：“把教育必须与社会发展相适应作为外部关系规律提出来”，“还有个时机的问题，也可以说是被客观需要逼出来的。”1958 年以后，我国在社会各个领域，主要是经济领域，出现大量违反客观规律办事的现象，导致严重挫折和失败。“文革”结束后，“痛定思痛，通过对大量现象的考察，总结成功的经验与失败的教训，进行深刻的反思，运用辩证唯物主义的理论武器，透过事物的现象把握事物内在的本质，就比较容易抓住本质的规律性的东西。”教育改革需要认识和遵循教育的客观规律，教育理论工作者有责任总结和阐释教育规律的具体内涵。正是在这特定的历史背景和时代要求下，潘懋元提出了“符合科学而又简明的规律的表述”，这就是“教育外部关系规律”。③ 这一教育规律与“教育内部关系规律”构成了潘懋元高等教育基本理论的基础。

再如，1984 年在厦门大学举办的全国教育史研究会理事会上，讨论年会的问题时，潘懋元以“古为今用”为导向，提出高等教育改革中亟须解决的许多教育史问题。如：传统教育与现代教育的关系、教育观的历史演变、人本主义教育思想的产生发展及其影响、大学社会职能的演变、大学在创造和发展文化上的历史作用、“通才教育”概念的演变、大学科学教育发展的历史，以及中外古今启发式教学的比较、学位制的历史演变、学分制的历史演变、私立大学的产生发展及其作用、中国留学教育在社会发展中所起的作用及其经验教训。1994 年在高等教育史研讨会上，潘懋元再次呼吁：“在当前，我

① 潘懋元.致教育史研究编辑部的信[J].教育史研究，1990(1).

② 潘懋元.致教育史研究编辑部的信[J].教育史研究，1990(1).

③ 潘懋元.教育外部关系规律辨析[J].厦门大学学报(哲学社会科学版)，1990(2).

们特别希望能尽可能结合高等教育改革的需要,带着问题研究高等教育史。"他列举需要深入探究的高等教育史问题,如:各国高等教育学术性与职业性的消长,各国高等教育管理体制的演变,等等。这些问题后来多为教育史、高等教育学界探究,取得颇有价值的学术成果。

在教育史研究中,针对有些教育史学家不关心或不太关心现实的教育改革过程中需要借鉴的历史经验的现实状况,潘懋元分析其原因,认为既有认识上的问题,也有实践上的困难。"可能因为他们在认识上把历史规律与历史经验对立起来,把'古为今用'与狭隘的实用主义混为一谈;也可能在实际上有困难,对于我国当前深化教育改革中所存在问题不甚了解,因而很难找准课题。"为此,他曾向《教育史研究》编辑部提出三条建议:纯史学研究和围绕教育改革现实问题的历史研究文章要有个适当的比例;鼓励教育史学家关心教育改革问题,也支持广大的教育理论工作者以及教育改革实际工作者探讨有关的教育史问题;发表一些以前研究较少的领域,如科学教育、职业技术教育、高等教育、民族教育、民间教育等的历史资料或研究文章。[①]从教育史研究导向来看,这些建议至今仍有重要的指导意义。

为了全面发挥教育史研究的功能,在处理教育理论、教育实践与教育史的关系上,潘懋元提出应防止和纠正三种研究偏向。

其一,不应把"古为今用"做狭隘的实用主义的理解。教育史研究的"古为今用","不能要求每本书、每篇论文都要直接针对实际问题来写作,更不是像有人误解的那样,要求教育史研究给具体问题的处理提出什么方案。相反,通过教育史研究解决教育现实问题应站在历史的高度,在深层次上使人通过教育的历史演变更好地认识教育规律及其作用。"[②]潘懋元认为,《教育史研究》在坚持服务现实教育改革宗旨的同时,应当刊登一些有学术价值、纯史学研究的论文。

其二,要防止"食古不化"。潘懋元指出:"学习和研究高等教育发展史有重大的理论意义与改革的现实意义,但不提倡囿于历史、生搬硬套的'食古不化',也不提倡厚古薄今的'以古非今'。"他认为,在留存下来的教育遗产中,有精华也有糟粕,"应以历史唯物主义的态度来批判地继承,取其精华,去其糟粕,使古为今用。"历史往往有惊人的相似之处,因而要借鉴历史

① 潘懋元.致教育史研究编辑部的信[J].教育史研究,1990(1).

② 潘懋元.致教育史研究编辑部的信[J].教育史研究,1990(1).

经验，汲取历史教训；另一方面，历史不会简单地重复，因此，对于教育传统和教育遗产应该进行扬弃，择善而从，将历史研究与现状研究统一起来。

其三，要反对历史虚无主义。潘懋元亲历极“左”思潮影响下中国各级教育蒙受的灾难，剖析历史虚无主义的思想根源、教育表现与严重危害，指出：“在20世纪50年代末和‘文化大革命’中，有一种‘权威性’的谬论，认为教育史所讲的是奴隶主、地主、资产阶级的教育，从这样的教育中找出来的是剥削阶级的教育规律。社会主义教育规律，只能从社会主义制度下的教育实践中总结出来。以致有一个相当长的时期，教育史的研究被迫中断，严重影响了教育理论的发展和提高。”[①]由于漠视教育史和其他原因，以往出现了一些反复重犯历史错误的事情。“如1958年大办教育，违背客观规律一哄而上，就与苏联20世纪20年代的情况类似。‘文化大革命’中以典型工程组织教学，搞的单元教学法，实际上是国外早已有过的实用主义的东西，它的弊病是破坏了教学的系统性。”这些都是应当汲取的惨痛教训。

三、实事求是的治学风范

治史是治学的重要组成部分，反映出研究者的学术风范。研究教育史，既要有科学的研究方法，也需坚持端正的治学态度，这是教育学家和史学家留下的宝贵经验。潘懋元以“板凳敢坐十年冷，文章不写半句空”为座右铭，数十年如一日，踏实治学，不做空论。无论是在社会政治动荡的年代，还是在市场经济的大潮下，他不为外界环境所动，甘于寂寞，坚守高等教育理论与历史研究，为学林所景仰。这里略举数端，以见其实事求是的治学风范。

其一，运用文献学方法，以事实说话，严谨治史。

教育史研究需要做扎实细致的文献搜集与辨析功夫，方能得出有说服力、经得起历史检验的结论，在这方面，潘懋元为我们树立了楷模。在一般读者看来，潘懋元的高等教育理论文章少有注释，以为做高等教育研究就是理论思辨，无须参考文献，其实不然。潘懋元的高等教育学研究成果，都是经过广泛的实际调研，在掌握大量实证材料（包括历史与现实的资料）的基础上，经过缜密的科学研究和思考而得出的。这种一丝不苟的科学研究方

① 潘懋元.从高等教育理论建设看高等教育史研究的重要性——在高等教育史研讨会上的发言[J].中国高教研究，1994(6).

法，为其教育史研究奠定了坚实基础。

以杨贤江教育思想研究为例，潘懋元发表成果之丰硕、影响之大，举世公认，这是与其深入的文献调查和长期的学术积累分不开的。早在20世纪50年代，为了更多地了解和认识杨贤江的教育活动和教育思想，潘懋元开始有目的地系统搜集其资料。到图书馆查阅商务印书馆出版《学生杂志》上的杨贤江发表的文章，并根据线索查找杨贤江在其他刊物上发表的文章。[①] 1953年潘懋元撰写《杨贤江的教育思想》，发表于《厦门大学学报》1954年第1期。1961年8月，他撰写《马克思主义教育理论家杨贤江》，发表于《厦门大学学报》1961年第2期；1981年8月，又对该文作修改并发表，全文长达3.6万字，文献注释多达104条。[②] 这篇论文从初稿到修改稿，历时20年。

再如，关于蔡元培的研究，潘懋元"花了很多时间阅读了大量资料，研究蔡元培的教育思想，弄清楚蔡元培教育思想的哲学根源"[③]。1955年他撰写《蔡元培教育思想》一文，发表于《厦门大学学报》1955年第4期；1982年又完成修改稿，全文2.74万字，文献注释达60条，发表于《辽宁高等教育研究》1982年第1期。该文撰改前后延续27年。从这些事例不难看到，潘懋元敢坐学术冷板凳何止"十年"！对于教育史研究用心之专、用力之勤，于此可见一斑。

其二，在"文革"动乱年代，不畏威胁，敢于和善于坚持真理。

潘懋元具有深厚的马克思主义教育理论素养，"文革"时期几经磨难，但他仍然坚持自己的教育理念，客观评价中外教育史的得失与影响。在《潘懋元教育口述史》中，潘懋元讲述了"教育大辩论"的难忘经历。

1975年初，邓小平主持中央日常工作，开始整顿教育，恢复不久的教育部开始抓教学管理，引导学生读书。为了辨别什么是"资产阶级的教育思想"，以做针对性批判，北京《教育革命通讯》(即此前的《人民教育》)组编批判资产阶级教育思想的两篇文章，潘懋元应邀参与修改。其中关于杜威实用主义思想的一篇文章，潘懋元花费精力认真做了大量修改，针对当时国内

---

① 潘懋元，口述.肖海涛，殷小平，整理.潘懋元教育口述史[M].北京：北京师范大学出版社，2007：120.

② 潘懋元.潘懋元高等教育文集[M].北京：新华出版社，1991：461-506.

③ 潘懋元，口述.肖海涛，殷小平，整理.潘懋元教育口述史[M].北京：北京师范大学出版社，2007：119.

中学教学轻视系统的知识学习，增加了一大段文字，大意是："杜威的实用主义常常同马克思主义教育思想的重视实践相混淆，最容易鱼目混珠。比如苏联革命初期，杜威在苏联待了相当一段时间，鼓吹实用主义的课程和方法，苏联20世纪20年代的国民教育改革，就是受实用主义理论的影响，办劳动统一学校，不认真学习系统知识，把知识搞得支离破碎。"该文刊发时，《教育革命通讯》还发表社论，根据周恩来总理对教育改革指示的精神，比较系统地谈论如何提高知识基础。

然而，在此后极"左"势力掀起的"反击右倾翻案风"的政治风暴中，这篇学术论文却成为江青的党羽抨击的典型靶子。"理由是苏联大革命以后，列宁夫人克鲁普斯卡娅是苏联人民委员会下的一个国民教育局长。如果说它是实用主义，就是批判影射江青。"厦门大学造反派利用开"大辩论会"，企图批倒、"加罪"潘懋元先生。潘懋元据理力争："你们说是针对克鲁普斯卡娅，说克鲁普斯卡娅是苏联教育部长。这不对，苏联当时是人民教育部，部长是车尔尼夫斯基，克鲁普斯卡娅当时是教育部下面的一个职员。怎么能够叫她负责？车尔尼夫斯基，在苏联后来是被批判的。我批评这些人，难道说他们不该受到批判吗？"[①]这则事例说明，潘懋元治学、治史，不仅敢于坚持真理，而且善于运用其娴熟的教育史知识，摆事实讲道理，坚持真理。

其三，在大学校史研究中，不虚美，坚持写"信史"。

潘懋元精于高等教育史研究，特别是对于中国近代大学校史颇有研究，产生广泛的学术影响。他曾合编《中国近代教育史资料汇编·高等教育》，主编《中国高等教育百年》(广东高等教育出版社2003年出版)，发表了有关京师同文馆、福建船政学堂、天津中西学堂(北洋大学)、厦门大学、南开大学、西北联合大学、西南联合大学等校史研究成果。不仅如此，潘懋元还是大学校史研究的倡导者，直接推动了中国高等教育学会校史研究分会的成立。1984年，首届中国大学校史学术研讨会在厦门大学高等教育科学研究所举办。无独有偶，2014年11月，中国高等教育学会校史研究分会第十三届学术年会又在厦门大学召开。潘懋元在开幕式上致辞，阐明校史研究对教育理论发展的重要意义，并对大会演讲者的报告进行评析，引发学者的共鸣。

---

① 潘懋元，口述.肖海涛，殷小平，整理.潘懋元教育口述史[M].北京：北京师范大学出版社，2007：147-149.

在多年的校史研究中，潘懋元无论是著书立说，还是做校史论证，始终秉持实事求是的态度，客观撰述和评价校史。针对一段时间以来，国内高校校史追溯中出现的牵强附会现象，潘懋元不随波逐流，坚持写“信史”。他称赞南开大学校史并未溯至敬业中学堂、南开学校，而是从1919年正式成立大学算起的，“这种实事求是的态度，是值得我们治校史者学习的”。在南开大学80周年校庆纪念会上，潘懋元有感而发，阐明大学校史追溯的基本标准：“作为信史，按照通例，总应以实质性的继承关系为根据，以当时的文书档案为准绳，而不能以同处一地或有某种人事关系为凭。”他强调：“编写校史的意义，在于昭示后人，勿忘前人筚路蓝缕之功，发扬光荣传统以加强凝聚力，总结经验以探讨办学规律。必须实事求是，写成信史。”①这些主张体现了教育史研究者的学术责任意识和严谨治学风格，为校史研究指明了方向。

其四，从历史实际出发，实事求是地评价教育史人物。

人物研究是教育史研究的重要组成部分，如何评价教育人物，反映出研究者的教育指导思想、治学态度和方法。潘懋元的教育史研究，可以说是从教育人物研究起步的。1949年他在厦门大学教育系任教，开始对中国教育史研究感兴趣。他回顾这段学术历程时说：“我当时设想：按照教育大家，一个一个地写下去。当时主要研究了蔡元培、鲁迅、胡适、陶行知、杨贤江等人的教育思想和老解放区的教育历史。”②数十年间，潘懋元不仅研究杨贤江、蔡元培、胡适、鲁迅、陶行知、陈嘉庚、黄炎培、林文庆、王亚南、萨本栋、刘佛年等教育家，而且研究了毛泽东、周恩来、邓小平等政治家的教育思想，此外，对于其他众多的近现代大学校长也做过评论。这些研究成果跨越不同的历史时期，研究的对象存在诸多差异，但作者始终坚持实事求是的原则，客观评析不同人物的教育思想特点和历史地位。这是十分可贵的，富有启迪意义。

以中国近代大学校长研究为例，潘懋元以其渊博的高等教育史知识，结合亲身实践，运用马克思主义教育理论和高等教育学理论，全面总结和客观评价这一教育家群体的特征、教育贡献和历史地位。在《百年之功——中国近代大学校长的教育家精神》的序言中，潘懋元指出，这个大学校长群体虽

---

① 潘懋元.南开信史八十年[J].南开发展论坛，1999(3).

② 潘懋元，口述.肖海涛，殷小平，整理.潘懋元教育口述史[M].北京：北京师范大学出版社，2007：119.

然很复杂，但是，“他们在大学校长任职期间，大多是以科学、民主和爱国主义精神办学，集中表现出他们的‘教育救国’的信念与理想。……在那样复杂的历史条件下，教育救国的理想虽然行不通，但他们的良好愿望，却是他们对教育事业怀有无限忠诚和做出重要贡献的精神支柱。”“在那样复杂艰难的历史条件下，他们所取得的办学实绩、办学经验和他们所表现的办学精神乃至人格力量，也就显得难能可贵。这既是他们的‘教育家精神’之所在，也正是我们今天研究它的意义之所在。”[①]这些评价符合历史实际，令人信服。

潘懋元对于厦门大学校史颇有研究，不仅为校史人物研究写序，而且指导博士生撰写萨本栋校长、厦门大学历史文化的博士论文。笔者研究林文庆校长，就林文庆办学与评价问题，2008 年 7 月曾访谈潘懋元。潘懋元对林文庆校长办学贡献、与鲁迅的冲突以及林文庆在日军占据新加坡期间被迫出任华侨维持会会长的问题，做了客观评析。他说：“林文庆本身是医生，但选择当大学校长，一生办教育”；“林文庆是医生，要救死扶伤；又是教育家和‘卫教士’，卫中国旧道德，不甘于被日本镇压。当时，林文庆也是逃不开的，被日本人利用。但出任维持会会长这段历史毕竟是事实，很难说他没有污点，很难说他没有责任”。潘懋元深情地说：“鲁迅过去总是骂林文庆，这是两种不同的思想。林文庆服膺孙中山三民主义思想，要‘建国’，所以信奉儒学。鲁迅认为还要革命，所以批儒家思想。”[②]在另一篇序文中，潘懋元说：“作为厦门大学校友和教师，我只能就事实上的首任校长林文庆博士对厦门大学的卓越贡献，表达感恩之诚。使一所私立大学，成为南方之强。对于一所大学校长来说，这就是最高的荣誉。”[③]这是对林文庆的办学业绩的充分肯定。

总之，潘懋元研究教育史，遵循实事求是的原则，重视历史实际，不尚空论，做到“论从史出”。其研究范围广泛，囊括古今中外教育史、高等教育史，包括教育人物研究、教育思想研究、教学研究、教育机构研究、教育制度和管

---

① 潘懋元.百年之功：中国近代大学校长的教育家精神序[C]//潘懋元文集：卷五.广州：广东高等教育出版社，2010：115.

② 张亚群.自强不息　止于至善——厦门大学校长林文庆[M].济南：山东教育出版社，2012：457，470.

③ 潘懋元.一生真伪有谁知：大学校长林文庆序[C]//潘懋元文集：卷五.广州：广东高等教育出版社，2010：483.

理研究。潘懋元谙熟近代高等教育史料，信手拈来，皆成佳作。其立论严谨，史论结合，往往成一家之言。这些都是值得我们学习的治学风格。

四、“以论论史”的学术成就

作为著名高等教育理论家，潘懋元在“以论论史”方面取得了丰硕成果。据笔者不完全统计，从 20 世纪 50 年代至今，潘懋元出版有关教育史的著作、编著约有 10 部；发表的教育史论文、相关序文和演讲报告，数量达百余篇，其中大多为高等教育史研究。如：1983 年合著(第一著者)《马克思主义教育理论家杨贤江》。2003 年主编出版《中国高等教育百年》。2007 年出版《潘懋元教育口述史》。1991 年新华出版社出版《高等教育文集》，第五部分收入教育史论文 8 篇，其他部分收入相关论文、序文 5 篇。2000 年福建教育出版社出版《潘懋元论高等教育》，收入高等教育史论文 6 篇，相关序文 6 篇。2010 年广东高等教育出版社出版八卷本《潘懋元文集》，卷四收入教育史研究论文 33 篇，包括三部分——“人物思想研究”20 篇、“近现代教育史”8 篇和“高教史学科建设”5 篇；卷五“专题研究编”收入“高等教育历史研究”序文 11 篇；“文集编”收入“学者文集”序文 14 篇、“纪念文集”序文 10 篇。此外，在媒体、刊物发表的关于高等教育史的演讲报告多篇以及未收入该文集的教育史论文 20 多篇。

上述成就的取得并非偶然，首先，应归功于潘懋元所具有的扎实的学术功底和史学理论积累。抗战时期他考入厦门大学教育学系，读书条件虽极为艰苦，但学校教育丝毫没有松懈。大学期间，他系统修读了教育史专业课程中国教育史和西洋教育史，基础课程必修课国文和文选，选修课程中国史、西洋史、经济思想史、因明学等，扩大了学术视野，培养了专业能力。其次，家庭教育影响和个人努力，养成其坚定的学习志向和兴趣。潘懋元出身贫寒，深受父母、兄长影响，自幼刻苦向学，由此打下了宽广的文史基础。最后，得益于教育实践的锻炼。潘懋元 15 岁开始任教，一步一步地从小学教到大学，积累了丰富的教育教学经验。1951 年 9 月至 1952 年 9 月，他赴中国人民大学、北京师范大学进修研究生课程，比较系统地学习了苏联的教育理论。1963 年年底，他被借调到中央教育科学研究所工作。1964 年至 1973 年间，潘懋元服从组织安排，从北京到安徽，再到云南，接受锻炼。他回顾说，十年间，"跑了很多地方，经历了很多事情。""回想起来，那些年我虽没能'读万卷书'，却是'行万里路'。这'行万里路'的另外一种收获，也是书斋生活所不能得到的。这一段经历让人领悟了许多的生活意味。也许，那些年的生活是真正贴近人民的生活。"①

综观潘懋元的教育史研究实践和学术成就，其中贯穿着"以论论史"这条主线。具体说来，其"论"有三，即马克思主义教育理论、高等教育学理论和逻辑学理论。"以论论史"突出表现在以下几方面：

首先，运用马克思主义教育理论，研究教育史特别是高等教育史。

潘懋元被借调到中央教育科学研究所工作后不久，受陈元晖先生推荐，继续留在北京做中国教育史研究，并被任命为中央教科所临时成立的马克思主义教育研究小组组长。究其原因乃在于，潘懋元很早就接触、学习马克思主义教育理论，可谓研究有素。

在教育人物思想研究方面，潘懋元最早研究、投入精力最多并取得丰硕成果的是杨贤江教育思想研究。早在大学时代，潘懋元不顾"禁书"限制，开始研读李浩吾(杨贤江)的《新教育大纲》《教育 ABC》。1950 年，他在厦门大学给学生开设中国教育史课程时，将杨贤江作为近代教育思想家之一进行专题讲座。此后，在《厦门大学学报》《光明日报》《文汇报》等报刊发表《杨贤江教育思想》《马克思主义教育思想传播者杨贤江》等论文，评介杨贤江教育思想，并应约编杨贤江教育文选，开始整理其专著、论文和书信。1964 年写了 4 万字的文章纪念杨贤江。

潘懋元谦称："由于研究中国近代教育史，机缘巧合，我成为新中国第一个研究杨贤江教育思想的人。"②实际上，潘懋元的持之以恒，也是杨贤江教育思想研究的"第一人"。1981 年，教育部和团中央指定潘懋元主编杨贤江教育文选，其间潘懋元发表了杨贤江教育思想研究论文多篇；此外，还与宋恩荣、罗杞秀等合著《马克思主义教育理论家杨贤江》(人民教育出版社 1983 年版，光明日报出版社 2005 年版)。1984 年，中国教育学会成立杨贤江教育思想研究会和杨贤江教育基金会，潘懋元被推选为理事长和基金会主任；至

① 潘懋元，口述.肖海涛，殷小平，整理.潘懋元教育口述史[M].北京：北京师范大学出版社，2007：145.

② 潘懋元，口述.肖海涛，殷小平，整理.潘懋元教育口述史[M].北京：北京师范大学出版社，2007：118.

今还担任该研究会的顾问。

在中国近现代高等教育史研究中，潘懋元运用马克思主义教育理论分析问题，解决问题。他曾指出："高等教育史的研究，必须在掌握马克思主义的教育理论的基础上进行。如果没有充分掌握教育理论，教育史的研究就只能做到史料的罗列，很难从教育的历史演变中探讨教育规律，对教育现象和教育思想做出深入、正确的评价。"[①]事实正是如此。由于掌握并运用马克思主义教育理论，潘懋元研究中国教育史得心应手，能够透彻分析教育历史问题，揭示教育发展规律，全面评价教育历史人物，科学地总结教育的经验与教训，为教育改革实践提供借鉴。

其次，创立高等教育学科，以高等教育基本理论指导高等教育史研究。

在其主编的国内第一部《高等教育学》(上、下册，人民教育出版社 1984 年 7 月、1985 年 2 月出版)中，潘懋元就专门探讨了高等教育的历史演变，系统地论析了高等教育的内涵、特征、本质与功能。这一研究堪称高等教育"史""论"结合的典范。此后，他运用高等教育学理论，阐释中西方高等教育的起源、高等教育近代化、中国女子高等教育的产生与演变、大学的功能、应用型人才培养等重要问题，得出一系列新的见解。

例如，关于中国近代高等教育的起源问题，潘懋元是以近代高等教育的基本特征，按照近代科学分类设置系科(专业)，作为高等教育起源的判断标准。他以此考证和辨析有关"中国第一所近代性质的高等学校"的争论，认为，京师同文馆天文算学馆具有近代高等教育的性质，而"福建船政学堂不仅在创办时间上早于京师同文馆，而且在专业设置、课程体系上，更符合十八九世纪西欧所形成的近代性质的高等教育的特点"。"仅仅在这个意义上，福建船政学堂堪称中国近代第一所高等学校"。若从近代高等教育的基本特征来看，天津中西学堂的头等学堂则是中国近代第一所高等学校，因为在学制系统上，它是建立在二等学堂(普通中学或预科)基础上，按近代科学分类设置专业与课程的高等学校，具备更完整的近代高等教育特征。京师大学堂是中国近代第一所综合性大学。[②]

再如，有关"衡量高等教育近代化的客观标准"的研究，潘懋元也有独到见解。他根据唯物史观的基本原理，提出："制约近代高等教育最根本的力

① 潘懋元，刘海峰.高教历史与高教研究[J].高等教育研究，1992(1).

② 潘懋元.福建船政学堂的历史地位及其影响[J].教育研究，1998(8).

量是生产力和科学技术的发展，然后才是经济制度与政治制度，以及文化的传统与变迁。”中世纪大学之所以演变为“近代”大学，“最根本的动力与标志就是科学技术以知识的形态，转化为课程进入大学，成为大学内部的核心，推动大学自身方方面面的变化与发展”。由此得出一个重要结论：“中世纪大学嬗变为近代大学，它的核心是课程的改革——科学技术进入大学课程之中。”[①]按照这样的思路和标准，潘懋元指导了《欧洲高等教育近代化》和《西学东渐与中国高等教育近代化》两本博士论文，揭示欧洲和中国高等教育近代化的动因与演化规律。

在高等教育史的其他专题研究中，同样体现了潘懋元的“以论论史”的治学特色。如其论述中国近现代女子高等教育历史演变，就是运用教育外部关系规律，通过大量翔实的历史资料和统计数据，考察和分析中国女子高等教育发展与近现代文化变迁的关系，得出“女子高等教育是文化变迁的寒暑表”的结论[②]，为推动当今女子高等教育发展提供借鉴。

最后，以逻辑学理论为指导，分析高等教育历史现象与问题。

潘懋元拥有深厚的逻辑学素养。早在大学时代，他就选修了佛学家、书法艺术家虞愚教授开设的“因明学”课程，无形之中得到了逻辑思维的系统训练。后来，在学习马克思主义哲学、教育学理论中，又很好地掌握唯物辩证法和辩证逻辑。在20世纪50年代和20世纪70年代末80年代初，潘懋元先后为厦门大学本科生讲授逻辑学课程，足见其扎实的逻辑学功底。这一基础为其高等教育理论与历史研究提供了极大便利。

潘懋元的教育史论著，具有浓郁的理性精神和潜在的逻辑力量。他运用辩证唯物主义方法论的“历史与逻辑的统一”的原则，阐释高等教育历史与高等教育理论的辩证关系，指出：“历史的发展过程是第一性的，逻辑的理论概括是第二性的；逻辑的东西是从历史的东西概括抽象出来的”，进而推论：“高教理论是高教历史和客观现实在人们头脑中的反映，高教理论一般来说是从高教历史中总结出来的。”[③]他用历史的、辩证的思维，思考和探讨

---

① 潘懋元.欧洲高等教育近代化序[C]//潘懋元文集：卷五.广州：广东高等教育出版社，2010：124.

② 潘懋元.女子高等教育：文化变迁的寒暑表——中国女子高等教育的过去、现在与未来[J].集美大学学报(教育科学版)，2001(3).

③ 潘懋元，刘海峰.高教历史与高教研究[J].高等教育研究，1992(1).

高等教育问题，上升到理性认识的高度，归纳总结出高等教育发展规律。

笔者读博期间，在一篇读书报告中曾写下一段感想："从理论类型上来看，《文集》[①]是建立在对高等教育实际科学认识基础之上的一套'逻辑模型'。"具体来说，"潘懋元先生从教育基本规律和高等教育特殊规律出发，构建起独具特色的高等教育基本理论框架"[②]。今天，进一步学习潘懋元的教育史学论著，深感其高等教育史研究，就是在这一基本理论架构下展开并得到新的验证，促进其高等教育理论不断发展。

由于自觉运用逻辑学理论，潘懋元讲课、作学术报告和著述作文，极具逻辑性和说服力，令听众和读者折服，这在其教育史论著中尤为明显。无论是其发表的教育史论文，还是为其他教育史著作所写的序文，无不深入浅出，情理交融，读来自然、亲近。这与有的论者为了"标新""立异"，矫揉造作，故弄玄虚，甚至逻辑混乱，确有天壤之别。在演讲报告或学术沙龙上，潘懋元先生谈古论今，时常引经据典，溯本究源，娓娓道来，不经意间，使听者增长了许多教育史知识，领悟到深奥的教育哲理。这些体现了一位教育大家的学术风范。

综上所述，潘懋元研究高等教育史，有其完整的理论作指导，而其在教育理论和教育现实的研究中，心中亦有历史实际。二者互为补充，相得益彰。在教育史研究中，他坚持"论从史出"、"古为今用"、"实事求是"和"以论论史"的原则，这些原则也反映其高等教育史学思想的基本内涵和主要特色。高等教育史是高等教育科学的重要组成部分，学习和研究潘懋元高等教育思想，若忽视其丰富的教育史学、高等教育史研究成果，显然是不完整的，也是难以深入的。只有系统学习和深入探究潘懋元的教育史学与高等教育史研究成果，才能全面认识和准确理解其高等教育思想的形成过程、发展脉络与理论精髓。

---

① 作者按：指《潘懋元高等教育(学)文集》，包括1991年版和1997年版。实际上，还可包括2010出版的多卷本《潘懋元文集》。

② 张亚群.理论源于实际高于实际——论潘懋元高等教育思想的特色[J].机械工业高教研究，1999(3).

潘懋元高等教育经济学思想

柯佑祥　徐　赟

潘懋元先生是我国著名的教育学家，是我国高等教育学学科的开创者和奠基人，他领导并构建了日臻完善的高等教育学学科理论体系，形成了丰富与深邃的高等教育思想。与此同时，潘懋元先生高屋建瓴，进一步拓展高等教育科学的研究范畴和视野，率先在中国从多学科的角度开展和推进高等教育的理论研究。潘先生早年主修教育学并辅修了经济学，他立足于中国经济体制变革与发展的现实，从教育的内外部关系规律出发，深入研究中国高等教育发展过程中的重大经济现象和问题，形成了具有重要影响的高等教育经济学思想，大力促进了高等教育的多学科研究，全面推动了高等教育理论的繁荣与创新。

一、高等教育与经济发展的关系

潘懋元先生高度重视高等教育经济学中的核心问题——高等教育与经济的关系，并开创性地提出了许多著名的论断和观点，影响深远。潘先生关于高等教育与经济关系的论述可以划分为三个时期：从新中国成立至 20 世纪 70 年代末（改革开放前）计划经济体制阶段、从 1978 年改革开放至 1991 年引入市场机制的有计划商品经济体制阶段、1992 年后社会主义市场经济建立与发展阶段。

新中国成立至 20 世纪 70 年代末我国处于计划经济体制阶段。新中国

作者简介：柯佑祥，教育学博士，华中科技大学教育科学研究院教授，博士生导师；徐赟，华中科技大学教育科学研究院博士研究生。

成立后，百废待兴，经过三年的经济恢复，我国的国民经济得到根本好转，工业生产超过了历史最高水平，但仍然是一个落后的农业国，工业水平远远落后于发达国家，甚至落后于许多发展中国家。在这种背景下，党和政府制定了《发展国民经济的第一个五年计划(1953—1957)》，提出要集中力量发展重工业，建立我国社会主义工业化的初步基础。

(一)高等教育建设与国民经济发展的关系——相互依存

根据对第一个五年计划的分析与思考，潘懋元先生于1955年撰写并发表了《第一个五年计划的教育建设计划——学习"发展国民经济的第一个五年计划"笔记》一文，阐述了文化教育事业与国民经济发展的辩证关系。潘先生在该文中指出，国民经济与文化教育是相互依存的关系，国民经济是文化教育发展的基础和保证，文化教育的发展又是国民经济发展的必要保障。

根据新中国成立初期工业落后的现状，潘先生提出："高等教育建设必须符合社会主义建设的要求，必须同国民经济发展的计划配合，特别是工科高等学校应该逐步地同工业基地相结合。过去高等学校集中在少数大城市尤其是沿海城市的现象，将逐渐加以改变，而大力发展内地与工业基地的高等教育。"[①]要发展重工业就必须注重高等工科人才的培养，高等工科人才又必须要能适应工业基地发展的现实需要，因此高等工科教育必须工学结合。高等教育能培养工业经济发展所需要的人才，那高等教育是不是就可以无限度地发展呢？潘先生对此持否定态度，认为在一定的条件下，文化教育的发展应该要有一个合理的限度，要根据经济状况量力而行，在发展教育的同时，要以保证国家有足够的资金来进行工业建设为度，促进生产力的高速度发展。

(二)高等教育与生产劳动的关系——以教学为中心，与生产劳动相结合

1958年9月，中共中央、国务院在《关于教育工作的指示》中指出："党的教育工作方针，是教育为无产阶级的政治服务，教育与生产劳动相结合；教育的目的，是培养有社会主义觉悟的有文化的劳动者。"针对高校贯彻"教育与生产劳动相结合"方针的一些问题，潘先生分析了教学任务与生产任务、

① 潘懋元.关于第一个五年计划的教育建设计划——学习"发展国民经济的第一个五年计划"的笔记[J].厦门大学学报(社会科学版),1955(6):42-51.

教学过程与生产过程、专业培养要求与生产劳动要求、生产组织与教学中的劳动组织四对矛盾，认为这四对矛盾是客观存在的。潘先生对教学与生产劳动的结合提出了几条基本原则：第一，全日制学校的主要任务是培养有文化的劳动者，主要工作是教学，教学、生产劳动、科学研究的结合，应以教学为中心，围绕教学，进行生产劳动和科学研究；第二，教学、生产劳动、科学研究，既然各有自己的任务、活动过程和规律，教学和生产劳动的结合就必须保持各自的特点，不能取消或歪曲一个方面来凑合另一个方面；第三，高等学校各个专业的性质不同，各门课程的性质也不同，教学与生产劳动结合的要求与方法不能强求一致。[①] 潘先生肯定了教育与生产劳动相结合方针的积极面，对高校应如何正确贯彻方针的分析也十分科学。遗憾的是，在“以阶级斗争为纲”、片面突出政治的年代，此方针在执行过程中受到歪曲篡改，特别是“文革”十年给教育工作造成了巨大的损失。

（三）高等教育与商品经济的关系——要主动适应而非被动适应

1984 年 10 月第十二届三中全会通过了《中共中央关于经济体制改革的决定》，明确提出要改革计划体制，突破把计划经济同商品经济对立起来的传统观念，建立在公有制基础上的有计划的商品经济体制。商品经济是在社会分工条件下，具有不同经济利益的生产者之间，相互交换劳动和进行经济联系的一种经济形式。经济体制的变化必定会影响教育体制的改变。1985 年 5 月出台的《中共中央关于教育体制改革的决定》，全面拉开了我国教育体制改革的序幕，改变过去计划性的、集中性的教育体制，扩大学校的自主权，使教育能主动适应经济和社会发展的需要。如何面对商品经济以及教育体制改革的影响成为高等教育工作者面对的新问题。

潘先生创造性地提出了教育的内部关系规律和教育的外部关系规律，其中一个重要内容就是如何正确处理教育与经济的关系。“教育必须与社会发展相适应，教育必须受一定社会的经济、政治、文化所制约，并为一定社会的经济、政治、文化的发展服务。”[②]在这里，基于当时的不太开放的社会环境，他以大无畏的学术胆识，将经济置于政治、文化之前，对教育尤其是高等

① 潘懋元.教学、生产劳动、科学研究的矛盾与统一[J].厦门大学学报(社会科学版)，1959(1)：40-54.

② 潘懋元.教育的基本规律及其相互关系[J].高等教育研究，1988(3)：6-12.

教育与经济关系有了领先于时代的新认识。首先,教育要受经济这一社会子系统的制约。经济体制的改革必然引起教育体制的调整和改变,因此,"把竞争机制也引进到教育中来,打破吃大锅饭、平均主义的旧模式,来适应新的经济体制的要求和商品经济发展的需要,就是不可避免的了"。[①] 其次,教育要为经济建设服务。"经济体制的变革、商品经济的发展、市场机制的引进、对外开放政策的实行,以及其他一系列的变化,对人才的规格也提出了新的要求。"[②]

高等教育是一项培养各类专门人才的社会实践活动,其所培养的专门人才将直接走向各部门尤其是经济建设部门担任专门工作,解决经济和社会发展中的各种实际问题。因此应该积极地看待高等教育的发展,而不应囿于将教育看作是纯粹消费事业的传统观念,对于商品经济带来的变化,高等教育要有主动适应社会发展需要的积极性和能力,而不能被动地适应。"被动适应是一种盲目的适应,并不是按照教育的客观规律办教育;主动适应是一种自觉的适应,只有主动适应,才能遵循与运用教育规律办教育。"[③] 主动适应是走出教育商品化的困惑的途径,建立主动适应的机制才能使我们的高等教育向着正确的方向深化改革,健康发展。

在高等教育适应商品经济发展的改革上,出现了教育经济功能扩大化、教育商品化的倾向,对此,他是极力反对的。他认为,"教育商品化"是盲目的被动适应,只看到商品经济对教育的积极作用,而忽视其消极影响,整个教育实践偏重于经济效益。根据他的分析,"教育商品化"的错误之处在于将教育的社会性一面也商品化了。教育尤其是高等教育具有双重属性,包括产品性和社会性两个方面。如果不能把教育与经济的关系正确处理好,只看到产品性的一面而忽视社会性的一面,必然使教育的综合效益受到影响,也影响教育多种功能的发挥。对高校与企业之间的"产校合作"热,潘先生认为"产校合作"的真正意义在于"培养适应社会发展需要的人才……学校的科研成果可以更快地转化为生产力……增加学校一点资金,改善一点福利"。[④] 培养社会需要的人才是"产校合作"的首要出发点,以创收为唯一

① 潘懋元,王伟廉.引进竞争机制与教育规律的关系[J].江苏高教,1989(1).

② 潘懋元,王伟廉.引进竞争机制与教育规律的关系[J].江苏高教,1989(1):20-23.

③ 潘懋元.潘懋元文集:卷三(上)[C].广州:广东高等教育出版社,2010:49.

④ 潘懋元.正确对待商品经济对高等教育的冲击[J].高等教育研究,1989(3):3-9.

目的的校企合作是无法长久的。因此,“我们首先要根据教育外部的规律,必须适应商品经济的发展,同时,也必须根据教育内部的规律,要符合我们教育自身的价值、特点、规律”。[①]

(四)高等教育改革与市场经济的关系——主动适应、全面适应

市场经济是社会资源配置的一种基本方式,它是通过市场机制的作用,将社会资源配置到社会需要的部门,因此市场经济注重效率与竞争。市场经济如同商品经济一样必定会对高等教育产生冲击和制约,潘先生认为这种冲击是客观必然的,也是由教育外部关系规律所决定的。由于高等教育是专业教育,直接为社会培养高层次人才,与经济、政治、文化以及科技的关系比基础教育更为直接、更为密切。因此,市场经济对高等教育的冲击更为尖锐、更为深刻,独立于市场经济之外的高等教育发展是绝对不可能存在的。他认为,市场经济对高等教育的冲击既有积极的一面,也有消极的一面。“市场经济冲击的积极作用主要体现在能够促使高等教育领域引进竞争机制和效益原则,能够激励高等教育不断地自我发展、自我完善。”[②]与我国高等教育培养目标的实施不同,在价值观方面,市场经济所遵循的是价值规律,完全受逐利思想的驱动。“在运行机制方面,市场经济是按价值规律和供求变化来进行市场调节的,这种调节在一定程度上是自发的、盲目的。同时,市场信息瞬息万变,市场行为往往具有短期性、速效性、波动性……但教育的运行过程不但周期长、要求有一定的稳定性,而且具有长效性、滞后性等等特点。”[③]因此,面对市场经济的冲击,高等教育要发挥主体性作用,根据教育的价值规律进行科学的、主动的判断与选择,做到主动适应而非被动适应。

此外,经济只是社会系统中的一个子系统,高等教育在主动适应市场经济发展、为经济服务的同时,还要兼顾其他如政治、文化、地理、生态等子系统或因素,要全面地适应,否则就会出现片面性的失误。他提醒人们要警惕“高等教育市场化”“一切向钱看”“教育效益等于经济效益”等错误观念会导致的思想混乱、道德下降等风险。他以“文革”期间“以阶级斗争为纲”的教

① 潘懋元.正确对待商品经济对高等教育的冲击[J].高等教育研究,1989(3):3-9.

② 潘懋元.潘懋元文集:卷三(上)[C].广州:广东高等教育出版社,2010:93.

③ 潘懋元.潘懋元文集:卷三(上)[C].广州:广东高等教育出版社,2010:95-96.

育片面适应政治需要为例说明了片面性的危害，“批判所谓‘白专道路’，忽视教育要为国民经济建设、为科学技术发展服务，这就违反了教育也要与经济、文化发展相适应的规律，以致教育质量严重下降，不但不能很好地培养出社会主义现代化建设所需要的人才，也不利于巩固无产阶级专政”[①]。因此，在处理教育与社会各个子系统的关系时，要全面地衡量和考虑，即全面而非片面地适应社会发展。

针对高等学校在应对市场经济时出现的短期行为现象，潘先生提出，高等教育改革要注意在市场经济条件下加强对教学理论的研究，要以可持续发展理念来制定高等教育发展战略，“高等学校办学不是开‘皮包公司’，看到市场上什么商品热就做什么生意……一定要以未来发展的可能性作为决策的前提”[②]。

（五）高等教育与知识经济的关系——从社会边缘到社会中心

知识经济是以知识为基础的经济，与农业经济、工业经济相对应的概念。在知识经济社会，“知识是经济的最基本的资源和生产的最核心要素。一句话，知识经济是知识驱动经济，知识创造财富。知识经济时代，社会经济沿两大方面展开：一方面是经济的知识化趋势，另一方面是知识的经济化趋势……知识在知识经济中核心地位的确立，势必使得与知识直接相关的大学也进入经济运行过程之中，直接参与经济活动……大学为社会服务，其实质是知识的应用，即应用知识服务社会以创造价值”[③]。

大学是知识创造与传播的中心，聚集了高水平的专业人才，是科学研究与技术开发的基地，具有发展知识产业的天然优势，而大学具有的人文资源和文化环境能为知识经济的发展提供价值导向。潘先生特别指出，在知识经济社会，“用高科技的知识，高水平的管理，高水平的人才组成的大学将从社会的边缘走向社会的中心”[④]。大学将从与外界隔绝的“象牙塔”、人文主义的固守者，转变为与社会经济生活紧密相关的中心圈。对于教育界出现

① 潘懋元.高等教育改革与社会主义市场经济的关系[J].中国高等教育，1992(11)：8-10.

② 潘懋元.可持续发展的高等教育改革[J].辽宁高等教育研究，1997(4)：10-13.

③ 潘懋元.潘懋元文集：卷三(上)[C].广州：广东高等教育出版社，2010：132-133.

④ 潘懋元.制定高等教育发展战略应明确时代背景和发展理念[C]//全国高等教育发展战略研讨会.中国武汉，2001.

的“科学主义”与“人文主义”之争，他既反对高等教育绝对的科学主义与功利主义，又反对完全的“象牙塔式”的人文主义，提出了融合的观点，科学主义与人文主义要结合，“协调这两者，找出最佳的结合点”[①]。高等教育要主动迎接知识经济的挑战，改变过去自我封闭的办学模式，探索“产学研一体化”的新模式，将知识转化为应用，为社会经济与产业的发展服务，真正地从社会边缘走向社会的中心。

潘先生强调，在知识经济社会，科技是第一生产力，因此高校办学、企业办企业都需要遵守产学研相结合的原则，“产”，是知识的应用；“学”是知识的传承；“研”是知识的创新。产学研是相互依存的关系，高校办学要向企业敞开大门，听取企业的人才培养意见；企业要主动介入办学，主动介入专业人才的培养，这样才能形成产学研相结合的良好循环，高校、企业、学生均能从中受益。

（六）高等教育地方化与区域经济发展的关系——高等教育服务地方经济发展

受经济的发展水平和规模的制约，我国在高等教育发展中要因地制宜，各具特色，不能搞一刀切。生产力发展水平制约着高等教育发展，不同的经济发展水平和规模，也使得我国高等教育发展存在差异。中国经济改革的政策之一就是发展区域经济与地方经济，中国经济要走发展区域经济与地方经济的道路，必须使高等教育适应地方经济发展，为地方经济服务，实行高等教育地方化。潘懋元先生认为：“经济体制的改革与经济的发展，必然促使地区性高等教育的发展。高等教育地方化，既可以减轻中央财政负担，使中央财政更好地集中于面向全国的大学，提高‘国家队’的水平；又可发挥地方办学的积极性，改善办学条件。”[②]

在中国进入高等教育大众化后，他更敏锐地意识到高等教育地方化的重要性，并专门撰文探讨了高等教育地方化的可行性，“高等教育通过培养人才和提供技术咨询与服务来促进地方经济的发展，使高等学校成为当地科学文化的中心，并辐射到周围地区，成为该地区精神文明建设的‘总

---

① 潘懋元.高等教育与社会的协调发展[J].复旦教育论坛，2005(1)：16-17.

② 潘懋元.高等教育改革与社会主义市场经济的关系[J].中国高等教育，1992(11)：8-10.

站'……绝大多数地方高校应定位于应用型、职业型,为地方经济发展培养适用人才……行业特色高校应主动与相关行业发展紧密联系起来,为行业发展服务,走与行业发展良性互动的办学道路"①,地方高校的发展要找准定位,要注重为地方经济的发展服务,要突出行业特色,与地方产业结构相结合,避免同质化倾向。"在专业设置上,独立学院应与所在城市发展保持密切的联系,办学特色应体现地方化。独立学院应依据所在城市发展需要和地域特色开设专业,为所在城市发展做出自己独特的贡献。"②

高等教育与经济发展的关系在潘懋元先生有关高等教育经济学思想体系中占据大量篇幅,自成一体,反映了他的研究取向和特色——着眼于高等教育领域中宏观与核心的经济问题和典型的经济现象,而且通过对不同时期和不同经济体制、不同经济发展状态下高等教育发展的深入思考,提出了具有前瞻性、重要理论价值与应用价值的高等教育经济学观点,并不断丰富和佐证他关于教育的外部关系规律的论断,成为相关政策的行动参考和厘清认识误区、困惑的理论指导,贡献非凡。

二、高等教育投资与效益

教育经济学认为,用于教育的支出就是一种投资。高等教育投资属于非直接生产部门用途的投资,用于培养高级的后备劳动力和专门人才的人力与物力的货币表现。高等教育发展离不开高等教育的经费投入这一物质基础,国家、个人、社会等对高等教育的重视程度通常也通过高等教育经费投入反映出来。在一定程度上政府的拨款支持力度决定了教育事业计划能否实现。

(一)经费投入与分担的方式——财政为主,多渠道为辅

通过研究,潘懋元先生发现,教育既产生经济效益,同时也是国家的综合国力的重要组成部分。教育的最大受益者是国家,因为教育的经济效益,不同于物质生产部门,虽然不能直接、立即体现在市场经济交换过程中,但却存在于社会之中;因此,一国的教育经费,主要由政府承担是合理的。但

① 潘懋元.高等教育地方化的可行性探讨[J].高等理科教育,2010(5):1-4.

② 潘懋元,吴玫.独立学院的兴起及前景探析[J].中国高等教育,2004(Z2):31-32.

是，教育经费主要由政府承担并不等于只能由政府承担。[①] 在计划经济时代，高等教育投资的主体单一，政府包揽了高等教育的资金投入，这种单一的资源配置模式出现越来越多的弊端，如教育经费严重不足，资源配置效率低下等，限制了高等教育事业的发展。改革开放后，为顺应经济的发展，需要大力发展教育事业，“穷国办大教育”的现实使得这种单一投资主体的局面难以维持，高等教育投资必须多元化。潘懋元先生认为，高等教育投资体制应以国家财政拨款为主，多种渠道集资为辅，以充分保障作为国家事业的重要组成部分的高等教育。“政府仍应增加投资力度，但可以通过实行教育成本分担制度，要求学生交费上学，发展校办产业和有偿服务，增加学校收入；推行高等学校后勤服务社会化，以减少高校负担。”[②]同时他特别提请相关人士注意，高校的创收需要政策和立法来加以规范，以免出现只顾眼前利益、忽视教育长期利益的现象。潘懋元先生非常关注和担心不断提高的学费额标准和奖学金受益面低、款额低的状况。他强调：“向大学生收学费，要充分调查研究一般家庭的承受力，不应只着眼于富裕家庭的收入。且应广设奖学金、贷学金，提高奖贷学金的款额。否则，许多有才能的优秀青年，将被排斥在大学门之外。”[③]

在潘懋元先生看来，“节支”与“增收”的方法是解决高等教育大众化与政府资金投入不足的矛盾的有效方法。“节支，就是采取非精英教育的消费水平以扩大高等教育。……增收，就是多渠道筹集教育资金。”[④]为减轻高等教育大众化的资金负担，他建议，在保证一定比例的精英教育条件下，发展远距离等高等教育，如类似国外的社区学院、成人高等学校、开放大学等。他坚信，21世纪的教育消费将成为国民消费强有力的增长点，“如果按照教育作为一种产业的性质，对民办高等教育的投入，允许给予适当的回报，并加强立法管理，将为高等教育大众化的资金投入开辟一条重要的增收途径”[⑤]。采取这种方式，我国高等教育在大众化过程中的经费问题就可迎刃

① 柯佑祥.高等教育经济学理论与中国高等教育改革——潘懋元先生高等教育经济学思想[J].青岛化工学院学报(社会科学版)，2000(3).

② 潘懋元.中国高等教育大众化的理论与政策[J].高等教育研究，2001(6)：1-5.

③ 潘懋元.中国高等教育面临的挑战——教育与社会进步中外学者研讨会上的报告[J].辽宁高等教育研究，1995(4)：6-11.

④ 潘懋元.潘懋元文集：卷三(下)[C].广州：广东高等教育出版社，2010：395.

⑤ 潘懋元.潘懋元文集：卷三(下)[C].广州：广东高等教育出版社，2010：383.

而解。

随着资本市场的发展，潘懋元先生提出，高校在寻求集资渠道时，可以尝试与资本市场相结合，公立高校在与资本市场联合方面具有优势，“公立高校可以以科研成果为盈利点，以创造性的智力活动作为投入，介入资本市场”[①]。他批评了盲目的银校合作模式，表达了对此模式的担忧，该模式实质是变相的财政支付方式，高校在无法归还银行贷款的情况下，最终要由国家财政来补贴，对整个国家经济发展可能带来严重的风险。近几年的事实证明，那些规模扩张过于迅速的公立高校因沉重的财务压力而问题丛生、发展受阻，最后还是依靠国家财政，减免了部分大学的巨额债务，从整体上影响了国家高等教育财政结构优化配置和财政均衡与质量。

（二）民办高等教育的恢复与发展——明晰教育产权，公益性与营利性相统一

民办高等教育在我国高等教育史上经历了相当曲折的过程。在新中国成立初期，民办高校经过接收、合并调整，全部改为公办院校，民办高等学校体制在中国内地一度不复存在。改革开放后经济体制进行转型改革，以公有制为主体，其他经济成分并存的所有制结构决定了投资体制也要相应地变化，由单一向多元转变，表现为投资来源多元化、投资主体多元化等。随着商品经济和市场经济的引入和发展，随着我国的经济体制的深刻变化，非公有经济得到很大发展，对高等教育提出了巨大挑战，要求其抛弃原来建立在计划经济基础上的不合理的模式与机制。对这一影响我国高等教育发展进程的强大因素和动力，潘懋元先生敏锐地高度专注，率先富有战略性和前瞻性地提出在我国大力发展民办高等教育的新观点。从 20 世纪 80 年代末开始，潘先生就关注民办高等教育的生存与发展问题。既然私有经济的存在是合法的，那么民办高校在中国的发展也是可行的。他从历史与现实出发，分析中外高等教育的发展史，提出发展高等教育事业、培养社会主义现代化建设人才，民办高等教育作为一种新教育类型，意义重大。它“有利于鼓励社会各方面力量集资办学，广开财路，增办高校；有利于调整高等教育结构，适应社会主义现代化建设的需要。……引进竞争机制，促进教育改革

---

① 潘懋元，邬大光.介入资本市场：高等学校融投资体制的一种尝试[J].江汉大学学报(人文科学版)，2005(4)：5-9.

的深化;有利于开发智力资源,征聘所需师资"[①],实现教育资源的共享,降低整个高等教育系统的运作成本,提高办学效益。所以,政府对民办高等教育不能因为在发展过程中出现了某些令人担忧的现象,如质量问题、盈利问题等就过度恐慌,其实政府只要抓住核心问题如目标与质量的严格管理,其他诸如人事、财务上不要过多干预,应赋予民办高校充分的办学自主权,自主经营,保障并确认其社会地位,将民办高校纳入国家高等教育体系中,并给予适当的资助和支持。如果做到这些,我国民办高校一定会得到快速发展。他的这些观点为刚刚萌芽的民办高等教育提供了有力的理论基础,指明了方向,后来的事实也证明了他的远见卓识。

1992 年初,邓小平在南方谈话中指出:计划经济不等于社会主义,市场经济不等于资本主义,计划和市场都是经济手段。"姓资姓社"问题解决后,民办高校进入了真正的发展期,民办高等学校出现多种办学体制,如国有民办、民办公助、股份制等。潘懋元先生在分析比较世界各国高等教育经费的基础上指出,"在市场经济条件下,民间办学的潜力比较大,大力发展私立高等教育事业是多渠道筹集高等教育经费的最有效办法"[②]。

在民办高等教育的发展问题上,潘懋元先生提出了特色化办学、开放性办学以及自主性办学的建议,"民办大学同其他事物一样,没有特色也就没有优势,也就难以创新;在市场经济条件下,市场对资源的配置起基础作用,民办大学对市场、社会及市场和社会对民办大学的相互需求与依赖日益直接且愈来愈强,民办大学受市场调节的影响也愈来愈大,在此情况下,封闭性办学已无法为学校赢得生存空间,必须走开放性办学之路;只有自主性办学,大学才能既遵循教育规律又适应市场规律,才能真正增强大学的生命力和生产力"[③]。民办高校要面向地方经济建设的需要,在培养目标上更多地倾向于职业技术性人才。

随着对民办高等教育研究的深入,潘先生发现"高校产权结构不合理(指产权结构过于单一),产权制度不够完善(指责、权、利关系不明确),教育

---

① 潘懋元.关于民办高等教育体制的探讨[J].上海高教研究,1988(3):35-40.

② 魏贻通,潘懋元.市场经济与高等教育筹资政策[J].中国高教研究,1993(6):9-17.

③ 潘懋元,韩延明.关于发展我国民办大学的理性思考[J].中国高教研究,1999(4):21-23.

法制建设落后等，是造成大学制度缺乏活力，高校筹资能力低下的重要因素"[①]。因此，产权是高等教育和民办高校管理体制改革的关键所在，"吸收社会投资办高等教育必须要解决产权问题"。他认为目前中国要冲破教育产权这个关口，要靠地方政府立法，在取得一定成效后，来促使推动国家层面的立法。产权制度的选择要考虑教育资源的利用情况，"选择什么样的产权制度取决于其是否有利于教育资源配置和提高资源的利用效率……我们可以利用外资办企业，为什么不能利用外资办学校"？[②] 在这里，他提出高等教育的发展不能在产权的问题上裹足不前，可以利用外资发展高等教育，如引进外资办高校或建立中外合资的高等教育机构。

对于民办高校的营利性问题，根据教育事业的社会性质，潘懋元先生赞同中国的教育法明确规定"不得以营利为办学宗旨"，这是符合教育事业的社会性质的。但是，根据教育的产品性，在市场经济体制下，高等教育中私人及私营企业投资办学活动，可否以营利为目的，应该有所区分。因为营利是为了更好地服务其公益性，就如医院等卫生产业。公立高等学校尚且可以通过营利活动筹集经费，何况私立高等学校？潘先生提出公益性与营利性是"民办高等教育在一定时代背景下相辅相成、相得益彰的两种属性。民办高等教育具备营利性才能生存，才能发展，才能更好地彰显教育的公益性。营利是手段，公益是目的，不能以营利为目的而有害于公益性事业"[③]。针对部分省市进行民办高校分类管理改革试点的二分法，即在非营利性学校和营利性学校之间做出选择，潘先生对此表达了忧虑，"它不仅可能窒息已有民办高校发展的生机，而且可能阻碍社会资本继续投资兴办民办高校"，并就此问题提出了民办高等教育发展的"第三条道路"，坚持民办高校的多元属性（即公益性与营利性的统一），将投资办学作为民办高校持续发展的必要条件。[④]

---

① 潘懋元，胡赤弟.民办高校产权制度改革的若干问题[J].教育研究，2002(1)：27-31.

② 潘懋元.21 世纪：可持续发展的中国高等教育——兼论中国高等教育大众化问题[J].教育科学研究，1999(2)：17-22.

③ 潘懋元.对接资本市场——在民办高等教育与资本市场高级论坛上的发言[J].教育发展研究，2004(3)：15-16.

④ 潘懋元，邬大光，别敦荣.民办高等教育发展需要有更多的路径[N].中国教育报，2012-01-09.

（三）高等教育的综合效益观——推动社会进步

潘懋元先生认为，教育具有经济功用和非经济功用。随着现代社会的发展，具有隐性特征的非经济功用将逐步发展为显性的效益，并将起着更为深远的作用。所以，高等教育要注意克服"重当前功利、轻长远效益"的急功近利的发展倾向。

综合效益观是潘懋元先生在高等教育效益问题上的核心观点和思想，具有重大的理论价值和现实指导意义。他认为，"教育的效益，不只是体现在经济上，也体现在政治上、道德上、文化上以及社会的其他诸多方面……社会的进步，是社会诸多因素的综合体现，教育的最终目的在于推动社会的不断进步，因而教育的效益也是综合的"①。他认为，自身的经济效益要讲，但是高等学校的核心标准是培养人才的质量和数量，要着眼于社会效益，要讲国家的经济效益。总而言之，要考虑教育的综合效益，可以尝试研究建立综合评价指标体系，研究的难度比较大，但是具有很强的现实意义。

三、高等教育的供求关系

高等教育属于准公共产品，具有一定的竞争性和排他性。高等教育供求包括两层含义：高等教育的供给以及高等教育的需求，高等教育供给指高等教育机构提供给学生受教育的机会；高等教育需求则指社会、企业和个人对教育机会有支付能力的需要。根据教育外部关系规律，实现高等教育的供求均衡，要求高等教育在人才培养、科学研究、社会服务等方面与社会的政治、经济、文化、科技等需求和个人需求相适应。潘懋元先生认为，随着市场经济的日趋成熟和发达，社会需要越来越多的应用型人才，必然要求与社会发展有着直接联系的高等教育在专业结构、培养目标和规格、课程教材上都做出相应的调整。首先，为充分发挥高等教育的政治功能、经济功能、文化功能等多种功能，必须满足社会对高等教育的政治、经济、文化、科技等意义上的多种需求。其次，为保持高等教育供求关系平衡，必须从可持续发展的发展观出发，避免急功近利的发展观，促进高等教育（供方）和社会、个人（需方）的健康发展。

---

① 潘懋元.潘懋元文集：卷二（上）[C].广州：广东高等教育出版社，2010：159-160.

（一）精英教育与大众教育——保护精英教育，适度超前发展大众教育

在高等教育的精英时代，高等教育的供给规模小，只有很少部分人能接受高等教育；但随着经济的迅速发展以及人们生活水平的提高，社会对受过高等教育的人才的需求在上升，公众对接受高等教育的愿望也日趋强烈。1999年高等教育大扩招加快了我国高等教育大众化进程。

在高等教育大众化问题上，潘先生从经济与社会发展的需要论证，如经济增长方式转变的需要、知识经济时代国际竞争对人才的需求以及我国人口的文化素质构成普遍偏低等，认为“高等教育大众化是实现经济与社会可持续发展的必然选择”①；通过实现高等教育的大众化，保持高等教育与个体之间的供求平衡。就现实来讲，大众化教育阶段要转变教育观，不能用精英教育的质量观去规范大众教育质量。就培养目标的价值取向来说，学术型高等教育适应的是社会对高科技专门人才的需求，偏重于学术价值的追求，着重理论水平的提高；职业型高等教育以职业价值的追求为主，满足各行各业对专门人才的需求，强调掌握职业知识与技术。② 一般而言，在高等教育大众化阶段，市场对职业型的人才需求大，应该发展专科和本科两种类型的职业技术教育。职业技术教育本科院校，不应再单纯追求学术性，而应在一定理论性基础之上注重实用性和技术性教育，体现明确的职业性特征。③

大众化阶段是不是就不需要精英教育呢？在这个问题上，潘先生赞同马丁·特罗先生的看法，大众化阶段要保护精英教育，精英教育的发展要提高质量，“精英教育和大众教育各具功能，不可替代；如鸟之双翼，缺一不可”④，“精英教育是为了研究高深的学问，大众化教育的质量标准是适销对路”⑤。我国实现高等教育大众化的重要途径和出路，在于采取多种形式积极发展高等教育。他认为，中国高等教育大众化主要是发展高等职业教育，精英教育的价值取向决定了精英教育机构不应该继续开展专科层次的教

---

① 潘懋元.21世纪：可持续发展的中国高等教育——兼论中国高等教育大众化问题[J].教育科学研究，1999(2)：3-10.

② 潘懋元.高等教育大众化的教育质量观[J].中国高教研究，2000(1)：7-9.

③ 潘懋元.潘懋元文集：卷三（下）[C].广州：广东高等教育出版社，2010：408-409.

④ 潘懋元.潘懋元文集：卷三（下）[C].广州：广东高等教育出版社，2010：28.

⑤ 潘懋元.潘懋元文集：卷六[C].广州：广东高等教育出版社，2010：304.

育。[①] 为减轻大众化给精英教育机构带来的压力，他认为在高等教育增长的规模速度和增长方式上，应变“控制发展”或“加快发展”为“适度超前发展”，变“内涵式发展”为“外延式发展”或两者并重，以外延式发展为主。如何把握“适度超前发展”的“度”呢？潘懋元先生认为“制约教育发展的诸因素中，起决定作用的是经济因素，拿经济来把握教育发展的‘度’，比较接近事实”[②]，因此，高等教育大众化的增长速度要考虑国民经济发展的需求。

与此同时，潘懋元先生及时、敏锐地预见到农村经济特别是发达地区农村经济的快速发展而产生的一定程度的农村高等教育需求，率先倡导并开展高等教育如何通向农村问题的研究。他认为，“中国的社会主义现代化建设，不能忘记农村的现代化建设；科教兴国战略，不能不包括科教兴农。中国高等教育大众化，也不能不让70％以上的农村青年接受高等教育，并在农村创造就业机会”[③]。高等教育要适应农村经济发展的现实状况和需求，为农村经济和乡镇企业发展服务，培养高素质的技术人才和管理者。高等教育通向农村，是探索高等教育通向农村的制度化教育形式，在人才培养规格、专业课程设置等方面，考虑农村经济发展需要，在高校的科学研究和技术开发、社会服务等方面面向农村经济，在吸引人才方面建立和健全促使大学毕业生乐于到农村工作的机制，并不是主张把大学办到农村。

（二）高等教育与大学生就业——调整高等教育结构，转变就业观念

经济体制的改革必然引起分配制度的变化，毕业分配在较长时间里曾是我国单一的分配制度，改革开放后分配制度引入了市场机制。针对大学生毕业分配引入市场机制后人们担心“让一些没有门路的毕业生走向自生自灭之途”的所谓忧虑，潘懋元先生坚定认为引入市场机制是衡量人才是否符合社会需求的必然选择，但引入市场机制必定要开放人才市场，“要搞人才计划控制与人才市场调节相结合，指令性分配与不包分配相结合”[④]。对于大众化可能带来的就业问题，潘先生认为“大学毕业生的职业岗位，不是一个常数，而是一个变数。一方面，随着经济的发展，社会的进步，需要具有

① 潘懋元.大众化阶段的精英教育[J].高等教育研究，2003(6)：1-5.

② 潘懋元.新时期中国高等教育的质量战略[J].中国大学教学，2004(1)：4-8.

③ 潘懋元.潘懋元文集：卷三(下)[C].广州：广东高等教育出版社，2010：384.

④ 潘懋元.毕业分配引进市场机制之后的问题及对策[J].福建论坛(经济社会版)，1988(5)：58.

高等教育水平的职业岗位必将增加;另一方面,大学毕业生进入社会,推动经济与社会的发展进步,那就不只是占据一个职业岗位,而可能是创造更多的就业机会"①。

在高等教育大众化推行之初,潘先生对大学生就业已经指出了一条非常可行之道:"在中国,还有一条宽阔的毕业生就业大道,就是高等教育通向农村。中国高等教育大众化,既不能只靠城市生源,更不能仅在城市就业。农村的经济与社会发展了,也需要并能容纳更多的高校毕业生就业。具有创业精神与创业技能的高校毕业生,到农村求职,更有可能成为新的工作岗位的创造者。"②从当今的现实看来,潘先生提倡的大学生转变就业观念,已经被人们所广泛接受和认可,而农村也确实是一片广阔的就业天地、大有可为。有些大学生回乡创业,利用农村丰富的自然资源开展养殖业、种植业、休闲农庄等,不仅获得了丰厚的经济回报,也解决了农村赋闲劳动力的就业问题,取得良好的社会效益。

潘懋元先生强调,在培养专科层次人才方面,高等专科教育、成人教育、高等教育自学考试等发挥着巨大作用。他反对将专科(高职)划入低于本科的一个层次中去,认为高职教育与本科教育不存在层次的高低之分,它们的基本区别在于培养目标的差异,高职教育是面向职业与工作岗位技能,本科教育则会侧重理论的深度。高等教育专业结构受经济发展中职业种类多样化的影响,需要做出相应的调整,对于经济、文秘、广告、证券交易、房地产经营等依据社会的热门职业而设置的热门专业,其专业课程与教材的应用性倾向是面对市场经济的积极反应,使高等教育的人才培养符合社会需要。与此同时,也要高度重视自然科学、师范院校人才发展规模和培养质量,克服重应用学科而轻视基础学科的倾向。

在大学生待业问题上,通过对就业实际情况的分析,潘先生认为大学生就业问题主要是由高等教育结构的不合理引起,出现结构性失业,劳动力市场职业供求不匹配的问题。"人才需求与供求匹配是同等重要的就业指标,依中国的现状,后者更为重要,因为如果匹配不佳、销路不畅,那么即使经济

---

① 潘懋元.21世纪:可持续发展的中国高等教育——兼论中国高等教育大众化问题[J].教育科学研究,1999(2).

② 潘懋元.高校毕业生应成为工作岗位的创造者[J].教育发展研究,1999(9):54-55.

社会的发展提出对人才的需求,也无法转化为毕业生现实的就业岗位。”①针对2008年全球性金融危机给高等教育带来的挑战,一方面高校要适应产业结构的优化升级,另一方面要面对毕业生严峻的就业压力。潘懋元先生认为金融危机对高等教育的未来发展既是挑战也是机遇,要根据就业情况,及时调整专业结构、进行课程内容改革,“理工科专业的课程内容需要更新,配合产业结构优化升级的需要……为了就业市场的需求,除了重视应用型专业的开设,还要注重应用型课程的开发”。

基于结构性失业的事实,高等教育要解决毕业生就业的问题,必须尽快调整自身的结构,使高等教育的结构更加合理,在层次、科类、专业、课程上做出与经济发展和产业结构相协调,为社会输送供求匹配的人才。潘先生认为,高等教育结构应该是一个动态变化的过程,没有一成不变的合理的结构,只能在具体的环境中寻求最优化的结构。

四、综观与结语

潘先生的高等教育经济学思想是以教育内、外部关系规律为支柱,紧紧围绕我国经济体制变革的主线,深入探讨高等教育发展过程中的重大核心问题,建构宏大高瞻、影响深远的广义高等教育经济学理论体系,创造性地寻求解决问题的方法和策略,为教育部门制定政策提供强有力的重要理论支撑和现实参考。

潘先生根据教育的内、外部关系规律和我国高等教育发展的实际,对如何正确处理高等教育与经济的关系,富有创见性地提出了两条基本原则:第一,要全面适应不要片面适应;第二,要主动适应不要被动适应。这两条原则也是在研究高等教育与商品经济和市场经济的关系中深入思考、提炼和发展出来的。发展商品经济之初,在教育是否要适应商品经济的问题上,教育界争论分歧很大,对此潘先生明确地指出,教育受商品经济制约,教育要面向商品经济、繁荣商品经济,为商品经济服务,教育必须主动适应商品经济的发展。在进一步论证高等教育与市场经济的关系时,他认为在社会系

① 潘懋元,吴玫.从高等教育结构看大学生就业问题[J].中国大学生就业,2004(6):4-6.

统中，虽然经济与高等教育的关系最为紧密、重要，但经济只是社会系统中的一个子系统，社会的发展进步是多因素共同作用的结果，教育适应经济社会发展要考虑其他因素的影响。因此，高等教育主动适应社会发展，要全面适应而不要片面适应。随着知识经济社会的到来，潘懋元先生预见，知识经济时代拥有知识优势的大学必将赢得更多财富，逐渐从社会的边缘走向社会的中心。

对创办民办高等教育的问题，出于理性上民办教育符合教育外部关系规律的思考和情感上对民办教育创办者的敬佩，潘懋元先生在20世纪80年代末就以非凡的胆识提出民办教育应该得到恢复和发展，学校是社会主义性质或资本主义性质不是由谁投资办学来决定的，而是由办学方针决定的。在当时那个人们思想观念还有待解放的年代，这个观点为民办学校存在的合法性提供了有力的理论支持。潘先生心系民办高等教育的发展，后来他和他的研究生们展开了对民办高等教育的系统深入的研究，其中不少人已成为民办高等教育研究领域的有重要影响的专家，取得了许多重要的研究成果。这些研究成果为我国民办高等教育的发展提供了相当重要的决策依据。中国民办高等教育委员会鉴于潘懋元先生在民办高等教育发展中的巨大贡献，授予他“中国民办高等教育创业奖(理论奖)”的崇高荣誉。

由潘懋元先生领导创办和发展的厦门大学高等教育科学研究所，已发展为我国高等教育学科研究的一流重镇——厦门大学教育研究院，一直十分关注并推动我国高等教育大众化等问题的研究，从1999年开始承担了多个国家或教育部的重点课题，研究中国高等教育大众化等方面的理论与实践问题。潘懋元先生率先垂范，在高等教育大众化等问题上发表了大量极具震撼力的学术大作。潘懋元先生赞同高等教育大众化，但提出也要保护精英教育，对于大众化的规模与速度问题，他认为要适度超前发展，要与国家国民经济增长规模保持一致；要坚持内涵式发展与外延式发展并重，以外延式发展为主。在高等教育地方化与区域经济发展的关系上，潘懋元先生认为地方高校要服务于地方经济发展，成为地方的科技文化中心和精神文明总站。潘先生提出，高等教育要考虑农村地区的需求，高等教育要通往农村，服务农业发展。高等学校的毕业生也要转变观念，到农村去创业就业；对于目前存在的毕业生结构性失业问题，高等教育要及时地调整科类、层次、专业结构，与产业结构相协调，培养符合社会发展需要的人才。

潘懋元先生在大学授课和学术讲座中一再强调，对高等教育领域中出现的新事物，自己既不随便反对，也不随便赞成，先看其是否符合教育的外部关系规律，在解决过程中是否遵守了教育的内部关系规律。事实上，我们确实能在他的丰富的学术著作中经常看到他所秉持的中正客观的学术立场，如对商品经济、高等教育大众化等问题的探讨与研究。在学术研究中，持续坚持中正客观的立场和思维是非常艰难的，这需要长远前瞻的眼光和开阔的眼界、深厚的理论功底，通过全面考虑、准确判断，对事物采取的一种辩证客观的态度，褒扬合理成分与积极因素，批评、指正其违理成分和消极因素，明辨是非，指出前进的正确方向，减少可能出现的负面影响。中国是一个人口众多、各地区经济、文化差异也较大的国家，从半封建半殖民的状况到真正的民族独立都非常不易，"文革"的十年又让教育事业的发展几乎处于停滞状态，社会发展需要教育培养足够多的合格专门人才，中国要持续地崛起和发展，就无法再承受过于极端的思想导向和道路。潘懋元先生的上述高等教育经济学思想是中国高等教育在有关问题上之发展道路的理性选择，也在一定程度上反映了潘懋元先生在宏观高等教育经济学研究中的高度社会责任感和强烈的国家情怀。潘懋元先生对高等教育学科的巨大贡献不仅在于他开创和推动发展了高等教育学这个新的学科领域，还在于他丰硕睿智的教育理论和宏大高瞻的高等教育经济学思想及其在实践中的应用，影响深远。

潘懋元的校长思想及其理论基础

田建荣

2000年9月21日，在祝贺潘懋元先生从教65周年暨八十华诞教育部致厦门大学的贺信中指出，潘懋元"作为一位著名的教育理论家，教育理论研究硕果累累，为创建我国高等教育学学科，丰富和发展我国高等教育理论体系做出了重要贡献；作为一位杰出的教师，培养了大批高层次教育学人才，桃李满天下，为建设我国高等教育理论骨干教师队伍和研究队伍做出了重要贡献；作为一位优秀的教育活动家，对我国若干重要教育改革决策提出了许多宝贵的意见和建议，为我国高等教育宏观决策的科学化做出了重要贡献"①。其实，潘懋元先生还是一位卓有成就的高校管理者，曾经担任厦门大学副校长六年半，在研究高等教育理论的同时，始终没有忘记把自身的学术理论研究同中国高等教育的现实实践紧密结合起来，并且培养了一大批现任或曾任的大学副校长、校长、党委书记和院长、处长等高校领导干部。其洋洋八卷十册300多万字的《潘懋元文集》，虽然专门论述大学校长的文字不多，但所有的论述可以说都是说给校长们的，细细读来无不对现任和将要成为校长，或立志成为大学校长的人有益。本文主要想从一个较为狭义的角度，仅仅就潘懋元先生直接论述大学校长的一些言论和观点加以整理，以明晰潘懋元先生有关大学校长的思想，为全面深入了解和进一步深化潘懋元教育思想研究提供一个新的视角和重要领域。

作者简介：田建荣，教育学博士，陕西师范大学教育学院教授、博士生导师。

① 韩延明.潘懋元教授纪事年表[M].厦门：厦门大学出版社，2015：158.

一、潘懋元的校长实践与贡献

赫尔大学前副校长卡尔斯·罗波斯教授在潘懋元先生荣誉博士学位授予仪式上的讲话中指出:“潘懋元教授精力过人,且善于有效利用时间。到目前为止,他已经培养了一百多名研究生,其中有近三分之一是博士。同时它还在中国各省市做了近千次讲座。在其77岁时,他就在十个多月的时间里,在全国五省市做了五十多场报告,有近千名高等教育研究爱好者听取了他的报告,其中包括近五百名的高等教育官员、高等学校的校长和其他管理者。潘懋元教授也因自己的贡献而享誉国内外。”①

的确,在中国高等教育研究史上,潘懋元先生无疑是最有影响,也是最具传奇色彩的人物。他15岁从教,37岁在国内首次倡导高等教育科学研究,58岁建立了中国第一个高等教育研究机构,61岁招收了中国第一个高等教育学研究生,64岁出版了中国乃至世界上第一部高等教育学专著……如今,已步入耄耋之年的他仍然精力充沛、思维敏捷,继续在高等教育科学研究这块充满希望的土地上辛勤耕耘、上下求索。而他创建的高等教育学科后来居上,早已成长为拥有数十个分支学科的巨型学科群;他倡导的高等教育科学研究发展迅猛,早已成为一项庞大而繁荣的事业。②

在教育行政管理方面,潘懋元先生曾经担任过小学校长、中学教务主任。1952年,潘懋元任厦门大学教育系讲师兼任教务处教学研究科科长和教学改革委员会秘书,时年32岁。1957年,担任厦门大学教务处副处长;1958年,任教务处代处长;1960年,任教务处处长。1977年7月,厦门大学教育革命处改为教务处,潘懋元仍任教务处处长,参加恢复学校教学秩序工作。1978年4月,出任厦门大学副校长、校党委常委,至1984年9月。后改任厦门大学顾问,直至1989年9月。1985年2月,曾担任重新成立的厦门大学校务委员会委员。此外,还担任过厦门大学海外函授学院院长、高等教育科学研究所所长、国务院学位委员会教育学科评议组召集人等重要职务。

---

① 王伟廉,杨广云主编.潘懋元与中国高等教育科学[M].北京:中国华侨出版社,2000:389.

② 李均.品读大师,高山仰止——《潘懋元教育口述史》评介[J].高等教育研究 2007(7):98.

特别是现在潘懋元先生培养的学生中又有多位大学校长、副校长、党委书记以及院长、处长、副院长等。当然更多的学生成为教授、博导、学科带头人。

然而，对于这些学术之外的职务、兼职、荣誉和成就，潘懋元先生很少提及。特别是有关潘懋元先生自己曾担任厦门大学副校长的经历我们只是从别人撰写的潘先生的生平介绍中得知，在我和先生交往的二十多年里，从来没有听到先生主动说过他担任副校长时的丰功伟绩，反倒是我们经常遇到现在有一些曾经当过大学校长或副校长的人，一般我们还是要继续称呼其为校长，否则他们可能会不高兴。要么在和他们的交谈中，一些人经常会说他当校长时如何如何，某大学的哪件事、哪座楼、哪个项目、哪个学位点等等，那都是他促成的、是他拿下来的，等等。2004 年北京师范大学出版社策划推出“教育口述史丛书”，《潘懋元教育口述史》被纳入首批出版计划。现在我们看到的这本有 23 万字的《潘懋元教育口述史》，虽然叙事议论结合，图文并茂，理论性与可读性兼备，是研究潘懋元高等教育思想最佳的“第一手资料”。但正如李均博士在《品读大师，高山仰止——〈潘懋元教育口述史〉评介》一文中所指出的，由于口述人的谦虚谨慎，对自己许多重要贡献往往“轻描淡写”[①]，或仅仅描述过程并无过多的评论。其中，关于自己担任厦门大学副校长六年半这件在一般人看来是人生辉煌、光宗耀祖的重要经历，在该口述史中连个标题也没有。即使担任厦大附小校长一事在《潘懋元教育口述史》中曾提到，但该节的标题却只简单地表述为“复建厦大附小”，也没有出现“校长”二字。

潘懋元先生对于“官本位”那一套非常反感。1980 年初，他曾发表了一篇《“尊师”有感》的小文，其中讲道：

元旦前夕，某大学一个学生组织的干部们，举行了一次颇具规模、很有气派的联欢晚会。干部们当了一年公仆，千辛万苦，独乐一下，似也无可非议。何况还请了大批来宾，以搞好“公关”，也是为了群众。事实上还夹杂着三五名教师，以示尊师。我亦在被邀之列，投桃报李，踏黑赴会，以示爱生。

主持人致祝酒词，念了很长的热烈欢迎与衷心感谢的名单，从校领导起（这是中国“官本位”的传统美德），有人事处长（管分配的）、财务处长（管钱的）、行政科长（管物的）、膳食科长（管吃的）、宿舍科长（管住的）、动力科长

① 李均.品读大师，高山仰止——《潘懋元教育口述史》评介[J].高等教育研究，2007(7)：100.

（管张灯结彩的），等等。就是缺了图书馆馆长（可能未被邀请）。本人因挂个“长”字，荣列名单上，但因这个“长”只会教书，理应靠后站，而无“长”衔的寥寥几名教师，对不起，靠边！

对此，潘懋元先生评曰：

“长”们引导有方，教师教育无能；学生情有可原，教师责无旁贷；鞭子抽在青年身上，痛楚落在教师心中。①

三十多年过去了，在2014年的教师节前夕，潘懋元先生于《光明日报》发表了一篇题为《最欣慰的事情是当教师》一文，他说，从厦门大学教育学专业毕业后，我受李培囿教授推荐，作为校长复建厦大附小，同时在厦大教育系做助教，从此展开了教育学教学研究生涯。对于小学生的教育，我遵从陶行知、陈鹤琴生活教育和活教育的教育思想，把附小放在海边，让孩子们尽情地荡秋千、砌沙盘、放风筝。学校只有一辆校车，每天接送孩子们上下学，每天早上孩子们还能喝一杯牛奶，确实有点“一切为了孩子”的意思。可见，潘懋元先生念念不忘的就是他从小学教师开始的教师生涯。他说：“回顾这79年，让我最欣慰的事情就是我的名字能写在教师的行列里，没有我的学生们，我会很寂寞。教师是这个世界上最幸福的职业，教师工作的特殊性在于它永远面对的都是最生机勃勃的生命。”②

其实，2010年，潘懋元先生就在他的《九十感言》中已经强调，“我在相当长的一段时间里担任教学行政工作，但这种没有直面自己的学生的日子是空虚与寂寞的。六十岁之后，我终于找到可以培养高等教育学研究生的园地。75年来，值得欣慰的是，我当过小学生、中学生、大学生、硕士生、博士生的老师。学生既是我的教育对象，也是我的精神支柱与生活源泉。正是在同年青的学生相处的日子里，才让我不觉‘老之已至’”。③

可以说，作为一位杰出的教师，潘懋元先生的高尚人格和渊博学识得到了广泛的尊崇。虽然潘懋元先生对自己做校长的经历只字不提，但却致力于未来高校优秀管理者的选拔和培养。我记得我们那年参加厦门大学高教所博士入学考试的试题中就有两个题目是这样开头的：“假如你是一个普通高校的校长，……”；“假如你是一个高职院校的校长，……”。据说这个题目

---

① 潘懋元.潘懋元文集：卷七[C].广州：广东高等教育出版社，2010：527.

② 潘懋元.最欣慰的事情是当教师[J].幸福家庭，2015(9)：5.

③ 潘懋元.九十感言[J].高教探索，2010(6)：5.

就是潘懋元先生命制的。选拔是如此，经过精心培养，潘懋元先生的很多学生后来都纷纷走上了高校领导的岗位。根据对厦门大学教育研究院2014年9月编印的“院友通讯录”初步统计，以潘懋元先生作为导师指导毕业的博士生中，除担任教育行政部门副部长、司长、处长等的之外，在大学任书记、校长的有5位，副校长的有8位，任院长、处长的有8位，任副院长、副处长的有6位，担任教授的有19位，担任副教授的有10位。

然而，由于受潘懋元先生的教导和影响，他的学生也都并不把“长”字看得过重。据周川在1996年3月撰写的《我的导师潘懋元教授》一文中回忆：“我们入学那年，潘师已六十有五，刚从母校副校长位置上退下不久，但仍担任母校顾问、高教所所长，并兼母校海外函授学院院长。在学生眼里，老师的这些行政职务并不重要，大家看重的倒是潘师的一系列学术兼职：国务院学位委员会教育学科评议组召集人、全国教育科学规划领导小组成员、中国高教学会常务理事及副会长、全国高等教育学研究会理事长等等。”因为，周川说，1985年夏，在开学第一天例行的一堂入学教育课上，潘先生向他们十几位新生介绍了研究所的创业史后，话锋一转：“已经取得的一点点成绩，是几十年艰苦创业得来的。这为你们的学习奠定了一点点基础。但是，你们学习的成绩，完全取决于你们自己的努力。搞学术理论研究，是清苦的事业，发不了财。如果有人没有这样的思想准备，那么你就不必到高教所来读研究生，趁早改行，还来得及。”周川说，潘先生的这一番话，如醍醐灌顶，给同学们留下了极其深刻的印象。后来，这一届研究生之所以学习比较刻苦，在学期间就取得比较优异的成绩，与潘先生的这一番教诲不无关系。[①]

同样，作为一位卓越的高等教育研究者，潘懋元先生对自己做校长的经历也是只字不提，但他却很认真扎实地研究过蔡元培、陈嘉庚的教育思想，并深受萨本栋、王亚南校长的强烈影响，更经常向我们这些学生谈起刘佛年、朱九思等当代大学校长的治校方略。潘懋元先生说：“研究中国教育问题，不能不探讨中国教育历史；研究中国教育历史，不能不探讨蔡元培的教育思想与实践。50年代我曾下过一番功夫，做过一些搜集工作，写过一篇《蔡元培教育思想》的研究论文，但因限于资料，总觉意犹未尽，尤其是对于他的思想发展过程及其思想根源，脉络不够清楚。1980年，承高平叔教授惠

---

① 王伟廉，杨广云主编.潘懋元与中国高等教育科学[M].北京：中国华侨出版社，2000：384-385.

赠所编《蔡元培年谱》(中华书局版)和《蔡元培教育文选》(人民教育出版社出版)各一册,并参考其他方面所得资料,修改论文,增补蔡元培的高等教育思想,并为大百科全书教育卷写了《蔡元培》词条释文。但还是由于资料不全,有些问题只能存疑。"[①]这样,1955 年潘懋元先生撰写的《蔡元培教育思想》一文虽然已发表在《厦门大学学报》1955 年第 4 期上,但 1982 年又完成修改稿,全文 2.74 万字,文献注释达 60 条,发表于《辽宁高等教育研究》1982 年第 1 期上。该文撰改前后延续了 27 年,[②]可谓用时至长、用思至深。通过《蔡元培教育思想》这篇长篇论文,潘懋元先生全面介绍和深入分析了蔡元培关于高等教育的系统思想,阐述了蔡元培的"大学者,研究高深学问者也";大学乃"囊括大典,网罗众家之学府";学与术分校,文与理通科;提倡选科制、实行学分制、大学应当设置研究机构等观点。这不仅对潘先生的高等教育研究及其高等教育思想的形成和指导他的校长实践产生了深远的影响,同时,他关于蔡元培的这些研究成果后来也成为《中国教育史》和《中国高等教育史》等教材的主要编写依据。

至于陈嘉庚,乃是潘懋元先生所在厦门大学的校主。潘懋元先生写道:"陈嘉庚所创办的教育事业,我身受其泽;陈嘉庚的办学精神,素为我所景仰。而陈嘉庚的教育思想,我的认识很浅,这里只能谈点学习陈嘉庚教育思想新的体会。"[③]潘懋元先生认为,陈嘉庚教育思想,是在一定历史条件下,继承中华民族文化传统中的精华,兼采西方现代文明思想而形成的。面对当时内忧外患、经济凋敝、教育窳败、民众愚昧的现实,忍受"海外孤儿"任人欺凌的痛苦,培育了他强烈的爱国思想,立下了"救亡图存,匹夫有责"的壮志和"教育为立国之本,兴学乃国民天职"的信念。这一信念,贯穿于陈嘉庚一生的教育实践中,老而弥笃。在学校治理方面,潘懋元先生体会到,陈嘉庚认为办好学校,"第一问题"是要有优秀的师资。为此,在办学过程中,陈嘉庚殚精竭虑,多方请托,遴选聘用优秀教师。对于优秀教师,他不惜重金礼聘,给予优厚待遇,但决不把教师当成被雇佣者。潘懋元先生认为,陈嘉庚当时所办的学校,对教师之尊重、待遇之优厚,在一般公立学校之上。因此,在私立时期,厦大、集美学校名师荟萃,慕名远道前来的海内外学者甚多,在

① 潘懋元.《蔡元培教育论集》读后[J].江苏高教,1989(2):2.

② 张亚群.潘懋元高等教育史学思想初探[J].山东高等教育,2015(9):87.

③ 潘懋元.教育事业家陈嘉庚教育思想新探[J].中国高教研究,2007(10):7.

全国私立学校中声名卓著。陈嘉庚的教育事业与教育思想,不但有历史的贡献,而且具有重要的现实意义。①

回忆起王亚南任校长期间的厦大岁月,潘懋元感慨颇多。他认为,王亚南注重学术研究,创办了《厦门大学学报》,成为全国最早创办的 3 家大学学报之一,还培养出了数学家陈景润。王亚南鼓励学生参与学术研究,经常邀请学生到他家里讨论学术问题。潘懋元先生指出:“正是因为喜欢这种既有家庭温馨、又有学术氛围的活动形式,所以现在每周末我还坚持一次学术沙龙,其实,这是从王校长那里学来的。”②

潘懋元先生在《王亚南的教育思想》一文中指出,王亚南是我国著名的经济学家,也是令人钦仰的教育家。他毕生致力于马克思主义经济理论的研究工作,也毕生从事高等学校的教学与领导工作。他的教育思想,在宏观方面,具有高瞻远瞩的战略眼光,深刻理解教育与经济的发展,教育与科技的发展,自然科学教育与社会科学教育的内在关系。在微观方面,他懂得人才的价值,善于按教育规律培养人才,为我们树立了一个高大的师表形象。他的教育思想是丰富而精湛的。根据潘懋元先生的回忆,王亚南于 1945 年到山城长汀来当厦门大学的客座教授。

那时,我是厦门大学教育系学生,以经济系为付系,已经修满付系规定的三十二个学分,正在开始写毕业论文,但我还是挤出时间,选修了他所开的两门课程之一“高等经济学——中国经济问题与经济原理”。讲授内容,是王亚南同志运用马克思主义政治经济学原理研究中国半封建半殖民地经济现状的科学研究成果,我们在当时最大的一间可容约两百人的教室上课。教室里每堂课都坐满了学生和助教,窗子外面还有许多人搬来扶手椅旁听。也就是说,全校文、法、商、理、工五个学院有四分之一的学生选修或者旁听这门课。绝大多数青年是为了渴求真理而来学习的,也有一些人抱着怀疑的态度来听听“非正统”的经济理论是些什么东西,还有个别人是负有“特殊”任务而来的。③

如今,潘懋元先生还保留着当年选修王亚南教授高等经济学课程的课

① 潘懋元.潘懋元文集:卷七[C].广州:广东高等教育出版社,2010:559-560.

② 熊杰,董立平.潘懋元:高等教育学的“名片”[N].中国教育报,2012-5-18(003).

③ 潘懋元.王亚南教授是如何以研究的态度来进行教学的[J].厦门大学学报(哲学社会科学版),1979(1):143.

堂笔记本。

新中国成立后,1951 年 8 月,厦门大学开始学习苏联经验,时任厦门大学校长的王亚南选派潘懋元到中国人民大学教育学研究生班(该班于 1952 年初转入北京师范大学)进修,从而使他有机会系统学习苏联的教育学理论,特别是专业教育情况,并曾致信王亚南校长介绍苏联式的教研组工作状况。1952 年 12 月 17 日,王亚南校长任命潘懋元为新设立的教育学教学研究指导组(简称"教育学教研组")主任,并任命其为教学研究科(后改为教务科)科长。同年,厦门大学成立了教学改革委员会,王亚南校长亲自任主任,潘懋元担任该委员会秘书,协助王亚南及有关部门组织全校的教学改革工作,在学校各系设置"专业"。从此开始,长期的高等教育研究与管理实践,使潘懋元先生对高等教育的"专业教育性质"有了相当直观和深刻的认识,进而为他组织建立一门旨在指导高等教育实践的新学科奠定了基础。

总之,蔡元培、陈嘉庚、萨本栋、王亚南、刘佛年、朱九思等,既是潘懋元先生模仿和推崇的对象,也是潘懋元先生个人人生的真实写照。他们对潘懋元先生影响直接而巨伟,是潘懋元先生经常向我们谈起的校长榜样。

二、潘懋元校长思想的主要内容

潘懋元先生指出,《国家中长期教育改革和发展规划纲要》以"建设现代学校制度"作为我国今后教育改革和发展的基本方针,将"完善中国特色现代大学制度"作为当前高等教育的主要任务。大学校长是方针的主要执行者,任务的主要承担者。[①] 他们的理念、经验、意见对于一个大学的发展至关重要。基于此,在这里主要结合潘懋元先生发表的一些相关论文和给一些校长的著述所作的序言等,来初步梳理一下潘懋元先生有关大学校长的、具体的、有针对性的思想,以作为潘懋元校长思想的主要内容。

1.合理分类,正确定位,科学发展,办出特色

潘懋元先生认为,我国的高等学校可以分为三种基本类型:第一种类型,学术型大学,也就是传统的综合性大学或所谓的"研究型"大学,以学习基础学科和应用学科的基本理论为主,研究高深学问,培养学术人才。这类

① 潘懋元.现代大学校长的教育视界——黄琦《大学校长访谈录》评介[J].河南教育(高教),2013(10):54.

高校数量不宜过多，规模不必太大。第二种类型，应用型本科高校，可以是多科性或单科性的，以学习各行各业的专门知识为主，将高新科技转化为生产力（包括管理能力、服务能力），培养不同层次的应用型专门人才，如工程师、医师、律师、教师和管理干部等。这是一个相当庞大而且复杂的院校群，包括一部分"211 工程"大学、一般部委属院校、地方高校、民办本科院校以及独立学院。第三种类型，职业技术高校，也可以是多科性或单科性的，以学习各行各业职业技能为主，培养不同层次的生产、管理、服务第一线的技能型人才。以工程技术为例，包括高级技工、技术员以及施工、管理工程师。当前以专科层次为主，随着生产集约化程度的提高，将逐渐延伸为本科层次以至培养研究生，也可转入应用型本科继续学习，成为有别于普通高校的独立系统。

基于此，潘懋元先生认为，每所高校在制定发展战略时，都应在政府的宏观指导下，从我国的地域特点、社会经济发展需要和学校的实际情况出发，从本校所处的客观环境、本地区人才需求以及自身的条件、特点出发，确定相对稳定、能发挥优势、办出特色、有所发展、大有作为的目标定位，切忌随大流与急功近利。其中，办出特色最为重要，从对比的视角分析，特色就是立足于同种事物的独特差异性及其美誉度，就是人无我有、人有我优、人优我特、人特我高。高校特色发展，是指一所高校在长期的办学实践中逐步形成的持久、稳定的发展方式和被师生与社会普遍认同的、具有独特品格和较高美誉度的发展特征。高校特色发展，体现了一所高校的优质发展特征，是其人才培养质量和学校管理水平的综合反映，是其获取持续竞争优势的重要源泉，是通往创建国内外知名大学的必由之路。"大学只有各具特色，各发其音，高等教育事业才能奏出动人的乐章"①。

2.高校办学应避免同质化

高校同质化，是中国高校发展中应该认真解决的问题。潘懋元先生指出，同质化，首先表现在高等职业教育与普通高等教育的同质化。许多高职院校想"专升本"，升本之后想招硕士，招了硕士又想招博士，最终都想办成研究型大学。这样大家都在一条道上走，势必形成"千校一面"。同质化，还表现在由于扩招和合并，许多本科高校办学规模求大，专业设置求全，行业

---

① 潘懋元.合理分类，正确定位，科学发展，办出特色[J].西安欧亚学院学报，2012(3):2-3.

特色型高校的特色专业被“稀释”。以前，地矿院校专门搞地矿，农林大学专门研究农林，各有所长。但现在很多高校，都朝着学科齐全的方向努力，专业设置也差不多。如大多数院校都有英语、计算机、财经与会计专业，而全国居然有1400所高校设有艺术类专业，占全国高校(包括高职)的60%。

潘懋元先生认为，造成同质化的原因很多，最关键的是现行的高校考评模式和评价标准存在问题。评估体系基本上是根据精英教育、研究型大学的标准来设定，着重于学术评价。在评价体系中，最重要的衡量参数是学校规模、层次和学位点数量。高校之间比“高”与“大”，而不比“学”与“特”，这对高校是一种误导。另外，还有行政管理的问题。高职院校是副厅级，本科院校是正厅级，如果学校进了“985”，可能就是副部级，不仅仅是领导地位提高，整个学校的地位也提高了。

高校同质化所带来的问题不可忽视，那就是很难满足社会对多样化人才的需求。社会需要科学家、理论家，但也需要大量工程技术人才，大量服务第一线的技能型人才。如果应用型、职业型教育没有受到应有的重视，必将影响社会经济的发展。要克服同质化，应坚持多层次发展。现有的“211”院校，算作是研究型、学术型大学，可将其作为龙头；其他几百所本科院校可以成为应用型大学，培养国家需要的大量应用型人才，可作为中坚力量；还有1000多所高职院校可以培养技能型人才，作为基础。总之，高校办学应避免同质化。①

3.一流大学不能跟着“排名榜”转

早在2002年，潘懋元先生就在《求是》第5期上发表了《一流大学与排行榜》的论文，指出，是否拥有世界一流大学，不但是一个国家高等教育发展水平的标志，而且是一个国家科技与文化发展水平的标志。这样的大学可以带动一批研究型大学的改革与发展，成为国家实施科教兴国战略的尖兵。但一流大学不是排行榜排出来的。潘懋元先生认为，根据排行榜的顺序定一流大学，虽然简单易行，但并不科学。且不说排行榜版本众多，即使较权威的版本也存在许多问题。例如，排行榜将若干项指标量化后进行评比，但校风、凝聚力、社会声望等这些构成一所著名大学的重要因素很难量化。

潘懋元先生认为，什么是一流大学？第一，一流大学要有自己的理念，

---

① 潘懋元.大学不应只比“大”不比“学”[J].职业技术教育，2011(9)：22.

这个理念应是在发展过程中证明行之有效的，有利于高等教育的发展提高的。如果学校没有自己的理念，只看统一的、规范的排名榜，然后跟着排名榜的指挥棒转，为建立一流大学而建立一流大学，那就永远建不成一流大学。第二，一流大学要有名师。一流大学除了师资的总体水平高，还要有大师、有名师。第三，一流大学要培养出优秀的学生，并为社会所承认。学生中要出对社会有很大贡献的知名人士。潘懋元先生写道："我一直在想，建世界一流大学，我们追求什么？与其去考虑这个排名、那个排名，不如对那些世界著名的大学集中进行研究、分析，分析人家著名之所在，研究他们如何从不著名到著名。尤其是对一些新出名的大学，研究他们如何从不著名到著名，或者说如何从不是一流到一流，这样可能比较实在。当然别人的东西也只能够作参考，不能照搬。"①

4.大学校长最好不要脱离学术工作

大学校长，是高等教育管理这一学术性职业的高管。不论外国或中国，都是聘请或委派有学术水平、科研能力的教授担任。为了全心全意投入这一职业所要求的"管理、经营、研发"等领导工作，近来有几位大学校长上任伊始，声称在任职期间，不招研究生，不申报科研课题。潘懋元先生指出："我没有当过大学校长，但当过20多年的教务处长，也曾当过数年分管教学、科研以及学生工作的副校长，基本上是双肩挑。现在年老不能担任行政工作，也还在教学、科研一线耕耘。我的体会是，为了做好大学的领导工作，最好不要脱离学术工作，时刻处在教学、科研第一线，仍然是学术群体中的一员，对于教学、科研的实际困难与问题有切身的体验，从而在学术职业的领导工作上，能够更好地体现学术群体的所思所想，反映学术价值的细微变化。"②

潘懋元先生进一步指出，历史上治校有方、办学成功的著名大学校长，大多数是没有脱离教学与研究工作的校长。蔡元培在北大亲自讲授美学与美术史课程，梅贻琦、陈望道、竺可桢、侯外庐、李达……这些著名的大学校长，在任期间，都不曾放弃讲授与著述。厦门大学抗战时期的校长萨本栋，在东南敌后坚持办学，为厦大奠定"南方之强"基础的同时，亲自讲授微积分、普通物理、电工原理等课程。新中国成立后的第一任校长王亚南，在百

---

① 潘懋元.一流大学不能跟着"排名榜"转[J].清华大学教育研究，2003(3)：11-12.

② 潘懋元.大学校长最好不要脱离学术工作[J].辽宁教育，2012(11)：16.

废待兴之际，将厦门大学办成研究型大学的同时，亲自培养一批经济学研究生并为本科生上政治经济学大课。因此，潘先生认为，大学校长适当参加教学、科研工作能够更好地领导大学。当然，只能“适当”，因为一个人的精力毕竟有限。

另外，中国的大学校长，的确行政事务繁多，尤其是层层的会议，无数的检查，迎来送往。作为行政的第一把手，事必躬亲。如何应对这种局面，潘懋元先生说，与其放弃教学、科研，疏离学术工作与学术群体，不如带头改变行政作风，在简政放权上下功夫。当然，许多行政事务是上面压下来的，无可摆脱，那就得“学会弹钢琴”。“学会弹钢琴”乃是一项重要的领导艺术。大学校长们有的忙忙碌碌，十分辛苦，往往顾此失彼，招来怨尤；也有的对领导管理工作，简而有序，放而不乱，不但有一定时间从事教学、科研，而且有时间从容地沉思大学的办学理念、发展战略。[①]

5.大学校长职业化及其素质

从高等教育发展逻辑讲，大学校长作为大学的核心人物，直接关乎一校乃至跨校跨界思想理念的先进性和科学性，并且关乎事业和人的生命力、创造力。在我国建设高教强国、呼唤教育思想理念创新的当下，社会和大学都期待思想家型的大学校长更多涌现。因为只有让懂教育有思想的人来掌管大学，才能保障大学的改革发展不偏离高等教育的逻辑和大学的本义。然而，当代大学最缺的是思想，缺乏破解改革发展难题的思路和睿智，核心是缺少思想家型的大学校长。[②] 为此，要推动大学校长的职业化。

早在 1981 年，潘懋元先生就在《教育研究》第 1 期上发表《教育系的培养目标和教育干部专业化》一文。明确提出“教育系的培养目标，必须从培养师范学校的教育学教师转为培养各级教育干部为主”。为教育管理干部专业化和校长职业化积极进行理论和人才准备。同年，在《福建教育》1981 年第 1 期上又发表了《教育干部也应专业化》一文。而在《上海高教研究丛刊》1982 年第 6 期上发表的《高等学校管理干部的专业化问题》一文，潘懋元先生已具体论述了高等学校管理干部专业化应该具备的三个条件：(1)具有某一学科领域的科学知识、学术水平；(2)具有领导才能、组织能力、管理经验；(3)懂得教育科学，能按教育规律办事。高等教育专业化干部的来源主要有

---

① 潘懋元.大学校长最好不要脱离学术工作[J].辽宁教育，2012(11)：16.

② 陈浩.时代呼唤有思想的大学校长[N].光明日报，2013-7-17(16).

三种途径:从现有的教育干部中培养;从教师中选拔;设置高等教育专业或教育管理专业,培养新生力量。①

2003年1月28日,潘懋元先生应邀到厦门市教育局向全市中小学校长作了题为《21世纪的校长:从职务校长到职业校长》的报告。在报告中,潘先生指出,长期以来,我们的校长是职务校长,职务校长的主要任务是管理,管好学校。这已经不适应教育改革和发展的要求。他强调,21世纪需要职业校长。职业校长不仅要管理好一所学校,还要把学校作为服务性的产业推向社会,会服务,会经营,会公关,会参与教育市场的竞争。具体地说,职业校长必须具备5个方面的素质:创新精神和创新能力,服务意识和服务热忱,经营意识和经营能力,事业意识和产业意识,公关意识和公关能力。②

潘懋元先生特别指出,随着市场经济的发展,作为职业校长,经营能力是中心的一环。在计划经济体制下,职务校长只要能按规章办事,完成教育主管部门所交给的任务,把学校管好就行。而面向社会、面向市场,自主办学的职业校长,除了要会管理之外,还必须会经营,包括成本核算,对招生与就业做好人才市场预测与具体规划,同学生家长、社会各有关部门以及企业界搞好公关,做宣传广告,如此等等。对于公办学校来说,不会经营,很难发展;而对于民办学校来说,不会经营,则无法生存。潘懋元先生说,当前许多办得好的民办学校的校长(董事长),都是既会管理又懂经营的职业人才。有些公办学校的校长,也开始重视经营,使学校办活办好,一派生机。从只管理不经营到既管理又经营,正是职业校长区别于职务校长的特点。但是,管理与经营,都不应只顾眼前利益而不顾长远发展。急功近利,缺乏创新性与前瞻性,必然难以办出特色和促进可持续发展。因此,职业校长还必须具备高瞻远瞩、不断创新的能力。③

此外,潘先生现在不做校长了,但他通过序文,通过对现任或原任大学校长一些做法的肯定,也充分体现和反映了自己的大学校长观。例如,他曾郑重介绍,赵彦修校长提出的"理想的大学要真正按照功能去做,而不是按照功利去做"的观点可谓切中肯綮,一语中的。温乎江校长直言"大学的要害就三个:学术至上、育人至上、管理至上"。王崇杰校长疾呼"要让大学生

① 韩延明.潘懋元教授纪事年表[M].厦门:厦门大学出版社,2015:60,77.

② 谭南周.潘懋元:21世纪需要职业校长[N].中国教育报,2003-1-31(2).

③ 潘懋元.潘懋元文集:卷五[C].广州:广东高等教育出版社,2010:487-488.

对传统历史文化有敬畏感”“既有知识又有文化的人才才是全面发展的人才”。韩延明校长提出要办有规律、有规划、有规矩、有规模的大学;要办有德性、有实力、有创新、有特色的大学;要办有理想、有理念、有理论、有理性的大学;要办强配置、高质量、有核心竞争力、有社会美誉度的,学生满意、家长放心的,受人尊重的大学;以及“办大学要遵循三大规律:高等教育发展规律,市场经济发展规律和人才成长发展规律”等都应给予肯定。同时,潘懋元先生还高度评价了马连湘校长对“政、产、学、研相融合”这一新观点的阐释,赞赏王春秋校长提出多校区管理的“错位发展”模式、程新校长提出的“大学的科学研究必须反哺教学”的观点。尤其是对潘鲁生校长的预见极为赞同:“中国大学冲击世界一流,很可能在艺术院校中率先突破。”潘先生说:“我也有此预感。”[①]这些都是最高和最权威的支持与肯定。

三、潘懋元校长思想的理论基础

潘懋元先生集教师、管理者、研究者三种角色于一身,并不断尝试用不同的思维方式,将教师、教育管理者、教育学研究者三种角色有机结合。在他担任副校长期间及其前后,“双肩挑”的工作强度和难度对他个人是极大的挑战。阿里·谢沃说,有些“双肩挑”人员在高升为院长或校长时,便会放弃原本的教学和研究工作,但是潘懋元始终坚持教学和研究工作。这种坚持让他不得不付出更多努力,但同时也因此而受益良多。当他思考教育理论时,他总是会想到该理论在实际工作中是否能够行得通,该理论在哪些方面可行和有效。当他在应对实际难题时,他又会自然求助于理论研究以寻求破解之道。[②] 就这样,潘懋元先生将教育研究的理论成果与教育决策中的实际运用结合起来,不断发挥教育理论指导实践的作用,并为进一步研究高等教育实践和指导实际工作者正确地开展高等教育改革打下了坚实的理论基础。笔者认为,以下四个理论共同构成了潘懋元的校长思想的理论基石。

---

① 潘懋元.现代大学校长的教育视界——黄琦《大学校长访谈录》评介[J].河南教育(高教),2013(10):54-55.

② 阿里·谢沃.潘懋元教育哲学[J].李良方,译.山东高等教育,2015(4):90.

（一）教育规律理论

教育规律问题是教育基本理论的一个核心问题，整个教育学的任务其实就是研究和揭示教育的规律，并以此指导和推动教育实践的发展。教育实践需要教育理论的指导，教育实践的跨越更需要理论的飞跃。改革开放初期，关于教育规律的研究处于热潮中，潘懋元先生作为新中国第一代教育研究的学人，在这场轰轰烈烈的思想运动中提出了其著名的“教育外部关系规律和教育内部关系规律”的理论。该理论从教育内外两个方面揭示了教育与社会和教育内部各要素之间的本质联系，对于后来直至今天中国的教育改革发展实践，特别是高等教育的改革与发展产生了巨大的理论指导和积极推动作用，具有重要的理论创新价值和现实指导意义。

教育外部关系规律，就是指教育活动过程与整个社会及其他子系统的活动过程存在着相互作用的必然联系。这条规律可以这样表述：“教育必须与社会发展相适应。”适应，包含着两个方面的意义：一方面，教育要受一定社会的经济、政治、文化等所制约；另一方面，教育要对一定社会的经济、政治、文化的发展起作用，以推动社会的进步。所以，这条规律也可表述为：“教育必须受一定社会的经济、政治、文化等所制约，并为一定社会的经济、政治、文化等的发展起作用。”两者之中，“受制约”是前提，“起作用”是目的。① 教育内部关系规律主要表现为教育者代表社会需要所提出的教育要求和受教育者的身心发展特点与需要之间的矛盾、关系。这条规律可以这样表述：教育要与教育对象的身心发展特点和需要相适应。或者进一步表述为：教育要受教育对象身心发展特点和需要的制约，并对受教育者的身心发展起作用。在这里，可以把人的身心发展划分为德、智、体、美、劳等方面，也可划分为各种素质，如心理素质、身体素质、文化素质、科学素质、道德素质、审美素质、劳动素质等，还可以划分为认知领域和情感领域两个方面。②

潘懋元先生认为，教育的两条基本规律具有内在的逻辑关系。教育的外部规律制约着教育的内部规律，教育的外部规律必须通过内部规律来实现。一方面，教育主要是通过培养人来为政治、经济和文化服务，而培养“人”就是培养“全面发展的人”。所以外部规律的实现就要通过内部规律来起作用了，通过培养全面发展的人来实现了。另一方面，只有在一定政治、

---

① 潘懋元，王伟廉.高等教育学[M].福州：福建教育出版社，1995：36.

② 王伟廉.高等教育学[M].福州：福建教育出版社，2001：34.

经济、文化条件下，即社会主义制度、大工业生产、高度科学水平等条件下，教育才能彻底实现人的全面发展。所以外部规律又制约着内部规律。正是这样既依赖、制约，又相互作用，两种规律表现出一种辩证的逻辑关系，办教育既要遵循外部规律，又要遵循内部规律，应把内、外部规律很好地统一起来，不能把他们分割开。[①]

潘懋元先生提出的教育的内外部关系规律说，作为高等教育学的核心内容和理论基础，不仅指导着我国高等教育学的学科建设，而且对我国高等教育的改革和发展起重要的指导作用。特别是大学管理中的许多理论和实际问题，如果从教育的内外部关系规律的角度去思考、去研究，我们就能进行科学的预见，找到正确的答案，制定出切合实际的改革措施，取得突出的管理成效。这正是潘懋元先生教育的内外部关系规律的科学性之所在，它将永远是大学校长提升高校管理前瞻性和科学性的理论武器和制胜法宝。

（二）高等学校职能论

高等学校的社会职能，是高等教育与社会发展关系的一个基本问题，也是办好高校首先要明确的一个问题，在当前教育改革实践中，有现实意义。高等学校的职能，一般认为有三个。第一，培养人才。体现在学校的主要活动——教育活动和教学活动之中。第二，发展科学。体现在学校的科研活动里面。第三，直接为社会服务。潘懋元先生认为：[②]

第一，高等学校三个职能的产生与发展，是有规律性的。先有培养人才，再有发展科学，再有直接为社会服务。它的重要性也跟产生的顺序一致，产生的顺序也就是它的重要性的顺序，不能颠倒过来，把直接为社会服务摆在第一位，把教学或者科研摆在第二、第三位，这是不对的。但确实有人在实际上自觉不自觉地颠倒过来，这就不能不令人深切关注。

第二，三个职能发展总的趋势是从单一化到多样化，从经院化到社会化。但是多样化要保证一定的质量，社会化要保证一定的水平。这在过去我们是有经验教训的。要保持高等学校作为培养高质量人才的社会机构的特点，这个特点不能放弃。

第三，不同层次、不同类型的高等学校，对于这三个职能以及每个职能

---

① 林金辉.潘懋元高等思想教育[M].广州：广东高等教育出版社，2010：31.

② 潘懋元.高等学校的社会职能[J].高等工程教育研究，1986(3)：11-17.

的任务可以有所侧重，也应当有所侧重，可以根据自己的特点，选择适当的活动范围，不要互相攀比，不要人家有，我们马上就跟上去。条件不同，特点不同，类型不同，层次不同，不要相互雷同。比如，重点大学、重点学科在不降低本科生培养质量的前提下，应该多承担一点培养研究生的任务和应用科学的任务。而师范院校就应多承担一些诸如成人教育、师资培训这方面的社会服务。总之，不要把多样化、社会化看作小而全、大而全。

第四，开展直接为社会服务的活动，还要着眼于社会效益，不要影响教学与科研的质量。很多大学大办公司，大办中心，大办各种各样质量不高的短训班，应该有所控制。

可见，明确了高等学校的社会职能，对于我们实践中的大学校长就指明了工作的方向，不仅具体地说明了大学是什么，哪些是大学应该做的，同时得知大学工作的顺序如何。我们的大学校长应时刻牢记应该把人才培养作为一切工作的重点，并始终把培养人才和本科教育放在学校全部工作的首位。潘懋元先生的高等学校职能论乃是其教育规律理论的具体化，在校长实践中只要充分体现三项职能的任务，就一定能正确地实现高等教育的最终目标。

（三）学术权力与行政权力关系论

行政权力与学术权力的分配及平衡，是原则层面上的一个中心问题。潘懋元先生认为，高等学校是一种学术性的社会机构，在管理体制上，必然存在学术权力与行政权力两种类型。大学的管理特点在于学术性。如何根据这一特点，改善大学的管理体制，使大学在政府必要的宏观控制下，能更好地面向社会自主办学，提高教学质量与学术水平，是当前高等教育体制改革中的实质性问题。如何正确认识和对待这两种权力的性质与作用，协调两种权力的运行，是办好一所高等学校的关键。

潘懋元先生认为，大学以传递与创造高深学问为己任，保障学术权力是高等教育系统面临的首要和最基本问题，也是一切高等教育问题的根源，不论是中世纪大学学术权力与宗教权力之争，还是当代大学学术权力与行政权力之争，保障学术权力一直是制定大学管理规章和高等教育法规的基石，也是高等教育系统中起支配作用的因素，因而成为当然的高等教育管理学的逻辑起点。①

现行大学管理体制最大的弊端是行政权力与学术权力失衡。大学是一种社会机构,任何机构运行都需要一定的行政权力,并按照一定的法规条例来管理这个机构。但大学与一般社会机构不同之处在于,它是个学术性组织,其教学和科研都属于学术型事业,其管理也必须按学术性组织的特点与规律来运作。具体来说,大学必须按照教育规律来培养人才,按照科研规律来开展科研工作。最重要的是,要由掌握规律的人员来运作。教学科研人员要有学术权力,而总务、后勤都要围绕教学和科研来服务。②

改革开放以来,我国大学的学术权力开始受到关注。自20世纪80年代以来,大学组建了学术委员会等机构,但是学术权力仍然有限,是在行政权力之下执行有限的学术权力。潘懋元先生曾针对北京大学的人事制度改革方案指出:一要真正摆正学术权力与行政权力的关系,使两种权力发挥各自作用。既要充分发挥学术权力在学术水平评审中的作用,又要运用行政权力妥善处理分流、下岗、解聘等等行政事务。二要制定能真正体现不同学衔学术水平的评审标准,而不是袭用那种以论文多少篇、专著多少字的数量指标来代替学术水平的质量指标。三要防止鼓励竞争的措施使人急功近利,导致大学的学术自由的宽松环境演变成浮躁之风。

总之,潘懋元先生说:"学术权力来源于学术民主。没有学术民主就没有真正的学术权力。学术民主是办好学术性事业的根本。在这个意义上说,改革的方向应该是促进学术民主,加强学术权力,使学术权力与行政权力协调平衡。"③

(四)校长教育家论

"不想当将军的士兵不是好士兵"。潘懋元先生指出:"应当鼓励众多教育工作者,为当好教师和教育管理干部,追踪教育家的足迹,领会教育家成长的规律,以成为教育家自期,当一名优秀的教育工作者。"④

---

① 史秋衡.构建高教管理理论体系的若干思考——潘懋元高教管理思想研究[J].有色金属高教研究,1998(5):35-37.

② 潘懋元.北大改革的大方向与可行性[C]//杨东平.大学之道.上海:文汇出版社,2003:61.

③ 潘懋元.职称回归学衔,提高学术权力[J].集美大学学报,2003(3):4.

④ 潘懋元.当代教育家评《论教育家》[J].江苏教育研究,2006(9):64.

潘懋元先生以厦门大学的历任校长为例指出，"校长应当是教育家，但教育家的校长并不多，能为后人所景仰载入教育史册者就更寥寥可数。"他认为，在厦门大学历届校领导中，名列《中国教育大辞典》的近现代教育家有四位：陈嘉庚、林文庆、萨本栋、王亚南。陈嘉庚毁家兴学，创建厦门大学；王亚南是新中国第一任校长，奠定了厦门大学的学术地位。林文庆是厦门大学私立时代第一位也是唯一的一位校长，对一所全国负有盛名的私立大学做出了应予肯定的贡献。作为萨本栋校长主持校政时的学生，潘先生深刻体会了萨校长所树立、所形成的厦门大学的长汀精神——自强不息的校风、南方之强的形象。在那艰苦的环境中，如何使师生吃得饱、穿得暖，安心教书、读书，是萨校长最操心的事。"本栋精神"就是"舍身治校"的担当。萨校长以自己的生命和健康使厦门大学在抗战期间屹立于东南半壁，成为"加尔各答以东之第一大学"，打下今日重点大学的基础，其深刻意义就在于在敌人的包围中，坚持办学，发展高教，为科学救国、人才建国做出历史的贡献。①

由厦大校长扩展到中国近代大学校长，潘懋元先生在给《百年之功——中国近代大学校长的教育家精神》一书撰写的序言中写道：中国近代大学校长群体虽然很复杂，但是，"他们在大学校长任职期间，大多是以科学、民主和爱国主义精神办学，集中表现出他们的'教育救国'的信念与理想。……在那样的历史条件下，教育救国的理想虽然行不通，但他们的良好愿望，却是他们对教育事业怀有无限忠诚和做出重要贡献的精神支柱"。"在那样复杂艰难的历史条件下，他们所取得的办学实绩、办学经验和他们所表现的办学精神乃至人格力量，也就显得难能可贵。这既是他们的'教育家精神'之所在，也正是我们今天来研究它的意义之所在。"②这样的评价符合历史实际，令人振奋。

如今，历史的"机遇"也让潘懋元先生成为当代教育家。潘懋元先生说："不知从什么时候开始，我被人封为'教育家'。对此，我是诚惶诚恐的。被封为'家'，大概是已年近花甲的事了。只能说是一种'偶然'的机遇——50年代，我曾提倡要研究高等专业教育理论，为此，写过几篇探讨高等教育特点、规律和教学过程原则的论文，合编过《高等学校教育学讲义》。但这几件事当时并没有什么反响。十一届三中全会后，高等教育发展生机勃勃，研究

---

① 潘懋元.当代教育家评《论教育家》[J].江苏教育研究，2006(9)：1-2.

② 潘懋元.潘懋元文集：卷五[C].广州：广东高等教育出版社，2010：115.

教育规律,成为当时高等教育界的热门话题。我的《必须开展高等教育的理论研究——建立高等教育学刍议》得到回响,《高等教育学及教育规律》等报告稿被印成小册子辗转流传,我邀请几位同志合编的《高等教育学》多次获奖,和其他同志一起筹建的'中国高等教育学会'也得到教育领导部门的支持。也正是有此种种机遇,我才不由自主地被封为'教育家'。看来,机遇是很重要的。"①

但是,对于一个人来说,机遇并不是可以侥幸得到的。对此,潘先生深有感触地说:"机遇对我的'偏爱',可能是我已有两个方面的准备。一是理论准备,一是实践准备。理论准备是在此之前,我曾学过哲学、经济学、教育学、心理学,对文学、历史、逻辑学也有所涉猎。20世纪50年代以来,又研究过中国近代教育史和高等教育理论。但高等教育学是一门应用性、实践性很强的学科,光有理论准备还不足以学有所用,同时还得靠我几十年来的教育实践。我当过小学教师和校长,中学教师和教务主任。从20世纪40年代起,在当大学教师的同时,先后兼任过教学科长、教务处长、副校长、校党委常委。这些实践经验的积累,使我在研究教育理论时,心中有个'实际';在写文章、做报告时,心中有读者、听众;力求使抽象的理论成为简单、明白、可接受、可操作的知识;更重要的是养成了从教育实践中发现理论问题,以教育实践检验教育理论的习惯,而不满足于只引用别人的观点和理论来支持自己的论点,论证自己的理论。我总认为,研究社会科学,理论准备重要,实践准备也重要。"②

恰好,教育家的标准就是既要有丰富的教育实践,也要有系统的教育理论,潘懋元先生的教育家生活为我们的大学校长做出了榜样。现今,我们提倡大学校长要力争成为教育家,时代也呼唤职业校长的涌现并期待具有教育家情怀的思想型校长来管理大学。的确,大学的领导者、管理者和负责人员,都必须是高等教育管理的内行,是懂行的教育家。这样,才能在教育实践中,掌握特点,遵循规律,把握高校正确的前进方向,避免失误。我们的大学曾经有过"外行领导内行"的沉痛教训,一些大学的教育教学工作之所以

---

① 潘懋元.成为教育家的"机遇",潘懋元论高等教育[C].福州:福建教育出版社,2000:725-726.

② 潘懋元.成为教育家的"机遇",潘懋元论高等教育[C].福州:福建教育出版社,2000:725-726.

出现明显失误，导致了不可弥补的严重损失，差不多都是由此引起的。如今，虽然外行少了，但高等学校管理中行政化的倾向或不按教育规律办学的现象比比皆是，有些还非常严重，在高校，教育家治校的机制和氛围还远没有形成，力促校长成为社会主义教育家的努力仍极其艰难。

潘懋元的研究生教育思想

陈　斌

2018年，中共中央国务院在《关于全面深化新时代教师队伍建设改革的意见》中指出，“教师……是教育发展的第一资源，是国家富强、民族振兴、人民幸福的重要基石”。党和国家给予教师如此崇高的地位，是教师的光荣，也是对教师殷切的期望，更是教师幸福之源泉。2014年教师节来临之际，我国著名教育学家、高等教育学科倡建者和奠基人潘懋元先生荣获全国“教书育人楷模”荣誉称号，受到习近平总书记等党和国家领导人的亲切接见和热情问候。作为我国高等教育学界公认的泰斗，潘懋元先生辛勤耕耘教坛85载，以学术为志业，倾其一生于教育事业，获此殊荣乃实至名归。

自20世纪50年代中叶以来，潘懋元先生数十年如一日躬耕于教学科研第一线，承担了饱满的教学工作任务，立德树人，作育英才。他15岁开始从教，至今已85载，他曾执教于小学、中学直至大学。他曾先后担任过小学校长、中学教务主任、大学教务处处长、大学副校长等职务。在他所走过的一个世纪的岁月中，他把一生奉献给了中国高等教育事业和他培养的学生，为中国高等教育发展的理论与实践做出了杰出贡献。他曾多次深情地说，“我一生最为欣慰的是，我的名字排在教师的行列里”。潘懋元先生始终认为，教师是幸福的职业、幸福的人生——“如果我有第二次生命，我的选择仍然是教师”。

“在中国高等教育研究中，研究潘懋元先生，本身就是一种高等教育研

作者简介：陈斌，教育学博士，厦门大学教育研究院助理教授。

究，因为他是这个学科的开拓者和奠基者，是这个学科的化身。"[①]同样，要全面识读潘懋元先生的高等教育思想，自然会涉及他的研究生教育思想，因为潘懋元先生高等教育思想的核心精髓便是源自于如何更好地培养人才的学术研究。潘懋元先生作为我国高等教育学的第一位硕士生导师和第一位博士生导师，正是他始终如一地重视人才培养，成就了潘懋元先生的教师人生，也为我们时代树立了学人风范和育人楷模。

一、人才培养，首重选才，"得天下英才而教育之"

潘懋元先生早在20世纪80年代末就敏锐地觉察到对博士生选拔应有别于本科生和硕士生。他多次强调，本科生的培养是以学习为主，通过课程学习和初步的科研训练，以培养某一专业的专门人才；硕士生的培养是课程学习与科研并重，通过自主学习和有指导的科研活动，使之具有从事科学研究或独立承担技术工作的能力，以培养某一学科的高层次专门人才；博士生的培养则是以科研为主，通过自主的科研活动，表明具有独立从事科研的能力并能做出创造性的成果，以培养某一学科的带头人。[②] 因此，科学、全面地选拔合适的生源，是研究生教育过程中的首要一环。

在对博士生进行选拔的过程中，潘懋元先生也提出了具体要求。首先，要具有与学科专业相关的基本知识水平，包括理论知识的深度与广度。与此同时，还需有丰富和切实的实践经验，对本学科专业的实践领域有亲身的实践和体悟。其次，要具备一定的研究能力，包括资料搜集能力、逻辑思维能力和语言文字表达能力。潘懋元先生强调，选拔一名合格的博士生除了知识、能力等智力因素外，非智力潜质同样值得关注，包括动机、兴趣、意志、学术规范与职业道德等，其中，博士生的学习兴趣尤为关键。著名历史学家范文澜有句名言，"板凳甘坐十年冷，文章不写半句空"。潘懋元先生却将其中的"甘"字改成"敢"字，这种"敢"彰显了潘先生积极、主动的学术态度，也反映他笃定的学术勇气与崇高的学术情怀，一字之差亦凸显出学术勇气对

① 张应强.像潘懋元先生那样做高等教育学大学问[J].高等教育研究，2010(8)：15-21.

② 潘懋元.选才·培养·指引——我对博士生培养的一些看法和做法[J].研究生教育理论与实践，1989(3).

于从事学术研究人员的重要性。

针对博士生应具备哪些基本素质，潘懋元先生认为主要包括以下三个方面：首先是宽厚的理论基础和一定的业务知识，但更重要的是要有活跃的学术思想、深厚的思维能力和敢于创新的科学精神。若仅有较为丰厚的知识却无法形成自己的创见，认识事物始终停留在表面而难以深入精髓，广泛罗列却难以把握问题的精髓，往往难以培养成博士之才。其次，要实事求是、踏实肯干，对推动科学事业富有强烈的欲望和执着的信念。若只是习惯于急于自炫、夸夸其谈，则其所学之内容必难以深入，也就不可能牢靠，其未来之成就也就相对有限。再次，要对本门学科具有基本的认知并持有较为浓厚的态度，对所从事的研究有理想、有信心，并终生愿为这一学科的发展做出贡献。若仅仅把对某一学科的学习当成获取学位乃至谋生之手段，必然会在遭遇困难时退避三舍，尤其是对从事作为一门新学科的高等教育研究而言，有许多未知的难题有待探究，学界必然存在歧见，甚至是批评、责难、诋毁，如果认识不足，信心不定，很可能半途转行①。

博士生不同于硕士生和本科生。这种差别不仅体现在课程设置与教学方式，其首先体现在选拔标准上。潘懋元先生在选拔人才的过程中除了对统一的书面考试、考题与答题作出一定的要求之外，还注重考查学生将理论与实践紧密结合的文章、著作与学术报告。相较于书面考试成绩，代表性论文更能体现考生的知识水平和研究能力。除基本的书面考试和代表性著作之外，还有一项更为关键的程序——面试。通常而言，潘懋元先生要求入闱的考生选择某个自己感兴趣的话题作一次学术汇报。报告过程中，会邀请本院的师生参与，共同探讨、提问、质疑，博士生录取工作小组会在此基础上决定是否录取。这种面对面的考核方式，弥补了纯粹的书面考试和论文审查的不足，在开放的氛围中更好地认识和了解考生的知识、能力以及其他非智力因素。

就博士生导师的自主选择权而言，潘懋元先生认为，政府要给予高校更多的自主选择权，才有利于导师更加全面、综合地考核学生，并由此作出科学的选择。据潘懋元先生在接受余斌采访时回忆，他招收研究生开始于1981 年，当时全国研究生总数仅有 1.88 万人，每位导师每年招收的学生也

---

① 潘懋元.潘懋元文集：卷三(上)[C].广州：广东高等教育出版社，2010：471.

就一到两名，基本上属于师徒式，而且当时的招生方式也较现在更加灵活。[①]在考核博士生时，潘懋元先生认为，博士生专业课程考试不应像统一高考那样附录统一的标准答案作为评卷的参考依据。他认为，若有考生作答的内容与给出的答案完全一样，充其量只能反映考生的记忆能力与求同思维，很难充分展现考生的求异思维和学术潜力，后者对博士生的学术成长而言是至关重要的。关于考试标准的说明，潘懋元先生认为，博士生考试不应设定“标准答案”，但应符合基本的要求，包括基本的政治观点要正确，基本的专业理论知识要准确，观点陈述要能够有所发挥，并言之有理、持之有故。

二、创造条件，自学成才，彰显育人之道

潘懋元先生始终认为，教师是最能给人带来幸福感的职业。他用自己深厚的学识修养、高尚的道德情操、不懈的精神追求影响和教育学生，他独特的人才培养理念和独创的教学方法造就了一批又一批优秀的高等教育学人。潘先生认为，对于博士生的成长，关键在于自我成长，博士生导师只需提供必要的条件。概而言之，潘懋元先生的研究生教育思想大致可概括为以下三个方面。

（一）重视课堂教学，夯实理论基础

在高校发展过程中，人才培养始终是大学的第一要务和中心工作，而教学则是实现高校这一培养目标的主要途径。要有效提升教学质量，尤其是博士生的教学质量，需要不断探索教学规律，创新教学方法，并坚持科学的教学原则。[②] 潘懋元先生在结合现有的教学规律和教学原则的基础之上，构建了我国高校教学的原则体系，它涵盖十项具体原则：(1)科学性与思想性相结合原则；(2)理论联系实际原则；(3)知识积累与智能发展相结合原则(或称传授知识与发展智能相结合原则)；(4)在教师主导下发挥学生自觉性、创造性与独立性原则；(5)专业性与综合性相结合原则；(6)教学与科学研究相结合原则；(7)量力性原则；(8)系统性与循序渐进原则；(9)少而精原

---

① 余斌.潘懋元教授谈我国三十年研究生教育[J].高教探索，2009(1)：133-136.

② 韩延明.哈佛归来重温潘懋元先生“少而精”教学原则的感悟[J].中国大学教学，2009(4)：14-17.

则;(10)统一要求与因材施教原则。[①] 在上述十条原则中,绝大多数均能够客观反映中小学教学的基本规律与基本矛盾,而第五、六条原则反映了大学教学过程中的特殊规律。其中,教学与科研相结合原则,要求在大学所有教学环节中,注重对大学生进行科学精神、方法态度的训练,需要通过学年论文、课程设计、毕业论文、毕业设计等主要环节对学生进行科研基本功的训练。[②]

在博士生培养过程中,潘懋元先生还特别提倡"少而精"的教学原则。潘懋元先生认为,少而精的"少",是指数量而言;"精",是指质量而言。任何事物都有其量的规定性与质的规定性,量与质在具体事物中,既是相互矛盾的两面,又是相互依存的两面。事物的存在是一定数量与质量的对立统一,离开了质量而片面地追求数量,势必破坏了事物的统一性;缺乏一定数量而孤立地强调质量,质量也无法保障。同时,数量与质量的对立统一,又是处于一定条件之下,离开了一定条件而谈数量与质量的关系,只是主观设想而已。总之,量与质是不可分割的对立统一体,而量与质的对立统一又是依存于一定客观条件的。[③] 潘懋元先生始终认为,博士生与本科生、硕士生的区别在于前者已具备独立从事科学研究的能力,学会学习是一名合格的博士生必须掌握的能力。正如联合国教科文组织在《学会生存》的报告中所言:"教师的职责现在已经越来越少地传递知识,而越来越多地激励思考;除了他的正式职能以外,他将越来越成为一位顾问,一位交换意见的参与者,一位帮助发现矛盾论点而不是拿出现成真理的人。"[④]

潘懋元先生在博士生教育过程中,始终强调要兼顾"深入浅出"和"由博返约"。所谓"深入浅出"即深要在思想上,要在理论上,要深入到事物的本质特征和基本规律,而能真正揭示本质和基本规律的理论总是具有简明的表达形式。这就是我们常说的一种科学美。自然科学如此,社会科学也是

---

① 潘懋元.新编高等教育学(第2版)[M].北京:北京师范大学出版社,2009:161-162.

② 杨广云.大学教学论体系的构建——潘懋元学术思想研究之三[J].高等教育研究,1997(5):12-17.

③ 潘懋元,王增炳.少而精教学原则初探——高等学校教育专题研究之六[J].厦门大学学报(社会科学版),1964(2):15-28.

④ 联合国教科文组织.学会生存——教育世界的今天和明天[M].北京:教育科学出版社,1996:247-248.

如此。因此，只有真正深入到了本质，把握了基本规律，才能浅出，浅出就是要用简明的方式表达出来，做到明白易懂。[①] “文贵约而指通，言尚省而趋明。”在潘懋元先生看来，其实最高深的学问往往可以通过最简明的话语表达，而如何运用最简单的语言表达最高深的学问本身也是一门学问，需要深入研究。在研究生教育过程中，除端正学风外，还需下苦功夫。“由博返约”其实由两个阶段组成，一是“由约到博”，二是“由博返约”。“由约到博”是一个通过不断占有研究资料，逐步累积的过程，相对容易实现；“由博返约”则要求对资料进行深入思考，探究材料蕴含的内在特质和基本规律。“由博返约”是一个艰难的探索过程，需要对既有材料进行吸收、消化，并进行创造性转化，实现融会贯通，化为己有，这也是取得突破性发现的关键。

现实中，不少学人习惯于把简单的东西讲得深奥难懂，故作“高深学问”以彰显自己的学术水平和能力。殊不知，这种故作高深的表现，往往反映作者并未完全明白、吃透和消化现有材料。因此，对于研究生而言，探寻学问之路应始于端正态度，“只有端正了思想，才能进一步把学问做得深透”。

潘懋元先生认为，高等教育质量建设关系到大学办学的方方面面，其中教学的改革、创新、提高和大学教师发展是质量建设的核心。2014 年，年届 94 岁高龄的潘懋元先生以“大学教师发展的理念、内涵、方式与动力”为研究课题，专门组织了一批青年学者进行系统研究。该课题主要包括大学教师发展的理念与内涵、方式与途径、动力与机制以及大学教师发展机构的建设与运作等四大方面。与此同时，在研究的总体设计和部分的研究中均有两条线索贯穿始终：一是不同类型高等学校教师发展的理念、内涵、方式与动力问题，这涉及对研究型大学、地方应用型本科以及高职高专等三类高校教师发展问题的研究与探索，既要在课题的顶层设计和统领下，把握高校教师发展的共性特征与共同问题，又要突出不同类型高校教师发展的特殊性与侧重点，希望能为不同类型高校的教师发展提出有针对性的指导和建议。二是不同国家和地区高等学校教师发展的理念、内涵、方式与动力问题，这涉及高等教育发达国家和地区高校教师发展的理念、内涵、方式和动力问题的比较与分析。欧美等高等教育发达国家和地区在高校教师发展方面起步较早，对高校教师发展理念和内涵的理解和演变已具备了相当扎实的基础，

---

① 潘懋元.得天下英才而教育之[J].医学教育探索，2006(10):893-896.

并形成了一系列系统化、规范化、科学化的运作方式，在实践中积攒了相当丰富的经验。通过国际比较分析，希望能总结和凝练高等教育发达国家和地区在高校教师发展方面的成功经验和有效方式，为我国不同类型高校教师发展提供借鉴和参考。

潘懋元先生从1981年开始承担硕士研究生培养任务，1984年开始招收我国第一个博士研究生并成为我国第一个高等教育学专业博士生导师。在近40年的研究生教育教学工作中，潘懋元先生进行了有效的教学改革尝试。潘懋元先生认为，以往的教学方法过于重视灌输式教学，学生在传统教学模式下往往被当作被动的服从者，严重影响学生创新意识和创新能力的培养与发挥。潘懋元先生在回答曹如军访谈时指出："课堂讲授仍是大学教学的重要方法。但作为教师，还要积极关注了解国内外先进的教学方法。我在《高等教育学讲座》中，除了讲'课堂讲授'如何运用之外，还介绍过发现法、问题教学、案例教学、自学指导法等国外先进教学方法。"①据潘懋元先生在接受余斌采访时回忆，"在1985年，我曾同时招收3名硕士生和一个由10人组成的硕士课程班。我给这13人上了'高等教育学'、'中外高教史'和'比较高等教育'三门课，后两门我都只是开个头，布置了一些相互衔接的专题，让他们自己去专研，写讲稿，做报告，一起讨论。当时的培养口径比较窄，不过也让他们掌握了一些基本理论，所以可以说是宽窄结合，即使再宽，也没有按照一级学科来培养"②。

潘懋元先生在多年的高等教育理论和实践的基础上，逐步探索了一套适合博士研究生培养的"学习—研究—教学实践"三位一体的研究生课程教学法。潘懋元先生完成一门博士生课程通常需要历经以下多个环节：首先是总体组织课程，对本门课程作必要的准备和说明，包括修订讲义，拟定讨论话题，说明本门课程的目的、意义和争论之处，并为大家推荐必要的参考书。二是从本门课程中选取几个基础话题进行深入讲解。三是在经过一轮的课程教学后，大家从潘懋元先生提供的话题中选取某个话题进行一个月的自由学习、研究，潘懋元先生也会随时提供必要的咨询。四是每位博士生就自己的研究成果在全班进行讲课和答辩，其他博士生展开讨论，每位博士生的报告时间大约一个小时，潘懋元先生会就每个学生的讲课内容和教学

① 曹如军.潘懋元谈大学教学改革[J].高校教育管理，2008(5)：1-4.

② 余斌.潘懋元教授谈我国三十年研究生教育[J].高教探索，2009(1)：133-136.

能力进行全面恰当的点评。

潘懋元先生非常重视学生课程汇报和点评环节。一次，某位博士生在汇报过程中，潘懋元先生发现该同学的报告中同一个内容的数据反复出现三次，前后却不一致。于是该同学把三组数据重新核对，才发现自己的疏忽。潘懋元先生还有意先让在座的博士生们先找出这个问题，结果在场的十余名博士生竟无一人发现此问题。大家对潘懋元先生的严谨细致无不惊讶，自叹弗如。同时，潘懋元先生还会对每位博士生的报告进行现场录像，汇报结束后将报告录像发给每个人，让大家从“他者”的视角审视自己的报告全过程。潘懋元先生认为，大家在报告中存在的问题只有通过自己反复观看录像才能察觉、自我改进。最后是批改作业和评定成绩。每学期结束后，潘懋元先生往往需要花费数个月的时间用于博士生课程作业的批改。以 2019—2020 学年秋季学期为例，潘懋元先生连续为两类博士生班(一类是学术型博士生，一类是教育博士)讲授“高等教育学专题研究”课程。其中，学术型博士生共 13 人，每人需提交 5 篇论文(2 篇专题报告，2 篇读书报告，1 篇自选论文)；教育博士生共 25 人，每人需提交 2 篇论文。每篇论文以 5000 字计算，潘懋元先生完成该学期作业批改需阅读近 55 万字，而事实上大多数学生的论文会超过 5000 字，有的甚至多达上万字。潘懋元先生在阅读论文时并非走马观花，而是对每篇论文逐一进行评阅，包括文章的总体思路、逻辑框架、研究方法、立论观点以及文字表达等各个方面。此外，潘懋元先生还凭借其敏锐的洞察力充分挖掘每位学生的优点和潜力，对论文的精辟见解和创新点给予肯定，对论文不足之处也会提出中肯的修改意见。潘懋元先生“学习—研究—教学实践”三位一体的教学法是对研究生培养的教与学关系最好的诠释：师生之间互相讨论，相互问难质疑，体现了中国传统书院中师生关系融洽，教师乐教学生好学的学术氛围。

(二)直面社会现实，把脉中国教育

教育部 2000 年 9 月在祝贺潘懋元先生从教 65 周年的致函中指出：“作为一位著名的教育理论家，教育理论研究硕果累累，为创建我国高等教育学学科，丰富和发展我国高等教育理论体系做出了重要贡献；作为一位杰出的教师，培养了大批高层次教育人才，桃李满天下，为建设我国高等教育理论骨干教师队伍和研究队伍做出了重要贡献；作为一位优秀的教育活动家，对我国若干重要教育改革决策提出了许多宝贵的意见和建议，为我国高等教

育宏观决策的科学化做出了重要贡献。”①潘懋元先生作为一位著名的教育理论学者和教育活动家，他始终不忘把自身的学术理论研究同中国高等教育的现实紧密结合在一起。

社会科学研究领域时常会因为理论脱离实际或者说是理论研究成果难以有效地解决现实问题而饱受诟病。教育研究作为典型的应用性社会科学也自然难逃苛责。潘懋元先生总能凭其深厚的学术底蕴和睿智的学术眼光洞悉这一长期困扰教育研究者的难题。在潘懋元先生的学术研究中，全然看不到理论脱离实际的情况，因为他的所有理论思想均有着丰厚的实践基础，是针对中国高等教育改革和发展中面临的问题所进行的理论阐释和前瞻预测。在潘懋元先生数十年的学术生涯中，他始终高度关注中国和世界高等教育的改革与发展动向，他热衷于此却又不局限于此，他往往有意识地将中外高等教育的现实问题上升为科学理论。潘懋元先生的学术既来源于现实又超越现实：一方面努力实现高等教育理论与现实之间的有效融合，另一方面又保持着彼此间的张力。数十年来，潘懋元先生正是在这种方法和理念的引领下从事着高等教育教学、研究工作，开创了一系列高等教育学新观念、新理论，并且他的所言所思皆为神赋之思、神来之笔。更为关键的是，他还将这种方法和理念有效地融入教学实践过程中，他总是设法为学生参与社会实践调查创造有利条件，把学生从课内引向课外，在实践中学习和研究中国高等教育的历史、现状与未来。

潘懋元先生时常提及，教育理论的源泉来源于三大方面：一是教育史研究，二是国际比较研究，三是基于实践和现实的总结与提升。上述三大理论来源在本质上是相互一致的，前两个理论源泉是借鉴前人和国外已有的理论研究成果，第三个则是根据中国教育实践和教育研究者个人实践总结提炼而成。相较而言，“教育实践是我们进行理论探索的最重要的基础，历史研究和比较研究所获得的经验、理论，必须结合当前的实际，通过实践检验，才能被确认并体现它们的社会价值”②。在引导学生成才的过程中，潘懋元先生除了重视学生课程学习外，还特别强调博士生的学术活动、论文写作和思想修养。潘懋元先生认为，从某种程度来看，对于博士生而言，学术活动往往比理论课程的学习更为关键。因而，他始终坚持为学生的学术成长创

① 韩延明.潘懋元教授纪事年表[M].厦门：厦门大学出版社，2015：158.

② 高宝立.潘懋元先生的学术风格与治学特色[J].教育研究，2010(9)：37-44.

造良好的环境，让学生在其中深受熏陶。潘懋元先生提倡研究生应积极参与各种类型的学术活动，他鼓励大家在学院的学术会议上作学术报告并积极参与讨论。与此同时，潘懋元先生还竭尽全力与校外的学术机构进行密切协商，勉励学生撰写有一定质量的论文去参加校外学术会议。学生在参会的过程中活跃了学术思想，扩大了学术视野。潘懋元先生不仅要求博士生具有独立从事科研的能力，还要使其成为未来学术带头人，要求具备组织、领导集体学术研究的能力。

广博的基础知识，深厚的专业知识，是见解深刻的基石，是思考周密的源泉，也是治学成功的关键。早在20世纪80年代初撰写《高等教育学讲座》和主编《高等教育学》时，潘懋元先生就指出："正确认识高等教育学同其他有关学科的关系，掌握并运用有关学科的信息，交流渗透，交互为用，以促进研究工作的深入和发展，这是研究高等教育学的前提条件。"潘懋元先生认为：一个现代化专门人才的合理知识结构，应包括比较宽厚的基础知识、一定深度的专门知识、一般的前沿知识、必要的横向学科知识和科学方法论知识，以及一般基本文化知识五个方面。潘懋元先生多年来一直在倡导一种符合人类认识发展规律的思维方式，"即从单义性向多义性、从线性研究到非线性研究、从绝对性到相对性、从精确性到模糊性、从单面视角到多维视角、从单一方法到系统方法……"①。

潘懋元先生思想活跃、与时俱进，他始终倡导要时刻了解和密切关注中国高等教育改革与发展的动向，并且强调高等教育的理论研究应着力于服务高等教育发展的现实需求，而非仅限于把高等教育的研究成果发表在书刊、报纸上或是将其束之高阁。他曾言，高等教育学科在中国的发展，是与中国高等教育改革与发展的实践紧密结合，同步发展的。② 潘懋元先生谙熟高等教育的基本理论及其规律，对高等教育的现实也异常敏锐，他对高等教育中的许多问题往往比常人看得更远，抓得更准，想得更深。他过去与他的学术团队合作研究过的高等教育课题，包括民办高等教育的机制问题、高等教育自学考试、高等教育与市场经济的关系、高等教育通向农村、高等教育

---

① 潘懋元，口述.肖海涛，殷小平，整理.潘懋元教育口述史[M].北京：北京师范大学出版社，2007：207.

② 潘懋元.30年来中国高等教育研究的发展轨迹与成就[J].高等教育研究，2008(8)：1-4.

地方化、可持续发展与高等教育、高等教育的分类发展以及职业教育中的人文教育等等诸多话题。这些话题大多是在它们初见端倪之际甚至是未有任何迹象时，他已“看出”或“抓住”了关键线索，如在2018年厦门大学教育研究院建院40周年庆祝会上，潘懋元先生就率先提出了机器人教育，高等教育研究者要思考如何将机器人培养成为专门人才。

早在高等教育学创建之初，潘懋元先生就认识到，学术乃天下之公器，高等教育学绝非一种庙堂之学，而是一门理论应用型学科。它必须规避英国史学家科林伍德指出的隐藏在象牙塔里可能造成的自我囚禁的危险，摆脱中国传统文化中“言静而戒动”的思想束缚，注入儒家的“入世”精神，主张走出房间，直面教育实践，在“田间地头”把脉现实问题，铸成一种新兴的践行学术，建构中国学术新的知识生产平台。值得称道的是，他几十年如一日地积极倡导并实践着这一理念。即便到了耄耋之年，他一年中有至少三分之一的时间“在路上”，不辞辛劳、不畏严寒酷暑地奔波于全国各地，开展调查研究和学术交流，致力于将高等教育研究事业带出书斋、推向社会，实乃“思之无垠，行者无疆”。

迄今，已有数以万计的教育行政人员、高等教育理论工作者、高校教师和青年学生听过潘懋元先生的报告；中国绝大多数的大中型城市，包括西部新疆的喀什、拉萨，东北边陲的齐齐哈尔、牡丹江、漠河，最南端的天涯海角，都曾留下他拓荒高等教育研究事业的闪光足迹。他那不倦的身影，他那关注现实、倾听思考的神情，以及他那极为敏捷的思路和判断力，还有他豁达的人生态度，总是满心高兴的笑容，都一点一滴地形成了潘懋元先生的人格魅力。而这种魅力是一种巨大的力量，感染着年轻一代，推动着中国高等教育研究一步一步前进。仅以2014年为例，94岁高龄的潘懋元先生仍先后前往北京、上海、湖北、湖南、四川、广东、浙江、广西等十余个省市进行实地调研、讲学。行走裨益思考，凡他行迹所至，皆引后学趋之若鹜，一人倡之，百人和之，学子景从，风气大开。

立足国内，放眼全球，跨出国门，走向世界，是他一直以来的追求。改革开放以来，中国的教育科学事业迎来了新的春天，让当时的学者走出国门开展学术交流成为可能。潘懋元先生曾数次率领中国高等教育代表团出国考察、访问、参加学术交流活动，曾到访过日本、菲律宾、泰国、英国、新加坡、尼泊尔、科威特、美国、俄罗斯、荷兰、立陶宛等多个国家以及港、澳、台等地区，将中国的高等教育研究成果向国际推介，努力促成中外高等教育的密切合作。加拿大著名中国教育问题研究学者许美德(Ruth Hayhoe)曾在其所著的《思想肖像：中国知名教育家的故事》一书中，深入分析了潘懋元先生的学术生涯及其对中国高等教育所做出的杰出贡献。21世纪初，挪威学者阿里·谢沃(Arild Tjeldvoll)在《潘懋元——一位中国高等教育学的创始人》一书以自传体方式全面介绍了潘懋元先生卓越的学术成就，并同时以中、英文两种语言出版发行，将潘懋元先生为高等教育所做出的杰出贡献推向世界。2015年，《潘懋元文集》英文版由享誉国际的荷兰博睿出版社(Brill Press)出版，成为迄今为止中国高等教育研究领域唯一一本由该出版社出版的专著。

潘懋元先生高度重视研究生尤其是博士生实践能力的培养。从20世纪80年代末开始，潘懋元先生每年都会定期带领厦门大学教育研究院博士生赴全国各地高校开展为期一到两周的高等教育专题实践调研活动。迄今，厦门大学教育研究院历届博士生调研团曾赴西安、北京、宁波、成都、南京、长沙、武汉、南宁、赣州、上海、广州、泉州、汕头等地的数十所高校开展深入调研。博士生专题实践调研活动已成为厦门大学教育研究院博士生教育的重要环节，对提高博士生培养质量发挥着重要作用。与此同时，为全面深入地认识和研究高等教育发展的现实问题，潘懋元先生还积极推动厦门大学教育研究院与浙江工商职业技术学院、上海电机学院、四川电影电视学院、龙岩学院、泉州职业技术大学等十余所高校建立合作伙伴关系，并在各合作高校建立实习基地，每年定期派送数位研究生前往实习基地进行为期一个月的实践学习，帮助学生增进对高等教育实践的感性认识，以更深入地了解中国高等教育的现状。

2014年5月，年届94岁高龄的潘懋元先生率领厦门大学教育研究院20余名师生远赴位于成都的四川电影电视学院开展实践调研，深入了解该校在应用型艺术人才培养模式、学生管理工作和校园文化建设等方面的办学特色。这期间，潘懋元先生还拜访了四川国际标榜职业学院、西南交通大学、西南财经大学等多所高校，并就办学定位、发展理念、战略规划以及大学教师发展等问题与各高校主要负责人进行了交流、探讨。通过这种实践育人方式，博士生可有效获取完整的高等教育研究第一手资料。这种生动的实践调研活动在教育研究院由来已久，颇具特色，让研究生在实践中近距离感知中国高等教育的成长脉络，进一步理解中国高等教育发展现状，对促进博士生研究中国高等教育问题具有重要意义。此类调研活动必将成为每一位博士生学术研究生涯中一段不可磨灭的珍贵记忆。

(三)赓续沙龙传统,构筑精神家园

20 世纪 80 年代初,学风转好且日益淳厚,国内大学之中,此类师生之间于课外交流的形式,实非少见。然 20 世纪 90 年代以来,市场经济洪涛滚滚,学风不敌商风,人文精神黯淡,校园平静不再,不少人纷纷走出“象牙塔”,跻身于商海。即便是那些“象牙塔”的坚守者,也不时心旌荡漾、浮躁不安。至此,昔日师生之间密切往来之风渐行渐远,甚至染上功利色彩,“学术老板”与“学术打工仔”称谓流行,把昔日师生之间精神纽带截然分开。步入新世纪,大学渐成社会中心,学者群体的经济社会地位不断提升,虽非锦衣玉食但已衣食无忧,本应静下心来谋道治学。然近百年来中国持有之“赶超”心态难以根除,大学人在各种口号的牵引和体制的驱使下,自觉或不自觉地把自我变成持续旋转的陀螺,难得消停。是故,师生关系似乎并未因经济的进步而得以改善,特别是研究生扩招之后,一把茶壶配数十个茶杯的故事,在不同大学频频上演。从全局来看,早年导师与研究生的亲密关系,成为正在逝去之风景线。

一直以来,潘懋元先生始终与厦门大学教育研究院的研究生保持着平等和谐的师生关系。南方之强,凌云之巅,一座二层居家小楼里,潘懋元先生与登门拜访之三五研究生弟子,不经意间创设“周末学术沙龙”之雏形。初始之时,沙龙并无定制,久而久之,便成惯习。自 20 世纪 80 年代中期以来,每周六晚上潘懋元先生家的学术沙龙成了研究生们的精神家园,没有课堂上的正襟危坐和刻板拘谨,大家畅所欲言,既谈学问中的人生,也谈人生中的学问,伴以满室茶香、咖啡香和各种点心,精神食粮与物质食粮双丰收,使一直以来倡导的“自由讨论,平等对话,启迪思维,追求真理”的沙龙学术原则得以彰显。林语堂在《论趣》一文中有一段精彩描述与之有异曲同工之妙,“据李考克(Stephen Leacock)说,剑桥的教育是这样的。导师每周请你到他家交流一次,就是靠一支烟斗,一直向你喷烟,喷到把你的灵魂冒出火来。”而潘懋元先生也是抽烟的,或兴致高涨,或陷入沉思,他总是点上一根烟,在那忽明忽暗的烟火中,用充满智慧而又通俗易懂的话语指点迷津。在潘懋元先生的率先垂范下,其他教授也纷纷开设学术沙龙,成为厦门大学教育研究院的宝贵学术传统。

寒来暑往，三十余载岁月已成过往，潘懋元先生在家中开设的学术沙龙却从未停辍。这期间，沙龙虽经历了规模和影响从小到大之发展历程，地点也随潘懋元先生之迁居而由校内与研究生公寓毗邻的小楼转到距离校园十四公里的海滨高层，而始终不变的是以提升学术修养，阐扬学术理念，熏染做人之道的根本宏旨，通过显性知识之言传和隐性知识之意会，以实现知识和精神的交融与传承。“铁打的营盘，流水的兵。”三十多年来，一届又一届的研究生从潘懋元先生家中走出，走向更为广阔的地域，却难以走出那份于沙龙中用浓浓师生情凝固下来的心理空间。无论乘桴海外，还是散居国内，他们心灵深处，无不涌动着一种“乡愁”，一种重回沙龙这座“精神家园”的驿动的心。

表1　2014年潘懋元先生家庭学术沙龙统计表

时间	沙龙主题	主讲人
2014年1月1日	如何对待“大学生留级现象”	2013级博士生
2014年1月11日	台湾大学教师发展调研报告 厦门大学教师发展中心介绍	徐岚、吴凡
2014年2月23日	辛均庚博士论文进展汇报、 “大学教师发展”课题汇报、寒假见闻	辛均庚、 课题组成员
2014年3月1日	欧洲之行	黄珊
2014年3月15日	讨论《论高等教育变革背景下 高等教育发展研究》论文	潘懋元
2014年3月22日	“校长职业化问题”	黄福涛
2014年3月29日	2014级教育博士(Ed.D.)考核，沙龙暂停	
2014年4月5日	校庆节日，沙龙暂停	
2014年4月19日	哈尔滨远东理工学院介绍	李敬来、杨德广
2014年4月26日	先生出差，沙龙暂停	
2014年5月3日	2014级学术型博士(Ph.D.)面试，沙龙暂停	
2014年5月10日	2013级博士生成都考察，沙龙暂停	
2014年5月17日	漫谈“驻马店共识”	潘懋元
2014年5月24日	“大学教师发展课题”汇报	课题组成员
2014年5月31日	讨论“PISA”	潘懋元
2014年6月7日	2000级课程班院友谈成功之道	2000级院友

续表

时间	沙龙主题	主讲人
2014 年 6 月 14 日	民办高校发展问题与困境	罗先锋、吴滨如
2014 年 6 月 21 日	民办高等教育问题研究	鲁加升、康乃美、吴滨如
2014 年 6 月 30 日	高等教育思想体系	叶之红、胡赤弟、卢晓中、高晓杰等
暑期放假		
2014 年 9 月 20 日	讨论 2014 年高等教育国际论坛(博士生论坛)会议论文	唐汉琦、汤俊雅、袁礼、陈斌、矫怡程
2014 年 9 月 27 日	先生出差,沙龙暂停	
2014 年 10 月 4 日	三位奖学金获得者谈成功经验	胡天佑、李玲玲、刘梦今
2014 年 10 月 11 日	教师发展调研、2014 级学术型博士(Ph.D.)课程作业	徐岚、2014 级博士生
2014 年 10 月 18 日	嘉庚精神与抗战时期的厦门大学	石慧霞、郑宏
2014 年 10 月 25 日	博士生预开题、讨论《终身教育对话录》	沈曲、罗先锋、李国强
2014 年 11 月 1 日	先生开会,沙龙暂停	
2014 年 11 月 8 日	先生出差,沙龙暂停	
2014 年 11 月 15 日	讨论"大学教师的责任内涵与边界"	郑宏
2014 年 11 月 22 日	对高校课堂"呲必中国"现象怎么看?	陈斌
2014 年 11 月 29 日	应用技术大学的研究体会	魏晓艳
2014 年 12 月 6 日	2014 年高等教育研究大事件评点 当前民办高职院校发展困境与政府扶持	陈斌 董立平
2014 年 12 月 13 日	全面解读 2014 年高等教育研究大事件	魏晓艳、王严淞、李胜利、陈斌
2014 年 12 月 20 日	南方科技大学过去、现在与未来 西安欧亚学院办学经验与现代职业教育发展	马东梅、胡建波
2014 年 12 月 27 日	从"周鼎自白书"看中国高校教学与科研关系 如何看待大学生休学创业	郑宏、陈斌

信息来源:笔者自行整理而成。

唐代一首名为《仙山》的诗中写道："一炷心香洞府开，偃松皱涩半莓苔"，比喻师生真诚的心意；朱庆余在《近试上张水部》诗中曰："妆罢低声问夫婿，画眉深浅入时无？"体现了渴望交流的心境。人与人之间理应打开心扉，坦诚相见，率真交流。人，不是一座孤岛，需要与他人进行交流与情感，需要设立"感情账户"。而能够激励情感账户持续存款的，是礼貌、诚恳、仁爱、信赖与交流。师生之间，最需要也最珍贵的是理解和真情。……德国著名诗人荷尔德林曾言："人，诗意地栖居在大地上。"这种弥足珍贵的"诗意"在无意间"唤起人们对昔日美好生活的念想，怀揣着对未来理想生活的憧憬，引领大家在头脑风暴的过程中放飞囚禁的思绪，开启智慧的阀门，生成思想的睿智，从而去感悟与体认人类千百年来所积淀的那些最富有价值的精神财富和文化精品"①。

2013 年，作为潘懋元先生的门生，曾任临沂大学校长、时任中共山东省委党史研究室一级巡视员的韩延明教授在回顾这一年所发生的事情时，认为这一年最难忘、感到最幸福的事情便是一年内与敬爱的导师潘懋元先生的七次幸会，并以"2013：我的幸福不是梦——追记 2013 年与恩师潘懋元先生的七次幸会"为题写就了一篇近万言的长文。在该文中，韩延明教授写道："14 日晚，我和别敦荣、刘少雪、陈武元匆匆共进晚餐后，火速来到潘懋元先生家中参加热气腾腾的'学术沙龙'。我们还以为是'先遣部队'呢，但到了一看，先生书房内已是高朋满座、欢声笑语、茶香四溢。茶几上、小桌上摆满了诱人的瓜子、糖块、花生、开心果、西红柿、各类水果和各种小吃，琳琅满目，令人垂涎欲滴。除了教育研究院的领导、老师和硕、博士生外，还有从外地赶来参加会议的院友张德祥、周川、张应强、胡建华、卢晓中等，济济一堂，正如王羲之在《兰亭集序》中所言的'群贤毕至，少长咸集'。""按照惯例，潘懋元先生首先发言，讲明了本次沙龙的主旨，就是为 2012 级博士生论文进行一个'预开题'。三位博士生刘丽建、辛均庚、胡永红分别介绍了论文的缘由、框架和创新点，然后我们这几位师兄师姐畅所欲言、直抒己见，分别发表了自己的一些想法和看法，而且同学们也积极发言提问，气氛热烈，讨论激烈。先生时而倾听，时而询问，时而点头微笑，时而择机点评，还不时地起身劝大家吃吃喝喝。先生之点评高屋建瓴、切中要害而又让人感到如沐春风。

① 韩延明.历久弥新的"沙龙"意境与"潘师"情结[J].国际高等教育研究，2006(1)：3.

回山东后，我还给先生发了一个短信，其中一句便是：'这次有幸参加沙龙特别高兴，身临其境，蓦然回首，使我仿佛回到了那激情燃烧的读博岁月，没齿难忘！'"[①]

寂寞为学，天地闭焉。沙龙是学术活力的源泉之一，可以使人超越日常生活和个人空间。一个好的学术与一所好大学一样，都具有自由的探讨气氛和宽容的人生态度。如果以感性和理性来做基本区分的话，大致可以将人群分为两大类。无论是归属于哪一类，在先生沙龙中均可获益终身。细心体会，潘懋元先生欣赏激情，但绝不纵容过度；先生喜欢冷静与理性，但不使之陷于技术操作与分析。先生常用的手法之一便是抑强扬弱，适时运用表扬与温和的批评。其结果不是让你改变立场，也不是让你放弃某一观点去迎合另一种观点，而是更加包容，让自己更加丰富和多元，实际上就是一种开阔。以感性见长者，往往对世界保持新鲜敏锐的发现，但它与理性一样是把双刃剑，它可能让人洞见，也可能让人盲目和武断。当出现争执不下的情况时，先生成为最后的仲裁者。先生关心世事和时事，但却不混迹其中，而是留有时空余地，这种不即不离的态度使先生往往具有高屋建瓴和统揽全局的洞见，并以平实无华的语句进行综合阐述。我们不得不承认，这种平实的观点实乃一矢中的，也终于明白，冷比热好，真知灼见不会烫手。

潘懋元先生盛名在外，那些生活在世界各地并从事各种职业的人们，携带各自的闻见慕名而来。博士和硕士，在学与在职，学生与官员，学者与实业家，老外与"海归"，老中青汇聚一堂，时空可以骤然拉得很近，常常有意想不到的效果。这样一种闻名而开放的沙龙，就像是花香，真到近处闻又仿佛没有。这正是人世间奇妙之处。大象无形，大音希声，留念总在沙龙之后。

40 年来，世事变迁，人事更迭，但每周六晚上潘懋元先生家的家庭学术沙龙都会如期举行。潘懋元先生的家庭学术沙龙属于典型的"漫谈式"，沙龙的主题有时是先生事前拟定，有时是即兴而谈；既可能是学理上的探讨，也可能是生活中的感性交流。师生们平等对话，各抒己见，畅所欲言，相互切磋。漫谈中，一篇篇论文和成果渐渐孵化催生。多年来，不少研究生的学位论文选题源自沙龙，或是在沙龙中达臻完善。潘懋元先生还经常在沙龙中就某个热点问题组织大家共同撰写文章，并组稿发表。如 2008 年金融危

① 韩延明.2013：我的幸福不是梦——追记 2013 年与恩师潘懋元先生的七次幸会[J].国际高等教育研究，2014(1)：1-10.

机对高等教育影响，高校引领社会文化，民办高等教育发展，高职教育与应用性本科院校的发展等。此类文章因集众人智慧而成，质量较高，学术影响和社会影响较大。[①]

潘懋元先生的家庭学术沙龙是潘先生和学生写作营构的学术共同体。深圳大学教育学院肖海涛教授认为："无论是教师还是学生，一旦进入厦门大学教育研究院这个具有浓郁学术氛围的集体，便会被一种无形的力量所感染和推动，不断追求上进。所谓'蓬生麻中，不扶而直'，这其中便有一种精神的动力。"[②]这种动力，可以概括为潘懋元先生学术沙龙所具有的人文精神，潘懋元先生本人所彰显的人格魅力以及一贯坚持弘扬学术价值的核心旨归。潘懋元先生家庭式学术沙龙所展现的不仅是知识的力量，更是人格的魅力和精神的感召。

在潘懋元先生家庭学术沙龙的示范作用下，近年来，厦门大学教育研究院的刘海峰教授、别敦荣教授、邬大光教授、王洪才教授等也纷纷以不同形式组织学术沙龙，各具特色，相映成趣。在厦门大学教育研究院学子的心中，无论是在读的硕、博士生，还是已经毕业的院友；无论是留在国内，还是身居海外，潘懋元先生的学术沙龙已成为他们心中的精神家园，成为他们心中的一份念想。值得一提的是，这个看似平常的家庭学术沙龙，还被中央电视台、《光明日报》《中国教育报》、福建电视台、《厦门晚报》以及《厦门大学报》等十余家中央和地方媒体进行过专题报道，慕名前来的校内外学生、学者络绎不绝，成为厦门大学教育研究院一道亮丽的学术风景。

三、立德树人，薄名精艺，引领师德风范

在厦门大学教育研究院众多学生眼中，潘懋元先生不仅是一位倾其一生于"传道授业解惑"的良师，更是自己人生道路发展中的榜样与航标。潘懋元先生时常对我们说："导师对博士生的指导，专业的具体帮助不是最重要的，重要的是方向上的指引、方法上的点拨以及人格上的影响。"[③]他始终

---

① 李静，马跃华.厦大：学术沙龙育人"看得见"[N].光明日报，2014-7-29.

② 肖海涛.试论师生学术共同体的构建——以潘懋元先生的家庭沙龙为例[J].江苏高教，2007(5)：22-25.

③ 潘懋元.潘懋元文集：卷三(下)[C].广州：广东高等教育出版社，2010：491-492.

在用自己的言行不断地教育学生，“欲为学，先做人”。

（一）爱生如子，视院如家

爱生如子是潘懋元先生一直秉持的理念。曾任厦门大学常务副校长的潘世墨教授在他的博士论文后记中这样写道：“我父亲‘弄错了’一件事，他把学生当儿子，把儿子当学生。”爱生如子，不只是弟子们对先生的中肯评价，更是先生数十年如一日用爱与行动躬身践行的人生操守。现任教育部高等教育司司长吴岩至今记得 20 多年前的“一件小事”：“我有一个硕士师弟，家境贫寒。先生就把我叫到家里，给我一个信封让我转交给他，里面是厚厚一沓人民币。先生就是这样把每个学生都牵挂在心里。”①

早在 1994 年，当时潘懋元先生被汕头大学聘为兼职教授，月薪 6000 元，他仅从中抽出 1000 元作为往返路费和基本的生活费用，剩余的部分悉数捐赠给了当时的厦门大学高等教育研究所（即现在的厦门大学教育研究院）。2000 年，时值潘懋元先生从教 65 周年之际，潘懋元先生从个人有限的积蓄中拿出 20 万元设立“懋元奖”，并在每年厦门大学校庆之日对优秀的师生进行奖励。此后，2006 年、2008 年先后又向“厦门大学潘懋元高等教育研究基金”各捐赠 20 万元。

潘懋元先生对待学生始终是慷慨的，但他自己的生活却依旧朴实。他曾说，“我个人在物质生活上已经没有什么可追求的了，最大的乐趣便是得天下英才而育之。”如今，更多的师生加入了捐赠“懋元奖”的行列，2010 年潘懋元先生九十寿辰时，许多师生、校友纷纷捐赠，如今基金已达数百万元，每年有十几名师生获得奖教（学）金。

“学高为师，身正为范”，这是对人民教师的基本要求，也是最好的阐释。2010 年底，潘懋元先生带领博士生到番禺职业技术学院考察。一天晚上，潘懋元先生乘车前往广州参加学术研讨会。临上车前，潘懋元先生主动跟番禺职业技术学院的两个保安握手，一直说：“你们辛苦了！”潘懋元先生告诉博士生：“他们真的很辛苦，天气那么冷，他们值班的地方只有顶棚，四面是透风的，每天晚上要巡查，很不容易呀。”生活中的点点滴滴都成为潘懋元先生的教育素材，他总是用自己的行动给学生以启迪。

2014 年，厦门大学校庆期间，潘懋元先生因其对厦门大学的杰出贡献，

① 邓晖，马跃华，高田.潘懋元：高教泰斗 学人典范[N].光明日报，2014-09-14(1).

被厦门大学授予“南强杰出贡献奖”(厦门大学最高荣誉奖),并获得20万元奖金。潘懋元先生始终认为此项荣誉是全院师生共同努力的结果,潘懋元先生从所获奖金中给学院每位教职工发放2000元,包括教育研究院的勤务人员等均可享有此项“礼遇”。近年来,每年春节将至,教育研究院总会有一部分学生因种种原因无法回家过年,潘懋元先生总会在年前邀请所有不能回家过年的研究生一起吃个团圆饭。

(二)杏坛传道,薄名精艺

潘懋元先生对待学生向来一视同仁,没有门户之见,对待非自己指导的学生同样热情提携。记得教育研究院有位博士生(导师并非潘懋元先生)博士论文是关于中国近代大学本科毕业论文的研究,其中需要做案例研究,该博士生向潘懋元先生请教,想访谈潘懋元先生当年撰写大学毕业论文的具体情形,潘懋元先生欣然应允,并对该位博士生的选题给予肯定评价。访谈中,潘懋元先生不仅为该生提供生动的论文素材,还找出不少当年他学习的材料供其参考。之后,潘懋元先生还不辞辛劳,在百忙之中抽空参加了该博士生的学位论文答辩,并提出了富有启发性的评价。

“先生的言传身教是我们受之不尽、用之不竭的榜样力量和精神食粮。……经师易得,人师难求。潘懋元先生既是著名学者,也是难得的良师。他不仅自己敦品立德、率先垂范,还教导学生欲作学问,先学做人,真正做到了古人所说的立功、立德、立言的统一,让我们认识了一位追求真善美统一人格的教育家,一位全国‘教书育人楷模’的精神风范。他不仅是我们治学的导师,更是为人的榜样。”[①]这便是所有受过潘懋元先生教诲的学生们的共同心声。

2013年9月,厦门大学举行首届“我最喜爱的十位教师”评选活动,潘懋元先生高票当选。在颁奖典礼上,颁奖嘉宾给潘懋元先生的贺词是:“十五从教,他历80载春秋,鲐背之年仍居教学科研第一线。爱生如子,他关怀晚辈,作育英才,桃李遍天下。敢为人先,他开创新学,被尊为中国高等教育学科奠基人。杏坛传道,他著作等身,荣膺中国高等教育研究终身成就奖。从教乐教,他治学严谨,无愧中国教育界的师范楷模。一心研学,他薄名精艺,

① 汤晓蒙.化学术为德性——潘懋元先生的为学与为人[J].赣南师范学院学报,2010(4):51-55.

当仁治学先锋，新学泰斗。”[①]在厦门大学教育研究院的学生眼中，潘懋元先生不仅是一位“传道授业解惑”的导师，还是做人的航标和榜样。他一直身体力行，用“敢为天下先”和“欲为学，先做人”的精神与理念培育一代又一代的教育学人。

潘懋元先生对教育研究院的中青年学者也是关爱有加。最令笔者难以忘怀的是，2014 年暑期，我院一位老师因病住院，潘懋元先生冒着酷暑炎热，两次去厦门市第一医院探望该位老师，这对患病老师的康复是一个莫大的鼓舞。该老师出院之后，潘懋元先生仍记挂他的康复状况，并坚持要前去探望，后因该老师所住小区没有电梯才被劝住。大师的点滴言行都具有极大的示范效应，在无形中为我们树立了一种做人的丰碑，永远值得我们年轻后辈学习效仿。

（三）诚心务教，桃李满园

许美德教授在对潘懋元先生进行专访时曾问及什么因素对他的教育事业影响最大时，潘懋元先生开玩笑地回答道，受益最大的是“文革”中批判的三种意识形态——“封”“资”“修”。潘懋元先生早年学习中国古典文学，从中获得了受用终生的良好道德基础，一生的教育经验使他感到儒学的确是适应任何时期的一种哲学，此谓之“封”；潘懋元先生在大学时代曾修习过美国的教育思想，尤其是杜威的教育理论，对潘懋元先生此后的课程设置、教学改革和开展高等教育研究有着显著影响，此谓之“资”；20 世纪 50 年代，潘懋元先生曾广泛接触苏联的教育理论和模式，逐渐理解并重视苏联主张全国统一的学术标准，结构严密的教材和教学工作中精细备课的价值，此谓之“修”。在思考影响自己的两种国外教育思想时，他曾言，基于欧洲理性主义的苏联教材和教育方法，比美国更加适应中国的环境，因为中国有着集中知识模式的传统，也因为苏联模式更符合当时中国发展的现实需要。[②]

潘懋元先生始终认为，教师这个职业是最能给人带来幸福感的职业，他用自己深厚的学识修养、高尚的道德情操、不懈的精神追求影响和教育着学生；他独特的人才培养理念和独创的教学方法造就了一批又一批优秀的高

① 韩延明.潘懋元教授纪事年表[M].厦门：厦门大学出版社，2015：303-304.

② 许美德.思想肖像——中国知名教育家的故事[M].周勇，等译.北京：教育科学出版社，2008.

等教育人才。常言道："事事培元气，其人必寿；念念存本心，其后必昌。"从中国首批高等教育学硕士和博士到现在，潘懋元先生（合作）指导的博士后研究员、博士生、硕士研究生近两百人。在他指导的学生中，有多位大学校长、副校长；有些在教育部门身居要职；很多学生成为教授、博导、学科带头人；有些学生担任高校教育研究院院长、高教所所长；有些学生担任高教研究杂志主编、副主编；有些学生分管高校规划处、教务处、社科处……他们遍及全国各省市高校，还有的在大洋彼岸深造和工作。我们无法具体罗列这些弟子的突出成就，也无法一一表达他们对既是经师又是人师的潘懋元先生的景仰和感激，我们只能追本溯源，窥斑见豹，探究一下潘懋元先生的育人之道。

《诗经·小雅》云："高山仰止，景行行止"；《论语·子罕》曰："仰之弥高，钻之弥坚"。在我国教育界，学人和学生们相沿成习地一致称潘懋元为"先生"，前面既不带姓，也没有任何职衔。这样一个融聚敬仰与亲切之情的特殊尊称，是潘懋元先生学高为师、德高为范，数十年来辛勤耕耘教书育人的最好注脚。吾师典范，德配天地；虽不能至，心向往之。

潘懋元民办高等教育思想的八个基本逻辑

范跃进　王　玲　刘福才　张继明

潘懋元先生是较早关注民办高等教育发展并致力于相关问题研究的学者。他对民办高等教育的发展不仅给予了高度的肯定,同时也对其发展规律与存在问题进行了深刻的理性思考。综观潘先生有关民办高等教育发展问题的研究成果,笔者发现其相关思想已成体系,而在这一思想体系中有八个基本逻辑十分清晰可见,即民办高等教育发展是我国经济社会发展的必然要求,民办高等教育是我国高等教育体系的重要组成部分,民办高等教育与公办高等教育应具有平等的发展权,民办高等教育的公益性与营利性并不相对立,促进民办高等教育发展必须树立多元质量观,民办高等教育发展必须大力依靠民间资金,政府应支持并规范民办高等教育的发展,民办高等教育应立足市场经济体制下的就业创业教育。从这八个基本逻辑出发,潘先生针对民办高等教育面临的问题与未来发展提出了许多高屋建瓴的、具有前瞻性与科学性的思想与策略,对促进我国民办高等教育发展发挥了重要的作用。

一、民办高等教育的发展是我国社会经济发展的必然要求

早在20世纪80年代我国民办高等教育恢复初期,潘先生就提出了"民

作者简介:范跃进,法学博士,青岛大学教育发展研究院院长、教授,博士生导师;王玲,教育学博士,济南大学高等教育研究院副院长、副教授;刘福才,教育学博士,济南大学高等教育研究院副教授;张继明,教育学博士,济南大学高等教育研究院副教授。

办高等教育的发展是我国社会经济发展的必然要求"的基本观点,为人们正确认识民办高等教育的性质与发展趋势奠定了重要的基础。首先,潘先生从办学方针与办学宗旨出发对民办高等教育的性质做了界定,指出"民办学校,同公办学校一样,必须按照国家的方针政策办学,遵守国家的教育法规制度,不存在姓社姓资的问题"[①],这一方面解除了人们对民办高等教育姓资姓社的疑虑,另一方面也使人们意识到民办高等教育是服务于我国社会发展需求的,从而为民办高等教育的发展扫除了思想阻碍。其次,潘先生从经济视角出发阐述了民办高等教育发展的必然性。"30多年来,我国不复存在的私立高等教育体制,是由经济体制所决定的。长期以来,我国的所有制经济结构基本上只有全民所有制与集体所有制,而集体所有制一般处于生产力水平很低的农村经济,没有办高等学校的财力,也没有自办高等教育的要求,私立高等教育体制不可能重新出现",而现在"由于城乡合作经济、个体经济和私营经济的发展,更由于这些经济成分在生产力水平上的提高,民办高等学校的出现与发展就有其必然性"。[②] 最后,潘先生依据我国经济体制改革的发展趋势,对民办高等教育的未来发展趋势做出预测,认为其将成为我国教育事业的重要组成部分。"民办高等教育在中国高等教育事业中占有什么样的地位,在以前的一些文件中,民办教育是公办教育的'补充',我在1999年4月召开的一次民办高教会议上提出,'宪法'修正案的第11条把个体经济与私有经济从原来的提法'是社会主义公有制经济的补充'改为'是社会主义经济的重要组成部分',那么建立在个体经济、私有经济以及其他非公有经济基础上的民办高等教育也必须重新定位为社会主义教育事业的重要组成部分。"[③]

潘先生的这一观点得到了学者们的呼应与共鸣,激发了研究者们对民办高等教育发展意义的探索,而学界的这种探讨对政府的教育政策改革也产生了重要的影响。如1993年由国务院印发的《中国教育改革和发展纲要》中就明确提出了"改变政府包揽办学的格局,逐步建立以政府办学为主体、社会各界共同办学的体制"的教育体制改革任务,并首次确立了"积极鼓励、大力支持、正确引导、加强管理"的民办教育发展方针,表明了政府对民办教

---

① 潘懋元.高等教育改革与社会主义市场经济的关系[J].中国高等教育,1992(11).

② 潘懋元.关于民办高等教育体制的探讨[J].上海高教研究,1988(3).

③ 潘懋元.关于民办教育立法的三个问题[J].浙江树人大学学报,2001(7).

育的关注与支持。随着我国市场经济的不断发展及其对大量多类型人才需求的不断增长，民办高等教育正如潘先生所言快速发展起来，其发挥的功能与展现出的优势也让人们从更深层次上认识到了其发展的必然性与重要性——民办高等教育在解决由高等教育规模扩张而引起的政府财政经费不足问题方面起到了非常重要的作用；民办高等教育利用灵活的办学体制，积极面向市场，激活竞争机制，更好地培养了大量适应经济与社会需求的应用型、实用型人才。而这种认识上的深化同样也反映在政策的变革之中——2006年下发的《国务院办公厅关于加强民办高校规范管理引导民办高等教育健康发展的通知》中已明确指出，“近年来，我国民办高校发展迅速并取得很大成绩，成为高等教育事业的重要组成部分”。

从潘先生的民办高等教育研究历程中可以看到，“民办高等教育的发展是我国社会经济发展的必然要求”这一观念由最初的“大胆判断”逐步地发展成为其思考、分析民办高等教育发展问题与趋势的一个基本依据。如，当民办高校发展面临公办高校扩招而带来的生源危机时，潘先生果断地指出：“也许有的同志会说，不提大众化，不搞大扩招还好；一提大众化，公办高校大扩招，民办高校的生存空间反而缩小，产生了‘生源危机’，出现了‘生源大战’。这是一种暂时性的现象。大众化总不能只靠政府增加投资，无限地‘走内涵式发展’的道路，更不可能大量增办新的公办高校”。[①] 这种观点坚定了民办高校举办者的信心。再如，《民办教育促进法》于2002年颁布后，潘先生在表达了对该法的充分肯定的同时，也在话语间对没有将民办教育的地位界定为是社会教育事业的重要组成部分方面感到遗憾——“从法律上明确民办教育的性质：‘民办教育事业属于公益性事业，是社会主义教育事业的组成部分。’(第3条)虽然同宪法修正案规定的‘非公有制经济是社会主义市场经济的重要组成部分’略有不同，但基本性质是一致的”[②]。又如，2009年时，潘先生在一次记者访谈中指出了目前我国民间资金进入高等教育的道路还很不畅通的问题，并提出了非公有制经济的发展必将进一步促进民办高教发展的观点——“不久前，国务院发布了《关于鼓励支持和引导个体私营等非公有制经济发展的若干意见》，使垄断行业、公用事业和基础设施、社会事业、金融服务业、国防科技工业等一些长期以来非公有制企业

① 潘懋元.抓住有利时机实现民办高教可持续发展[J].中国高等教育，2001(5).

② 潘懋元.写在《民办教育促进法》即将实施之前[J].黄河科技大学学报，2003(9).

难以进入的领域，都获得了国家的准入。按照这个文件平等准入、公平待遇，放宽非公有制经济市场准入的精神，无疑会给那些正在寻找机会进入民办高教的民营资本打通道路，这将成为促进民办高教发展的必然趋势。”①

总之，潘先生始终是以我国社会经济发展的现实与未来发展趋势为根本出发点，对民办高等教育的发展做出审时度势的分析与判断。这启示我们在研究民办高等教育问题时，必须认清其为我国社会经济发展的必然产物这一事实，坚持从我国社会经济发展的宏观趋势与未来需求来把握、分析民办高等教育的发展问题。目前，我国经济和政治体制改革已进入深化阶段，“加快发展社会主义市场经济、民主政治、先进文化、和谐社会、生态文明，让一切劳动、知识、技术、管理、资本的活力竞相迸发，让一切创造社会财富的源泉充分涌流，让发展成果更多更公平惠及全体人民”②已成为党和国家的共识，这意味着市场经济将得到进一步的发展，而这预示着以市场经济为发展基础、以竞争为根本发展模式、以满足大众需求为主要目标的民办高等教育将拥有更为广阔的发展空间。无论是学者还是相关政府管理部门都应看到这种趋势，积极地顺势而为，为民办高等教育发展营造更为良好的发展环境，以使其更好地满足人民和社会发展的需求。

二、民办高等教育是我国高等教育体系的重要组成部分

正如前文所言，潘先生很早就根据我国社会经济发展的形势与趋势提出了“民办高等教育是我国高等教育体系的重要组成部分”的观点。毫无疑问，目前这一观点无论是在学界还到在政界都得到了广泛的认可，并转化为国家层面的思想与政策，其前瞻性与科学性毋庸多言。然而需要我们注意的是，除了我国社会经济发展的宏观背景之外，潘先生还从高等教育大众化的视角论证了“民办高等教育是我国高等教育体系的重要组成部分”这一观点。首先，潘先生基于国际视野，比较分析了美国、西欧、东亚、南亚、拉美、

① 潘懋元.未来民办教育将有较大发展[EB/OL].(2014-05-17)[2015-03-21].http://www.juren.com/news/200908/159785.html.

② 中共中央关于全面深化改革若干重大问题的决定[EB/OL].(2015-03-10)[2015-06-01].http://baike.baidu.com/linkfurlTW8NUmfs70iSYG－QPNgld Mis4obMhX66TTh_qHVWFoaYFXHWk7HqTg9mD6txwYgFgt7BBct6ALnpy1Rtt5iZIa.

苏联及东欧转型国家的高等教育大众化发展模式，指出“高等教育大众化的发展需要社会力量的参与，私立高等教育在高等教育大众化进程中发挥了重要的作用”①。其次，潘先生从高等教育教育经费投入的视角出发，指出随着高等教育大众化步伐的加快，我国政府的教育财政负担将越来越大，多渠道筹集教育资金已成必然，而在扩展教育资金筹集渠道方面，“除了公立高等学校采取多种办法‘创收’并酌收一定数量的学费外，应当依靠社会力量，积极主动地而不是消极被动地发展私立（民办）高等教育”②。最后，潘先生从民办高等教育的客观作用与贡献出发，指出“发展民办高等教育的积极意义，还在于面向市场需求，激活竞争机制，调整高教结构，改革管理体制，更好地培养适应经济与社会需求的应用型、实用型（职业型）人才”③。由此可见，民办高等教育的发展不仅是我国社会经济发展的必然结果，而且也是高等教育自身发展的内在要求。这种认识促使潘先生一直密切关注、研究民办高等教育的发展及其面临的问题，并积极探索促进其健康、可持续发展的路径与策略。

潘先生从高等教育大众化视角出发对民办高等教育重要地位的分析与论证，不仅引导人们从我国高等教育自身发展需求来理解发展民办高等教育的作用与意义，而且还启示我们要从我国高等教育大众化乃至普及化的发展目标与现实需求出发思考民办高等教育的未来发展空间、模式、规模、质量等问题。其实在这些方面，潘先生本人已经做了有益的探索，如针对民办高等教育发展空间问题，潘先生认为，在高等教育大众化过程中，高等教育必通向农村，而“民办高校为地方经济与社会发展，为农村现代化，为西部地区大开发培养人才，可以大有作为”④，进而将民办高等教育的发展引向我国广阔的农村市场。又如，针对民办高等教育发展速度与规模问题，潘先生指出“在精英教育阶段，私立高等学校就已存在，但许多国家政府采取不支持或限制的态度，日本、印尼、泰国都如此；但到接近或已经进入大众化阶段，大多数国家转为采取鼓励、支持态度。因此，私立高等教育的发展往往快于公立高等教育，尤其是亚太地区的日本、韩国、印尼、菲律宾，私立高等

① 潘懋元.关于民办高等教育持续发展问题的报告[J].黄河科技大学学报，2007(6).

② 潘懋元.21 世纪：可持续发展的中国高等教育[J].天津市教科院学报，1999(3).

③ 潘懋元，罗丹.多国高等教育大众化模式比较研究[J].高等教育研究，2007(3).

④ 潘懋元.抓住有利时机实现民办高教可持续发展[J].中国高等教育，2001(5).

学校的学生已达到各该国大学生总数的60%、70%甚至80%以上;原来没有私立高等学校的越南、蒙古和独联体各国,近年来也出现了私立大学,尤以越南的发展较快”[①]。根据这样的分析,潘先生大胆预测在我国高等教育大众化阶段,民办高等教育必将快速发展,并在高等教育体系中占据相当大的规模:“到2020年,多种模式的民办高等学校及其学生,可能达到高等教育总数的三分之二左右;并将有若干所民办高校,成为各自定位的一流院校。”[②]

截止到2013年,我国高等教育毛入学率已达到30%以上,这一方面说明我国高等教育大众化发展已经取得了非常大的成绩,但同时也意味着我们要实现高等教育大众化(高等教育毛入学率达15%~50%)与普及化(高等教育毛入学率达50%以上)的发展目标仍有较长的一段路要走。面对这样的现实,民办高等教育的重要作用确实是不容忽视的,如何充分发挥民办高等教育的作用应成为重要的研究课题。可喜的是,目前我国政府已经充分认识到民办高等教育的重要地位与作用,不仅在相关政策文件中多次将民办高等教育视为高等教育体系的重要组成部分,而且还致力于为民办高等教育发展营造更加有力、宽松的政策环境,如2012年颁发的《教育部关于鼓励和引导民间资金进入教育领域促进民办教育健康发展的实施意见》中再次明确提出“民办教育是社会主义教育事业的重要组成部分”的观点,同时提出“健全以政府投入为主,多渠道筹措经费的教育投入体制……完善民办学校办学许可制度,清理并纠正对民办学校的各类歧视政策,落实民办学校办学自主权,落实民办学校招生自主权,落实民办学校教师待遇,保障民办学校学生权益,完善民办学校税费政策,支持高水平有特色民办学校建设……”等促进民办教育发展的政策改革意见。

政策方面的变化预示着民办高等教育将迎来更好的发展环境与发展机遇。我们完全有理由相信,随着我国高等教育大众化程度的不断加强,甚至当到达高等教育普及化阶段时,民办高等教育的规模将有更大程度的增长,潘先生所预测的“三分之二”规模完全有实现的可能。当然,正如政策的改变不可能一蹴而就一样,民办高等教育的发展也不可能在短时间内完成,而

① 潘懋元.21世纪:可持续发展的中国高等教育——兼论中国高等教育大众化问题[J].天津市教科院学报,1999(3).

② 潘懋元.2020:中国民办高等教育前瞻[N].文汇报,2005-04-18.

且还有可能有些弯路，但是只要我们坚信“民办高等教育是我国高等教育体系的重要组成部分，它们不再仅仅是公办高等教育的补充，而是与公办高等教育分工合作，共同承担我国高等教育大众化与普及化的任务”，那么民办高等教育的发展步伐就不会停止。如果政府能够加快相关制度改革，为民办高等教育发展营造真正宽松、公平的环境；并立足于高等教育大众化与普及化发展目标以及我国高等教育大众化过程中出现的主要问题，对民办高等教育在规模、结构、效益、质量等方面的发展作深入、系统的分析，制定民办高等教育未来发展的整体规划，那么民办高等教育就会更早地迎来又一轮快速发展期。

三、民办高等教育与公办高等教育应具有平等的发展权

在确立了“民办高等教育的发展是我国社会经济发展的必然要求”和“民办高等教育是我国高等教育体系的重要组成部分”两个基本认识的基础之上，潘先生深入研究了我国民办高等教育在发展过程中出现的主要问题，并在研究过程中形成了有关民办高等教育发展的独到见解。其中最为突出的思想是“民办高等教育与公办高等教育应具有平等的发展权”。

这一思想一方面体现于潘先生对民办高等教育发展过程中所遭遇到的一系列不平等与歧视性待遇的批判之中。潘先生认为，我国民办高等教育在发展进程中主要遭遇了四方面的不平等与歧视性待遇：第一，我国民办高校招生是高考招生录取的最后批次，只能招收大量的“落第生”，这不仅损害了民办高校的招生自主权，也限制了民办高校的发展。长期以来，我国高校招生录取工作是按计划体制模式来实施的，包括由政府根据不同类型高校在整个高等教育体系中所占的位置来划分“一本”、“二本”和“三本”，进而以此为标准来确定不同层次院校的招生录取批次。一般来说，办学历史长、办学实力强的部属或省属重点高校属于一本院校，如“985”高校、“211”高校按政策优先录取高考成绩优秀的考生，因此其生源质量普遍较高；二本高校主要是指具有较长办学历史、办学水平较高的地方教学型院校，按政策在一本招录完毕后招生；而剩余的民办高校、独立学院、高职高专院校则作为三本院校招生，其生源质量相对较低。生源质量不高显然会限制民办高校的发展，而这种由政策或制度造成的不公平成为我国民办高校提高办学水平的

主要障碍。第二,在师生待遇方面,民办高校学生在奖助贷金上、在就业岗位竞争上难以获得平等机会,民办高校教师在福利保障、进修、职称晋升、科研项目申报等方面难以获得平等机会。就目前来看,随着我国国家学生资助体系的逐渐完善,民办高校学生在享受交通补贴、奖助学金等方面已经获得了与公立高校学生相同的权利,但在有些方面如教育贷款,民办高校的学生在实际上还面临着来自银行的不公平性政策;在劳动力市场上,民办高校毕业生因为来自用人单位的歧视性招聘而面临的就业困境成为影响民办高校社会声誉的重要原因;从教师角度来说,民办高校教师与公立高校教师在薪资、福利方面的差异暂且不论,在获得由国家组织和资助的各种访学、进修机会方面,在获得科研立项或科研资助方面,民办高校教师委实落后于公立高校教师,而这显然是不利于民办高校教师队伍的稳定性及其专业水平提高的。第三,在质量评估方面,有关部门没有考虑到民办高校办学时间短、增长快、资金完全靠自筹等特殊性,而是采用精英型公办高校的评估标准来评价民办高校,使得其在生师比、生均用地面积、生均图书设备等方面都无法达标。我国民办高校办学历史较短,办学资源或经费比较匮乏,因此其办学条件包括基础设施、师资力量等方面都难以同公立高校尤其是研究型重点高校相比,这就要求政府必须建立起针对民办高等教育特殊需求的质量保障体系,同时采取符合这种特殊性的高等教育评估体系。用脱离民办高校办学现实的评估体系简单化地对其作出评价,甚至以此作为政府干预民办高校的依据,是不利于民办高校的改革发展的。第四,在管理方面,"婆婆太多"、"标准不一"等问题给民办高校造成了较大的负担,同时,管理部门的"卡、压、要"等行为也严重制约着民办高等教育的发展。[①] 总之,这些不平等与歧视性待遇的存在限制着民办高校的发展,使其难以获得与公办高校同等的发展机会,严重地损害了民办高等教育的发展权。

潘先生对民办高等教育定位与未来发展的分析,是其关于民办高校发展权的思想的另一体现。如潘先生多次提出,"民办高校,是办学主体不同于公办高校的办学体制,而不是层次、类型结构的不同,不应限定于哪一等级哪种类型(特殊类型如军事教育除外)。世界上的私立大学,有国际一流的研究型大学,也有专科水平的社区学院或短期大学;新中国成立前的私立

---

① 潘懋元,姚加惠.民办高等教育发展之困境与前瞻[J].民办教育研究,2006(4).

大学，既有低层次、职业性的，也有高层次、学术型的”①。事实也正是如此，无论是私立高等教育发达的美国，还是国立高等教育卓越的日本，政府都致力于公私立高校公平竞争、共同发展，在政策和制度供给上为私立高校发展创造了一个宽松、适宜的外部环境。显然，潘先生的这一观点在理论上扩大了民办高校发展的空间，也就是说民办高校与公立高校相比，区别在于办学体制，同时其优势也在于办学体制的灵活性，这种体制优势可以使民办高校依据社会需要和自身办学理念、办学资源来自主选择合适的发展路径。传统的观点将民办高校限定在低层次或职业类办学定位，实际上是对民办高校发展权的一种外在强制性的限制。为此，潘先生以“一批办学理念先进、办学条件较佳、资金雄厚、质量良好、发展前景广阔的优秀民办高校相继涌现”为实证，提出了某些民办高校可能超越部分公办高校，跻身于中国名牌大学行列的观点。②

不难看出，潘先生关于“民办高等教育与公办高等教育应具有平等的发展权”的思想是在其认可民办高等教育发展的必然性与重要性基础上的进一步延伸、深化。因为既然民办高等教育是社会经济发展和高等教育自身发展的一种必然要求，那么如何使民办高等教育发挥应有的作用，更好地服务于我国社会经济发展和高等教育发展就是需要进一步思考的问题。显然，保障民办高校享有与公办高校平等的发展权至关重要，否则不仅民办高校的优势难以发挥，已经发展起来的民办高等教育资源也将有被浪费的危险。同时，潘先生的这一思想也启示我们，对民办高等教育的发展应尽量减少人为因素的干扰，也就是减少政府对民办高等教育的过多干预甚至是控制，包括在政策和制度供给上的阻碍或限制，与此同时真正赋予民办高校依据社会需求选择办学方向的权力，发挥市场在民办高等教育资源配置中的决定性作用。发挥市场机制的作用，正是我国民办高校的制度优势所在，相对于民办高校，我国公立高校所面临的制度性障碍之一恰在于计划式管控过多，而高校融入市场、按市场供求来办学的空间相对狭窄。

---

① 潘懋元.抓住有利时机实现民办高教可持续发展[J].中国高等教育，2001(5).

② 潘懋元，姚加惠.民办高等教育发展之困境与前瞻[J].民办教育研究，2006(4).

四、民办高等教育的公益性与营利性并不对立

高等教育的属性是一个备受关注和引发诸多讨论的问题。有学者正是以高等教育的公益性为依据而反对高等教育的市场化或产业化，或者基于高等教育市场化对教育公平带来负面影响来强调高等教育的公益性。这样，高等教育的公益性与营利性常常被视作一种截然对立的关系。受这种观念影响，我国依靠学费"滚动发展"起来的民办高校的公益属性一直备受争议，这种争议不仅影响到了社会对民办高等教育的认识；同时也影响到了国家管理民办高等教育的政策和制度，进而对民办高等教育的发展产生了重要影响。这说明，正确认识民办高等教育的属性，对于当前我国民办高等教育的治理及其发展都有着重大的理论价值和实践指导意义。

从理论上讲，民办高等教育与公办高等教育应具有平等的发展权，但是在我国落实这样的同等发展权却面临着诸多的阻碍，其中有关民办高等教育公益性与营利性之间关系的认识就是一个关键的思想阻碍。由于资本的逐利性，许多人，尤其是政府管理者认为，我国以投资办学模式发展起来的民办高校的公益性是令人质疑的，这也是导致诸多不平等政策与歧视性对待出现的重要原因。例如，正因为政府关于民办高等教育的基本假设是民办高校的投资办学性质是营利性，才导致政府在治理民办高等教育过程中重管控、轻服务，同时也较少提供财政资助。很显然，政府的这种治理方式对民办高校的生存和可持续发展都是极为不利的。因此，我国民办高等教育改革发展所面临的一个核心问题，就是厘清民办高等教育之公益性与营利性之间的关系。针对于此，潘先生在研究民办高等教育发展过程中，重点阐述了民办高等教育的公益性与营利性之间的关系问题，提出"民办高等教育的公益性与营利性并不相对立"，"不能因为投资者的营利而否定民办高校办学以及投资行为的公益性，正如医疗卫生事业和城市公共交通发展中引入民间资本投资，投资者从中营利而并不改变医疗卫生事业和城市公共交通的公益性以及投资行为的公益性一样"。[①] 同时，潘先生还指出，"公益"与"营利"之间的关系是"目的"与"手段"之间的关系，如在论述民办高等教

① 潘懋元，别敦荣，石猛.论民办高校的公益性与营利性[J].教育研究，2013(3).

育与资本市场之间的关系时，他强调“营利是手段，公益是目的，不能以营利为目的而有害于公益性事业。进入资本市场，不能以营利为目的而不顾教育的公益性，而应该是为了办好公益性教育事业”[①]。也就是说，民办高等教育的公益性与营利性并非一对绝对性的矛盾关系，在一定条件下，民办高校通过营利性的经营和管理可以在客观上实现公益性目的，这也反映了教育本身的混合产品属性以及包括民办高等教育在内的教育之外溢效应。从现实角度来说，单纯以教育的公益性而否定民办高等教育的营利性之必要性与合理性，否认现阶段我国民办高校投资办学的动机和目的，否认其在我国高等教育大众化中扮演的重要角色和职能，不符合我国国情，也不利于民办高校在其初级发展阶段获得必要的环境支持，从长远来看是不利于我国多元化的高等教育体系的构建的，因而也是不利于我国高等教育质量整体提升的。

在“民办高等教育的公益性与营利性并不相对立”的思想基础上，潘先生进一步探讨了“合理回报”和产权两个制约民办高等教育发展的核心问题。有关民办高校投资者的“合理回报”，潘先生认为，不应该将投资者要求取得“合理回报”的民办高校划归为营利性高校，其理由有二：第一，以利息形式回报投资者，增强民办大学的对外亲和力、吸引力、推动力和压力，也是合乎情理的，相当于购买债券，其与企业所获得的利润有着本质的区别；[②]第二，应当将举办者从办学结余中取得合理回报与民办高校的属性明确区分开来，民办高校的属性应当根据其办学的根本目的、办学方式及其所发挥的社会功能来确定，而不是根据举办者是否取得合理回报来确定。有关民办高校产权，潘先生认为目前投资者和举办者基本不享有民办学校财产所有权，也不享有民办学校财产收益权的现状，十分不利于吸引民间资金办学，已构成了民办高等教育进一步发展的瓶颈。因此，潘先生在建议积极开拓

① 潘懋元.对接资本市场——在民办高等教育与资本市场高级论坛上的发言[J].教育发展研究，2004(3).

② 潘懋元，韩延明.关于发展我国民办大学的理性思考[J].中国高教研究，1999(4)：22

民办高校发展的"第三条道路"[①]的基础上，提出了多元主体共治的民办高校产权制度，即"举办者投资资产的所有权可以由举办者拥有，举办者也可以选择放弃拥有；政府资助形成资产的所有权可由政府国有资产管理部门代管，也可委托学校法人管理；举办者提取合理回报后剩余的办学结余累积形成的资产由学校法人拥有，由此形成举办者、学校法人和政府共同参与治理民办高校产权的机制，保障民办高校的正常运行和持续健康发展"[②]。显然，潘先生的"民办高等教育的公益性与营利性并不相对立"思想和在此思想基础上对合理回报和产权问题的探讨，是密切结合我国民办高等教育发展实际展开理性思考的成果，显示了其努力为我国民办高等教育发展量身定做一套科学的制度体系的迫切愿望。其有关制度与法律应服务于社会发展实践，而不是让社会发展实践被动适应现有制度与法律的思想更是发人深思。沿着潘先生的思考路径向前展望，笔者仿佛能够看到一幅生机盎然的、具有中国特色的民办高等教育发展图景。总之，无论是对于民办高校营利性的片面界定，还是对于民办高校产权的政策规定，以及关于民办高校是否应该以及如何取得合理回报的争议，都是当前制约我国民办高等教育发展的重大、核心问题，潘先生的相关思想和理论观点具有解放思想、更新观念的重要价值，打破了限制我国民办高等教育发展的沉重思想枷锁。

五、促进民办高等教育发展必须树立多元质量观

要使民办高等教育拥有平等发展权，除了要解决人们对其营利性问题的困扰之外，还需要在民办高等教育质量观上有所突破。我国大批民办高校是在20世纪末期随着高等教育扩招而新建起来的。受精英高等教育阶段的教育质量观影响，人们总是以精英高等教育的质量标准来衡量民办高等教育质量，使得我国私立高校始终遭受着办学水平不高、教学质量较低的负

---

① 潘先生及其弟子(邬大光、别敦荣)根据我国民办高等教育的发展现实，提出了"第三条道路"的思想，即捐资举办的民办高校称为第一条道路；营利性民办高校称作第二条道路；将投资举办但不要求取得回报的民办高校和要求取得合理回报但又不是营利性的民办高校称为第三条道路。

② 潘懋元，邬大光，别敦荣.我国民办高等教育发展的第三条道路[J].高等教育研究，2012(4).

面评价。这种所谓的“社会共识”对民办高校社会声誉的培育是极为不利的，严重影响着民办高校对优秀师资、生源、社会捐助及其他社会资源投入的吸引。因此，我国民办高校的发展要求必须摆脱这种负面的社会评价，正确认识民办高等教育的质量，确立基于其特殊性或者说是其特色的质量观。正是在此背景下，潘先生适时提出了“促进民办高等教育发展必须树立多元质量观”的观点。

潘先生的“民办高等教育多元质量观”源自其对高等教育大众化发展进程中高等教育质量观问题的思考。在我国“大跃进式”的高等教育大众化发展模式下，高等教育的规模扩张引发了人们对高等教育扩招政策的质疑和对大众化高等教育质量的担忧，从而引发了较为广泛的针对高等教育扩招的批判。针对这一情况，潘先生对“大众化进程中高等教育质量下滑”这一命题作了理性的分析。他指出，所谓高等教育质量下降，既有真实下降，也有虚假下降，要具体分析，分别对待。真实下降的原因是：“在条件（资源）不足的情况下，数量增加，势必导致质量下降。扩招以来，学生数量剧增与教育资源增长不平衡，导致高等教育总体质量下降。其中最主要的教育资源问题是教师的数量不足与质量不高”；而虚假下降的原因是：“以精英教育的质量观对待大众化高等教育的质量；以精英教育单一的质量标准评估大众化高等教育多样化的质量水平。”①在这种分析基础上，潘先生提出了一个重要命题，即大众化的高等教育是一个多元化体系，这决定了衡量高等教育质量的标准同样是多元化的。这种“多元化的高等教育质量观”是潘懋元先生对我国高等教育大众化理论的一大贡献，具有解放思想的重大启蒙意义。根据潘先生对不同类型学校的质量标准的区分，如“研究型大学的质量体现于‘研究高深学问’；应用型大学，尤其是高职高专的质量标准应是‘适销对路’”。以高职高专或应用型高校为办学定位的民办高校，其质量评价标准应是能否适应市场需求和实现人才培养的“适销对路”，而若以精英高等教育质量的标准去衡量之，是有失偏颇的，也是不公平的，更为严重的是这种错误的评估导向必将损害民办高校的正常发育和壮大。

在“多元质量观”的基础上，潘先生还进一步阐述了高校分类定位问题，

---

① 潘懋元.分类、定位、特点、质量——当前中国高等教育发展中的若干问题[J].福建工程学院学报，2005(2).

指出美国卡内基的高校分类标准是不适宜我国的，容易导致办学者对研究型大学的盲目追赶，进一步加重“层层攀高”的问题。确实，目前困扰我国高等教育发展的一个瓶颈性问题正是严重的高校同质化，而导致这一问题产生的重要原因即是人们对研究型大学的“盲目崇拜”和政府以科研为衡量高校办学质量的核心标准。潘先生认为，联合国教科文组织有关第三级教育的分类是值得我们学习、借鉴的。联合国教科文组织的第三级教育的分类方式是：(1)将中学后教育，即第三级教育分为升学预备班或职业培训班，大专、本科、硕士研究生教育，博士研究生教育三大类。(2)将大专、本科、硕士研究生教育这一大类进一步细分为理论型和实用型(技术型)两类。(3)对于大专、本科、硕士研究生教育中的理论型院校虽没有明确的分类，但却有两种指向：一种是按学科分设专业，为进入博士研究生教育做准备；一种是按行业分设专业，培养的是各行各业的高级专门人才。可见，联合国教科文组织的高校分类方式的最突出特点就是根据所培养人才类型的不同，将高等院校分为理论型和实用型两大类。显然，这种分类方式更容易引导我国高等教育打破“千校一面”的状况，朝多元化的方向发展。潘先生的高校分类思想，为阐释民办高校在整个高等教育体系中的地位或作用提供了理论支撑，同时也为民办高等教育发展提供了更广阔的空间。当前，我国政府提出建立现代职业教育体系，以及推动部分地方本科院校向应用科技或技术型大学转变，正体现了分类管理、多元化发展的思路，这实际上为民办高校基于其办学定位及其特色优势加快改革发展提供了良好的契机。

概括来讲，潘先生的“多元质量观”不仅为我国高等教育大众化发展理清了思路、指明了方向，更为民办高等教育“正了名”，开辟了广阔的发展空间。众所周知，我国民办高校大部分是以职业教育起家，这些高校虽然在理论研究领域里缺乏建树，但在培养应用型人才方面却发挥了重要作用，而且与传统的公立高校相比，民办高校在应用型人才培养方面还具有较大优势，如，重视实训、实习基地的建设；专业课程设置更加贴近市场需求；聘请大量行业一线的技术人员，等等。因此，潘先生的“多元质量观”十分有助于改变以往我国高等教育领域内的“以尺之长量寸之短”“重学术轻应用”的不科学做法，引导人们更多地关注民办高校的优势及其所发挥的作用，给予其客观、公正的评价。按阿什比的遗传与环境决定理论，高校的发育发展既要受其遗传基因影响，更受其所处环境制约。潘先生关于民办高等教育质量评价标准的思想既为我国民办高校发展提供了一个新的观念环境，更将引致在相关政策和制度环境的优化，因此，对于我国民办高等教育的特色发展具有至关重要的作用。

六、民办高等教育发展必须大力依靠民间资金

计划经济体制影响下形成的“政府独大”的办学体制和教育投资体制，限制了非政府渠道的资源投入。这种教育资源供给的体制性缺陷直接导致了两个方面的不良后果：一方面政府投入越来越不能满足日益增长的教育需求，另一方面则是非政府的资源难以进入教育市场。对于民办高等教育而言，政府教育投入的不足恰好为其提供了发展空间，但非政府的资源难以进入教育市场却也对民办高等教育的发展形成了较大限制，使得大部分民办高校不得不主要依赖学费艰难前行。而在民办高校逐渐从规模扩张转向质量建设的过程中，经费短缺问题就更加凸显了。面对这种情况，潘先生对民办高等教育发展经费问题进行了深入研究，提出了“民办高等教育发展必须大力依靠民间资金”的观点。潘先生主要从以下两个方面论证了民办高等教育发展必须大力依靠民间资金的必要性：(1)高等教育大众化发展不能仅依靠政府投入，“如果投资体制改革没有取得突破，仍然是只依靠政府投入来办教育，今天我国的高等教育规模，大约只能有当前的一半左右，不但高等教育的快速发展不可能实现，而且设备更新、校舍扩建、待遇提高等，都难以实现”；(2)学费的增长空间已经十分有限，“投资体制改革的成功，主要是借助了家庭的力量，全国普通高校学杂费收入达总经费的1/3，地方高校达2/5，民办高校达70％以上，有的竟达100％。而本当作为社会力量办学主要来源的捐资、集资、投资办学则微乎其微……由此导致的学杂费比例过高，已超出了相当大一部分家庭的承受能力，高等教育公平问题十分突出。”①

潘先生这一观点的科学性可从美国的私立高等教育发展中得到验证：美国私立高校办学资金主要有四种来源：学生学费、社会捐赠、政府资助、学校自身的产业开发，这种办学经费来源的多元化不仅有效地解决了经费短

① 潘懋元.民力民智推进高教事业大发展[N].中国教育报，2008-06-02.

缺问题，同时也起到了降低私立高校学费水平、促进教育公平的作用。目前，我国政府也已经认识到吸引民间资金进行教育领域的重要性。2012年颁布的《教育部关于鼓励和引导民间资金进入教育领域促进民办教育健康发展的实施意见》中明确指出，“要充分发挥民间资金的作用，把鼓励和引导民间资金进入教育领域、促进民办教育发展作为各级政府的重要职责”，同时也在税收优惠、政府资助以及清理各种歧视性制度等方面提出了重要的改革建议。若在未来的高等教育改革当中，这些改革建议都能被一一落实的话，那么将有效地激发民办资金进入高等教育领域，同时极大地改善民办高等教育的办学经费条件。

其实，潘先生除了从我国的现实国情出发之外，“民办高等教育发展必须大力依靠民间资金”观点的提出也是有法律依据的。如《中华人民共和国高等教育法》第六十条规定：“国家建立以财政拨款为主，其他多种渠道筹措高等教育经费为辅的体制，使高等教育事业的发展同经济、社会发展的水平相适应。……国家鼓励企业事业单位组织、社会团体及其他社会组织和个人向高等教育投入。”《中华人民共和国民办教育促进法》第六条规定：“国家鼓励捐资办学。国家对为发展民办教育事业做出突出贡献的组织和个人，给予鼓励和表彰。”第四十七条规定：“民办学校依照国家有关法律、法规，可以接受公民、个人或者其他组织的捐赠。国家对向民办学校捐赠的公民、法人或者其他组织按照有关规定给予税收优惠，并予以表彰。”基于这些法律规定，潘先生对如何开辟多元化的民办高等教育经费筹措渠道进行了诸多的思考，并提出了许多有价值的建议，如“后勤社会化改革其实已经提出了另一条思路：即吸引民间资本进入高校校园，参与提供服务”[①]；“允许营利性资金投资高等教育，允许民间教育投资取得合理回报”[②]；改革产权制度，促进民办高等教育与金融、资本市场相对接；完善捐赠优惠政策，引导社会形成捐赠文化；等等。当然，潘先生也指出，“民间资本以什么方式参与高等教育事业，吸引社会捐集资和投资的关键障碍何在，应该如何破解等问题，都还有待下一阶段的努力来解决”[③]。

---

① 潘懋元.民力民智推进高教事业大发展[N].中国教育报，2008-06-02.

② 潘懋元.中国高等教育大众化结构与体系变革[J].高等教育研究，2008(5).

③ 潘懋元.民力民智推进高教事业大发展[N].中国教育报，2008-06-02.

随着政府对民办高等教育的日益重视，关于政府应加大对民办高校经费支持的呼声也越来越高。诚然，从性质上而言，民办高等教育是社会的公益性事业，是社会主义教育事业的重要组成部分。为此，政府理应承担民办高等教育制度改革的主导责任，合理配置公共教育资源。因此，要求政府加强对民办高等教育的支持，这是无可厚非的，但是政府应该以什么方式来支持民办高校发展却是值得我们深入探讨的。目前，在我国教育财政较为紧张、公办院校办学经费都十分吃紧的情况下，要求政府加大对民办高校的经费支持是不切实际的，反而容易造成政府对支持民办高等教育发展的畏难情绪。潘先生的观点启示我们，与其要求政府加大对民办高校的资金投入，不如要求其进一步完善民办高校多渠道融资的政策环境，促进其多元化经费筹措渠道的形成，充分利用民间资金来实现民办高等教育的可持续发展。目前，这种思路已经在相关的政策中有所体现，如2010年颁布的《国家中长期教育改革和发展规划纲要（2010—2020年）》和2011年颁发的《关于进一步促进民办教育发展的意见》，都明确提出鼓励民办教育多种渠道融资，支持民间资本以多种形式兴办高等教育。2014年11月26日，国务院印发了《关于创新重点领域投融资机制鼓励社会投资的指导意见》，这一重大决策表明了中央政府充分发挥市场在资源配置中起决定性作用的决心，对于激发市场主体活力和发展潜力，加大对民营经济的扶持力度，帮助民办高等教育拓展融资渠道，缓解民办高等教育信贷融资困难，提供了新的政策平台。

总之，民办高等教育改革与发展的主体力量和根基在民间、在地方、在学校。事实上，经过改革开放30多年的发展，目前我国社会正在从生存型消费进入发展型消费阶段，我国教育正面临一个历史性转折，即人民群众从满足基本需求到追求好的、理想的教育，教育从供给导向逐渐转向需求导向。民办高等教育在这样的教育发展变迁中是大有作为的，但前提是它必须采用更加灵活的体制机制、面向市场需求办学。从这个层面上来讲，积极吸引民间资金进入教育领域的意义并不仅仅在于扩展教育经费；对于民办高等教育发展而言，民间资金还意味着社会与市场需求，即只有更好地满足社会发展需求和市场需求的民办高校才可能获得更多的民间资金。

七、政府应支持并规范民办高等教育的发展

民办高等教育属于公益性事业，是我国教育事业的重要组成部分，是教育事业发展的重要增长点，也是促进我国当前教育改革不可忽视的重要力量。同时，民办高等教育也确实起到了满足社会多样化教育需求，最大限度地缓解高等教育的供需矛盾的积极作用。因此，各级政府一定要从全局和战略的高度，解放思想，统一认识，认识到发展民办高等教育的重要性，认识到支持民办高等教育是自己的重要工作职责，充分保障民办高校、学生、教师的合法权益；但同时也要积极规范民办高等教育的发展，并通过科学管理，发挥引导和质量监控的作用。从我国民办高等教育 30 多年的发展历程中不难看出，政府是影响其发展的重要因素之一，这从目前我国不同省份民办高等教育因地方政策不同而形成的差异化发展中也可见一斑。一般情况下，人们认为政府的政策越宽松，民办高等教育的发展就会越好，这有一定道理，但是单靠“宽松”的政策并不够，政府还应该担负起规范民办高校发展的责任，这样，民办高等教育发展才能拥有一个良性的政策环境。潘先生虽然并没有专门撰文阐述“政府在民办高等教育发展过程中的作用”，相关观点都散见于其他主题研究之中，但是潘先生的“政府应支持并规范民办高等教育发展”的辩证观点却清晰可见。

一方面，潘先生主张政府要支持民办高等教育发展，为其创建宽松的政策环境。在我国第一部民办教育法——《中华人民共和国民办教育促进法》出台之后，潘先生在充分肯定了该法的意义与价值之外，就提出了要防止其成为一纸空文。后来的发展实践证明潘先生的担忧不无道理。至今，我国仍存在大量的针对民办高校的“显性”和“隐性”的歧视性政策，这十分不利于民办高等教育的发展。因此，潘先生始终在呼吁政府对民办高等教育的发展应“促进、支持、引导、规范，而不是消极的限制、取消”。如面对我国大部分民办高校是投资办学的现实，潘先生更是希望政府能够继续采取“放水养鱼”的政策，为民办高等教育发展创造更为宽松的政策环境，畅通我国民办高等教育的“第三条道路”①。为此，各级人民政府和有关部门应该鼓励多

① 潘懋元.中国当前高等教育发展中的若干问题[J].大学教育科学，2004(4).

种形式发展民办高等教育事业，把民办高等教育纳入国民经济和社会发展规划，统筹安排，合理布局，积极鼓励企事业单位、社会团体、其他社会组织和个人利用非财政资金依法办学，鼓励境外教育机构按照有关法律法规参与民办高等教育活动，开展合作办学。在具体措施方面，政府支持不能缺位，应该积极作为，建立和完善促进民办高等教育发展的相关法规政策，破解当前制约我国民办高校发展的若干瓶颈问题，如明晰民办高校的法人财产权问题，完善关于加强民办高校教师队伍建设制度，完善民办高等教育社会保险制度、公共财政专项补助制度，落实民办高校优惠政策、民办高校办学水平评估等实施办法，以落实民办高校的办学自主权及其合法权益，促进民办高等教育快速发展。

另一方面，潘先生很早就认识到政府对民办高等教育的规范与管理责任，如在1988年发表的论文中，潘先生就指出："如果没有严格的管理，则有些私立高等学校的质量，可能达不到最低规格，……一些以赢利为目的的'学店'，其质量的确是无法保证的。"但是潘先生也强调："对于民办高等院校，既要在目标、质量上严格管理，又要在人事、财务上不过多干涉，以利于民办高等院校的搞活与发展。"[①]可见，潘先生希望政府能够管理、规范民办高校的办学目标与办学质量，但却不要对民办高校的办学过程干预太多。另外，针对我国"独立学院"这种特殊的民办高校类型，潘先生希望政府能够"认真审核，并促使其成为真正的民营独立院校，而不是办假的独立学院。否则不利于民办高等教育的健康发展"[②]。概括来讲，潘先生一方面希望政府能够引导民办高等学校进一步端正办学指导思想，全面贯彻国家教育方针，加强学校内涵建设，全面提高教育质量；另一方面希望政府在进一步规范民办高等教育的同时，加强对民办高校的科学管理，及时出台和优化有关民办高等教育的管理制度与政策，如应尽快制定、出台关于民办高校分类登记管理的实施办法，对民办高校进行分类指导和管理，实质性地推动民办高校实现内涵发展、特色发展，不断提高民办高校办学水平和教育质量，促进民办教育健康发展。

近几年，我国政府已经认识到民办高等教育管理制度与政策方面的不

---

① 潘懋元.关于民办高等教育体制的探讨[J].上海高教研究，1988(3).

② 潘懋元.潘懋元文集：卷三(上)[C].广州：广东高等教育出版社，2010：400.

足与弊端，正积极地探索改革的科学理念与方式。在这种形势下，教育研究者应加快、加强对政府责任的研究，全面分析在民办高等教育发展过程中政府应负有的责任，促进政策决策的科学性，防止政府决策的随意性与非系统性，进一步优化民办高等教育发展的政策环境。潘先生的民办高等教育思想给我们的启示是，政府应从“支持”与“规范”两个方面同时着力。一方面政府需要以高等教育未来整体发展为着眼点，引导民办高校合理定位、错位发展，拓展民办高等教育优质资源；并以管理为动力，完善民办高校法人治理结构，建立依法办学、自主管理、民主监督、社会参与的现代学校制度，充分调动全社会对于民办高等教育的办学积极性和主动性，推动我国民办高等教育新一轮的发展。另一方面政府需要以保障高等教育整体质量为着眼点，加强对民办高校办学质量的监控，但在民办高等教育质量监控体系构建上应重点拓展社会高等教育质量评估、认证机构的发展空间；并进一步提升民办高校与公办高校办学信息公开化程度，为构建高等教育质量的社会监督体系创造条件。

八、民办高校应以就业创业教育为核心任务

对于我国高等教育发展，潘先生高屋建瓴地指出：“随着经济体制的转型，区域经济的发展，高等教育区域发展是必然的。”[①]同时，潘先生也指出：“进入大众化阶段，高等学校数量很多，学生数10年增长了6倍，高等学校不可能都去走传统精英大学之路，应该贴近社会实际。”[②]这启示我们，包括民办高等教育在内的高等教育要实现可持续发展，必须要在满足我国社会经济建设的整体需求的同时，重点考虑并满足地方经济发展需求。目前，我国民办高校大多数是应用型院校，因此以满足地方社会经济发展需求为核心任务，培养地方社会经济发展所急需的高层次应用型人才更应成为其首要使命，而在科学研究方面也应以新工艺、新技术的开发和应用为主。事实上，民办高等教育的这种发展取向也是其自身的体制机制优势所决定的。当前包括民办高等教育在内的整个高等职业教育面临的突出问题是：一方

① 中国大学该如何布局[EB/OL].(2014-06-27)[2015-09-11]. http://news.sciencenet.cn/sbhtmlnews/2010/7/234502.html.

② 潘懋元.大学的沉思[C].北京：商务印书馆，2017：182.

面是社会对高技能技术人才的强烈需求，另一方面是高等职业教育难以培养出社会所需要的高层次应用型人才。面对这种需求与供给之间的矛盾，民办高等学校具有“船小好调头”的比较优势，利用其灵活的办学体制机制，更容易满足多样化的社会需求。因此，无论从理论视角，还是从实践路径来看，民办高校都应坚持以就业创业教育为核心任务。而这一核心任务的完成需要民办高校根据行业需求优化学科专业结构与课程内容，大力发展区域社会经济发展所急需的专业；重视实践教学和实习基地的建设，拓展人才培养渠道；提升“双师型”教师队伍建设水平；优化学业评价方式；等等。潘先生围绕着这些方面也做了较多的思考。

首先，关于民办高校人才培养，潘先生认为：“我们培养的学生不光要有技术、技能，还要有职业道德，尤其是诚信的品质。”[①]这启示我们，民办高校要突出学生就业创业综合能力、综合素质（包括职业素养、社会素养和职业竞争力）的训练与培养。为达到这样的培养目标，民办高校应该广泛发动各种社会资源，让学生尽早接触社会，为其提供就业创业教育的多样化平台。可以发动低年级学生利用课余活动到行业一线进行社会实践，推进学生勤工俭学工作的开展；同时通过高年级带动低年级，使学生们的组织、管理能力得到锻炼。

其次，关于民办高校的教师专业建设和成长，潘先生指出：“要改变只以学历高低、学位高低来作为评聘教师的要求。既要有高学历、高学位的教师，也要有‘双师型’、有实际经验的教师进入应用型大学来。”[②]这启示我们，相对于学历而言，民办高校更应重视教师的动手能力和实践经验。因此，民办高校应更重视“双师型”教师的培养，具体可采取以下方式：(1)加强与相关企事业单位的联系，根据教育教学的实际需要，定期让教师进行顶岗进修，不断提高“双师型”教师的比例；(2)根据教学实际需要，聘请业界培训师和专家来学校承担课程或讲学；(3)搭建校企合作、校社联合的科研开发平台，促进以科技研发为主要责任的“双师型”教师的成长，促进学生科技研发能力的提升。

再次，关于课程建设与发展机制，潘先生认为，要“根据现代化社会生产

---

① 潘懋元.独立学院的转型定位和发展[J].西南交通大学学报(社会科学版)，2014，(9).

② 潘懋元.大学的沉思[C].北京：商务印书馆，2017：184.

和生活需要，调整专业课程，建立适应社会需求的动态课程调整机制”。这启示我们，民办学校应充分利用体制机制的灵活性，在专业课程开发与建设方面建立能够及时反映社会需求的发展机制。当然，在公共课程与通识课程建设中，民办高校也要紧密结合社会发展对人的基本与普遍要求，重视学生的心理健康、思想道德修养、劳动、礼仪、写作、沟通等方面的教育。这些教育对于提升学生的就业创业综合能力和素质，更好地推进学生高质量就业创业尤为关键。

最后，关于学生学业的考核方式和考试方式，潘先生提出，多样化的高等教育应该用多样化的教育质量标准衡量，民办高校完全可以建立起信心，树立起素质教育质量观，按照各自的培养目标培养人才，保证人才质量规格，在人才市场竞争中取胜。[①] 这启示我们，要突出民办高校不同于公办高校的办学特色，采用多元标准展开学生学业评价，避免高校学生学业评价同一化现象。民办高校要与其发展规划和整体育人定位相适应，找到适合应用型人才特点的考核和考试方式，适当减少理论考核和卷面考试，坚持知识考查和技能考核并重，特别重视对实践能力和过程的考核。

当前，人们普遍认识到了发展民办高等教育的重要性，但是对于该如何发展民办高等教育仍认识不清。潘先生将就业创业教育作为民办高等教育的核心任务既是结合我国民办高等教育发展现实的一种判断，也是基于我国高等教育整体发展趋势的一种理性思考。这一思想，为我们思考民办高等教育的未来发展方向与着力点具有重要的指导意义。近些年，我国出台了一系列的教育改革文件，其中一些文件是专门针对民办高等教育的。综观这些文件不难发现，促进高等教育，尤其是民办高等教育适应我国当前经济社会发展需求是其核心的指导思想与改革价值取向。这使我们更加认识到潘先生思想的敏锐及实际价值——对于民办高等教育而言，只有遵循民办高等教育发展规律，坚持改革创新，立足就业创业教育，积极深入开展民办高校人才培养模式创新和教学领域改革，才能全面提升民办高等教育的核心竞争力，实现民办高等教育事业的科学发展、特色发展、优质发展和可持续发展。

---

① 潘懋元.潘懋元文集：卷三(上)[C].广州：广东高等教育出版社，2010：388.

结语

潘懋元民办高等教育思想博大精深,这八个基本逻辑有助于研究者们更为准确地把握其思想精髓。潘先生思考民办高等教育发展问题时所形成的这八个逻辑,是理论与实践相结合的产物,是对我国民办高等教育发展规律的一种体现。无论是政府决策者,还是民办高等教育研究者都应对其进行深入理解、认真研究,以共同探索出一条符合我国实际的、具有中国特色的民办高等教育发展之路。

潘懋元民办高等教育思想

王严淞

九旬执教仍未疲，一心研学终不悔。潘懋元——一个与中国高等教育研究密切相连的名字，一位见证高等教育近一个世纪发展的老者，一名一直身处教师行列并以之为荣的先生。走过古稀，跨过耄耋，他在教学中汲取经验，在管理中探索实践，在研究中总结规律。穿越世纪，历经沧桑，他的高等教育思想已成为高等教育学界一颗璀璨的明珠，是研究中国近现代高等教育思想所不能回避、无法回避的重要部分。“潘懋元高等教育思想”体系完整、内蕴丰厚，几乎囊括和覆盖了高等教育研究的所有领域的思想体系。①其中，“潘懋元民办高等教育思想”是该思想体系的重要组成部分，也是“潘懋元高等教育思想”精粹的主要体现之一。透过对“潘懋元民办高等教育思想”②的研究，不仅能感受到“潘懋元高等教育思想”的博大精深，也能加深我们对民办高等教育事业发展的了解，从而让我们对民办高等教育多一分理解，少一些偏见。

一、“潘懋元民办高等教育思想”内容及发展

从 1988 年到 2015 年间，潘懋元关于民办高等教育方面研究的文献共计

作者简介：王严淞，教育学博士，北京大学教育学院博士后。

① 别敦荣，李家新.潘懋元高等教育思想论纲[J].山东高等教育，2015(7):71-84.

② 需要指出的是，“潘懋元民办高等教育思想”并不局限于潘懋元对民办高等教育的专门研究，其散见于潘懋元的多个研究领域之中。在潘懋元有关高等教育大众化、高等学校分类管理等方面的研究中，都有“潘懋元民办高等教育思想”的体现。但是，限于篇幅和笔者能力，本文仅将潘懋元专门论述民办高等教育的文献作为主要研究对象。

37 篇(见下表),其中包括正式发表的学术论文 27 篇,在学术论坛上的发言稿、报纸时评、书序及稿件等共 10 篇。在这 37 篇文献中,既有以民办高等教育现实发展为对象的问题研究,也有对民办高等教育研究进行探索的元研究;既有针对民办高等教育自身发展进行的路径研究,也有呼吁国家政府给予民办高等教育更多支持的政策研究;既有关于民办高等教育发展历史的回顾与总结研究,也有关于民办高等教育未来进展的前瞻性预测研究;既有对民办高等教育发展的普遍性研究,也有对民办高等学校办学的个案研究。总体来看,"潘懋元民办高等教育思想"涉及中国当代民办高等教育改革与发展的多个领域,研究内容广泛且全面。

潘懋元民办高等教育相关研究文献一览表*

序号	年份	名称	作者	来源	类型
1	1988	《关于民办高等教育体制的探讨》	潘懋元	上海高教研究	论文
2	1992	《高等教育改革与社会主义市场经济的关系》	潘懋元	中国高等教育	论文
3	1996	《立法:私立高等教育发展的保障》	潘懋元,魏贻通	高等教育研究	论文
4	1999	《关于发展我国民办大学的理性思考》	潘懋元,韩延明	中国高教研究	论文
5	1999	《对发展民办高等教育若干问题的认识》	潘懋元	中国高等教育	论文
6	2001	《抓住有利时机 实现民办高教可持续发展》	潘懋元	中国高等教育	论文
7	2001	《关于民办教育立法的三个问题》	潘懋元	浙江树人大学学报	论文
8	2002	《民办高校产权制度改革的若干问题》	潘懋元,胡赤弟	教育研究	论文
9	2002	《浙江万里学院——一种第三部门高等学校的范例》	潘懋元,邬大光,高新发	高等教育研究	论文

续表

序号	年份	名称	作者	来源	类型
10	2003	《关于〈民办教育促进法〉及其实施》	潘懋元	高教探索	论文
11	2003	《致编辑部的一封信》	潘懋元	民办教育研究	信稿
12	2003	《人文万里，以生为本——试析浙江万里学院的办学理念》	高晓杰，潘懋元	教育研究	论文
13	2004	《对接资本市场——在民办高等教育与资本市场高级论坛上的发言》	潘懋元	教育发展研究	发言稿
14	2004	《关于民办高等教育发展的问题：资本市场、质量评估与就业现状》	潘懋元	民办教育研究	论文
15	2004	《独立学院的兴起及前景探析》	潘懋元，吴玫	中国高等教育	论文
16	2005	《民办高等教育发展面临新台阶》	潘懋元	人民政协报	时评
17	2005	《未来中国民办高等教育将有较大发展》	潘懋元	中国教育报	时评
18	2005	《中国大陆民办高等教育基本情况与发展中的若干问题》	潘懋元	民办教育研究	论文
19	2005	《2020：中国民办高等教育的前瞻》	潘懋元，林莉	浙江树人大学学报	论文
20	2005	《介入资本市场：高等学校融投资体制的一种尝试》	潘懋元，邬大光	江汉大学学报（人文科学版）	论文
21	2005	《民办高等教育大有作为》	潘懋元	浙江树人大学学报	序
22	2005	《我国高校产权制度改革的若干问题——兼论公、民办高校产权问题》	潘懋元	教育发展研究	论文
23	2006	《〈我国民办高校评估指标体系研究〉序》	潘懋元	民办教育研究	序
24	2006	《民办高等教育持续发展问题》	潘懋元	浙江树人大学学报	论文

续表

序号	年份	名称	作者	来源	类型
25	2006	《民办高等教育发展的困境与前瞻》	潘懋元，姚加惠	中国高等教育	论文
26	2007	《关于民办高等教育持续发展问题的报告》	潘懋元	黄河科技大学学报	论文
27	2008	《〈中华人民共和国民办教育促进法〉制定过程研究》	潘懋元	高等教育研究	论文
28	2008	《民力民智推进高等教育事业大发展》	潘懋元	中国教育报	时评
29	2008	《关于民办高校评估的思考及建议》	潘懋元	教育发展研究	论文
30	2009	《〈树人探究〉序》	潘懋元	浙江树人大学学报	序
31	2010	《〈规划纲要〉：民办教育发展的新机遇》	潘懋元		发言稿
32	2012	《我国民办高等教育发展的第三条道路》	潘懋元，邬大光，别敦荣	高等教育研究	论文
33	2012	《大力推进民办高校内部管理体制创新》	潘懋元	浙江树人大学学报（人文社会科学版）	论文
34	2012	《在中国民办教育发展大会闭幕式上的讲话》	潘懋元	中国民办教育协会网	发言稿
35	2013	《论民办高校的公益性与营利性》	潘懋元，别敦荣，石猛	教育研究	论文
36	2014	《民办高校机制优势研究》	潘懋元，罗先锋	浙江树人大学学报（人文社会科学版）	论文
37	2014	《独立学院的转型和定位》	潘懋元	西南交通大学学报（社会科学版）	论文

不论这些文献的论述角度是从一般到特殊，抑或是从理论到实践，其研究内容按照发表时间的先后顺序，大体可划分为三个阶段：

第一个阶段是从20世纪80年代末到90年代初，以1988年的《关于民办高等教育体制的探讨》一文为主。这一时期的研究内容主要是探讨民办高等教育的性质与意义。所谓民办高等教育的性质问题，即民办高等教育是姓"资"还是姓"社"的问题。潘懋元认为，"民办教育的性质问题，是建立民办高等教育体制的首要问题"。针对"民办教育是非社会主义性质"以及"社会主义国家不应有私立教育体制"的普遍认识，潘懋元指出，"教育是人的培养而不是物的生产，是对人的思想意识施加影响的活动而不是经济活动"[①]，不能因为"民办"或"私立"二字就简单地推定民办教育与中国社会主义政治体制完全对立。潘懋元指出，"社会主义社会的民办学校，完全可以也应该纳入社会主义教育体系之中，从而决定其性质是社会主义的"[②]。此外，潘懋元在该时期还着重探索了民办高等教育对我国社会发展的作用。解决了民办高等教育的性质问题，了解了民办高等教育的现实意义，也就解放了人们关于民办高等教育思想的束缚，从而为民办高等教育事业的后续发展奠定了基础。

第二个阶段是从20世纪90年代初到21世纪初期，以1996年的《立法：私立高等教育发展的保障》以及2003年的《关于〈民办教育促进法〉及其实施》两篇文章为代表。这一时期主要研究的是民办高等教育的相关立法问题，包括民办教育相关立法的前期研究以及《民办教育促进法》出台后的政策研究与完善建议。在进行民办高等教育相关立法的前期研究中，潘懋元深感"立法在保证私立高等教育质量、促进私立高等教育健康发展上的重要性"[③]，故而十分重视并积极推动民办高等教育相关立法的出台。《民办教育促进法》颁布后，潘懋元又理性、客观地对该法进行了评价与解读，他表示，"如果在10年前，不可能出台一部《促进法》，如果在20年后，《促进法》将不是这样写的"[④]，从而反映出了《民办教育促进法》自身的进步性与局限性。潘懋元也指出，《民办教育促进法》中对"学校产权；收费价格，试行开放；公有民办二级学院"[⑤]等问题的表述尚不明确，仍待实施细则的进一步完善。

① 潘懋元.关于民办高等教育体制的探讨[J].上海高教研究，1988(3)：35-40.

② 潘懋元.关于民办高等教育体制的探讨[J].上海高教研究，1988(3)：35-40.

③ 潘懋元，魏贻通.立法——私立高等教育发展的保障[J].高等教育研究，1996(1)：20-22.

④ 潘懋元.关于《民办教育促进法》及其实施[J].高教探索，2003(3)：1-3.

⑤ 潘懋元.关于《民办教育促进法》及其实施[J].高教探索，2003(3)：1-3.

除此之外，这一时期，潘懋元还对民办高等教育质量观、发展路径以及评估机制等方面进行了探讨。

第三个阶段是从2010年至今，以2012年《我国民办高等教育发展的第三条道路》一文为代表。《国家中长期教育改革和发展规划纲要（2010—2020）》（以下简称《规划纲要》）是该时期研究的主线。早在《规划纲要》实施之前，潘懋元就指出，“《规划纲要》如果顺利运作，将是民办教育发展的新机遇”[①]。潘懋元还分析了《规划纲要》所具有的重大意义：“这是政府第一次承认在政策上有歧视民办教育的行为，而且要求给予清理和纠正。”[②]《规划纲要》颁布之后，潘懋元又针对其中所提出的积极探索营利性和非营利性民办学校分类管理进行补充与完善。潘懋元等人认为，“民办高校分类在非营利与营利性之外，应该发展第三种模式”[③]。针对当前民办高等学校“二分法”管理模式在实践中所遇到的困境，潘懋元等人提出了民办高校发展的第三条道路——“投资举办但不要求取得回报的民办高校和要求取得合理回报但又不是营利性的民办高校”[④]，以此给予民办高校一定的营利空间，促进民办高等教育事业的健康发展。此外，这一时期他还对民办高校的机制优势，独立院校的转型定位等方面进行了探讨。

二、“潘懋元民办高等教育思想”的逻辑意蕴

可见，近30年来，潘懋元持续跟进民办高等教育的发展进程，关注民办高等教育事业的各个方面，致力于提升民办高等教育在我国高等教育体系中的地位，不断扭转社会对民办高等教育的各种偏见与歧视，以“笔杆子”为民办高等教育的发展保驾护航，用文字点亮“民办人”的艰辛办学路，并使得

---

① 潘懋元，徐辉，邬大光，等.民办高校内部管理体制改革与发展研究——第四届中外民办高等教育发展论坛演讲摘编[J].浙江树人大学学报（人文社会科学版），2010(3)：1-11，17.

② 潘懋元，徐辉，邬大光，等.民办高校内部管理体制改革与发展研究——第四届中外民办高等教育发展论坛演讲摘编[J].浙江树人大学学报（人文社会科学版），2010(3)：1-11，17.

③ 潘懋元，邬大光，别敦荣.我国民办高等教育发展的第三条道路[J].高等教育研究，2012(4)：1-8.

④ 潘懋元，邬大光，别敦荣.我国民办高等教育发展的第三条道路[J].高等教育研究，2012(4)：1-8.

"潘懋元民办高等教育思想"体系日趋完善。

"潘懋元民办高等教育思想"不仅内容全面广泛，蕴含丰富深厚，而且逻辑清晰，条理明确。其逻辑意蕴包含三个维度：逻辑起点、逻辑支点与逻辑终点。同时，其逻辑意蕴还具有鲜明的特点。探究"潘懋元民办高等教育思想"的逻辑意蕴，能够帮助我们理解：潘懋元为什么研究民办高等教育，凭借什么研究民办高等教育，研究民办高等教育的最终落脚点是什么，以及潘懋元的民办高等教育研究有什么样的特征，从而有助于我们加深对"潘懋元民办高等教育思想"的认知，更为清晰地掌握"潘懋元民办高等教育思想"的总体脉络。

（一）民办高等教育价值与现实困境的契合——"潘懋元民办高等教育思想"的逻辑起点

"潘懋元民办高等教育思想"逻辑起点所回答的是：潘懋元为何关注并研究民办高等教育。众所周知，潘懋元是我国较早关注民办高等教育发展的学者之一，早在20世纪80年代，他就已经展开研究并撰文论述，而当时我国高等教育发展的现实困境是潘懋元研究民办高等教育的主要原因。首先，时值改革开放，我国社会经济发展百废待兴，国家财力明显不足，高等教育发展的经济来源出现重重危机，此为资金困境；其次，人民群众由于生活水平的提高，接受高等教育意愿愈加强烈，不再满足于当时高等教育机构的数量，教育机会均等矛盾日益突出，此为公平困境；再次，当时高等教育改革的实质性问题是"高等教育的层次结构、专业结构比例失调，课程教材脱离实际"[①]，此为质量困境；最后，受体制、机制所限，高等学校教师流动率低，师资改革制度难见成效，"一个突出的问题就是需要的人才进不来，不需要的人员出不去"[②]，此为师资困境。潘懋元清楚地意识到了当时我国高等教育发展的这四大困境，便积极寻求相应的解决路径，而发展民办高等教育事业则被其视为我国高等教育改革突破困境的重要举措之一。通过分析，潘懋元指出了民办高等教育的现实意义，即"三个有利于"——"有利于鼓励社会各方面力量集资办学，广开财路，增办高校；有利于调整高等教育结构，适应

---

① 潘懋元.关于民办高等教育体制的探讨[J].上海高教研究，1988(3)：35-40.

② 潘懋元.关于民办高等教育体制的探讨[J].上海高教研究，1988(3)：35-40.

社会主义现代化建设的需要;有利于开发智力资源,征聘所需师资”①。可见,民办高等教育自身的价值意义契合于我国高等教育当时发展的现实困境,而这种契合性也就成为“潘懋元民办高等教育思想”的逻辑起点。

(二)民办高等教育与国家政府的关系——“潘懋元民办高等教育思想”的逻辑支点

所谓逻辑支点,是指展开逻辑思考的前提与假设。“潘懋元民办高等教育思想”的逻辑支点是指潘懋元开展民办高等教育研究的前提与假设,即潘懋元基于什么研究民办高等教育。分析“潘懋元民办高等教育思想”,不难发现,国家政府对民办高等教育的态度与支持力度是“潘懋元民办高等教育思想”中的一条重要主线。其中,“民办高等教育发展离不开政府的支持和规范”是“潘懋元民办高等教育思想”的根本前提,而“国家政府支持力度尚不能满足于民办高等教育事业发展”则是“潘懋元民办高等教育思想”的基本假设。从潘懋元对民办高等教育相关立法的研究中,可以发现,其较为清晰地论证了政府在民办高等教育发展中的作用。潘懋元认为,“民办教育的发展既不是决定于经济发展状况,也不是决定于人口的多少,而是决定于当时当地政府所采取的政策”②。在基本假设方面,尽管潘懋元并未明确提出“国家政府的支持力度尚不能满足于民办高等教育事业的发展”,但是,从其对民办高等教育发展的三大问题分析中可见一斑。此三大问题包括:民办高等教育发展的性质问题、定位问题以及评估问题。其中,民办高等教育的性质问题实际上是政府关于民办高等教育观念认识落后的体现,而这一问题直到 1992 年,邓小平同志南方谈话之后,才得以解决;民办高等教育的定位问题是由于政府对民办高等教育价值认识的局限性所导致,潘懋元在 1994 年就提出,应该尽快明确“民办高等教育是我国高等教育事业的重要组成部分”③,并提出了充分论据。但直到 2002 年出台的《民办教育促进法》也只是将民办高等教育定位为社会主义教育事业的“组成部分”,而非“重要组成部分”;民办高等教育的评估问题是由政府对民办高等教育的质量态度所决定,潘懋元指出,对民办大学教育质量的评价,“不能机械地以公办大学

① 潘懋元.关于民办高等教育体制的探讨[J].上海高教研究,1988(3):35-40.

② 潘懋元.在中国民办教育发展大会闭幕式上的讲话[EB/OL].(2012-05-07)[2012-05-20]. http://canedu.org.cn/index.php? m=special&c=index&a=show&id=19.

③ 潘懋元.对发展民办高等教育若干问题的认识[J].中国高等教育,1999(Z1):2-23.

'标尺'来进行衡量,甚至'削足适履',从而抹杀了'民办'的特色"[①]。从潘懋元关于以上三个问题的论述中可以发现,政府往往在对民办高等教育的支持方面处于比较保守、被动的状态,常常滞后于民办高等教育的发展。相关政策法规从无到有,从歧视到公平,从限制到支持,其间经历了长时间磨合与矫正。但值得肯定的是,政府在这段关系中的每一次前进,每一次开放,都为民办高等教育发展注入了新的活力。因此,致力于改变政府与民办高等教育二者之间的关系也就成为"潘懋元民办高等教育思想"的逻辑支点所在。

(三)民办高等教育的复兴与繁荣——"潘懋元民办高等教育思想"的逻辑终点

"潘懋元民办高等教育思想"的逻辑终点是指潘懋元研究民办高等教育的落脚点,其所回答的是:潘懋元希望民办高等教育最终能够达成何种状态,这既是"潘懋元民办高等教育思想"持续不断发展的根本动力,也是潘懋元本人所孜孜不倦追求的最终理想。换言之,我国民办高等教育事业发展的美好蓝图是"潘懋元民办高等教育思想"的逻辑终点。从历史梳理中,潘懋元看到了民办高等教育复兴的可能;在国别比较中,潘懋元寻找到了民办高等教育繁荣的希望。具体来说,我国自古就有着民间兴学的优良传统:春秋时期的私学,宋明时期的书院,以及清末民初的私立高等学校,无不渗透着民办高等教育的思想。然而,自新中国成立初期到改革开放前,民办高等教育几乎销声匿迹。尽管改革开放以后,民办高等教育有所发展,但势态大不如从前。基于此,潘懋元才非常期待民办高等教育的复兴,他认为,"民办高等教育的复兴,对于中国高等教育将有着非同寻常的意义。它意味着高等教育领域的改革,真正开始打破完全公有,一种不同于公立高等教育的新体制,一股来自民间的巨大力量,正在逐渐成长中"[②]。同时,借由中外的比较,潘懋元等人在2005年提出,"根据国际上尤其是亚洲国家私立高等教育发展的经验,我们有理由相信,再过15年也就是2020年,当高等教育大众化毛入学率达到30%~40%、全国高校在校生数达到4000万人左右时,民办

---

① 潘懋元,韩延明.关于发展我国民办大学的理性思考[J].中国高教研究,1999(4):20-23.

② 潘懋元.民力民智推进高等教育事业大发展[N].中国教育报,2008-06-02.

高等教育规模占全国高等教育规模的比例很有可能达到2/3”[①]。可见，潘懋元认为，民办高等教育会在未来繁荣发展。也正是因为怀抱着这一美好愿望，潘懋元才能源源不断地为民办高等教育事业的发展建言献策，民办高等教育的复兴与繁荣也因此而成为“潘懋元民办高等教育思想”的逻辑终点。

（四）非二元对立的网状思维——“潘懋元民办高等教育思想”的逻辑特点

“潘懋元民办高等教育思想”的逻辑特点是指潘懋元关于民办高等教育发展的思考方式与思考特征，即潘懋元如何思考民办高等教育。通过研究可以发现，“潘懋元民办高等教育思想”的逻辑特点与传统学术研究的思维特征具有很大区别。传统的学术研究往往是二元对立的思维方式。所谓“二元对立”，即非此即彼，主客二分的二元逻辑。这种思维方式在自然科学领域发挥着重要作用，也是很多自然科学研究结果成立的前提条件。受其影响，人文社会科学研究者也在潜移默化中接受了这种思维方式，致使高等教育研究中也经常出现非此即彼的研究成果。比如，关于民办高等学校的公益性与营利性这一问题，持传统二元对立逻辑的人会认为，民办高等学校要么是公益性的，要么就是营利性的。《规划纲要》中所提出的“积极探索营利性和非营利性民办学校分类管理”，就是较为典型的二元对立逻辑思维的结果。这一看法中包含两个基本要点：其一，公益性与营利性是截然对立、非此即彼的。民办高等学校只可能是公益性的或营利性的，不可能存在第三种类型；其二，公益性即是非营利性，营利性就是非公益性。民办高等学校要想成为公益性，就不能够具有营利性，要是营利性的，就不会具有公益性，不可能两者兼具。而潘懋元关于“民办高等教育发展的第三条道路”以及“民办高校的公益性与营利性”的观点则冲破了传统逻辑思维的桎梏，创造性地提出“要承认民办高校办学营利的合理性，承认投资者营利和取得合理回报对民办高校实现其公益性目的的意义”[②]。可见，潘懋元认为，民办高等学校的公益性与营利性并不冲突，甚至在一定程度上，民办高等学校的营利性还会促进其公益性的发展。潘懋元这种思想背后所隐含的就是一种非

① 潘懋元，林莉.2020：中国民办高等教育的前瞻[J].浙江树人大学学报，2005(3)：1-4.

② 潘懋元，别敦荣，石猛.论民办高校的公益性与营利性[J].教育研究，2013(3)：25-34.

二元对立的逻辑思维，其充分使用了对立统一的辩证方法，从而更为准确地抓住了事物的本质，跳出了固有思维的僵化局面。“潘懋元民办高等教育思想”不是简单线性逻辑思考所得出的结果，而是一种复杂的网状思维结构。他在研究中并不单就“民办高等教育”谈“民办高等教育”，而是关注到民办高等教育的外部环境、历史沿革以及国际趋势。他重视政治、经济、文化对民办高等教育发展的影响，注重历史与现实、国内与国外、理性分析与感性思考的有机融合。这种网状思维方式使“潘懋元民办高等教育思想”的逻辑有别于传统的单线条与平面化思维，更倾向于全面、理性，且具有较高的创造性。综上所述，“潘懋元民办高等教育思想”的逻辑特点为非二元对立的网状思维。

三、“潘懋元民办高等教育思想”的价值内涵

“潘懋元民办高等教育思想”包含多种价值观念，这些价值观共同组成了“潘懋元民办高等教育思想”的价值内涵，并在无形中影响着潘懋元对民办高等教育的认知、理解、判断和抉择。它所回答的问题是：潘懋元为何对民办高等教育有这样的看法或建议，这种看法或建议背后的思维动机或理念取向是什么。透过“潘懋元民办高等教育思想”纷繁复杂的内容，分析其背后所隐含的价值观，有助于我们更深入地把握“潘懋元民办高等教育思想”的核心价值理念，从而更深刻地了解“潘懋元民办高等教育思想”的“源头”与“去向”。

（一）科学与平等——“潘懋元民办高等教育思想”的首要价值

科学与平等是“潘懋元民办高等教育思想”内涵中最为核心，也最为根本的价值理念，其支配着潘懋元理性、客观地看待民办高等教育乃至中国高等教育事业的发展，并以公平、正义的观念处理个中问题。以新中国成立之后，我国民办高等教育缺位这一现象为例，当时人们普遍的认识是，“社会主义国家不应有私立高等教育体制”①，但潘懋元经过分析后发现，这种认识是片面、主观的，其主要是由于收回教育权与院系调整两项政策的接踵而至，而造成了人们的错觉，即人们通过表面现象与主观推断，误以为“民办高等

① 潘懋元.关于民办高等教育体制的探讨[J].上海高教研究，1988(3)：35-40.

教育的消失或未出现是由于政治原因所导致”。潘懋元深入到民办高等教育的本质及社会发展的内在动力，以寻求根本原因，并指出，“并不是社会主义社会的性质不容许办民办学校，而是作为民办高等教育的经济基础，即全民所有制以外的其他经济成分，缺乏举办高等教育的需要与可能”。也就是说，通过科学理性的分析，潘懋元发现，民办高等教育的未出现不是由于政治原因，而是因为经济原因。这一重大发现成功解除了多年来禁锢民办高等教育的错误枷锁，为民办高等教育带来了二次生命。因为，随着社会的大发展，经济体制会逐渐丰富多元，而“经济体制结构，或快或慢，总要反映到教育体制结构来”[①]。故而，我国民办高等教育事业的发展只是经济问题，或是时间问题。如果人们一直抱有先前的错误认识，那么，无论我国社会如何发展，民办高等教育都无法出现，这将是整个中国乃至世界的损失。可见，正是由于秉持科学的价值理念，潘懋元才能更为客观、全面、理性地分析出问题的本源，使民办高等教育具有了再生的可能性。另外，关于民办高等教育地位的研究，潘懋元也是秉持公平正义的价值观念，积极呼吁政府和社会给予民办高等教育同公办高等教育相等的地位。他尖锐指出有关民办高等教育的各种歧视性政策与观念，主动寻求适合民办高等学校的办学出路与发展对策。潘懋元曾不止一次地表示，他对民办高等教育的“情有独钟”既有理性原因，也有感性原因。[②] 如果说潘懋元对民办高等教育热爱的理性来自于其科学价值理念，这使潘懋元正确认识到民办高等教育出现的必然趋势；那么，感性便源于其平等的价值理念，是公平的态度让潘懋元持续对抗着社会对民办高等教育的冷落、怀疑、歧视；也是正义的情怀使得潘懋元不断为民办高等教育争取“一视同仁”与“公平对待”。

（二）自由与开放——“潘懋元民办高等教育思想”的工具价值

“潘懋元民办高等教育思想”的工具价值，是指为了促进民办高等教育发展，潘懋元提出的针对性建议与策略背后所蕴含的价值理念。这既是他对民办高等教育发展建议的理念来源，也是他认为的民办高等教育发展出路的重要途径。通过分析，可以发现，潘懋元秉持自由与开放的价值理念，

---

① 潘懋元.关于民办高等教育体制的探讨[J].上海高教研究，1988(3)：35-40.

② 潘懋元.关于民办高等教育发展的问题：资本市场、质量评估与就业现状[J].民办教育研究，2004(4)：1-5.

对民办高等教育发展提出建议和对策。他认为,民办高等教育的健康发展需要通过自由与开放来实现。一方面,从潘懋元关于政府对民办高等教育管理的建议中,可以发现自由价值。潘懋元曾多次撰文,建议政府解除对民办高等教育的束缚,为民办高等教育"松绑"。潘懋元指出,"某些对民办高教的限制性的成文或不成文的规定应当作适当调整"[①]。概括起来,他认为需要调整的内容包括:取消政府对民办高等教育的招生歧视政策、办学层次定位限制、不公正的师生待遇以及单一的学术质量评价标准等。不难发现,解放相关政策法规对民办高等院校的一些不合理束缚,并以此推动民办高等教育事业的顺利发展,是"潘懋元民办高等教育思想"自由价值的一种体现。另一方面,从潘懋元对民办高等学校办学路径所提出的对策中,可以发现开放的价值。针对民办高等学校办学模式的问题,潘懋元建议,民办大学应该走开放性办学之路,"民办大学对市场、社会及市场和社会对民办大学的相互需求与依赖日益直接且愈来愈强,民办大学受市场调节的影响也愈来愈大。在此情况下,封闭性办学已无法为学校赢得生存空间,必须走开放性办学之路"[②]。所谓开放,其实是另一种形式的自由。它要求民办高等学校实现自我解放,解除自身束缚,转变自己的办学理念,主动适应社会及市场的变化,根据市场需求灵活地调整自身的办学模式。"潘懋元民办高等教育思想"的开放价值从其"开放性办学"的建议中可见一斑。但是,需要指出的是,自由与开放仅仅只是手段价值,而非目的价值。既然是手段价值,就应该有一定尺度与限度,不能被过分推崇和无限放大,否则就会陷入舍本求末、为了自由而自由的盲目危险境地。潘懋元也十分清楚自由与开放的角色定位,故而就自由与开放的限度进行了一定的论述。在关于自由限制的方面,潘懋元指出,"需要正确理解促进与限制的辩证关系:合理的限制就是保障,而保障就是促进。如果没有必要的限制,放任自流,办学条件、教育质量得不到保障,民办教育事业就难以发展"[③];在有关开放的限制方面,潘懋

---

① 潘懋元.对发展民办高等教育若干问题的认识[J].中国高等教育,1999(Z1):2-23.

② 潘懋元,韩延明.关于发展我国民办大学的理性思考[J].中国高教研究,1999(4):20-23.

③ 潘懋元.关于《民办教育促进法》及其实施[J].高教探索,2003(3):1-3.

元也指出,“民办大学应当‘服务’于经济,而不应是‘服从’于经济”[①],即民办大学的开放是一种主动适应的“服务”,而非被动消极的“服从”。可见,自由与开放是“潘懋元民办高等教育思想”的核心价值观,但这种自由与开放是具有一定限度的,而这正是“潘懋元民办高等教育思想”工具价值的基础。

(三)进步与发展——“潘懋元民办高等教育思想”的目的价值

进步与发展价值观是潘懋元研究民办高等教育的理念与视角;同时,进步与发展又是其认为民办高等教育事业应该有的目标与终点。所谓进步与发展,不仅指事物的数量增长或质量提升,更指事物本身所具有的利他性的增强,即事物能够为外界提供的价值与意义的增加。其中,前者是后者实现的基础与条件,后者是前者变化的目标与升华,二者相辅相成,缺一不可。这两点在“潘懋元民办高等教育思想”中都得到了充分的体现。首先,潘懋元一直以进步与发展的眼光看待我国民办高等教育事业的进展历程。本世纪初,由于民办高等教育的生源减少,政策歧视等困境频频出现,不少民办教育工作者心力交瘁、踟蹰不前。“社会上流传这样的说法,民办高等教育的发展,‘走进低谷’”。[②] 这种看法,其实是基于当时民办院校发展的艰难与公办院校发展的繁荣之间所形成的明显反差而得出的主观论断。对此,潘懋元却不以为然。他将民办高等教育的数量、质量进行了纵向比较,提出当前困境并非民办高等教育的“低谷”,而是发展过程中的“高原”,即民办高等教育在发展中遇到了“高原现象”,并指出,“民办高等教育发展面临新台阶”。[③] 这一论述表明,民办高等教育当时所面临的困境只是阶段性的,是其进一步发展所必须经历的。只要越过了这些“高原”,民办高等教育就会登上更高的台阶。潘懋元之所以对民办高等教育进行纵向比较而非横向比较,就是因为其受到了进步价值理念的影响。这点从潘懋元对民办高等学校评估的分析中可以得到确认,潘懋元认为,“横向评估是大家在同一个层面上进行比较,很难做到公平,易导致弄虚作假,而纵向评估是和自己比,今

---

① 潘懋元,韩延明.关于发展我国民办大学的理性思考[J].中国高教研究,1999(4):20-23.

② 潘懋元.民办高等教育发展面临新台阶[N].人民政协报,2005-06-12.

③ 潘懋元.民办高等教育发展面临新台阶[N].人民政协报,2005-06-12.

天的'我'和昨天的'我'进行比较,看进步,主张自我发展,自我提高"①。其次,潘懋元也将利他性作为判断我国民办高等教育事业发展的标准和依据。通过对潘懋元相关研究的分析与归纳,可以按照利他性的大小将民办高等教育发展分为三个层次:第一个层次是"在政府财政经费不足的情况下,起补充、缓解的作用"②;第二个层次是"利用其不同于公立的制度空间,能更灵活地满足社会多样化的人才需求,并起到为改革探路的作用"③;第三个层次则是"中国未来高等教育发展的重要支柱、途径"④,并促成"中国教育的和谐发展"⑤。可见,随着层次的递增,民办高等教育对于社会的贡献与意义也越来越大,越来越广。这正是"潘懋元民办高等教育思想"进步与发展价值观念的充分体现。

四、"潘懋元民办高等教育思想"的实践意义

无论一个思想体系的内涵、逻辑、价值观是多么完整、清晰以及正确,如果其在实践中无法被检验,或是不具有实践意义,那么,其便是空洞的、无价值的。换言之,科学性与可行性是评价思想理论好坏的重要标准,且此二者缺一不可。因此,在对"潘懋元民办高等教育思想"的内容体系、逻辑意蕴以及价值内涵等科学性维度进行了分析后,我们还有必要对其理论的可行性进行一定论证,以此才能证明"潘懋元民办高等教育思想"的理论价值与实践价值。

(一)扭转社会公众观念

"潘懋元民办高等教育思想"最重要的实践作用就在于,其合理地解释了民办高等教育的性质与价值,从而有效地推动了社会公众观念的扭转。尽管观念的转变是多种因素共同作用的结果,并非凭借潘懋元一己之力就能完成;但是,潘懋元在此过程中所做出的贡献却是不可否认的。这是因

① 潘懋元.关于民办高校评估的思考及建议[J].教育发展研究,2008(12):95.

② 潘懋元.民力民智推进高等教育事业大发展[N].中国教育报,2008-06-02.

③ 潘懋元.民力民智推进高等教育事业大发展[N].中国教育报,2008-06-02.

④ 潘懋元.关于民办高等教育发展的问题:资本市场、质量评估与就业现状[J].民办教育研究,2004(4):1-5.

⑤ 潘懋元.民办高等教育持续发展问题[J].浙江树人大学学报,2006(4):1-4,8.

为，潘懋元自身的学术造诣与社会影响力使其研究成果更具有公信力与说服力，也因此为民办高等教育带来一定的“广告宣传”效应，促使人们从误解、不认可、歧视民办高等教育转变到接受、理解、支持民办高等教育。这具体表现在三个方面。第一，在20世纪80年代，有关“私立教育”方面的思想并未完全解放，而潘懋元却较早认识到民办高等教育的重要地位与必然趋势，并撰文论述。在那个“私立或民办就等同于资本主义”的观念还较为盛行的时代，“潘懋元民办高等教育思想”无疑对当时教育界，乃至整个社会都产生了巨大冲击。人们开始逐渐意识到，社会主义国家也可以办民办教育，而民办高等教育是我国经济社会发展的必然要求，随着社会经济体制的改革，其应该出现，也必须出现。这使得人们对民办高等教育的观念由误解转变为逐步接受。第二，由于民办高等教育发展历史短、基础差、底子薄，公众对民办院校办学质量不认可，表现为：社会负面舆论多，学生就读意愿低，企业招聘力度弱等多个方面。面对这些情况，潘懋元从高等教育大众化的多样性特点入手，着重分析了大众化的高等教育需要有多样化的质量标准，公办大学有公办大学的质量标准，民办院校有民办院校的质量优势。公众也因此了解到，民办高等教育质量“低”，一是由于发展时间不长，二是因为评价指标有误。因此，民众对民办高等教育的态度开始由不认可转为理解。第三，人们对民办高等教育曾经存有强烈的歧视，认为民办院校只是公办院校的“替补”，帮助公立院校吸收其不要的学生，因此，地位要低于公立院校。对此，潘懋元从民办高等教育的作用着手，指出民办高等教育之于中国，意义重大，理应获得与公办高等教育平等的发展权利。得益于潘先生的不懈努力，社会民众对民办高等教育的陈旧观念有了根本转变，越来越多的人开始关注民办高等教育。据统计，到2014年底，我国共有普通高等学校和成人高等学校2824所，其中，民办高等学校达728所，[①]约占全部高等学校的26%。更多的人投入到火热的民办高等教育事业中，直接参与民办高等教育的办学，反映出了人们对民办高等教育的支持。

（二）建言政府政策法规

自新中国成立以来，到20世纪末，民办教育相关法律在我国一直处于缺

---

① 中国新闻网.2014年全国教育事业发展统计公报[EB/OL].(2015-07-30)[2015-09-21]. http://www.chi-nanews.com/gn/2015/07－30/7437057.shtml.

位状态。1990年,潘懋元所在单位受国家教委委托,进行“民办高等教育立法的前期研究”[①],潘懋元在研究中提出“能否尽快明确民办高等教育是我国高等教育事业的重要组成部分”的观点,[②]以及我国私立教育立法的五大要点,包括“必须明确私立高等教育的社会性质,确保其与国家的社会制度相一致;必须尊重私立高等学校的相对独立性、自主性和灵活实用性;公平对待,鼓励竞争;必须明确责任;建立评估制度”[③]。2002年12月,全国人民代表大会通过《民办教育促进法》,从该法案中我们清楚地看到,潘懋元此前所强调的多个内容都在其中得到了体现:《民办教育促进法》第三条明确了民办教育的社会性质;第五条、第二十七条、第三十三条明确了民办教育的法律地位——与公办院校同等;第二十一条、第二十四条、第二十五条、第二十六条明确了民办院校的办学职权;第六章、第九章较为具体地规定了教育行政部门及有关部门与民办院校双方的法律责任。[④] 尽管该法案仍有待进一步完善,但其本身所具有的重要历史意义是有目共睹的。这不仅意味着民办高等教育此后的发展“有法可依”了,也代表着民办高等教育受重视程度已经上升到国家高度。除了建议中央政府对相关政策法规进行研究外,潘懋元也关注地方政府在民办高等教育事业发展中所起到的作用。潘懋元提出,地方政府采取宽松、尊重、扶持的政策有利于民办院校的发展。[⑤] 这一观点,合理地解释了西安、江西等地虽经济发展一般,但民办高等教育事业却势头很猛的现象,也为其他地方政府制定有利于民办高等教育发展的政策提供了实践案例与理论基础。

(三)树立民办教育信心

“潘懋元民办高等教育思想”除了具有转变社会公众观念与建言政策法规的意义外,还致力于增加民办高等教育办学者的信心。通过潘懋元所发

---

① 潘懋元,魏贻通.立法——私立高等教育发展的保障[J].高等教育研究,1996(1):20-22.

② 潘懋元.对发展民办高等教育若干问题的认识[J].中国高等教育,1999(Z1):2-23.

③ 潘懋元,魏贻通.立法——私立高等教育发展的保障[J].高等教育研究,1996(1):20-22.

④ 中华人民共和国民办教育促进法[M].北京:中国民主法制出版社,2002:1-42.

⑤ 潘懋元.在中国民办教育发展大会闭幕式上的讲话[EB/OL].(2012-05-07)[201-05-20]. http://canedu.org.cn/index.php? m=special&c=index&a=show&id=19.

表的其他非民办高等教育研究文章可以发现，其语言风格既不同于传统学究的晦涩深奥，也不似御用文人的官腔官调，其更多的是一种简约、质朴、平实，但又不失深刻与启思。有学者指出："他没有那些惊天动地的辞藻，没有那些'冰冷的术语'，有的只是娓娓道来，有的只是实实在在。论述简单，却又像一汪清澈透明的令人渴望已久的深泉，从其平白里窥出一番深意来。"[①] 但是，在其对民办高等教育的研究文献中，却经常可以看到鼓舞士气、振奋人心的字句，这是潘懋元其他研究文献中所不常见的。在关键时期，潘懋元总是能不断提醒民办高等教育者把握机遇，顺水推舟。如本世纪初，高等教育大众化进程刚开始，潘懋元就提出"抓住有利时机，实现民办高等教育可持续发展"[②]。《规划纲要》即将出台时，潘懋元又提出，"《规划纲要》是民办教育发展的新机遇"[③]。当民办高等教育发展遭遇困境，相关办学人士感到前途渺茫时，潘懋元又连续发文，指出"民办高等教育发展面临新台阶"[④]，"未来民办高等教育将有较大发展"[⑤]，"民办高等教育大有作为"[⑥]等。可见，潘懋元一直通过对美好未来的描绘唤起民办高等教育的希望与信心。同时，潘懋元还经常深入到民办高等学校内部进行调研、走访，了解民办高等教育的实际办学情况，并为学校的发展提出适切性建议。他所到之处，均受到民办院校办学者的热烈欢迎，有民办院校表示，潘懋元的到来"是我们的荣幸，……学校应增强信心，正确认识形势、把握形势、适应形势"[⑦]。不难发现，无论是研究著述还是实地考察，潘懋元都为民办院校的办学者带来了春风般的温暖，民办院校也因此信心倍增。

三十载如一日，数十文助民办。曾经的红衣少年，如今的白发先生。自

---

① 韩延明.2013：我的幸福不是梦——追记 2013 年与恩师潘懋元先生的七次幸会[J].国际高等教育研究，2014(1)：1-10.

② 潘懋元.抓住有利时机实现民办高教可持续发展[J].中国高等教育，2001(5)：18-20.

③ 潘懋元，徐辉，邬大光，等.民办高校内部管理体制改革与发展研究——第四届中外民办高等教育发展论坛演讲摘编[J].浙江树人大学学报(人文社会科学版)，2010(3)：1-11，17.

④ 潘懋元.民办高等教育发展面临新台阶[N].人民政协报，2005-06-12.

⑤ 潘懋元.未来民办高等教育将有较大发展[N].中国教育报，2005-10-17.

⑥ 潘懋元.民办高等教育大有作为[J].浙江树人大学学报，2005(5)：7-8.

⑦ 王荣.潘懋元先生、别敦荣教授莅临我校作学术报告[EB/OL].(2013-10-17)[2015-05-21]. http://www.ycxy.com/cn/2013/223111.html.

强不息，止于至善。他是五老峰下的愚公，鹭江边上的师者，更是治学先锋，新学泰斗。不惑之年，已是功成名就；古稀之年，仍然拓荒不辍。他身为公立大学教师，却不忘民办高校的窘困；他有着耀眼的学术头衔，却依旧不辞劳苦，四处奔走，用他对民办教育事业的赤诚之心铸就了“潘懋元民办高等教育思想”的完美学术，也为我们上了精彩一课！

潘懋元民办高校发展思想

沈丹丹　韩延明

潘懋元先生关于民办高校发展的第三条道路思想，独辟了我国民办高校发展的新路径。在坚持公益性的基础上，承认市场经济条件下的营利行为的部分合理性，有助于解决目前我国民办高校发展中资金短缺的瓶颈问题。潘懋元先生的民办高校发展道路理论，不仅深化了民办高等教育的理论依据，而且有助于指导民办高等教育的政策制定和民办高校的创新发展实践。1984年，潘懋元主编的第一部《高等教育学》正式出版，标志着中国高等教育学科的正式确立，发展至今已有30余载。民办高等教育研究是高等教育研究中的重要内容。尽管我国民办高校的数量规模日渐庞大，但是在教育质量上，与发达国家相比，还处于初级阶段。因此，面对国外成熟的办学经验和本国特殊的国情背景，我国民办高校也面临诸多道路的选择问题。潘懋元先生殚精竭虑，悉心梳理了以往我国民办高校发展的路向选择，审时度势地前瞻出我国民办高等教育第三条道路存在的必然性和必要性。

一、潘懋元民办高校发展思想的理论发轫

总体看，我国民办高校大致有捐资办学和投资办学两种不同的发展方式。捐资办学在本质上讲是一种财产所有权的转让，捐资本人不再享有对资本的所有权和收益权，原则上不收取任何的利益回报。而在改革开放后的今天，国家对教育财政支持力度有限，市场经济的飞速发展又带动民间资

作者简介：沈丹丹，教育学硕士，泰山职业技术学院教师；韩延明，教育学博士，山东师范大学教育学部教授、博士生导师。

本的流动,因此,以企业为主的投资办学成了我国民办高校发展的主导力量。

(一)我国民办高校发展的第一条道路——捐资办学

捐资办学是我国私立高校发展的首选道路,是最早采用的办学模式,可以追溯到古代春秋战国时期。其中,孔子创办的私学,规模最庞大,影响最深远,是古代捐资办学的典范。据《说苑·杂言》记载:"孔子曰:自季孙之赐我千钟,而友益亲。"显然,孔子微薄的俸禄难以维持创办私学所需的开销,因此作为鲁国执政者的季孙不断地资助孔子的私学,以实现其有教无类、不分尊卑的教育理念。民国时期,我国捐资办学迎来了第二个办学高潮。辛亥革命虽然未能改变旧中国的命运,但是社会领导阶层涌现出一股新的力量,资产阶级的社会政治地位提高,新兴的知识分子以及归国留学生的影响力增强。以陈嘉庚创办的厦门大学、张伯苓创办的南开大学为典型代表,我国民办高校的创办涌现出又一波新的高潮。如今,伴随着教育理论的不断发展和教育思潮的不断更新,办学理念也在不断发生变化。以众所周知的俞敏洪、施一公、马云等为例,他们的梦想分别是在中国创办一所高起点、高质量、高水平的民办精英大学和有世界影响力的私立大学。但由于我国经济发展相比发达国家较晚,私立教育缺乏肥沃的生长土壤和充足的办学资金,致使他们的宏愿目前仍然步履维艰。

我国民办高校虽然在数量上逐步增多,但我国民办高校的教育质量与发达国家相比还相差甚远。对于捐资创办的高校,正如潘先生所认同的,首先应该肯定它是发展民办高等教育的最佳选择,我国社会主义国家的性质决定了教育的公益性属性,教育作为长远的投资,顺应了捐资者的道德诉求,其回报更是无法计算的。[①] 因此,无论是国内还是国外,从理论上讲,捐资应成为未来民办高校发展的主要筹资方向。但潘先生在深入考察中国国情后,又重新做了指正,认为捐资办学应该以国家的经济发展水平和民众的经济接受能力为基础,而当下我国还是欠发达的发展中国家,如若一味地实施捐资办学,势必会遇到重重阻碍。[②]

---

① 潘懋元.潘懋元文集:卷三(下)[C].广州:广东高等教育出版社,2010:194.

② 潘懋元,邬大光,别敦荣.我国民办高等教育发展的第三条道路[J].高等教育研究,2012(4).

（二）我国民办高校发展的第二条道路——投资办学

改革开放以来，我国出台了各种关于高校办学体制机制创新的文件，其中不乏有关民办高校创新发展的政策。在探索过程中，民办高校办学采取过多种形式，大都与市场经济体制相连，与投资制度相关。如“教育储备金制度”就是学校利用学生一次性缴纳的资金来进行周转，如果学生学业结束或发生退学等情况，这些资金一并返还。“校银结合”也是民办高校投资办学的基本形式，把商业化的银行与学校联合起来，打破了以政府投资为主的单一教育投资模式。[①] 近些年，北大青鸟、太平洋保险、阿里巴巴等众多公司开始参与民办高校的运作，这也是我国民办高校史上的创新之举。一方面，拓展了民办高校的市场空间；另一方面，满足了长期以来社会对教育的巨大需求。这些办学模式，既达到了“投资”的目的，也绕开了法律的“盲点”，成为我国乃至国际私立高等教育领域的“独创”。

潘懋元先生认为，投资办学是民办高校发展自身的重要途径，是借助市场力量来改变我国教育资源配置不均衡的弊端。然而，教育的公益性属性与投资办学的营利性相悖，因此，对于如何进行投资、如何给予投资办学政策支持和规范等都存在些许异议，这也是国家鼓励投资办学的观念障碍。

当前，无论是捐资办学还是投资办学，都存在着一定的难度和困境。潘先生认为，应该存在民办高校发展的第三条道路，亦为过渡性的发展道路，即这条道路是在坚持公益性的基础上，承认市场经济下逐利行为的合理性。[②] 这必然要求政府既要在法律法规上承认投资要求取得回报的合理性，又要彻底清理各种歧视政策。

二、潘懋元民办高校发展思想的理论依据

实践固然重要，但理论的支撑更能为人类活动指明方向。潘懋元先生关于民办高校发展道路的思想也有赖于特定的理论支撑和对以往经验的准确把握。

① 潘懋元，韩延明.关于发展我国民办大学的理性思考[J].中国高教研究，1999(4).

② 潘懋元，邬大光，别敦荣.我国民办高等教育发展的第三条道路[J].高等教育研究，2012(4).

（一）理论依据

理论之一，是潘懋元先生曾经多次提出的教育的内外部关系规律，其中不仅注意到教育要受各种因素的制约，还重点强调了教育对其他因素的影响。① 民办高校发展的第三条道路采取了中国传统的中庸思想，是对教育外部关系规律的最好诠释。简单地将民办高校道路划分为营利和非营利，是片面承认教育的相对独立性，这不符合事物之间相互影响、相互制约的内外部关系规律。如果单单认可民办高校的非营利性，那么，投资办学的民办高校发展会受到极大的限制，就会导致只承认捐资助校存在的合理性。如果仅仅承认高校的营利性，那么也会走入误区，因为教育是一个长远的收益过程。投资人如果将其作为获利工具，则会有巨大亏损的可能。因此，我国的民办高校如果想得到长足的发展，并适应经济社会发展的要求，势必需要探索第三条道路。

理论之二，是美国经济学家 D.B.约翰斯通提出的教育成本分担理论。约翰斯通认为，教育成本承担的主体应该为受教育者、纳税人以及社会相关人士。之于民办高校发展的第三条道路，潘先生曾指出两个选择：一是办校不求回报；二是回报不具营利性。前者和后者都不排斥社会的投资，都承认对于受益各方应承担起相应的责任，这就包含了来自政府的财政拨款、学生的学费以及社会的投资或者捐赠。② 正如成本分担理论所阐述的，民办高校筹集资金应是收益的多方共同负责，这与改变教育的公益性属性无关。

（二）经验借鉴

资金的筹集，是民办高校开办与发展的基础工程。国外私立高校资金的筹集，不外乎来自于政府拨款、社会捐赠、学费，以及科研经费等等。如美国耶鲁大学和哈佛大学，这些私立高校发展历史悠久，捐赠文化氛围浓厚，捐赠所占比重远远超过学费的收入。相对于中国民办高校而言，目前尚无条件效仿这种资金筹集模式，只能从民办高校的投资企业入手，吸收更充裕的投资来确保教育的质量。但是在投资助校的办学过程中，投资者所得仅是相当于举办者最初投入的部分，并且对于未来的办学投资也要承担相应

---

① 潘懋元.潘懋元文集：卷一[C].广州：广东高等教育出版社，2010：36.

② 潘懋元，邬大光，别敦荣.我国民办高等教育发展的第三条道路[J].高等教育研究，2012(4).

的风险。这些问题都是民办高校寻找和采取新的办学模式的重要动力。

三、潘懋元民办高校发展思想的现实意义

我国民办高校发展的时间尚短、经验不足，不论是民办高校发展的理论研究还是实践探索，都面临着诸多问题。鉴于"产权问题已成为我国民办教育的一个瓶颈"，潘先生高屋建瓴地提出了民办高等教育发展的第三条道路："将捐资举办的民办高校称作第一条道路，将营利性民办高校称作第二条道路，将投资举办但不要求取得回报的民办高校和要求取得合理回报但又不是营利性的民办高校称为第三条道路。"[①]因此，潘懋元先生民办高校发展选择第三条道路的思想，不仅为理论工作者指点了迷津，同时也为实践问题的解决提供了方案。

（一）民办高校的发展迎来了崭新的局面

潘先生认为，捐资助校从一开始就不是发展的主力，只有相当少的一部分人放弃回报而单纯地投资办校。[②] 投资助学在后来发展过程中也出现了种种问题，比如由于投资方的收益和产权问题未解决，投资方撤出投资，这都是民办高校棘手的问题。正是潘先生第三条道路的提出，为更多的民办高校和企业开始更为大胆的投资尝试提供了理论支撑。以某项调查研究为例，某民办高校设想与世界500强企业联合，利用其巨额的投资确保民办高校的高质量运行。这种模式突破了原有的局限性，企业参与决策但是不参与运作。允许投资方的合理性回报，是民办高校发展到新阶段、新高度的重要体现。这极大地拓展了民办高校的发展空间。

（二）丰富了民办高校筹资办学路径的理论研究

伴随着民办高校实践成果的不断充盈，潘懋元先生对于教学实践中出现的种种问题也提出了自己的观点。他认为，首先，"以学养学"并非长久之计。尽管近年来我国居民收入持续增长，但是民办高校的高昂学费已经达到了普通家庭的最大承受能力。其次，根据发达国家的办学经验，民办高校

---

① 潘懋元，刘丽建，魏晓艳，选编.潘懋元高等教育论述精要[M].福州：福建教育出版社，2015：133.

② 潘懋元.关于民办高等教育体制的探讨[J].上海高教研究，1988(3).

的发展依赖于民营资本的运作，这是未来高校发展的必然趋势。[①] 目前，国家也积极为民办高校打通更多的资本运作通道，相关部门也通过清理、修订那些限制市场经济进入民办高校的法规、规章和政策性规定的途径，为民办高校发展提供更好的环境。

潘懋元先生关于民办高校发展的第三条道路的思想，是对原有理论的突破。收取回报，才能吸引更多的企业财团对教育进行投资，这也是尊重非公有制经济在国家经济中重要组成部分的体现。不以营利为目的，是以《教育法》规定的教育性质为前提，这种模式解决了原有资金的吸纳问题，也体现出了民办高校发展的灵活性。

（三）民办高校能尽早摆脱现实困境

在过去30多年的发展历程中，我国民办高校历经诸多难题：对于外部环境而言，招生问题、师生待遇问题、评估问题、行政管理问题等问题突出。长期以来，由于公办高校与民办高校地位的不同，导致民办高校招生人数有限且招收的生源质量不高。此外，由于国家对民办高校的投入不足，经济支持力度不够，也直接影响到教师和学生的待遇。显然，企业为民办高校提供强力的资金支撑后，才可以保证教学质量不下滑。教学活动正常运行，才能在应对国家各类评估时游刃有余。只有在经费充裕的情况下，民办高校才可以彰显其办学的独特性。这样，民办高校对公立高校亦步亦趋的发展模式才能被打破。当企业参与决策时，才能进一步增强民办高校的活力，彰显出民办高校独有的特色。

潘先生指出，从民办高校的自身成长而言，生存问题、就业问题、师资问题、资金问题、质量问题、办学思想和学校管理等问题比较突出。为了解决这些问题，民办高校应该以市场的需求为基础，尽力与社会大型企业所需要的人才标准对接。[②] 这样才能使毕业生"适销对路"，拓展就业空间，提升就业率，铸就优质高校的品牌，进而解决长期以来民办高校"高收费，低就业"等问题。随着知名度的提升，民办高校的招生也会逐渐引起重视，由此摆脱被歧视的状态。同时，资金的引入为改善校园内的各类硬件设施创造了条件，使学生学习环境得到更大提升，教学质量不断提高。

---

① 潘懋元，姚加惠.民办高等教育发展的困境与前瞻[J].中国高等教育，2006(8).

② 潘懋元.民办高等教育持续发展问题[J].浙江树人大学学报，2006(4).

四、关于潘懋元民办高校发展思想的深度思考

长远看,我国民办高等教育发展的方向是捐资办学,这符合我国的国家性质,也最能体现教育的公益性。只是,目前的国家实力还难以承受这种重担。因此,无论政府、高校还是社会都应全力为民办高校营造更为广阔的发展空间,实现民办高校向捐资办学的完美过渡。

(一)政府在坚持教育公益性前提下为各种渠道投资办学提供良好的政策环境

对我国民办高校而言,政府需要通过稳定的政策扶持和必要的经费资助对民办高等教育起到质量保障作用,并解决最大的矛盾——公益性与营利性的冲突。同时,政府需要适当控制局部领域的过热发展模式,通过行政力量的适当介入来取得较好的政策效益。自《国家中长期教育改革和发展规划纲要(2010—2020)》明确规定以来,政府还作出了许多其他的政策规定,例如教育部发布的"22条意见"明确表示:"重点清理纠正教育、财政、税收、金融、土地、建设、社会保障等方面不利于民办教育发展的政策"。但这些政策大多还缺乏可操作的具体实施细则,相关法律规章也没有随政策及时调整。这些法律法规和政策的不健全和不完善,影响了民间投资激励政策效应的充分释放。

社会闲置资金能否投向教育领域,关键在于政策能否给予适当的激励,其中可操作的税收优惠政策也是最有效的措施。例如,探索对投资民办高校的企业切实落实减免税收的办法,对其中贡献较大的企业可以给予适当形式的专项奖励。这种财政奖励配合税收政策,双管齐下,将会产生政策叠加的效应。这些税收优惠可以补偿企业的经济利益,将有限资金转化为能长远影响国家、社会、个人的教育收益,起到正面激励和引导资金流向的作用,以"有利于鼓励社会各方面力量集资办学,广开财路,增办高校;有利于调整高等教育结构,适应社会主义现代化建设的需要;有利于开发智力资源,征聘所需师资"[①]。

① 潘懋元.关于民办高等教育体制的探讨[J].上海高教研究,1988(3).

（二）民办高校应该创新专业设置

自筹经费、自主办学、面向市场的特点，决定了民办高校是以社会需求为中心的价值功能取向。因此，市场也就成为民办高校发展的主要动力，它的发展必然受到市场经济规律的制约。为了寻求更为广阔的发展空间，民办高校应针对当前办学过程中出现的问题，适时地作出调整，突破面临的困境。

目前，民办高校专业设置的问题突出表现在以下三个方面：一是对于民办本科院校而言，专科的专业层次过度密集；二是专科科类结构发展很不平衡，专科的科类集中度明显偏低；三是民办本科院校的专业设置效仿公办本科院校，亦步亦趋的发展反而失去了特色。为此，首先，应对民办高校有准确的定位划分。一方面，对于民办本科院校的专科，其培养目标应该是实用性高级技能人才，提升高职教育的质量。另一方面，对于本科层次而言，要求学生着重掌握基本的理论基础，将理论应用于实践，培养应用型高级技术人才。其次，解决民办和公办趋同问题的着力点，应是民办本科高校的办学理念。我国公办高校有了较为成熟的办学体系，但是由于教学经费等因素的不同，民办高校不能盲目地向公办高校看齐。再次，对于个人发展需求，民办高校也不能忽视，特别是对于民办本科院校而言，不仅能够满足社会的需求，还要满足于来自个人发展的需求，实现和谐发展的状态。最后，民办高校不能一味地追求利益的最大化，争创热门专业，应该用长远发展的眼光看问题，注重实效和长效，将发展的重心放在提高教育质量上，注重规模、质量、结构、效益的协调发展。

（三）营造良好的捐赠文化氛围

相对于西方发达国家，中国在捐赠的宣传、筹集、管理和投资运营等方面还不太成熟。营造良好的捐赠文化氛围，要改变传统的文化管理理念。特别是对于富有阶层，要鼓励他们拥有国际视野，建立慈善情怀，将回报社会、捐赠高等教育视为高尚的公益性事业。潘先生认为，“某些对民办高教的限制性的成文或不成文的规定应当作适当调整”[①]。政府应向发达国家学习，采取有力措施，制定专门法律，比如学习美国设立《教育捐赠法》。高校可以专门设立教育基金会，并且健全捐赠资金管理的监督机制，保证社会捐

① 潘懋元.对发展民办高等教育若干问题的认识[J].中国高等教育，1999(Z1).

赠资金的完全透明化和规范化。通过这些措施，健全我国的捐赠制度，使捐赠成为自觉性行为。

做好校友和社会各界服务工作，也是培育大学捐赠文化的关键。在鼓励校友捐赠的同时，要落实好校友和社会各界的每一笔捐赠。珍惜每一分钱，落实好每一个项目。在使用各类捐赠款项时，应该准确注明使用用途，并对外公开，因为很大比例的捐赠者并不在意回馈的名分，更在意自身的捐赠有没有切实地为高校发展做出贡献。可以通过成立教育基金会，一方面对捐赠款项起到监管的作用，另一方面也可以便于管理捐赠款项的保值、增值、切实的回馈校友对学校的回报。此外，还要鼓励学校内部各种募捐筹资活动，逐步形成有民办高校特质的捐赠管理特色，保障捐赠渠道的畅通。真诚地对待每一位校友和捐赠者，让他们真实感受到学校对他们的感谢和重视。国外的校友捐赠实践经验表明，随着校友对母校情感的进一步增强，捐赠文化会被不断强化，进而在良性循环机制下母校和校友相互扶持、共同发展，这种密切联系的社会影响愈益重要。母校也可以通过各种服务来方便校友。母校可以利用强大的信息平台为校友作各类宣传、信息服务等。同时，还可以利用便利的基础设施为校友提供各种接待服务、教育培训服务的活动场所。对于民办高校自身而言，可以逐步形成院级的二级管理平台，使学院成为校友捐赠文化建设和实施的主力军。由于学院的教师、辅导员等直接参与了学生的培养和管理，使得校友对本校的授课老师、辅导员有更加直接和深厚的情感。因此，要建立完善的捐赠管理和激励机制，动员各个基层学院的力量来宣传校友捐赠文化，安排校友活动。若条件充足，维护好校友管理系统，不仅对校友显示出感动与尊重，也从某种程度上提升了各个学院的综合管理能力。

（四）建立捐赠法人制度，扫除法律盲点

潘先生指出，捐资办学和投资办学的划分，是对我国民办高校性质定位的关键所在。长期以来，民办高校的组织性质和法律地位不甚明确，亟待我们重新定位加以明确。[①] 时机成熟之后，可以适当修改《教育法》，对其关于“任何组织和个人不得以营利为目的举办学校及其他教育机构”的规定作出合理修改或诠释，积极实现《民办教育促进法》中所作出的相关规定。对此，

① 潘懋元，别敦荣，石猛.论民办高校的公益性与营利性[J].教育研究，2013(3).

潘先生主张，“最好先让地方政府立法，开展试点，成功后再全面铺开”[①]。在承认两类办学合法性与合理性的基础上，明确区分开投资办学与捐资办学、营利与非营利的不同，进行分类管理。

此外，应重新定位民办高校法人属性。首先，应该在结合本国国情的基础上，借鉴国外私立高校的相关理念，如国外“公”“私”法人的概念。在高等教育高度发达的美国，民办高校被定位为“私法人”，并按照设立方式划分为财团法人和社团法人，对社团法人又细化分为营利性社团法人和非营利社团法人等。此外，还可以将捐资高校纳入事业单位法人的范畴之中，再不断扩大事业单位法人的容量，这样就解决了民办高校的属性问题。将捐资高校纳入事业编制后，给予民办高校教师事业单位编制，改变民办教师福利地位差的困境，从而解决民办高校招揽人才困难、师资力量薄弱的窘境。如此，方能保证民办高校效率、公平目标的最终实现。

---

① 潘懋元，刘丽建，魏晓艳，选编.潘懋元高等教育论述精要[M].福州：福建教育出版社，2015：36.

潘懋元高等职业教育思想

廖　益　杨运鑫

在这个世界上，有这样一群人，人数虽然不多，但如果没有他们的思想带来的影响，历史的进程和人类的文明可能还将继续在漫漫征程中摸索。他们虽然属于少数，但却是关键少数。他们为了所有人、为了崇高事业而不懈努力。潘懋元先生就是这样的人。潘懋元所建构的教育理论体系和实践范域博大精深，同样他敏锐的学术触角也深入到了高等职业教育领域。潘懋元对高等职业教育的研究既有整体宏观的把握，又有具体措施的关注；既源于总结多年教学科研实践，又善于用逻辑辩证思维提出前瞻性创新性观点，为整个高等职业教育的发展指明了方向；通过不断理清和把握高等职业教育各个历史阶段变革和社会发展的脉络与需求，不断丰富和完善高等职业教育理论，最终形成了自成体系的潘懋元高等职业教育思想。潘懋元高等职业教育思想丰富了中国高等职业教育思想，并对中国高等职业教育改革和发展的实践产生了重大而深远的影响。

一、潘懋元高等职业教育思想的哲学意蕴与价值取向

潘懋元高等职业教育思想兼容并包、内涵丰富，既吸取中国传统文化教育的思想，又采纳西方教育思想，思想中既有中国哲学的"求善""求道"的理想，又有西方哲学的"求真""求施"的追求；在价值层面，既注重教育对人的人文关怀，又注重教育对社会经济发展的促进协调功能。这些理性信念、价

作者简介：廖益，教育学博士，广东韶关学院院长、教授；杨运鑫，教育学博士，广州大学高等教育研究所副所长、教授。

值取向和哲学意蕴等，共同撑筑起潘懋元高等职业教育思想体系的大厦。

（一）求善：止于至善

潘懋元高等职业教育思想中起支撑作用的理念首先是"善"。善是无条件的，善是爱的前提，善是爱的升华，"善"是大真、大爱、大诚、大智的体现，是从自我小我进入到无我的境界。陈嘉庚先生创办厦门大学，选定的校训是"止于至善"，潘懋元从1941年进入厦门大学求学开始就深受"止于至善"的熏陶。潘懋元"止于至善"的精神不仅体现在他对人生格局的完美把握、对教育事业的孜孜追求、对学术研究的永无止境，还体现在他对教育公平的长期关注、对弱势群体的体察安抚和与人为善的大师情怀。

追求教育公平。潘懋元对高等教育大众化的关注和对民办高等职业院校的支持，在高等教育公平方面做出了重大的贡献。半个世纪以来，中国高等教育走的是一条精英主义的路线。改革开放后，在"以经济建设为中心"的政策指引下，对高等教育大众化提出了迫切的要求。对此，他提出过许多好的建议，[①]提出实现高等教育大众化的主渠道是大力发展高等职业教育，必须在精英型高等教育体系之外发展大众化的高等教育体系来承担这一任务，"发展高等职业教育是推进高等教育大众化的必然选择"。他也经常在论文、报告、讲话中呼吁大力发展高等职业教育。他2008年提出了"高等教育应该融入终身教育体系"的宏大构想。[②] 2013年，潘懋元去民办应用型职业教育本科院校山东英才学院调研指导，详细阐述了我国民办高等职业教育存在发展的理论依据和实践依据。提出民办高等职业教育发展有两个重大的意义：一是可以减少国家财政负担，有利于发展教育事业，可以利用社会的资金来发展教育；二是民办学校、民办高等职业教育事实上是站在教育现代化的前头，有利于教育事业的改革发展。潘懋元乐意为草根的事业鼓与呼，鼓励民办高等职业教育要有信心，民办职业教育不是一个职业，而是一项事业。

心系弱势群体。就读职业院校的孩子，很多是来自社会中下阶层或弱势群体的家庭，家庭条件较差。潘懋元特别推崇黄炎培"应收寒素子弟求学，费用务使减轻"的招生原则。认为中职免费、高职高收费、本科低收费的

① 潘懋元.中国高等教育的大众化之路[J].有色金属高教研究，1999(1).

② 潘懋元.高教应融入终身教育体系[J].上海教育，2008(11A).

不公平现象是国家对高职投入不够造成的。国家对高职的财政投入，十年来虽不断地有所增加，但到2011年，也只达到普通本科的五分之一，高职院校财政投入仅为本科的一半，大体上是本科生的51%～54%，他呼吁政府要出台相关政策，保证并提高对高等职业院校的投入。从社会公平的角度出发，降低收费标准，提高高等职业教育办学者的积极性，增强高职学校对学生的吸引力。[①]

常驻大师情怀。潘懋元的"家庭访谈制"沙龙每周六晚如期举行，也经常讨论到职业教育问题。虽然没有约定俗成，但"周末沙龙"这个惯例多年一直坚持下来，不管是本科生、硕士生、博士生，还是邀请的或慕名前来的教师和访问学者，都可以到他温馨整洁的书房内、客厅里参与"周末沙龙"活动。每次他都事先准备好果品、糖块、茶水、咖啡，"话说天下大势"。他总是作为敦厚慈善的长者，平等地倾听，保持着微笑的表情，偶尔出题引发，不时择要短评，智慧而通俗，亲切而自然。

（二）求真：不偏不倚

潘懋元提倡理论研究既要求真也要求用，不偏不倚，体现了高度的社会责任感。他认为，总的原则应该是在求真的前提下求用。既要坚持真理，又要心中有个实际，把科学性与可行性结合起来，用科学的理论解释、说明或论证实际现象或问题，并根据主客观实际条件，探讨解决问题的可能途径或方案。

敢说真话语。潘懋元求真务实、睿智过人，是因为他有深厚广博的教育学、经济学、历史学、哲学、心理学、逻辑学和文学功底，再加上他"板凳敢坐十年冷，文章不写半句空"的治学态度。1998年他为《高等职业教育的研究与探索》一书作序，探讨高等职业教育的真谛，敢于为真理仗言。他说，20世纪80年代初，适应科技产业和第三产业的发展，各地办起100多所职业大学，但由于定位不明，走过一段弯路，受重学术轻职业的传统思想影响，纷纷向综合大学以及其他普通高等学校看齐，职业技术教育特点不突出，甚至讳言"职业"二字。因此，他认为1993年创办的深圳高等职业技术学院的积极意义，不仅在于探索一套有中国特色的高等职业技术教育的办学模式，更在

① 潘懋元.黄炎培职业教育思想对当前高等职业教育的启示[J].教育研究，2007(1).

于办学[①]思想明确，定位准，措施到位。告诉人们：发展高等职业技术教育是符合世界科技产业发展的大趋势，也是中国走向21世纪、实施科教兴国战略的重要举措。

发现真问题。潘懋元认为，高等职业技术教育是高等教育的一个新的领域。高等教育学的一般规律、原则，对高等职业教育的运作，有理论指导的作用，但不能照搬，必须充分注意它的特殊性。例如，在学术性与职业性的关系上，职业性是第一位，也要兼顾学术性。首先应当面向职业岗位（或某种行业、某类技术），使培养出来的学生能够对口上岗，很快地适应职业岗位的需要，因而普通高校本科所提倡的"拓宽专业口径""淡化专业，加强通识"等等，不一定可照搬。但培养职业技术人才，不是培养"工匠"，也应当兼顾一定的理论基础与自学能力，使之能在工作中进修提高。因此，专业口径与教学计划应当根据实际情况，或宽或窄，或粗或细，机动灵活。又如，从普通高校本科所总结的许多教学原则，一般也适用于高等职业技术教育的教学，但有的重要性更加突出，有的则退居次要地位，在具体要求上也有所不同；并且应当根据职业技术教育教学的特点，有所补充。这些观点切中了问题的实质，具体可行，针对性强。

找到真方法。针对高等教育大众化过程中，很多高等职业院校纷纷遭遇发展中的瓶颈，如何"专升本"，"专升本"后学校的办学该如何定位，潘懋元提出高等职业教育的合理定位问题，建议改革学制，构建一个类型多样、层次分明、相互贯通的高等职业教育的独立体系，将高等职业教育发展为与普通高等教育并列的另一个轨道，从而打破职业教育低人一等的传统观念，从根本上解决职业教育面临的挑战。[②] 同时针对我国出现的人才结构失调的问题，潘先生提出应用型本科院校应通过产学研结合的方式，设置应用性课程专业，培养服务地方的应用型创新人才。

（三）求道：全面发展

包国庆认为，潘懋元教育哲学的核心是人道主义，潘懋元教育思想的核心也是人道主义[③]。中国哲学的根本精神，"在由思辨，趣入体认。即由智

---

① 潘懋元.高等职业教育：体系、定位、发展与模式（笔谈）[J].教育研究，2005(5).

② 潘懋元.高等职业教育：体系、定位、发展与模式（笔谈）[J].教育研究，2005(5).

③ 包国庆.潘懋元教育哲学与高教热点问题研究——学习潘懋元教育思想的体会[J].高等教育研究，2010(8).

人，而极于仁守”。把学问当作修养，是中国哲学有别于西方哲学的根本精神之所在。因此中国的教育侧重对人的修养的培养和完善，重视人的整体的素质的不断发展，从而达到“天人合一”的人生境界。

全面发展是人道。潘懋元有一个著名理论，就是教育的内外部关系规律。[①] 在讲到教育的内部规律的时候，他认为：“教育必须全面地协调德育、智育、体育、美育，使学生全面发展”或“教育必须通过德育、智育、体育、美育，使受教育者全面发展”。因此，必须正确处理诸育的关系。任何只强调一育而忽视其他各育，都是违反教育规律的，至少是不能很好按教育规律实施教育的。重智育轻德育不行，重德育轻智育也不妥。在高等教育价值观方面，把片面的唯社会价值观或片面的唯主体价值观转变为在满足社会发展需要的前提下，充分尊重人的主体价值，使社会价格与主体价值协调平衡发展。[②]

职业人文不可少。潘懋元不仅重视对职业院校学生技能方面的培养，还注重学生职业素质的培养。“高职院校学生也是大学生，也应当培养成为全面发展的专门人才。因而，也应当对他们进行人文素质教育，但显然不能按普通本科院校的素质教育的要求与做法。因为一方面，它所实施的是职业技术教育，除了素质教育的基本要求外，应当着重职业人文教育，培养学生的诚信、合作、责任、敬业、创业等等职业精神、职业道德、职业态度”[③]。他从真实的社会需求出发，从职业院校的学制实际出发，建议将职业人文素质教育渗透于课程教学或技能培训中，把职业人文素质教育融合、渗透于职业教育的全过程和全方位中。

分类考试是方向。现行的高考制度是以理论型本科的招生标准来考试的，它根本无法考察学生的动手能力和职业潜能，不适合作为高等职业教育招生的工具。对于高考改革的方向，他提出了两个设想，一是分类型考试，二是统考加单考。[④] 这些观点提出的操作方式非常人道，也深深地影响了后

---

① 潘懋元.教育基本规律及其在高等教育研究与实践中的应用[J].上海高教研究，1997(2).

② 潘懋元.走向21世纪的高等教育思想的转变[J].辽宁高教研究，1998(6).

③ 高宝立.高等职业院校人文教育问题研究[D].厦门：厦门大学高等教育科学研究所，2007.

④ 潘懋元，覃红霞.从选拔性到适应性——高等教育大众化阶段的高考制度[J].湖北招生考试(理论版)，2003(12).

来的高考制度改革，2014 年的高考改革方案正是这一思想的体现。

（四）求施：服务社会

潘懋元提出的教育外部关系规律可简略表述为："教育必须与社会发展相适应"。潘懋元先生强调教育要适应地方经济的发展，为地方发展服务，特别指出高等教育地方化可以为适应地方经济发展不平衡提供一条有效的途径。① 服务经济社会。他认为作为中坚力量的高等职业教育要适应社会经济发展的需求，应主要面向地方、面向行业、面向企业培养应用型人才。应用型本科院校应找准自己的优势，办出自己的特色，确定自己的发展方向，以培养基础扎实、知识面宽、应用能力强、综合素质高的高级专门应用型人才为总体目标。

重视政策措施。他特别关注高等职业教育的战术措施，从战略上来说我国对高等职业教育已经高度重视，发展职业教育已经被写进国家政策，但是，在战术上的政策措施与战略目标却并不配套。因此，需要改变"低投入，高收费"的财政政策，不能将社会上重本轻专的偏见进一步制度化，不能让"录用人才，学历划线"的偏见影响学生的入学，不能让行政级别管理祸害高职院校，不能让非市场导向的专业设置影响高职院校办学特色和为地方服务功能。②

二、潘懋元高等职业教育思想的型构原理与逻辑推演

思想是富有独特思维和智慧的观点的体系化，或自成体系的对客观现实的独到观点，观点形成体系就是思想。思想是人类行为的基础，思想的价值在于让生活有意义、让人与自然和谐、让世界更美丽。观点就是在客观存在的事实的基础上，以推断的依据或价值判断为前提，遵循推理的规则或逻辑的规则所推演出的结论。潘懋元高等职业教育思想是潘懋元通过对高等职业教育内部、外部以及各层面学术的广泛研究，以客观存在的事实为基础，以推断的依据和价值判断为前提，遵循推理规则和逻辑规则，运用概念进行判断和推理所得出的对高等职业教育这个客观事物自成体系的独到见

---

① 潘懋元，邬大光.关于中国高等教育地方化的理论探讨[J].教育研究，1990(3).

② 潘懋元.黄炎培职业教育思想对当前高等职业教育的启示[J].教育研究，2007(1).

解。在潘懋元视域开阔、内涵丰富、内容深刻的高等职业教育思想体系中，我们侧重关注了与目前高等职业教育发展密切相关的几个重要观点作为案例进行分析，选择“历史与逻辑相统一”、“事实判断＋前提判断＋逻辑＝观点”、“超协调逻辑(Paraconsistent Logic)”和“前提＋假设(隐含前提)＝结论”等逻辑推理思维模式作为分析框架，从逻辑层面对潘懋元高等职业教育思想进行推演和剖析，以期探索和追寻潘懋元高等职业教育思想的型构原理与思维发轫。

(一)历史与逻辑相统一的唯物辩证思维——提出“产学研密切结合”

历史与逻辑相统一的唯物辩证思维要求在认识事物时，要把对事物历史过程的考察与对事物内部逻辑的分析有机地结合起来，逻辑的分析应以历史的考察为基础，历史的考察应以逻辑的分析为依据，以达到客观、全面地揭示事物的本质及其规律的目的。

潘懋元在研究高等职业教育的过程中，充分运用了历史与逻辑相统一的辩证思维方法，把研究高等职业教育的相关历史和解决高等职业教育现实问题结合起来，极其深刻地揭示了高等职业教育的规律性，并提出了一系列正确的高等职业教育改革和发展的意见和建议。例如，他对福建船政学堂做过深入研究，侧重研究了船政学堂的“厂校一体化”的体制。创办于1866年的福建船政学堂是中国近代第一所高等实业学堂，在“中体西用”“道器纷争”的近代思想转型时期，它将西方的科技之“器”由理论转化为实际应用，可以说是我国高等职业教育的真正源头。“福建船政局一开始就创办了3个单位:铁厂、造船厂和学堂。3个单位统一规划、统一筹款、统一管理。既不是厂办学校，也不是校办工厂，更不是厂校联合体，而是厂校一家。总监督既是工厂监督也是学堂监督;工厂的工程师就是学堂的教师;工厂的技术员、技工有许多就是学堂的学生”。“船政学堂之所以能够教学与实践密切结合，培养应用型技术人才，在于拥有零距离的实习基地，船政局得以对生产与教学做统一的安排。学生在实习基地参加生产劳动，承担一定的生产任务和研发任务，可以说是产、学、研的高度结合。当前中国高等学校，特别是高等职业技术院校，虽然十分重视产、学、研结合，但由于实习实训基地不足或不能很好配合，往往流于形式。如何借鉴船政学堂的成功经验，创办学校的同时创建实习实训基地，统一规划、统一管理，在教学过程中实现教学和实践的密切结合,也有重要的现实意义。”[①]

早在1957年,潘懋元就针对产学研结合问题发表了重要观点,指出“因为教学、生产劳动、科学研究三种活动,存在着内在的本质联系——理论与实践的联系。三者正确的结合,必然能起相互促进、相辅相成的积极作用:对教学说,生产劳动使学生所获得的知识建立在生动的直接经验基础上,科学研究使学生对所获得的知识做进一步的理论提高和培养学生运用知识解决实际问题的能力,又以科学研究的成果直接地丰富教学内容与提高教学质量”[②]。潘懋元运用历史的方法考察研究福建船政学堂,对其办学模式、人才培养等自然过程进行追踪描述,从中揭示出某种规律;同时也运用逻辑的方法运用概念进行判断、推理,用以揭示职业教育本质和发展规律,并证明其必然性,通过提炼总结出“产学研紧密结合”等职业教育规律。这种历史与逻辑相统一的辩证思维,对职业教育改革和发展有着现实的指导意义。

(二)“事实判断+价值判断+逻辑=观点”——提出“建立高等职业教育独立体系”

事实判断:我国普通高等教育形成了自己的独立体系,但高等职业教育尚未形成自己的独立体系。高等职业教育领域由于教育层次低,没有衔接通道,已经产生了天花板效应,难以提升发展空间。《国家中长期教育改革和发展规划纲要(2010—2020年)》拟定在2015年高等教育总规模从2009年的2979万人达到3350万。这意味着,高等教育规模扩张将主要依靠高等职业教育增长来实现,高等职业教育系统结构必须为这种转变提供准备,然而这已经产生了天花板效应,难以提升发展空间的高等职业教育难以肩负起后大众化的责任。

价值判断:相对独立的开放系统是良性循环的系统,形成自己独立体系的教育是良性循环的教育。逻辑(根据事实和前提进行的推理):建立高等职业教育独立体系,能促进职业教育更好地适应经济社会发展,是高等职业教育多出人才出好人才的有效措施。

观点:我国应建立具有中国特色的高等职业教育独立体系。根据国际

---

① 潘懋元.船政学堂的历史地位及其影响[J].教育研究,1998(8).

② 潘懋元.教学、生产劳动、科学研究的矛盾与统一[J].厦门大学学报(哲学社会科学版),1959(1).

教育标准分类法，可以将高等教育分成两个阶段，第一阶段(5)相当于专科、本科和硕士生教育，第二阶段(6)相当于博士生阶段。其中第一阶段又分为5A、5B两类，5A类是理论型的，5B类是实用技术型的(相当于我国的高等职业教育)，而我国目前高等职业教育的构成主要是高职高专。因此，潘懋元先生提出5B类2～3年的年限较短，可以将学制延长至4年以至5～6年(相当于职业教育的本科至硕士生层次)。中等职业学校、技工学校和多科性或单科性技术型或技能型专科学校或学院与本科职业教育衔接，就构成了完整的从低到高的独立体系。这一体系在培养目标、教学计划、课程内容、教学方式方法上都不同于传统的普通高等教育体系，更贴近社会实际，能够提供经济与社会发展所需要的人才。[①]

(三)“超协调逻辑(Paraconsistent Logic)”——提出“大力发展应用型(职业教育)本科”

超协调逻辑(Paraconsistent Logic)又称弗协调逻辑、次协调逻辑、悖论逻辑等，是一种可以容纳“矛盾”的非经典逻辑。科斯塔(N.C.A.daCosta，1929—)，超协调逻辑的开创者，定义了一系列逻辑系统Cn(1＜＝n＜＝ù)。在C1系统中，¬(A∧¬A)成立时(“¬”是“非”的意思，“∧”相当于取交集，“∨”相当于取并集)，归谬律才成立。在C2系统中，(¬(A∧¬A))∧¬((¬(A∧¬A))∧(¬¬(A∧¬A)))成立时，归谬律才成立。如此类推，可以定义到Cù。超协调逻辑是人类思维的一个大胆飞跃，它大胆地否定了“矛盾律”的普遍有效性，在系统里面引入了“不一致”，它是能够容纳矛盾但是从矛盾却不能推出一切的逻辑理论。如此，就引入了一个不一致但却足道的逻辑系统。在这个逻辑系统里，A和¬A(A的否定形式的写法)可以同时成立。

2006年，潘懋元提出：“依据中国大陆国情，我们需要大量的专业层次的实用型、技术型人才，这一点毫无疑问。但是仅仅靠高职高专教育，不能完全胜任大量中高级应用型、技术型人才的培养任务，需要有本科院校的参与。也就是说，我们需要发展职业技术教育本科。这种职业教育技术本科院校，不应单纯追求学术性，而应在一定理论性基础上注重实用性和技术性

---

① 潘懋元.建立高等职业技术教育独立体系的思考[J].顺德职业技术学院学报，2005(1).

教育，体现明确的职业性特征。如何发展职业技术教育本科呢？一方面，少量办学条件优秀的高职高专可以升格，发展为本科教育的职业技术院校。更为主要的，一些地方本科院校可以发展为职业技术教育本科。”[①]应该试办本科层次的专业（与本科院校合办），探索发展本科层次职业教育。引导一批普通本科高等学校向应用技术类型高等学校转型，重点举办本科职业教育。

这就提出了一个悖论，举办本科职业教育的普通高等学校究竟是属于普通高等教育系统，还是属于高等职业教育系统？或者，发展本科层次高等职业教育的职业技术院校究竟是原来意义上的高等职业教育，还是已经属于一定意义上的普通高等教育了呢？这里就出现了超协调或不协调性。那么，是否我们以前关于普通高等教育和高等职业教育的定义就不能做出恰当的判断而不起作用了呢？显然不是。从超协调逻辑的观点看，处理悖论的最好办法，也许不是拒斥，而是应该采取容纳的态度。超协调逻辑具有消解悖论的逻辑机制，实际上是隔离了悖论对系统的不良影响，隔离后悖论就消解了。如果采取经典逻辑主张协调性的态度，不容忍矛盾，从矛盾推出一切，那么出现不协调性后的系统也就没有用了，所造成的损失当然也会是很大的。因此，有必要改变一下态度，要容忍矛盾，不要从矛盾推出一切，把矛盾局限起来使之不在系统中任意扩散。这种态度就是超协调逻辑所要求采取的态度。正如世界是不协调的，不协调是世界上的一种自然现象。实际上只有存在不协调才能产生创新性的突破。我们认识世界的原有模式可以根据实际情况来进行合理修正和拓展，潘懋元提出探索发展本科层次职业教育就是一种大胆的对原有不合理模式的创新、突破和超越。

（四）“前提＋假设（隐含前提）＝结论”——提出“民办高等职业教育必须立法加以引导、扶持和加强管理”

前提就是已经得到的信息、证据、事实或用来支持总结论的间接观点和意见，它们为得出已知结论提供支持。假设从逻辑上来理解就是人们认为理所应当的观点，不需要事实的论证，仅建立在预设的基础上。结论就是在假设和前提的逻辑支持下推导出来的意见或观点。

---

① 潘懋元.论我国高等教育学制改革——基于专升本的视角[J].高等教育研究，2006(7).

前提——经济体制的改革使地方政府在协调、规划本地区经济方面有更大的自主权，地方经济的发展必然要求所在地方高等职业教育为之服务，也必然乐于更多的投入发展高等职业教育的资金，这是高等教育地方化发展的必然趋势。然而，高等教育地方化需要国家的宏观调控，从而协调地方与全国高等教育发展的平衡。改革开放使我国的经济结构呈现多元化，这将对高等教育的办学体制产生深远的影响，非公有制经济成分必然对高等教育提出新的要求。

假设(隐含前提)——民办高等职业教育是值得肯定的，民办高等职业教育的发展是必然的。

结论——民办高等职业教育必须立法加以引导、扶持和加强管理，民办高等职业教育大有作为。

2000年，潘懋元在《中国高教研究》发表的《高等教育大众化的教育质量观》中一文，认为积极鼓励和支持社会力量以各种方式举办高等职业教育，以“三改一补”和鼓励民办高等职业技术教育来加快高等教育化的进程，是正确的决策。相信民办高等职业教育的教育质量，认为积累一定经验的民办高校，能更好地培养出符合高等职业技术教育培养目标的职业型人才。2006年，他在《民办教育研究》发表《民办高等教育发展之困境与前瞻》。他率先对民办高等职业教育体制和发展问题进行了预测性的理论探讨，这些预测性的理论在我国正在逐渐成为现实。

总之，潘懋元高等职业教育新思想的诞生，没有拘泥于原有思想的束缚，而是通过概念的不断思索形成判断，在判断的基础上形成推理，通过逻辑推理不断涌现新的思想灵光。他曾经说过，“即使是锻炼身体也要从锻炼大脑和锤炼思想开始”。思想是人创造的，但人也受思想控制，两者相辅相成。只有解放思想才能实现人的全面充分自由和谐发展，也可以说只有人获得真正的解放才能让思想飞扬。观点的体系化就是思想，集腋成裘，聚沙成塔，他有关高等职业教育方面所有观点的全方位集合形成潘懋元高等职业教育思想。

三、潘懋元高等职业教育思想的发展阶段与基本内容

潘懋元15岁从教，青年时期参加青抗会革命活动，毕业于厦门大学教育

系，并在中国人民大学、北京师范大学进修研究生课程，后来一直在厦门大学工作，其思想发展的脉络紧贴社会的发展，来源于实践而又高于实践。潘懋元高等职业教育思想大致经历了萌芽期（1945—1983 年）、成长期（1984—2002 年）、成熟期（2003—2010 年）和继续发展期（2011 年以后），在不同的发展阶段潘懋元高等职业教育思想呈现出内涵丰富而深刻的内容。

（一）萌芽期（1945—1983 年）

1941 年潘懋元考入因抗战迁往福建长汀的厦门大学，1945 年大学毕业后到江西雩都县立中学任教，1946 年任厦门大学附属小学校长，同时任教育系助教，1951 年潘懋元先生进入中国人民大学进修教育学研究生课程。通过这十多年的历练，他对职业有了自己的认识，对职业教育也有了自己的初步理解。

潘懋元出生在民国，其思想受到了民国时期黄炎培思想的影响。民国初年，由于民族资本经济快速发展，对初级职业技术人才的需求日益强烈。许多教育家和实业家应时代需求，大力提倡职业教育，典型代表和领军人物就是黄炎培。潘懋元成长求学的过程中，深受另一个伟大教育家陶行知的影响，陶行知"生活即教育、社会即学校、教学做合一"的思想让潘懋元在思考职业教育的过程中，更加重视教育的职业性和实践性。

20 世纪 50 年代初期的职业教育体系是根据计划经济模式构建的，在结构上注重发展中等专业教育和技工教育，导致在很长时期内忽略了我国职业教育的层次性和多样性。过分强调采取整齐划一、简单一律的职业教育模式培养技术人才，既影响了我国职业教育的整体发展，也导致职业教育缺乏应有的职业性和灵活性。

潘懋元敏锐地认识到"不能把大先生当成小先生一样来教育"，当时他刚过而立之年，在厦门大学讲授教育学并负责教务行政工作。他认为忽视高等教育的特点，硬把普通教育理论搬到高等教育中行不通，必须建立有别于普通教育学的高等教育理论。

1956 年，潘懋元和教育学教研室几位教师做出新的尝试，将"高等教育学"第一次作为一门独立的课程搬上了课堂。1957 年，他主持编写了高等教育学的雏形《高等学校教育学讲义》。1957 年潘懋元撰写了《高等专业教育问题在教育学上的重要地位》的论文。他指出："一方面，综合技术教育应当与专业教育联系起来，换言之，综合技术教育是高等专业教育的基础。""但是另一方面，综合技术教育与高等专业教育的关系，毕竟不同于与普通教育的关系。”他认为，综合技术教育是高等专业教育的基础，但也不能仅仅作为普通教育中的一部分。高等专业教育是建立在普通教育与综合技术教育上的高等的、专业的教育，在高等学校中也有综合技术教育的因素。“专业教育上的主要问题是专业理论与有关部门的生产实际的结合问题，即理论联系实际这一更本质的问题”①。可见，综合技术教育在普通教育和高等专业教育中的内涵、要求、作用等都是不一样的。

1959 年，潘懋元在《厦门大学学报》上发表《教学、生产劳动、科学研究的矛盾与统一》一文，侧重研究了教学与生产劳动的关系，是“产、学、研”思想的萌芽。“教学、生产劳动、科学研究的结合，应以教学为中心，围绕教学，进行生产劳动和科学研究。在教学与生产劳动的关系上，总的来说，必须把生产劳动纳入教学过程(教学计划或教学大纲)之中，而不是把教学纳入生产过程(生产组织、生产计划)之中。”提出教学与生产劳动要“全面安排，有机结合”，但同时“教学与生产劳动结合，就必须保持各自特点。不能取消或歪曲一个方面来凑合另一个方面。割裂学科系统性或以生产劳动代替教学是不对的；人为地改变生产过程来凑合教学的需要，失去其本来面目也是不对的”。鼓励学生通过多种方式，参加生产劳动，“在方式上，有的在学校自办工厂劳动，有的以下乡下厂为宜；有的直接参加工农业生产劳动，有的则在调查考察中参加一定的工农业生产劳动”。提出学校和工厂合作过程中，是“互利”的，“学校和工厂协作，工厂在学校设立车间，是保留学校办厂有利条件，解决办厂困难的良好形式”，“从总的安排来说，要保证完成教学任务；在学生参加业务管理时间，多考虑工厂生产的需要，协助工厂推进业务改革，遇工厂有突击任务时，也利用机动时间协助工作”。潘懋元认为现场教学是教学与生产劳动相结合的直接形式，“现场教学，是在现场中进行教学，在现场教学过程中，可以只是看一看、摸一摸，也可以真刀真枪参加生产劳动或实际工作；可以作为系统的课堂教学的一个辅助部分如参观或自然观察，也可以以生产活动为中心来组织教学。”最后提出课堂教学必须理论与实践紧密结合，这些思想是先生最早提出的“产学研密切结合”的思想。②

1956 年至 1983 年，在这个历史阶段，职业教育的层次性和多样性缺乏，

① 潘懋元.高等专业教育问题在教育学上的重要地位[J].学术论坛，1957(3).

② 潘懋元.教学、生产劳动、科学研究的矛盾与统一[J].厦门大学学报，1959(1).

高等教育理论缺乏，高等职业教育理论就更为缺乏，潘懋元将高等教育作为独立的研究对象在当时的中国是首创，为研究高等职业教育奠定了基础。在这一阶段，他已经认识到职业教育与普通教育的区别与不同，深刻提出了教育与生产劳动的辩证关系，已经具有“职业教育独立体系”和“产学研相结合”思想的萌芽，但这一时期他的高等职业教育的思想还是零星的、不系统的。

（二）成长期（1984—2002年）

1983年，潘懋元在《高等学校教育学讲义》基础上编著出版《高等教育学讲座》，继而在1984年出版了《高等教育学》。1984年，在《高等教育学讲座》第四讲《高等教育结构》中，潘懋元先生指出：“专科与本科，并不是两个相互衔接的高低层次，而是同一层次中两个培养目标有所不同的子系统。专科教育是应用技术的工艺性、职业性的教育，所培养的专门人才主要从事生产、生活、管理第一线的工作，能够较好地适应基层部门其事业单位的实际工作”，世界各国无论发达国家、发展中国家，相当于专科教育的高等职业教育，它的发展大都比本科教育迅速。因此，他认为专科教育与本科教育是同一层次不同子系统；从现状看，在一定时期，专科层次比本科教育发展迅速，这也适应了二战后的经济发展。

1987年以前，在所有制问题还是“雷区”的时候，潘懋元先生就已经关注中国民办高等教育的发展问题，提出“中国能否发展好民办教育”的问题。在高等职业教育发展的过程中，一直存在着投入不足的问题，研究民办高等职业教育的发展，有利于解决高等职业教育的投入问题。他提出政府要加大对高等职业教育的投入，应引导和鼓励企业、社会团体和个人对高等职业教育的投入。

1992年，潘懋元在《高等专科教育学》序中，指出“高等专科教育，是高等教育系统中一个重要的子系统”。“专科教育有许多不同于以本科教育为主要研究对象的高等教育学所能概括的，必须进行专门的研究”。[①] 如高等专科教育的性质、地位与作用、培养目标与规格、专业设置、课程结构、教材编写、教学过程的理论与方法、技能培训与实践训练、师资队伍建设、学校管理与评估，以及改革与发展，都有它的特殊性。现实中出现的许多问题，“大多

---

① 潘懋元.潘懋元文集：卷五[C].广州：广东高等教育出版社，2010：75-80.

由于对专科特殊的性质、任务、地位、作用不明所致”。他明确指出，“高等专科教育与本科教育，是高等教育(或称第三级教育)系统中的同一层次的两个并列的子系统，它们的基本区别在于培养目标与规格，不在于年限与水平”。

2000年，在高等教育大众化领域，潘懋元先生再次体现了作为睿智的教育研究者的前瞻眼光。潘懋元坚持关注并研究高等教育大众化问题，他认为中国走高等教育大众化道路是必然的选择，需要提前进行研究。随后，他陆续写了《中国高等教育大众化之路》《高等教育大众化的教育质量观》等系列文章。积极推进高等职业教育发展，是我国加快实现高等教育大众化的有效途径之一。从20世纪90年代开始，我国高等教育发展政策逐步由“适度发展”转向“积极发展”，特别是要大力发展高等职业教育。不管是从整体上的在校生人数来看，还是从整个教育事业的发展状况来看，高等教育大众化的任务都将由高等职业教育的发展来衡量，高等职业教育的发展关系到我国高等教育大众化的实施进程。

在2002年，潘懋元在《新世纪的技术与职业教育》序①中，对技术与职业教育中遇见的新问题进行了系统思考，如对于技术与职业教育的性质问题、技术与职业教育是否也应实施素质教育、中等技术与职业教育与高等技术与职业教育、普通高等教育的沟通问题、技术与职业学历教育的专业设置问题、技术与职业的质量及评估问题以及职业学校教师的素质等问题，提出了一系列真知灼见。

从1984年到2002年，潘懋元的高等职业教育思想已经相对比较完整，针对职业教育独立体系、高等职业教育在大众化进程中的重要作用，民办高等职业教育发展的重要性、高等职业教育中的师资、专业设置、素质教育、包括评价方式等问题进行了探讨，这一阶段是潘懋元高等职业教育思想的关键发展期。

（三）成熟期（2003—2010年）

2003年，潘懋元在复旦教育论坛发表《高等学校分类与定位问题》，提出如何引导全国高校分类发展，解决多样化的社会需求与单一化的发展目标的矛盾，是中国高等教育事业发展中急待解决的难题，也是一项复杂而困难

① 潘懋元.潘懋元文集：卷五[C].广州：广东高等教育出版社，2010:349-352.

的工作。类型划分，是高校定位及确定发展方向的前提。通过对联合国教科文组织《1997国际教育标准分类法》等三种分类标准的介绍，就中国不同类型高校，尤其是处在学术性研究型大学和高职高专学校之间的中间类型高校提出了发展的方向性建议。认为在高等教育分类中，5B相当于中国的高职高专。

潘懋元在2005年和2006年连续探讨建立高等职业教育独立体系和改革学制的构想，如《分类、定位、特点、质量——当前中国高等教育发展中的若干问题》《建立高等职业教育独立体系的思考》《论高等教育学制改革——基于专升本的视角》等文章。在《建立高等职业教育独立体系的思考》中，潘懋元从我国的文化背景出发，认为我国"重学轻术"的文化传统与美国"实用主义"的文化传统大相径庭，独创性地提出借鉴联合国教科文组织的教育标准分类，建立我国独特的学制。提出"参考联合国教科文组织的分类，结合中国高等教育机构实际，全日制普通高等学校可分为三种基本类型：第一种类型是综合性研究型大学，主要以基础学科和应用学科（专业）的基本理论为主，研究高深学问，培养拔尖创新人才。这一类型是从本科（学士学位）→硕士（硕士学位）→博士（博士学位）。第二种类型是多科性或单科性专业型大学或学院。它可以是多科性的，也可以是单科性的。它主要以各行各业的专门知识为主，培养应用性高级专门人才，将高新科技转化为生产力（包括管理能力、服务能力）。这一类型从本科（学士学位或专业证书）→硕士（专业硕士学位或高级专业证书）→博士（专业博士学位或高级专业证书），也可进入研究型博士。现在实行双证制度，即学位证书和专业证书。有的国家单位专业证书比学位证书更加重要。因为就业承认的是单位专业证书。第三种类型是多科性或单科性职业技术型院校（高职高专），以各行各业实用性职业技术为主，培养生产、管理、服务第一线专门人才。它从专科（毕业证书或岗位证书）→职业性本科（学士学位或岗位证书）→硕士（专业硕士学位或高级专业证书）"[①]。

2005年，在《中国大学教育》发表的《中国高等教育的定位、特色和质量》中，潘懋元提出："5字头分为5A和5B两类。5A是理论型的（包括应用型的理论），5B是职业型的、技能型的。5A又可细分为两小类。一类是为准备

---

① 潘懋元.我看应用型本科院校定位问题[J].教育发展研究，2007(7-8A).

搞研究工作而设置的，如4年后上博士，但是大量的是第二类，它培养的不是搞研究而是培养各种专业的应用人才，即培养高级工程师、律师、医师、教师等应用型人才。5B相当于职业技术型的高职高专。”

2006年，潘懋元在上海机电学院学报发表《论新建本科院校的定位问题》，首先谈到了新建本科院校“专升本”之后面临着重新定位的问题，又提出正确定位对高等学校发展的重要意义。潘懋元关于新建本科定位的问题，提出：“我个人的态度就是‘专升本’之后的新建本科院校大多数（不是所有）都仍然应该坚持走本科高职院校之路，培养高水平的职业技能型人才。”最后提出高职应该建成独立的高等教育体系，即包括中专、大专、本科及硕士以上层次的与普通高等教育系统相平行的高职教育体系。

2006年，潘懋元在《高等教育研究》发表《论我国高等教育学制改革》，提出需要大力发展职业技术教育，并延长职业技术教育的学习年限。专升本热潮，也从一定程度上反映出社会对延长学习年限的合理需求。对其进行合理引导，需要转变专升本之后这些本科的定位取向，即不是定位于普通理论型本科，而是仍定位于职业技术教育。

2007年，潘懋元发表《黄炎培职业教育思想对当前高等职业教育的启示》，认为当时我国高等职业教育所面临的形势是：机遇与挑战并存，战略与战术矛盾。高等职业教育必须采取措施，改革不配套的战术措施：改变“低投入、高收费”的政策；改变“先本后专”的招生和就业制度；改变专业设置方式，让学校依市场需求自主设置专业；通过制度变革来改变社会对高等职业教育的传统认识。高等职业教育发展路径应从数量增长转变到质量提高。在高职院校发展的目标上，当前不宜提倡“专升本”，也不宜一刀切地限制“专升本”；衡量高等职业教育质量，应以知识、技能是否与社会对职业技术人才的要求相适应为标准；合格的职业技术人才应是全面发展的职业技术专门人才。认为近代著名职业教育家黄炎培的职业教育思想和实践对我们仍有启示作用。

2008年，潘懋元在荆门职业技术学院学报发表《再论新建本科院校的定位、特色与发展》，进一步为新建本科院校的科学定位与特色发展把脉问诊，对新建本科院校的定位与特色发展等重大战略性、方向性问题，提出了更富有针对性的深刻睿智的思想和见解。

2009年，潘懋元发表《从高校分类的视角看应用型本科课程建设》，提出课程建设是实现高校分类发展、提高教育质量的重要环节。重构课程理念、吸纳校外人士参与人才培养方案的编制、建设知行融合的教材体系、构建专业学习共同体、面向实践能力的学业成就评价是落实应用型本科课程建设的一系列活动。他在发表的《略论应用型本科院校的定位》一文中提出：应用型本科院校的定位问题，直接关系到我国高等教育应用型创新人才的培养。应用型不是层次的高低，而是类型的不同。国家应从宏观上进行分类指导，促进高等教育的多样化发展。应用型本科院校应通过产学研结合的方式，设置应用性课程专业，培养服务地方的应用型创新人才。

2010 年，潘懋元发表《什么是应用型本科》《应用型本科教育特点与建设重点的探讨》等文章，对应用型本科做出界定：第一，以培养应用型的人才为主。"为主"不是所有学科专业都只能培养应用型人才。应用型的高校可以培养非应用型人才，但是主要的、大量的任务应该是培养应用型人才。第二，以培养本科生为主。某些学科专业可以培养研究生，许多院校已经有研究生了，但当前不应以培养研究生为主。第三，应用型本科应该以教学为主。以教学为主不等于不能开展科学研究。应用型的高等学校以教学为主，同时也要开展研究，不过它开展的研究是应用性的、开发性的研究。北京联合大学的科学研究开展得很好，但他们是应用型的大学。第四，应用型大学应该以面向地方为主，某些专业也可面向地区，甚至面向全国，但它主要是面向地方，为地方服务。

在 2003—2010 年期间，潘懋元高等职业教育思想日臻成熟。针对高等职业教育理论和实践中的许多问题，进行了深入的调查研究、实践探索和理性思考，所提出的观点产生了重大的影响。比如他提出的建立高等职业教育独立体系、关注高等职业院校的定位、发展职业技术教育本科、改革高等职业教育投资体制、改革高等职业教育招生就业制度等思想对国家高等职业教育政策产生了积极而重大的导向作用；他提出的高等职业教育与地方区域经济的发展相适应、重视高等职业教育学生人文素质培养、关心民办高等职业院校财政投入、提高高等职业教育质量等思想对高等职业教育的进一步发展提供了重大的推动力；他提出的教学与生产劳动相结合、高等职业教育的培养目标问题、专业设置与社会需求相结合、教师素质和结构要合理等思想对高等职业教育实践产生了积极的影响。

（四）继续发展期（2011年以后）

在形成了高等职业教育思想体系之后，潘懋元不辞辛苦、躬行实践，积极传播和推广其思想和理念，全力推动高等职业教育和应用型本科的改革实践。

2011年，潘懋元撰文《大学不应只比“大”不比“学”》指出：高校同质化，是中国高校发展中应该认真解决的问题。同质化，首先表现在高等职业教育与普通高等教育的同质化。许多高职院校想“专升本”，升本之后想招硕士，招了硕士又想招博士，最终都想办成研究型大学。这样大家都在一条道上走，势必形成“千校一面”。同质化，还表现在由于扩招和合并，许多本科高校办学规模求大，专业设置求全，行业特色型高校的特色专业被“稀释”。以前，地矿院校专门搞地矿，农林大学专门研究农林，各有所长。但现在很多高校，都朝着学科齐全的方向努力，专业设置也差不多。大多数院校都有英语、计算机、财经与会计专业，全国居然有1400所高校设有艺术类专业，占全国高校(包括高职)的60%。潘先生对高等职业院校如何避免办学的“同质化”提出了要求，同时建议改革对高等职业院校的考评模式和评价标准，在评价体系上不能根据精英教育、研究型大学的标准来设定。

2011年至2013年，潘懋元亲自走访了多所高等职业院校，关注职业院校的信息化建设，并关注MOOC在高等职业院校的开展情况，以及职业院校教学手段的革新。

2014年是职业教育发展史上具有里程碑意义的一年。确定了我国职业教育新的战略定位，习近平总书记指出：“职业教育是国民教育体系和人力资源开发的重要组成部分。”[①]深刻阐明了职业教育的本质属性、跨界特性以及在国民教育体系和人力资源开发领域的重要地位。党的十八大在深刻分析世情国情基础上，面对新的形势和挑战，提出了“加快发展现代职业教育”。确定了我国职业教育新的发展目标，首次提出“探索发展本科层次职业教育”，打通了职业教育从中职到专业学位研究生的上升通道；首次提出“建立学分积累与转换制度”和健全职业教育考试招生办法，为职业教育纵向衔接、横向沟通作了制度设计；首次提出“建立有利于全体劳动者接受职业教育和培训的灵活学习制度，服务全民学习、终身学习，推进学习型社会

① 习近平就加快发展职业教育作出重要指标[N].人民日报，2014-06-24.

建设”。潘懋元把握教育发展的大趋势，笔耕不辍，时刻关注国内外职业教育的发展、政策变化和职业院校的改革实践，对高等职业教育发展深入研究的脚步从未停止。

四、潘懋元高等职业教育思想的物化成果与社会贡献

潘懋元高等职业教育思想在教育实践中结出了累累硕果，为高等职业教育事业培养了大批优秀人才，诸多专著和论文丰富了高等职业教育理论，对我国若干重大教育改革和宏观决策的科学化做出了重要贡献。

（一）培养了一批高素质的高等职业教育领域的优秀人才

在教学方面，以潘懋元先生为核心的厦门大学教育研究院多年来注重提高研究生教育质量，“学习—研究—教学三结合”“情景交融的学术沙龙”等教学方式提供了一种创新的中国研究生教育培养模式。潘懋元在高等教育问题讲授中，将高等职业教育作为专题进行教学、讨论，并提出有关理论联系实际的问题，让研究生进行思考。他经常带领硕士和博士研究生去一线的高等职业院校进行调研，教育研究院不少研究生以高等职业教育问题作为学位论文选题。在硕士研究生中，如1988届张宝昆的论文《蔡元培高等教育改革实践与高等教育思想的探讨》、1996届谭强的论文《高等职业教育地位与作用的探讨》、2001届常小勇的硕士论文《高等职业教育课程设置的初步研究》、2003届唐拥华的论文《高职教育教学质量评价体系的初步研究》，都是高等职业教育方面的选题。

在博士研究生中，如2001届柯佑祥的博士论文《民办高等教育盈利问题研究》，涉及了民办高等职业教育的问题。2007届，多名博士生以高等职业教育作为研究视角，如高宝立的博士论文《高等职业院校人文教育问题研究》、洪彩真的论文《高等教育服务质量与学生满意度研究——以福州、厦门、泉州高职院校为例》、罗三桂的博士论文《广东高职院校毕业生就业问题研究》、彭志武的博士论文《高等职业教育学制研究》。2009届，李青霞的博士论文《高职教师发展研究——中挪比较视角》等，都对高等职业教育做了深入分析和研究。在高等职业教育问题研究与实践方面，潘懋元培养的学生已成为高等职业教育领域的骨干力量，有的担任校长、院长职务，有的晋升为副教授、教授，成为硕士生博士生导师，有的成为学科带头人和学术骨

干。在积极对高等职业教育理论进行探索的同时，他们共同将潘懋元高等职业教育思想付诸实践。

（二）身体力行推动高等职业院校改革和发展

潘懋元密切关注高等职业院校的改革与实践，尽管已入耄耋之年，但仍亲临高等职业院校进行指导，推动高等职业院校的改革和发展。他曾多次莅临深圳职业技术学院、番禺职业技术学院、荆楚理工学院、宁波职业技术学院、华厦职业学院、四川电影电视职业学院、厦门华天涉外职业技术学院、浙江工商职业技术学院、佛山科学技术学院、黄淮学院等高职院校和应用性本科高校考察和指导。潘懋元在番禺职业技术学院就国家示范性高职院校建设情况进行调研时提出如何建设应用型本科教育问题。认为从高职教育着手发展应用型本科教育可能是条正确的道路，因为阻力相对较小，转换较为容易。台湾在这方面的经验值得借鉴，台湾的技职院校发展比较好，高职教育已形成从专科到博士层次的独立体系，社会的认可度高，其毕业生就业情况也不错，这使它们能够坚持职业教育，而不是转为传统本科院校。

潘懋元对民办高等职业院校也非常关心，调研了多所民办职业院校，如武汉商贸职业学院、山东英才学院、泉州理工职业学院等。2013 年，在民办应用型本科山东英才学院，他提出民办教育发展有两个重大的意义：一是可以减少国家财政负担，有利于发展教育事业，可以利用社会的资金来发展教育；二是民办学校、民办教育事实上是站在教育现代化的前头，有利于教育事业的改革发展。2013 年潘懋元指出泉州理工职业学院两大特色：一是依托汽车和建筑两大品牌专业，率先实现了产学研的高度融合，产学研一体在这个学校体现得淋漓尽致；二是将大学生的创新教育、创新能力培养在潜移默化指导中付诸实践；学校注重学生能力的培养，以马拉松精神强化、感染学生的健康体魄和坚毅品质，很有特色。

潘懋元关心应用型本科的发展，经常莅临应用型本科院校如嘉应学院、南宁学院、南京审计学院、湖南吉首学院等进行调研。2014 年，他建议南宁学院应继续坚定应用技术大学办学方向，均衡本专科发展，加大宣传力度，不断提高学院的知名度与美誉度。

（三）影响并促进高等职业教育改革和发展政策文件出台

高等职业教育理论研究需要与之配套的政策措施，也需要将理论转化为政策咨询意见。潘懋元高等职业教育思想具有前瞻性、先进性、时代性和实践性的特点，他和其他高等教育理论家的思想和理论对我国高等职业教育改革和发展政策文件的酝酿和出台也产生了重大影响。我们欣喜地看到，在国家教育发展的各个历史阶段，相继出台了促进高等职业教育发展的相关政策，极大促进了我国高等职业教育的快速发展和质量提升。例如：

1996 年 5 月 15 日，全国人大通过的《中华人民共和国职业教育法》。

1999 年 1 月 13 日，国务院批转了教育部制定的《面向 21 世纪教育振兴行动计划》。

1999 年初，教育部、国家计委印发的《试行按新的管理模式和运行机制举办高等职业技术教育的实施意见》。

2000 年 3 月，教育部颁布了《高等职业学校设置标准(暂行)》。

2002 年国务院召开了第四次全国职业教育工作会议。会议下发了《国务院关于大力推进职业教育改革与发展的决定》。

2004 年 4 月，教育部下发《关于以就业为导向，深化高等职业教育改革的若干意见》。

2005 年召开的职业教育工作会议，下发了《国务院关于大力发展职业教育的决定》。

2014 年 5 月，国务院印发《国务院关于加快发展现代职业教育的决定》，“创新发展高等职业教育。专科高等职业院校要密切产学研合作，培养服务区域发展的技术技能人才，重点服务企业特别是中小微企业的技术研发和产品升级，加强社区教育和终身学习服务。探索发展本科层次职业教育。建立以职业需求为导向、以实践能力培养为重点、以产学结合为途径的专业学位研究生培养模式。研究建立符合职业教育特点的学位制度。形成定位清晰、科学合理的职业教育层次结构”。

2014 年 6 月，六部门联合印发《现代职业教育体系建设规划(2014—2020 年)》，明确建立我国高等职业教育独立体系，系统构建从中职、专科、应用型本科到专业学位研究生的培养体系。

潘懋元高等职业教育思想所产生的影响和辐射作用，仍在社会的方方面面聚合、发酵，对高等职业教育的发展产生了巨大的推动力，同时也伴随着理性的思考，使高等职业教育的发展更加科学化、规范化和现代化。

四

为人为师为学之道

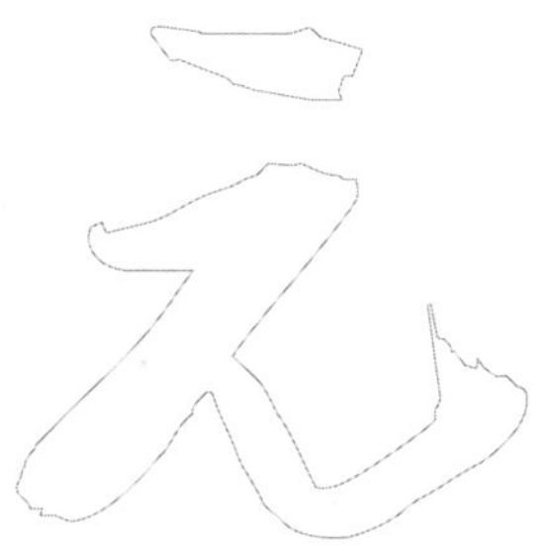

潘懋元的为学、为师、为人

陈武元　丁　彧

时光荏苒，岁月如梭。今年，潘懋元先生已是百岁高龄，杏坛耕耘至今已有整整85年。当今学界，鲜见能在期颐之年依旧坚持奋斗在教学科研第一线的大师，而他仍以饱满的精神、过人的精力忘我地工作，堪称一代楷模。

在与潘懋元先生多年共处的日子里，我们深感他人格魅力的伟大，常常自问，是什么力量支持着他不顾年事已高、数十年如一日坚守在教书育人和科研的岗位上，为学科发展、学生成长尽心尽责、鞠躬尽瘁？答案很简单：是热爱——在对学术的追求、对学生的教导和关怀中，无不渗透着他对事业的热爱之情和对学生成长的博爱之心；是坚持——长久以来，他始终保持着自青年时代便已形成的追求真理的执着和热忱。古语云“骐骥一跃，不能十步；驽马十驾，功在不舍”，他以“板凳甘坐十年冷”的勇气，无畏求索过程中的挫折和寂寞，以一份坚定和坚持取得了今日卓越的成就。

一、潘懋元之为学：坚毅执着，终创大成

众所周知，潘懋元是我国高等教育学科的创始人，是教育界的泰斗和一代宗师。他具有敏锐的思想、前瞻的意识和独创的精神。以潘懋元为代表创建的高等教育学科极具中国特色，不仅适应我国国情、经济社会发展规律和高教发展规律，而且在世界高等教育研究领域独树一帜。挪威学者阿

作者简介：陈武元，厦门大学教育研究院教授，兼厦门大学“一带一路”研究院常务副院长，《厦门大学学报（哲社版）》编辑部主任、副主编；丁彧，教育学硕士，厦门大学马来西亚分校科研处科长。

里·谢沃在《潘懋元——一位中国高等教育学科的创始人》一书中指出："中国的普通教育学是从西方引进的，但高等教育学却不是。在中国，高等教育学完全是由本土学者自己建立起来的，早在20世纪50年代就出现了发展的萌芽，当时西方还没有这么一个学科。高等教育学作为一门独立的学科，在20世纪70年代就建立起来了。这一学科最早的出版物是完全用中文编写的，那就是潘教授的《高等教育学讲座》。"[①]潘懋元从创立高等教育学伊始就将中国高等教育的理论和实践相结合，使高等教育的发展与经济社会的发展相适应。潘懋元曾说：我之所以研究高等教育，起因是当时给大学生和大学干部上教育学时的失败。为什么？当时师范学校的教育学，都是教中小学的，没有适合教育大学生的内容。20世纪50年代，由于失败引发了思考，觉得必须要建立一门学科，研究高等专业教育。"这就逼得我去写《高等教育学》讲义"。[②] 他深感高等教育学科发展的缺失，认为必须有一门学问专门研究高等教育，研究如何教育大学生、如何办高等学校。而研究高等教育必须根据教育外部关系的规律开展。教育的发展必须适应社会和经济发展，为社会经济发展服务，这样探讨高等教育问题才有预见性。

中国高等教育学科的形成和发展有其独特的历史轨迹。20世纪50年代，伴随着新中国工业建设和经济社会发展的步伐，我国高等教育经历了院系调整和制度改革，获得了迅速发展。但是，高等教育发展缺乏必要的理论支撑。潘懋元基于丰富的教育教学经验，敏锐地意识到系统搭建高等教育理论体系的必要性和紧迫性。1957年，潘懋元在《学术论坛》上发表了《高等专业教育问题在教育学上的重要地位》一文，从"教养"即"知能教育"、大学生身心发展和社会经验的特殊性等方面阐述了高等专业教育的特殊之处，并提出了建立一门"高等专业教育学"或"高等学校教育学"的倡议。同年，潘懋元与同仁共同编撰了中国第一本高等教育学教材——《高等学校教育学讲义》，这是中国学者在高等教育学科建设方面的第一次理论探索。但是，由于当时正值特殊的历史时期，高等教育受到了巨大的冲击，大学的教学科研工作基本停止，教育教学秩序陷于混乱的状态，他的建议未能获得应有的反响和重视。

---

① 阿里·谢沃.潘懋元——一位中国高等教育学科的创始人[M].高晓杰，赖铮，等译.北京：高等教育出版社，2006.

② 潘懋元.潘懋元文集：卷三(上)[C].广州：广东高等教育出版社，2010：49-50.

时代带来的波折并未阻断潘懋元推动学科发展的信念和决心。古语云:“古之立大事者,不惟有超世之才,亦必有坚忍不拔之志。”党的十一届三中全会以后,以恢复高考制度为标志,中国高等教育发展翻开了新的一页,高等学校的规模和数量都开始增加,高校的科学研究工作也迎来发展的春天。在被冷落了22年之后,潘懋元也再次迎来了学术发展的机遇。1978年,中国第一个以高等教育研究为对象的专门研究机构——“厦门大学高等教育科学研究室”成立,潘懋元被任命为研究室主任,研究室的目标被确定为建立高等教育新学科。同年12月,潘懋元分别在《光明日报》和《厦门大学学报》发表《开展高等教育理论的研究》和《必须开展高等教育的理论研究——建立高等教育学科刍议》等论文,系统阐述了开展高等教育理论研究的必要性。

潘懋元认为,科学是要扎根在大学的。在他的引领和不懈努力下,全国教育界同仁纷纷响应,教育行政部门也给予有力支持,全国陆续建立了多个高等教育研究机构,高等教育研究得以蓬勃开展。1983年,中国高等教育学会正式成立,时任教育部部长蒋南翔亲任会长。1984年,潘懋元主编的《高等教育学》正式出版,标志着中国高等教育学科作为一门新兴独立学科的正式成立,我国的高等教育研究也进入了全新的繁荣发展的阶段。此时潘懋元已是花甲之年,但他仍然全身心地投入到建立和发展新兴学科的实践中去,并取得了一系列的成绩:他是我国第一位高等教育学科的硕士生导师、第一位高等教育学科的博士生导师;在他的领导下,厦门大学高教所克服了地理上的相对劣势成为高等教育学科第一个全国重点学科点;厦门大学高等教育发展研究中心获批成为全国高等教育学科唯一的国家级文科重点研究基地——普通高等学校人文社会科学重点研究基地和“985工程”国家哲学社会科学创新基地。

“一花独放不是春,百花齐放春满园。”潘懋元不仅为厦大高等教育学科发展制定了“三步走”的战略规划,对全国其他高校的高等教育研究事业也倾注了许多心血和热情;他不仅将自己培养的优秀学生送到全国其他高校任职,对其他高校的高等教育学科建设也是有求必应。除厦大之外的全国最早的3个高等教育学博士学位点的设立,以及华中科技大学高等教育学国家重点学科点的获批,就是潘懋元大力支持其他高校高等教育学科建设的最好佐证。

潘懋元这位15岁开始从事教育工作、一生都献身于教育事业的大师，将教育教学和管理实践与理论构建相结合，建立和发展起的独具中国特色的高等教育学科，不仅取得了理论研究的突出成绩，也在服务国家经济社会的发展中发挥了重要作用。

二、潘懋元之为师：大爱无言，润物无声

韩愈在《师说》中写道，师者，所以传道授业解惑也。传道授业解惑换成现代的说法，就是教书育人。也就是说，教师的职责就是教书育人。

潘懋元从教80年，有教无类，桃李满天下。他在教书方面的严谨体现在其教学过程的每个细节，课前认真备课，雷打不动地准时上课，课堂授课的师生互动以及认真批改每个学生的作业，几十年如一日，堪称教师的楷模。他被评为"2014年度全国教书育人楷模"，既是对他一生从教的褒奖，也是实至名归。

潘懋元作为资深教授，对教学工作从不马虎应对，每次上课前都认真备课，始终坚持不断充实授课的新内容，而不是重复原来的讲义。准时上课，在通常情况下是容易做到的，但是在特殊情况下就未必容易做到了。这里仅举两个例子：一个例子是1999年，在厦门遭遇特大台风、大雨滂沱、校园一片狼藉的情况下，已是79岁高龄的潘先生赤着脚、步履蹒跚地走进了教室；另一个例子是有次上级主管部门领导来校视察，需要潘先生参与接待，在接待领导和上课时间发生冲突的情况下，他选择了按时上课，上完课后再赶去参加接待。潘懋元说，上课是教师的天职，必须雷打不动。课堂授课的师生互动，体现了潘懋元对教与学关系的诠释。潘懋元常说，高教所是培养教师的场所，高教所培养出来的学生将来是要当老师的。因此，他十分重视研究生的学习、研究和教学实践能力的培养。潘懋元创立的"学习—研究—教学实践"三位一体的研究生课程教学方法，既砥砺师生之间相互讨论、相互问难质疑，又营造了教师乐教学生好学的学术氛围。潘懋元给学生布置作业之多和要求之严格也是他教学方面的一大特色。每门课程要求完成5～7篇论文，这些作业必须通过大量阅读和认真思考后才能完成。潘先生认真批改每个学生的作业，也使得学生从不敢糊弄先生。

潘懋元在育人方面最为学界称道的是"潘式"学术沙龙。"潘式"学术沙

龙不仅在厦门大学乃至全国都广为人知，在国际学术圈也有一定的影响。1986 年，潘懋元与登门求教的研究生弟子共同开展学术交流为其开端，到今天，这个学术沙龙已坚持了 30 余年。沙龙这一形式开始于文艺复兴时期的意大利。17 世纪中叶的英国，一些科学家经常聚集在一起对科学研究中碰到的难题进行切磋，并自愿组成"无形学会"。"无形学会"就是学术沙龙的雏形。18 世纪下半叶，沙龙逐渐演变成为一个促进身份平等的地方。1931 年，美国科学家戈登发起召开学术交流会议，参加者交流尚未研究成功或者正在构思中的课题，会议除学术报告外，安排了大量时间让科学家们自由交谈，通过这些学术信息的交流，与会科学家获益不浅，这一学术交流方式后来被称为"戈登会议"。"戈登会议"就是现代学术沙龙的范式，它对推动现代科学研究发挥了重大作用。①

"潘式"学术沙龙既有一般学术沙龙的特点，又有潘懋元的独特创新之处。"潘式"学术沙龙举行时间固定在每周末的晚上，只要潘懋元在家，学术沙龙就会准时开始。30 余年的流光岁月，参加过"潘式"学术沙龙的学生、学者数以千计，许许多多过去的学生已经成长为今天的老师，还有更多的学生正在投身到热烈的学术研讨中来，投身到"家"的温暖氛围中来。这种漫谈式的沙龙由潘懋元主持，话题范围宽泛、气氛轻松自然。就在这轻松和谐、充满感情的交流过程中，学术得到了提升、情感得到了抒发、精神得到了滋养。沙龙的举办充分体现了学术自由的精神、探索真理的执着。通过构建学术交流公共空间的模式，培养了学生自由表达的习惯、激发了思辨能力，也促进了更为和谐的人际关系的形成。许多毕业生至今最为怀念的就是"潘式"学术沙龙，因为这不仅仅是一个学术交流的平台，更带给他们家的归属感，带给他们爱的温暖感受。正是在"自由讨论，平等对话，启迪思维，追求真理"的沙龙学术氛围下，让学生收获了学术成果发表的喜悦，体会了做学问的乐趣。

潘懋元曾经担任过小学校长、中学教务主任、大学教务处处长、大学副校长，80 年来，他当过小学生、中学生、大学生、硕士生、博士生的老师，一生都在践行一位优秀教师的职责。直到现在，潘先生在教学上依然坚持事必躬亲，从不假手他人。他仍然坚持站着上课、坚持亲自给研究生授课、亲自

① 罗尧成，朱永东．学术沙龙：一种研究生教育课程实施形式[J]．学位与研究生教育，2006，(4)．

指导和批阅学生论文、亲自批改博士生入学考试试卷。潘懋元 91 岁时因病住院，在病床上一只手扎着点滴针，一只手翻看学生论文，帮学生改作业，忘我工作。直到现在，潘懋元还每年带领学生外出开展调研、参加学术交流等活动。

在潘懋元培养的学生中，有在教育部担任职务的副部长、司长、处长等，有在高校任职的多位大学校长、副校长、处长，更多学生成为教授、博导、学科带头人。能有如此高的成才率，奥秘就在于先生对教育事业的高度责任心与对学生的深切关爱上。

三、潘懋元之为人：德厚流光，行为世范

潘懋元身为“一代宗师”，有深厚的学术修养，也充满着高尚的道德情操。他将个人道德与社会责任相结合，体现了真正的大家风范。

入世情怀。一直以来，潘懋元始终关注国家经济政治体制改革、关注世界科技发展态势，以积极进取的人生态度参与教育实践，坚持理论联系实际，推动教育、特别是高等教育改革与发展。他撰写的诸如《关于民办高等教育体制的探讨》《市场经济的冲击与高等教育的抉择》《可持续发展的高等教育发展观》《知识经济与高等教育的改革和发展》《高等教育大众化的教育质量观》《公平与效率：高等教育决策的依据》《做强地方本科院校建设高等教育强国》等众多论文，无不体现作为学者的历史使命和责任担当。中国高等教育学科成立 30 多年来，在潘懋元的大力推动下，高等教育与经济社会的发展融为一体，成为当今社会经济和科技发展变革的核心推动力量。

求真务实。潘懋元一生秉持的治学之道，简单而言就是“求真务实”。潘懋元曾说过“文章不写半句空”，这也是他严谨求真最贴切的表达。从投身教育时的翩翩少年，到如今德高望重的师界楷模，潘懋元从未停止过对真理的追求，也不曾改变过对真理的坚持。即使在“文革”时期，他依旧坚持真理和学术探索，发表《传统教育思想评析》《实用主义教育思想批判》等论文，为此成为教育大批判的靶子；在大学教育教学工作几近瘫痪之际，他冒着被批判的危险，依旧坚持制定教学规范，加强教学管理，维护教学秩序。潘先生撰写的文章从不繁文缛节，而是言简意赅，虽然深入浅出，但论理却极其深邃。

爱生如子。潘懋元不仅在学术上给予学生认真的指导，在生活上也给予学生无私的关怀。他对自己和家人在经济上是很“抠”的，但对家庭经济困难的学生却总是慷慨解囊。教育研究院每年的元旦晚会一直保留着潘懋元以学生名字作为谜底的猜谜有奖活动（猜对者可获得一个小礼品，或一张10元的面包券），足见先生对全院学生的熟悉程度。潘懋元每年都会请寒假没能回家过年的学生和单身教师吃年夜饭，并给每个学生准备新年礼物。以至潘懋元的儿子戏称“我父亲把学生当作自己的孩子，把自己的孩子当作学生”。潘懋元不仅关心自己指导的研究生，对其他导师指导的研究生也一样关怀。他是我们厦门大学教育研究院的大树，是师生的人生楷模。

淡泊物质。潘懋元一生淡泊物质，但对高教所（现为教育研究院）教职工的生活却极为关心。早在20世纪80年代，他就把自己稿费的一部分上交给所里，作为奖金发放给坐班的行政人员（行政人员工资比教师低）。20世纪90年代初，潘懋元被聘为汕头大学兼职教授，又将获得的兼职工资收入捐给所里，照例还是奖给坐班的行政人员；从2000年起，他又将自己获得各类科研奖励的大部分捐给所里，并将这笔钱与前面捐赠的剩余资金合并设立“潘懋元高等教育基金”，每年拿出基金的利息用于奖励优秀师生；2012年，潘懋元获得福建省优秀人民教师称号，他将获得的奖品（一辆奔驰商务车）兑现，作为奖金发给全院师生，自己一分不留。

豁达乐观。潘懋元经历过少年时期生活的困苦、求学的艰辛；在特殊的历史年代，他曾被迫到干校劳动、接受劳动改造、被分配到安徽、云南等地工作。这些人生的磨难从未磨平厦门大学教育研究院内心的豁达与乐观，从未阻断他开展教育实践和理论探索的步伐。潘懋元对自己的学术观点是很坚持的，教育外部关系规律的论争就是例证，但他对与自己学术观点不同的人却是很包容的，这是他豁达乐观的另一种表现。

潘懋元一生波澜壮阔，少时在生活的苦难中坚持求学不辍；壮年时即使遭遇坎坷依旧坚持对真理的探索；暮年时依旧心怀热情教书育人做学问。在近一个世纪的风风雨雨中，潘懋元以其大智、高德、博爱，真正体现了一名无疆行者的高尚追求，展现了一代大师的风骨和情怀！

潘懋元的学术人格与创造性研究

肖海涛

我国著名教育家、高等教育学创始人潘懋元先生的人生丰富灿烂、内蕴深刻，是富于传奇的教育人生。研究潘先生丰富而传奇的教育人生，可以发现，他的学术人格、生命意蕴和人生哲学有两个鲜明的特征：一曰"诚"，二曰"闯"。

——曰其"诚"。中国文化的这一核心概念"诚"，是潘先生立身处世之根。他赤诚向学，忠诚教育，精诚开拓，如《中庸》所言："诚者，天之道也；诚之者，人之道也"，"诚之者，择善而固执之者也"，"自诚明，谓之性；自明诚，谓之教，诚则明矣，明则诚矣"，"唯天下至诚为能化"。

——曰其"闯"。"闯"是潘先生的英雄本色，是他大丈夫立功立德立言的本体功夫。他性格坚强乐观，敢闯，善闯，能闯。他敢于创新，敢为天下先，闯出一条新路，闯出一门"中国创造"的新兴学科。

合起来，潘先生诚中有闯，闯中有诚；因诚而闯，由闯见诚；二者相互联系，和谐统一。从蒙童开始，他就欣欣然赤诚地憧憬向往问学之路。他克服种种困难，虔诚的"理想与追求"①就是做一个好教师。他无怨无悔真诚地热爱教师这个职业，无限忠诚祖国和人民的教育事业。他"板凳甘坐十年冷，文章不写半句空"，"精诚所至、金石为开"地开创出高等教育学这门"中国创造"的新兴学科。时至今日，我们满怀欣喜地看到，中国高等教育学日益成

作者简介：肖海涛，教育学博士，深圳大学高等教育研究所教授。

① 1980年中期，北京出版社、上海人民出版社、天津人民出版社和广东人民出版社等四家出版社"命题作文"，邀约一些文化界和教育界的知名人士给大学生谈自己的学习生活。潘先生联系自己的求学经历写了《理想与追求》一文。这与他小学毕业那年写的《我之志愿》对应起来，似乎是一种对生活的回应。

熟的体系、壮大的队伍、丰硕的成果，以及对不同层面教育政策与实践产生的积极影响。真可谓："由诚而成懋业，敢闯而创新元"！

一、赤诚向学："岂甘终暴弃，老大徒伤悲"①

潘懋元先生天资聪颖而又自强不息。在曲折的求学经历中，他赤诚向学，克服种种困难，上下求索，"博学、审问、慎思、明辩，笃行"，终于学有所成，体现了中国人所追求和向往的"诚则明矣，明则诚矣"的"诚""明"境界。从他的治学方法和立身处世哲学、学术视野和精神力量、国际视野和爱国情怀等方面，我们都可以饶有趣味地看出，他的成就深受早年求学经历的影响。

（一）寒门弟子愿有志，求学多艰不畏难

潘懋元先生1920年8月4日出生于广东省汕头市一个普通而贫穷的小商贩家庭。父亲潘镜耀觉得他们做生意很辛苦，希望子女们能够读点书，找一个比较好的职业，不像他那样做苦力，而且他觉得小懋元聪慧灵活、有读书潜力，不是做米糕生意的料，所以想尽办法让孩子念书。从中可以看出，父母的辛勤劳作和殷切期盼对潘懋元先生的求学产生了积极而良好的影响。在潘懋元先生6岁左右时，他父亲就让比懋元大6岁、正在上小学的哥哥潘载和在家里教小懋元念书，他哥哥也就成了他的启蒙老师(他哥哥很有才华，可惜21岁时英年早逝)。那时，小懋元白天在家帮着干些杂活儿，闲时自己翻翻书，期盼哥哥下午放学回家用小学启蒙课本教他念书，以及讲述学校当天发生的有趣故事。

8岁那年(1928年)，潘懋元先生正式进小学。他不是从初小一年级开始读起，而是插班进初小三年级。他真心实意地喜欢学校的读书生活，学习非常刻苦用功。断断续续读了两年小学，高小毕业时，汕头私立时中中学的校长杨雪立先生主持考试，出了一道作文题：《我之志愿》。小懋元用文言文写两三百字，给校长留下了良好的印象，并由此结下了一段师生缘分。日后杨雪立校长特别照顾这个优秀寒门弟子，只收半费让他进时中中学，继续

① 潘懋元先生1936年在汕头《小日报》上发表一诗《自戒》："幸是寒家子，万般总可为。掀天愿有志，投笔尚无时。年逐流光逝，心随俗世嬉。岂甘终暴弃，老大徒伤悲。"

学业。

中学生活给潘懋元先生打开了一个富有魅力的广阔新天地，在这里他得以尽情、尽心、尽性地发展他的兴趣和天赋。他如饥似渴地学习，对阅读和书籍的兴趣一发不可收拾。正常的课程学习之外，他看了很多课外书籍。这所学校有个很好的藏书楼，专门辟出了一间用作读书室。在潘懋元先生幼小的心里，书籍对他有无穷的吸引力。他和哥哥一起先是借学校藏书楼的书看，之后就到汕头市图书馆借书看。当时的规定是“押钱借书”：一次押一块钱，借两三本书；过几天将书还回去，仍然可借两三本书；这样不断往复，用一块钱可以看很多书。渐渐地，他成了“书痴”，爱书如命，成天总是抱着书在看。汕头市图书馆借的书不够看，就经常买书看。钱不够，就从午饭钱中节省出来。他早上在家吃饭，父亲每天给一毛钱让中午在学校吃饭，晚上回家吃饭。他常常中午舍不得吃饭，将钱省下来买书，一直饿到晚上回家才吃饭。直到胃痛被父母发现才罢。

书山有路，学海泛舟，日积月累，水到渠成，潘懋元先生就开始写东西向外投稿。12 岁念初中一年级时，第一次在汕头《市民日报》上发表文章。从此，一发不可收。他花很多时间在写作上，包括诗歌、散文、小说、时事评论等。中学阶段，他在报纸上发表不少文章，同学们给他起了个外号“文学家”。发文章还能拿些稿费，稿费主要用来买书，大多是文学方面的书籍。从这时开始，对文学的爱好成了他生活的一部分，终身保留。不管是后来念高中、念师范、念大学，还是后来参加工作，一有空就看些东西或写些东西。刚开始也许是为了赚稿费，后来慢慢成了生活习惯。现在他还抽时间看小说，特别是出差途中，《中篇小说选刊》是他旅行箱中必不可少的读物。虽然与文学有不解之缘，但他始终没有滋生出要做文学家的梦。似乎命中注定，潘懋元先生是要当老师的。

潘懋元先生天赋的另一方面还在于，他有着很强的逻辑思维和抽象思维能力。小时候，他会望着深邃莫测的天空，望着天上的星星和月亮，浮想联翩：

星星后面再过去是什么东西呢？是不是空的呢？是不是有堵墙还是什么呢？是不是到底了呢？到了底以后又是什么呢？从东面过去是什么呢？从西面过去又是什么呢？

这些关于时空、关于宇宙的大本大源的问题，一个接着一个冒出来，让他的小脑袋充满着困惑和疑问，也充满着思考和想象，也展现和发展了他良好的探究精神和思维能力。这种思维能力对他日后的教学和研究无疑具有很大的帮助。

（二）行效今古智仁勇，学贯中西"封资修"

15岁那年历时半年的小学代课教师经历，笃定了坚定潘懋元先生的理想与追求："当老师，当一名好老师。"此后，他想办法念师范、自学教育著作、旁听师专课程等，都是为了当好老师。抗日战争爆发后，他参加了两年多的抗战工作，多次执行任务，又经常在报纸上发表一些针砭时政的文章。由于"抛头露面"，生命安全受到威胁，在共产党组织"隐蔽精干"政策的指示下，青年懋元真诚向往和务实地选择到战时已迁至福建长汀的厦门大学求学。

1940年6月中旬，连绵阴雨后放晴的一天，青年懋元带着父亲辗转托人筹措的一百块钱路费，和两个好友一起怀着对学问的憧憬，向长汀进发。南方的6月，潮湿闷热，烈日毒辣；崎岖的山路，雨后泥泞；铿锵三人，跋山涉水，翻越崇山峻岭，穿越因战时而荒无人烟的地方，前后走了一个多星期才达到长汀。7天的山路，记载了潘懋元追寻理想的足迹，也见证了他的青春梦想，更证明了一条朴素而简单的真理：命运虽不可知，但路就在自己脚下。

好事多磨，经过两次投考，1941年夏天潘懋元先生第二次报考厦门大学才终于如愿以偿，进入著名的厦门大学。厦门大学是由爱国华侨陈嘉庚先生于1921年"精忠报国、舍家兴学"创办，自创校之初就形成了一种"自强不息、止于至善"的优良传统。在艰苦的抗战时期，在校长萨本栋"勤俭爱国、舍身治校"精神的感召下，更形成了一种长汀精神。这种精神不仅体现了全校师生的信念与追求，更体现了中华民族自强不息生生不息的坚强意志。解读潘懋元先生的教育人生，不难发现：他在厦门大学的求学经历，厦门大学在艰苦的战争年代所体现的坚强意志和南方之强的形象，以及爱国华侨陈嘉庚、校长萨本栋、王亚南等优秀人物的榜样，对他产生了良好而深远的影响，涵育了受益终身的自强不息的品格和忠诚于教育的爱国主义情怀。

在厦门大学，潘懋元修了两个专业：主修教育学，副修经济学。他惜时如金，万分珍惜这来之不易的机会，如饥似渴、全心全意、诚诚恳恳地投身于新的学习生活中。在教育学专业，他系统学习了教育学和心理学方面的知识。他的老师中不乏名师，例如，系主任李培囿教授是从美国哥伦比亚大学留学回来的教育学博士，美国著名教育家杜威的学生；另一位阮康成教授也是留学美国哥伦比亚大学回来的教育学博士(阮康成后来去了美国,临终前通过潘先生将一部分遗产赠给厦门大学教育研究院设立"阮康成教育奖学金");还有一位年轻的陈景磐教授在教育史研究方面开始崭露头角,后来成为著名的教育史方面的专家。

在经济学专业,他同样学了不少经济学方面的知识。现在我们常会惊赞,潘先生对一些教育统计上的数据如数家珍,对教育与经济、教育与社会的关系特别敏锐,这与他早年副修经济学专业当然有着很大的联系。特别是在经济学课程中,他修了著名经济学家、与郭大力一起翻译《资本论》的留德回国的王亚南教授的高级经济学课程。王亚南教授将理论问题与中国的官僚主义、中国经济的特殊问题联系起来的授课方式,给了他深刻的影响。特别是在方法论上,王亚南喜欢引用物理学家海森堡的名言:"提出正确的问题,往往等于解决了问题的一半",要求学生用研究的态度进行学习。期末也是开卷考试,有一道题是要求学生对所讲内容提问,然后再上最后一堂课,回答学生们提出的问题。这种思考问题和研究问题的教学方法和方法论对潘先生产生了很大的影响。日后潘懋元先生在研究生教学推行了"三段教学法",大约与此有着一脉相承的关系。

潘懋元先生还是个很会进行"时间管理"的高手。大学四年,他广泛地多方面地发展自己。他一边读书,一边到中小学兼课,后来还做了中学教务主任;他还同一帮爱好文学的青年一起搞文学活动,其中有些人后来在文学上颇有成就,如姚一苇、朱伯石等。他担任教育系的级会主席、教育学会主席和学生服务处主任等,他组织教育兴趣小组,如"仲尼组""杜威组""行知组""卢梭组"等,开展读书活动等。紧张的学习和多方面的工作,使潘懋元先生学会了理论联系实际的工作方法,学会了科学管理时间的多方工作和谐兼顾的他称之为"弹钢琴"的工作艺术。他把工作、学习、生活、情感当成具有不同音质、音色的琴键,合理地分配自己的时间、精力,处理各种复杂的事务。这种"弹钢琴"的工作方法使他受益匪浅。多年来,潘懋元先生教学、科研、行政、社会活动多面作战,合理协调,靠的就是这种"弹钢琴"的管理时间的艺术。

在学与用、学与思的结合中,他真诚地认识到,要学以致用,所学理论必须与中国实际相结合,与人民大众需要相结合。他关心当时的文字大众化运动,他认为,要实行大众化,就必须让劳工受教育。1945 年大学毕业时,潘懋元先生结合中国当时的社会实际，撰写的毕业论文是《劳工教育的理论与实施》。这里不妨摘录一段他大学毕业论文上的一段话：

劳工教育是解决劳工问题的重要方法。在现代的生产关系中，劳工问题日趋严重，所以劳工教育的重要性，亦日见提高。劳工问题的得失，不但关系到劳工本身，而且影响整个社会的经济和国家的政治，所以劳工教育的重要性，亦就不只对于劳工本身有重大的作用，而且对于政治组织、生产事业亦有非常的影响。劳工是生产事业的原动力，劳工教育的重要性尤为不可忽视。①

由此，潘先生的赤子之心略见一斑。他一生都心系广大劳动人民，心系广大民众。日后，潘先生特别关注中国高等教育大众化、高等职业教育、民办高等教育，很难说与此没有一脉相承的关系。

在回顾自己的学习经历和知识源泉时，潘懋元先生曾老老实实地坦诚、却又不无幽默生动地戏说：我整个的一个“封”“资”“修”②。虽是戏说，却反映了潘懋元先生学习生活中三个方面的知识来源——童年时代，学习的是中国传统文化（戏称为“封”）；青年时期上大学，主要是学习美国实用主义的哲学（戏称为“资”）；1950 年代初在中国人民大学和北京师范大学进修研究生，主要学习俄语苏联教育理论（戏称为“修”）。他的这批研究生同学，如黄济、王策三、王天一、章志光、王道俊、邵达成、王逢贤、谢之良等，后来都成为大家，在教育学界或心理学界取得很高成就。

三个方面的知识来源，构成了潘懋元先生良好的知识结构，奠定了他扎实的学术功底，为他提供了丰富而深厚的精神滋养。博大精深的中国传统文化，奠定了他扎实的中国文化功底，奠定了他的基本伦理和道德观念，奠定了他深厚的爱国主义情怀。美国实用主义教育哲学的讲究灵活、讲究实用，以及苏联教育模式的注重教学过程和教学质量等，为潘懋元先生展现了广阔的学术视野和灵动的方法论启示。日后，潘懋元先生在学习和研究生涯中，在长期坚持不懈地“学习—教学—学习”“理论—实践—理论”的贯通中，他体现出深厚的国学功底和学贯中西的理论基础，体现出广博的学术视野和恢宏的学术气魄，体现出立足现实的务实精神和纵横驰骋的大气象，体

① 潘懋元.劳工教育的理论与实施[C]//潘懋元文集：卷七.广州：广东高等教育出版社，2010：7.

② 潘懋元.潘懋元文集：卷一[C].广州：广东高等教育出版社，2010：26.

现出广阔的国际视野和深厚的爱国情怀等等这些特点，都可以从早年的学习经历中找到影响。

二、忠诚教育："如果有来生，我还愿意做教师"

《中庸》讲："诚之者，择善而固执之者"。一个人真诚地追求某种美好的目标，就会从灵魂深处化作一种理想、一种信仰、一种动力，滋养他的现实生活，为他提供一种力量源泉，促成他忠诚地、竭诚地、虔诚地、诚心诚意地、心悦诚服地去追求它、实践它、完成它，从而实现生命的意义。对潘懋元先生而言，"当个好老师"，无疑是他虔诚的理想和追求、执念和信仰。他一辈子都在向往它、追求它、忠诚它、信仰它、实践它、实现它。他曾无限深情地坦诚："我一生最为欣慰的是，我的名字排在教师的行列里。如果有来生，我还是愿意选择做教师。"他的生命轨迹大写的是：忠诚祖国和人民的教育事业。

（一）初为人师挫愈奋，理想追求行更坚

机缘巧合，15 岁那年潘懋元先生有了第一次当老师的经历。1935 年，潘懋元先生陪着他生病的哥哥回到揭阳老家养病。当时，揭阳树德小学校长是哥哥的朋友，探访他哥哥病情时，见到了聪明、懂事、已经练得良好口才的少年潘懋元，正巧树德小学缺老师，便聘请少年潘懋元做树德兼课教师。1935 年秋天，少年潘懋元第一次登上神圣的讲台。为了迎接人生中的第一次讲课，少年潘懋元课前下足了功夫，做了认真的备课。但到了真正上课的那一天，一站在讲台上，就紧张万分，语速变快，只用了二十来分钟就讲完了备课的内容，再也不知道讲什么好。他窘迫地站在讲台上。调皮的小学生们一看到老师不知所措，便在下面叽叽喳喳、打打闹闹，教室里面乱作一团。这第一次教学显然是失败的。①

第一次，往往是个重大的坎，跨过这个坎，战胜自己，就离成功近了一步；战胜不了自己，就与成功失之交臂。面对失败，有的人会放弃，有的人会坚持，哪里跌倒哪里爬起来。潘懋元先生无疑属于能够坚持的人。第一次教学虽然失败了，但理想的种子却在他心里发芽。15 岁，不可能对教师的社

---

① 潘懋元，口述.肖海涛，殷小平，整理.潘懋元教育口述史[M].北京：北京师范大学出版社，2007：30.

会意义有更深刻的认识，也不懂“太阳下面最光辉的职业”所包含的责任与意义，失败的第一次教学更不可能会给他带来什么兴趣，但性格中的倔强和执着，“明知山有虎，偏向虎山行”的“牛劲儿”，促使他这第一次在困难中萌发出立志从教的理想。“一定要做个好老师”的诚挚信念，使潘懋元先生找到了为之努力奋斗一生、忠诚一生的目标，支撑他在以后的人生道路中，无论遇到什么艰难困苦，都要忠诚坚定地走下去。而且，经过几十年的人生阅历，他悟出一个道理：理想，是要有兴趣为支柱的，但兴趣所在，却不一定就是理想所在。理想的形成，也不一定从兴趣开始。有意义的理想，往往是和困难相始终的。如果只谈兴趣，不谈理想，就会缺少克服困难的动力。日后，潘懋元先生从事高等教育研究，遇到困难也总是想办法克服，有时候甚至是“明知不可为而为之”。这也是他“贵在坚持”的品格使然。正是这种“贵在坚持”的品格，使他不断走向成功。

（二）育人最是欣慰事，来生仍愿执教鞭

潘懋元先生性格坚毅执着，为人真诚豁达，具有良好的文笔和口才，具有很强的逻辑思维和抽象思维能力，具有智慧性的幽默感，以及具有影响他人的感召力。这些优良品质和“正能量”，无疑很有助于成就一个优秀教师。潘懋元先生从小虔诚的理想与追求就是当教师。为此，他一生诚于斯、信于斯、忠于斯、敬于斯、笃于斯、乐于斯。斯斯文文，郁郁乎文哉，精心育桃李，芳菲满天下。值得欢欣鼓舞的是，2014 年 9 月 9 日，在庆祝第三十个教师节来临之际，潘懋元先生获选“全国教书育人楷模”的称号，在人民大会堂受到习近平主席的亲切接见。这对一位教师来说，是莫大的荣誉和肯定。

从 15 岁初为人师至今，潘懋元先生已有 85 年教龄。85 年来，潘懋元先生教学成果斐然，所教学生难以数计，单研究生就有几百人。潘先生为我国高等教育学领域培养了许多优秀的专业人才，他的学生遍布全国各地，包括香港、台湾和澳门的学者。许多学生都已学业有成，不少人成为具有学术影响的专家学者和学科带头人，不少人成为高校和教育部门的领导。老实说，厦门大学所处的地理位置相较于北京、上海等大城市，交通相对不便，这里能够发展成为影响全国的高等教育研究中心，吸引全国各地的精英学子来此学习，很大程度上源于潘懋元先生的学术影响力和人格魅力。

在教学中，潘懋元先生以坦诚的态度，与学生们诚实地对话。研究生培养中，每年的研究生入学，潘先生在第一次报告中总是要提及韩愈的《师

说》:“弟子不必不如师,师不必贤于弟子,闻道有先后,术业有专攻,如是而已。”他真诚地鼓励学生“青出于蓝而胜于蓝”,鼓励学生在学术发展上展开讨论,允许学生与导师有不同的意见,提倡学术沟通,提倡学术平等。同样,他要求学生要做到“诚”,为人为学,诚实无欺,老老实实,踏踏实实。针对研究生需要“在研究中学习,在学习中研究”的特点,潘懋元先生求真务实地摸索出一套行之有效的研究生教学法——“学习—研究—教学实践”三位一体的研究生课程教学法,将学习、研究、教学实践三者有效结合起来,促进研究生既系统地学习一门课程,又能深入钻研某一课题。

潘懋元先生热爱学生,创新了研究生培养模式。他举办的家庭学术沙龙是一道亮丽的学术风景线。每星期六的晚上,只要不出差讲学或参加学术活动,他就在家里举办学术沙龙。在家庭沙龙上,在温馨活泼的氛围中,师生们就学术、时事、生活畅所欲言,既谈学问中的人生,也谈人生中的学问,无所谓学问与非学问的区别,团结紧张与严肃活泼并无明显的界限。同时伴以满室茶香、咖啡香和各种点心,在精神食粮的享受中有物质食粮的享受,真正体现出了“自由讨论,平等对话,启迪思维,追求真理”的沙龙学术原则。他的家庭学术沙龙持续了30多年,并且随着研究生人数的增加日益兴盛,成为研究生教育的重要课堂和师生的精神家园。

“三生有幸入潘门,一世倾情谢师恩”。从我个人跟随潘先生求学的经历中体会出,潘先生能发现、鼓励和发扬我的长处,对于我的不足他洞察秋毫,但多数时候他很高妙地让我自己用诚心去体悟和自觉。对我而言,通过诚心和自觉地体悟,似乎更能感知一种力量,从而更加努力向上向善。教育的真谛不正是这样吗?一棵树摇动另一棵树,一片云推动另一片云,一个灵魂唤醒另一个灵魂。2005至2006年,我和殷小平一起整理《潘懋元教育口述史》,在潘先生温馨的家,伴着茶香,听着潘先生真诚地讲述他的教育人生,真切地感知他为人为学的真诚和一个教育家的赤子情怀,印象是如此美好。近些年来,对潘先生的阅读和理解愈深,愈感觉出他身上有一种精神力量。这种力量潜移默化地影响着我的思维和信念、生活和性格。潘先生对我的影响深入到骨子里,深入到日常生活中。遇到问题时,头脑中不经意会冒出:“潘先生会怎么看(这件事),潘先生会怎么做”?我还常自勉:“是潘先生的学生,不能丢潘先生的人。”老实说,身为潘先生的学生,有一种自豪感,也有一种自尊自爱自律感。良师的影响,如影随形,春风化育,受益终生。

三、精诚开拓:"板凳敢坐十年冷,文章不写半句空"[①]

《中庸》说:"诚者,物之终始,不诚无物。"人生在世,要立功立德立言,成就一番事业,自始至终,就要做到"诚";没有"诚""无物",做不成事,不能成功。潘懋元先生不仅教书育人,是一个好老师,更是极具创造性的好学者、好研究者。潘懋元先生敢为天下先,"精诚所至,金石为开","板凳敢坐十年冷,文章不写半句空",精诚地开拓出一片崭新的研究领域,开创出高等教育学这门"中国创造"新兴学科。回顾古今中外的教育研究史,一门学科的创立和发展,与一位真诚的学者虔诚努力、毕生奋斗密切相连,这在整个教育史上,堪称奇迹。潘懋元先生就是这创造奇迹的人。他是英雄,敢为天下先;他是创始人,创造新兴学科。而且,这一"中国创造"光耀中华,影响全球。

(一)英雄曾敢先天下,学科今已蔚神州

从20世纪50年代中期开始,潘懋元先生就结合工作需要,开始饶有兴趣地、诚诚恳恳、兢兢业业地拓荒于高等教育研究领域。回顾起来,这一研究的发端,也是始于"诚"。

1956年,在党中央提出"百花齐放,百家争鸣"的"双百"方针和"干部要变外行为内行,大学干部要学点教育学"的背景下,厦门大学要求潘懋元先生给全校干部和教师开设教育学讲座。但当时的教育学理论主要以中小学生为研究对象,脱离大学实际,不切合高校干部和教师的需要。诚实地说,这样的教学,效果不好,是失败的。但失败的经历,对于性格坚强的潘懋元先生来说,从来就不是拦路虎。如果说15岁那次"失败的教学",让潘懋元先生立志"当个好老师"的话,这35岁时"失败的教学",则改变了他的研究视野——他开始转向高等教育研究,开始思考高等专业教育问题和高等学校教育问题。他敏锐地抓住了高等教育和普通教育的区别,指出它们不仅是程度的区别而且有着本质的区别,大胆提出要建立一门高等专业教育学。

① 2007年潘懋元先生在出版《潘懋元教育口述史》时自勉所题。这实际上是他的座右铭。见:潘懋元,口述.肖海涛,殷小平,整理.潘懋元教育口述史[M].北京:北京师范大学出版社,2007:扉页。

1957年,潘懋元先生在厦门大学《学术论坛》第3期上发表《高等专业教育问题在教育学上的重要地位》一文,这是新中国第一篇倡导高等教育研究的学术论文。他勇于创新,在文中提出:

究竟是什么原因使高等教育问题和普通教育问题中间存在很大的差别呢?主要由于下列两个因素:(1)高等学校教育,就其性质言,是专业的,内容复杂,与国民经济各个部门直接联系。就其系统而言,是建立在普通教育基础上的高等教育。(2)大学生是十八九岁以上的青年人,已经达到成人的阶段,他们的身心发展特征与社会经验不同于中小学生。①

潘懋元先生在文章中进一步旗帜鲜明地大胆提出,要建立一门"高等专业教育学"或"高等学校教育学"。他说:

高等教育专业教育有许多特殊问题要研究,是教育理论工作重要与广阔的园地。……必须像"学前教育学"那样,逐步地建立一门称为"高等专业教育学"或"高等学校教育学"的教育科学。②

与此同时,他与同事们一起合作编写了我国第一本探讨高等教育问题的教材《高等学校教育学讲义》,提出并分析建立一门"高等专业教育学"或"高等学校教育学"理论与设想。

随着"文革"的结束和祖国科学春天的到来,潘懋元先生旧议重提,倡导建立高等教育学科。1978年他在《光明日报》和《厦门大学学报》上相继发表文章:《必须开展高等教育理论研究——建立高等教育学刍议》,大力倡导开展高等教育理论研究。这是第一次公开而正式地提出要建立一门"高等教育学"。同时,他率先在厦门大学成立了全国第一个高等教育研究室,研究室迅速发展成为影响全国的高等教育研究中心。20世纪80年代初,高等教育学作为一门学科得到国家的正式认可,成为教育学中的一门相对独立的二级学科。为了壮大研究队伍,潘懋元先生开始着力培养后备研究力量,先后招收全国第一批高等教育学硕士研究生和博士研究生,他也因此成为我国第一位高等教育学的硕士生导师和博士生导师。

从1979年开始,潘懋元先生就着手编写《高等教育学》。编写《高等教育

① 潘懋元.高等专业教育问题在教育学上的重要地位[C]//潘懋元文集:卷二(上).广州:广东高等教育出版社,2010:5.

② 潘懋元.高等专业教育问题在教育学上的重要地位[C]//潘懋元文集:卷二(上).广州:广东高等教育出版社,2010:16.

学》的过程，充分体现了实事求是、求真务实、真诚踏实、老老实实的科学态度和责任感。从编制大纲、组织编写、反复修改、油印试用，到定稿出版，前后历经6年，终于出版《高等教育学》。这反映了一个教育理论工作者的真诚态度和科学精神。当然，《高等教育学》是中国也是世界上第一部高等教育学著作，也是高等教育学作为一门学科正式建立的标志性著作。从此，高等教育学作为一个新兴学科正式建立。

在高等教育学理论大厦中，"两个规律"无疑是核心而重要的理论基础。"两个规律"的提出和修正，也充分体现了"诚"的精神。1980年第一机械工业部教育局在湖南大学为其部属几十所高校领导干部办教育科学研究班，邀请潘懋元先生去讲课。在讲课中，潘懋元先生第一次正式而公开地提出，教育有两条基本规律：一条是外部关系规律，一条是内部关系规律。1983年在编写《高等教育学讲座》中，他又对教育内外部关系规律做了进一步阐述，对规律的表述又做了修正。

从潘懋元先生不断发展高等教育学的研究方法中，也可以看出他诚实的治学的态度。2001年，他和博士生们一起出版了《多科学观点的高等教育研究》一书。他在该书《序言》中提出：

> 为了建构高等教育学科理论体系，我们在研究高等教育现实问题（应用研究）的基础上，要有计划地进行一系列理论与实际结合的研究，做好理论准备和方法论准备，逐步向学科建设的目标逼近。①
>
> 一门学科的建设，既要有独特的研究对象，完整的理论体系，还要逐渐形成独特的研究方法。高等教育学的独特的研究方法可能就是多学科的研究方法。②

高等教育学是一门不断走向成熟的学科。从潘先生开拓研究中，可以看出，他不断发展他的观点、完善他的观点，这就是诚实地、老老实实地做学问的态度，也是实事求是、求真务实的科学精神。

（二）踏遍青山人未老，大爱无疆中国心

高等教育学不是一门关在书斋的学问，它是一门开放的学科，一门"接

---

① 潘懋元.多学科观点的高等教育研究[C]//潘懋元文集：卷二（上）.广州：广东高等教育出版社，2010：212.

② 潘懋元.多学科观点的高等教育研究[C]//潘懋元文集：卷二（上）.广州：广东高等教育出版社，2010：215.

地气”的应用性学科，一门具有很强现实感和时代感的学科。潘懋元先生不是关在书斋里闭门造车，他的学问、他的关怀、他的情怀与社会现实紧密相连，与时代潮流紧密相连，与社会政治、经济、文化、科学发展需要紧密相连。他认为，高等教育是一个复杂的、开放的、多维的系统，相较其他教育系统，它更与社会方方面面有着千丝万缕的联系。高等教育必须同社会政治、经济、文化、科学发展相适应，并为社会政治、经济、文化、科学提供服务，从而在主动适应外部环境及其发展变化中，获得社会支持并增强自身活力，发挥自身的功能，实现自身的价值。因此，在进行高等教育学科建立和理论建设的同时，潘先生花了相当时间和精力关注世界和中国高等教育发展的现实问题。他关注知识经济社会和高科技革命对高等教育的挑战和应对之策，关注中国高等教育大众化问题，关注中国高等职业教育发展问题，关注中国民办高等教育发展问题。

多年来，潘先生已经养成了一种习惯，带领学生们去各地进行教育实践和教育考察。近些年来，他关注得最多的是中国的高等职业教育问题和民办教育问题。他认为：“中国高等教育大众化的发展，关键在两个方面，一是民办高等教育，二是高等职业技术教育。中国高等教育中，目前问题最大的，恐怕是职业技术教育。这个问题如果解决得好，成就也很突出；如果解决得不好，也会从整体上影响中国高等教育大众化的质量”①。因此，他时常带博士生们去进行教育考察和教育调查，从中找出高等教育现实中的问题和症结，为进一步的理论研究和政策研究提供支持。

多年来常会有不同高校请潘先生去讲座或指导，潘先生心怀天下、关注现实，他几乎是来者不拒、有求必应。记得有一次陪潘先生到广州讲学，我们坐早上 7 点的飞机从厦门出发，下午潘先生讲座，讲座完后当晚飞回厦门。第二天潘先生要给博士生们上课，而且一讲就是一整个上午，让人好生佩服。我发现，潘先生会“时间管理”体现在很会劳逸结合、很会休息上。他在飞机上喜欢看小说，也能小睡一阵子，一下飞机就很快能进入工作状态。记得有一次，我们坐车赶飞机去外地，刚才潘先生还在说着话，过了一会儿就睡着了，我则未能入睡。过了一小小会儿，潘先生就醒了，他很新鲜地继续聊天。又一次，飞机晚点，我们已上了飞机但不能按时起飞，几十架飞机起

---

① 潘懋元，口述.肖海涛，殷小平，整理.潘懋元教育口述史[M].北京：北京师范大学出版社，2007：228.

飞后才轮到我们的飞机起飞，一般人坐在那里百无聊赖，潘先生则很有兴致地观察一架架飞机如何起飞，神情怡然如正在好奇和探究的孩童。从夫子游，耳濡目染，印象深刻而美好。我想，这深刻而美好的印象，是学生眼中的老师立体、丰满、美好的形象，是近距离深切体悟潘先生的真诚之心和人格魅力。潘先生行者无疆，大爱无疆，闪耀的是一颗爱祖国爱人民爱教育的中国心。

结语：生为教育诚和闯，既开风气又为师

有些人来到这个世界上，似乎命中注定带有一种使命感，为着某种特殊使命而降临于人世。著名教育家、高等教育学创始人潘懋元先生无疑就属于这种带有使命感的人。“诚”与“闯”，是中国文化的鲜明特征和中国知识分子君子人格的理想追求。潘懋元先生一生忠诚地实践了“诚”，他由诚而成，实现了他的使命，实现生命的意义；他敢闯而创，成就了一个优秀教师、一位教育家的光荣事业——桃李天下成懋业，高教研究闯新元。

写到这里，想到《中庸》上的一段话作为本文的结束语：

唯天下至诚，为能尽其性；能尽其性，则能尽人之性；能尽人之性，则能尽物之性；能尽物之性，则可以赞天地之化育；可以赞天地之化育，则可以与天地参矣。

潘懋元的教师职业荣誉感

于洪良

从1935年9月在汕头揭阳担任私立树德小学三年级的国文、算术代课教师至今，我国高等教育学科的主要开拓者和奠基人、厦门大学文科资深教授潘懋元先生躬耕讲坛已历85载春秋冬夏。他先后担任小学生、中学生、大学生、硕士生、博士生的老师，教育实践几乎涵盖整个教育体系；从小学校长、中学教务主任，当到“985工程”大学的教务长、副校长，至今仍持守在高等教育教学科研第一线，“人不下鞍，马不停蹄”，堪称教书育人的至尊典范。潘先生不仅是我国著名的教育理论家和优秀的教育社会活动家，更重要且可贵的是，更是一名杰出的人民教师。85年来，潘先生坚守三尺讲台，志比精金，心如磐石，许身孺子终不悔，皓首穷经志不移，培养了大批高层次优秀人才，仅硕士、博士就多达百余名，可谓桃李满天下。作为一名教师，潘先生的“德、识、才、学、能”均已达到了令人向往、难以企及的高层次高境界。执着，使他的教育人生涯绚丽多彩；热爱，让他尽情地享受着其中的快乐。

95年人生路、80载教育程。潘先生经年累月埋首教案、驻足课堂、创榛辟莽，他的职业生涯和“教育”这个关键词始终紧紧联系在一起，何曾须臾分离？笔者虽无缘亲炙于潘先生，但对他之为人学问，心向往之久矣，获益宏矣。多年的倾慕和仰视先生，愈加发现，“教师”这一职业的荣誉感以及幸福感、责任感、使命感始终贯穿其中，成为支撑他、伴随他、激励他自强不息、奋进不止的无穷动力。他对教师职业的痴迷、挚爱、尊崇随处可见，俯拾皆是。

——2014年教师节前夕，潘懋元当选为全国教书育人楷模，而且是年龄最长的一位，当人民日报记者问及感受，潘先生说自己很幸福，“我是‘播种

作者简介：于洪良，管理学博士，山东财经大学党委宣传部部长，编审。

者’,又是‘收获者’,得英才而育之,这是一名老师的最大快乐。”

——在2010年举行的一次庆典上,90高龄的潘懋元说,“如果没有学生,我会很寂寞”。他多次说过这样的一句话,“我一生最为欣慰的是,我的名字排在教师的行列里”,“如果再让我选择一次,我还会选择教师这个职业”①。

——潘懋元先生曾满怀深情地多次说过:“我的理想就是当教师,当一个好老师”“如果有下辈子,我还当老师!”“教师,是我的生活,也是我的幸福的追求,也是我价值的体现。当老师是教育学生,自己也在不断地成长。教师,应该比喻为园丁。园丁种了满园的百花,自己也在种花之中不断吸取经验、提高水平,使园林花更美、更繁盛。”

言之殷殷,情之切切。近一个世纪的心血付出和汗水凝结,不懈的追求和高度的敬业精神,结出桃李芬芳和论著等身。笔者断言,这在很大程度上可以说是空前绝后的。

值此潘懋元先生百岁华诞暨从教85周年之际,深思明察、修习躬行的他无限热爱教育事业、甘为人梯育英才的嘉言懿行,对我们进一步践行习近平总书记提出的“四有”好教师重要论断,进一步加强教师的职业认同和专业发展,让教师真正拥有职业的尊严和幸福,从而当好“梦之队”筑梦人,办好人民满意教育,具有重要的理论价值与实践意义。

一、职业荣誉感与教师职业荣誉感

荣誉,是个人社会持存与社会价值导向的集中反映,是个人自我价值与社会价值相统一的表现。荣誉是个体的才能、业绩、贡献、德性等价值关系隶属于所在集体的价值系统时,受到集体积极的和肯定性的评价而获得物质性或精神性的褒扬和赞誉,是个体内在品行的外在表现。

对于荣誉,古今中外的博学之士无不推崇备至,且不乏精彩论述。

清华大学原校长罗家伦先生在《荣誉与爱荣誉》一文中说:“荣誉是人格光辉的表现……漆黑黯淡地过一世,这种生存有何意义?”法国思想家孟德斯鸠曾经说过:“光荣是我们获得的新生命,其可珍可贵,实不下于天赋的生

① 潘懋元.得天下英才而教育之[J].医学教育探索,2006(10).

命。”歌德也有一句名言:“你若失去了财产——你只失去了一点儿,你若失去了荣誉——你就丢掉了许多。”英国诗人拜伦的诗句更胜一筹:“情愿把光荣加冕在一天,不愿无声无息地过一世。”可见一个人是否活得有价值,有无荣誉感的确是一个公认的衡量点。

所谓荣誉感是个体获得荣誉后产生的自我意识与内心满足。有社会学家认为:“一个人的荣誉感是他最真实、最基本的自我。它直接影响他的行为。”荣誉感作为人们的一种高层次精神追求,在人生坐标中有着极其重要的地位。而职业荣誉感,则是指一定的社会或集团对人们履行社会义务的道德行为的肯定和褒奖,是特定人从特定组织获得的专门性和定性化的积极评价,作为从事本职业的个人因意识到这种肯定和褒奖所产生的道德情感。

简而言之,职业荣誉感就是每个职业人,在自己职业范围内做好事情的那种职业责任感及做好职业之后在社会上获得的尊敬、自尊及感到光荣的那种感觉。在一个运行有序的社会里,只要你认真把自己职业岗位上的事情做得近乎完美,你在社会上就会得到充分的尊敬,作为个人也能够得到充分的职业荣誉感与幸福感。无论你的职业是什么,只要达到了一流的水平,为社会做出了显著的贡献,不论你的岗位高低轻重,都能够实现自己的价值。相反,如果一个人没有尽到自己的职责,没有在自己职业上做出一流出色的水平来,无论是什么岗位,哪怕是首相与国会议员,也只好蒙受耻辱。有没有职业荣誉感,直接影响职业的社会作用,终究也关乎职业人的命运。

“学高为师,身正为范”,深刻道出了社会对教师职业的殷切期望和深深嘱托。在社会分工日益细化的今天,作为教师这一群体尤其需要注重彰显职业荣誉感。教师历来是社会加冕荣誉桂冠的职业,荣誉感是捍卫教师职业神圣的忠诚卫士。荣誉提升道德,荣誉催生自律;荣誉启发智慧,荣誉激励热情;荣誉坚定信念,荣誉鼓舞勇气;荣誉孕育责任,荣誉成就伟业。荣誉感越弱,教师发展越乏力;荣誉感越强,教师发展越强劲。一名教师有了强烈的荣誉感,才会有向往荣耀、甘为人梯的道德取向,才会有不畏艰难、顽强拼搏的进取精神,才会有争创一流、建功立业的不竭动力。

但毋庸讳言,一个时期以来,由于种种主客观因素的影响,尤其是庸俗化泛滥、拜金主义盛行的社会大环境的侵蚀,教师的职业荣誉感在经济社会转型中面临种种挑战,甚至有一定程度的消减,教师队伍中出现了对自己岗位的认同感淡化的现象,"教师是人类灵魂的工程师""教师是太阳底下最光辉的职业"这些美丽的词汇在渐渐地失去诱人的光彩。教师职业荣誉感的淡化,其实就是社会责任感和职业操守的淡化,导致功利思想和个人主义的滋长蔓延,职业情感的崇高性渐渐被世俗追求所取代。当教师们不再为自己从事的职业感到光荣和自豪时,那么对社会的责任、义务和对工作的热情也会随之淡漠。

荣誉感作为一种职业的魅力资本,是一个职业人热爱岗位的基础,一个没有荣誉感的职业是没有希望的职业,一个没有荣誉感的教师也同样不会成为一名优秀的教师。对于教师如何正确认识自己的职业,正确认识自己的岗位,大道理毋庸讳言,人人皆知。既然我们今天选择了教师这个职业、这个岗位,并坚守着,我们就没有理由不去珍惜它、爱护它、为它增光,因为这是尊重自己、尊重岗位、尊重社会的起码的职业道德精神和操守。因而,在教师职业情感弱化甚至"光环"淡去的今天,强化教师职业荣誉感势在必行。

尽管荣誉感的测度与量化是困难的,但它是可感知的、有传播效应的。85 年来,潘先生把职业当成事业和志业,可谓"志于道,据于德,依于仁,游于艺";无论做学问、讲课、做事情,都是把自己的生命投入进去的,学问、工作,都不是外在于他的,而是和自我生命融为一体的。如此,他所做的每一件事情,都会使他自身的生命不断获得新生和升华,从中体会、体验到自我生命的意义、价值和欢乐。

二、潘懋元教师职业荣誉感的形成及内涵

在中华民族文明发展史上,大师既是文化命脉的传承者,也是学术真理的发扬者,更是社会良知的坚守者。他们或埋头苦干,或拼命硬干,或舍身求法,或为民请命,用不同方式的精彩铸造出一样辉煌的人生。谁也无法否认,英雄辈出,大师荟萃,与一代又一代教师的辛勤耕耘是分不开的。实践表明,如果一位教师自觉选择了为他人、为社会做有益的事情,为国家发展、民族复兴培养更多更好的人才,并以此为人生大乐,那么他的人生就有了永恒价值,他所从事的这一职业就获得了伟大意义。

古人云:"师者,人之模范也。"作为"中国高等教育学的拓荒者"的潘先

生，85 年来辛勤耕耘、历久弥新，桃李芬芳、德泽千秋，他那“滋兰树蕙，夙夜匪懈”的先生之风，如巅峰之古松，如大洋之波澜，深深镌刻在每一个仰慕他的人的心里。师者，传道授业解惑也。能为师者，幸事也。但是，好老师不是天生的，而是在教学管理实践中、在教育改革发展中锻炼成长起来的；在好老师的发展和成长中，职业荣誉感的激励作用是显而易见的。

人生态度或境界不是独立自在、随意产生的，任何一种人生态度或境界都有它之所以产生的现实依据、经济基础、社会环境、时代背景、民族性格、历史文化传统。职业荣誉感归根结底是一种心理活动，外界因素只是提供了条件而已，更为重要的是自身的反应。纵观潘先生的 85 载教师生涯，其职业荣誉感的形成或可分为以下四个历史阶段。

第一，1935—1949 年，滥觞时期。

潘先生 15 岁时当上小学老师，教小学三年级国文和算术，不过，第一次上课，以失败告终。他坦陈，虽然事先花了很多心思备课，准备了很多材料，也定了计划。结果到上课那天，一上讲台就紧张，才讲了十几分钟，就将备课的内容全部讲完，再也不知道讲什么。学生们见老师没话可说，就开始在下面叽叽喳喳、打打闹闹，教室的秩序顿时乱成一团。当他转身到黑板上写板书时，孩子们就朝他扔东西。不过，教学的失败并未使潘懋元气馁，反而给他很大的触动：应该要有教学方法，同时在他心里迸发出理想的火花：“一定要教好书，当个好老师！”[①]这种强烈的愿望逐渐化作他奋发向上的执着追求。后来，为了弥补知识的不足，他不断求学，考取了抗战时期迁址于长汀的厦大教育系。他边刻苦读书边到中小学教书，养成了理论联系实际的好学风。1941 年秋考入厦门大学，主修教育学，辅修经济学。为维持学业，他开始勤工俭学，兼任福建长汀县私立乐育小学教师、长汀县立中学教务主任。大学毕业后，他曾在厦大当助教兼附小校长。这一系列教育学教学与研究的实践奠定了他一生的事业基础，也夯实了他从教乐教的职业选择。

第二，1949—1978 年，巩固时期。

1951 年，他被厦大保送到中国人民大学研究生班（后并入北师大）深造。回到厦门大学后，潘懋元开始高等教育学的研究工作。还是青年教师的他敏锐地意识到，“不能把大学生当成小学生一样来教育”。面对中国无高等

---

① 潘懋元，口述.肖海涛，殷小平，整理.潘懋元教育口述史[M].北京：北京师范大学出版社，2007：30.

教育学科的窘状，他发出“大学生岂能像中学生、小学生一样教”之诘问。1956 年，他撰写了题为《高等专业教育问题在教育学上的重要地位》的论文，提出了“必须建立一门称为‘高等专业教育学’的教育科学”的主张。1957 年，他又主持编写了高等教育学的雏形——《高等学校教育学讲义》，这本讲义随即在国内综合性大学和师范大学内广泛流传，成了课程和教学内容改革的重要资源。十年动乱，他履霜泰然，矢志不贰。“板凳敢坐十年冷”是潘懋元坚守的信条。为了建立高等教育学科，他整整坐了二十年的冷板凳。无论条件多么艰苦，环境如何变幻，他从来都没有放弃等待、放弃思索、放弃准备。季羡林先生曾深有感触地说：“中国的知识分子是世界上最好的，也是磨难最多的。”遭遇“文革”风雨，他也能不忧不惧，度过一段艰难岁月。这期间，他担任过大学教务处处长、《厦门大学学报》(社会科学版)常务副主编，受学术氛围的浸润，这都为他研究高等教育学提供了实践土壤和思想源泉。直到后来当博导，他还会经常提起这段岁月对自己学术人生的影响。

第三，1978—2000 年，勃发时期。

1978 年 12 月 7 日，潘先生在《光明日报》发表了《必须开展高等教育的理论研究》的文章，再次倡议建立高等教育学。这一倡议立刻得到了全国高等教育界的热情关注与大力支持。此后，潘懋元教授开启了他事业上的一个辉煌的创业阶段。在他的努力下，1978 年 5 月 17 日，中国第一个以高等教育为研究对象的专门科研机构——厦门大学高等教育科学研究室成立，时任厦门大学副校长的潘懋元先生兼任研究室主任。这个机构也很快发展成为一个全国性的高等教育研究中心，并一直引领着中国高等教育学的发展，创造了无数个第一，构建了中国特色的高等教育理论体系，奠定了高等教育学中国学派的基础，培养了一批又一批高等教育学的专门人才，为中国高等教育事业的发展做出了重要的贡献。

第四，2000 年至今，集大成时期。

2000 年金秋，厦门大学在庆祝潘先生从教 65 周年暨 80 华诞时，教育部办公厅曾发贺信，称赞他为“著名的教育理论家、杰出的人民教师、优秀的教育社会活动家”。他在答谢致辞中说：“一生能当一名教师，我感到非常幸福。我非常珍惜这 65 年从事教育工作和理论研究的经历。假如医学再发达一点，能够再让我工作 5 年，我将感到心满意足！”就在这一年，他从个人积蓄中拿出近 20 万元设立“懋元奖”，每年在校庆期间对优秀的年轻师生给予表彰和奖励。2006 年在厦大 85 年校庆时,潘先生又捐款 25 万元,其中 20 万元被指定用于“懋元奖”,成为在校教师中个人捐款最大的一笔。

2010 年 10 月,在潘先生从教 75 周年庆典上,教育部又发来贺信,赞扬他“为创建我国高等教育学科,丰富和发展我国高等教育理论体系做出重要贡献”。谁也无法否认,高等教育学在中国作为独立学科,潘懋元功不可没。

在厦大辛勤耕耘的几十年里,潘先生用他的热诚和智慧谱写了一曲曲教书育人的感人乐章,使厦大教研院“挺然特出,褒然独立”“学风丕振,事业勃兴”。执着于事业而不黏滞于利害,不刻意要求雅而偏能脱俗,这是潘先生学者风范的最基本品格。作为学者,必须挚爱并献身于自己的学术事业,一经选定方向,就应不计利害,义无反顾,勇往直前,虽九死而未悔。“盛德弥光,风流日长”。潘先生为中国高等教育研究书写了彪炳史册的世纪篇章,这绝非溢美之词。

对于潘懋元来说,与“一代宗师”的称谓相比,他更偏爱“人民教师”。这么多年来,凡是与潘先生有过交往的人,无不惊叹他思想之解放,学术之开明,主张之精辟,实践之熟稔,精力之旺盛。虽值耄耋之年依然身体硬朗、谈吐幽默、思维敏捷、风度翩翩的潘先生正所谓“智者乐,仁者寿”。但就其强烈的教师职业责任感而言,至少已经外化为如下可贵品质。

(一)师德至上

所谓师德,是指教师从事教育职业劳动过程中形成的比较稳定的道德观念、道德行为规范和道德品质,与教师的思想觉悟、价值观念、人生追求、品德修养和工作态度等息息相关。“当师之务,在于胜理,在于行义”一项调查显示,学生认同的教师人格魅力高居榜首,师德魅力次之,学识魅力更次之,形象魅力则排在末位。因为,人格魅力的最高境界就是大爱。没有“爱的教育”就不是真正的教育。自 1935 年初登讲台的那一天算起,整整 85 年来与学生为伴,这仿佛成了他的“职业病”:尊重身边的每一个人,却又禁不住地把他们当孩子般照料。爱生如子,不只是弟子们对先生的中肯评价,更是潘先生数十年如一日用爱与行动躬身践行的人生操守。对潘懋元而言,学生就是他的一切。1999 年,厦门遭遇特强台风。台风过后,大雨滂沱,校园内一片狼藉;学生们提议去潘先生家里上课。他硬是不肯,执拗地说:“我是老师,我要去教室里上课!”79 岁高龄的潘懋元先生赤着脚、步履蹒跚地提前 5 分钟走进教室。一位学生来自农村,家庭经济状况不好,正在他为住宿费一筹莫展的时候，却被告知，潘懋元先生已替他垫上住宿费。一些家在外地的学生，逢寒暑假回家时，总会在第一时间接到潘懋元先生打来的长途电话，询问路上是否顺利。有地方发生地震或其他自然灾害，潘懋元先生总是询问那里的学生是否平安。恰恰是这些小事，折射出潘先生完美的人格。

荣誉感的本质是道德的。2012 年，福建省授予潘懋元“杰出人民教师”称号，奖励了一辆车，老人直接把车卖了，将卖车的 20 万元大部分平分给院里的老师，剩下的过年时请全院吃了顿团圆饭，还给每个人发了红包。2013 年，厦大又授予他“南强杰出贡献奖”，奖金也是 20 万元。这次老人先拿出 10 万元分给全院 50 位师生，再拿出数万元资助给贫困学生。从潘懋元先生身上的点点滴滴，学生们感受到了什么叫大爱，什么叫无私。曾任厦门大学副校长的潘世墨在他的博士论文后记里这样写道：“我父亲‘弄错了’一件事，他把学生当儿子，把儿子当学生。”

（二）业务超群

法国著名小说家左拉曾说：“生活的全部意义在于无穷地探索尚未知道的东西，在于不断地增加更多的知识。”潘懋元先生作为中国高等教育学的创始人，从 20 世纪 50 年代就开始致力于高等教育学的研究，为中国高等教育学的发展做出了杰出贡献。第一次在厦门大学开设“高等教育学”课程；第一次编写《高等学校教育学讲义》；创办我国第一所以高等教育为研究对象的厦门大学高等教育科学研究所；主编第一部研究高等教育理论的、填补这一学科空白的专著《高等教育学》。作为我国第一位高等教育学的博士生导师，潘懋元先生不仅以渊博的知识和严谨的治学态度教育着学生们，更以高尚的品格和谦虚的美德影响着每一位“潘门弟子”。对潘先生而言，为师生涯 85 载，且漫且长，他不仅取得了令人瞩目的学术成就，而且形成了自己独特的培养人才的系统思想与方法。2001 年，潘懋元教授坚持数十年的高等教育学科建设与人才培养的成就——“学习—研究—教学实践”相结合的研究生课程教学法，获得国家级优秀教学成果奖一等奖。1991 年他被遴选为国家有突出贡献的专家并获得政府特殊津贴；1999 年英国赫尔大学(Hull)授予他荣誉博士学位，校长迪尔克思称他为“对中国教育做出了杰出贡献的学者”，当时的英国副首相还专门发来贺信。[①]

① 韩延明.潘懋元教授纪事年表[M].厦门：厦门大学出版社，2015：150-151.

在教学中,他向来不拘陈俗陋法,不断求变求新,同时注重与学生沟通交流,因需而教,在打好基础的同时,注重学生能力与兴趣的培养。潘懋元希望学生“青出于蓝而胜于蓝”,他告诉学生要记住一句话:“吾爱吾师,吾更爱真理。”他常说,“弟子不必不如师,师不必贤于弟子”,要树立“青出于蓝而胜于蓝”的思想。桃李不言,下自成蹊。著作等身的他,荣膺了“中国高等教育研究终身成就奖”。

2015 年 6 月 1 日,潘懋元先生在厦大教育研究院为师生作了题为“质量建设的理论设计”的学术报告。报载,“现场座无虚席,师生汇聚共同聆听潘先生对高等教育质量建设的理论学术见解,共同探讨‘高等教育质量建设’这一热点话题”。可谓孜孜矻矻,老而弥坚。历史终将证明,一个人的生命有限,荣华富贵及身而止,但学术之成就,可以垂及久远,嘉惠后人。

(三)言传身教

中华民族自古以来是一个尊师重教的民族,师者传道授业,备受世人尊重。所谓“学高为师”,指的是教师应在学识上高人一筹,而“学为人师、行为世范”的话语,也鲜明体现了深厚学识是好老师的必备素质之一。尊师重道的前提是言传身教。1990 年,在厦门大学高教所举办“庆祝教师节暨潘懋元教授从教 55 周年学术讨论会”之际,面对一群年轻学子,潘先生将自己毕生的经验奉送了他们——“自我努力、自甘寂寞、自讨苦吃”,并以“板凳敢坐十年冷,文章不写半句空”的座右铭与青年人共勉。

“教育者的尊严是学生给的。”在厦大教育研究院每位学生的眼中,潘先生不仅是一个“传道授业解惑”的师者,还是自己为人的航标和榜样。大家都记得潘先生常说的那句话:“导师对学生在专业知识上的具体帮助不是最重要的,重要的是方向上的指引、方法上的点拨及人格上的影响。”同时,他也用自己的言行告诉学生“欲为学,先做人”的真谛。

“滴滴汗水诚滋桃李芳天下,点点心血乐育英才泽神州”。潘懋元一直认为,教师是最能给人带来幸福感的职业,他常说,“我一生最为欣慰的是,我的名字排在教师的行列里”。历经 85 年的风雨沧桑,一生倾注教育事业的潘先生,被称为“中国高等教育学的先生”。

爱因斯坦曾说过:“第一流人物对于时代和历史进程的意义,在其道德品质方面,也许比单纯的才智成就还要大。”潘先生正是以自己崇高的精神和人格,赢得了大家的尊重与爱戴。他的道德文章像一本厚重的百科全书,读之使人明智；而他的品格宛如清澈见底的泉水，观之映照自我。

三、涵育教师职业荣誉感，做“四有好教师”

党的十八大报告提出：“加强教师队伍建设，提高师德水平和业务能力，增强教师教书育人的荣誉感和责任感。”这就更加要求教师甘于奉献，安贫乐道，明辨是非善恶，把握义利得失，自觉坚守精神家园，坚守道德底线，用自己的学识、阅历、经验点燃学生对真善美的向往。

2013 年教师节前夕，正在国外访问的习近平总书记在给全国广大教师的慰问信中强调，要“自觉增强立德树人、教书育人的荣誉感和责任感”“用爱心、知识、智慧点亮学生心灵”“做学生健康成长的指导者和引路人”。

2014 年 9 月 9 日上午，在庆祝第 30 个教师节暨全国教育系统先进集体和先进个人表彰大会上，习近平总书记亲切接见了荣获 2014 全国“教书育人十大楷模”称号的潘先生，并同他亲切交谈。随后到北京师范大学考察并发表重要讲话，号召全国广大教师要做“有理想信念、有道德情操、有扎实知识、有仁爱之心”的好老师，为发展具有中国特色、世界水平的现代教育，培养社会主义事业建设者和接班人做出更大贡献。

随着《国家中长期教育改革和发展规划纲要（2010—2020 年）》的全面实施，教育领域综合改革有序推进，教师职业的社会声望日益彰显。近日，中国青年报社会调查中心通过民意中国网和益派咨询，对 2003 人进行的一项调查显示，在受访者看来，当下社会声望最高的 5 个职业依次是：科研人员、大学教授、工程师、医生、律师。

铺展历史的画卷，哪一页没有教师的心血和汗水；遥望文明的星空，哪一处没有教师的才情和智慧。我们认为，“善之本在教，教之本在师”。教师不是普通的职业，因为他们面向的不是物的生产而是人的塑造。教书育人是教师的职责，教书是职业是手段，育人是目的是方向，要有职业道德感和神圣感，也应心怀谦卑、心怀重负。为人师表者，理应具备一种鲜明的“道德向度”，努力成为社会生活中“道德最好的人”。可见，职业荣誉感是驱动教师发展的根本动力。

事实上，要涵育教师的职业荣誉感，固然需要各级党委政府切实增加教育投入、不断改善教师待遇，也固然需要全社会营造浓郁的尊师重教氛围，更重要的是我们向潘先生一样珍惜和维护教书育人的荣誉。只有教师珍惜荣誉，教育才有希望；只有教师有强烈的荣誉感，教师发展才会持续强劲。如此，涵养教师职业荣誉感成为当下要务。

（一）在笃定理想信念中涵育教师职业荣誉感

习近平同志指出："老师肩负着培养下一代的重要责任。正确理想信念是教书育人、播种未来的指路明灯。""不能想象一个没有正确理想信念的人能够成为好老师。"的确，如果教师没有正确的理想信念，在课堂上经常怪话连篇、牢骚满腹，怎能鼓励学生健康成长？好老师要以"传道"为第一责任和使命，树立崇高职业信念，把教书育人当作自己的伟大使命，既要做"授业""解惑"的"经师"，更要做"传道"的"人师"。好老师心中要有国家和民族，始终同党和人民站在一起，自觉做中国特色社会主义的坚定信仰者和忠实实践者。好老师要有"得天下英才而教育之"的强烈愿望，把教书育人事业与国家民族的奋斗目标、前途命运联系起来，明确自己肩负的使命和责任。好老师要做社会主义核心价值观的自觉践行者、积极传播者，用好课堂讲坛，用学识、阅历、经验和实际行动激励学生对真善美的向往和追求。

真正的智者，应该是那种默默无语，跋涉远足，为心中执着的事业而抛开名利孜孜追求的人。潘懋元在学术上有颗坚毅执着的心，在教书育人上亦是如此。虽值耄耋之年，每年暑假他都要认认真真地为即将开学的博士生查阅资料，认真备课。有人看到说："先生，您都给博士生讲了几十遍啦，还用备课?"他答道："教师上课最首要的是要备好课，我虽然讲了30多年，但每年的授课内容都不一样，都要更新与完善。"在他的心里，学生、课堂比任何荣誉都宝贵。几乎他教过的每个弟子都感叹，"先生对学生要求严"，"他总觉得要对每一个学生负责，而严格是出于对学生和学术的尊重"。

（二）在陶冶道德情操中涵育教师职业荣誉感

习近平同志强调，"教师的职业特性决定了教师必须是道德高尚的人群。合格的老师首先应该是道德上的合格者，好老师首先应该是以德施教、以德立身的楷模"。好老师要在自我修养的不断提升中实现道德追求，自觉坚守精神家园，以模范行为影响和带动学生，引领和帮助学生把握好人生方向，特别是引导和帮助青少年学生扣好人生的第一粒扣子。好老师要忠诚和热爱所从事的职业，始终牢记"选择做教师，就选择了奉献"，把追求理想、塑造心灵、传承文明当作人生事业奋斗的志向，去除浮躁之气、远离功利之风，执着于教书育人，兢兢业业做好工作。

“先生之风，山高水长”。作为我国高等教育界著名的教授、学者，潘先生却从不以学术压人，也从不将自己的学术观点强加于别人，而当学生们有不同于他的新观点时，有的只是他鼓励的和表扬的话语。更令人难忘的是他常常以学习者的口吻同学生们共同探讨、研究。比如，潘先生用得最多的就是，“我有一二个问题想向您请教……”。据他的弟子声称，先生的怀抱胸襟和以身作则、身教重于言教的拳拳之心令人感动；待人接物亦通达如此，凡接近他的人，都能从他身上感受到那种循循善诱，湛然和蔼的长者之风。或许这世间，还有许多东西，一如海之波，扬与不扬，都不掩其深厚宽广之韵，都不掩其平凡真实之意。世人眼中的成就和荣耀，早已被他内敛为平和与谦逊。

（三）在积淀扎实学识中涵育教师职业荣誉感

习近平同志指出，“扎实的知识功底、过硬的教学能力、勤勉的教学态度、科学的教学方法是老师的基本素质”。一个好老师，要有胜任教学的专业知识、广博的通用知识和宽阔的胸怀视野。知识储备和胸怀视野，是教师“传道”的基本前提。特别是信息时代，广大教师更要有“一潭水”。有了这“一潭水”，教学才不会捉襟见肘，才会游刃有余。一个好老师，要掌握教学智慧，通过有效解决问题积累经验，丰富实践性知识，做一名智慧型教师，具备学习、处世、生活、育人的智慧，既授人以鱼，又授人以渔。一个好老师，要牢固树立终身学习的理念，站在知识发展前沿，刻苦钻研、严谨笃学，不断充实、拓展、提高自己，以锲而不舍的学习研究为学生提供鲜活的知识清泉。

“学问是心灵的慧眼。”20多年前，潘先生同他的研究生首创了一种家庭访谈制度，后来被称作“周末学术沙龙”。每逢周六晚上，研究生就在他家里聚会，沙发上一坐，一面吃茶点，“各取所需”，一面“话说天下大势”，闲聊学术、见闻、生活，各抒己见，纵横捭阖。潘先生总是认真倾听，偶尔含笑点悟，时而择要评说，或者启发引导。[①] 正是在这融洽的氛围中，他的品格和风貌潜移默化地感染了学生。他用自己深厚的学识修养、高尚的道德情操、不懈的精神追求影响和教育着学生，他独特的人才培养理念和独创的教学方法造就了一批又一批优秀的高等教育人才。今天，“周末沙龙”已成为夜色厦

---

① 韩延明.历久弥新的沙龙意境与潘师情结[J].国际高等教育研究，2006(1).

大校园的最隽永的风景。

（四）在持守仁爱之心中涵育教师职业荣誉感

习近平同志强调，“教育是一门‘仁而爱人’的事业，爱是教育的灵魂，没有爱就没有教育。好老师应该是仁师，没有爱心的人不可能成为好老师”。一个好老师，要心中有爱。做一个好老师，要用爱培育爱、激发爱、传播爱，通过真情、真心、真诚拉近同学生的距离、滋润学生的心田，成为学生的好朋友和贴心人。一个好老师，要心中有责任。爱是责任和付出。选择当老师，就选择了责任，就要尽到教书育人、立德树人的责任，并把这种责任体现到平凡、普通、细微的教学管理之中。一个好老师，要尊重、理解和宽容学生，平等对待每一个学生，尊重学生个性，理解学生情感，让所有学生健康成长，成为社会需要的有用之才。

2010 年 8 月，潘先生在《九十感言》中曾经满怀深情地说，“学生既是我的教育对象，也是我的精神支柱与生活源泉。正是在同年青的学生相处的日子里，才让我不觉‘老之已至’”①。潘先生年逾花甲时开始招收研究生，无论是硕士或博士生入学，他的第一次报告都提到韩愈的《师说》，“弟子不必不如师，师不必贤于弟子，闻道有先后，术业有专攻，如是而已”。他提倡教学相长，与学生一直保持着平等和谐的师生关系，从不以疾言厉色加人，与之相对，如沐春晖，和煦温馨。

15 岁从教，37 岁在国内首次倡导高等教育科学研究，58 岁建立了中国第一个高等教育研究机构，61 岁招收了中国第一个高等教育学研究生，64 岁出版了中国乃至世界第一部高等教育学专著……如今，在我国高等教育界，学人和学生们相沿成习地一致称潘教授为“先生”，前面既不带姓，也没有任何职衔。先生，是一个称谓，更是一种修为，这样一个融聚敬仰与亲切之情的特殊尊称，是潘先生学高为师、德高为范，几十年来辛勤耕耘教书育人的最好注脚。

八十五载路远山高，但潘先生这位行路人目光坚定、步履稳健，从未受到任何岔路歧途的影响。期颐之年，他依旧不为虚名浮利所缚，坦然地在自己选择的立德树人之路上继续前行。跨越大半个世纪的执着跋涉，波澜壮阔的人生经历，历史河流中鲜为人知的故事，如今，在潘先生讲来，感觉却是

---

① 潘懋元.潘懋元文集：卷一[C].广州：广东高等教育出版社，2010：308.

如此云淡风轻。为师之路上，潘先生是甘于寂寞的，为心中执着的事业而抛开名利，兀兀穷年，心无旁骛，致力于高等教育学科的繁荣和建设。正是师者风范和宽厚品格使然，百岁高龄的潘先生依旧能够始终保持着沛然的学术青春。他既享受着“得天下英才而育之”的快乐，也感受着“青出于蓝而胜于蓝”的幸福。直面潘先生的师者境界，我们这些在嘈杂和喧嚣的现代生活中时时感到焦虑和倦怠的人，除了“虽不能至，而心向往之”的欣羡和敬仰之外，是否还应该有更多的感悟与启示？同时，该如何像他那样潜心治学、像他那样静心教书、像他那样安心育人?!

潘懋元高等教育研究的逻辑特征

刘少雪

作为中国高等教育学科的创始人，潘懋元自新中国成立后就开始了建设中国高等教育学学科的思考。与很多学科的建设发展之路不同，一方面，潘懋元倡导建立高等教育学学科，要旨是探索发现高等教育发展规律，并最终用这些规律去指导中国高等教育发展的实践，因此，他把中国高等教育学科建设的逻辑起点根植于高等教育发展的现实需要；另一方面，不论在高等教育学独立成为一门学科之前还是之后，他都把理论研究与高等教育发展的实践密切结合，通过理论探索，为解决我国高等教育发展与改革中所遇到的现实难题提供思路。对于潘懋元来说，能够指导实践的理论研究是他创建学科的动力，中国高等教育发展与改革实践中的真实问题也是保证他的学术研究富有生命力的营养剂。立足实践、服务实践、指导实践，在他的研究逻辑中始终和谐一致。创建能够对中国高等教育事业健康发展有意义的高等教育学学科，成为潘懋元推动学科建设和从事高等教育研究的最大目标和最高标准。

一、现实需求是推动高等教育学科建设的最大动力

早在1957年，潘懋元在承担高等学校师资培训课程时就发现，普通教育学的内容不能适应高等学校师资培养的需要。最初他和他的同事们想借助普通教育学的基本框架和内容，做一些适当修改，但在实践过程中，他们很

作者简介：刘少雪，教育学博士，上海交通大学高等教育研究院党总支书记、教授，博士生导师。

快就发现这种简单修改难以达到目的："这门课程从头到底，几乎每一章节都与普通教育学的教材有所区别"，各个部分的修改程度不同，"有的只是做了一些较小的修改"，"有的则体例基本照旧，而内容变动很大"，还有的则"仅保留若干有关论点，再全部进行重新编写"；"需要重新研究的，不仅是制度、方法上的问题，而且很多是涉及基本原理的问题"①。他后来分析普通教育学不能适应高等学校师资培养需要的原因："主要是由于下列两个因素：(1)高等专业教育，就其性质而言，是专业的，内容复杂，与国民经济各个部门直接联系。就其系统而言，是建立在普通教育基础上的高等教育。(2)大学生是十八九岁以上的青年人，已经达到成人的阶段，他们的身心发展特征与社会经验不同于中小学生。"②潘懋元对普通教育学不适应高等教育师资培养需求的认识，直接来源于实践经验，并且他的经验直接指向了高等教育的核心属性——教育性。在潘懋元看来，不是教育程度高低或者教育对象年龄大小的差别，而是两种不同性质的教育。质上，高等教育是专业教育；在教育对象上，高等教育面对的是成年人。正因为他触到了高等教育的核心问题，促使他萌生了创建高等教育学科和从事高等教育专门研究的愿望，并为之付出持续而巨大的努力。在高等教育学科设立之前，潘懋元先后发表了《高等专业教育问题在教育学上的重要地位》(1957)、《必须开展高等教育的理论研究——建立高等教育学科刍议》(1978)、《关于高等教育研究的几个问题》(1982)等文章，从理论上阐述高等教育的特殊性，呼吁人们加强对高等教育专门研究的重视，推动高等教育学科建设。

潘懋元的积极推动与强烈呼吁，在高等教育界很快有了效果：厦门大学率先成立"高等学校教育研究室"(1978)后，国内不少高校先后响应，一些综合大学和理工科院校中很快出现了独立设置的高等教育研究机构，并开始有了一批专职研究人员；专门的高等教育研究刊物开始出现(厦门大学率先创办的《外国高等教育资料》，1978)；地区性和全国性高等教育研究组织相继成立，如上海市高等教育研究会(1979)和"中国高等教育学会"(1979)。最重要的成果，是1983年国务院学位委员会颁布的《授予博士、硕士学科专业目录》把高等教育学列为正式成员——教育学一级学科下的二级学科，标志着"高等教育学"作为一个独立学科的地位被正式确立。回顾这段历史，

① 潘懋元.潘懋元文集：卷二(上)[C].广州：广东高等教育出版社，2010：5.

② 潘懋元.潘懋元文集：卷二(上)[C].广州：广东高等教育出版社，2010：5.

潘懋元推动创建高等教育学科建设的着力点，就是他从20世纪50年代开始发现并总结的高等学校教育教学的特殊规律，这些规律既不适合也不能够照搬普通教育学的相关内容。进入20世纪80年代，他的研究视野已经不再局限于高等学校的教学问题，而是扩展到高等教育的基本原理、高等学校的结构布局等。他反复强调，高等教育事业要走健康科学的发展道路，需要有专业化的研究力量，以应对解答中国高等教育发展中出现的现实问题。例如，他曾经用自己的专业理论对人们普遍诟病的“满堂灌”进行过分析。

潘懋元认为，由于大学教育与基础教育的对象不同，从大学生的心理特征来说，高等学校中“两节课系统讲解一个内容是可行的”；另外，从大学教学的逻辑性和体系性来说，“大学教学要深入探索本质的东西，因此不能笼统地说教师连续讲了两堂课就叫‘满堂灌’，而活动多些，就叫启发式”；“大学教学的启发式不表现为课堂的组织形式，而表现在讲授的实质上；有逻辑推理，由浅入深，能引起学生的积极思维与共鸣。思维活动能吸引学生与你同步，这就是启发式”①。通过这样一个具体案例，展示出潘懋元非常善于把高等教育的理论问题，以人们特别容易接受的方式表达出来，从而向外界传达高等教育专门研究的重要性。查阅这一时期潘懋元的文章，他并没有简单地重复建设独立的高等教育学科有多重要，而更多的是把理论透过具体案例展现出来，引导人们关心和讨论大学各类人员应该如何提高专业性修养的问题，把推动创建学科的努力，融汇于具体的研究和讨论之中。

二、直面现实需求是学科发展的生命力

潘懋元创建学科的最初动机，在于已有的教育学学科不能解答高等教育的基本问题。在随后呼吁建设学科的过程中，他感受到了现实需求对推动高等教育学科发展的重要作用。因此，开展高等教育的问题研究与推动学科建设一起，成为中国高等教育研究开展30年来“两条并行而有所交叉的轨道”②。解决问题既是中国高等教育发展和改革的现实需要，同时也是高等教育学科建设和发展的基本使命。

---

① 潘懋元.潘懋元文集：卷二(上)[C].广州：广东高等教育出版社，2010：49.

② 潘懋元.30年来中国高等教育研究的发展轨迹与成就[J].高等教育研究，2008(8)：1-4.

20世纪80年代早期，高等教育学科尚未获得正式学科建制，潘懋元就明确提出高等教育理论研究必须要紧密围绕高等教育改革来进行。他认为，“如果理论研究不能指导实践活动，不为改革服务，这种理论研究就失去了它的社会价值”①。他是这么说的，也是这么做的。针对当时经济领域的开放搞活，高等教育领域受到了一些冲击，有些高校和教师开始不安心于传统的本职工作，提出了要“创收”“搞活”等。潘懋元在研究中直面当时摆在高等教育界人士面前的大课题，正面回应了如何看待市场经济对高等教育的冲击问题。他从探索高等教育的人才培养、科学研究和社会服务三大职能的发展变化历史入手，指出高等教育的三大职能促使高等学校与社会的联系更加密切。但对于我国高校来说，这三个社会职能的产生和发展“总的来说应该是同世界范围的大学三个职能的产生、发展的规律一致的。但在时间上却远远落后于世界的发展趋势”②。他特别分析了这三大职能在当时国内高校的基本表现：人才培养——长期呈现单一化的态势（包括类别、层次、规格等）；科学研究——直到20世纪70年代末才提出要把高校办成“两个中心”；社会服务——“更是近两三年才比较全面地开展的”③。市场经济对高等学校的冲击，主要体现在高等教育的第三职能，即社会服务方面。潘懋元认为，社会服务职能对中国高校来说是个新职能，它体现的是“由于科学技术的发达，人们对于高等学校在技术、知识方面的支持越来越感到迫切；也标志着大学走出‘象牙塔’、‘学府宫殿’，和社会紧密地联系起来了”④；同时他也指出，高等学校直接为社会服务的方面很多，包括承担应用性研究、技术转让、科技咨询、成人教育等，但高等教育第三职能的“最重要意义在于，能够使所培养的人才和所研究的科技成果迅速转化为有效的生产力”⑤。潘懋元明确表达他对当时部分高校某些做法的不认同：“有些高校的某些做法方向不太对头，不是着眼于社会效益，而是只着眼于经济效益；不是着眼于社会的经济效益，而是只着眼于大学本身的经济效益；不是着眼于增加办学经费，而是只着眼于增加员工收入。”⑥如果只是以增加大学的办学

---

① 潘懋元.潘懋元文集：卷二（上）[C].广州：广东高等教育出版社，2010：89.
② 潘懋元.潘懋元文集：卷二（上）[C].广州：广东高等教育出版社，2010：58.
③ 潘懋元.潘懋元文集：卷二（上）[C].广州：广东高等教育出版社，2010：59.
④ 潘懋元.潘懋元文集：卷二（上）[C].广州：广东高等教育出版社，2010：57.
⑤ 潘懋元.潘懋元文集：卷二（上）[C].广州：广东高等教育出版社，2010：58.
⑥ 潘懋元.潘懋元文集：卷二（上）[C].广州：广东高等教育出版社，2010：60.

经费或者经济效益作为高等学校开展社会服务的指导思想，必定会对高等学校的长期发展产生不良后果。由此可以看出，潘懋元做的是理论研究，但他研究的立足点在于现实存在的高等教育问题，研究的目的是为廓清当时高等教育界内部的思想迷茫和行动混乱提供方向性指导。

相比直面现实问题，重视高等教育理论研究的可行性和有效性，在潘懋元的高等教育研究思想里具有更加重要的意义。他认为，研究者"要有超前研究、创新立论的理论勇气，为制定政策提供科学依据，对执行正确的政策提供理论指导"①。这里，他特别强调了高等教育研究成果要有可行性，这是由高等教育学作为一门应用性学科所必须具有的——"任何理论研究，都必须重视研究成果的科学性，而应用理论的研究成果，还必须十分重视它的可行性。前者是不证自明的道理，而后者却往往被研究者所忽视。"②一般来说，"研究成果的科学性与可行性，就其本质来说应当是一致的，科学性必须具有可行性，才能转化为社会实践。但在现实中，两者却往往不一致：'科学的'未必是可行的，'可行的'却往往不一定是科学的。某些高等教育理论文章，它的科学性是经过严格论证的，似乎无可非议，但在实践上却行不通；某些高等教育的决定、方案、措施、办法，缺乏科学依据，但却通过行政命令而被广泛应用，甚至还收到一时性的短期效益"③。科学性与可行性不一致的问题在高等教育研究中普遍存在，如果任由这种情况继续，必定会导致"教育理论工作者抱怨教育行政领导部门不重视科学研究，凭经验办事，拍脑袋决策，不科学、不民主；也常常听到教育系统领导责怪教育理论工作者脱离实际，夸夸其谈，不解决实际问题"④。作为学科创始人，他力图推动改变这种局面，希望"决策者要有科学化、民主化的态度，把科学研究引进决策之中；更重要的是科学研究工作者要有实事求是的态度，重视科研成果的可行性"⑤。现实中要做到这一点非常不容易，首先需要高等教育研究者有专业研究的态度，摈弃那种把高等教育研究简单化地理解为对上级政策的解读或宣传、对国外研究资料或案例的简单翻译介绍等倾向，要求高等教育研究

---

① 潘懋元.潘懋元文集：卷二(上)[C].广州：广东高等教育出版社，2010：90.

② 潘懋元.潘懋元文集：卷二(上)[C].广州：广东高等教育出版社，2010：91.

③ 潘懋元.潘懋元文集：卷二(上)[C].广州：广东高等教育出版社，2010：91.

④ 潘懋元.潘懋元文集：卷二(上)[C].广州：广东高等教育出版社，2010：92.

⑤ 潘懋元.潘懋元文集：卷二(上)[C].广州：广东高等教育出版社，2010：92.

者需要真正“参与实际、了解实际、在加强针对性与可行性上下工夫”[①]。在九十多岁高龄时，潘懋元先生还亲自带领研究生在全国范围内进行各类调查研究，他真正做到了垂身为范。

三、指导实践是学科建设和理论研究的最高使命

从潘懋元高等教育思想的变化轨迹中可以看出，他推动学科创建的目的在于解决问题的需要，现实问题既是学科建设和理论研究的起点，也是终点。因此，探索高等教育规律、指导高等教育实践，成为潘懋元推动学科建设和从事理论研究的最高目标。

梳理潘懋元的高等教育研究成果可以发现，他始终关注现实问题，但他对现实问题的研究从来不是就事论事，而是力图从理论、规律的视角，解答高等教育发展改革中的实际问题和思想困惑。20 世纪 80 年代中期，经济领域的改革开放，对高等教育领域产生了很大影响，并引起了高等教育界内部的观点冲突。潘懋元置身其中，对形势变化很清楚，他将当时各类不同的观点，归结为两类：“一种看法是：商品经济对高等教育的作用是积极的，是好的。因为，适应商品经济的发展，就要引进竞争机制，而引进竞争机制可以促进高校深化改革……另一种看法是：商品经济对高校一冲击，高校就出现了学生厌学、教师厌教、甚至弃教的现象……大体上说，认为有利的多半是从理论上推导出来的，是从长远观点考虑的；说不利的是用现实中出现的许多问题作依据的。”[②]那么作为一名专业研究人员，潘懋元持怎样的观点呢？他没有简单说赞成哪种观点，而是从教育和高等教育的本质出发，从理论上分析应该如何看待外部经济社会环境对高等教育的影响。

他首先认为，“一切教育都要受一定社会的经济、政治、文化所制约，并为一定社会的经济、政治、文化服务，尤其是高等教育”[③]。在回顾了中外高等教育历史上的若干次重大转变后，潘懋元认为，历史上有许多教育家主张“教育是清高的，教育要独立，要中立。最古老的传统大学，如英国的牛津大学、剑桥大学，法国的巴黎大学，美国的哈佛大学等在它们的历史上都曾经

① 潘懋元.潘懋元文集：卷二(上)[C].广州：广东高等教育出版社，2010：108.

② 潘懋元.潘懋元文集：卷三(上)[C].广州：广东高等教育出版社，2010：53.

③ 潘懋元.潘懋元文集：卷三(上)[C].广州：广东高等教育出版社，2010：54.

表示要抗拒社会的影响，抗拒宗教、政治对它们的干扰，但实际上都不可避免地要受宗教的影响，受政治的影响。到了近代，很多传统大学看不起工商业，要抗拒工商业对它们的干扰、影响。……但是，事实证明所有排斥工商业干扰的想法，都没有实现"[①]。因为"这是教育与经济社会关系的客观规律所决定的。教育必定要受一定社会的经济、政治、文化所制约，并为一定社会的经济社会发展服务。这是一条教育的外部关系的基本规律，而客观规律是不依人的意志为转移的"[②]。既然高等教育无法避开外部经济、政治和文化环境的影响，在面对市场经济所带来的冲击时，高等学校所要讨论的就不是要不要接受市场的冲击，而是如何接受的问题。

但是高等教育的发展和改革并不是只接受外部关系规律的指导。这是潘懋元在表述教育外部关系规律时所特别强调的。他认为，教育在接受外部的经济、政治、文化等方面的影响时，并不是刺激—反射的简单反应，教育特别是高等教育对经济、政治、文化科学等还有发展和服务的作用，即教育会依据它自身的价值、特点和规律，对社会各方面的影响做出积极的反馈与适应。因此，他提出，"教育有它自身的价值、自身的特点、自身的规律。不能用政治观点代替教育观点，不能用经济规律代替教育规律，不能用市场运行机制代替教育运行机制。所以，校长还必须有'教育意识'"[③]。潘懋元从"教育的价值"视角对"教育意识"进行了解释。他认为，教育价值有两个方面，"一是社会价值，包含有经济价值与非经济价值——政治价值、伦理道德价值、文化价值等等，经济价值又有着长远经济价值和短期经济价值之分"[④]；"二是人的自身发展、自身完善的价值"[⑤]。归结起来，就是希望教育领导者在看待外部环境对高等教育的影响时，能够既考虑到教育的社会价值，也要重视教育的"人"的价值，不要简单地说是或否、对或错。

潘懋元之所以要用复杂的教育规律来分析高等教育发展中的现实问题，就在于他对教育规律的价值信仰。20 世纪 80 年代中期，我国高等教育刚刚从教育是"阶级斗争和生产斗争的工具"中解放出来，但马上又陷入"为

① 潘懋元.潘懋元文集：卷三(上)[C].广州：广东高等教育出版社，2010：54.
② 潘懋元.潘懋元文集：卷三(上)[C].广州：广东高等教育出版社，2010：47.
③ 潘懋元.潘懋元文集：卷三(上)[C].广州：广东高等教育出版社，2010：62-63.
④ 潘懋元.潘懋元文集：卷三(上)[C].广州：广东高等教育出版社，2010：63.
⑤ 潘懋元.潘懋元文集：卷三(上)[C].广州：广东高等教育出版社，2010：63.

商品经济服务”的混乱之中，教师忙着创收，学生忙着经商，“创收得多的教师可以提高职称，创收得多的学生可以当‘三好学生’”[①]……类似的问题不一而足。相比那些一时的现实问题和思想困惑，潘懋元更关注的是，从教育规律的高度，为不断陷于现实困境中的中国高等教育如何长期健康发展提供理论支持。没有足够强大的理论支撑，教育界就难以理性思考教育的核心问题，只会被动地跟着外部的要求跑，教育就容易迷失方向，出现严重失误。

为了使教育规律真正发挥现实指导作用，潘懋元始终致力于把深奥的理论研究置于现实教育环境中。例如，他曾以大学毕业生分配制度改革作为案例，透彻分析与其相关的理论和实际问题：

第一，实行大学生毕业分配制度改革，是高等教育适应社会主义初级阶段的经济、政治、文化的发展与改革体制的结果——外部的经济和制度环境变了，计划经济体制特征明显的分配制度改革势在必行，这是大趋势，难以动摇。

第二，为了改革大学生毕业分配制度，必须开放人才市场，“人才市场不开放，或者只开放个小口子，或者是很窄很窄的一条门缝”[②]，恐怕就不能实现毕业生自谋职业的愿望——毕业生分配制度改革只是社会众多改革环节中的一环，需要配套措施。

第三，高等学校必须要做好人才流动市场化的心理准备和预期。人才流动市场化，既有可能产生顺流，也有可能产生逆流，“可能出现有的地区、单位有用人才奇缺，而有些地区、单位人才积压、浪费或高才低就”[③]；同时，由于“人才市场的调节是自发的，甚至一定程度上是盲目的，全局的、长远的发展战略规划很难对之起制约作用”[④]。现实表现是部分毕业生可能会找不到工作——大学生毕业后“待业”虽然不是教育者所希望的，但在市场经济时期又难以避免，因此社会和教育者需要对此有足够的准备。

第四，高等教育要通过毕业生分配制度改革，促进学科专业和办学方向调整的规划。“在毕业生不包分配、双向选择的人才市场上，竞争机制正在

---

① 潘懋元.潘懋元文集：卷三(上)[C].广州：广东高等教育出版社，2010：61.
② 潘懋元.潘懋元文集：卷三(上)[C].广州：广东高等教育出版社，2010：42.
③ 潘懋元.潘懋元文集：卷三(上)[C].广州：广东高等教育出版社，2010：43.
④ 潘懋元.潘懋元文集：卷三(上)[C].广州：广东高等教育出版社，2010：43.

起着调整专业结构的作用”[①]，高等学校“可以通过不被扭曲的、充分开放的人才市场所反馈的信息来调整专业设置、招生数量以及改革课程教材、培养方法等等”[②]——毕业生分配制度改革只是外部条件变化带给高等学校的一个冲击，高等学校还需要具有从简单应对外部社会挑战，转向主动设计内部发展布局，以主动服务外部要求、引领时代进步。

第五，高等教育在接受市场挑战时，还需要注意市场反馈“只能作为教育决策依据之一，而不能完全让高等教育被动地去适应人才市场，因为人才市场所反馈的信息往往只是短期的，中期与长期的人才需求很难在人才市场上反映出来。而教育的周期是很长的，教育的效益是滞后的。如果仅仅根据人才市场的短期信息来调整高等教育结构，就会由于决策的短浅眼光贻误百年大计的教育。”[③]——高等教育不能只顾外部规律的影响，而忽视自身的价值、特点和规律。

从上述实例可以看出，潘懋元对高等教育规律的研究深刻而清晰，同时又能深入浅出地把内涵丰富的高等教育内外部关系规律用条分缕析的方式，置于一个司空见惯的案例剖析之中。

四、建设中国的高等教育学学科

潘懋元之所以被称为中国高等教育学科的创始人，不仅仅在于他做了与中国高等教育研究和学科发展密切相关的若干件“第一”“首次”的事情，如主持编写了中国第一部高等教育学教材、组建了第一个高等教育研究专门机构、招收了第一批硕士研究生和博士研究生……，还在于他提出理论研究要扎根于实践、高于实践并指导实践的思想，指导中国高等教育研究发展成熟于中国高等教育改革发展的历程之中——理论研究与实践探索在这个过程中相得益彰，并开创性地建立和发展起中国的高等教育学学科。

1983年高等教育学科地位得到正式确立后，潘懋元密切关注着中国高等教育学学科的发展方向：一方面，高等教育学学科起源于现实需求，特别是中国高等教育学学科诞生后的三十年，正是中国高等教育改革与发展的

---

① 潘懋元.潘懋元文集：卷三(上)[C].广州：广东高等教育出版社，2010：47-48.

② 潘懋元.潘懋元文集：卷三(上)[C].广州：广东高等教育出版社，2010：51.

③ 潘懋元.潘懋元文集：卷三(上)[C].广州：广东高等教育出版社，2010：51.

最活跃期——大发展的同时出现了众多前所未有的问题和矛盾，这既向年轻的中国高等教育学学科提出了严峻的考验，同时也为高等教育学学科的发展和成熟提供了最有利的机会，高等教育研究得到了前所未有的重视。但另一方面，高等教育发展改革的强大现实需求也可能会影响高等教育研究的理论深度和对深层次规律的总结，从而忽视学科建设与发展的根基，影响学科的成熟度和生命力。因此，先后担任中国高等教育学会副会长、全国高等教育学研究会理事长、中国高等教育学会顾问、高等教育学专业委员会名誉理事长等职务的潘懋元，在长达三十多年的时间里，始终密切关注着中国高等教育实践与中国高等教育研究，既注意研究不能脱离实践，又不能忽视学科自身的建设和发展，并持续不断地就学科建设方向发表意见，提供指导。

高等教育学科地位获得承认，是潘懋元长期呼吁和坚持努力的结果。作为一名专业研究者，潘懋元很清楚高等教育学作为一门独立建制的学科的意义，特别是在我国高等教育体系内——它意味着师资编制、招生指标、建设经费等等，同时它也意味着高等教育研究今后可以有更好的条件服务于中国高等教育发展改革的现实需要。但为了做到这一点，学科体系自身的完善是促进高等教育学学科走向成熟的最重要保证。在1992年召开的第一届“全国高等教育学学科建设研讨会”上，潘懋元在肯定高等教育学学科建设成绩的同时，对学科的长远发展提出了更高要求。他认为，从完整的学科体系角度看，当时的高等教育学科体系建设还存在明显不足：“我认为‘社会科学的学科，可能有三种相互联系的不同体系：第一，理论体系；第二，知识体系（经验体系、工作体系）；第三，课程体系（教材体系）’。在中国，高等教育学的专著、教材虽然已经出版了多部，但只有知识体系或课程体系，尚未能形成完整的科学理论体系，因而高等教育学尚不是一门成熟的学科。学科建设，应当把最终建立完整的科学理论体系作为一个长远努力的目标。”[①]而这个“完整的科学理论体系”依然不能脱离高等教育实践，“必须对新出现的一系列重大问题从理论上做出回应。因此，探讨高等教育学学科建设问题，不但具有长远的学科建设意义，也有当前解释与解决实际问题的现实意义。”[②]这一点，既是他建设高等教育学学科的指导思想，也是学科建设的根本宗旨。

① 潘懋元.潘懋元文集：卷二（上）[C].广州：广东高等教育出版社，2010：436.

② 潘懋元.潘懋元文集：卷二（上）[C].广州：广东高等教育出版社，2010：440.

为了实现学科建设的目标和愿景，潘懋元曾多次强调，建设完整的、科学的学科体系需要尊重学科发展的规律，并且是一个长远工作，“必须踏实地逐步进行”，“不要急于搭一个高等教育学学科理论框架，而要做好建立学科体系的准备工作”[①]。具体的准备工作包括两个方面：“一方面，对高等教育学的基本概念、基本原理，逐一地进行深入的研究。……另一方面，组织各门学科的专家，从各个学科的角度研究高等教育的基本理论问题。因为高等教育学是一门多学科交叉的教育科学，高等教育的基本理论涉及多个学科领域，必须从多学科、多角度进行研究，才能拓宽视野、拓展思路。”[②]在潘懋元的积极倡导下，中国高等教育学学科群呈现出良好的发展势头，按照潘懋元的观点，当前中国高等教育学学科群内大体可以分为三个类型：“第一类是从高等教育学这门主干学科的基本理论中细化出来的分支学科。如高等学校课程论与教学论、大学生学习学、高等学校德育论、高等教育史、比较高等教育、高等教育哲学、高等教育研究方法等。第二类是高等教育学与其他学科结合产生的交叉学科。如高等教育经济学、高等教育管理学、高等教育生态学、高等教育结构学、大学生心理学、高等教育系统工程，以及各科类的学科教育学等。第三类是运用高等教育理论研究不同类型、不同层次高等教育所构成的学科。如高等工程教育、高等师范教育、高等医学教育、高等农业教育、高等专科教育、高等职业教育、成人高等教育、学位与研究生教育、留学生教育、高等教育自学考试等。”[③]正是由于中国高等教育研究者能够从不同角度，根据不同的理论基础，面对不同的问题，才促成了中国高等教育学科的繁荣进步。

与很多社会科学首先成熟或起步于西方国家不同，潘懋元倡导创建高等教育学学科完全是一门起源于中国本土的学科建设。潘懋元对此有过非常清楚的表述，“与普通教育学不同，中国高等教育学产生于中国本土，虽然在其发展过程中也适当借鉴了发达国家高等教育的某些见解与经验，但高等教育理论的主流与重要的创新性研究成果，都以中国本土的实践为基础，在思维方式与价值观上具有鲜明的中国特色”[④]，而“西方把高等教育只是作

① 潘懋元.潘懋元文集：卷二(上)[C].广州：广东高等教育出版社，2010：447.

② 潘懋元.潘懋元文集：卷二(上)[C].广州：广东高等教育出版社，2010：447.

③ 潘懋元.高等教育研究在中国发展的轨迹[J].高等教育研究，1998(1)：1-7.

④ 潘懋元.高等教育研究在中国发展的轨迹[J].高等教育研究，1998(1)：1-7.

为一个研究领域进行问题研究，不承认高等教育是一门学科，更不可能建构一门学科的理论体系”[①]。因此，不管是从历史的角度还是从现实的发展，都可以看出潘懋元本人对高等教育学学科的构思、设想和倡议，直至今日都在深刻地影响我国高等教育学学科的发展方向。一方面，促使他创建高等教育学学科的动机，来自于指导和解释中国高等教育实践的现实需求，因此，无论是学科获得独立建制前还是已经设立后，他都始终高度关注高等教育研究的现实针对性问题，当他看到中国高等教育研究能够以突出追踪中国高等教育改革与发展的重大现实问题和热点问题为价值取向，在研究成果上能够“在促进高等教育思想解放和观念更新中发挥了先导作用，……对政府的高等教育决策发挥了咨询作用；在培养教育研究高层次人才方面发挥了提升作用；在中外高等教育理论成果和先进经验交流方面发挥了桥梁作用”[②]时，他的言语间充满了自豪。这样一门完全由中国现实需求推动、中国学者自主设立、以解释和解决中国高等教育发展现实问题为出发点的“中国”特征明显的应用性学科，不仅从学科建制的角度获得了成功，同时也实现了对中国高等教育发展改革产生实际影响的目标，这样的学科建设之路和价值寻求，其意义更加显著。诚如潘懋元所说，作为一门独立的学科，高等教育学的基本概念、基本理论已经成为理论工作者的共识，被运用于研究高等教育领域中改革与发展的实际问题，并在理论与实践的互动中得到持续发展。当然，他也清楚地意识到，从学科规范体系的建设上，高等教育学的整个理论体系的成熟度还有欠缺。进一步完善学科理论体系，促使高等教育学成为一门能够对理论和实践都产生独特影响的应用性学科，是他和他带领的中国高等教育研究队伍尚需努力的方向。

潘懋元先生是我国高等教育学科的创始人，也是我国高等教育研究的掌舵者。他敏锐的问题意识和强烈的学以致用思想，深刻体现出他对中国高等教育事业健康发展的长远思考与严肃关切：

从学科发展和学科研究的视野来看，他从来不囿于“高等教育”甚至是“教育”的范畴内，“‘就教育谈教育’是片面的，因为忽视了教育外部规律。而许多教育问题，不是教育自身所能解决的”[③]，教育研究者需要有大教育

---

① 潘懋元.高等教育研究在中国发展的轨迹[J].高等教育研究，1998(1)：1-7.

② 潘懋元.潘懋元文集：卷二(上)[C].广州：广东高等教育出版社，2010：453.

③ 潘懋元.潘懋元文集：卷三(上)[C].广州：广东高等教育出版社，2010：50.

观;但是“不顾教育自身的内部规律而谈教育,也是片面的。我们的研究对象是教育,所要解决的问题也是教育问题”①,也就是说,他始终希望高等教育研究要有开阔的视野,但也不能忘记本真。

在研究方法和基本路径上,他坚持真正的研究需要立足于高等教育发展与改革中的真问题,通过科学取证、合理推导,探寻中国高等教育发展改革的规律和解决问题的办法,并进而发现总结高等教育发展改革的基本规律。在30多年的时间里,他几乎关注了各个不同时段中国高等教育发展改革中的所有重大问题,他的努力不仅丰富了中国高等教育研究的理论成果,更重要的是为不断推进的高等教育发展改革做出了重要贡献。例如,他除了长期关注普通高等教育的发展改革以外,还长期关注民办高等教育、终身教育的发展改革,并对包括政府在内的社会各界客观认识它们在中国高等教育体系中的地位作用发挥了积极的促进作用。

从学科理论体系的建设上看,潘懋元始终坚持用发展的、辩证的态度,对待不同时期高等教育研究理论成果和规律探讨,而不固守一时之见。2014年,他明确提出了高等教育研究中的“变与不变”问题。他认为,研究中的变与不变是学科建设经常需要面对的问题,因为社会总是在变化发展之中,教育作为社会的一个子系统,其变化也是必然的;同时,作为高等教育体系中最核心的要素——“人的认识也在发展提高中,对变革中的高等教育的认识不断加深、提高也是必然与必要的”②。正是基于这样的认识,他能够以积极的、发展的和宽容的态度对待以往的理论研究成果,哪怕是已经得到普遍共识的成果。例如2014年潘懋元专门论述了他对30多年前他本人所提出的“教育内外部关系规律”的再认识,他说:“我对外部关系规律的认识与表述……(20世纪80年代的)界定没有错,但失之笼统。”③并随之提出了他对教育规律的新认识。他对待研究的这种唯真、唯实的态度,对于中国高等教育研究和学科发展方向极为重要——因为高等教育是一项育人的事业、是一项关系千秋大业的事业、是一项关注社会方方面面的事业……高等教育研究自当严谨、平实、进步、高尚。

---

① 潘懋元.潘懋元文集:卷三(上)[C].广州:广东高等教育出版社,2010:50.

② 潘懋元.关于高等教育学科建设的反思[J].中国教育科学,2014(4):4-19.

③ 潘懋元.关于高等教育学科建设的反思[J].中国教育科学,2014(4):4-19.

潘懋元高等教育研究方法论述评

石慧霞

高等教育研究方法论是建构高等教育学科理论体系的重要准备工作之一。对于学科而言，方法论是指能综合已有的抽象理论，并从抽象到具体，形成严谨的、能充分反映学科自身内在逻辑的科学体系。[①] 高等教育研究界曾经盛行一种观点，认为高等教育学没有自己独特的研究方法，所有的方法都是从其他学科借鉴而来。作为该学科创始人，潘懋元先生在20世纪80年代初期，就认识到多学科方法对高等教育研究的特殊意义。在《多学科观点的高等教育研究》专著中，他旗帜鲜明地提出了不同看法：多学科研究方法可能就是高等教育学的独特方法。[②] 本文不揣浅陋，试图对多学科研究方法论的理论意义、实践应用进行分析梳理，力求探得潜藏于潘懋元高等教育研究方法论背后的学术视野、教育情怀和人文关怀，以期感悟潘懋元赋予高等教育学科独特的思想魅力。

一、多学科研究

从不同的学科观点、方法研究高等教育问题，包括历史学的、哲学的、心理学的、文化学的、科学学的、经济学的、社会学的、政治学的、管理学的、系统科学的、比较教育学的等等，它的作用不仅在于显示高等教育理论的源泉，也在于突出学科观点的方法论意义，同时也证明了高等教育理论不是可

作者简介：石慧霞，教育史博士，厦门大学档案馆馆长。

① 潘懋元. 多学科观点的高等教育研究[M].上海：上海教育出版社，2001：2.

② 潘懋元. 多学科观点的高等教育研究[M].上海：上海教育出版社，2001：4.

以由某门学科的理论代替的,高等教育学是一门多学科交叉的科学。①

(一)多学科研究的意义

多学科研究是研究高等教育学的前提条件。早在20世纪80年代初,潘先生在撰写《高等教育学讲座》和主编《高等教育学》时,就提出:正确认识高等教育学同其他有关学科的关系,掌握并运用有关学科的信息,交流渗透,交互为用,以促进研究工作的深入和发展,这是研究高等教育学的前提条件。只有把多门学科观点的研究成果综合起来,比较分析,才能获得比较全面的认识。

多学科研究是由高等教育的本质特点决定的。高等教育的本质是高等专业教育。一方面,高等教育的基本功能是为社会的各个部门培养专门人才,它必须同经济、政治、文化、科学等等系统交流不断变化着的信息,受社会各有关系统制约并为之提供服务。所以它与社会政治、经济、文化、科技的关系,是一个复杂的、多层结构的开放系统。另一方面,高等教育是由各种专业组成的,它必须同各门学科交流信息,获得各门学科最新进展的信息,及时转化为教育资源,以便提高所培养的人才知识水平和学术视野,并且通过科学研究,促使学科的发展。

多学科研究开拓了思维,为高等教育学科展示了宽阔的路径。多学科交叉的高等教育领域需要多学科的研究,高等教育每个方面的问题,适合于运用某一门或某几门的学科观点进行研究。只有聚合多种学科观点,才能获得较完整的认识,这种分析与综合相结合的方法,对研究领域广阔的高等教育有特殊意义。高等教育是一个复杂的、多层结构的开放系统,无论从高等教育系统与社会各个系统的外部关系上,或从高等教育各个专业、各门学科的内部关系上,都有必要从不同的学科观点,运用不同的学科方法来认识高等教育功能与价值。

(二)多学科观点何以"可能"

从多学科研究的意义及多学科研究高等教育的系列重要成果,似乎可以推出"多学科"是高等教育研究方法论体系的重要特征。但是,潘先生并没有因此得出结论,而是说多学科研究"可能是高等教育的方法论",这看似

---

① 潘懋元,口述.肖海涛,殷小平,整理.潘懋元教育口述史[M].北京:北京师范大学出版社,2007:201.

有点轻描淡写的结论背后蕴含着先生深刻的方法论智慧。

1.社会科学研究的多学科性。潘先生认为，许多社会科学，很难有自己独特的研究方法。社会科学领域，很多研究方法是通用的，如调查法、统计法、文献法、比较法等。这些研究方法社会科学都可以用，高等教育学也是如此。① 多学科研究方法，不仅适用于高等教育研究，也适用于其他学科领域的研究。但是，不同学科侧重的方法不同。从高等教育与社会其他各个系统及其内部关系来说，多学科研究是高等教育学的主要研究方法，其他学科都没有像高等教育学一样，与多学科联系如此紧密。正如有人批评高等教育队伍庞杂，三教九流都有，其实这恰恰是高等教育研究的优点。②

2.高等教育学学科建设的条件正在完善中。潘先生明确指出，作为一门开放学科，高等教育学的学科体系正在不断形成和完善中，和其他社会科学一样，高等教育学学科的建设一直在路上。任何一门学科理论体系，需要：首先，有宽厚的实践经验为基础，虽然理论体系是高度抽象的概括，似乎远离实际，但归根到底，它是建立在既宽又厚的实践经验基础上的；其次，要有一系列的理论准备，并且这些理论能从某一点上深入到高等教育的内在实质而不是泛泛之谈，它的科学性能经得起实践的检验和时间的考验；最后，还要运用科学的逻辑推导，使之能综合已有的抽象的理论，并从抽象到具体，形成严谨的、能充分反映学科自身内在逻辑的科学体系。③ 丰富的实践经验和一系列的理论准备尚不具备，方法论的形成尚需在与前两者的发展互动中不断摸索。

3.方法论的开放性。先生对待多学科研究的“态度”体现了先生对待科学研究的“态度”，“大胆假设，小心求证”，先生对科学研究始终怀有敬意和开放包容的心态。先生说，“理论是博大的，我们所认识的只是其中的一小部分”。先生只是根据已掌握的理论提出自己的观点。他常常谦虚地说，多学科研究方法论还不能说很成熟。随着研究的不断深入，不排除其他有利于高等教育研究的方法论出现。

---

① 潘懋元，口述.肖海涛，殷小平，整理.潘懋元教育口述史[M].北京：北京师范大学出版社，2007：202.

② 潘懋元，刘丽建，魏晓艳，选编.潘懋元高等教育论述精要[M].福州：福建教育出版社，2015：42.

③ 潘懋元.多学科观点的高等教育研究[M].上海：上海教育出版社，2001：4.

二、"多学科研究"之系统观

"多学科研究方法论"的关键词是"多"。"多"并非简单的数量概念，如何理解"多"，是应用"多学科研究方法论" 指导高等教育研究从理论走向实践的关键。"多"与"一"、"多"与"不同"、"多"与"系统"是蕴含于潘懋元多学科研究方法论中"由博返约"的要义。

(一)"多" 与 "一"

潘先生认为，在研究高等教育的过程中，对某些问题可以而且必须着重就一门适当的学科观点进行深入探讨，不能眉毛胡子一把抓。从某一门学科的观点、方法考察高等教育，既可以把高等教育作为一个整体来研究，也可以就最能体现学科观点的某个高等教育问题作深入的探讨。当然，前提是不能以某门学科的理论代替高等教育理论。例如，哲学的观点，只研究大学的理念；社会学的观点，只研究社会分层与高等教育的关系；管理学的观点，只研究管理中的权力结构等等。高等教育研究方法论从研究对象来说不离开高等教育，从方法论的观点来说，不拘一格，但求言之成理，持之有据。"多"是由"一"开始的，许多个"一"叠加起来、综合起来，对于高等教育方法论体系的建设，对于多学科研究方法论的深入认识，都是重要的基础准备工作。

(二)"多" 与 "不同"

"多"并非多多益善，"多"重在"不同"。一门学科的观点考察高等教育，只能看到高等教育的一个侧面。不同学科的观点才能跳出一门学科的观察局限。即使是哲学的观点，潘先生认为，也不能包揽高等教育方方面面问题的研究。例如，研究高等教育，如果局限于哲学与心理学的观点，就不能掌握高等教育与经济、政治、文化、科技复杂的关系。高等教育走出"象牙塔"，走进社会，同社会的方方面面关系越来越密切、复杂，还必须从社会学、经济学、政治学、文化学、科学学、管理学等高度审视高等教育。①

强调"不同"，可以避免以偏概全，不会执着于唯一和片面。潘先生提醒，如果以为某一学科的观点是唯一的，很可能从正确的观点出发，引出错

---

① 潘懋元.多学科观点的高等教育研究[M].上海：上海教育出版社，2001:3.

误的结论。例如，从经济学的观点看，高等教育要面向市场，主动适应多元化的市场需求，这是完全正确的。但是，把过去的教育，不论成就或问题，不分青红皂白都塞进计划经济的筐筐，一概丢弃，把当前的改革，都纳进市场经济的轨道，以市场经济的规律代替高等教育自身的规律，这种简单化的思维方式，就会导出片面性的结论。以其作为决策依据，必将走偏方向。政治、文化同经济一样，制约着高等教育的改革与发展，综合政治学、文化学等的研究成果，才能更好地理解和认识中国高等教育的模式，才能更好地建设有中国特色的世界水平的现代高等教育体系。

（三）"多"与"系统"

"多学科研究方法论"，蕴藏着于深刻的整体思想和系统思想。潘先生说，多学科研究作为一种方法论，为我们提供了一种新的思维方式，"这种新的思维方式符合人类认识的发展，即从单义性到多义性、从线性研究到非线性研究、从绝对性到相对性、从精确性到模糊性、从单面视角到多维视角、从单一方法到系统方法，如此等等。"[①]可以说，整体思想、系统思想是潘懋元多学科研究方法论的思想基础。系统是由若干相互联系、相互作用的要素组成的有机整体，整体性是系统最基本的特性。[②] 潘先生为什么会提出多学科研究方法论作为高等教育研究的独特方法论？根据系统科学，社会是一个由政治、经济、文化、科技、教育等多种子系统组成的有机整体，高等教育作为教育的子系统，是一个复杂的、多层结构的开放系统，它比其他教育系统更需要同环境的方方面面交流信息。潘先生认为，系统思想注重整体性原则、注重大系统与子系统的关系、注重子系统之间的关系。多学科研究方法论提出的动机，是为了从整体上建构高等教育学科理论体系，有计划地进行一系列的理论与实际结合的研究，做好理论准备，逐步向学科建设的目标逼近。[③] 因此，"多学科研究方法论"不是简单的"不同"学科研究方法论的统计学概念，她不仅强调我们应以解剖学的眼光看待不同学科观点下的高等教育，同时更加重视从系统整体出发，把握系统与部分、部分与部分、系统与环境之间的相互联系和关系，只有这样，才能真正对高等教育整体或某个高等

---

① 潘懋元.多学科观点的高等教育研究[M].上海：上海教育出版社，2001:5-6.

② 乌杰.系统哲学[M].北京：人民教育出版社，2008:141.

③ 潘懋元.多学科观点的高等教育研究[M].上海：上海教育出版社，2001:2.

教育教育问题进行深入探讨。

事实上，潘先生多学科研究方法论中的系统思想，在该方法论正式提出之前，就经过他长期的教育实践和不断研究反思。在潘先生著名的"教育外部关系规律、教育内部关系规律"理论中，先生对系统论进行了全面深入的研究。他在接受王洪才采访时说："我在思考教育规律时借鉴了系统论的不少思想。比如，系统论中讲'整体性原则'，对于我们认识教育系统和社会系统关系非常有帮助。系统论对于阐释教育与政治、经济、文化、科技等不同系统的关系也很有说服力。可以说，系统论思想是我提出两条规律学说的方法论基础。"①

多学科研究方法中的系统思想使得潘先生时刻保持对高等教育现象和问题把握的全局观和敏锐性。2018 年，在厦门大学教育研究院 40 周年院庆大会上，潘先生"语出惊人"。他说，未来世界可能是"自然人"和"机器人"两种人共处的世界，如何使两种人和谐生活在一个世界中？高等教育不仅要关注自然人的教育需求，而且要积极关注对机器人的全面教育。他认为，对于机器人的教育，需要多学科专家共同合作。高等教育研究者应该担负起对机器人进行伦理道德教育、情感教育、美育等。

能够充分反映我国高等教育学科自身内在逻辑的科学体系并不是一个客观的存在，她不同于自然界的自然现象，她需要所有高等教育研究者主观上有意识地去努力、去创造，她是一个不断建构的过程。潘先生的高等教育研究方法论特别是多学科研究方法论，经过几代人的实践检验，在教育研究工作者和教育管理者中产生深远的积极影响，日益得到广泛认同。2019 年，中华人民共和国成立 70 周年之际，教育部印发了《关于加强新时代教育科学研究工作的意见》(以下简称《意见》)，这是以教育部名义印发的第一个关于教育科学研究工作的规范性文件。潘先生受访时很高兴地说，《意见》的出台对于教育科学研究工作者多有鼓励和指导的作用。他特别提到，《意见》第一项第二条："推进研究范式、方法创新，推动跨学科交叉融合"对于高等教育学科的发展非常重要，"高等教育科学研究工作，必须具有多学科的视角，包括教育社会学、教育政治学、教育经济学、教育文化学、教育心理学以及教育生态学等等。不能只就教育谈教育，要从不同的学科视角研究高等

---

① 王洪才.教育内外部关系规律学说：中国教育学发展的一面镜子[J].苏州大学学报，2013(1).

教育问题”[①]。

三、“方法有形”与“大道无形”

潘先生一方面大力倡导开展多学科观点的高等教育研究，另一方面，他丝毫没有被方法论所限制和禁锢。在潘先生所作的研究中，我们看不到“标签式”的学科语言和深奥的“学科”理论，而是精炼无华、娓娓道来的朴实“家常话”。古人云，“大道无形，唯心自知”，大的道理是无形的，只有心可以体会。“多学科”之外的“无形之法”是先生观察事物和处理问题的重要方法，也是先生方法论体系的思想魅力之所在，如“扬弃”“理论联系实际”“敢为天下先”“真切的使命感”等等。

（一）“扬弃”

扬弃是指新事物对旧事物的既抛弃又保留、既克服又继承的辩证关系。“扬”体现了新事物对旧事物的发扬、保留和继承，是事物发展的连续性。“弃”是新事物对旧事物的抛弃、克服，这是事物发展中的非连续性。

这一辩证的方法常常体现在先生对待传统高等教育与现代高等教育关系的研究中。关于“传统文化与现代高等教育”，一种观点是把两者分割开来，作为对立的两极，认为“现代高等教育”只有避免和摈弃“传统文化”影响，才能真正实现其“现代性”。这样的观点不仅使人们对于现代性的理解产生偏差，而且使人们不能正确认识传统文化与高等教育、现代高等教育之间的关系。针对这一问题，先生分析了“现代化”的实质后，提出：传统文化并不等于古代文化；即使是古代文化的内容，经过批判改造，也有许多可以“古为今用”；传统文化与现代化不是截然分割、水火不相容的对立物；传统文化包含古代文化，也包含近代以至现代的已被民族社会认同的文化。它包含本土文化，也包含被吸收消化了的外来文化；传统文化与现代化是相互适应、协调和促进的；传统文化是现代化的基础。[②] 在此基础上，先生根据高等教育的本质和特点，进一步提出传统文化与高等教育现代化的关系：高等教育对传统文化有传承、评价、选择和创新的功能，一方面高等教育推进传

① 潘懋元.对教育科学研究工作者的期待、鼓励和鞭策[J].教育研究，2019(11)：17.

② 潘懋元，张应强.传统文化与中国高等教育现代化[J].清华教育研究，1997(1).

统文化的现代化，另一方面是高等教育的文化创新促进了高等教育自身的现代化。传统文化现代化与高等教育现代化，在一定意义上是同步的，并且统一于高等教育文化创造功能之上。[①] 现代化对于传统文化既有继承，也有创新，它吸收了传统文化中的精华。现代化是对传统文化的扬弃，而不是全盘抛弃。

再如关于“高等教育改革”研究，先生认为，随着中国的经济体制从计划经济转变为市场经济，高等教育改革主动面向市场经济，主动适应市场经济，从经济学的观点看，这是完全正确的。但是，把过去的教育，不论成就或问题，不分青红皂白都塞进计划经济的筐筐，一概丢弃；把当前的改革，都纳进市场经济单一的轨道，把市场经济作为高等教育改革的唯一导向，甚至以市场经济的规律代替高等教育自身的规律，这种简单化的思维方式，就会导出片面性的结论。[②] 先生认为，对待高等教育改革，不能完全抛弃、清除传统教育中合理的、有价值的、与时代相应的部分，而是对传统教育有所否定，有所肯定，否定之中包含肯定。应在对传统教育“扬弃”的基础上进行高等教育改革。改革不是否定一切，改革是在继承前人基础上的进步。

（二）理论联系实际

在20世纪60年代初，先生在有关理论联系实际原则的“试论”“再论”两篇论文中，就曾经指出在研究方法上存在两个主要问题：一是理论脱离实际，内容贫乏，理论空泛，教条味重；一是实际脱离理论，铺叙事实，就事论事，发表局部经验或个人感想，以偏概全，不能上升到理论上来。先生认为，现在这一情况虽然有所变化，但并无根本改观。某些高教研究工作者，热衷于闭门造车、孤芳自赏，对热火朝天、日新月异的高等教育改革实践视而不见，不重视调查研究，不注意从实际问题中选择研究课题，以至于研究出来的成果空洞无物、晦涩难懂、从概念到概念、从理论到理论，即使出版或发表，也只能束之高阁，对高等教育实践起不到任何作用。同时，一些现实问题研究者或政策制订者不重视理论运用，凭感想写文章，凭经验做决策。无论理论脱离实际，还是实际脱离理论，都不利于高等教育研究的开展。[③]

---

① 潘懋元，张应强.传统文化与中国高等教育现代化[J].清华教育研究，1997(1).

② 潘懋元.多学科观点的高等教育研究[M].上海：上海教育出版社，2001:4.

③ 潘懋元，口述.肖海涛，殷小平，整理.潘懋元教育口述史[M].北京：北京师范大学出版社，2007:262.

之所以出现以上问题，潘先生认为主要是由于理论工作者和实际工作者忽略了理论与实际的中介环节造成的。理论，尤其是基本理论与实践之间，是有一定距离的。理论要转化为实践，要受许多条件制约的，要经过一定的中介环节。在全国高等教育学研究会第四届学术研讨会上，先生曾提出一个中介环节的示意图：基本理论→应用研究（开发研究）→政策（一般指宏观的）→操作性措施（一般指微观的）→实践；或基本理论→应用研究→操作性措施→实践。

潘先生进一步指出，改革开放以来，中国高等教育研究进入制度化快车道，基本理论研究与应用性理论研究正沿着两条并行而有所交叉的轨道发展。以高等教育学为主干的学科群研究（理论研究）和结合高等教育改革与发展实践的应用性研究呈现出齐头并进，相互联系、相互促进的良好发展态势。未来，先生建议高等教育工作者都要时刻密切关注高等教育改革与发展的火热现实，基本理论研究者、应用研究者和实际工作者通力合作，进行深入而富有成效的研究工作，才能不断推进中国高等教育事业的进步和发展。

（三）敢为天下先

先生认为不论是从事理论研究还是从事应用研究，都是处于科学前沿的创新性研究工作，这种研究工作最需要的是勇气和自信心，用一句话来概括，就是“敢为天下先”。[①] 在先生看来，“敢为天下先”并不是没有根据的胡思乱想，而是研究者应有的一种自信和精神，是一种隐藏于研究思想和方法背后的智慧。先生说，“敢为天下先”，首先要尊重科学，按科学规律办事；其次，要有丰富的想象力（求异思维）。任何创新都是“踩在巨人的肩膀上”才能向上攀登，并通过求异思维来超越前人的研究结论；再次，要经过实践检验。从事知识创新、科技创新，光凭主观愿望，敢想敢干是不够的，必须有科学知识与能力的准备。[②] 先生用公式将“创新”表述为：创新＝科学＋想象力＋实践检验（或求同思维＋求异思维＋实践检验）。

令人感叹的是，先生希望大家要“敢为天下先”的同时，毫不讳言，敢于

---

① 潘懋元．敢为天下先——在广东省博士后工作20周年纪念大会上的讲话[J].集美大学学报，2006(6).

② 潘懋元．敢为天下先——在广东省博士后工作20周年纪念大会上的讲话[J].集美大学学报，2006(6).

失败。他多次在接受访谈时讲到，最难忘的人生经历是“两次失败”：第一次当小学老师的失败经历使他立志从教，第一次当大学老师的失败经历使他立志研究高等教育。更让人敬佩的是，先生以“无我的胸怀”和长远的眼光号召“要第一，不要唯一”。“要第一”，要有“敢为天下先”的勇气与自信心；“不要唯一”，要有合作的精神和宽阔的胸怀。先生的“敢为天下先”并非个人一马当先、一骑绝尘，他希望在大家的共同努力下，将中国高等教育学科推上更高更广的平台。为学与为人之真，莫过于此。如今，百岁潘先生仍然孜孜以求、诲人不倦，引领青年克服浮躁之风，克服怠惰自满，在学术研究中静心求学、潜心思考，不断续写高等教育研究的“满园春色”。

（四）真切的使命感

方法论是对方法的反思和系统研究，体现学者对学科的使命、概念体系和推理原则。潘先生的高等教育研究方法论始终蕴藏着他对高等教育事业繁荣发展的真切关怀，饱含着他以推动高等教育事业发展为天职的崇高使命感。正如华中科技大学张应强教授所说，“潘先生的教育研究就是一种有着强烈责任担当的学术研究。正是这种充满强烈社会责任感的学术研究，成就了潘懋元先生的学术意义，为我们这个时代提供了一个学术范例”[①]。即使是在日常教学工作中，先生也带着强烈的使命感投入其中，他努力使自己的知识转化为学生的知识，力求使抽象的理论成为简单、明白、可接受、可操作的知识，他最大的愿望是“得天下英才而育之”。作为学生，你越接近先生，越想有更多机会和他在一起，不仅受他学术方法体系的强大吸引，更是被他强烈的社会责任意识和时代使命感所折服。单纯研究潘先生高等教育学领域的研究方法，虽是必要的，但无法触及他方法论的根本，不足以感受他方法论的博大视野。2020 年春节，百岁潘先生写下一段话，“在中国漫长的科举制度时期，想当官的，只能参加科举考试，为圣人立言的八股文是必要的敲门砖。历史上无数的进士包括状元的文章都已湮灭无闻，至今为人们所传颂的是文人们自立主题，自由创作的汉赋、唐诗、宋词、元曲以及明清以来的小说，正是这些反映人性、社会性的历代诗文创立了中华民族的光辉壮丽。”

① 张应强.像潘懋元先生那样做高等教育学大学问[J].高等教育研究，2010(8).

潘先生的高等教育研究方法论以及蕴藏于其中的智慧、勇气和精神，为中国高等教育学科开创了一片光明的前景，学习、理解方法论背后潘先生为中国高等教育事业执着奉献的勇气和大无畏的精神，是激励晚辈后学为高等教育学科臻于完善的不竭动力之源！

潘懋元教育研究发展脉络

——基于学术论文的知识图谱分析

于小艳　卢晓中

潘懋元先生的教育思想透视古今、贯通中外、博大精深。前人关于潘先生教育思想的研究，思辨居多。虽有不少实证研究表明潘先生是高等教育研究的核心学者①，在高等教学的高被引论文作者中排第一位②，却未从整体上以实证方式分析潘先生教育研究的发展脉络和对于高等教育学的贡献。本文拟以中国知网上收录的潘先生的论文为研究对象，以知识图谱直观、整体、动态揭示潘先生不同时期的高等教育研究重点及其发展脉络，发现那些隐埋在大量数据中的规律和不易察觉的成果。

一、研究的理论基础和分析途径

（一）理论基础

本文运用的研究理论为知识图谱理论。知识图谱以科学知识为对象，以数学、图形学、计量学等为基础理论和方法，目的是探究知识结构与发展过程之间的关系。在学科范畴上，其属于科学计量学。③ 知识图谱一般也称

作者简介：于小艳，教育学博士，华南师范大学《现代教育论丛》编辑部主任、副编审；卢晓中，教育学博士，华南师范大学教育科学学院教授、博士生导师，长江学者。

① 罗云，武建鑫.我国高等教育研究学术群体可视化知识图谱构建与分析[J].高教探索，2015(3)：40-47.

② 孙新宇，孙照辉，姜华.高等教育研究专家遴选分析——基于知识图谱研究的视角[J].黑龙江教育(高教研究与评估)，2013(12)：60-61.

③ 刘则渊，陈悦，侯海燕.科学知识图谱方法与应用[M].北京：人民出版社，2008：3.

为知识可视化图谱，可以直观形象地展示研究问题的前沿热点、演化规律及亲缘关系等。目前该理论已成为学术研究中分析研究热点、发现前沿、辅助决策的基础，广泛应用于情报学、管理学、科学学、教育学等领域。

（二）分析工具及方法

本文以美国德雷塞尔大学的陈超美教授开发的 CiteSpaceIII 为分析工具。CiteSpace 是 Java 编程语言的以可视化形式显示科学知识的发展进程与结构关系的知识图谱的应用程序，其设计理念是“改变看世界的方式”。① CiteSpace 能够把大量的文献数据转化成可视化图谱——即知识图谱，显示知识发展进程与结构关系，并能发现那些隐埋在大量数据中的规律和不易察觉的事物。

共现分析是把多种信息源中共同出现的信息进行定量分析的一种方法，目的是分析出信息的关联和特征。在本文的分析中，共现分析主要采用关键词。通过关键词共现图谱和时间线视图，描述关键词之间的关联与结合，以揭示潘先生不同阶段的学术研究重点，展示其主要的发展历程与发展趋势。

二、数据采集及处理

（一）数据采集

知识图谱绘制的科学性以数据的完整性、准确性、代表性为基础。本文以中国知网为数据基础，2015 年 5 月 12 日以“作者”为“潘懋元”为检索途径，初次检索论文 331 篇。然后按照发表时间的先后，剔除内容重复（转载）的论文，即相同文章标题的论文仅保留最早公开的那一篇，最后得到研究论文 311 篇，每年的发文量见图 1。

① 陈悦，陈超美，胡志刚，王贤文等.引文空间分析原理与应用：CiteSpace 实用指南[M].北京：科学出版社，2014：13.

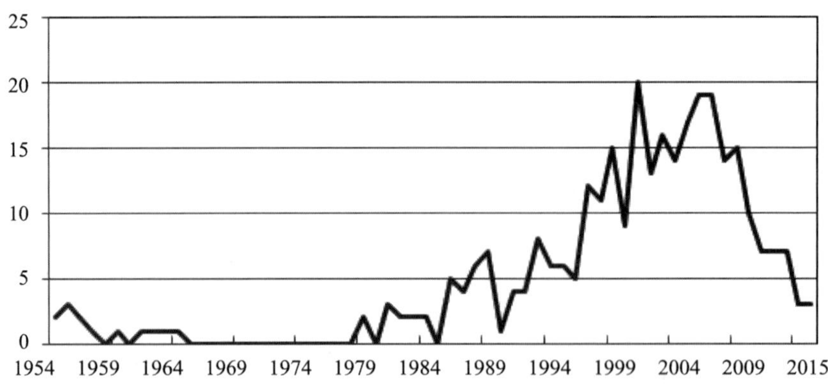

图 1　潘懋元先生 1954—2015 年各年度 CNKI 发文量统计

注：因数据收集时间为 2015 年 5 月 12 日，故潘懋元先生的 2015 年的发文量为 3 篇。

（二）数据处理

数据处理遵循 CiteSpace 的步骤，并结合实际分析对象的密集度、时间跨度等设定数据参数。首先，将 311 篇论文的作者、作者机构、出版期刊及刊号等信息、关键词、摘要（对于没有摘要和关键词的论文，CNKI 自动抽取了关键词和摘要）等数据信息以纯文本文件提取待分析。其次，选择数据处理参数，主要包括时区切片选择、分析对象选择、阈值选择等。

时区切片的划分依据主要有两个：一是与潘先生的研究发展脉络相关。这里选取了高等教育的规模变化。这是由于中国高等教育的规模变化体现了外部压力与内部逻辑的交互影响，也反映了高等教育自身的内部逻辑。二是划分区间的潘先生的发文量（发文量太少则共现关键词太少且词频过低，不利于生成图谱；发文量太多则共现关键词过多导致知识图谱过于杂乱，脉络不清）。本文将 1954—2015 年的 62 年分成 4 个时间间隔，分别是 1954—1978 年的前学科高等教育研究阶段；1979—1998 年的高等教育学科形成阶段；1999—2004 年的高等教育学科发展阶段；2005 年至今的高等教育学科完善阶段。时间线视图以整个研究时段 1954—2015 年为一个研究分区。在关键词共现图谱中和时间线图谱中，分析对象皆为关键词。阈值的选择为 TOP N，即图谱的数据对象为共现频次的前 N 位。

三、知识图谱绘制及其分析

不同类型的知识图谱能够显示不同的内容。关键词共现图谱主要展现潘先生各个时间段的研究重点。时间线视图从时间维度上分析潘先生研究的进程和研究内容的交互影响。在知识图谱解读方面,关键词共现图谱重在解读潘先生的教育研究重点,时间线图谱重在解读研究发展的过程和相互影响。

(一)关键词共现图谱及其分析

关键词是学术论文的一个重要组成部分,虽然往往只是3~5个词,但却是论文的"关键",我们不仅可以利用关键词检索到文献,还可以通过关键词了解到文献涉及的领域和内容。关键词词频高低的统计及可视化能清楚反映潘先生高等教育研究的重点。值得特别提及的是,中国高等教育发展与高等教育学科的建立和发展是密切相关的,潘先生正是在关注中国高等教育发展问题的过程中创建和发展高等教育学科的,因此,本文以中国高等教育学科的建立与发展作为划分时区的依据,实际上也反映了各个时区中国高等教育发展的历史样态。

1. 前学科高等教育研究阶段:1954—1978年

在1954—1978年前学科高等教育研究阶段,旧的社会制度虽然被打破,但整个社会还没有进入协调有序的发展而处于较初级阶段,人均国民生产总值与高等教育的发展程度都处于很低的水平。与当时经济发展相适应的是基础教育落后、高等教育底子薄,再加上高等教育政策取向的不确定性、政治运动对高等教育的冲击,在此区间,高等教育的毛入学增长率时而低至−60.31%,时而高到107.98%。① 从世界范围来看,20世纪50年代,世界高等教育进入了一个蓬勃发展的时期。但在这一时期的中国,高等教育发展正处在恢复和调整时期,至于专业的高等教育研究还十分薄弱,高等教育学科的建立尚处在萌芽阶段。1954−1978年潘先生的众多研究为高等教育学学科的创建工作打下了重要基础。而在那个时期,我国的学术期刊发展处

① 谢作栩,黄荣坦.中国高等教育规模发展宏观调控模型研究[J].高等教育研究,2004(11):18−24.

于初级阶段，1954年，我国的期刊出版种数为304种，到1978年也只有930种，不到2013年统计数据的9877种的十分之一。这一阶段共有110个关键词，其中出现2次及以上的有13个，出现3次及以上的有4个(详见表1)，以TOP 20的共现关键词生成知识图谱，详见图2。

表1　1954—1978年潘懋元先生发文的高频关键词前20位

序号	词频	中心性	年份	关键词	序号	词频	中心性	年份	关键词
1	6	0.56	1954	教育思想	11	2	0.56	1955	深堂
2	3	0.00	1956	工作能力	12	2	0.00	1954	教育内容
3	3	0.87	1959	教学效果	13	2	0.40	1954	新教育
4	3	0.87	1954	近代教育史	14	1	0.21	1954	下推
5	2	0.00	1954	教育理论	15	1	0.00	1954	三年
6	2	0.40	1955	中所	16	1	1.37	1954	九二
7	2	1.03	1954	平民教育	17	1	0.00	1955	一個
8	2	1.05	1954	教育目的	18	1	0.21	1955	事类
9	2	0.21	1954	教育观点	19	1	0.00	1954	中国教育会
10	2	0.40	1954	教育史	20	1	0.00	1963	中国现代教育史

根据图2节点的大小可发现热门关键词。图2显示了潘先生的研究在改革开放前的前学科高等教育研究阶段的关键词及频次，研究重点主要集中于“教育思想”“近代教育史”“教育理论”“教学效果”“教育内容”“教育目的”“工作能力”“教育史”等方面。

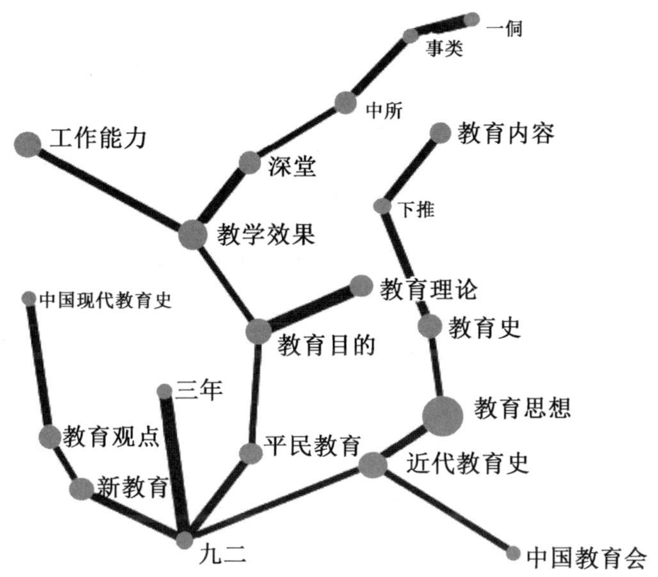

图 2　1954—1978 年潘懋元先生发文的知识图谱

注：视图的节点代表分析对象，出现频次越高，节点就越大。节点之间的连线表示共现关系，其粗细表示共现的强度。下同。

“教育思想”是最大的节点，出现于 1954 年，与之相连的节点有“教育史”“近代教育史”“教育内容”等。潘先生以史为鉴，在 20 世纪 50 年代，发表了一系列关于中国近代教育史资料的论文，先后对杨贤江(李浩吴)、毛泽东、胡适、蔡元培、鲁迅的教育思想进行深入研究，分析了文化教育的本质与作用、教育原理、教学原理、中国革命中教育的理论[①]，教育的效能、教师的任务等。[②] 对待前人的教育思想，潘先生态度鲜明，肯定了蔡元培的思想自由、学术自由的主张，认为其在“客观上起着掩护新思想萌芽的作用”[③]，批判了胡

① 潘懋元.毛泽东教育思想试述——中国近代教育史研究资料之四[J].厦门大学学报(文史版)，1954(5):12-116.

② 潘懋元.杨贤江(李浩吴)教育思想——中国近代教育史研究资料[J].厦门大学学报(文史版)，1954(1):127-139.

③ 潘懋元.蔡元培的教育思想——中国近代教育史研究资料之六[J].厦门大学学报(社会科学版)，1955(4):86-98.

适对教育作用的曲解，揭示了其思想对教育的影响。[①] 1955 年，潘先生 35 岁，在学术研究上，只是刚刚踏上征途，不管当时的时代背景如何，那种勇于探索的精神都值得后来者学习。

“教学效果”也是此时期潘先生研究的一个重点。该节点出现于 1959 年，与之相连的节点有“教育目的”“教育理论”“工作能力”等。潘先生在 1956 年第三期的厦门大学学报（社会科学版）的《试论理论联系实际的教学方针》中重点论述了通过理论联系实际提升教师的工作能力，解答了“实际”是什么，理论和实际如何联系，理论和实际谁先谁后等问题。正如潘先生所说：“理论联系实际，这个实际不是实用主义。在教学中，要摸清学生的思想实际，不能等理论水平提高了才联系实际。联系实际与理论讲授是同时存在的，不容一刻稍迟。”[②]该文为 1959 年的《教学、生产劳动、科学研究的矛盾与统一》中理论联系实践的论述奠定了基础。教学、生产劳动、科学研究的矛盾与统一是特定历史时期的学术命题。在《教学、生产劳动、科学研究的矛盾与统一》中，潘先生分析了高等学校教学、生产劳动、科学研究之间的矛盾，并论证了其间的本质联系，即理论与实践的联系。[③] 教学、生产劳动、科学研究是三种不同的社会活动，其任务、活动过程、活动规律各有侧重，“全面结合，有机结合”才能提高教育质量，提升科学研究的质量，达至教育目的和效果。教学、科研、社会服务是当今高校的三大基本职能，“生产劳动”是某种程度上的社会服务。潘先生是高等教育理论的先行者，可以说早在 60 多年前已经高瞻远瞩地认识并深入探讨了三者的关系及其协调问题。

2.高等教育学科形成阶段：1979—1998 年

“文化大革命”结束后，潘先生重新开始高等教育研究工作。在此阶段，“高等教育政策的稳定性增强”[④]。随着高等教育学学科的建立，从事高等教育研究的学者队伍不断增加，研究成果不断积累，高等教育学的期刊数量和

① 潘懋元.胡适教育思想的错误及其在教育学上的影响[J].厦门大学学报(社会科学版),1955(4):57-65.

② 潘懋元.试论理论联系实际的教学方针[J].厦门大学学报(社会科学版),1956(3):1-17.

③ 潘懋元.教学、生产劳动、科学研究的矛盾与统一[J].厦门大学学报(社会科学版),1959(1):43-57.

④ 雷洪德.中国高等教育规模变化的特征及其成因[J].高等教育研究,2012(7):46-52.

发文数量持续增长。1979 年 12 月,高教研究刊物有 10 多种,到 1983 年 5 月,发展到约 110 种。[①] 在该阶段,高等教育规模波动不大,高等教育毛入学增长率最高为 1979 年的 33.82%,最低为 1991 年的 -5.6%。[②] 这一阶段潘先生的论文发表数量比第一阶段明显增长,研究包括了高等教育学科建设的理论问题和中国高等教育改革与发展的重大问题。知识图谱分析中共有 562 个关键词,其中出现 3 次及以上的有 50 个,出现 10 次及以上的有 6 个(详见表 2),以 TOP 50 的共现关键词生成知识图谱,详见图 3。

表 2　1979—1998 年潘懋元先生发文的高频关键词前 20 位

序号	词频	中心性	年份	关键词	序号	词频	中心性	年份	关键词
1	20	0.00	1994	潘懋元	11	6	0.00	1987	教育体制改革
2	14	0.16	1981	高等教育学	12	6	0.00	1981	教育思想
3	12	0.56	1983	高等教育理论	13	6	0.00	1979	社会主义教育
4	10	0.32	1981	教育实践	14	6	0.00	1993	近代高等教育
5	10	0.16	1986	高等教育科学	15	6	0.63	1987	高教研究
6	9	0.88	1986	高教改革	16	6	0.58	1988	中国现代教育史
7	8	0.42	1981	教育体制	17	5	0.00	1987	大学教师
8	7	0.30	1986	外部关系	18	5	0.16	1979	学校教育制度
9	7	0.00	1982	教育科学	19	5	0.00	1990	比较高等教育
10	6	0.00	1987	办学者	20	4	0.00	1990	专科教育

相比第一阶段的知识图谱图 2、图 3 的研究路径明显增多。潘先生这一时期的研究主要集中于高等教育学学科建设、“高等教育研究”、“高教改革”、高等教育内外部关系规律、教育体制改革、教育实践等方面。

① 林金辉主编.潘懋元高等教育思想[M].广州:广东高等教育出版社,2010:9.

② 谢作栩,黄荣坦.中国高等教育规模发展宏观调控模型研究[J].高等教育研究,2004(11):18-24.

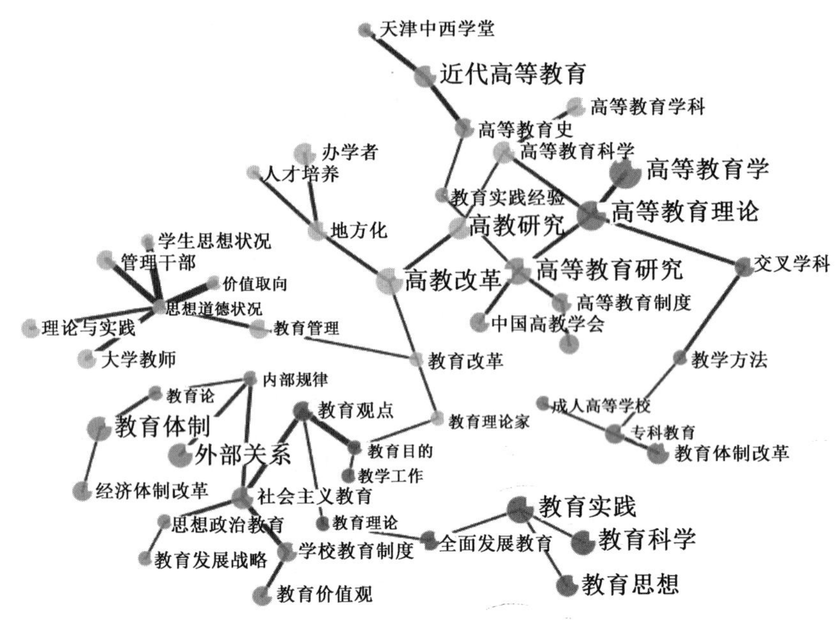

图 3　1979—1998 年潘懋元先生发文的知识图谱

去掉最高词频的"潘懋元",这一时期的最大的节点是"高等教育学",出现年份为 1981 年,与之相连的次高频词"高等教育理论"出现于 1983 年。我国 1981 年开始重视高等教育理论的研究。但是,只能说在一定程度上被重视,因为各地重视程度不同、各教育部门的重视程度也不同,甚至教育理论家的看法也不相同。高等教育学的理论研究亟须解决一系列问题。其一是明晰高等教育与普通教育的区别:"高等教育的任务、性质不同于普通教育,它是高等专业教育;培养对象不同于中小学生。其他众多的特点,是由这两个基本特点所派生的。"①其二是建构高等教育学的体系及明确基本任务。其三是出版高等教育学专著——《高等教育学》。其四是教育的外部规律与内部基本规律及其关系。其五是教学的基本规律,课堂讲授的基本规律、方式方法,等等。当然,这几个仅是问题的列举,并不足以包括全部。如潘先生所说:"还应该谈一谈高等学校的科学管理,这样才更有针对性。"②但潘先生因"仅有经验,缺乏研究"为由并未将其写入 1983 年刊发的两篇重要文章中。作为高等教育学的领路人,潘先生以严谨治学的精神为后来者做出

① 潘懋元.高等教育学的若干问题[J].高等教育研究,1983(1):4-26.

② 潘懋元.高等教育学的若干问题(下)[J].高等教育研究,1983(2):27-45,91.

榜样。

“高等教育研究”是潘先生这一时期研究的另一个重点，与之相连的高频节点有“高等教育制度”“中国高教学会”“高等教育史 ”等。“高等教育科学是一个广阔的研究领域，它比普通教育科学要复杂得多。”[①]从改革开放到1988年的十年间，《高等教育学》出版，中国高教学会建立，高等教育学有了自己的期刊并吸引了一大批研究人员，各个分支学科都有自己的研究成果，如比较高等教育学和高等教育发展史对高等教育的历史与比较的研究；高等教育经济学对高等教育的投资与效益的研究；高等教育管理学对于高等教育制度、体制改革、校长负责制、教育评估、教学管理、总务后勤管理的研究等，部分有价值的应用性研究成果被教育政策采纳。

“高教改革”也是这一时期的研究重点。作为高等教育研究的一个领域，高教改革与高等教育学科的研究互动，涉及办学者、人才培养等方面。潘先生曾说：“高等教育理论研究要紧密围绕高等教育改革来进行。”[②]1985年《中共中央关于教育体制改革的决定》颁布后，我国高等教育研究围绕着体制、管理改革问题，在宏观方面的研究有了较多的成果，有些成果是直接讨论[③]，有些是间接的。潘先生这一时期的《教育的基本规律及其相互关系》就间接地分析了教育改革的认识基础问题——对教育规律的认识和把握：“这个报告准备分三部分：第一部分，讲教育的外部关系的规律。第二部分，讲教育的内部关系的基本规律。第三部分，谈外部规律与内部规律的关系。研究这些规律，是为了进一步深化当前的教育改革。[④]”这个“教育改革”实际上包含了高教改革中的大学分层与定位问题、教育实践问题、市场化问题、高校职能问题等。

3.高等教育学科发展阶段：1999—2004年

这一阶段也正是中国高等教育经历重大变革的时期。始于1999年的高等教育大扩招固然有拉动内需、刺激经济发展等方面的动因，但不可否认，

① 潘懋元，林叶枫.十年来高等教育科学研究的进展[J].高等教育学报，1988(Z1)：12-28.

② 潘懋元，林叶枫.十年来高等教育科学研究的进展[J].高等教育学报，1988(Z1)：12-28.

③ 何东昌.以提高质量为重点 推进高教改革 搞好招生工作[J].中国高等教育，1988(5)：2-6.

④ 潘懋元.教育的基本规律及其相互关系[J].高等教育研究，1988(3)：1-7.

"它与高等教育质量观的转变也有一定关系"[①]，也与当时的高等教育理论及实践研究储备相关。在从精英到大众高等教育过渡阶段，加快了改革开放的步伐、加速现代化建设，社会的全面迅速进步对走向新世纪的中国高等教育工作提出更高要求。在这个时期，我国的期刊已得到长足发展，种类多达八九千种。潘先生在高等教育规模快速膨胀的这一阶段发文 87 篇，产生了众多高等教育大众化思想，分析了大众化的高等教育质量等。这一阶段共有 472 个关键词，其中出现 3 次及以上的有 20 个，出现 5 次及以上的有 12 个(详见表 3)，以 TOP 30 的共现关键词生成知识图谱，见图 4。

表 3　1999—2004 年潘懋元先生发文的高频关键词前 20 位

序号	词频	中心性	年份	关键词	序号	词频	中心性	年份	关键词
1	10	0.00	1999	高等教育	11	5	0.39	1999	质量观
2	9	0.53	1999	办学者	12	5	1.04	2000	教育质量标准
3	8	0.00	1999	潘懋元	13	4	0.00	2000	高等教育理论
4	8	0.97	1999	现代化建设	14	4	0.00	1999	民办高教
5	8	0.00	1999	教育质量	15	4	0.90	2000	三改一补
6	8	0.20	2000	高等职业教育	16	4	0.00	2000	高教所
7	7	0.39	1999	高等教育学	17	4	0.00	1999	高等教育思想
8	7	0.94	2000	职业技术教育	18	4	0.76	1999	教育事业
9	5	0.94	1999	马丁・特罗	19	3	0.00	2002	一所
10	5	0.00	2001	办学模式	20	3	0.69	2001	中国高教学会

① 张应强.高等教育质量观与高等教育大众化进程[J].江苏高教，2001(5):8-13.

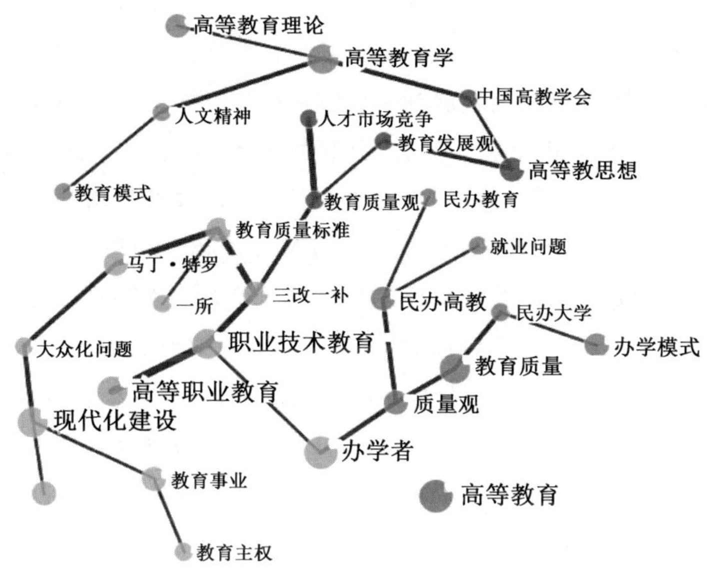

图 4　1999—2004 年潘懋元先生发文的知识图谱

图 4 显示了潘先生在进入新世纪之初的科学研究的高频关键词及其关系，研究重点主要集中于“高等教育”“办学者”“高等教育学”“职业技术教育”“高等职业教育”“现代化建设”“教育质量”“教育质量标准”“高等教育理论”“高等教育思想”等方面。

“高等教育”作为本图最大节点，出现于 1999 年，它是潘先生这一阶段研究的主要领域。高等教育系统是社会的子系统。社会乃至全球的大环境的变革必将引起高等教育的变化。迎接 21 世纪，高等教育需在思想上实现三个转变：“一是要把唯社会价值观或唯主体价值观转变为在满足社会需要的前提下，充分尊重人的主体价值，使社会价值与主体价值协调平衡的价值观；二是要把传统的知识价值观转变为包含知识、能力等智力因素与非智力因素全面发展的素质教育观；三是要把急功近利的教育发展观转变为可持续发展的教育发展观。”①同一时期内，潘先生在《世纪之交中国高等教育办学模式的变化和走向》中肯定了教育集团、大学城、国有民营二级学院、公立大学转制等新的办学模式②，对我国高等教育的发展给予充分肯定。针对高

① 潘懋元.走向 21 世纪高等教育思想的转变[J].高等教育研究，1999(1)：1-6.

② 潘懋元，邬大光.世纪之交中国高等教育办学模式的变化和走向[J].教育研究，2001(3)：3-7.

等教育质量下降的真假命题，潘先生进行了深刻、系统的分析，并提出了应对的策略：首先，改变某些政策性原则。例如，在规模速度上，变“稳步发展”与“快速发展”为“适度超前发展”的原则；在增长方式上，变“内涵式发展”为“内涵式发展与外延式发展并重，以外延式发展为主”。其次，采取适当对策：第一，扩充教育资源。第二，政府切实履行财政性经费增长的承诺，采取有效措施，鼓励社会力量教育投资并开放海外，“招商引资”。第三，放宽民间高校审批，促进二级学院或分校成为真正的民营独立院校。最后，转变教育质量观，采取多样性的质量标准。[①] 这一中国高等教育的质量战略为今后十多年的高等教育发展指明方向。发展与矛盾并存，在高等教育中也不例外。重视和解决矛盾才能发展。在《中国当前高等教育发展中的若干问题》中潘先生与时俱进地提出了当时我国高等教育面临的一系列问题：一是高等教育发展的规模速度问题；二是高等教育的分类定位与发展方向问题；三是高等教育质量问题；四是高校毕业生就业问题。[②] 这些问题成为日后高等教育界的研究重点，其中的不少研究成果成为政府决策的重要参考。

“办学者”作为本图的第二大节点，出现于1999年，与之相连的节点有“高等职业教育”“职业技术教育”“教育质量标准”“三改一补”等。“办学体制多样化是第二次世界大战之后世界各国高等教育发展的普遍趋势和共同对策。它主要包括高校类型的多样化和办学者（主体）的多样化。”[③]随着生产方式从粗放到集约的转变，越来越多的岗位需要经过专门训练的高等职业技术人才。社会对人才类型的需求反映生产方式的转变，也与高等教育的发展阶段相关。“一般说来，在精英高等教育阶段，人们所重视的是学术型人才；而在高等教育大众化阶段，社会需求量大的是职业型人才。这是由于它的培养目标具有明确的职业针对性而不只是一般的职业倾向性。”[④]高校扩招之后，高职教育如潘先生预料的一致——以增加高等职业教育为主，已经成为促进高等教育发展的重要力量。但是，高职教育在快速发展的同时，面临着许多老问题和新问题。例如高职的培养目标、师资建设、教育质

① 潘懋元.新时期中国高等教育的质量战略[J].中国大学教育，2004(1)：4-7.

② 潘懋元.中国当前高等教育发展中的若干问题[J].大学教育科学，2004(4)：1-5.

③ 潘懋元，韩延明.关于发展我国民办大学的理性思考[J].中国高教研究，1999(4)：20-23.

④ 潘懋元.高等教育大众化的教育质量观[J].江苏高教，2000(1)：6-10.

量、特色人才培养，通过"三改一补"多途径发展高职、本科大学办高职、发展本科高职等。潘先生结合我国高等教育的实际情况，对上述问题做了深入分析，为我国高等职业教育独立体系的构建埋下了伏笔并提供了思路。

"现代化建设"也是潘先生该时期研究的一个重点。该节点也出现于1999年，与之相连的节点有教育事业、马丁·特罗理论、大众化问题等。中国的现代化建设有着特殊的国情，走"有中国特色的社会主义现代化建设，不应重复西方发达国家所走过的老路而应优先发展科技和教育，争取在知识经济时代能够迎头赶上"。高等教育大众化可谓"经济与社会可持续发展道路上的超车道"。正确、准确、全面理解和运用马丁·特罗的大众化思想，实现中国高等教育量的增长与质的变化兼顾，才可能完成高等教育的根本使命——促进社会的可持续发展和进步。为完成这一使命，也为实现中国的社会主义现代化建设，解决大众化过程中的困难，"高等教育必须转变急功近利的发展观，树立可持续发展的发展观，制订可持续发展的战略"①。潘先生的这些高等教育大众化和可持续发展的研究成果，为我国高等教育从精英到大众化的转化扫去障碍，指明了方向。

4.高等教育学科完善阶段：2005—2015年

这个阶段，不论是经济发展水平还是人们对精神文明的要求都达到了前所未有的新高度。由于越来越多的社会大众要求接受高等教育，加上政府的大力扶持，一大批民办高校应运而生，壮大了中国高等教育的队伍，高职高专教育占高等教育的半壁江山。在此期间，我国的学术期刊发展已日渐成熟，规模基本稳定，规范化、专业化程度不断提高。这一时期潘先生对大众化阶段的多种各样的教育问题进行了探讨，形成了一大批研究成果。这一阶段共有586个关键词，其中出现2次及以上的有50个，出现5次及以上的有13个（详见表4），以TOP 50的共现关键词生成知识图谱，见图5。

---

① 潘懋元.21世纪：可持续发展的中国高等教育——兼论中国高等教育大众化问题[J].教育科学研究，1999(2)：3-10.

表 4　2005—2015 年潘懋元先生发文的高频关键词前 20 位

序号	词频	中心性	年份	关键词	序号	词频	中心性	年份	关键词
1	11	0.39	2005	高等教育	11	5	0.15	2007	本科教育
2	9	0.69	2005	潘懋元	12	5	0.00	2007	高等教育思想
3	9	0.00	2005	民办高等教育	13	5	0.56	2005	高等职业教育
4	8	0.00	2006	高等教育研究	14	4	0.00	2005	民办高等学校
5	7	0.15	2006	高等教育学	15	4	0.00	2008	应用型人才
6	7	0.47	2005	教育质量	16	4	0.28	2005	定位问题
7	6	0.15	2005	定位	17	4	0.00	2006	特色
8	5	0.00	2005	多科性	18	4	0.00	2010	民办高校
9	5	0.15	2006	人才培养	19	4	0.28	2005	分类
10	5	0.60	2005	职业型	20	4	0.00	2005	潘懋元教授

图 5　2005—2015 年潘懋元先生发文的知识图谱

据图 5 所知，潘先生高等教育学科完善阶段的研究重点主要集中于“高等教育”“民办高等教育”“高等教育研究”“高等教育学”“教育质量”“高等教育思想”“高等职业教育”“本科教育”“民办高等学校”“人才培养”“职业型”“定位”等多个方面。

在中国高等教育进入大众化阶段的十年里，“高等教育”仍然是潘先生研究的重点，而其中的民办高等教育也深受潘先生重视。“民办高等教育”作为本图的第二大节点，出现于 2005 年，与之相联系的重要节点是“民办高校”“体制创新”“高等学校”等。潘先生“对民办大学情有独钟，其原因有两点：第一个原因是理性的。第二个原因是感情的。”①在 2005 年发表的《2020：中国民办高等教育的前瞻》中，潘先生通过对我国高等教育宏观环境的分析和中外高等教育的比较，预测民办高等教育发展到 2020 年的状况：“我国多种办学模式的民办高等学校及其学生数量，可能达到高等教育总数的三分之二左右；并将有若干所民办高校成为各自定位的一流院校”②。潘先生不仅对我国民办高等教育的未来发展做出预测，而且为其健康持续发展做了诸多理论铺垫，先后在论文中分析了民办高等教育发展的困境、民办高等教育面临的外部环境和自身成长问题的困扰、民办高等教育的可持续发展及实现可持续发展的具体措施、民办高校内部管理体制改革与发展研究等。另外，潘先生、邬大光和别敦荣提出了民办高校分类在非营利和营利性之外，应该发展第三种道路的看法，呼吁“国家民办高等教育分类管理政策应当具有更大的包容性，允许有更多的路径发展民办高等教育，善待要求取得合理回报的投资办学”③。以上精辟论述，为我国民办高等教育持续健康发展提供了理论和战略保障。

“本科教育”作为本图的突出节点之一，出现于 2007 年，与之相联系的重要节点是“职业型”“学校定位”“学术型”“高等职业教育”“单科性”“专业博士学位”等。纵观世界研究型大学的发展轨迹，我们不难发现，几乎所有的研究型大学都是靠本科教育扬名于世。可以说，本科教育是研究型大学的

---

① 潘懋元.关于民办高等教育发展的问题：资本市场、质量评估与就业现状[J].民办教育研究，2004(4)：1-5.

② 潘懋元，林莉.2020：中国民办高等教育的前瞻[J].浙江树人大学学报，2005(5)：1-4.

③ 潘懋元，邬大光，别敦荣.我国民办高等教育发展的第三条道路[J].高等教育研究，2012(4)：1-8.

基石。21世纪初，中国高等教育数量剧增，规模扩大，迅速进入大众化阶段。大众化高等教育所面临的问题，有许多是不同于传统的精英教育的。由于思想准备不足、理论研究滞后、政策引导不到位，全国高等学校出现分类不清、定位不明、发展方向趋同的现象。如何引导高等学校正确定位，以便分类指导，使其各就其位，科学发展，办出特色，是一个亟待解决的问题。[①] 潘先生认为，应该构建多样化的本科教育，譬如，应用型本科教育。[②] 在潘先生看来，“把地方本科院校建设成应用型院校，有助于解决我国高等教育应用型创新人才不足的问题，还可以给面向地方服务的本科院校与新建本科院校提供发展模式借鉴，为大批面向行业培养应用型创新人才的本科院校的发展提供实践经验和理论指导”[③]。另外，发展职业教育、培养职业型人才应是本科院校分层定位中部分院校的理性选择，是本科教育的多样化发展。

“教育质量”、“质量”也是该阶段的突出节点，与之相连的节点主要有“定位”“特色”“内涵发展”“办学者”等。高等教育质量的核心是追求人才培养的高质量。在高等教育的质量观方面，潘先生认为能够充分发展个人的才能以适应社会的需要，对社会能充分发挥作用，对学生能在原有基础上有明显提高，就是教育质量。教育质量就是教育水平高低和效果优劣的程度。教育质量“最终体现在培养对象的质量上。大众化的高等教育质量观是多样性与全面性的统一”[④]。高等教育具体的质量规格，既包括了博士、硕士、本科、专科等纵向层次的不同要求，也包括了研究型、理论型、应用型、技能型等横向层面的不同要求。这就要求高校不论在层次类型还是结构类型上都要找准定位，各安其位，在专业设置上力求人无我有，人有我特。

（二）时间线视图及其分析

基于关键词共现生成时间线视图（见图6）。鉴于清晰度要求，该图仅显示了共现词频为8以上的节点关键词，相关词频表见表5。从时间线视图可窥探潘先生研究的重点主题的交互关系及发展动态，探寻研究趋势及其演

---

① 潘懋元.做强地方本科院校 建设高等教育强国[J].井冈山大学学报（社会科学版），2010(1)：77-79.

② 朱崇实，潘懋元.本科教育：高校立校之本[N].中国教育报，2005-04-01.

③ 潘懋元.做强地方本科院校 建设高等教育强国[J].井冈山大学学报（社会科学版），2010(1)：77-79.

④ 余小波.潘懋元高等教育质量思想探析[J].理工高教研究，2002(5)：13-15.

进路径。在图 6 中，同一聚类的节点按照时间顺序被排布在同一水平线上，展示出该聚类的历史成果。潘先生以往 62 年的论文中的 1468 个关键词形成 6 个聚类，聚类间互有沟通和借鉴，形成了完整的教育研究体系。

表 5　1954—2015 年潘懋元先生发文的高频关键词前 40 位

序号	词频	中心性	年份	关键词	序号	词频	中心性	年份	关键词
1	37	0.00	1994	潘懋元	21	8	0.00	1959	教育科学
2	28	0.13	1954	高等教育学	22	8	0.34	1988	民办高等学校
3	22	0.00	1997	高等教育	23	8	0.38	1988	高等教育科学
4	21	0.13	1986	高等教育研究	24	8	0.06	1995	人才培养
5	18	0.35	1983	高等教育理论	25	8	0.00	1954	教育理论
6	18	0.29	1987	办学者	26	8	0.00	1987	教育体制改革
7	16	0.00	1996	教育质量	27	8	0.65	1987	研究成果
8	14	0.06	1954	教育思想	28	8	0.00	2001	定位
9	13	0.19	2000	高等职业教育	29	8	0.00	1990	比较高等教育
10	11	0.00	2003	民办高等教育	30	7	0.00	1996	答辩时间
11	11	0.00	1954	教育实践	31	7	0.68	1987	高教研究
12	10	0.06	1986	外部关系	32	7	0.00	1987	大学教师
13	10	0.00	1993	现代化建设	33	7	0.00	1959	教学效果
14	10	0.46	1994	高等教育思想	34	7	0.00	1987	教育改革
15	10	0.30	1986	高教改革	35	7	0.06	1954	教育目的
16	10	0.24	1994	职业技术教育	36	6	0.00	1986	硕士学位
17	9	0.00	1954	教育体制	37	6	0.24	1954	教育观点
18	9	0.06	1990	中国高教学会	38	6	0.00	1993	近代高等教育
19	8	0.06	2000	职业型	39	6	0.00	1954	教学工作
20	8	0.47	1999	质量观	40	6	0.38	1999	民办高教

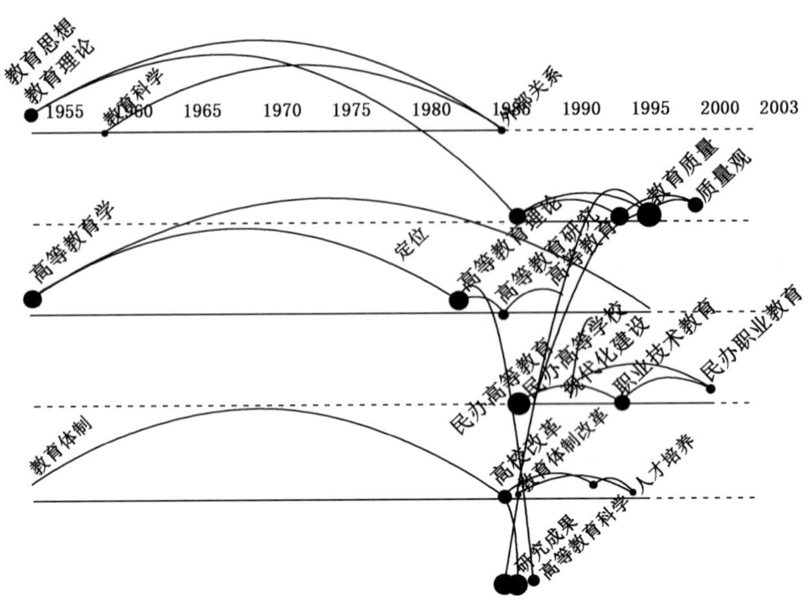

图 6　1954—2015 年潘懋元先生发文的关键词时间线视图

图 6 显示，聚类 1 形成于 1954 年，1986 年后趋冷。其中的关键词主要有 1954 年的“教育思想”“教育实践”，1959 年的“教育科学”和 1986 年的“外部关系”，对应的文献主要有《毛泽东教育思想试述——中国近代教育史研究资料之四》《杨贤江（李浩吴）教育思想——中国近代教育史研究资料》《教学、生产劳动、科学研究的矛盾与统一》《高等学校的社会职能》等。高等教育学是一门应用学科，其研究对象既包括教育思想也包括教育实践，两者不分伯仲、相互促进。教育外部关系规律、教育内部关系规律既是教育理论和实践的结晶，又接受教育实践的检验。教育规律是“高等教育基本理论的核心和基础，潘先生的高等教育思想，主题体现在教育内外部关系规律的研究和应用之中”[①]。三十多年来，该规律也从最初的朴素思想不断完善，潘先生与中国教育理论和实践工作者一道，成功地将其应用于中国教育改革与发展的众多问题之中。

聚类 2 形成于 1987 年，是对聚类 1 的 1954 年的“教育思想”和“教育实践”的发展。该聚类的关键词主要有 1987 年的“大学教师”，1994 年的“高等教育思想”、1996 年的“教育质量”和 1999 年的“质量观”，对应的文献有《高

① 林金辉.潘懋元高等教育思想[M].广州：广东高等教育出版社，2010：43.

教研究要重视科学性和可行性》《加强高等教育的基本理论的研究工作》《走向21世纪的中国高等教育》《立法——私立高等教育发展的保障》《走向21世纪高等教育思想的转变》等。高等教育质量的提升与教育价值观、教育发展观、教育质量观和大学教师等相关。教育质量观指“用什么标准来评价学生的质量和教育的效果。而高等教育的质量观与人才观密切相关”①。教师是“教学过程的主导”“教育研究的主体”“教学改革的主力”②。对教师来说，应着重转变教师观和学生观，通过课程和教材选择适当的文化，以提升教育质量。

聚类3形成于1954年，关键词有1954年的“高等教育学”、1983年的“高等教育理论”、1986年的“高等教育研究”，对应的文献有《毛泽东教育思想试述——中国近代教育史研究资料之四》《杨贤江(李浩吴)教育思想——中国近代教育史研究资料》《高等教育学的若干问题》《高等教育学的若干问题(下)》《高等学校的社会职能》。这一聚类聚焦于高等教育学学科的建立和发展。首先，潘先生分析了开展高等教育理论研究的重要意义，即解决高等教育事业发展问题，丰富整个教育科学的研究内容及促进教育科学的发展和提高。这为高等教育学科的建立提供了理论上的合法性。其次，潘先生探讨了高等教育学科的具体理论问题：高等教育的特点，高等教育学的基本体系和内容，高等教育的研究方法，教育的基本规律，教学的基本规律和教学原则、方法。而高等学校的社会职能，是高等教育与社会发展关系的一个基本问题，也是办好高校首先要明确的一个问题，所以是高等教育研究的一个基本问题。“不同层次、不同类型的高等学校，对于高等教育三个职能以及每个职能的任务可以有所侧重，也应当有所侧重，可以根据自己的特点，选择适当的活动范围。”③这个问题又关联到高校的分层定位，多样化的教育发展观问题。

聚类4形成于1987年，关键词有1987年的“办学者”，1994年的“职业技术教育”和2000年的“高等职业教育”，对应的文献有《在探索的道路上前进》《中国继续教育的现状》《高等教育大众化的教育质量观》等。这一聚类形成时间较晚，聚焦于高等教育的分层定位和多样化的高等教育质量观。

---

① 潘懋元.走向21世纪高等教育思想的转变[J].高等教育研究，1999(1)：1-6.

② 黎琳.潘懋元先生的教师作用论[J].高等教育研究学报，2000(1)：19-26.

③ 潘懋元.高等学校的社会职能[J].高等工程教育研究，1986(3)：11-17.

"高等教育大众化的发展前提是多样化，多样化的高等教育应有各自的培养目标和规格。高等教育大众化、高等教育职业化，都是21世纪世界高等教育发展的大趋势。"[①]高等教育系统必须有科学的分类和定位，以构建与社会人才需求相适应的教育体系。对具体高校而言，院校及其学科、专业必须在高等教育系统中找准自己的位置，办学者不应贪图大而全。在分层定位中，职业技术教育要以各行各业实用型职业技术专业为主，培养生产、管理、服务第一线的专门人才。

聚类5形成于1954年，关键词有1954年的"教育体制"、1986年的"高教改革"、1987年的"教育体制改革"、1992年的"地方化"和1995年的"人才培养"，对应的文献有《毛泽东教育思想试述——中国近代教育史研究资料之四》《在探索的道路上前行》《中国高等教育的地方化与国际化》《市场经济与教学改革问题的反思》等。"教育改革，即使不是作为一个永恒的概念，也是一个绵延不断的过程。"[②]潘先生从教的80年间，历经数次教育改革。1985年，《中共中央关于教育体制改革的决定》吹响了我国教育体制全方位改革的号角。而1993年发布的《中国教育改革和发展纲要》提出了教育体制改革的目标和任务。"高等教育的改革，最终必须落实到培养适应经济与社会发展的人才上，而人才的培养，是通过多种教学活动（课内的与课外的，有组织形式的与隐形的）来进行的。所以，教学改革才是教育改革的核心。"[③]应对全球科技革命、市场经济背景和教育体制改革，潘先生为高等教育的地方化、国际化，高等教育的教学改革和人才培养问题提供了方向和方法。

聚类6形成于1987年，关键词有1987年的"高教研究"（与聚类2的"高等教育思想"高度相关）、"研究成果"（与聚类5的"高教改革"高度相关），1988年的"高等教育科学"（与聚类3的"高等教育理论"高度相关），对应的文献有《高教研究要重视科学性与可行性》《十年来高等教育科学研究的进展》。高等教育的研究方法与教育科学的研究方法一样，有历史法、调查法、观察法、实验法、个案法等。研究方法是工具，高等教育研究除具备科学性和可行性外，重在实事求是的研究态度和严肃认真的负责精神。中国的高等教育研究，在开展"问题研究"的同时，把各种问题尽可能地分别纳入高等

① 潘懋元.高等教育大众化的教育质量观[J].江苏高教，2000(1)：6-10.

② 潘懋元，王伟廉.市场经济与教学改革问题的反思[J].高教探索，1995(1)：18-20.

③ 潘懋元，王伟廉.市场经济与教学改革问题的反思[J].高教探索，1995(1)：18-20.

教育学及其分支学科框架中，并把问题研究的新成果充实到高等教育学科建设中，具有“学科指向的特点”①。高等教育学科建立以来，陆续组建了一大批高等教育学的分支学科。这些分支学科以高等教育学为主干共同组成了一个庞大的高等教育学科群。高等教育科学研究发展迅速、成果累累，令人振奋，但也是前途光明、道路坎坷，需高教理论工作者进行艰苦的探索和不懈的努力。

上述分析可见，潘先生的教育研究具有继承性、创新性、逻辑性、系统性等特点。潘先生的众多研究成果以1954年的近代教育思想和实践方面的研究为基础，扎实的学术功底成为后续研究的强大理论支撑。这部分印证了潘先生在《九十感言》中的“我的一些创新性设想，大多是在三十多岁时形成的”②。潘先生对教育研究的热情始终如一，孜孜不倦地在探索道路上前行，即便是在“坐了二十年冷板凳”之后，他也不改建立高等教育学学科的初衷，开创了无数的第一。时间线视图每个聚类的节点互相联系，聚类间也建立互通，没有孤立点。这揭示了潘先生的研究的逻辑严密性和系统性，印证了他统观全局、协同发展的学术研究风格。

四、研究不足与展望

本文以知识图谱揭示了潘懋元先生不同时期教育研究的重点及其中的发展脉络。潘先生是高等教育学科的奠基人和引路人，他在高等教育研究方面的认识论和方法论对高等教育学科及其研究者有重要指导意义，他的研究风格、治学精神也会持续不断地影响一批批高等教育研究人员。本研究得出上述的结论且有一定理论和实践意义，但也存在不足和有待改善之处。因CNKI数据库中的引文数据未完全开放，因此本研究没有开展引文共现等研究。CNKI收集的数据有限，1978年第4期的《厦门大学学报》刊登的《必须开展高等教育的理论研究——建立高等教育学科刍议》等论文未能收录。另外，因少部分文章刊发时没有摘要和关键词，而CNKI自动生成的摘要和关键词是原文的前500字(通常是引言部分)，导致知识图谱的生成偶尔出现与研究主题没有密切关系的节点，如图1中的“九二”，这个系统自

① 潘懋元，陈兴德.中国高等教育学科建设之路[N].中国教育报，2004-09-03.

② 潘懋元.九十感言[J].高教探索，2010(6)：5.

动生成的关键词其实是潘先生梳理杨贤江的工作经历时三次用到"一九二＊年"。这个问题会因样本量的增加和期刊出版规范程度的提高而趋于消失。本研究强调了潘先生教育思想的重点节点和发展轨迹，对其教育思想的全面性把握不够，有些内容只能一概而过。在未来的研究中，有两点值得期待：其一是数据库的完善，期刊规范性的提高，为知识图谱研究结论的权威性和研究内容的广泛性提供更坚实的基础。其二，知识图谱的分析有赖于研究者对分析领域的全面把握和熟练掌握分析方法。因此，在方法论上，研究人员有必要进一步明确知识图谱分析中聚类的形成、节点间的关联等的解读。在研究储备上，研究人员需进一步熟悉分析领域，将分析结果与专家验证相结合。

经师·人师·大师
——读《潘懋元高等教育论述精要》

付八军

研读中国高等教育的理论著作，首先要读读厦门大学潘懋元先生的著作。这是为什么呢？其一，先生是中国高等教育研究学科化的主要奠基人，以“要第一，不要唯一”的姿态在全国创建了至少十个第一。例如，成立了第一个高等教育研究机构，出版了第一部《高等教育学》专著，获得了第一个高等教育学硕士点和博士点，建立了本学科第一个国家人文社科基地，等等。其二，先生对高等教育开展了全面系统的研究，以我刚阅读完毕的《潘懋元高等教育论述精要》一书为例，包含百余篇短小文章或者主题阐释，几乎涉及了高等教育的方方面面。该书应该是先生后来给博士研究生们上课时的讲话纲要，2003 年我在厦门大学读书时，先生就给我们讲授了六七十个专题或问题，该书中不少内容正是那个时候讲授过的专题或问题[①]，同时与时俱进地增添了许多新的内容。其三，先生的论述，语言精简，深入浅出，逻辑严密，可读性强。先生的论著，无论是高等教育研究的新兵，还是高等教育实践的战士，都不会被文字游戏所迷惑或者弄糊涂，均能从其中获取直接的思想与启发，甚至产生观点的碰撞与辩论，从而值得我们阅读。因此，当要选一部高等教育理论著作来写读后感时，我首先想到的便是先生的作品，尽管

作者简介：付八军，教育学博士，绍兴文理学院教师教育学院教授。

① 2015 年 6 月 13 日，在济南大学召开的潘懋元高等教育思想研讨会暨从教 80 周年庆祝会上，95 岁高龄的先生谦虚地说道：“现在，高等教育思想已经超越了我早期的理论，并且在不断丰富发展中，我感到既荣幸又惭愧。”先生还表示：“我没有完成我应该完成的、哪怕是很粗糙的高等教育学科体系基本工程。”——详见：韩延明.潘懋元教授纪事年表[M].厦门：厦门大学出版社，2015：1.

我对先生的不少思想与观点"略知三四"。《潘懋元高等教育论述精要》的内容较为全面,较有代表性地体现了先生的高等教育思想。正因为论述全面,我很难完全从观点提炼的角度进行梳理,而是准备从以下几个方面对该书进行评析。

一、正确辨析概念是高等教育理论工作者的基本功

在教学与研究过程中,先生非常重视概念的辨析。长期以来,厦门大学的高等教育学专业博士研究生入学考试试卷,40%的题目属于概念辨析题。在讲授高等教育学专题时,先生花了近1/3的时间给博士生们进行概念分析与比较。在这部著作中,先生对高等教育的许多基本概念进行了阐述。例如,先生在论述高等教育与普通教育的区别时指出:高等教育区别于普通教育,主要在"智育"(或称"知能教育")方面,它是建立在普通中学知能教育基础上的高等专业教育,其特点就在于"高"与"专"。[①] 在辨别两大思潮或两大系统(科学主义系统和人文主义系统,或者说功利主义和理性主义两大系统)之时,先生提出,"人文主义认为,人的价值高于一切,要求个性解放,推崇人的理性,所以也叫理性主义"[②]。在比较课程、教学计划与科目的关系时,先生概括性地指出:迄今为止,能见到的课程定义可能有几十种,但一般认为最主要的课程定义有三种从窄到宽的理解:一是相当于科目的课程,例如"这个学期你修了几门课程";二是相当于专业的课程,例如到国外留学"主修什么课程";三是指学校全部与学生成长有关的教育因素,例如"学校里的潜在课程"。[③] 在论述高等教育功能和高等学校职能两者的区别时,先生指出,"教育是一种社会活动,活动可以发挥功能作用;而学校是一种社会实体,只有实体才能承担一定的职责、任务。因此,高等教育叫功能,高等学

---

① 潘懋元,刘丽建,魏晓艳,选编.潘懋元高等教育论述精要[M].福州:福建教育出版社,2015:3.

② 潘懋元,刘丽建,魏晓艳,选编.潘懋元高等教育论述精要[M].福州:福建教育出版社,2015:34.

③ 潘懋元,刘丽建,魏晓艳,选编.潘懋元高等教育论述精要[M].福州:福建教育出版社,2015:15.

校叫职能或社会职能”[①]。而且，高等教育的功能与高等学校的职能，也是不一样的。一般而言，高等教育功能包括主体功能（或者说个体功能、本体功能）和社会功能。“高等教育的主体功能主要包括成长功能、职业功能和升迁功能。……高等教育的社会功能包括政治、经济、文化三个方面的功能。”[②]“高等学校的第一个职能是培养人才，第二个职能是发展科学，第三个职能是直接为社会服务。第二个职能提‘科学研究’不妥，因为这是手段，‘发展科学’才是目的，正如第一个职能叫作‘培养人才’而不叫‘教学’一样。”[③]

由于在进入博士研究生学习之前，我们一般系统地学习过教育学基础知识，阅读过先生等学者的高等教育学教材，从而对包括以上概念的理解还不感到新奇。但是，对某些习以为常的概念，当我们第一次从先生这里获得新的认识之后，有时会给我们豁然开朗、恍然大悟的感觉。例如，先生在讲授高等教育以及有关概念时，辨析了第三级教育、中学后教育、大学教育与高等教育的关系，我们能够非常平静而又轻松地接受这些新知识，但是，当先生在讲解我们再熟悉不过的“大学”这个概念时，几乎每位博士生的眼睛都会瞪得特别亮。我记得，先生首先给我们出了一道关于“什么是研究型大学”的选择题，好像没有一个同学答对。随后先生笑着对我们说，大学（University）在本义上就是指研究一般规律的综合性大学，也就是研究型大学。在这本著作上，下面这段话可以清楚地表明先生的观点。“大学这个概念不会是指专科学校（20 世纪 80 年代中国出现的‘职业大学’是一个错误的特例），也不会是指非正规的高校。严格意义上的大学指的是综合大学，也就是研究型的高等学校或研究型大学。它所研究的是基本理论，不是应用型的知识。新中国成立前的中国大学，必须有文理学院就是这个意思。我们不能把许多应用型的、单科类的院校并在一起就称为综合大学，学科齐全不一定是综合大学，综合大学不是混合大学。当年蔡元培就很严格地奉行大

① 潘懋元，刘丽建，魏晓艳，选编.潘懋元高等教育论述精要[M].福州：福建教育出版社，2015:27.

② 潘懋元，刘丽建，魏晓艳，选编.潘懋元高等教育论述精要[M].福州：福建教育出版社，2015:28.

③ 潘懋元，刘丽建，魏晓艳，选编.潘懋元高等教育论述精要[M].福州：福建教育出版社，2015:30.

学是研究高深学问场所的理念，认为应用型的学科不能在大学存在，所以他把北京大学的工科分了出去，并入北洋大学（今天的天津大学），他本来还想把法学院也分出去，由于反对意见很多，未成功。……有个例外要说明一下，这些非大学的高等学校的学生还是可以称为大学生，老师也可以称为大学老师，这是约定俗成的。"①

在读这本著作时，我还第一次对某些概念获得新的认识。例如，"产学研"甚至"政产学研用"等称呼，我经常看到并且不时使用。但是，在我的观念中，"产学研相结合"更多的指"教学、科研与产业相结合"，亦即强调理论联系实际，或者知识重在应用。但是，先生在该书的"产学研三结合是现代社会发展的规律"一文中，让我对这个概念第一次有了新的认识。先生在文中指出，"学，传承知识；研，创新知识；产，应用知识。围绕知识运行，现代的产学研是相互依存的"②。虽然含义大体相同，但从知识的视角，让我对"产学研"这个概念有了更加深刻的认识。又如，唐代韩愈在《师说》里提到，"师者，所以传道授业解惑也"。毫无疑问，韩愈将教师的职责归纳为"传道、授业、解惑"。但是，我一直以为，这三者可以释义为传授道理、教授学业、解答疑惑。如果再要进一步分析，乃是从不同层次或者说不同角度体现教师传承知识的职业特性。但是，先生在该书中却告诉我，"如果换成现代的说法，所谓'传道'就是思想道德教育，所谓'受业'就是指跟随老师学习知识，所谓'解惑'有点发展智能的意思。当然，这种类比是不全面的，但可以说明教师在进行教学时，思想上要是有了这三个任务，教学就会考虑得周到一点"③。这就让我感到意外了。一个耳熟能详的句子，从中学时代念到今天，难道我还没能理解这三者尤其是"传道"的准确含义？于是，我查阅了相关资料，发现先生说的有道理。甚至在百度百科上，就与先生的观点相一致。看来，我在中学时代没有好好地辨析概念，读书也不求甚解。事实上，古代教育主要是指天理人伦的思想道德教育，从而从思想道德角度来理解"道"，合乎事实与逻辑。

---

① 潘懋元，刘丽建，魏晓艳，选编.潘懋元高等教育论述精要[M].福州：福建教育出版社，2015：12-13.

② 潘懋元，刘丽建，魏晓艳，选编.潘懋元高等教育论述精要[M].福州：福建教育出版社，2015：157-158.

③ 潘懋元，刘丽建，魏晓艳，选编.潘懋元高等教育论述精要[M].福州：福建教育出版社，2015：174.

二、宽口径厚基础的变革趋势不会消除高等教育的专业性

查阅国内任何一所大学的人才培养目标，几乎都提出要培养宽口径、厚基础的人才。有些学者，甚至提出本科教育不要明确专业，或者说淡化专业。确实，专业是我们学习苏联高等教育的产物，民国时期的大学主要借鉴美国模式，采取“大学—学院—学系”的构架，找不到专业的称谓。但是，无论学系也好，还是主修也罢，仍然具有“专业”的痕迹。只不过，说法不同而已，或者说口径宽窄有别而已。先生在这个问题上，观点非常明确，立场非常坚定，他认为并非所有的专业教育都属于高等教育，但高等教育必定是专业教育。“只专不通，分析问题、解决问题，不能融会贯通，适应性、成功率不高；只通不专，每门学科都懂一点，但都浅尝辄止，那也很难在科学技术上有所成就。……专业性仍然是高等教育的基本特点之一。”[①]“淡化专业主要是指拓宽专业口径，不是说要取消专业。事实上，取消专业是不可能的，因为专业取消了，高等教育就成为普通教育的延伸。”[②]

既然专业性属于高等教育的特性之一，那么，如何在大学中设置专业呢？在某些文章中，我曾提出专业是社会行业在高等教育领域的反映。在看了先生关于专业设置的论述之后，我发现我的这个观点是错误的。先生指出，“专业设置可以有两类：一类是和学科直接相应的、理论性比较强的专业，如数学、物理、化学等基础学科；另一类是和行业密切联系的专业，甚至是与一定的社会职业密切联系在一起的，如食品工业、纺织、外贸等。总的来说，培养专门人才的单位是专业，专业是高等教育的基本结构，是高等教育区别于普通教育的本质特点所在，而学科则是高教、普教都存在的。”[③]回到现实世界中，大学中确实有化学专业、数学专业等，这些专业并不是社会行业在高等教育领域的反映，反而是学科在高等教育领域的反映。学科与专业，可谓一体两面。一个创造知识，一个培养人才。在许多情况下，两者

① 潘懋元，刘丽建，魏晓艳，选编.潘懋元高等教育论述精要[M].福州：福建教育出版社，2015:10-11.

② 潘懋元，刘丽建，魏晓艳，选编.潘懋元高等教育论述精要[M].福州：福建教育出版社，2015:14.

③ 潘懋元，刘丽建，魏晓艳，选编.潘懋元高等教育论述精要[M].福州：福建教育出版社，2015:14.

又是融合在一起的。显然,重温先生的讲义,让我纠偏了一个观点。带着这种反思,我意识到以后在推导某些结论时,务必拓宽视野,辩证思考,小心求证。

专业可以按学科来设置,亦可以按社会行业来设置。但是,"把专业教育完全变成'职业培训',事情就会走向反面,既不适应当前的社会分工,更不适应科学技术发展的需要。"①正如先生继续分析指出的,"学者倾向于按学科性质设置专业,而用人部门根据实际需要强调按社会分工设置专业,甚至要求按产品、按职业岗位设置专业。我认为,分析学科性质对于认识世界是重要的,然而更重要的是从事改造世界的社会分工。一般来说,文科、理科可以侧重于按学科性质分类,而工、农、财经、政法等,应当侧重于按社会分工分类。但本科教育,一般不应按产品、职业岗位设置专业,专科教育、职业技术教育,尤其是面向地方的职业技术教育则另当别论,但也不应搞得太窄。"②由此可见,如果要从这个角度对专业进行分类,我们可以把专业分成学科性专业和行业性专业,或者说研究型专业和应用型专业。在此基础上,先生还进一步推导出大学的分类,亦即从这种专业类型出发,"我们可以将大学分为三种类型,即研究型大学、应用型大学和高职院校"③。仔细想想,按专业性质对大学进行分类,真的颇有道理。从理论上讲,研究型大学可以按学科来设置专业,应用型大学可以按行业来设置专业,高职院校可以按岗位来设置专业。

三、高等教育理论工作者的重要使命在于揭示规律并且引导政策

高等教育学是一门应用性学科,其价值在于引领高等教育实践。从这一点来看,其实评价一位高等教育学者,不在于他发表了多少文章,提出了多少新见,而是在于有多少人应用了他的思想并在实践上取得了效果,或者说他自己运用研究成果在高等教育领域做出了多大的实际贡献。高等教育

① 潘懋元,刘丽建,魏晓艳,选编.潘懋元高等教育论述精要[M].福州:福建教育出版社,2015:4.

② 潘懋元,刘丽建,魏晓艳,选编.潘懋元高等教育论述精要[M].福州:福建教育出版社,2015:147.

③ 潘懋元,刘丽建,魏晓艳,选编.潘懋元高等教育论述精要[M].福州:福建教育出版社,2015:14.

理论研究，不像基础教育那样关注具体的学科教学，因为大学教师的教学效果，更多地取决于他对所教内容知悉的广度与深度，有了这些学科知识，只要有教好学生的职业态度与时间准备，如何教则是不难做到的。从而，尽管“高等学校教学论研究薄弱，必须加强教学理论研究”①，但是高等教育研究的重点在于包括高层次人才培养在内的大学治理研究。从这一点来说，高等教育学科偏向管理学科，而不是教育学科。

先生长期从事高等教育研究，一方面呼吁加强理论建设，揭示教育规律，打造高等教育学科家园，另一方面呼吁加强理论研究的应用性，力争推动理论引领实践。事实上，先生的学科建设逻辑，最终目的也是为了实践。为此，先生还提出了从教育基本规律到教育实践需要经历至少三个环节：“一是原则，正确的原则体现规律，对实践有指导作用，但它仍然是理论的、一般的，还要进一步转化为政策、法规和方案等。二是政策、法规、方案，这是从理论到实践的关键，但仍须再进一步转化为具体的措施和做法。三是措施和做法，这种措施和做法只有紧密结合实际，才具有可行性。”②这三个环节，实质上正是从理论到政策再到实践的一般路径。同时，先生提出了教育理论的三条源泉：“第一条就是教育史的研究；第二条是比较教育研究；第三条是现实的实践经验的总结与提高。”③

在具体的理论建树上，先生提出的“教育的内外部关系规律”具有影响力。当我们还在学校读博时，先生花了不少时间阐述这两条规律。在撰写论文时，我还曾经以此理论作为方法论，探讨了高等教育与知识经济的相关性。对于这两条规律，先生进一步指出，“一般说，教师更重视教育内部关系，领导和管理干部更重视教育外部关系。”④“教育外部规律制约教育工作方针，教育工作方针和教育基本规律制约教育目的，教育目的制约着培养目标。也可以这样认为：高等教育培养目标是根据总的教育目的制定的，总的

① 潘懋元，刘丽建，魏晓艳，选编.潘懋元高等教育论述精要[M].福州：福建教育出版社，2015：209.

② 潘懋元，刘丽建，魏晓艳，选编.潘懋元高等教育论述精要[M].福州：福建教育出版社，2015：25.

③ 潘懋元，刘丽建，魏晓艳，选编.潘懋元高等教育论述精要[M].福州：福建教育出版社，2015：213.

④ 潘懋元，刘丽建，魏晓艳，选编.潘懋元高等教育论述精要[M].福州：福建教育出版社，2015：22.

教育目的是根据教育工作方针和教育内部规律制定的,教育工作方针反映了教育的外部规律。这就形成了一个相互联系、相互制约的基本原理体系。"[①]先生认为,政策的制订必须遵循高等教育规律,否则就会受到规律的惩罚。

1983年,邓小平视察浙江大学。该校认为,浙大办学资源丰富,但招生指标太少,建议扩大招生。邓小平回京后,指示教育部扩大招生数量。1984年、1985年,高校两年连续扩招,同时全国新建几百所高校。由于高等教育规模发展过快,办学资源明显短缺,从1986年开始两年停止扩招。1992年邓小平南方谈话,认为高等教育要适应经济的快速发展。于是,我国在1992至1993两年间掀起了第二轮大扩招。1994年,再度凸显教育资源短缺,扩招步伐被迫叫停,随后几年规模增加缓慢。直到1997年,才开始少量增加招生数。1999年开始,迎来了新中国高等教育的第三次大扩招。十年之间,在校生数扩招了近6倍。[②] 可以说,以前那种忽高忽低、骤上骤下的不稳定政策,违反了高等教育的外部关系规律。

四、普通高校可分三种类型:综合研究型、应用本科型与职业技术型

在我的观念中,大学只有一种类型。现实中存在的研究型大学、教研型大学、教学型大学等,都不是类型的差异,而是层次的区别。从高等教育现状来看,不管什么样的专业人才,到了更高的层次,他们都属于理论型人才,或者理论与实践结合的高层次人才。就以教育博士与教育学博士来说,谁能区分他们到底有哪些区别?教育学也是一门应用性学科,一位只知道啃书本、写书本的教育学博士,若不知道指导实践甚至亲自实践,那又有什么意义呢?因此,看到先生的这段话时,我觉得从某种角度上这是支持我的。先生指出,"应用理论型学校与高职学校在底层是分得很清楚的,但到了硕士及以上层次就有了靠拢的趋势,因为到了高层次以后,学东西不仅要知其

① 潘懋元,刘丽建,魏晓艳,选编.潘懋元高等教育论述精要[M].福州:福建教育出版社,2015:24.

② 潘懋元,刘丽建,魏晓艳,选编.潘懋元高等教育论述精要[M].福州:福建教育出版社,2015:83.

然，还要知其所以然，靠拢也是可以的，现在不是有应用型硕士和应用型博士吗？我们有医学博士也有临床医学博士，有工科博士也有工程博士，有教育学硕士也有教育硕士，都是两种类型的人才，他们到了上层都有靠拢的趋势"①。但是，我又在不断地反思自己的观点，认为大学可以分出不同类型，不完全只是层次区别。例如，有人某种手艺特别精湛，如外科医生，经过长期的摸索与实践，达到了炉火纯青的地步，绝非一般人所能做到，我们难道能够认定这不属于高水平吗？难道这里没有他自己学习并悟出的学问与规律吗？肯定有，只是他没有付诸文字而已。这样的人才，相当于获得了某些技能的博士学位。又如，有些人的理论著述丰硕，而且博古通今、能言善辩，人们能从他那里获得许多知识与启发，尽管这样的人不做也不会做任何实际的事情，社会不也需要这种类型的人才吗？这不正是我们大学中不少教师的写照吗？由此，我又觉得不管人才也好，大学也罢，都存在理论型与应用型之别。

在我们读书时，先生就明确提出，大学应该分类发展，而且要大力重视应用型本科教育。在先生看来，地方院校不能向北大清华看齐，都走研究型之路，必须扎根地方，面向市场，培养应用型人才，服务区域经济发展。在许多场合，我们都能听到先生类似的呼吁。2015 年，我国一度出现应用型本科院校建设热潮，国家鼓励地方本科院校从传统学术型转向应用型，我觉得这里面蕴含了先生的智慧与努力。如果说，教育的内外部关系规律是先生创设的一个重要理论，倾注了先生大量的热情与汗水，那么，关于我国高等学校的分类体系则是先生另一个倾注大量心血的重要理论。在该书中，先生作出了较好的概括。"当代世界主要国家的高等教育类型与高等学校的分工的一般情形是，它们一般都把自己的高等教育体系分为学术理论型、专业应用型和技术实用型三大教育类型。"②在借鉴西方经验的基础上，先生把我国普通高等学校分成三种基本类型。一是综合性研究型大学，其培养层次为：本科（学士学位）→硕士（学位）→博士（学位）；二是应用型本科高校，其中，多科性可以称作大学，单科性称作学院，其培养层次均为：本科（学士学位或专业文凭）→专业硕士（学位或专业文凭）→专业博士（学位或专业文

① 潘懋元，刘丽建，魏晓艳，选编.潘懋元高等教育论述精要[M].福州：福建教育出版社，2015：125.

② 潘懋元，刘丽建，魏晓艳，选编.潘懋元高等教育论述精要[M].福州：福建教育出版社，2015：98-99.

凭);三是职业技术高校,其培养层次为:专科(副学士学位或职业技术文凭)→职业技术本科(学士学位或职业技术文凭)→职业技术硕士(学位或职业技术文凭)。[①] 在先生这里,"三种类型的区别,主要在于人才培养目标不同,并无层次高低之分,更无社会地位之别。各种类型之间,可以架设'立交桥'"[②]。

先生为什么对高校分类这么感兴趣呢?主要在于我国高校同质化发展太严重,不能满足社会对人才的多元化需要。先生在上课时给我们讲过这个例子,这次在书中也看到了这个例子,"举一个不太确切的例子,如果社会经济建设和生产发展需要一个科学家,就需要十个工程师;需要一个工程师,就需要十个技术员;需要一个技术员,就需要十个技术工人。如果所有的高校都来培养科学家,所有的学校都传授、研究高深学问,又有谁来当工程师,又有谁来当技工呢?社会需要的人才是多层次、多方面的,因此,每一所高校都应在高等教育的分类中找准自己的位置,明确自己的发展方向和发展战略,突出自己的特色"[③]。在该书中,先生还指出了地方高校发展中存在的五大问题:第一,定位不明,同质化倾向严重;第二,发展方向不明,为地方服务的意识不强,力度不够;第三,行业特色的淡化与消失;第四,地区经济发展不平衡,带来了地区高校发展不平衡;第五,优质教育资源不足,例如,师资队伍水平偏低,结构不合理,"学术型"较多而"技术型"较少,是提高教育质量的瓶颈。[④] 这五大问题归纳得如此精准,让我这位长期工作在地方院校的所谓"智囊"自惭形秽。因为我还从来没有从这种宏观层面与应用视角思考过地方院校的发展战略。理解先生对于地方院校的期待,我们就不难理解,"地方高校的中心工作是教学,培养应用型人才的核心是应用型课程建设,要将传统的学术型课程转变为应用型课程"[⑤]。

---

① 潘懋元,刘丽建,魏晓艳,选编.潘懋元高等教育论述精要[M].福州:福建教育出版社,2015:100-101.

② 潘懋元,刘丽建,魏晓艳,选编.潘懋元高等教育论述精要[M].福州:福建教育出版社,2015:101.

③ 潘懋元,刘丽建,魏晓艳,选编.潘懋元高等教育论述精要[M].福州:福建教育出版社,2015:104.

④ 潘懋元,刘丽建,魏晓艳,选编.潘懋元高等教育论述精要[M].福州:福建教育出版社,2015:112-113.

⑤ 潘懋元,刘丽建,魏晓艳,选编.潘懋元高等教育论述精要[M].福州:福建教育出版社,2015:113.

五、定量研究不是高等教育研究走向成熟与科学的标志

该书主体从“高等教育的基本概念与原理”“高等教育研究的多学科视角”“高等教育宏观问题研究”“高等教育微观问题研究”“高等教育研究反思”五个方面，将先生百余篇短文统合起来。在这五个方面，关于研究方法问题就占了 2/5。由此可以看出，先生对于高等教育研究方法尤其多学科研究方法的重视与关注。先生曾经组织他的弟子们，从不同学科来研究高等教育的问题，最后形成了《多学科观点的高等教育研究》一书。在攻读博士学位期间，我还撰写了一篇作业，题目是“从《高等教育新论：多学科的研究》到《多学科观点的高等教育研究》——读潘懋元先生的《多学科观点的高等教育研究》”，受到了先生的好评。在该书中，我再一次看到先生对于多学科研究的重视与偏爱，甚至将该种研究方法视为高等教育独特的研究方法。先生指出，“有人批评我们高等教育队伍庞杂，三教九流都有，其实这恰恰是高等教育研究的优点。……传统教育学的角度就是两个支持学科，即哲学和心理学。用多学科的观点与方法来研究高等教育问题，可能是高等教育学独特的研究方法”①。

在先生看来，定量研究与思辨研究都是手段，采用何种手段，取决于具体的研究问题。例如，“据统计，现在清华、北大这些重点大学，农村生源越来越少了”②。这样的研究，通过思辨是无法得出结论的，必须采用定量研究。但是，并不是所有的问题都需要采用定量研究，也不是所有的问题都能采取定量研究，尤其有些学者通过复杂的模型、公式与数据，最后只是验证了一个大家都知道的常识问题，那么这样的定量研究就没有任何意义。先生说得好，“事实上，社会科学本来就是模糊的，社会科学越精确，恐怕离真理越远”③。

先生在该书中有一篇题为《定量方法在高等教育研究上的重要性与局

---

① 潘懋元，刘丽建，魏晓艳，选编.潘懋元高等教育论述精要[M].福州：福建教育出版社，2015:42.

② 潘懋元，刘丽建，魏晓艳，选编.潘懋元高等教育论述精要[M].福州：福建教育出版社，2015:45.

③ 潘懋元，刘丽建，魏晓艳，选编.潘懋元高等教育论述精要[M].福州：福建教育出版社，2015:43.

限性》的文章，该文提到，“数学成为社会科学研究的‘宠儿’，没有运用数学公式，构建数学模型，便不算科学研究。在教育科学研究上，教育测量学、教育统计学，成为必修的课程，但在实证主义受到质疑之后，出现了折中于定量方法与思辨方法之间的质性研究方法，主要形式有田野研究、深度访谈、叙事研究、文本研究等”①。继而先生指出，“定量研究应该说是具有客观、科学价值的。但是，作为社会科学的研究方法，是有局限性的。首先，定量研究，必须在一定的理论引导前提下才有科学价值；其次，定量研究只能达到事物的表面现象而不能揭示事物的内在本质。……透过现象看本质，深入探讨事物的内在原因、实质，还得靠思维，思维才具有这样的穿透力，也才能提出解决问题的策略”②。从这些观点，再结合先生的著述，我可以判断，先生并不排斥定量研究，但依然欣赏思辨研究，认为这是揭示人文社会科学本质的必然路径。

先生是高等教育理论的开创者，坚持思辨研究的地位与价值，但是，我们千万不要以为先生的理论属于闭门造车。可以说，先生的理论植根于丰富的社会实践与深刻的自我反思。正因为这样，先生不主张学生离开实践来发表空洞的议论，甚至早期招收博士研究生时明确规定要有实践工作经历。在该书论及元高等教育研究时，先生亦指出，“对高度抽象的东西，我认为大家应该有所接触，要懂得元高等教育学讲什么东西，但最好不要陷进去，太早陷进去没有什么结果。因为没有大量的实际的东西作基础，所谓抽象的理论，只能闭门造车，或者干脆不造，看看国外或网上有什么东西可抄，拼凑出一篇论文”③。确实，先生的论著中少有数学公式、复杂模式。但是，我们可以做一个实验，让那些采用定量研究的学者采用自己的语言，把研究成果深入浅出地讲出来，然后与先生一道接受大家的评论，看看谁讲得更有道理，更受启发，或者说更为客观。我敢保证，先生的每一句话，或者每一个观点，似乎都有现实或者实践的影子。有一位编辑曾对我说，“现在最不缺少的就是观点”。此话没错，但要看这些观点的背后有什么。如果对一些常

① 潘懋元，刘丽建，魏晓艳，选编.潘懋元高等教育论述精要[M].福州：福建教育出版社，2015:218-219.

② 潘懋元，刘丽建，魏晓艳，选编.潘懋元高等教育论述精要[M].福州：福建教育出版社，2015:219.

③ 潘懋元，刘丽建，魏晓艳，选编.潘懋元高等教育论述精要[M].福州：福建教育出版社，2015:226.

识问题都要通过模型来揭示，那不是高等教育研究的先进与科学，反而证明了学者智慧的倒退与荒芜。真正有价值的思辨，必定建立在实践基础上。总之，无论是定量研究还是思辨研究，哪怕还不太成熟且不被广泛认可的质性研究，都只是一种方法与手段，哪种方法最能准确快捷地反映问题、揭示规律，我们就应该采用哪种方法。

六、曾经看好的独立学院与民办高校至今尚未真正成年

2004年前后，国内许多高等教育学者非常看好中国的民办高等教育，认为民办高校的办学机制灵活，将迎来中国高等教育改革的春天。确实，美国最好的大学，大多是私立大学。后来，在一些学术交流会上，我还听到有人将民办高校与独立学院进行比较，分析这两种办学模式哪种更有发展前景。总之，在那个时候，我们这些高等教育研究者对这两类高校寄予厚望，甚至以为某些民办大学真会成为中国的哈佛。但是，均已成年的两类高校在今天并没有真正崛起，没有体现出比公办高校更好的发展势头，甚至跟随在公办高校身后亦步亦趋地匍匐前行。近些年兴起的中外合作办学，教学理念先进，似乎成为振兴中国高等教育的新型力量。但是，在我看来，根在国外，而且人数有限，影响有限，对于稍有实力的家庭来说，与其在国内进中外合作学校，不如直接赴国外就读，从而这类高校也难完全寄予厚望。可见，尽管“中国的教育体制改革，最收实效的是投资体制的改革”，但这些民营性质的办学实体在相当长一段时期内难挑重任，成为超越公办高校、追赶世界一流的旗帜大学。

先生对这三类大学同样给予了特别的关注与研究。对于独立学院，先生明确指出，“当独立学院在政策鼓励和母体庇护与哺育下成长壮大的时候，就应该允许它在不造成国有资产流失的条件下，从母体彻底分离出去，成为完全的独立学院。翅膀硬了，羽翼丰了，独立飞翔是进化的规律。作为母体的普通本科院校，应当为此感到高兴而不是惋惜与不满”[①]。对于中外合作办学，虽然在该书中体现不多，但是，先生在其他论著中多有论及。先生曾提出了厦门大学高等教育研究机构三步走的发展战略，最后的方向就

① 潘懋元，刘丽建，魏晓艳，选编.潘懋元高等教育论述精要[M].福州：福建教育出版社，2015：118.

是国际化，在国际高等教育舞台上发出自己的声音。而且，中国高等教育学会中外合作办学研究会秘书处就设立在厦门大学。

在我的印象中，先生关注最多的还是民办高校。先生认为，“产权问题已成为我国民办教育发展的一个‘瓶颈’”①。为此，他提出了民办高等教育发展的三条道路：“将捐资举办的民办高校称作第一条道路，将营利性民办高校称作第二条道路，将投资举办但不要求取得回报的民办高校和要求取得合理回报但又不是营利性的民办高校称为第三条道路。”②在先生看来，由于产权问题不明晰，“部分民办高校的举办者进行了资产转移，或者以股份的形式调整了民办高校的资产构成，变相地收回了自己的投资，甚至从中谋取了不菲的回报。……未来一个时期，我国民办高校发展仍然只能走第三条道路，其他道路都只能作为民办高校发展的辅助路径”③。在解决民办教育产权问题，按第三条道路推进民办高校发展的路径选择上，先生主张，“最好先让地方政府立法，开展试点，成功后再全面铺开”④。

七、理想的大学教师应该在“经师”的基础上偏重“人师”

在与先生长期接触之后，我对先生有了更多的了解。对此，在《人生的最高境界——陪潘懋元先生赴宁波》等文章中，我都有论述。归纳成一句话，我认为先生既是经师，更是人师。正如先生自己总结指出的，“‘经师易得，人师难求’，我们期望更多的大学教师不只是‘经师’，而且是‘人师’”⑤。鉴于大学生属于成人但又不完全成熟的特点，先生指出，“大学教师不应当

---

① 潘懋元，刘丽建，魏晓艳，选编.潘懋元高等教育论述精要[M].福州：福建教育出版社，2015:59.

② 潘懋元，刘丽建，魏晓艳，选编.潘懋元高等教育论述精要[M].福州：福建教育出版社，2015:133.

③ 潘懋元，刘丽建，魏晓艳，选编.潘懋元高等教育论述精要[M].福州：福建教育出版社，2015.:134

④ 潘懋元，刘丽建，魏晓艳，选编.潘懋元高等教育论述精要[M].福州：福建教育出版社，2015:36.

⑤ 潘懋元，刘丽建，魏晓艳，选编.潘懋元高等教育论述精要[M].福州：福建教育出版社，2015:191.

是‘保姆’，而应当是良师与朋友”[①]。正是这种良师与朋友的关系，才让一批一批的学生乐意跟随他，同时也让先生从良师益友的师生关系中体会到职业乐趣。“我当过小学生、中学生、大学生、硕士生、博士生的老师。学生既是我的教育对象，也是我的精神支柱和生活源泉。正是在同年轻的学生相处的日子里，才让我不觉‘老之已至’。”[②]我没有见过孔子，只是从大家的评价中由其他弟子们的言行中，感受到孔子是一个什么样的形象。但是，我见过先生，熟悉先生，先生的形象就像浮现在我脑海中孔子的形象。先生，就是我现实生活中的孔子。

作为人师，相对经师而言，更加重视人与人之间的和谐关系，更加重视教师对学生多方面的影响，更加重视多元主观性评价。对此，谈不上更多的推理依据，更多的是我个人的感悟。而且，从先生身上，亦可以体现出来。例如，在先生看来，在读博士生的学业成绩再好，如果不能积极参加学术沙龙，那也不能获得好评。在该书中，先生“认为今后改革的方向是以个人自学代替班级教学、课堂讲授，当前的学校教学改革应当以自学为主，教师就应该退居于辅助地位，那就脱离现实了”[③]。又如，当我们更多地从办学条件、科研业绩来评价一所大学之际，先生认为对学生最有影响力的应该是教师，从而他提出，“社会是根据一所大学的办学实际、在校的教师和离校的校友来认识学校、评判学校的社会地位与社会声望的，而不是靠统一的指标算出来的。在这三项中，教师这一项最为重要”[④]。先生认识到考试对于人才培养的作用与意义，同时又不太主张“以考分论英雄”，不主张“全国一张试卷”。例如，先生提出，“在一定意义上，招生考试的改革甚至比中学教学内容与方法的改革更为重要。……20 世纪 80 年代以来，教学改革进展迟滞，恐怕跟其与考试指挥棒的指挥不合拍有关；素质教育之所以很难落实，恐怕

① 潘懋元，刘丽建，魏晓艳，选编.潘懋元高等教育论述精要[M].福州：福建教育出版社，2015:9.

② 潘懋元，刘丽建，魏晓艳，选编.潘懋元高等教育论述精要[M].福州：福建教育出版社，2015:230.

③ 潘懋元，刘丽建，魏晓艳，选编.潘懋元高等教育论述精要[M].福州：福建教育出版社，2015:80.

④ 潘懋元，刘丽建，魏晓艳，选编.潘懋元高等教育论述精要[M].福州：福建教育出版社，2015:150.

也跟其与'应试教育'不相适应有关"[①]。另一方面,他呼吁不要过多地依赖"一张试卷"来选拔各类高校的生源,"我们的高考以后不能笼统地称为选拔性考试,应该是适应性考试,也可能某些重点大学仍是选拔高分考生,但是一般的高等学校特别是高职高专应该是双向选择"[②]。总之,与先生接触多了,自己的经历多了,我能够寻找到其学术见解与人生观、价值观的联结点。

八、辩证思维是一位学者思想成熟与个性稳重的重要表现

阅读先生的论述,随处可见辩证的思想火花。这些论述,不仅把我们引入深处、陷入沉思,而且随后又把我们带入另一片天空,看到了新的世界,顿有豁然开朗之感。辩证思维,不是中庸之道,不是四平八稳,而是对问题的纵深分析、全面分析与客观分析。在实践中,我们到底如何运用这些观点,则要根据实际情况区别对待。可见,善于阅读,抓住精髓,灵活应用,在很大程度上取决于读者的悟性。

从个人学习的角度来看,该书有几处辩证的思想火光,值得我好好收藏。例如,"规律的存在是无条件的,规律的运用是有条件的。"[③]"政策来源于在社会实践中所形成的理论,而不是理论来源于政策。同时,政策为规范社会实践而需要研究者的解读。这也正是'从群众中来,到群众中去'的原意。"[④]"公平与效率并非一对矛盾概念。但是,在一定时期,效率与公平两者不可兼得的时候,究竟是优先考虑公平呢,还是优先考虑效率?"[⑤]"日本的大学,在行政权力与学术权力的分工上划分得比较明确,行政权力由事务官负责,学术事务由教师负责,分得很清楚。……当然,学术与行政权力界限的

① 潘懋元,刘丽建,魏晓艳,选编.潘懋元高等教育论述精要[M].福州:福建教育出版社,2015:199.

② 潘懋元,刘丽建,魏晓艳,选编.潘懋元高等教育论述精要[M].福州:福建教育出版社,2015:90.

③ 潘懋元,刘丽建,魏晓艳,选编.潘懋元高等教育论述精要[M].福州:福建教育出版社,2015:26.

④ 潘懋元,刘丽建,魏晓艳,选编.潘懋元高等教育论述精要[M].福州:福建教育出版社,2015:207.

⑤ 潘懋元,刘丽建,魏晓艳,选编.潘懋元高等教育论述精要[M].福州:福建教育出版社,2015:47.

过分分明、互不干涉,也可能会导致工作效率低下,这是我们要予以重视与注意的。”①“要求异,先要求同。只有在求同的基础上才能求异,只有踩在前人的肩膀上才能攀登科学的高峰。”②仔细品味这些句子,我能感受到先生的思想博大精深,先生的论述常读常新。

先生强调辩证思维,并不意味着先生的观点模棱两可。事实上,先生的观点非常明确,毫不含糊。在我看来,先生那些具有辩证色彩的观点,是为了还原一个完整真实的学术图景,而先生那些铿锵有力立场鲜明的观点,是为了指导具体的实践。例如,先生提出,“专科教育是高等教育地方化的主要力量之一”③;除了极少数特殊专业外,先生认为本科毕业生还是应该撰写毕业论文(或者毕业设计),“因为科学精神、科学态度、科学道德和科学方法都是每个高级专门人才所应具备的素质和能力”④;等等。

总之,先生是我国高等教育研究领域的一面旗帜。他的学术贡献,尤其是他将毕生心血投身到教学育人事业中来的品质、精神与魅力,让我们有一种发自内心深处的敬仰、亲近与追随。金无足赤,人无完人。作为与先生有过多年接触并且产生交集的我,当然能够较为全面地认识先生。这样的先生,才是完整的先生,可爱的先生,符合人性的先生。但是,在我几十年的人生旅程中,我见过的最完美的人之一,便是先生了。先生提出,“我的一些创新性的设想,大多是在三十多岁时形成的;而有所贡献并被社会认可的,则是在六十岁之后的三十年。如果当年我六十岁退休,也就没有这三十年来继续为院友们服务的潘懋元了”⑤。

① 潘懋元,刘丽建,魏晓艳,选编.潘懋元高等教育论述精要[M].福州:福建教育出版社,2015:50.

② 潘懋元,刘丽建,魏晓艳,选编.潘懋元高等教育论述精要[M].福州:福建教育出版社,2015:181.

③ 潘懋元,刘丽建,魏晓艳,选编.潘懋元高等教育论述精要[M].福州:福建教育出版社,2015:177.

④ 潘懋元,刘丽建,魏晓艳,选编.潘懋元高等教育论述精要[M].福州:福建教育出版社,2015:177.

⑤ 潘懋元,刘丽建,魏晓艳,选编.潘懋元高等教育论述精要[M].福州:福建教育出版社,2015:230.

教之以事而喻诸德
——读潘懋元《高等教育学讲座》

曹荭蕾

"师者,教之以事而喻诸德也",出自《礼记》。意思是作为一个老师,要注重培养学生德才兼备的品质,不仅要授学生"谋事之才",更要传学生"立世之德"①。这也是读完潘懋元先生《高等教育学讲座》后对高等教育人才培养任务的最深感触。《高等教育学讲座》(以下简称《讲座》)是我国高等教育学界泰斗潘懋元先生根据高等教育理论问题所做的报告和撰写的文章整理而成的一本专著。这本著作共印发了三版,第一版(1983 年)问世已有三十七个年头,笔者从图书馆借来时封面已经破损,书页已泛黄,书的作者潘懋元先生也已是"90 后"的一代。

如今,我国高等教育正处于从大众化迈向普及化阶段的重要节点,不论是从理论还是从实践的角度来看,《讲座》所谈及的高等教育思想在三十七年后的今天仍然熠熠生辉。该书共包含十一讲,包括高等教育的研究对象和任务、规律和作用、职能与结构等,重点论述的是高等教育的教学和德育部分。从教学与德育出发,谈谈学习此书之后的一些想法。

一、教以事:教学乃高校之首要任务

高等教育以高等院校为运行载体,高等院校的首要任务是人才培养,人才培养的主要方式是教学。《讲座》通篇围绕着"人的培养"这一主旨展开论

作者简介:曹荭蕾,厦门大学教育研究院硕士研究生。

① 赵占勇. 师德——学校文化之魂[J].教育实践与研究,2015(1).

述，教学就成了书中重点论述的篇章之一。潘先生强调，高等教育是建立在普通教育基础之上的高等专业性教育；高等教育的对象是有一定知识基础和独立思考能力的20岁左右的青年人。[①] 从这两个重点出发，高校的教学承担着重要的责任。

潘先生指出，"教学工作必须完成三个方面的任务，即传授知识、发展智能、进行思想政治和道德品质教育。……教学的基本任务，是传递人类的文化科学知识与技能所决定的"[②]。从传授知识的任务角度出发，首先，学校最初就是一个教学生以"事"的场所而产生和存在的。从奴隶社会的庠序之教到古希腊的学园，从汉代太学的"大都授"到中世纪的大学和城市学校，"教之以事"中的"事"随着人类知识深度与广度的增加，在时代的演变中发生了翻天覆地的变化，但传播知识是教学的任务和目的这一点没有变。教学就是通过教师的教、学生的学建立起来的一种交流、合作的活动，教师通过这种活动，将具有时代性的知识传递给学生。其次，教学是教师之所以为教师之本，知识的传承与创新是教师的职责。如今，三尺讲台早已不再是教师全部的天地，知识的传授方法不再局限于讲授和讨论，现代化教学方法和手段日新月异，组织学生进行科学研究、开展创新创业实践，通过慕课、翻转课堂等形式的远程教学、网络学校等，运用现代信息技术让学生足不出户就能够接收知识，所以"没有一种万能的教学方法，不要去追求创造一种'最佳的教学方法'来教任何课程"[③]。应根据不同的人才培养目标和教学目标来选择合适的教学方法。

高等教育教学工作的另一主要任务是发展大学生的智能。顾名思义，智能包括了智力和能力两个方面。从知识传授的角度来说，借助一定的教学手段和教学技术就能使学生轻而易举地获取知识。但智力和能力的发展对高等教育而言有一定的挑战。在传授基本的规律性知识的基础上，当代的高等教育应更加重视对学生进行学习潜能的开发、自我学习能力的提升等现实问题；应更加关注学生的共通能力、团结协作能力、信息搜集能力等。通过先教给学生一定的规律性知识，让学生在浩瀚的知识海洋中"举一反三"；根据最近发展区理论，适时对学生提供一些超出智力范围的问题和材

① 潘懋元.高等教育学讲座[M].北京：人民教育出版社，1993:11.

② 潘懋元.高等教育学讲座[M].北京：人民教育出版社，1993:154.

③ 潘懋元.高等教育学讲座[M].北京：人民教育出版社，1993:251.

料，促进学生智能的自我突破。知识积累和智能发展是紧密相连、相互促进的共生关系。

潘先生在《讲座》中使用了两讲篇幅论述教学原则，并归纳了国内外的学者对教学原则的论述。在我们的印象中，教学原则在有关中小学的教师教学理论指导中屡见不鲜，而高等教育教学的原则则鲜有所闻。在高等教育迈向普及化的今天，因材施教、系统性、量力性等教学原则没有过时也不会过时，依然是今天教师和学校在人才培养中面对作为成年人的大学生和研究生所要遵循的教学原则，因为成年人也是在不断的发展和成长过程中的。针对高等教育的特殊性，潘先生提出了科学性与思想性相结合，教师主导下发挥学生自觉性、创造性与独立性，专业性与综合性相结合，"少而精"等具有操作性的十条教学原则。学校的教学工作应遵循着原则和秩序，反之教学就会杂乱无章，毫无逻辑可言。教学原则是教育教学工作的秩序所在，是高等教育正常运转的基础。

总而言之，高校教学是遵循一定的规律和原则，将高级的专业性知识传授给学生，发展学生智能的活动，是教学生以"事"的过程。这是教师的首要任务，是高校的办学职能之所在。

二、喻诸德：育德为高校之根本任务

《讲座》另一个着重论述的方面是高等教育的道德教育，这同时也是潘先生指出的教学的第三方面的任务——思想政治和道德品质教育。回想春秋战国时期，华夏大地上群雄并起，思想火花迸发，百家争鸣，而"争"的一个重要的出发点就是"人性"，进而讨论教育、社会发展、治国之道；科举考试指挥下学校的教学内容也是与伦理准则、忠义孝悌等相关的道德知识。古代西方，苏格拉底强调美德即知识，西塞罗等雄辩家在探讨雄辩家的教育时，也将德行置于首位。高校立身之本在于立德树人。"育人先育德，成才先成人"是新形势下高校德育的核心任务。[①] 社会发展速度过快将会导致社会阶层差距的拉大，社会矛盾也会愈加凸显。一个国家人民的素质修养从深层影响着一个国家的发展。我们之前强调高等教育的普及很大程度上是为了

① 滕春燕.高校德育教学生态化探究——杜威德育思想的理论回眸与现实启示[J].高等理科教育，2018(1)：1-7，13.

通过高等教育消除社会中的“文盲”，提高国民文化素质，而在我国高等教育将要进入普及化时代的当下，高等教育的普及在今天的意义更多的是通过知识水平的提升而陶冶人的品性，形成积极的人生观价值观，从而提升整个社会的道德素养。

德育贯穿高校教育教学始末。在 2017 年的全国高校思想政治工作会议上，习近平总书记指出：“要坚持把立德树人作为中心环节，把思想政治工作贯穿教育教学全过程，实现全程育人、全方位育人。”①著名教育家赫尔巴特曾提出教育性教学原则，指出教学是德育的重要途径，德育是教学的目的。可见，高校应积极将德育全方位地落实到人才培养的过程中。通过直接的道德教育，如思想政治课程、德育课程、集中进行道德修养培训等，与间接的、隐性的道德教育有机结合，如校风学风建设、组织社会实践等，重视道德实践对道德内化的重要作用，关爱学生、帮助学生，防止思想道德修养仅停留在书本和认识的表面。同时，高度重视“师德”建设，对道德不合格的教师实行“一票否决制”。只有优化教育教学模式、营造和谐互助的校园氛围，才能不断提高学生的思想道德水平，提升学生的道德素质与修养，丰富学生的精神世界，才能为社会培育出德才兼备、全面发展的新时代大学生。所以，“有人预言将来可以坐在家里学习，取消课堂，取消学校。但恐怕不可能，因为教育除了智育之外，还有德育、体育，而智育除了智力因素在起作用之外，还有非智力因素的作用，这些都很难通过计算机教学来完成”。学校的教学不仅是知识的传递，更是情感态度价值观的建立过程，所以在 20 世纪末计算机技术风靡全球，甚至在欧美国家产生“学校消亡论”思想苗头时，潘先生能够独具慧眼地理性看待教育的特殊性并提出反对的观点，实属难得。

高校对大学生实施道德教育，应将教师教育与学生的自我教育有机结合。一个人要在思想层面塑造道德规范，首先要对道德产生心理认同，才能逐步接受和内化。对于 20 岁左右的青年人来说，在积累一定的社会经验和人生阅历的基础上，已经形成了一定程度上的自我道德修养，在大学里面对教师进行的道德教育就会有其自我价值判断。教师在进行德育时也应意识到学生是有自我教育能力的青年人，以因材施教的眼光，针对不同学生的个性特征采取切实可行的策略，在潜移默化中实施思想道德教育。

---

① 本报评论员.坚持把立德树人作为中心环节[N].光明日报，2016-12-09.

我们对“教育”一词进行拆解，一部分为“教”，一部分为“育”。教人成事，育人成人，成人才能成事。育德，是高等教育的根本任务。

三、师者：高等教育的灵魂与主导者

古今中外，人们对教师职业抱有崇高的敬意。在高等教育进入普及化阶段的21世纪，师资队伍的数量和质量都得到了有效提升。教师是高等教育始终充满活力的灵魂，是“教事”与“育德”的主导者。

教师要对教学保持极强的热情、积极性与信心。师者，传道，授业，解惑者也。从潘先生的思想和经历来看，作为一名高校教师，应具备丰富的学科知识和教书育人的责任心，爱护学生、关心学生、专注教学，以教师这一职业为自豪，并在学科专业知识支撑的基础上找到教学自信。高校应将教师的教学质量和业绩作为教师考评的基本项，妥善处理教学与科研两者之间的关系，使两者维持制度平衡。大学教师面对的群体是具有一定思想能力储备的青年人，同样是成年人，如何与学生建立一种民主的、互动的教与学的关系是大学教师的一门艺术。爱因斯坦曾说过，“使学生对教师尊敬的唯一源泉在于教师的德和才”。在对学生“教之以事”和“喻诸德”时，才和德也是教师不可或缺的两个基本素质。只有育人者将教书育人相结合，言传身教相统一，以德立身、以德立学、以德施教，才能肩负起培育下一代人的光荣使命。①

作为为师者，潘先生如今已百岁高龄，但其睿智思想一直活跃在高等教育的前沿，潘先生的真知灼见和人生经历，折射出一个高等教育学者具备的杰出特质。第一，时代嗅觉灵敏。潘懋元先生是我国高等教育学的创始人，是高等教育学科的先驱，在20世纪80年代就已经提出了许多对高等教育的独到见解。针对不同的社会发展状况，先生提出了高等教育发展的不同方向与脉络。有一些具体措施在今天可能已经不再适用，但是传递的方向和精神依然闪烁着智慧的光芒。第二，以身作则，笔耕不辍。教师是一个极具社会性的职业，需要有足够的耐心与恒心。先生在教育界坚持八十余年，有大量的研究成果问世，如今百岁高龄依然坚持站立上课。用自己的身体力

---

① 党评文. 着力提高高校教师思想政治素质[J]. 学校党建与思想教育，2017(4).

行和著书立说来表明作为一个教育者,我们应当肩负起的责任。第三,视角全面,立德树人。在这本《高等教育学讲座》中,大到高等教育与社会的关系,小到教师的板书,潘先生所讨论的东西涉及高等教育理论与实践的方方面面。不仅注重当代大学生知识的学习、大学生道德教育的实施,还有高等教育课程设置、结构与管理等多个方面,视角非常全面。这些都是当代高等教育学者应具备的基本特质。德国心理学家安德斯·埃里克森曾提到,一万小时的训练可以助人成为"大师",正如古语所说"十年磨一剑",专家级的水平是靠不断练习和实践逐渐形成的。作为高等教育学者的潘懋元先生在高等教育这一事业上的贡献,已不能用时间来衡量。2017 年教育部公布的当代教育家名单,潘懋元先生当之无愧的位列其中。①

《高等教育学讲座》是一部较为系统的高等教育学专著,此书确立了潘懋元教授中国高等教育科学研究开拓者的地位,②其所涵盖的思想之深邃、之广博让人感触良多、获益匪浅。三十七年前《高等教育学讲座》中潘懋元先生重点论述的教学论和德育论在今天仍然具有一定的可行性,一方面说明先生前瞻的思想,一方面也说明"立德树人"对当代高等教育来说仍然是一个应当引起重视的核心任务。高等教育是高级专业人才获取知识、提升能力的途径,教师在其中扮演着重要角色,教学是高校的首要任务,育德是高校的根本任务。高校应以"立德树人"为己任,把握好教学与育德这两个高等教育的重要环节。社会发展影响着高等教育的时代变迁,高等教育也在时代的洗礼中焕发出蓬勃生机。

---

① 关于当代教育名家推选结果的公告[N].中国教育报,2017-11-29.

② 秦国柱.弘大学之道 扬理性之光——读《高等教育学讲座》《潘懋元高等教育学文集》[J].北京科技大学学报(人文社会科学版),1998,1:75-78.

静水流深　闻道求真

——读潘懋元《高等教育学讲座》

林思雨

如今高等教育研究蓬勃发展，以《高等教育学》为题的著作时有问世，但这本泛黄的《高等教育学讲座》却仍然是经典之作，不仅是因为潘懋元先生追溯了高等教育研究的缘起，其中秉承的科学态度与严谨精神，仍然砥砺后辈前行。静水流深，闻道求真，将深刻的道理蕴含于平实的语言之中，不断追求真理，探寻大学之道。

一、《高等教育学讲座》概要

在高等教育学创立初期，潘懋元先生应邀到十几个省市做了近百场高等教育理论问题的报告，内容约有十个专题。应现实的迫切需求，多地将报告录音整理出来辗转翻印使用。后来在人民教育出版社的支持下，潘懋元先生抽选几讲，结集出版。《高等教育学讲座》有三个版本，分别于 1983 年、1985 年和 1993 年出版，在对比这三个版本的异同中可以领略到筚路蓝缕、以启山林的艰辛，也可以看到其学术思想的发展脉络。

1983 年版的《高等教育学讲座》分为高等教育学的研究对象和任务、教育的基本规律及其对高等学校教育的作用、教学的基本规律和若干教学原则、培养目标和教学计划、课堂讲授五讲；1985 年的增订本将总结的"十大教学原则""高等学校德育过程基本规律与原则"等内容补充进去；1993 年版在原有基础上进行了增改，形成了高等教育学的研究对象和任务、教育的基本

作者简介：林思雨，厦门大学教育研究院硕士研究生。

规律及其对高等教育的作用、高等学校的社会职能、高等教育结构、高等教育专业培养目标和教学计划、高等学校的教学过程、高等学校教学原则、课堂讲授、高等学校教学方法的改革、高等学校德育过程与原则共十一讲内容,并包括进一步补充和深化的附录之作,厚度也从初版的 130 页,次版的 226 页增加到第三版的 352 页。

1983 年出版的《高等教育学讲座》是我国第一部以“高等教育学”为名公开出版的专著,但考虑到一部新的学科专著所应具备的系统性,潘懋元先生并没有把它看作是一部专著,而认为它是一本参考书。尽管如此,它仍是众多研究者和实践者的必读书目,在高等教育研究史上占据重要地位,为第一部《高等教育学》的诞生奠定了重要基础,也为高等教育学科建设添砖加瓦、铺石引路,是迈向高等教育研究之路必须阅读和回顾的经典,具有不可忽视的学术价值。

二、《高等教育学讲座》的特点

潘先生的《高等教育学讲座》学贯中西、博古通今,既有对历史的梳理,也有对现实的考量;有批判有思考,有承载有创新,有借鉴有发展;还有对现实中人们固有认识的纠正与辨析,是一种澄清思考与再认识的过程,具有平实性、历史性、广博性、实践性、前瞻性等特点。

首先是平实性。这主要表现在语言表达风格方面。因其是通过录音整理而成,受学术专著或教材严整的体系、严格的要求束缚较少,紧紧围绕重点,阐述观点,交流思想,口语化色彩浓厚,保持报告的原汁原味与鲜活特点。也正因为深入浅出的讲座体性质的表达风格,深受读者欢迎,阅读一字一句,宛如亲临讲座现场,聆听潘先生讲述高等教育系列问题,娓娓道来,行云流水。例如,在论证经验总结的局限性时,作者举例说:“如高考搞复习提纲,猜考题,你说有效吗? 如果没有效,大家为什么非常热心? 肯定还是有一定效果的。有的居然也猜对了,会猜考题的老师吃香得很。但这样搞不仅压抑了学生智能的发展,而且还会把学生引导到侥幸取胜的邪路上。所以,从长远观点看是不足取的。”[①]再如,当论述到文化科学发展会制约教育

① 潘懋元.高等教育学讲座[M].北京:人民教育出版社,1983:27.

事业的发展之时，作者说："显然，教育内容要受文化科学发展所制约。例如，有些国际上科学最新成就，就限于我们师资、设备条件，不能充分纳入教学内容。尖端科学的学科设置也受到文化科学发展所制约，若大量去培养尖端科学人才，大家都学尖端科学、前沿科学，就会超出我们科学发展对人才的实际需要。我这样说，并不是说不应该搞尖端科学，只是不要大家一哄而上，赶时髦。"①又如，在说到教材要有一定难度时，作者说："如果负荷不足，就不能充分发挥学生的潜力。长期的负荷不足，还会压抑学生的智能的发展。你老把食物嚼得很烂，喂给他吃，或者长期只给吃流质的东西，他的胃功能就会衰退；人的脑子也是这样，越用越灵。"②大道至简，对规律的把握愈是准确表述就愈为清楚，对本质的理解越是明晰阐释便越为直白。通过打比方、举例子、作比较等方式，作者将一个个高等教育"故事"串联起来，给人身临其境、如沐春风之感。

第二是历史性。作者在提及概念或现象时能够回顾历史，进行历史的梳理，从古到今，由历史关照现实，具有沉淀的厚重感。例如，在提及运用现代教学手段以提高教学效果，是当前世界高等学校教学方法改革的一大趋势，并列举程序教学法时，作者就回顾了程序教学的历史："程序教学的理论，是 20 世纪 50 年代就提出来的，程序教学法是 60 年代被世界各国所广泛重视与试验使用的。但由于当时只能应用简单的教学机器，按直线式程序排列教学信息，信息量既少，学习过程又单一，很难适应灵活多变的学习活动，教学效果不佳，更无法应用到内容丰富、思维水平高的高等学校教学中。60 年代后期之后，几乎很少有人提及，能坚持试验的就更少。近 10 年来，计算机的广泛使用，特别是微机的普及，由于它的高速度和大容量的信息存取，为程序教学法开辟了新的前景。不但程序教学法的研究使用又受到人们普遍重视，而且广泛用之于教育管理、模拟教学、教学实验等等方面。"③从而让人深刻体会到计算机的广泛运用为教学方法的改革带来的推动作用。再如，在提及高等教育的形式结构随着生产力的发达、科技的发展而日趋复杂多样，并体现为多种办学形式时，作者继续回顾历史发展的脉络，"19 世纪以前，高等教育基本上只有大学一种形式，高等教育与大学，往往被看成是

① 潘懋元. 高等教育学讲座[M]. 北京：人民教育出版社，1983：40.

② 潘懋元. 高等教育学讲座[M]. 北京：人民教育出版社，1983：68.

③ 潘懋元. 高等教育学讲座[M]. 北京：人民教育出版社，1993：251.

可以互换的同一概念。现在我们习惯上还常常把从事高等教育职业的教师叫作‘大学教师’，把接受高等教育的学生统称为‘大学生’。从19世纪后期，高等教育开始从单一的大学形式分化出单科学院、专科学校，但这种分化一般只在正规高等教育这个范围内，20世纪以来，尤其是第二次世界大战之后，各种非正规高等教育蓬勃发展，形式繁多，规格不一，以至连高等教育这个概念都概括不了，出现了‘中学后教育’、‘第三级教育’等等外延更宽的概念”[①]。又如，在论述学分制为什么叫作弹性的教学计划时，是从它产生的历史背景出发来阐释的，“19世纪90年代美国哈佛大学首先采用欧洲个别学校曾经试用过的学分制……选修制、学分制这种具有弹性的教学计划就是在这个时期出现的。出现之后，逐渐为世界许多国家所采用。在中国，蔡元培于1917年任北京大学校长之后，对北大的改革工作之一，就是‘改年级制而为选科制’……1922年，当时的教育部颁布‘新学制’，就正式颁行选科制和学分制。大学课程分为共同课必修课、分科必修课、分科选修课和任意选修课四类。每门课程给定若干学分，修满一定学分总数才得毕业”[②]。做学问，不仅要知其然，还要知其所以然。富有历史性的论述可以让人清楚了解某一概念理论发展的来龙去脉，从而以史鉴今，对研究当今存在的同类现实问题有所启发。

第三是广博性。这主要表现为作者涉猎广泛方面。他不仅在纵向上有历史的演进，而且在横向上有跨学科的视角，能够立足各个方面、各个学科进行分析，用多种观点和学科实例来进行论证，内容丰富而广博。例如，在提及制订教学计划要反映科学技术的发展和社会主义建设的需要这一原则时，涉及多种学科，并认为“哲学、历史学、法律学、政治学、物理学、化学、生物学，按其专业名称来说，都是古老的学科。问题不在学科名称是否古老，而在必须对这些古老的学科注入新鲜的血液。拿生物学专业来说，这是很古老的学科，也是50年代以来发展很快的学科。它有许多古老的、描述性的内容，也有许多现代的生物化学、生物物理、细胞学、遗传学的新成就，还有分子生物学、生物工程学这些可以预料的发展方向。为了学习新的领域和研究未来发展领域，就需要更多地学习数学、物理学、化学、电子学等基础知识，学会应用电子计算机、电子显微镜以及各种新的测试仪器的技能，而不

---

① 潘懋元.高等教育学讲座[M].北京:人民教育出版社,1993:100.

② 潘懋元.高等教育学讲座[M].北京:人民教育出版社,1993:133.

只是放大镜和显微镜了”[①]。再如，在阐释教学过程的特殊性，学生认识过程的特殊性，不是简单机械地遵从“理论—实践—理论”公式时，作者提到：“有许多知识是无法通过实践来获得感性认识，然后飞跃到理性认识的。如微观的电子、原子，宇宙的天体，数学的许多定理，历史的规律，以及哲学概念等等。获得这些方面的知识，常常是从一个概念过渡到另外一个概念，以一个或若干个已知的概念、定理为前提，通过推导来获得的。”[②]并且还列举医科学生的例子，“医科的学生，当然有许多知识需要在临床实习中掌握，但是学病理学时，有些现象，譬如说发烧，学生一般都有发烧的常识，就不必要先到医院去摸一摸患者怎样发烧，获得感性认识，然后再进行病理理论教学”[③]。又如，在提到“理论联系实际”原则被四人帮严重歪曲之时，列举了造船专业要在三年内造好一条船方可毕业，计算机专业要装好一台电子计算机即可毕业的荒诞事实。可见，作者对各个专业学科的特点非常熟悉和了解，信手拈来，涉及各个方面，真正用于论证高等教育存在的各种问题和理论。

第四是实践性。《高等教育学讲座》应实践而生，是潘先生丰富实践经验的总结和升华，适应实践的迫切需求，问题讲解也非常细致和具体，具有很强的实践指导意义和可操作性。比如，在指导学生听课记笔记的问题上，作者进行了详细的讲解和透彻的分析，“指导学生记笔记，第一，要简略。越到高年级，越要求他记得更简单些，所记的东西应该是基本的，或是教科书之外需要补充的东西，不要听一句记一句。还可以用各种自己能看懂的简略符号来记。第二，要告诉学生，记笔记一定要经过自己的思维活动，用自己的语言记下来。只有定义式的东西，关键所在的地方，需要非常准确的地方，要求学生逐字逐句地记下来，这时，教师应该放慢速度，给学生思考的机会和逐字逐句记录的时间。第三，记笔记要学会标题，学会按要点分段。笔记最好不要记得太密，留一定的空位，课后便于整理笔记，作补充、修改。要告诉学生，课后不要重抄笔记，如果那样做，负担会很重”[④]。甚至在教师的教学语言、板书、动作、感情等方面也有指导，细致描绘教师上课的一种状

① 潘懋元. 高等教育学讲座[M]. 北京：人民教育出版社，1993：124.

② 潘懋元. 高等教育学讲座[M]. 北京：人民教育出版社，1983：54.

③ 潘懋元. 高等教育学讲座[M]. 北京：人民教育出版社，1983：56.

④ 潘懋元. 高等教育学讲座[M]. 北京：人民教育出版社，1993：220.

态,"一个教师如果对教材熟悉,对他从事的这门科学爱好,对教学工作乐业,那他的课堂讲授,对他自己来说,是一种很好的劳动享受,这堂课如果能把他的思想传达出来,引起大家的共鸣,这堂课下来时,拍拍粉笔灰,有点疲乏,而心情是非常愉快的"①。让人深切体会到教学的魅力和艺术,对于听众和读者都大有裨益。教学相关内容在整本书中占据大量篇幅,1983 年版五分之三讲与教学有关,1985 年版八分之五讲涉及教学,1995 年版十一分之六讲谈及教学,可见教学理论的重要性和实践需求的迫切性。潘先生在总结时就说道,"高等学校教学过程、高等学校教学原则,讲的都是教学的原理、原则。因为学校以教学为主,教学是学校的中心任务,是教育的基本途径,'教学论',理当是教育学的主要组成部分。但是,作为几次讲座,不可能一一阐述教学的内容、形式、方法、手段等等问题,只能讲原理、原则,在讲原理、原则时适当提及有关的问题。在几次讲座中,特别详细讲教学原则,比《高等教育学》所写的还详细,就是由于教学原则处于承上启下的地位,既然不可能分别阐述下面那些具体问题,就有必要把原则说得具体些,以便同志们掌握了原则自己运用去解决具体问题"②。从这里也可以看出讲座内容的具体细致,并且富有很强的实践性。潘先生就如何修订教学计划还同几位生物系的老教师开座谈会,真正了解实际,总结实践经验,上升为理论以更好地指导实践。

第五是前瞻性。主要表现在作者对未来有很强的预见力,进行形势判断与预估,勾勒高等教育发展的蓝图。比如,在分析高等教育的主要培养对象上,作者指出"随着高等教育的发展,高等教育结构有多层次,办学途径有多种形式,高等教育的对象,不只是二十岁左右的青年了,可以是中年的、在职的。不错,高等教育这个概念的外延正在扩大中。但从我国实际情况出发,作为高等教育的主要形式仍是全日制大学,全日制大学绝大多数学生是本科生和专科生;非全日制大学的培养对象,主要的也是高中毕业不久的青年。所以,至少在可见的十年、二十年内,作为高等教育主要的培养对象,仍然是二十岁左右的青年。我们高等教育工作者所要掌握的,主要的也就是这个年龄阶段的青年的身心发展特征"③。在选修课的开设问题上,作者认

① 潘懋元.高等教育学讲座[M].北京:人民教育出版社,1993:222.

② 潘懋元.高等教育学讲座(增订本)[M].北京:人民教育出版社,1985:191.

③ 潘懋元.高等教育学讲座[M].北京:人民教育出版社,1993:14.

为“应当着重强调选修课的重要性，创造条件鼓励教师多开选修课。但也不要说过头话，像有的学校提出不论什么专业，选修课必须占40%以上。选修课不是越多越好，不要一阵风都去搬美国式教学计划。要保证学生系统地掌握必要的基本知识与技能，保证基本规格，并留有适当余地。一句话：要走中国自己的道路”①。扎根中国办教育，立足中国国情和实际情况，走自己的路，发展中国特色的思想可以在文中有所体现，可见其洞察力和远见，一些问题其实在很早就已经觉察到，一些思想主张在初期时就已开始彰显。在谈到“现代化教学手段是否将代替教师作用”的看法时，作者认为现代化教学手段可以提高教学效率，部分代替教师的工作，但教师的人格、情感、行为等对学生的影响，所起到的潜移默化的教育作用，却是现代化教学手段所不能代替的。这样的观点放在认识互联网时代下教师的作用也是值得借鉴的，现代技术或者互联网的发展给人类生活带来了诸多巨变，也给教育带来了改变，但取代教师一说至少现在还没有实现，未来是否会实现，教师应如何应对，未来将如何发展，教育如何体现其特殊性，在培养人方面如何发挥应有的作用等问题仍然需要深思。

三、《高等教育学讲座》的启迪

拜读潘懋元先生的《高等教育学讲座》一书，在知识、方法和态度等方面都可以给人很大的启发和收获。静水流深，理论寓于平实，蕴含着丰富的内涵，体会其中卓越而引人深思的思想；闻道求真，读开先河之作，观学科初始之貌，领略原始风采，探寻至道规律，感悟其中的态度与精神。

首先，在知识方面，《高等教育学讲座》是奠基石，乃高等教育学科建立的基础，紧密联系实际，理论扎实，知识浩瀚。对于初步踏上高等教育研究道路的初学者而言，宛如北斗，指明了前进的方向，仿佛置身一门学科建立的初期，回望启程之路，继续学统的传承与发展。书中的一字一句都反映了作者丰富的高等教育实际工作经验以及对相关问题的理论思考，从高等教育理论研究的必要性、基本特点、基本体系和内容，到两大教育基本规律的提出、梳理高等学校的社会职能的演进过程、高等教育结构的含义与内容，

① 潘懋元. 高等教育学讲座[M]. 北京：人民教育出版社，1993：129.

再到提出教学的十大原则、诸多高等学校教学原理与方法等，用直白而通俗的语言，揭示最深刻而真实的道理，对于知识体系的构建与形成有很大帮助。

其次，在方法方面，在本书的学习中，可以看出高等教育研究的理论主要从历史中来，从比较中来，从实践中来。通过历史的梳理、比较的方法，在实践中总结经验，更好地认识高等教育发展的过去式、现在式和将来式，更好地形成完整而丰富的高等教育观，更深入地认识和解决现实中高等教育发展存在的诸多问题，促进高等教育学科的不断完善与成熟。就运用历史的方法而言，可以提供更厚重的基础，在历史沉淀中净化浮躁与功利，有利于深化高等教育理论，不是仅简单停留在现象层面，以便更好地为分析高等教育改革的现实服务；就比较的方法而言，可以提供更广阔的视角，在多维的学术视野中学会借鉴与思考，有利于把握外国高等教育的发展状况，从而加强对自身的反思，使得问题的分析更加饱满和完整；就实践调查的方法而言，百闻不如一见，通过切身实地的调研和实践，真正了解高等教育现状，更具体地把握存在的真实问题，有助于增强理论分析的可靠性和说服力。纸上得来终觉浅，绝知此事要躬行。先生以身作则，将理论与实践充分融合，在实践中不断发现和完善理论，把理论用于指导实践，为我国高等教育理论和实践的发展做出了卓越贡献。

最后，在态度方面，正如书中所指出的"平时要对学生进行科学精神教育，即培养学生敢于创新、敢于克服困难，具有攀登科学高峰的雄心壮志，并且，敢于对前人的科学成果，根据新情况提出自己的见解。也就是说，'敢于怀疑'，但不是怀疑一切而是根据新的情况敢于设想、想象，敢于提出某些具有创造性的意见"[①]。还要培养学生的科学态度，"科学态度，就是实事求是的态度，严谨踏实，一丝不苟，是就是，非就非"[②]，"研究态度最根本的就是实事求是的科学态度和严肃认真的负责精神"[③]。潘先生在研究过程中也正好体现了这样的态度和精神，对于一般大众习以为常的观点如果有疑问也应大胆质疑而不盲从，进行自己的批判与反思。比如，当一般"教育学"都把教育写成"教育是一种社会现象"，估计是作为"教育是生物现象"的反对命题

① 潘懋元．高等教育学讲座[M]．北京：人民教育出版社，1993：191．

② 潘懋元．高等教育学讲座[M]．北京：人民教育出版社，1993：192．

③ 潘懋元．高等教育学讲座[M]．北京：人民教育出版社，1993：27．

从苏联译过来的。潘先生没有随大流直接使用这样的说法，而认为教育是一个动态的过程，应该写作“教育是一种社会活动”。[①] 与此同时，本书的历史背景还体现出敢为天下先、敢于呼应实际需要、开创一门新学科的勇气。引领者开拓出了一片新天地，经过思考与实践，经历了重重艰难险阻，辟出一条走出去的路。这样一种果敢与坚持，这样一种创新与闯劲，都是值得后辈学习和秉承的。

---

① 潘懋元. 高等教育学讲座[M]. 北京：人民教育出版社，1983：31.